中关村发展集团年鉴

YEARBOOK OF ZHONGGUANCUN DEVELOPMENT GROUP

2023

（总第 3 卷）

中关村发展集团 ◎编

知识产权出版社

全国百佳图书出版单位

—北 京—

图书在版编目（CIP）数据

中关村发展集团年鉴．2023：总第3卷 / 中关村发展集团编．—北京：知识产权出版社，2023.12
ISBN 978-7-5130-8994-4

Ⅰ.①中… Ⅱ.①中… Ⅲ.①高技术企业—企业集团—北京—2023—年鉴 Ⅳ.①F279.244.4-54

中国国家版本馆CIP数据核字（2023）第226224号

责任编辑：王颖超	责任校对：王　岩
封面设计：京志文化	责任印制：刘译文

中关村发展集团年鉴 2023（总第3卷）

中关村发展集团　编

出版发行：知识产权出版社 有限责任公司		网　　址：http://www.ipph.cn	
社　　址：北京市海淀区气象路50号院		邮　　编：100081	
责编电话：010-82000860转8655		责编邮箱：wangyingchao@cnipr.com	
发行电话：010-82000860转8101/8102		发行传真：010-82000893/82005070/82000270	
印　　刷：三河市国英印务有限公司		经　　销：新华书店、各大网上书店及相关专业书店	
开　　本：850mm×1168mm 1/16		印　　张：27	
版　　次：2023年12月第1版		印　　次：2023年12月第1次印刷	
字　　数：780千字		定　　价：280.00元	
ISBN 978-7-5130-8994-4			

《中关村发展集团年鉴》编纂委员会

主　　任　潘金峰　宣　鸿

副 主 任　周武光（常务）　杨彦茹　孙辉东　伍发平　贾一伟
　　　　　娄毅翔　张金辉　盛　莉　苗　军　杨　楠　杨彦文
　　　　　郑　宏　张　建

委　　员　（按姓氏笔画排序）
　　　　　王　慧　王文礼　王清山　卢　江　付　军　付端禄
　　　　　闫　涛　许正文　孙　腾　孙次锁　苏文松　李天龙
　　　　　李达亮　杨　俊　杨国梁　杨荣兰　杨维志　何建涛
　　　　　何融峰　佘京学　张　健　张书清　陈忠敏　陈晓智
　　　　　周　瑞　郑衍松　项　鹏　赵小鹏　钟海波　施　垒
　　　　　姜爱娜　徐景泉　高中成　郭鹏程　盛江峰　扈德辉
　　　　　储　鑫　裘里晶

《中关村发展集团年鉴》编辑部

主　　编　周武光

副主编　项　鹏　管清斌

编　　辑　王　文　王　岩　王小月　伍孟然　孙致远

　　　　　牟学政　宋柏梅　张一夫　张国丽　赵倩颖

　　　　　曹永军　盛天果　梁晓雪　蒋　波　靳　宇

　　　　　颜　婷

《中关村发展集团年鉴》通讯员

编纂说明

一、《中关村发展集团年鉴》是一部记述中关村发展集团年度情况的资料性文献，由中关村发展集团主持编纂。2021 年创刊，按年度出版，本卷为总第 3 卷。

二、本年鉴以马克思列宁主义、毛泽东思想、邓小平理论、"三个代表"重要思想、科学发展观、习近平新时代中国特色社会主义思想为指导，坚持辩证唯物主义和历史唯物主义的立场、观点和方法，全面、客观、准确地反映中关村发展集团的实际情况。

三、本年鉴采用文章和条目两种体裁，以条目体为主，用规范的语体文、记述体，直陈其事，文字力求言简意赅。

四、本卷年鉴记述 2022 年 1 月 1 日至 12 月 31 日期间情况。部分内容根据实际情况时限略有前后延伸。文内日期无具体年份的，均指 2022 年，涉及其他年份的用具体年份标明。

五、本卷年鉴采取分类编纂法，设类目、分目、条目，为三级框架结构。根据需要，部分分目下增设次分目。全书设概览、特载、专文、大事记、科技股权投资、科技金融服务、科技专业服务、科技园区发展、区域协同创新、国际创新网络、企业管理、企业党建、统计资料、附录 14 个类目。为便于读者查阅，卷首设有目录，卷末设有索引。

六、本卷年鉴各项数据采用集团总部和各子公司统计数据。

七、本卷年鉴为记述方便，各类党政机关、集团及所属子公司名称直接用规范简称，必要时使用全称。中关村发展集团股份有限公司简称中关村发展集团或集团，其他相关企业在每个条目第一次出现时用全称，之后用简称。

八、本卷年鉴与条目标题内容完全相符的插图不另加图片说明；在上年度已作过介绍的服务企业，不再重复介绍。

1月，中关村发展集团获上海证券交易所颁发的2021年度"优秀基础设施公募REITs参与人""公司债券优秀发行人""公司债券创新产品优秀发行人"3个奖项

2月21日，中关村发展集团入选中国科协2021"科创中国"科技创业投资机构榜单，中关村软件园中关村国际开源创新社区入选"科创中国"开源创新榜单

2月，中关村工业互联网产业园2号楼获美国能源与环境设计先锋奖（LEEDv4）核心和外壳体系金级预认证证书。图为中关村工业互联网产业园实景

3月18日，由中关村集成电路设计园承办的"华为杯"第四届中国研究生创"芯"大赛竞演环节及颁奖典礼举办

3月31日，中关村发展集团与门头沟区政府签署"构建新型政企关系"全面合作协议。图为双方共建的中关村（京西）人工智能科技园一期项目规划图

3月，由北京市工业设计研究院有限公司设计的北京首个细胞治疗中试基地实现企业入驻。图为细胞治疗中试基地外景

4月28日，南宁中关村信息谷科技服务有限责任公司运营管理部被中华全国总工会授予全国"工人先锋号"称号

管控"提级" 服务升级
联合瑞升成功发行北金所首单含权"绿色高成长中小企业债权融资计划"

债券简称	发行规模	担保主体评级	期限	发行利率
22京联合瑞升 (高成长债) ZRGN001	3500万元	AAA	3 (1+1+1) 年	5.6%

发行及 增信服务：	北京中关村科技融资担保有限公司 BEIJING ZHONGGUANCUN SCI-TECH FINANCING GUARANTY CO.,LTD	承销商及 挂牌管理人：	 恒丰银行 HENGFENG BANK

5月23日，由北京中关村科技融资担保有限公司担保并提供发行服务的北金所首单含权"绿色高成长中小企业债权融资计划"发行

5月31日，2022北京智源大会中关村昇腾人工智能产业分论坛举办，北京昇腾人工智能计算中心揭牌。图为中心内部实景

6月14日，中关村软件园成为数字经济标准工作组首批成员单位

6月30日，北京中关村微纳能源投资有限公司与中关村科技产业研究院有限公司签署共建怀柔科学城创新联合体合作协议。图为怀柔科学城中国科学院高能物理所高能同步辐射光源项目

7月14日，延庆区政府与中关村发展集团签署"构建新型政企关系"全面合作协议。图为中关村延庆园内的中关村·长城脚下的创新家园

7月28日，中关村发展集团联合承办2022全球数字经济大会互联网3.0峰会，发布"启元计划"

7月31日，由北京市工业设计研究院有限公司负责代建的北京市支持河北雄安新区建设中学"交钥匙"项目建成交付

8月5日，2022中关村前沿科技沙龙——中关村储能产业创新沙龙在中关村新兴产业前沿技术研究院举办

8 月 13 日，由中关村发展集团主办的"2022 新产业 50 人论坛暨生命健康投融资峰会"在北京召开。中关村发展集团与平谷区政府发布构建"新型政企关系"全面战略合作

8 月 19 日，IC PARK 共性技术服务中心揭牌

8月23日，京津中关村科技城、银川·中关村创新基地入选中国科协"科创中国"创新创业孵化类创新基地名单

8月29日，中关村工业互联网产业园一期项目（034地块）地下结构工程提前完成"正负零"

9 月 2 日，保定中关村数字经济产业园项目一期封顶

9 月 6 日，中关村软件园、中关村软件园孵化器举办第十一季"创新之源"大会

9月13日，中关村科技成果转化与技术交易综合服务平台2.0版本正式上线发布

11月13日，中关村软件园云计算数据中心获JR.II等级认证

12月20日，由中关村发展集团、北京中关村科技服务有限公司等共同举办的2022中关村中韩元宇宙产业合作论坛在ARK元宇宙平台举办

12月28日，北京北脑创业投资基金（有限合伙）设立，支持北京脑科学与类脑研究中心开展智能脑机增强系统研发和产业化。图为北京脑科学与类脑研究中心大楼

12月30日，南中轴国际文化科技园（一期）开园。图为园区效果图

12月30日，集团落地全国首单认股权"登记、转让、行权"项目。北京航景创新科技有限公司的认股权权益通过北京股权交易中心正式实现转让。图为航景创新大载荷无人机

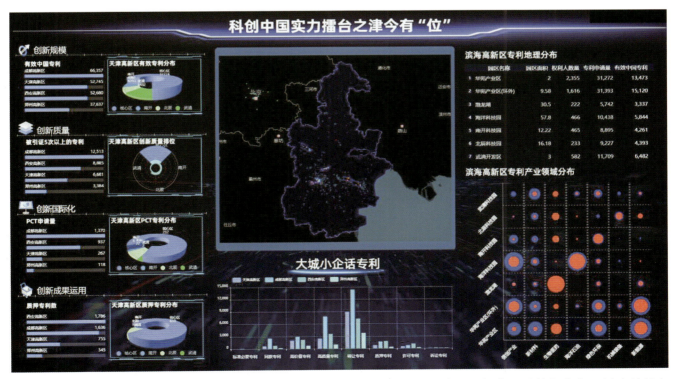

2022年，由北京知识产权运营管理有限公司等联合开发的"科创中国知识产权分析管理系统"上线。图为科创中国知识产权分析管理系统主页

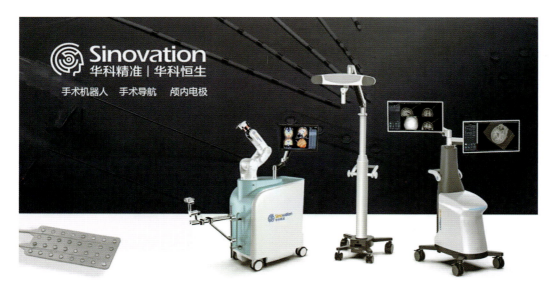

1月，由华科精准（北京）医疗科技有限公司等自主研发的国家创新产品微型"高智能"Q300系列神经外科手术机器人系统获国家药监局 NMPA 批准上市

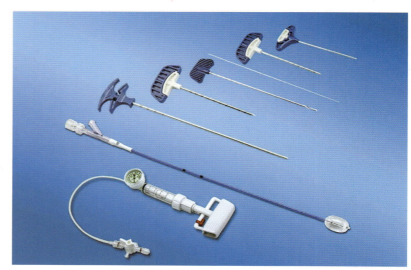

1月，中关村医疗器械园入驻企业北京万洁天元医疗器械股份有限公司的"椎体成形工具包"产品获国家药监局第二类"医疗器械注册证"

2月，北京冬（残）奥会期间，南宁水木子基金投资企业北京亿华通科技股份有限公司为冬（残）奥会提供氢燃料电池汽车

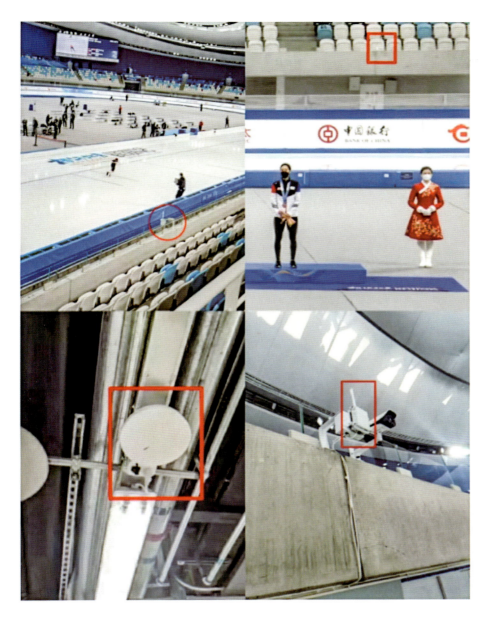

2月，北京冬（残）奥会期间，衢州复朴子基金投资企业芯百特微电子（无锡）有限公司推出 UWB-AOA 定位产品

3月11日，协同科创基金投资企业北京旌准医疗科技有限公司的 TERT 基因突变检测试剂盒（荧光 PCR-毛细管电泳测序法）获国家药监局 NMPA 批准上市

4月6日，由北京量子信息科学研究院、清华大学龙桂鲁教授团队和清华大学陆建华教授团队合作设计的相位量子态与时间戳量子态混合编码的量子直接通信系统实现 100 千米量子直接通信

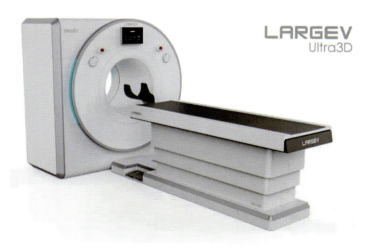

6月28日，协同科创基金投资企业成都齐碳科技有限公司发布纳米孔基因测序仪 QNome—3841hex 以及相关试剂盒

7月19日，南宁水木子基金投资企业北京朗视仪器股份有限公司的 Ultra3D 耳鼻喉双源锥形束计算机体层摄影设备获医疗器械注册证

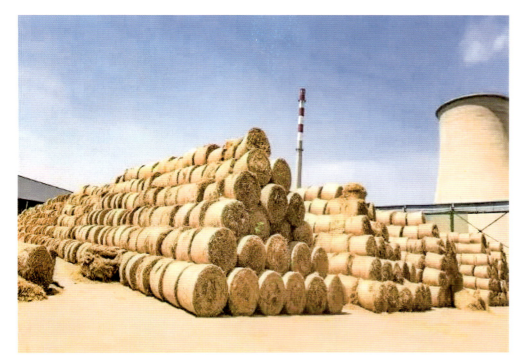

9 月 16 日，协同科创基金投资企业天壕新能源股份有限公司封丘县秸秆综合利用项目启动

9 月 30 日，中关村集成电路设计园入驻企业地平线征程®5 芯片全球首发量产车型——理想 L8 上市

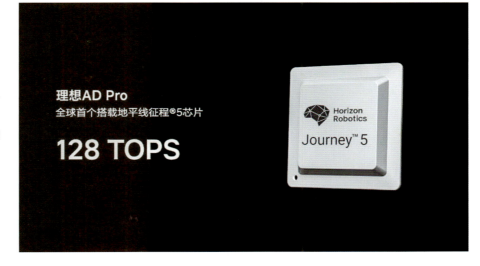

9 月，中关村新兴产业前沿技术研究院入驻企业北京达闼科技有限公司"云端机器人国家新一代人工智能开放创新平台"获科技部批复建设

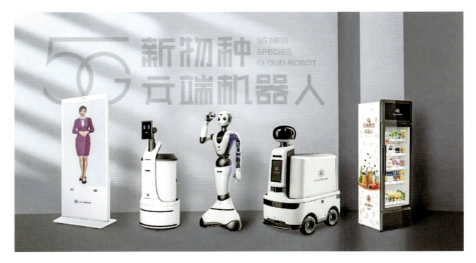

10月10日，协同科创基金投资企业苏州汉天下电子有限公司推出自主研发的B1+B3四工器HSQP1213

10月，中关村新兴产业前沿技术研究院入驻企业驭势科技（北京）有限公司的无人驾驶摆渡车在杭州萧山国际机场T4航站楼完成全国首个航站楼内无人驾驶摆渡车应用测试

11月14日，中关村医疗器械园入驻企业北京热景生物技术股份有限公司的乙型肝炎病毒RNA（HBV-RNA）测定试剂盒获国家药监局批准上市

12月，协同科创基金、生命科学园产业基金、南阳中关村子基金投资企业成都齐碳科技有限公司的实验人员使用纳米孔基因测序仪 QNome—3841hex 进行测序

2022年，中关村新兴产业前沿技术研究院入驻企业北京达闼科技有限公司的多款机器人用于抗击新冠疫情

2022年，中关村软件园入驻企业国开启科量子技术（北京）有限公司推出自主研发的离子阱全系列教学模拟机

总　目

目 录

科技金融服务

区域协同创新

企业管理

企业党建

统计资料

附　录

索　引

CONTENTS

Party Building

Statistical Data

Appendix

Index

概　览

中关村发展集团年鉴

YEARBOOK OF ZHONGGUANCUN DEVELOPMENT GROUP

2023

2022 年中关村发展集团概览

中关村发展集团成立于 2010 年 4 月 1 日，是北京市建设中关村国家自主创新示范区的重要举措之一。

2009 年 3 月，国务院批复中关村建设国家自主创新示范区，提出将中关村建设成为具有全球影响力的科技创新中心。4 月，北京市发布《关于建设中关村国家自主创新示范区的若干意见》，要求举全市之力建设中关村国家自主创新示范区。为了加快推进中关村国家自主创新示范区建设，运用市场化手段配置创新资源，中关村发展集团应运而生。随着北京国际科技创新中心建设的推进，中关村发展集团创新发展面临新任务、新要求。2017 年 8 月，北京市委书记蔡奇调研中关村时指出，中关村发展集团要发挥好平台作用，并适时纳入国有资本改革试点。2018 年初，北京市政府工作报告提出，要发挥中关村发展集团整合创新资源的市场化平台作用。2018 年，北京市市长陈吉宁多次主持市政府专题会，研究中关村发展集团改革转型工作。2019 年 9 月，北京市委全面深化改革委员会第七次会议审议通过《关于推进中关村发展集团综合改革的方案》。同年 11 月，北京市政府批复原则同意《关于推进中关村发展集团综合改革的方案》。该方案的获批，标志着集团开启了服务北京创新生态的新征程。

集团自成立以来，始终秉持"以创新创业主体为中心、与创新创业主体共成长"的企业宗旨，以"北京市整合创新资源的市场化平台"为企业定位，积极承担"助推北京建设国际科技创新中心、助力国家建设科技强国"的战略使命，致力于打造国际一流的创新生态集成服务商，逐步形成了集科技股权投资、科技金融服务、科技专业服务、科技园区发展、区域协同创新、国际创新网络于一体的业务体系。截至 2022 年底，集团股东 17 家，二级子公司 31 家，注册资本 186.54 亿元，总资产 1193.05 亿元，净资产 406.87 亿元，提供投融资总额超过 6781.31 亿元，累计服务科技企业超过 10 万家次。

2022 年，在市委、市政府的坚强领导和市国资委、市科委、中关村管委会的强有力指导下，集团坚持以习近平新时代中国特色社会主义思想为指导，深入学习贯彻党的二十大精神和北京市第十三次党代会精神，紧扣北京国际科技创新中心建设重点任务和首都高质量发展新要求，统筹推进国企改革三年行动方案和集团综合改革方案年度任务，提前全面完成市属国企改革三年行动 7 大类 26 项具体任务，有力、有序推进"轻资产、强服务、活机制" 3 大类 12 项综合改革重点任务，全面解决区企共管企业历史遗留问题，如期实现轻资产改革目标。政企合作新机制在北京门头沟、平谷、延庆、大兴 4 个区落地，成为壮大高精尖产业的新动能。全年服务创新创业主体 14748 家，同比增长 22.66%；为科技企业提供投融资服务总额 776.3 亿元，同比增长 13.6%；吸引、设立创新产业服务机构 26 个，落地北京高精尖产业和创新孵化项目 535 个。惠誉维持集团"A"级主体国际信用评级，企业资信获得资本市场高度认可。

在科技股权投资方面，重点抓好高质量认股权和母子基金落地，在助推高精尖产业能级跃升中展现新作为，年内新增认股权 1323 个，9 个项目成功行权，中关村高精尖母基金新增决策投资 13 支子基金，投资额 19.54 亿元，跟投子基金实现项目突破。推动公募 REITs 试点项目扩募，中关村产业园 REIT 作为首批样本券种入选中证 REITs 指数。培育更多硬科技独角兽、隐形冠军和科技领军企业，投资紫光集团等 40 个头部企业和高精尖项目，投资额超 24 亿元，发起成立中关村独角兽企业发展联盟并担任首届理事长单位。提升多层次资本市场服务效能，S基金投资4项优质二手基金份额，启元资本深度对接北京证券交易所，完成"钻石之星"435家上市后备企业培育活动。

在科技金融服务方面，深化科技金融服务模式和产品创新，提升担保、租赁等重点科技金融综合服务平台功能。拓展知识产权ABS业务债权融资渠道，开发商业保理、信用交易、供应链金融等新业务，创建瞪羚科创基金、租赁二期基金等股债联动商业模式。做强中关村金服，持续完善金融服务链条，提升重点平台服务功能，加快数字化转型，持续做好风险防控。

在科技专业服务方面，深化中关村科服平台建设，加快集成服务模式落地，加快数智驱动战略落地，持续提升重点领域专业服务能力。推动设立"生态雨林"孵化基金，持续实施战略伙伴计划，拓展科技服务"朋友圈"；围绕关键领域关键环节和科创企业共性服务需求，合作引入产品质量检测检验、化学材料分析检测、生物医药非临床安全性评价等一批共性技术服务平台；完善"六权一体"全链条知识产权服务体系，依托国家专项发起设立10亿元规模的怀柔传感器产业发展基金，与百度联合发起国内首个元宇宙专利池建设。不断提升科技创新和产业发展智库支撑能力，依托工业院为全市重点工程提供全过程工程咨询服务，依托中关村产业研究院构建全方位产业咨询及研究业务体系。

在科技园区发展方面，深化园区业务改革落地，加快打通新型融投资模式，推进数智园区建设规划落地，加快政企合作新机制推广落地。中关村软件园国家数字服务出口基地试点建设任务成效显著，获得国家有关部委高度认可。加快建设一批引领性特色产业园区。工业互联网产业园一期建设与运营同步展开，南中轴国际文化科技园开园，京西人工智能科技园一期和工业互联网产业园二期相继启动并纳入市政府重大项目投资计划。中关村软件园、中关村集成电路设计园、中关村新兴产业前沿技术研究院成为北京市首批高品质园区，获得政策性资金支持。

在区域协同创新方面，深化京津冀协同创新共同体建设，重点抓好区域合作模式巩固优化，在落实京津冀协同发展等国家战略中展现新作为。主动融入城市副中心高质量发展重点任务，以"城市科技＋创新设计"理念运营张家湾设计小镇创新中心项目，打造城市副中心科技创新示范区；打造北京首个由老旧工厂改造的硬科技主题空间，扩大中试转化服务领域，项目纳入北京市"3个100"重点工程。深入推动雄安中关村科技园、天津滨海—中关村科技园等重点合作项目，京津中关村科技城纳入国家级高新区扩容区和科创中国·创新创业孵化类创新基地，深耕细作滨海、宝坻、保定等重点项目。

在国际创新网络方面，加快北美等海外创新中心业务转型和风险处置，强化海外基金管理，全年获1202.9万美元现金分配。积极拓展跨境服务新领域，投资支持多想云等企业香港上市。不断完善"境外离岸孵化、中关村加速"的跨境服务模式。发挥跨境服务网络优势，深度参与中日创新合作示范区、中德科技园、农业中关村等建设，全年引入和跨境孵化海外项目、人才及机构100余个。

在现代企业治理方面，夯实基础、提质增效，现代企业治理能力进一步增强。完成投资中心改制及集团股权划转工作，市国资委正式履行出资人职责；主动对接经营性国有资产集中统一监管要求，实现国资监管主体变更相关工作的平稳衔接。完善董事会治理制度，明确董事会授权管理事项，持续优化"三会一层"权责清单，充分发挥专门委员会对重大事项辅助决策作用；加强与投资者沟通协调，修订信息披露工作流程，确保信息公开的及时性。优化子公司"三会"管理流程与权限，制定加强子公司董事会建设的指导意见，完善业务部门管理职责，建立相关工作协调机制。实施集团质量管理和标准化建设三年行动计划，在科技金融、科技服务、空间运营等领域形成一批标准化服务产品和成果。持续深化市场化用人体制和激励机制改革，分类推动子公司职业经理人、合伙人等改革试点，符合条件的二、三级公司实现全覆盖；完成任期制和契约化改革任务；优化集团考核与薪酬管理办法。制定集团加强法治建设的实施意见，推动实施法治建设四年行动计划；推动合规体系建设全面覆盖，完善重大风险防控工作体系,有效防范债务、投资、法律、金融、境外投资运营等方面风险。

在党的建设方面,集团党委坚定捍卫"两个确立",坚决做到"两个维护",把学习宣传贯彻党的二十大精神作为一项长期政治任务来抓。以"强国复兴有我"为主题开展群众性宣传教育活动,营造喜迎党的二十大胜利召开的浓厚氛围。制定学习宣传贯彻党的二十大精神工作方案,在集团系统掀起学习宣传贯彻党的二十大精神的热潮。对接市国资委党委落实全面从严治党(党建)工作机制,制定全面从严治党(党建)工作考核年度实施方案,全面从严治党考核与政治生态分析研判一体推进、一体落实。推动市委巡视反馈的 25 项问题全部按期整改完成。对标市委巡视巡察工作要求,建立健全巡察工作机制。持之以恒正风肃纪反腐,锲而不舍落实中央"八项规定"精神及市委贯彻落实办法,持续深化整治形式主义、官僚主义。

(项鹏)

表 1　2022 年中关村发展集团股东单位一览表

序号	股东名称	简称	认缴情况		
			认购的股份数（股）	出资方式	持股比例（％）
1	北京国有资本运营管理有限公司	北京国管	8531092247	货币／股权	45.3794
2	北京市海淀区国有资本运营有限公司	海淀国资	2600000000	货币／股权	13.8302
3	北京丰科创园国际企业孵化器有限公司	丰科创园	1793877317	股权	9.5422
4	北京亦庄投资控股有限公司	亦庄控股	1500000000	货币	7.9790
5	北京科技园建设（集团）股份有限公司	北科建集团	892536306	货币／股权	4.7477
6	北京昌平科技园发展有限公司	昌发展公司	688299689	股权	3.6613
7	北京首钢股权投资管理有限公司	首钢股权公司	500000000	货币／股权	2.6597
8	北京北控置业集团有限公司	北控置业	500000000	货币	2.6597
9	北京望京新兴产业区综合开发有限公司	望京综开公司	427065397	货币／股权	2.2717
10	北京工业发展投资管理有限公司	北工投资	385693293	货币／股权	2.0516
11	中国建筑股份有限公司	中国建筑	275229358	货币	1.4640
12	北京京东开光机电一体化产业基地开发有限公司	京东开公司	205088155	股权	1.0909
13	北京大兴发展国有资本投资运营有限公司	大兴发展	200000000	货币	1.0639
14	北京市石景山区国有资本投资有限公司	石景山国投	135026148	股权	0.7182
15	北京东方文化资产经营有限公司	东方文化	82000000	股权	0.4362
16	北京金桥伟业投资发展公司	金桥伟业	55666365	股权	0.2961
17	北京通政国有资产经营有限公司	通政国资	27866596	股权	0.1482
	合计		18799440871		100

（芦婧）

表 2　2022 年底中关村发展集团子公司一览表

序号	子公司名称	简称	加入集团时间（年）	成立时间
1	北京中关村软件园发展有限责任公司	中关村软件园	2010	2000.08
2	北京中关村生命科学园发展有限责任公司	中关村生命科学园	2010	2000.08
3	北京金桥科技产业基地开发有限公司	金桥科技	2010	2002.11
4	北京中关村科技园区建设投资有限公司	中关村建投	2010	1981.07
5	北京实创高科技发展有限责任公司	实创高科	2011	1992.03
6	北京丰台科技园建设发展有限公司	丰科建	2011	2000.11
7	北京中关村科技创业金融服务集团有限公司	中关村金服	2012	2009.02
8	中关村医疗器械园有限公司	中关村医疗器械园	2012	2012.10
9	中关村科技租赁股份有限公司	中关村科技租赁	2012	2012.11
10	北京知识产权运营管理有限公司	北京 IP	2014	2014.07
11	北京集成电路产业发展股权投资基金有限公司	北京集成电路基金	2014	2014.07
12	北京中关村微纳能源投资有限公司	中关村微纳能源	2014	2014.11
13	北京中关村信息谷资产管理有限责任公司	中关村信息谷	2014	2014.11
14	北京中关村集成电路设计园发展有限责任公司	中关村集成电路设计园	2015	2015.02
15	中关村协同发展投资有限公司	中关村协同发展	2015	2015.09
16	北京中关村协同创新投资基金管理有限公司	中关村协同基金	2015	2015.12
17	北京中关村前沿技术产业发展有限公司	中关村前沿技术	2015	2015.12
18	北京中关村资本基金管理有限公司	中关村资本	2016	2016.10
19	石家庄中关村协同发展有限公司	石家庄公司	2016	2016.11
20	中关村国际控股有限公司	中关村国际	2018	2018.03
21	北京中关村海外科技园有限责任公司	中关村海外科技园	2018	2003.01
22	北京市工业设计研究院有限公司	工业院	2019	1961.11
23	中关村至臻环保股份有限公司	中关村至臻环保	2019	2007.01
24	北京中发助力壹号投资基金（有限合伙）	中发助力基金	2020	2020.02
25	北京中发展金种子创业投资中心（有限合伙）	金种子基金	2020	2020.08
26	北京中关村科技服务有限公司	中关村科服	2020	2020.09
27	北京中关村中发投资建设基金（有限合伙）	建设基金	2020	2020.12
28	北京中关村工业互联网产业发展有限公司	中关村工业互联网公司	2021	2021.01
29	北京中关村高精尖创业投资基金（有限合伙）	高精尖创业基金	2022	2020.07
30	北京中发展智源人工智能科技发展有限公司	智源人工智能	2022	2022.05
31	北京中发高精尖臻选创业投资基金（有限合伙）	高精尖臻选基金	2022	2022.06

（罗桂林、孙致远）

特 载

中关村发展集团年鉴

YEARBOOK OF ZHONGGUANCUN DEVELOPMENT GROUP

2023

笃定信心　稳中求进

为首都高质量发展提供创新能力支撑

——在集团 2023 年工作会上的报告（节选）

（2023 年 1 月 28 日）

中关村发展集团党委副书记、总经理　宣　鸿

2022 年是极为重要、极不平凡的一年，超预期突发因素给企业经营带来严重冲击。一年来，在市委、市政府的坚强领导和市国资委，市科委、中关村管委会的强有力指导下，集团坚持以习近平新时代中国特色社会主义思想为指导，深入学习贯彻党的二十大精神和北京市第十三次党代会精神，按照集团党委、董事会的决议要求，紧扣"五子"联动重点任务，高效统筹疫情防控和经营发展，牢牢守住安全底线，国企改革三年行动提前圆满收官，综合改革主要任务和年度经营目标基本完成，高质量发展良好态势持续巩固增强，以实际行动为党的二十大交上了一张"分量十足"的成绩单。企业经营质量和韧性不断增强。2022 年集团实现营业总收入 91.12 亿元，利润总额 9.04 亿元，服务收入占比 51.4%、同比增长 11.87 个百分点，资产负债率 65.9%、同比下降 2.25 个百分点。全年服务创新创业主体 14748 家，同比增长 22.66%；为科技企业提供投融资服务总额 776.3 亿元，同比增长 13.6%；吸引、设立创新产业服务机构 26 个，落地北京高精尖产业和创新孵化项目 535 个。企业资信获得资本市场高度认可。惠誉维持集团"A级"主体国际信用评级，中关村产业园 REIT 作为首批样本券种入选中证 REITs 指数，集团荣获上海证券交易所"优秀基础设施公募REITs 参与人""公司债券创新产品优秀发行人"等称号。

一年来，集团始终心系"国之大者"主动担当作为，为新时代首都发展增动力添活力，工作亮点纷呈。一是 8 月 16 日时任北京市市长陈吉宁调研集团并主持召开市政府专题会，充分肯定集团综合改革成效。二是完成区企共管公司改革，政企合作新机制在门头沟、平谷等 4 个区成功落地，成为各区壮大高精尖产业的新动能。三是积极对接服务国家战略科技力量，保障怀柔国家实验室落地，创新机制支持脑科学与类脑研究中心脑机专项研发和产业化。四是有力支撑世界领先科技园区建设，软件园、中关村前沿技术研究院、集成电路设计园获得"高品质科技园区建设资金"专项支持，南中轴国际文化科技园正式开园，3 个新建园区被列入北京市"3 个 100"重点工程。五是认股权模式落地取得新突破，协助北京股权交易中心获批全国认股权综合服务试点，完成全国首个在认股权平台上"登记、转让、行权"的成功案例。六是中关村金服逆势凸显"稳定器""压舱石"作用，实现营业收入 16.04 亿元、利润总额 7.66 亿元，提供债权融资 669.4 亿元、同比增长 23%。七是落实京津冀协同发展战略展现新作为，软件园签约运营城市副中心设计小镇创新中心，工业院雄安新区"三校"项目竣工移交，京津中关村科技城获得 4000 万元中央预算资金支持。八是为科创企业复工复产按下"助力键"，迅速出台 12 项综合纾困措施，减免租金超 2 亿元，疫情期间服务不断档不打烊，集团再次荣获"金蜜蜂"优秀企业社会责任报告奖。九是获得一批国家和北京市重大荣誉，集团系统 10 人当选市区两级人大代表和政协委员，1 人获得"北京榜样·国企楷模"荣誉称号，1 人当选欧美同学会会员代表并获得"首都最美巾帼奋斗者"荣誉称号，南宁中关村信息谷、前沿技术公司运营团队分别被授予全国"工人先锋号"和北京市"工人先锋号"。

一年来，集团扎实推进八方面工作取得新突破。

一、扎实推进改革任务落地和"十四五"规划实施，推动企业高质量发展取得新突破

一体推进综合改革及国企改革三年行动，顺利通过市委深改办中期评估，取得一批突破性、标志性的改革成果。一是全面解决历史遗留问题。"一区一企一策"完成剩余 5 家区企共管公司改革重组，轻资产改革取得标志性突破。二是"房山样板"获市领导高度认可。前沿技术公司服务范围拓展至房山全域，委托服务费翻倍增长，政企合作新机制加快向其他区推广复制。三是完成投资中心改制及集团股权划转。集团正式纳入全市国有资产集中监管体系，由市国资委履行出资人职责，实现国资国企改革里程碑节点。四是推动业务板块股权重组。有序推进 8 家子公司股权重组，优化各业务股权管理关系，为打造专业化子集团奠定基础。五是深化市场化用人体制和激励机制改革。全面推行子公司经理层任期制和契约化管理，符合条件的二、三级子公司实现职业经理人和合伙人机制改革试点全覆盖。六是夯实改革落地和高质量发展长效机制。加强对重难点改革问题的研究推动，精心编制集团改革案例集，推广经验做法，持续完善高质量发展评价体系。

二、扎实建设"科技投行"，助力高精尖产业发展取得新突破

聚焦"2441"高精尖产业，做强全周期"耐心资本"，壮大首都经济高质量发展新动能。一是深化国家战略科技力量对接服务。制定三年行动计划，以轻孵模式支持智源人工智能研究院 2 个成果转化项目，设立首期规模 4 亿元的北京脑机产业基金。二是加强认股权和母子基金系建设。年内新增认股权 1323 个，9 个项目成功行权，中关村高精尖母基金新增决策投资 9 支子基金、投资额 9.6 亿元，跟投子基金实现项目突破。三是加大专精特新和独角兽企业投资力度。投资紫光集团等 40 个头部企业和高精尖项目，投资额超 24 亿元，发起成立中关村独角兽企业发展联盟并担任首届理事长单位。四是增强多层次资本市场服务效能。中关村 S 基金投资 4 项优质二手基金份额，启元资本深度对接北京证券交易所，完成"钻石之星"435 家上市后备企业培育活动。五是持续提升数字化投资管理水平。深入开发投行数字大脑，全年通过项目退出及基金分红等方式收回资金超 4.6 亿元。

三、扎实建设科技金融综合服务平台，缓解企业融资难题取得新突破

深化金服板块集团化运营，持续拓展服务链条，打造一站式金融服务平台。一是做实中关村金服。本部成功发行 8 亿元公司债，为 22 家科技企业提供 8.15 亿元直接融资支持，本部自主经营利润 2760 万元。二是提升多元化金融服务能力。全年完成担保规模 552 亿元、租赁规模 74.21 亿元，同比分别增长 23.27% 和 20.35%，发布中关村信用交易平台。三是深化业务模式和产品创新。设立 15 亿元瞪羚科创基金和 5 亿元租赁二期基金，推出针对专精特新企业的系列担保产品，知识产权租赁入选"两区"建设改革创新案例，首个基于区块链的供应链金融服务平台实现批量化运营。四是提升数字化和风控水平。深化金融数据平台建设，加快担保、租赁数字化转型，风控指标符合年度控制要求。

四、扎实建设专业科技服务平台，营造优质创新生态取得新突破

加快构建圈层服务体系，持续丰富集成服务包，助力科技成果转化和产业化。一是着力做强中关村科服。整合集团内部服务资源，通过参控股方式提供专业化服务，中关村芯园、中关村水木、硬创空间全年分别服务企业 284 家、563 家和 1200 家，与 16 家优质服务机构签署战略合作协议，在生物医药等领域新建 8 个

共性技术服务平台。二是做精重点专业服务平台。知识产权公司获批国家级中小企业公共服务示范平台，经营业绩实现新突破；产业研究院承担产业发展与科创中心建设研究项目 65 个，发布 150 余篇研究报告；工业院布局全过程工程咨询、城市更新等新赛道，多个项目成果荣获行业殊荣。三是做实金种子管家服务机制。联合北大创业营举办第 2 期管家实训营，管家队伍壮大至 120 余人，全年走访企业近千次，服务企业超 200 家。四是推动社区品牌运营模式落地。在朝阳区建设"中关村社区·数字产业创新中心"，企业签约入驻率超 30%。五是大数据平台建设运营提速见效。实施区块链基础设施、数据智能中心、管理驾驶舱等项目，中关村技术交易服务平台推动 40 个项目供需对接，中关村易创平台运营以来累计服务企业超 2 万家次。

五、扎实建设高品质创新社区，服务"三城一区"主平台和中关村示范区主阵地取得新突破

发挥市级平台作用，助力各分园提升专业化运营服务水平，有力支撑世界领先科技园区建设。一是强化园区重资产集约化管理。夯实中关村建投"大平台小项目"资源共享体系，加强"七位一体"规划和项目专业化管理，推动 REITs 扩募项目储备，在施项目面积超 56 万平方米，拓展储备优质产业空间近 60 万平方米。二是加快打造轻资产专业运营团队。设立员工持股的人工智能公司，集成电路设计园、医疗器械园轻资产拓展取得项目突破，集团全年新增京内轻资产运营面积超 26 万平方米。三是加快数智园区建设。编制数智园区落地实施方案，软件园深化园区大数据平台及人工智能算法建设，数智园区运营取得千万级的经济收益；中关村京西发展、人工智能公司联合华为等头部企业打造 100P 自主可控人工智能计算中心；集成电路设计园联合芯海择优开展智慧能源及园区智能监测等新应用。四是持续提升创新社区运营水平。以软件园为主体的行业应用软件产业集群通过国家首批"中小企业特色产业集群"认定，国家数字服务出口基地和"科创中国"试点建设得到相关部委高度认可并向全国推广；前沿技术公司推动设立中关村房山高精尖产业基金，年内新增落地优质项目 42 个；集成电路设计园成立 IC PARK 共性技术服务中心，"认股权＋基金投资"模式取得年化 50% 以上收益率，新引入高精尖项目 28 个；医疗器械园搭建 CSO 营销服务平台，引入强链补链项目 32 个；微纳能源全力推动"怀柔科学城区域创新联合体"落地，服务怀柔科学城科技成果转化；延庆园供地实现零的突破，收回开发成本 1.64 亿元，引入航天飞鸿等重点项目。

六、扎实推进京津冀协同发展重点项目，反哺国际科创中心建设取得新突破

落实京津冀协同发展等国家战略，持续优化区域协同创新网络，提升跨区域创新资源组织能力。一是推进京津冀协同重点项目。积极对接雄安中关村科技园筹建，滨海、宝坻、保定等项目获得多项国家级资质，多次登上《新闻联播》《人民日报》等中央媒体。二是深化轻资产运营模式。信息谷深耕重点区域、拓展增值服务，在全国协议托管运营面积 253 万平方米，全年服务企业近 1.7 万家。三是反哺国际科技创新中心建设。中关村协同发展公司在京搭建哥大中国·中关村创业加速营，中关村信息谷与北京首都科技发展集团在石景山合作中关村科幻产业创新中心，协同投资积极服务清华大学药学院促进科技成果在京转化，协同创新母基金投向北京项目占比 46%；区域板块全年共引入 73 个项目落地北京。

七、扎实优化提升海外创新孵化网络，汇聚国际创新资源要素取得新突破

加强海外业务风险研判和稳妥应对，多部门协同联动，提前保障海外美元公募债平稳接续。一是全力筹办 2022 中关村论坛。精心开展论坛会议、展览展示等筹备工作，举办新产业 50 人论坛等 15 场线上和线下活动。二是优化海外业务模式。加快北美等海外创新中心业务转型和风险处置，强化海外基金管理，全年获 857 万美元现金分配。积极拓展跨境服务新领域，投资支持多想云等企业香港上市。三是吸引国际创新要

素落地北京。编制国际化水平提升工作方案，积极支持中日创新合作示范区建设，全年引入和跨境孵化海外项目、人才及机构 121 个。

八、扎实推动党建与业务融合发展，高水平经营管理取得新突破

认真落实全面从严治党"一岗双责"，发挥基层党组织战斗堡垒和党员先锋模范作用，以高质量党建引领集团高质量发展。一是优化子公司管控机制。结合业务部门下沉，完善总部部门职责，优化子公司"三会"管理流程与权限，加强子公司董事会建设，提升总部服务管理能力和效率。二是强化投资计划和大额资金管理。加强重大投资项目评审论证，石景山、门头沟两个新拓展园区土地获取成本节约 14%，投资计划执行率持续提升，利用税收新政实现节税退税 1.26 亿元。三是加强新业务新产品研发。加大考核引导和资金支持力度，集团研发投入同比增长 14.5%，实施质量管理和标准化建设三年行动计划，集成服务产品由 188 项拓展至 203 项。四是推动子公司提质增效。加强经营分析和重点任务调度，持续开展重点亏损子企业专项治理，完成三年行动减亏目标。五是持续强化风险管理。积极推进法治国企建设，持续深化合规管理体系，强化年度重大风险分析研判及应对，完善安全生产管理体系。六是深化品牌宣传及企业文化建设。围绕学习宣传贯彻党的二十大精神、助企纾困等重点热点，讲述集团服务创新发展的品牌故事；筑牢疫情防控安全屏障，全力守护员工健康，发挥工会等自组织作用，凝聚起改革攻坚的强大合力。

同志们，在异常复杂严峻的外部环境下，我们经过艰苦卓绝的努力，战胜了很多困难和挑战，取得以上成绩殊为不易，值得倍加珍惜。这些成绩的取得，是市委、市政府高度重视、坚强领导的结果，是市国资委、市科委、中关村管委会精心指导的结果，是集团党委和全体经营班子勠力同心、真抓实干的结果，更是全体员工团结奋斗、辛勤付出的结果。点点星火，汇聚成炬，这就是集团的力量！在这里，我代表集团经营班子，向全体员工表示衷心的感谢！

同时，我们也清醒认识到，集团稳健经营和高质量发展还存在一些困难和不足。主要是：海外业务面临较多不确定因素，给我们造成了一定经济损失，引入海外创新资源难度加大，需加强应对，统筹好风险防范和业务发展；持续三年疫情给中小企业造成严重冲击，也深度影响集团园区业务，部分存量园区存在企业退租情况，影响出租率，新建园区产业招商、项目落地难度加大；全球资本市场趋冷加剧了"募资难"问题，集团母子基金市场化募资难度加大、出资较慢，制约了对优质项目投资布局的效率，亟待找到破解路径；政企合作新机制在各区推广落地要求我们加快提升产业组织能力，对专业服务平台和网络建设、轻资产运营能力提升提出了迫切要求；专业干部队伍培养和高水平专业人才梯队建设尚有差距，孵化器混改较慢，活机制改革仍需纵深推进，部分干部的主人翁精神没有充分发挥，责任感不强、主动性不够，斗争精神和斗争本领不足。对于这些问题，我们要高度重视，持续攻坚，加快解决。

专　文

中关村发展集团年鉴

YEARBOOK OF ZHONGGUANCUN DEVELOPMENT GROUP

2023

扛起服务创新发展的大旗

中关村发展集团着力打造国际一流创新生态集成服务商

中关村，我国创新发展的一面旗帜。党的十九大报告中指出，创新是引领发展的第一动力，是建设现代化经济体系的战略支撑。北京市第十二次党代会报告进一步指出，以建设具有全球影响力的科技创新中心为引领，着力打造北京发展新高地。中关村迈开了新时代创新发展的新步伐。常年深耕于中关村，中关村发展集团深知自己的使命和担当，主动扛起新时代服务创新发展的大旗，汇聚各方创新资源，从首都发展的迫切需要入手，思政府之所想、急企业之所需，从科技成果转化和产业化的关键环节出发，从弥补创新生态的主要短板出发，在产业组织落地、科技金融服务、共性科技服务、协同创新网络建设等方面不断突破，着力打造开放共享的创新创业生态服务体系。

涵养高精尖产业源泉　汇聚高质量发展动能

高精尖产业是实现高质量发展的不竭源泉。一个个环环相扣的高精尖产业完整链条构筑的集群生态，所发挥出来的效能则更具竞争力。当然，这对于产业组织者的能力要求更高。而这恰恰也是中关村发展集团的优势之所在。近年来，中关村发展集团发挥创新生态集成服务的平台优势，围绕各个高精尖产业垂直细分领域"一盘棋"谋划、"全链条"推进，以服务创新发展的"妙笔"，为首都高质量发展做好"强链、补链"的大文章。

数字经济已经成为国民经济发展的新动能，在促进经济高质量发展中发挥着越来越重要的作用。北京市在"十四五"规划纲要中提出要建设全球数字经济标杆城市。因此，数字经济产业也一直是近年来中关村发展集团着力服务布局的领域。

作为全国首批 12 家国家数字服务出口基地之一的中关村软件园就是中关村发展集团打造数字产业高地的重要布局。园区 90% 以上的企业属于数字服务企业，在这个聚集着云计算、移动互联、大数据、人工智能、量子科技等数字经济前沿技术领域的产业集群，园区企业在关键领域具有高度的产业话语权和技术主导权，共同构建起数字经济的产业生态。2020 年 9 月起，中关村软件园更是成为国家数字服务出口基地、国际信息产业与数字贸易港、数字贸易试验区等数字领域制度型开放"试验田"。与此同时，园区自身也形成了数字经济的小生态，通过构建以大数据平台为智慧中枢的园区大脑，实现实时链接空间、企业、人员等园区要素，深度获取企业需求，持续提升园区运营管理水平和产业服务能力，为企业提供精准服务。

集成电路芯片是数字经济的核心基石和关键要素，无论是数据的感知、存储、传输、处理，还是人工智能应用分析，都离不开芯片。近年来，中关村发展集团围绕设计、制造、封测和应用全链条中的关键环节，聚焦材料、设备等重点供应链节点，多维度打造集成电路产业生态链。旗下管理有 1 支集成电路母基金和若干专业子基金，建设中关村集成电路设计园，搭建 EDA（中关村芯园）、芯片测试（ICPARK- 是德科技）、工业芯片创新、双创孵化、产业服务等专业科技服务平台，建立起全周期的集成服务模式……在中关村发展集团的推动下，一条围绕 IC 产业全链条的投资和服务体系已然形成。

在大健康领域，中关村发展集团通过服务链接，建立了从研发、中试、生产到临床应用的生物医药体系完整的产业链、创新链、服务链。近两年，搭建了生物中试平台（华辉安健）、细胞与基因治疗平台（荷塘生华）、重组蛋白药物中试生产平台（质肽公司）等一系列共性技术平台，引入了 CRO（赛赋医药、保诺科技）、CMO（康龙化成）、CSO（瑞康医药）等一批专业化的服务企业，为打造健康产业"核爆点"提供服务支持和孵化加速。

近年来，中关村发展集团在大信息、大智造、大健康、大环保等产业垂直细分领域持续布局。这些企业或者落户集团园区，或者得到资金和专业服务支持。解决了"后顾之忧"的高精尖企业也得以"大展宏图"，成为支撑国际科技创新中心建设的"顶梁柱"，为北京高质量发展贡献源源不断的动能。截至目前，中关村发展集团服务的科技企业中，包括"专精特新"企业600余家，瞪羚企业500余家，上市企业400余家，独角兽企业49家，这些经营表现优异、创新能力显著的企业，为强化产业链供应链韧性提供了有力支撑；中关村发展集团运营的成熟园区也展现出强劲的发展动能，其地均收入、每万人专利授权数、人均研发经费投入强度分别是中关村示范区平均水平的3.87倍、1.55倍和2.04倍。

政企携手　共同打造区域创新生态

近年来，中关村发展集团充分发挥创新生态集成服务商优势，与相关属地政府探索形成优势互补、利益共享、共同发展的政企互利共赢合作机制，当好创新生态集成服务"合伙人"，结合属地政府发展定位，引进资源、汇聚要素、吸引人才，服务创新创业企业落地，共同打造各具特色的区域创新生态，助力建设世界领先科技园区。

位于北京西南房山区的中关村新兴产业前沿技术研究院，是中关村示范区目前唯一授权的以"高端制造"为主题的特色园区。依托中关村新兴产业前沿技术研究院，中关村发展集团与房山区在创新驱动引领区域新经济发展方面走出了一条中关村与属地创新牵引、资源嫁接、优势互补的专业特色之路。比如，双方通过建立国内外头部企业、隐形冠军和独角兽项目导入机制，打通国际创新资源链接通道，力争到2025年底，引入8—10家技术领先的海外高科技企业落户房山区；承接中关村京内外高精尖产业项目集中落地，力争到2025年底，引入国内具有影响力的企业超30家。共同推动智能网联汽车检验检测服务平台等关键性共性技术平台建设，聚焦先发优势打造区域核心竞争力。平台建成后将成为京津冀乃至全国智能网联汽车认证与检测服务的重要专业化平台与权威机构。共同发起设立高精尖产业基金，打造扶持高科技企业产业发展的"耐心资本"。近五年来，中关村发展集团已累计为房山区引进100余家行业领军及强链补链企业，带动房山区加快形成以高端装备、新材料等为代表的主导优势产业集群；培育出史河科技、亮道智能等一批技术领先的"金种子"项目；探索出"前店后厂"创新发展模式，被写入《北京市"十四五"时期高精尖产业发展规划》。

2022年3月，中关村发展集团又与门头沟区政府签署"构建新型政企关系"全面合作协议。此次合作，双方将以中关村（京西）人工智能科技园为重点，通过新建产业空间与盘活老旧厂房结合方式，构建满足门头沟高精尖产业项目全生命周期发展的国际化、智慧化、低碳化的高品质科技载体组团，成为助力北京人工智能加速发展极具优势的重要腹地和特色产业带。据悉，中关村发展集团将通过整合国内外产业创新要素资源，推动集团20类180余项创新生态集成服务产品全面导入门头沟区，培育创新"沃土"，助力门头沟区高质量发展。预计三年内引入150个泛人工智能方向项目。

让科技创新的"金种子"心无旁骛地绽放

全周期、一站式、管家式、专业化服务……融资有困难？落户园区有困难？对接产业资源有困难？企业经营发展中遇到的各种各样的难题，似乎都可以在中关村发展集团寻求到帮助。这是中关村发展集团留给很多创新创业企业的印象。

无人直升机携带灭火弹森林灭火项目是航景创新研发的重点项目。为保证项目的有效推进，中关村发展集团发挥产业组织优势，短时间内引入煜邦数码、星际导控等10余家产业链上下游企业与航景创新组成联合课题组，合作开展技术攻关。同时，集团主动对接内外部资源，为该项目解决融资5000万元，解除了企业的后顾之忧。最终仅用不到4个月时间便完成了无人机挂弹夜间演练，无人机载荷及灭火弹体量较之前提高了两倍多。"自2019年入驻中关村发展集团园区以来，我们得到了集团多方面的帮助，让航景有了质的腾跃和日新月异的发展"，航景创新公司总经理王伟如是说。

北京恒福思特科技发展有限公司的微波手术刀在产品注册中需要验证电磁兼容性，为提高检验机构的通过率，中关村发展集团依托中关村水木医疗服务平台，帮助其进行产品的预检测和产品优化，最终顺利取得了产品注册证；人工骨修复材料的领军企业奥精医疗，中关村发展集团从股权投资到对接担保、租赁、银行等金融机构，再到落地园区、挂牌上市，解决企业发展中所遇到的难题，为企业发展进行了持续赋能。

疫情期间更显担当。作为服务科技创新创业的平台，支持广大科技型中小企业疫情防控和复工复产、帮助它们渡过难关是中关村发展集团义不容辞的社会责任。近期，中关村发展集团针对科技型中小企业特点推出一揽子服务举措。为服务业小微企业和个体工商户减免房屋租金，同时探索通过租金延期支付形成债权转股权的方式，支持园区入驻困难企业渡过难关，预计减免租金超2亿元。今年以来，中关村发展集团通过融资担保、知识产权租赁、定向融资计划等产品及服务创新，累计为近4000家科技型企业提供215亿元的金融服务支持。

同时，集团还发挥"金种子"基金特色优势，遴选纾困帮扶的优质企业纳入"金种子"企业名录，投资培育支撑首都经济发展的"金种子"企业。通过中关村易创、中关村技术交易综合服务平台，为中小微企业提供数字化平台建设支持；针对有困难的中小微企业，匹配"一对一"的服务管家，提供知识产权、产业咨询、中试测试等共性技术服务；利用海外资源及国际会展、论坛等平台，多渠道宣传推广企业新产品、新技术，助力企业经营发展和市场拓展。

近五年来，中关村发展集团通过股权投资、债权融资、共性技术、园区运营等多种形式服务企业7万余家。截至目前，集团构建的全周期"耐心资本"服务体系覆盖母基金7支，直投基金100余支，累计投资企业2400家。创新推出科技担保、科技租赁、科技信贷等科技金融服务，累计提供超过3000亿元融资支持。针对科技成果转化中的堵点、断点、卡点，多层次建设和引入科技服务机构，形成70余家共性服务平台、专业服务平台、创新型研究机构、硬科技服务平台为代表的科技创新平台。中关村发展集团相关负责人表示，优秀的科技企业是支撑高质量发展的"金种子"，我们为创新创业者提供源源不断的支持，就是为了让技术专家、领军人才或创业团队能"心无旁骛"地专注于擅长的事情，提高创新创业效率。

勇于改革　在服务创新发展中当旗手做标杆

中关村的发展始终离不开改革创新。当前，中关村正开展新一轮先行先试改革，加快建设世界领先的科技园区。秉承中关村"改革创新"基因的中关村发展集团，也一直走在中关村先行先试改革的前列。

2018年以来，市委市政府主要领导谋划、推动中关村发展集团的改革转型。2019年9月2日，北京市委全面深化改革委员会第七次会议审议了《关于推进中关村发展集团综合改革的方案》；同年11月7日，北京市政府批复原则同意《关于推进中关村发展集团综合改革的方案》。

构建以公募REITs为核心的园区建设融投资模式，正是中关村发展集团推动改革转型的一个突出典型。产业园区开发建设周期长、收益率低，且缺乏投资退出渠道，社会资本参与度低；而对于承担开发建设任务的主体，投资强度大、负债率高，往往造成其较大的资金和财务压力，制约其科技服务能力的提升。为了破解上述难题，中关村发展集团抢抓机遇参与国家基础设施公募REITs试点，实现中关村软件园首批公募REITs项目成功上市，通过该项目盘活软件园11.67亿元存量资产，走通了一条"投资—运营—发行REITs收回资金—再投资"的科技园区新型融投资模式，实现资产持有人和运营管理人分离，为盘活中关村示范区存量资产形成创新产业集群叠加效应打下实践基础。

近年来，中关村发展集团立足于构筑高水平科技创新生态创造更多新的经验，取得了一批突破性、标志性改革成果。通过构建"空间＋投资＋服务"的中关村社区运营模式，增强园区共性专业服务功能，有力支撑北京"三城一区"建设和中关村"一区十六园"高质量发展。通过塑造中关村科服品牌，着力补齐科技创新共性服务短板，提升营商环境服务、共性技术服务、应用场景服务等共性服务能力。通过塑造中关村资本品牌，着力增强科技创新"耐心资本"供给，以股权为纽带，从全球发现、遴选、引导优质创新企业、高精尖产业项目和科技服务机构在北京落地生根。通过塑造中关村金服品牌，着力缓解双创主体融资难、融资贵问题，围绕双创主体需求延长金融服务链，构建全生命周期的融资解决方案。

随着这些举措的推进，中关村发展集团的创新生态集成服务体系将更加完善。站在新起点上，中关村发展集团将牢固树立新发展理念，紧扣首都城市战略定位，坚决扛起服务创新发展的大旗，为北京市发展新经济、培育新动能、建设国际科技创新中心作出更大贡献！

（此文刊载于 2022 年 6 月 24 日《北京日报》）

在改革中攻坚　在创新上发力
打造更具竞争力的高水平科创平台

党的十八大以来，以习近平同志为核心的党中央把创新作为引领发展的第一动力，摆在党和国家发展全局的核心位置，立足中国特色，着眼全球发展大势，把握阶段性特征，对新时代科技创新谋篇布局。十年来，我国科技创新事业发生了历史性、整体性、格局性重大变化。中关村作为第一个国家自主创新示范区，站在了时代发展的潮头，改革创新的"金名片"也愈发亮眼。

中关村发展集团正是在这个大时代中应运而生，扛起服务创新发展的大旗，冲在创新变革的最前沿，成为中关村创新创业生态建设的重要参与者，递出了中关村改革创新的"新名片"。

全新尝试　延续中关村改革创新基因

习近平总书记曾指出："多年来，我国一直存在着科技成果向现实生产力转化不力、不顺、不畅的痼疾，其中一个重要症结就在于科技创新链条上存在着诸多体制机制关卡，创新和转化各个环节衔接不够紧密。就像接力赛一样，第一棒跑到了，下一棒没有人接，或者接了不知道往哪儿跑。"中关村发展集团，从某种意义上来说，正是为了破解这个症结而生，是破除束缚科技创新体制机制、打通科技和经济转移转化通道的一次创新尝试。如果将科技成果转化和产业化比喻成一场接力赛，那么中关村发展集团创新生态集成服务就是这场比赛中不可或缺的重要一棒。

中关村发展集团的成立，源自 2009 年国务院批复同意支持中关村建设国家自主创新示范区。当时的中关村亟须解决两个方面的问题：一方面是要实现跨行政区域统筹产业功能区域差异化布局；另一方面是通过市场化资本运作放大国有资本的产业促进效应。搭建推进中关村示范区建设的强有力的市场化实施和服务平台，开展新一轮更高水平的园区建设和产业促进，就是当时的改革所需。中关村发展集团的成立，是一次全新的尝试，业务模式、管理机制都没有前例可循。

党的十八大以来，我国大力实施创新驱动发展战略。中关村发展集团一成立，就迎来了服务创新发展的黄金时期。中关村发展集团服务创新创业的业务版图也随着科技创新创业形势的发展不断迭代升级，形成了覆盖科技创新全链条的股权投资、债权融资、共性技术、空间运营等主营业务，积极搭建国内外协同创新网络，构建"点、线、面"创新生态集成服务的新格局。这些都是一次次改革创新的结果。

2019年，北京市政府批复《关于推进中关村发展集团综合改革的方案》。2020年，《国企改革三年行动方案（2020—2022年）》正式启动。中关村发展集团由此开启了新一轮转型升级的"改革时间"。近三年来，中关村发展集团坚持市场化整合创新要素的原则，聚焦首都"五子"联动融入新发展格局的重点任务，以资本、服务、数智驱动为主线，有力、有序推进"轻资产、强服务、活机制"重点改革任务，形成一批突破性、标志性的改革成果。

惠人达己　巧手编织"高精尖"产业网络

中关村发展集团一直把服务国家战略、履行社会责任放在首位。这就注定了中关村发展集团的改革转型不仅仅是自身的做强做优做大，更重要的是帮助更多创新创业主体做强做优做大，服务优质科技创新项目落地，助力北京国际科技创新中心建设。近年来，中关村发展集团在高精尖产业垂直细分领域持续布局，不断完善高端人才、研发机构、创新型企业、投资机构、专业服务平台等要素汇聚的创新生态，编织起一张未来科技创新和新经济新产业的大网，形成对北京高精尖产业发展的引领带动。

量子技术是近年来我国重点布局的关键技术。国家"十四五"规划提出，加快布局量子计算、量子通信等前沿技术。为此，中关村发展集团多措并举，率先实现了量子领域生态布局。落地北京量子信息科学研究院，在量子物态科学、量子通信、量子计算等领域开展基础前沿研究。同步引入国开启科量子技术（北京）有限公司、北京国盾量子信息技术有限公司等多家量子通信、量子计算领域的高科技企业，推动量子技术实用化、规模化、产业化。结合量子领域发展需要，针对高端技术人才招聘难度大、持续性研发资金投入高、企业人才留用实际需求多等一系列问题，提供全要素管家服务。以中关村软件园为依托，一个覆盖量子领域各创新主体的良好产业生态正在逐步形成。

面向世界科技前沿、面向经济主战场、面向国家重大需求、面向人民生命健康。对于服务创新创业项目的选择，中关村发展集团有自己的偏好。近年来，中关村发展集团更是瞄准高精尖，以精准服务不断布局新领域新赛道。比如，联合北京智源人工智能研究院打造和推广"投资＋孵化"的轻孵模式，形成与"大院大所"的科技成果转化合作范式，促进科技成果"0—1"原始创新；围绕科研机构、创新型企业的需求，搭建了工业芯片应用创新、5G+MEC示范、基因组编辑、生物药中试、医疗器械CSO等一批共性技术服务平台，做大科技成果"1—10"孵化加速服务。打造综合科技服务平台，形成面向科研院所、国内外高校、新型研发机构的项目资源导入渠道，促进科技成果"10—N"在京产业化。据统计，2021年，中关村发展集团服务科技企业超2.3万家次，较改革前增长133.7%；落地高精尖产业和创新孵化项目550个，较改革前增长63.2%。许多中关村发展集团服务的企业也成为支撑国际科技创新中心建设的"顶梁柱"，为北京高质量发展贡献源源不断的动能。

蝶变跃升　创新空间运营的转型升级

早期科技园区的运营模式与房地产模式很接近，实质是科技地产。这样的模式，往往会导致企业运营成本增加。为了压缩成本，部分企业通常选择远离城市的地方，而这些地方又可能面临交通不便、产城不融合、园区配套不完善等问题。建设科技园区的目的原本是要聚集创新资源，而科技地产的模式反而造成对创新的"挤出效应"。中关村发展集团从一开始就致力于改变这一科技地产模式，作出了大量的探索尝试。

近年来，中关村发展集团充分发挥创新生态集成服务商优势，与相关属地政府探索形成优势互补、利益共享、共同发展的政企互利共赢合作机制，当好创新生态集成服务"合伙人"，结合属地政府发展定位，引进资源、汇聚要素、吸引人才，服务创新创业企业落地，共同打造各具特色的区域创新生态。位于北京西南房山区的中关村新兴产业前沿技术研究院就是这种新型政企合作关系的样本。中关村发展集团以中关村新兴产业前沿技术研究院为依托，率先探索形成了1个区域服务平台，区域政府、中关村发展集团、双创主体3方之间互利共赢、长效合作的"1+3"轻资产运营商业模式。与此同时，创新实施"前店后厂"模式，为企业既提供研发办公空间，也提供标准化厂房产业化空间，缩短生产研发间的距离，解决了高精尖企业在京发展的诉求和痛点，为首都科技创新成果在京内实现低成本、高效率转化提供了全新的解决方案。得益于这种新型的政企合作模式，2022年以来，中关村新兴产业前沿技术研究院及其所在的北京高端制造业基地规模以上企业产值、纳税及区级财政收入等指标均较上年同期有明显增长。

科技园区项目前期投入大，后期运营高度依赖租金和销售收入回笼资金，由此造成投资回报周期长、投资可持续性差，园区运营公司资产结构过重，过多的资金、人才等资源配置在园区建设上，不利于产业组织服务能力的提高。2021年12月17日，以中关村软件园自持科技载体为标的的中关村产业园REIT正式在上海证券交易所上市，成为"中国基础设施公募REITs元年"11个试点项目中流通份额认购规模最大、认购倍数最高、募集溢价率最高的产品，受到社会各界广泛关注和资本市场高度认可。构建以公募REITs为核心的园区建设融投资模式，也正是中关村发展集团探索创新空间运营的又一标志性成果。中关村产业园REIT的成功发行，有效盘活了存量资产，建立"投资—运营—发行REITs收回资金—再投资"的园区建设新模式，实现投资回收期缩短50%，从"重资产"中"金蝉脱壳"，推动"轻资产、强服务"的改革转型。园区运营公司角色也随之发生改变，工作重心转向产业服务精细化、园区智慧化升级、存量空间挖潜和服务输出等方面，人才、孵化、双创、科技成果转化等各项特色服务进入高速发展期。目前，中关村软件园园区运营公司专业服务人员占比达到80%以上，IT服务、科技物业服务收入均突破亿元大关，公司整体服务收入占比超过60%。

在城市更新中，通过盘活存量空间，实现"腾笼换鸟"，是中关村发展集团践行"科技回归都市"的又一创新探索。南中轴国际文化科技园由原大红门服装商贸城改造升级而来，是引领大红门地区"华丽转身"的首个城市更新示范项目。2021年，中关村发展集团和丰台区政府签署战略合作协议，共建南中轴国际文化科技园。目前，园区已签约、注册企业10余家，预计在今年年底园区一期开园后三个月内实现签约入驻率不低于30%，初步形成新一代信息技术、数字贸易与文化贸易、高端科技服务等产业在园区聚集发展态势。近一年多来，中关村发展集团累计完成城市存量空间升级改造超18万平方米，盘活"旧巢"、引来"金凤"，有效推动其功能重塑、产业升级和品质提升。

中关村发展集团主导运营的成熟园区持续领跑中关村示范区。据统计，园区入驻企业研发投入强度、万人发明专利授权量分别是示范区的2.6倍和1.9倍，园区地均收入是示范区整体水平的3倍以上。

服务投资　未来与创新创业主体共成长

提升集成服务能力是中关村发展集团改革的重要目标。近年来，中关村发展集团不断创新服务模式，形成了包含20大类188项科技服务产品的集成服务版图。

认股权业务是中关村发展集团打造科技投行商业模式的重要改革试点。通过服务换认股权的方式获得双创主体权益，通过股权投资和增值服务退出兑现权益，形成培育价值、识别价值、释放价值的商业闭环，分享创新创业主体的成长价值。截至目前，集团已建立包含近 2000 个项目的认股权池，并对项目进行分层管理，重点选育独角兽、瞪羚、"隐形冠军"和"专精特新"企业。田园奥瑞公司是一家专注于动物遗传资源保存与利用技术的高科技企业，于 2020 年入驻中关村发展集团旗下中关村新兴产业前沿技术研究院。研究院为企业提供了管家式、全流程的一系列贴身服务，并与田园奥瑞公司签订了认股权合作协议。2021 年，研究院向集团旗下认股权基金转让关于田园奥瑞项目的认股权，认股权基金对田园奥瑞项目行权。同时，集团旗下金种子基金也进行了联合投资。由此，走通了一条"获权—服务增值—基金行权"的认股权业务模式，获得了与服务主体共成长的机会。

认股权业务只是通过服务投资科技企业未来的一个缩影，类似的例子还有很多。近三年来，中关村发展集团聚焦"强服务"的改革目标，加快构建全周期、一站式、管家式专业服务体系，持续助力科技成果转化和产业化。构建了以中关村高精尖母基金、金种子基金、中关村 S 基金为代表的多层次资本市场服务与财富管理体系，建立北京证券交易所业务对接机制，引导社会资本投资认股权项目，分享双创主体的成长价值。新设主导基金 27 支、战略管控基金 21 支，总规模 623 亿元，布局投资了 200 多个高精尖项目，天智航、亿华通等 21 家被投企业成功上市。完善多元、普惠的债权融资服务体系，债权融资规模超 1700 亿元。针对企业信息不透明、单户成本高、抵质押物少、审核效率低等难点痛点，借助金融科技服务手段，搭建中关村信用交易平台，逐步形成中关村特色的信用链，打造信用交易新增长点。针对科技成果转化中的堵点、断点、卡点，多层次建设和引入科技服务机构，打造专业科技圈层服务模式，形成 70 余家共性服务平台、专业服务平台、创新型研究机构、硬科技服务平台为代表的科技创新平台。累计服务上市企业 498 家、独角兽企业 25 家、"专精特新"企业 940 家。与国内同类企业相比，集成服务产品种类、科技金融服务能力处于领先水平，运营园区的研发投入强度、创新产出水平、地均产出、产业集中度等方面优于同类园区。

服务能力提升的背后是公司治理体系的完善，是动力机制的重塑。近年来，中关村发展集团紧紧围绕提高效率激发活力，推动市场化机制各项措施全面走深走实。加快优化人才结构，合作及引入 25 个国际化、市场化、专业化人才团队。专业服务人才占比超过 35%，新进人才 100% 通过市场化方式选聘。坚持干部能上能下、人员能进能出、薪酬能增能减，全面实施职业经理人、合伙人等市场化用人体制机制改革等。多措并举锻造出了一支新时代服务创新发展的中坚力量，为建设国际一流的创新生态集成服务商提供强劲动能。

持续创新　打造更具竞争力的高水平科创平台

改革创新是打造企业核心竞争力的重要手段，对于以服务创新发展为使命的中关村发展集团更是如此。经过近三年来的改革创新，集团现代企业制度逐步完善，成果转化、创新孵化、空间服务、产业投资、金融服务、资本服务等平台功能全面提升，企业的核心竞争力、国际竞争力有效提升，在对标国际一流的道路上更进一步。

改革创新永无止境。面对中关村开展新一轮先行先试改革、加快建设世界领先科技园区的新形势新要求，对标打造国际一流创新生态集成服务商的改革目标，中关村发展集团相关负责人表示，将以更加坚定的信心和决心，持续深化改革创新，着眼新时代首都发展，深度参与首都科技创新重点领域的谋划和布局，精准研判科技创新和产业发展趋势，做科技创新改革的引领者、发起者，主动布局新领域、开辟新赛道，主动承担科技创新重点任务；以价值投资为统领，切实提高企业核心竞争力，深化"与双创主体共成长"的商业模式，为科创企业提供全链条科技服务，发现、培育、服务更多科创企业；着眼提升集团国际化资源汇聚能力，为科创企业"走出去""引进来"提供优质服务和支撑；着眼深化改革创新，提升公司治理国际化水平，拓展专业化人才团队，完善市场化激励机制，不断增强集团的国际化、专业化、市场化水平，更好发挥"突破、示范、引领"作用，打造更具竞争力的高水平科创平台。

（此文刊载于 2022 年 10 月 14 日《北京日报》）

盘活知识产权　赋能成果转化

——中关村发展集团全链条知识产权服务助力国际科技创新中心建设

3月18日，中关村再次吸引全球目光，新一轮先行先试改革启动，按下建设世界领先科技园区的"加速键"。作为全国首家也是目前唯一一家经国务院批准成立的国家级知识产权制度示范园区，中关村在知识产权关键指标上表现更是抢眼：北京（中关村）有效发明专利突破40万件居全国之首，每万人发明专利拥有量185件，是全国平均水平的近10倍，企业累计创制国际标准500多项。

"开发利用中关村丰富资源，积极探索知识产权商用化试点。"早在2014年，就在这片创新热土上，中关村发展集团前瞻布局知识产权运营服务平台——北京知识产权运营管理有限公司（简称"北京IP"），为助力科技中小企业创新发展提供高水平的知识产权运营服务供给。这也是我国首家政府倡导设立的专门从事知识产权运营的国有平台，开创了中国知识产权运营发展的里程碑。八年间，北京IP用脚踏实地、锐意进取的实际行动践行着初心使命，打造了符合首都特点的全链条、管家式知识产权服务体系，以"确权—评权—债权—股权—易权—维权"知识产权全生命周期服务赋能科技创新0—1、1—100转化，探索出了一条盘活知识资产、促进成果转化的"中关村之路"，努力在北京国际科技创新中心建设中扛起知识产权大旗。

面向高精尖产业
高质量专利培育运营，架起成果转化"新支点"

在催人奋进的春天里，2022世界知识产权日系列活动落下帷幕。智能传感器知识产权特色基金实现项目投资，联合中国研究型医院学会启动医学科技成果转化，发布全球医疗感知领域产业人才图谱……展示了北京IP在高质量专利培育转化方面的阶段性成果。

"推进成果转化还须再添一把火，这把火就是知识产权！"中关村发展集团总经理宣鸿深有感触地说。成果转化目前还存在很多现实困难，比如存量成果中哪些适合转化、与谁转化、怎么转化，增量成果如何从源头把控质量、有效保护、切实成为核心竞争力，这都离不开科技成果重要载体——知识产权的全生命周期保驾护航。

智能手机、智能汽车、智能机器人……各类智能设备正在逐渐走进人们的生活。这一切的背后，离不开智能感知、识别和通信等技术的支撑，而感知的关键就是传感器及相关技术。可以说，智能传感是构筑我们这个智能时代的底层技术基础，作用非同小可。作为我国首个由国家工信部、国家知识产权局发起的高价值知识产权培育运营国家专项（智能传感器领域）的承担机构，北京IP把专利运营作为促进成果转化突破口，迈出了极具探索意义的一步，打造了"高科技投资＋知识产权专业服务"融合孵化新范式，设立了国内首支聚焦智能传感器领域的知识产权特色基金，首期目标规模5亿—6亿元，通过高质量专利的甄别、创制、投资、运营等综合服务，在盘活存量、布局增量两方面发力，争取积累一批优质专利资产，支撑具有全球影响力的创新型产业集群建设。此前，北京IP已与北京怀柔仪器和传感器有限公司开展合作，助力怀柔国家级高端科学仪器和传感器产业基地建设。

国家"十四五"规划将生命健康列为事关国家安全和发展全局的攻关领域，与此同时，"科技战疫"

使医疗行业进入黄金期，进口替代愈加迫切，国家提出要加快突破"卡脖子"技术，突破技术装备瓶颈，实现我国高端医疗装备自主可控。笔者从刚刚召开的知识产权运营与医疗感知成果转化论坛获悉，医疗行业是这项探索性创新工作的重点发力领域。北京 IP 将通过与中国研究型医院学会合作，合力打造研究型医院科技成果转化平台。

"盘点我国拥有专利申请的 4000 多家医院发现，PCT 国际专利申请占专利申请总量的 0.38%；13 万件中国有效专利中，有效发明专利占 10.8%，有效专利转化实施率仅 4.3%，均低于我国专利指标平均水平。"北京 IP 相关负责人坦言，北京 IP 联合中国研究型医院学会进行"专利视角下的医院创新转化贡献率分析"发现，践行研究型医院建设理念的 214 家学会会员单位虽仅占我国大型医院的 5%，其优秀级专利数占到 31.4%。通过建立这样的一个转化平台，将更好地激励医疗科研人员科研成果转化的积极性，盘活科技成果和知识产权价值，并最终将孵化成熟的产品回流医院，推动医学科技成果加速转化、医院科技创新升级，增进人民福祉。

面向科创企业

多元知识产权金融服务，注入企业发展"新活水"

"真没想到，专利还成敲门砖了！"回忆起以一件净水发明专利作为质押物，顺利获得"智融宝 2.0"500 万元银行贷款，北京仁创生态科技有限公司首席知识产权官崔永平至今难掩兴奋。正是这笔数目不大的钱，帮助企业渡过了新冠疫情严重时期的资金周转难关。

国家级专精特新"小巨人"的点赞，给予了北京 IP 知识产权金融创新充分肯定。"智融宝 2.0"是中关村知识产权质押贷款优化升级产品，主要针对科技企业资产构成中知识产权占比较大的特点，以企业或实际控制人名下的专利作为唯一质押资产，为企业提供 1—2 年期、5000 万元额度、补贴后综合成本约 3% 的知识产权质押融资支持。

"智融宝"如何破冰行业难题？与市场上其他知识产权质押贷款产品相比，"智融宝"实现了三个创新：一是政府与市场风险共担，首创风险补偿前置模式，与海淀、顺义、天津滨海分别设立风险处置资金池，总规模 8000 万元，有效调动了金融机构积极性。二是联合审查与风控，综合评价企业专利价值，有效弥补了金融机构知识产权判断能力不足等问题。三是探索违约质物处置通道，以专利转让许可等手段解决金融机构后顾之忧，使双创企业更容易获得银行贷款。

知识产权引来"源源活水"。截至目前，智融宝已累计服务中小微企业近 200 家，融资额近 9 亿元，盘活企业核心知识产权 1300 多项，有力支撑了北京市知识产权质押融资体系建设。

"智融宝"只是其中一块"金字招牌"。为满足企业更大融资规模需求，更好地反哺研发创新，北京 IP 率先研究形成了北京特色知识产权证券化创新模式——基于专利许可收益权构建基础资产，同时强化供应链属性，通过对融资企业的专利运营和供应链应收账款质押，更好地实现科技企业低成本融资、解决"专精特新"资源吸引能力不足、以知识产权构筑全球领先创新高地战略资源的三大目标。

值得一提的是，该模式探索由国有平台主导发起，同时国企作为核心企业带动中小企业参与，有助于优化国企融资模式和供应链管理，争取在模式创新、发行规模、政策改革、北京证券交易所特色定位等方面形成一批标志性成果，强化国企在科技强国建设中强链、补链、固链作用，积极践行服务科技创新的社会责任。

呵护创新种子，催生更多专利优势型科技"小巨人"，中关村发展集团知识产权金融服务的创新步伐从未停止。

面向"三城一区"
知识产权大数据智库，围绕高质量发展"出良方"

在中关村知识产权运营公共服务平台 IP Online 上，一键点击"北京市科技驱动经济大数据监测"，中关村"一区十六园"的科创实力数据就动态化、可视化跃然眼前。

专业力量在这些数据背后闪耀。作为国家知识产权局、世界知识产权组织认定的技术与创新支持中心（TISC），北京 IP 基于全球海量专利数据，开创性地构建了包括科创规模、质量、运用、效率四个维度 40 多项指标的科创能力综合评价体系，为基础研究、科技投资、成果转化、产学合作等经济科技活动提供战略性、前瞻性的智库支撑。

2020 年，首个智慧园区科创能力分析与管理系统在中关村生命科学园上线，为园区提供了便利化的创新导航。尤其值得一提的是，该系统首次尝试从技术影响力、垄断力、生命力、实施力等方面，对中关村生命科学园与江苏、上海、广州、武汉等各地同类园区进行了对标。园区入驻企业还可以通过系统端口，实时监控管理自持知识产权，深受企业欢迎。

怀柔科学城管家是北京 IP 服务中浓墨重彩的一笔。2021 年，针对科学城交叉研究平台涉及的专利成果进行摸底调研，梳理出了技术现状及转移孵化情况，并对产业化前景进行了综合评估和建议。其间，还开展了"入园惠企"送服务包、项目路演、实务培训等活动，切实帮助园区及企业提升了知识产权保护意识和工作水平。截至目前，北京 IP 已在中关村软件园、中关村集成电路设计园等 20 多个园区设立了"服务工作站"，联合举办活动 100 多场，受益企业上千家。

"保护知识产权就是保护创新。"北京 IP 相关负责人清楚地记得，在一次"集中问诊"中关村顺义园企业时，知识产权遭侵权是他们最急切的问题。针对维权难、维权贵等问题，北京 IP 率先推出一站式知识产权维权保护"维权通"，为企业提供侵权监测、证据存证、技术分析、维权资金、律师援助等全方位保护方案。2021 年，一家位于亦庄经济开发区的科技企业通过"维权通"成功维护了自主创新权益。

结 语

一个个创新模式、特色产品，构建起中关村发展集团围绕知识产权全要素、全链条的运营服务体系，成为其创新生态集成服务不可或缺的重要一环。未来，中关村发展集团将坚持抢抓知识产权强国建设、中关村新一轮先行先试改革的重大历史机遇，勇担时代重任，努力打造国际一流的知识产权全链条服务平台，推动知识产权转化成首都高质量发展的新动能，助力北京国际科技创新中心建设，扛起中国知识产权运营"大旗"。

透过数据看北京 IP 的创新发展

- 累计运营高校院所优质专利 32000 多件
- 联合海淀、顺义、天津滨海分别建设三个风险处置资金池（总规模 8000 万元）
- 盘活企业核心知识产权 1300 余项
- 提供专利大数据智能分析近 2 万次
- 出具高端医疗器械、人工智能等高精尖产业报告近 100 份
- 知识产权融资服务突破 10 亿元
- 促成北京工业大学等高校近 50 件发明专利转让
- 连续 4 年承办中关村论坛"知识产权平行论坛"
- 知识产权服务协同体成员 100 多家
- 科技园区知识产权服务工作站 20 多个

（此文刊载于 2022 年 4 月 28 日《北京日报》）

集成服务助力科创企业渡过疫情难关

面对新冠疫情的反复冲击，众多中小微科创企业经营面临难题。中关村发展集团坚决落实北京市相关政策，制定帮扶工作方案，出台覆盖"4+2"业务领域的 12 条具体措施和 6 项保障措施，为科创企业复工达产按下"加速键"。

> 推出综合纾困措施 12 项，减免租金 2.25 亿元，为困难中小微科创企业提供金融支持 215 亿元，直接纾困服务在京企业约 5000 家。

减租降费，助企纾困

疫情期间，集团所属科技金融企业通过融资担保、知识产权租赁、定向融资计划等产品及服务创新，为受疫情影响的科创企业提供金融服务，并积极主动实施"减费让利"金融支持政策。集团所属园区企业积极承担国企社会责任，落实房租减免政策，为服务业小微企业和个体工商户纾困解难。

2022 年上半年，集团主要园区减租情况

中关村集成电路设计园为园区 110 家小微企业减免 6 个月租金，合计减免金额约 3500 万元；
中关村软件园为 430 余家小微企业减免租金约 6000 万元；
中关村医疗器械园为园区符合条件的 43 家小微企业减免租金约 1100 万元。

疫情期间推出金融支持服务

2022 年，在海淀区管控升级、全员居家办公的首个工作日，中关村金服及时为某科创企业提供资金支持 3500 万元，避免企业银行贷款逾期对征信造成的不良影响。

中关村科技担保对单户授信金额不超过 500 万元的小微企业、个体工商户、小微企业主的个人经营性贷款，综合担保费率按照 1% 执行，对受疫情影响较大的生活服务业小微企业仅执行 0.5% 的综合担保费率。

中关村租赁公司允许企业延期支付租金，并豁免企业延期支付期间应支付的利息及罚息；允许企业进行租金偿还计划变更，通过展期延缓企业疫情期间的直接资金压力。

数智高效，贴心服务

疫情期间，中关村发展集团积极发挥数智化服务优势，为中小微企业提供投融资、共性技术、政策对接等服务，确保疫情和居家办公期间服务不断档。

> 中关村易创、中关村技术交易综合服务平台，为中小微企业提供数字化平台建设支持，提供网上办公、视频会议、远程协作和数字化管理等服务；
>
> 中关村科技担保、中关村科技租赁积极提升线上智能服务水平，提供线上服务和标准化业务，以提高小微业务审批效率；
>
> 中关村领创金融的"中关村供应链金融服务平台"，为科创企业及产业链上下游中小微企业提供电子债权凭证流转融资服务以及债务关系确权支持，支持企业拓展新的融资方式和渠道；
>
> 融信公司建立"信用交易平台"，精准匹配金融机构融资产品，为企业提供金融解决方案。

以线上服务提供融资担保

驭驾同行是一家从事智能安防监控与智慧城市相关业务的高科技企业，突如其来的疫情给公司项目的实施造成困难。企业提交一笔融资担保申请后，在疫情管控提级不能现场考察的情况下，中关村科技担保灵活协调，采用线上视频会议的方式与企业负责人进行访谈交流，通过人脸识别、线上签约，仅用不到一周时间为驭驾同行提供了 200 万元融资担保，解决企业当下资金短缺问题。

以"线上管家"为企业质押融资

青藤文化在等待即将到来的 500 万元知识产权质押融资款项时，发现知识产权质押手续办理单位被划入海淀区疫情防控管控区。北京知识产权运营管理有限公司智融宝团队及时转型为"线上管家"，与企业、金融机构充分沟通，努力为该笔贷款争取到先放款、后办理质押登记手续的"特权"，助力企业渡过疫情难关。

勇担责任，社区抗疫

中关村发展集团积极参与社区抗疫，全面部署，全司动员，全力防控，坚决遏制疫情扩散蔓延，公司12 名党员下沉社区参与疫情防控，54 名居家办公党员就地转为志愿者。

中关村发展集团党员干部当好社区疫情防控"战斗员"

2022 年 5 月，北京疫情防控工作正处于紧要关头，中关村发展集团迅速行动，选派党员干部下沉社区疫情防控一线。4 月 30 日，选派的党员干部在第一时间奔赴抗疫战场，与社区干部一起坚守防疫关口。在"五一"假期，配合社区管理工作人员共同进行核酸检测现场秩序维护、核查信息等工作。

园区疫情防控工作受到属地政府赞誉

2021 年 11 月 30 日，中关村集成电路设计园主动担当，积极配合中关村科学城管理委员会，圆满组织完成园区新冠病毒疫苗专场接种工作，为企业员工送上温暖，用实际行动为企业健康发展保驾护航，得到了入园企业的好评，以及委员会充分认可和高度赞誉。

（此文刊载于中关村发展集团《2021—2022 企业社会责任报告》）

大事记

中关村发展集团年鉴

YEARBOOK OF ZHONGGUANCUN DEVELOPMENT GROUP

2023

2022 年中关村发展集团大事记

1 月

1 月，中关村发展集团获北京产权交易所颁发的"2021 年度最佳交易协同奖"。

是月，中关村发展集团获上海证券交易所颁发的 2021 年度"优秀基础设施公募 REITs 参与人""公司债券优秀发行人""公司债券创新产品优秀发行人"3 个奖项。

2 月

8 日，辽宁省委书记、省人大常委会主任张国清调研沈阳·中关村智能制造创新中心。

21 日，中关村发展集团入选中国科协 2021"科创中国"科技创业投资机构榜单，中关村软件园中关村国际开源创新社区入选"科创中国"开源创新榜单。

是月，中关村工业互联网产业园 2 号楼获美国能源与环境设计先锋奖（LEEDv4）核心和外壳体系金级预认证证书。

3 月

7 日，由北京中关村资本基金管理有限公司管理的北京智源发展创业投资基金（有限合伙）设立，基金规模 1.05 亿元。

16 日，由中关村协同发展投资有限公司负责运营的洛阳·中关村协同创新中心揭牌运营。

18 日，由中关村集成电路设计园承办的"华为杯"第四届中国研究生创"芯"大赛竞演环节及颁奖典礼举办。

28 日，由北京中关村海外科技园有限责任公司、

北京中关村科技服务有限公司、北京中关村国际孵化器有限公司、北京中发前沿投资管理有限公司共同打造的"中关村国际前沿创新社区"在中关村国际孵化器揭牌。

31 日，中关村发展集团与门头沟区政府签署"构建新型政企关系"全面合作协议。

4 月

12 日，南中轴国际文化科技园轻重资产合作运营签约仪式举行。

15 日，由门头沟区政府、中关村发展集团、华为技术有限公司联合举办的首届"昇腾人工智能生态大会暨中关村（京西）人工智能会客厅"在中关村智能文创园举办。

19 日，北京中关村科技创业金融服务集团有限公司发行 2022 年第一期公募公司债券 4 亿元，期限 3 年，票面利率 3.9%。

26 日，北京中关村前沿技术产业发展有限公司企业服务专员团队被北京市总工会、北京市人力社保局授予北京市"工人先锋号"称号。

28 日，南宁中关村信息谷科技服务有限责任公司运营管理部被中华全国总工会授予全国"工人先锋号"称号。

29 日，"中信建投－中关村科技租赁 2022 年第 1—3 期知识产权资产支持专项计划"获深圳证券交易所无异议函，储架规模 5 亿元。

5 月

1 日，由北京中关村科技服务有限公司运营的中关村社区·数字产业创新中心对外发布并启动招商。

6 日，由北京中关村资本基金管理有限公司管理的北京中诺远见创新投资基金中心（有限合伙）设立，基金规模 5 亿元。

20 日，北京中发展智源人工智能科技发展有限公司成立。

23 日，由北京中关村科技融资担保有限公司提供担保和发行服务的"联合瑞升（北京）科技有限公司 2022 年度第一期绿色债权融资计划（高成长债）"发行，募集金额 3500 万元。

26 日，北京中关村科技融资担保有限公司获中证鹏元资信评估股份有限公司授予主体长期信用等级 AAA，评级展望为稳定。

31 日，由门头沟区政府、中关村发展集团、北京智源人工智能研究院、华为技术有限公司联合主办，中关村门头沟园管委会、北京中关村京西建设发展有限公司、北京中发展智源人工智能科技发展有限公司联合承办的 2022 北京智源大会中关村昇腾人工智能产业分论坛举办。

是月，河北省委书记倪岳峰调研保定·中关村创新中心。

6 月

1 日，北京中关村科技融资担保有限公司获大公国际资信评估有限公司授予主体长期信用等级 AAA，评级展望为稳定。

7 日，由北京中关村瞪羚投资基金管理有限公司管理的北京瞪羚科创企业创业投资中心（有限合伙）设立，基金规模 15 亿元。

9 日，由北京中关村协同创新投资基金管理有限公司管理的浙江长创股权投资有限公司设立，基金首期规模 10 亿元。

15 日，由北京中关村资本基金管理有限公司管理的北京中发高精尖臻选创业投资基金（有限合伙）设立，基金认缴规模 3.08 亿元。

22 日，由北京市工业设计研究院有限公司负责代建的北京市支持雄安新区建设学校项目中的小学项目竣工并移交雄安新区。

23 日，由北京中关村创业投资发展有限公司管理的北京生态雨林创业投资中心（有限合伙）设立，基金规模 2.8 亿元。

是月，北京知识产权运营管理有限公司获评"中关村国家知识产权制度示范园区（怀柔科学城）知识产权服务管家项目"指定服务机构。

是月，中关村科技租赁股份有限公司获中证鹏元资信评估股份有限公司 AA+ 主体信用评级，评级展望为稳定。

是月，中关村发展集团推出一揽子纾困帮扶措施，帮助科创企业复工复产。

7 月

6 日，北京中关村科技创业金融服务集团有限公司发行 2022 年第二期公募公司债券 4 亿元，期限 3 年，票面利率 3.63%。

6 日，中关村金种子管家实训营（第 2 期）启动。

11 日，北京知识产权运营管理有限公司知识产权大数据解决方案最新研发成果"北京市科技驱动经济监测平台"上线。

14 日，中关村发展集团与延庆区政府签署"构建新型政企关系"全面合作协议。

15 日，北京市国资委系统 2022 年度"国企楷模·北京榜样"名单公布，北京中关村科技融资担保有限公司麻占华获"国企楷模·北京榜样"服务楷模称号。

29 日，中关村融信数字科技有限公司对外发布中关村信用交易平台，面向创新创业企业提供具有中关村特色的融资解决方案。

31 日，由北京市工业设计研究院有限公司负责代建的北京市支持雄安新区建设中学项目全部竣工并交付雄安新区。

8 月

10 日，"中信建投－中关村科技租赁 2022 年第 1 期知识产权资产支持专项计划（专精特新）"设立，发行规模 1.07 亿元。

13 日，由中关村发展集团主办，中关村产业研究院、中关村科技园区平谷园管理委员会主承办，中关村科技服务有限公司、中关村国际控股公司、北京中关村国际会展运营管理有限公司联合承办的"2022 新产业 50 人论坛暨生命健康投融资峰会"在北京召开。

同日，中关村发展集团与平谷区政府发布构建"新型政企关系"全面战略合作。

16 日，北京市委副书记、市长陈吉宁调研中关村发展集团并专题研究部署综合改革工作。

19 日，由北京中关村集成电路设计园发展有限责任公司主办的第六届"芯动北京"中关村 IC 产业论坛召开。

21 日，在首钢园举办的 2022 年（第 28 届）石景山区科技活动周上，由北京中关村信息谷资产管理有限责任公司联合北京首都科技发展集团有限公司参与策划和建设的中关村科幻产业创新中心揭牌。

23 日，京津中关村科技城、银川·中关村创新基地入选中国科协"科创中国"创新创业孵化类创新基地名单。

25 日，由北京中关村科技融资担保有限公司担任发起人及增信机构的"国金－中关村担保创新型企业供应链 1 号资产支持专项计划"发行，该项目为北京首单由专业担保公司提供外部增信的供应链证券化产品。

9 月

13 日，由北京中关村科技服务有限公司建设运营的中关村科技成果转化与技术交易综合服务平台 2.0 版本上线发布。

20 日，"建投国君－中关村科技租赁 2022 年第 1 期资产支持专项计划"设立，发行规模 5 亿元。

10 月

13 日，中关村（京西）人工智能科技园一期项目取得门头沟发展改革委员会立项批复。

26 日，北京中关村科技融资担保有限公司获联合资信评估股份有限公司授予主体长期信用等级 AAA，评级展望为稳定。

11 月

11 日，"中技所－中关村担保－长江－2 期知识产权资产支持专项计划"在深圳证券交易所发行，发行规模 2.02 亿元，票面利率 3%。

13 日，中关村软件园云计算数据中心获北京国家金融科技认证中心 JR.II 等级认证。

15 日，国际评级机构惠誉确认中关村发展集团的长期外币和本币发行人违约评级为 A，评级展望为稳定。

22 日，"中关村科技租赁 2022 年第 1 期定向资产支持票据"设立。

28 日，中关村软件园孵化器、银川中关村小微企业创业创新基地入选"2022 年度国家小型微型企业创业创新示范基地"。

是月，《中关村发展集团年鉴 2022》出版。

是月，中关村工业互联网产业园主体结构封顶。

12 月

7 日，三明·中关村科技园被认定为 2022 年度省级科技企业孵化器。

30 日，南中轴国际文化科技园（一期）开园仪式举办。

13 日，北京 IP 入选 2022 年度国家中小企业公共服务示范平台。

20 日，由海南中关村信息谷科技服务有限责任公司运营的海口·中关村信息谷创新中心揭牌。

22 日，由北京启航创业投资管理有限公司管理的北京北科中发展启航创业投资基金（有限合伙）设立，基金规模 4.24 亿元。

28 日，由北京中关村资本基金管理有限公司管理的北京北脑创业投资基金（有限合伙）设立，基金规模 4 亿元。

30 日，集团落地全国首单认股权"登记、转让、行权"项目。北京航景创新科技有限公司的认股权权益通过北京股权交易中心正式实现转让，由北京中关村前沿技术产业发展有限公司溢价 200 万元完成转让。

科技股权投资

中关村发展集团年鉴

YEARBOOK OF ZHONGGUANCUN DEVELOPMENT GROUP

2023

综　述

2022 年，集团扎实推进"科技投行"建设，做强全周期"耐心资本"，持续完善多层次资本市场服务机制和财富管理体系，壮大首都经济高质量发展新动能。截至 2022 年底，集团直接管理母基金 7 支，直接管理直投基金 34 支，共配资直投基金 110 支。

加强认股权和母子基金系建设。以"服务＋认股权＋投资"加速科创企业成长。年内，新增认股权 1323 个，9 个项目成功行权，其中北京航景创新科技有限公司成为全国首单完成"登记、转让、行权"的落地项目；协助北京股权交易中心获批全国认股权综合服务试点，认股权商业化的合规性取得重大突破。中关村高精尖母基金新增决策投资 13 支子基金、认缴投资额 19.54 亿元，跟投子基金实现项目突破。新设立、备案北京中发高精尖臻选创业投资基金（有限合伙）、北京瞪羚科创企业创业投资中心（有限合伙）等 9 支直接管理直投基金。

深化国家战略科技力量对接服务。研究制定《中关村发展集团服务国家战略科技力量科技成果转化合作三年行动计划》。设立首期规模为 4 亿元的北京北脑创业投资基金（有限合伙），建立"科学家＋职业经理人＋基金管理人"新型机制，支持北京脑科学与类脑研究中心开展智能脑机增强系统研发和产业化。以轻孵模式支持智源人工智能研究院 2 个成果转化项目。

扩大科技股权基金、园区建设基金等"耐心资本"融资规模，引导放大社会资本支持独角兽、隐形冠军、专精特新等企业发展。投资头部企业和高精尖项目 40 个，投资额超 24 亿元，发起成立中关村独角兽企业发展联盟并担任首届理事长单位。

增强多层次资本市场服务效能。中关村 S 基金新增投资 4 项基金份额，累计投资 6 项。深度对接北京证券交易所，推动启元资本与北京证券交易所相关部门对接，开展上市企业培育、辅导培训等工作，探索为集团已投企业开展"一对一"定制化上市服务等工作。

（聂汝嫣）

母基金

【概况】2022 年，集团直接管理母基金 7 支，认缴总规模 125.7 亿元，实缴总规模 121.8 亿元，集团体系认缴总额 98.7 亿元，实缴总额 96.3 亿元，投资子基金 100 支；集团体系共配资（非管理）母基金 4 支，认缴总规模 329 亿元，集团体系认缴总额 20.3 亿元，实缴总额 6.2 亿元，投资子基金 60 支。

（宋逸群）

表 3　2022 年中关村发展集团直接管理母基金一览表

序号	基金名称	管理机构名称
1	北京中关村高精尖创业投资基金（有限合伙）	北京中关村资本基金管理有限公司
2	北京集成电路产业发展股权投资基金有限公司	北京盛世宏明投资基金管理有限公司
3	北京中关村协同创新投资基金（有限合伙）	北京中关村协同创新投资基金管理有限公司
4	廊坊市蓝天事业发展股权投资基金合伙企业（有限合伙）	
5	北京深赛知识产权投资基金（有限合伙）	
6	中关村创业投资母基金	北京中关村创业投资发展有限公司
7	北京远见接力创业投资基金（有限合伙）	

表 4　2022 年中关村发展集团配资母基金一览表

序号	母基金名称	管理机构名称
1	北京市科技创新基金（有限合伙）	北京科技创新投资管理有限公司
2	北京中关村并购母基金投资中心（有限合伙）	北京中关村并购母基金投资中心（有限合伙）
3	ZGC Peakview US Fund Ⅰ，L.P.	ZP Management Company
4	Peakview Capital Ⅳ，L.P.	Peakview General Partner Ⅳ，LLC

（宋逸群）

北京中关村高精尖创业投资基金（有限合伙）

【概况】北京中关村高精尖创业投资基金（有限合伙）（简称中关村高精尖母基金）设立于 2020 年 7 月，由北京中关村资本基金管理有限公司管理。基金专注于高精尖产业生态培育，聚焦新一代信息技术、生命健康两个重点产业，覆盖人工智能、节能环保、智能制造等十大高精尖产业领域，基金规模 22.08 亿元。基金于 2021 年 12 月开展对外投资，截至 2022 年底，累计决策投资 13 支子基金，认缴投资金额 19.54 亿元，实缴投资金额 9.96 亿元，子基金累计投资项目 59 个，投资金额 23.28 亿元。

（齐众）

【中关村高精尖母基金决策投资 13 支子基金】2022 年，中关村高精尖母基金决策投资北京三六零鸿心创业投资合伙企业等 13 支子基金，认缴投资金额 19.54 亿元。

表5　中关村高精尖母基金已投项目一览表

序号	基金名称	管理人名称	成立时间	基金规模（亿元）
1	北京昆仑互联网智能产业投资基金合伙企业（有限合伙）	新余昆诺投资管理有限公司	2020.05.08	30
2	北京明智倡新信息技术产业投资基金合伙企业（有限合伙）	北京明智大方投资管理有限公司	2021.01.27	26.57
3	北京三六零鸿心创业投资合伙企业（有限合伙）	三六零（北京）私募基金管理有限公司	2021.12.30	12.05
4	北京智源发展创业投资基金（有限合伙）	北京中关村资本基金管理有限公司	2022.03.07	1.05
5	北京国科瑞祺创新创业投资基金合伙企业（有限合伙）	中国科技产业投资管理有限公司	2022.05.12	5
6	北京中发高精尖臻选创业投资基金（有限合伙）	北京中关村资本基金管理有限公司	2022.06.15	3.08
7	北京生态雨林创业投资中心（有限合伙）	北京中关村创业投资发展有限公司	2022.06.23	2.8
8	北京远见前沿创发创业投资中心（有限合伙）	北京中关村创业投资发展有限公司	2022.07.05	2
9	北京北科中发展启航创业投资基金（有限合伙）	北京启航创业投资管理有限公司	2022.12.22	4.24
10	北京赛富皓海工业互联网投资中心（有限合伙）	青岛赛富投资管理有限责任公司	—	1.75
11	北京交融腾飞科创基金合伙企业（有限合伙）	中交投资基金管理（北京）有限公司	—	5
12	北京金沙江联合四期基金	北京金沙江联合资本创业投资管理有限公司	—	10
13	北京平谷协同创新创业基金	北京中关村协同创新投资基金管理有限公司	—	5.02

（齐众）

北京集成电路产业发展股权投资基金有限公司

【概况】北京集成电路产业发展股权投资基金有限公司（简称北京集成电路基金）设立于 2014 年，致力培育集成电路产业全产业链条。基金规模 60.06 亿元，共设立 4 支子基金。2022 年，北京集成电路基金新增投资紫光集团有限公司战略项目，子基金新增投资北京中科银河芯科技有限公司、北京清微智能科技有限公司等 5 个项目，新增全部退出项目 1 个、部分退出项目 3 个。

（齐众）

表6　北京集成电路基金子基金投资情况一览表

序号	子基金名称	累计投资项目数量（个）	累计投资额（亿元）	累计退出项目（个）
1	北京集成电路尖端芯片股权投资中心（有限合伙）（尖端芯片子基金）	18	10.23	3（完全退出 1 个，部分退出 2 个）
2	北京集成电路设计与封测股权投资中心（有限合伙）（设计子基金）	16	9.29	13（完全退出 8 个，部分退出 5 个）
3	北京集成电路制造和装备股权投资中心（有限合伙）（制造一期子基金）	5	34.82	2（完全退出 1 个，部分退出 1 个）
4	北京集成电路先进制造和高端装备股权投资基金中心（有限合伙）（制造二期子基金）	9	9.93	—

【南京镭芯光电完成分立事项】 1 月 4 日，北京集成电路基金投资企业南京镭芯光电有限公司完成分立事项。镭芯光电通过采取派生分立的方式，分立为南京镭芯光电有限公司和南京光坊技术有限公司，分立后南京镭芯光电主要经营半导体激光、光电子器件、封装、模组、应用等相关的原有主业，南京光坊主要经营材料加工包括导体激光芯片、封装、模组、光纤等相关的原主业以外的其他业务。分立后原股东分别直接持有南京镭芯光电和南京光坊的 100% 股权。

（齐众）

【联盛德完成 2000 万元 C+ 轮融资】 2 月 16 日，北京集成电路基金投资企业北京联盛德微电子有限公司完成 2000 万元 C+ 轮融资，投资方为望众投资，投后估值 10.2 亿元。融资资金主要用于补充公司现金流，为公司经营发展提供保障。

（齐众）

【南京光坊与长飞光坊完成增资暨换股事项】 3 月 3 日，北京集成电路基金投资企业南京光坊技术有限公司与长飞光坊（武汉）科技有限公司完成增资暨换股事项，南京光坊原股东以股权增资的方式，对长飞光坊进行增资。换股完成后，原股东成为长飞光坊的直接股东，南京光坊成为长飞光坊的全资子公司。

（齐众）

【赛思电子完成 1.2 亿元 C 轮融资】 3 月 11 日，北京集成电路基金投资企业浙江赛思电子科技有限公司完成 1.2 亿元 C 轮融资，领投方为中信聚信，投后估值 17.2 亿元。融资资金主要用于加大公司芯片产品研发投入、增加整机研发投入，以满足 5G 新应用带来的项目需要等。

（齐众）

【北京集成电路基金完成对紫光集团出资 10.7 亿元】 3 月 28 日，北京集成电路基金完成对中发助力基金 10.7 亿元出资。集团旗下中发助力基金需出资 20 亿元参与紫光集团重组，其中北京集成电路基金需出资 10.7 亿元。北京集成电路基金及管理公司加快推进尽职调查、投资决策、董事会和股东会决议传签、投资款指令签署等工作，完成对中发助力基金的出资。

（齐众）

【通嘉科技完成 1.8 亿元融资】 4 月、5 月和 8 月，北京集成电路基金投资企业北京通嘉宏瑞科技有限公司分别完成 A+、A++ 和 A+++ 轮融资，累计融资额 1.8 亿元，投资方包括中芯聚源、石溪资本、亦庄国投、中关村控股等，投后估值 10.3 亿元。融资资金主要用于真空泵量产产能扩充和补充流动资金。

（齐众）

【银河芯完成 3000 万元 B+ 轮融资】 5 月 15 日，北京集成电路基金投资企业北京中科银河芯科技有限公司完成 3000 万元 B+ 轮融资，投资方包括小米创投等，投后估值 5.3 亿元。融资资金主要用于加大产品研发投入，支持公司经营发展快速提升。

（齐众）

【长飞光坊完成 3500 万元 A 轮融资】 6 月 13 日，北京集成电路基金投资企业长飞光坊（武汉）科技有限公司完成 3500 万元 A 轮融资，投资方为长飞基金，投后估值 4.8 亿元。融资资金主要用于光纤激光器等产品研发，支撑公司经营等。

（齐众）

【上海金卓完成 6532.5 万元 B 轮融资】 6 月 24 日，北京集成电路基金投资企业上海金卓科技有限公司完成 6532.5 万元 B 轮融资，投资方为南方工业基金，投后估值 7.65 亿元。融资资金主要用于补充公司现金流，为公司经营发展提供保障。

（齐众）

【酷芯完成 1.35 亿元 B++ 轮融资】 7 月，北京集成电路基金投资企业上海酷芯微电子有限公司完成 1.35 亿元 B++ 轮融资，投资方为安徽国资和合肥国资，投后估值 29.35 亿元。融资资金主要用于人才引进、产品研发、产线扩充与市场拓展。

（齐众）

【北京集成电路基金上榜中国最佳政府产业引导基金】 8 月 18 日，"融资中国 2021—2022 年度中国产业投资榜"发布，北京集成电路基金上榜"2021—2022 年度中国最佳政府产业引导基金"。

（齐众）

【极芯通讯完成 1200 万元 C+ 轮第一轮融资】 9 月 20 日，北京集成电路基金投资企业极芯通讯技术

（南京）有限公司完成 C+ 轮第一轮融资 1200 万元，投资方包括联创数字、善金资本等，投后估值 10.12 亿元。融资资金主要用于补充公司现金流、加大研发投入，为公司经营发展提供保障。

（齐众）

【北京集成电路基金上榜"中国最受 GP 关注政府引导基金"TOP 20】 9 月 21 日，在 36 氪"2022 置身事内·中国基金合伙人峰会"上，36 氪创投研究院公布 2022 年度"本土市场""白马 / 黑马""最受 GP 关注 LP"三大系列年度榜单，其中北京集成电路基金上榜"中国最受 GP 关注政府引导基金"TOP 20。

（齐众）

【银河芯完成 2000 万元 B++ 轮融资】 10 月 8 日，北京集成电路基金投资企业北京中科银河芯科技有限公司完成 2000 万元 B++ 轮融资，投资方包括青岛高创、南京高科等，投后估值 6.6 亿元。融资资金主要用于加大产品研发投入，支持公司经营发展快速提升。

（齐众）

【北京集成电路基金获"金牛产业引导基金"称号】 12 月 20 日，在中国证券报主办的"硬科技 高质量创未来"2022 中国股权投资发展论坛上，发布第六届中国股权投资金牛奖，北京集成电路基金获"金牛产业引导基金"称号。

（齐众）

【尖端芯片子基金完成 4 个项目出资】 2022 年，尖端芯片子基金通过 2 个项目的投资决策，并对 4 个项目出资（其中 2 个项目为 2021 年投资决策）。完成投资北京中科银河芯科技有限公司 2000 万元，股权占比 3.66%；完成投资北京清微智能科技有限公司 5000 万元，股权占比 2.4%；决策投资北京京仪自动化装备技术股份有限公司并完成出资 4590 万元，股权占比 1.35%；决策投资北京青禾晶元半导体科技有限责任公司并完成出资 4000 万元，股权占比 1.84%。

（齐众）

【制造一期子基金完成赛微电子股份全部减持】 2022 年，制造一期子基金完成其持有的北京赛微电子股份有限公司股份全部减持，累计出售 48934374 股，

收回现金 13.16 亿元。

（齐众）

【制造一期子基金部分退出忆芯科技】 2022 年，制造一期子基金通过股权转让方式部分退出北京忆芯科技有限公司，退出比例 28%，收回现金 5000 万元。

（齐众）

【制造二期子基金完成 1 个项目出资】 2022 年，制造二期子基金通过对高频美特利环境科技（北京）有限公司的投资决策并完成出资 8000 万元，股权占比 5.44%。

（齐众）

【设计子基金完成帝科股份全部减持】 2022 年，设计子基金完成其持有的无锡帝科电子材料股份有限公司全部减持，累计出售 2537783 股，收回现金 1.87 亿元。

（齐众）

【尖端芯片子基金全部退出青岛芯恩】 2022 年，尖端芯片子基金通过股权转让方式全部退出芯恩（青岛）集成电路有限公司，收回现金 1 亿元。

（齐众）

【北京集成电路母基金收到子基金分配款约 4.15 亿元】 2022 年，北京集成电路母基金收到子基金分配款约 4.15 亿元。其中，获得来自制造一期子基金分配的北京赛微电子股份有限公司、北京忆芯科技有限公司部分退出款约 1.09 亿元；获得来自设计子基金分配的北京君正集成电路股份有限公司（原北京矽成半导体有限公司）、上海韦尔半导体股份有限公司（原北京豪威科技有限公司）、无锡帝科电子材料股份有限公司、恒玄科技（上海）股份有限公司部分退出款以及北京集创北方科技股份有限公司分红约 2.61 亿元；获得来自尖端芯片子基金分配的芯恩（青岛）集成电路有限公司全部退出款、南京镭芯光电有限公司部分退出款以及北京朝歌数码科技股份有限公司分红约 0.45 亿元；获得来自制造二期子基金分配的北方华创科技集团股份有限公司、高频美特利环境科技（北京）有限公司分红款约 12 万元。

（齐众）

北京中关村协同创新投资基金（有限合伙）

【概况】 北京中关村协同创新投资基金（有限合伙）（简称中关村协同创新基金）设立于 2016 年 3 月，由北京中关村协同创新投资基金管理有限公司管理。基金规模 11.01 亿元。截至 2022 年底，累计设立 14 支子基金。参设基金认缴总规模 41.09 亿元，母基金认缴 7.95 亿元，实缴 7.23 亿元，实现 5.17 倍放大。累计投资项目 192 个。

（叶梅、韩娜）

【中关村协同创新基金投资人上榜"2022 最佳女性母基金投资人"TOP 30】 3 月 8 日，母基金研究中心根据已有的数据支撑与研究分析，发布"2022 优秀女性投资人"榜单，以此鼓励私募股权母基金与基金行业的优秀女性投资人，促进股权投资行业的健康发展。中关村协同创新基金副总经理叶梅上榜"2022 最佳女性母基金投资人"TOP 30。

（叶梅、韩娜）

【中关村协同创新基金与北京中关村银行达成战略合作关系】 4 月 2 日，中关村协同创新基金与北京中关村银行达成战略合作关系，双方将利用各自专业优势，实现资源共享、优势互补与业务创新，共同推动中关村科技企业服务。以本次合作为起点，双方将加强联动合作，通过优势互补，实现对创新创业企业全方位、多层次、立体化的综合服务，共同陪伴企业成长，为首都发现、培育、服务更多的独角兽、隐形冠军企业，推动投贷联动等金融服务模式和产品创新，促进创新创业生态圈各要素资源的联动。

（叶梅、韩娜）

【4 家投资企业获北京高质量发展奖补资金】 4 月 20 日，市经济和信息化局公示第二批第一年国家"专精特新"中小企业高质量发展奖补资金拟支持项目，支持"小巨人"企业共 66 家。中关村协同创新基金系投资企业北京华卓精科科技股份有限公司、长扬科技（北京）有限公司、云知声智能科技股份有限公司和北京朗视仪器股份有限公司 4 家企业名列其中。奖补重点支持入选企业的技术成果产业化、产业链协同配套、创新能力提升等项目。其中，北京华卓精科科技股份有限公司获 523 万元，为此次获奖补金额最高的企业。

（叶梅、韩娜）

【7 家投资企业入选国家级专精特新"小巨人"企业】 8 月 30 日，工业和信息化部完成对第四批专精特新"小巨人"企业培育的审核，公布第四批国家级专精特新"小巨人"企业培育和第一批国家级专精特新"小巨人"企业复核公示名单。华控清交信息科技（北京）有限公司、北京品驰医疗设备有限公司、北京一数科技有限公司、北京寄云鼎城科技有限公司、上海移芯通信科技有限公司、长沙天仪空间科技研究院有限公司和武汉中科锐择光电科技有限公司等 7 家中关村协同创新基金投资企业入选。截至 2022 年底，中关村协同创新基金共有 40 家企业入选国家级"专精特新"企业。

（叶梅、韩娜）

【中关村协同创新基金上榜多个榜单】 2022 年，中关村协同创新基金上榜多个榜单。1 月 6 日，母基金研究中心 2021 年度榜单揭晓，中关村协同创新基金入榜"最佳国资市场化母基金"TOP 20。3 月 18 日，FOFWEEKLY 发布 2021 年度投资机构排行榜，中关村协同创新基金入榜"市场机构 LP"TOP 20。5 月 4 日，母基金研究中心发布 2022 40U40 优秀青年投资人及投资机构榜单，中关村协同创新基金入榜"最受青年投资人欢迎的母基金机构"TOP 20，基金部总监刘勇上榜"2022 40 位 40 岁以下（40U40）最佳母基金青年投资人"。8 月 8 日，投资家研究院发布"年中榜·2022 中国基金合伙人"年度系列榜单，中关村协同创新基金入榜"最具竞争力市场化母基金"。9 月 8 日，《母基金周刊》发布投资机构软实力排行榜，中关村协同创新基金入榜"产业型 LP"TOP 20。11 月 12 日，母基金研究中心公布 2022 年度专项榜单，中关村协同创新基金入榜"2022'专精特新'市场化母基金"TOP 20。

（叶梅、韩娜）

廊坊市蓝天事业发展股权投资基金合伙企业（有限合伙）

【概况】廊坊市蓝天事业发展股权投资基金合伙企业（有限合伙）（简称廊坊蓝天基金）设立于 2020 年，由北京中关村协同创新投资基金管理有限公司管理。旨在通过资本纽带作用，促进京津冀大气环境改善和节能环保产业升级，打造京津冀协同发展的新模式。基金规模 6.91 亿元。

（叶梅、韩娜）

【蓝谷能源与博世和三菱商事达成三方战略合作】3 月 1 日，博世智能网联科技有限公司、三菱商事株式会社和廊坊蓝天基金投资企业蓝谷智慧（北京）能源科技有限公司签署战略合作备忘录，三方建立合作，利用蓝谷能源的换电平台、博世的云端电池管理技术以及三菱商事的电池服务商业化能力，共同赋能"电池即服务"商业模式。博世联合蓝谷能源和三菱商事建立合作，面向车队运营者和金融公司，开发针对乘用车换电场景下的第三方洞悉和管理服务，包括电池老化行为、电池健康度预测、电池充电管理以及相关的可视化管理软件。

（叶梅、韩娜）

【蓝谷能源"充换一体化服务"上线】11 月 19 日，廊坊蓝天基金投资企业蓝谷智慧（北京）能源科技有限公司首座"超充换电一体"智慧能源综合服务站正式投入运营。蓝谷能源"充换一体化技术"将换电站与超充桩、快充桩有序结合，利用 BPSE2.0-iEMS 智能算法来平衡、动态调配二者之间的用电功率，由此提高电力资源的使用效率，实现充换电力融合、信息互联互通及资源共享的目标。

（叶梅、韩娜）

【蓝谷能源在北京市投运 20 座智慧换电站】12 月 29 日，廊坊蓝天基金投资企业蓝谷智慧（北京）能源科技有限公司北京市第 20 座智慧换电站投运仪式在大兴区科技路站举行。蓝谷能源在北京大兴国际机场、首都国际机场及北京西站交通热力圈等地投运智慧换电站，已形成诸如大兴机场站、首都机场丰荣大厦站、顺利通站、津蒙大厦站、大都纸库智慧换电站等核心热力站，有效保障北京交通热点区域新能源出租车的充换电需求。

（叶梅、韩娜）

北京远见接力创业投资基金（有限合伙）

【概况】北京远见接力创业投资基金（有限合伙）（简称中关村 S 基金）设立于 2021 年 6 月，参与高精尖产业领域的私募股权基金二手份额交易试点。中关村 S 基金首期规模 5 亿元，截至 2022 年底，实缴资本 3.3 亿元。2022 年，中关村 S 基金新增决策 4 项基金份额，决策投资金额 1.36 亿元，其中已实际出资份额 1 项，实际出资 0.3 亿元，另有 3 项份额暂未实际出资；累计决策基金份额 6 项，累计决策投资金额 3.74 亿元，其中累计已出资份额 4 项，累计出资金额 2.68 亿元。中关村 S 基金已获返还资金 0.85 亿元。

（张晓青）

【中关村 S 基金投资光荣半导体基金 3000 万元】8 月，中关村 S 基金受让投资光荣半导体基金份额 3000 万元。

（张晓青）

基础设施公募 REITs

【概况】中关村发展集团试点申报的建信中关村产业园封闭式基础设施证券投资基金（简称建信中关村产业园 REIT）于 2021 年 10 月 15 日在上海证券交易所受理，2021 年 12 月 17 日在上海证券交易所挂牌上市（基金代码：508099）。建信中关村产业园 REIT 由中关村发展集团作为发起人，北京中关村软件园发展有限责任公司作为原始权益人，以中关村软件园持有的 3 栋科技园区物业资产作为底层资产上市发行，物业总建筑面积 16.67 万平方米。建信中关村产业园 REIT 是北京市首个获批的产业园基础设施公募 REITs 项目。2022 年，建信中关村产业园 REIT 入选中证 REITs 指数。

（陈轩）

【完善建设基金治理机制和投资准备】11 月，北京中关村中发投资建设基金（有限合伙）引入北京建工和北京城建，完成工商变更和基金业协会的产品变更，达到出资条件。建设基金《股权投资管理办法》《投资决策委员会议事规则》经全体合伙人会议审议并通过。2022 年，建设基金对中关村京西人工智能产业园项目投资决策的全套材料已发全体合伙人，各合伙人须履行相关内部投资审批流程后，提交投委会审议投资项目。建设基金的设立将促进集团主业的发展，通过撬动社会资本参与，有效解决科技园区建设资本金不足的问题；并形成"投资—运营—发行 REITs 收回资金—再投资"的资金流动循环，大幅缩短科技园区项目投资回收期，提高科技园区投资建设的可持续性。

（陈轩）

【建信中关村产业园 REIT 入选中证 REITs 指数】12 月 9 日，建信中关村产业园 REIT 作为首批样本券种（14 支）入选中证 REITs 指数。该指数反映了沪深市场上市 REITs 的整体表现，为后续 REITs 指数产品开发提供投资标的。

（陈轩）

【建信中关村产业园 REIT 扩募方案通过集团审议】2022 年，中关村产业园 REIT 扩募方案通过集团 2022 年第 26 次党委会、第 25 次总办会、第三届第十八次董事会审议。方案选取中关村软件园信息中心、国软大厦作为扩募项目，取得海淀区政府《关于支持中关村发展集团股份有限公司实施基础设施领域不动产投资信托基金（REITs）新购入项目相关事宜的函》，完成入池资产环保验收、环境影响评价、消防验收等文件补办工作，达到申报发行基础设施 REITs 的基本条件。

（陈轩）

【集团推动设立 Pre-REITs 基金】2022 年，中关村发展集团会同中国人寿、申万宏源、中邮证券等多家金融机构，探讨合作设立 Pre-REITs 基金的可行性，并与中国人寿就合作设立基金的关键条款基本达成一致。Pre-REITs 基金已储备中关村医疗器械园一期、二期项目，合计建筑面积约 33 万平方米。

（陈轩）

直投基金

【概况】2022 年，集团新设立、备案北京中发高精尖臻选创业投资基金（有限合伙）、北京北脑创业投资基金（有限合伙）、北京远见前沿创发创业投资中心（有限合伙）等 9 支直接管理直投基金。截至 2022 年底，集团直接管理直投基金 34 支，认缴总规模 199.88 亿元，实缴总规模 93.45 亿元，集团体系认缴总额 105.53 亿元，实缴总额 54.7 亿元。34 支直投基金共投资项目 243 个，总投资额 76.99 亿元。共配资（非管理）直投基金 110 支，认缴总规模 795.6 亿元，集团体系认缴总额 103.39 亿元，实缴总额 78.82 亿元。

（宋逸群）

表 7　2022 年中关村发展集团直接管理直投基金一览表

管理机构名称	序号	基金名称	设立时间
北京中关村资本基金管理有限公司	1	北京中关村发展前沿企业投资基金（有限合伙）	2019.04.26
	2	北京生命科学园创新投资基金（有限合伙）	2019.09.26
	3	北京中发助力壹号投资基金（有限合伙）	2020.02.26
	4	北京中发展金种子创业投资中心（有限合伙）	2020.08.19
	5	北京中关村中发投资建设基金（有限合伙）	2020.12.07
	6	北京中发创信投资中心（有限合伙）	2021.04.08
	7	北京前沿盈谷股权投资管理中心（有限合伙）①	2021.10.28
	8	北京智源发展创业投资基金（有限合伙）	2022.03.07
	9	北京中诺远见创新投资基金中心（有限合伙）	2022.05.06
	10	北京中发高精尖臻选创业投资基金（有限合伙）	2022.06.15
	11	北京北脑创业投资基金（有限合伙）	2022.12.28
北京中关村创业投资发展有限公司	12	北京中关村远见认股权创业投资中心（有限合伙）	2020.10.16
	13	北京生态雨林创业投资中心（有限合伙）	2022.06.23
	14	北京远见前沿创发创业投资中心（有限合伙）	2022.07.05
北京启航创业投资管理有限公司	15	北京中关村发展启航产业投资基金（有限合伙）（启航一期）	2016.12.30
	16	北京中关村发展启航创新投资基金（有限合伙）（启航二期）	2019.01.25
	17	北京中发启航东土华盛专项投资基金（有限合伙）	2019.02.27
	18	北京中关村芯创集成电路设计产业投资基金（有限合伙）	2019.12.18
	19	北京北科中发展启航创业投资基金（有限合伙）	2022.12.22
北京中关村协同创新投资基金管理有限公司	20	北京协同科创创业投资管理中心（有限合伙）	2018.02.24
	21	南阳中关村协同创新创业资产管理中心（有限合伙）	2018.05.03
	22	北京中关村生命科学园产业发展基金（有限合伙）	2018.05.23
	23	江苏中关村中诺协同投资基金合伙企业（有限合伙）	2019.11.11
	24	泰兴中关村协同创新投资基金（有限合伙）	2020.11.18
	25	廊坊市中宏蓝图股权投资基金合伙企业（有限合伙）	2020.12.28
	26	南阳光电产业发展基金合伙企业（有限合伙）②	2021.01.05

（续表）

管理机构名称	序号	基金名称	设立时间
北京中关村协同创新投资基金管理有限公司	27	常熟中关村协同汉天下投资基金合伙企业（有限合伙）	2021.06.08
	28	常州中关村协同创业投资中心（有限合伙）	2021.06.28
	29	青田中关村协同创富股权投资合伙企业（有限合伙）③	2021.11.05
	30	浙江长创股权投资有限公司	2022.06.09
北京中关村瞪羚投资基金管理有限公司	31	北京中关村瞪羚创业投资中心（有限合伙）	2011.12.29
	32	北京瞪羚金石股权投资中心（有限合伙）	2014.09.24
	33	北京瞪羚科创企业创业投资中心（有限合伙）	2022.06.07
北京开元正道创业投资中心（有限合伙）	34	北京开元弘道创业投资中心（有限合伙）	2018.06.05

说明：①②③在《中关村发展集团年鉴2022》表中未记。

（宋逸群）

北京中关村发展前沿企业投资基金（有限合伙）

【概况】 北京中关村发展前沿企业投资基金（有限合伙）（简称前沿基金）设立于 2019 年 4 月，由中关村资本管理，重点投资新一代信息技术、新能源智能网联汽车及医疗器械领域。基金规模 10 亿元。2022 年，前沿基金共投资 11 个项目，投资金额共 1.84 亿元。其中，新增 6 个投资项目，投资金额 1.48 亿元；4 个已投项目追加投资，投资金额 3465.47 万元；1 个项目为 2021 年签署协议，2022 年完成第二笔出资 147 万元。截至 2022 年底，基金共出资 29 个项目，出资金额 6.16 亿元。

（陈杨）

【水木羽林完成 3000 万元 Pre-A 轮融资】 1 月，前沿基金投资企业北京水木羽林科技有限公司完成 3000 万元 Pre-A 轮融资。本轮融资由金沙江资本领投、银杏源基金等机构跟投。融资用于产品研发及团队建设。

（陈杨）

【云智信安完成 1000 万元 A+ 轮融资】 1 月，前沿基金投资企业郑州云智信安安全技术有限公司完成 1000 万元 A+ 轮融资。本轮融资由郑州洪亮伟熠投资。融资用于产品研发及团队建设。

（陈杨）

【云驰未来完成 4000 万元 Pre-A 轮融资】 3 月，前沿基金投资企业北京云驰未来科技有限公司完成 4000 万元 Pre-A 轮融资。本轮融资由达晨资本投资。融资用于产品研发及公司运营。

（陈杨）

【前沿基金追加投资英创汇智 1485 万元】 4 月 11 日，前沿基金参与北京英创汇智科技有限公司 B+ 轮融资，追加投资 1485 万元。本轮融资由上汽投资领投，北汽产投、前沿基金、国和基金、江苏中诺子基金等机构跟投。融资用于产品研发及产线建设。

（陈杨）

【华玉通软完成 2600 万元 A1 轮融资】 4 月，前沿基金投资企业北京华玉通软科技有限公司完成 2600 万元 A1 轮融资。本轮融资由蓝驰创投投资。融资用于产品研发及团队建设。

（陈杨）

【清云智通完成 2000 万元 C+ 轮融资】 4 月，前沿基金投资企业清云智通（北京）科技有限公司完成 2000 万元 C+ 轮融资。本轮融资由中石化资本投资。融资用于公司运营及项目交付。

（陈杨）

【前沿基金投资飓芯科技 3340 万元】 6 月 15 日，前沿基金参与北京飓芯科技有限公司 A1 轮融资，投资 3340 万元。本轮融资总金额 5000 万元，用于产品研发及市场扩展。（飓芯科技成立于 2017 年 7 月，主营业务为超高质量氮化镓晶体外延以及高性能芯片制备。）

（陈杨）

【前沿基金投资元能星泰 784 万元】 6 月 23 日，前沿基金参与元能星泰（天津）数字科技有限公司天使轮融资，投资 784 万元。本轮融资总金额 1200 万元，用于产品研发及市场扩展。（元能星泰成立于 2021 年 12 月，专注于能源工业元宇宙数字孪生，打造自主可控的能源工业元宇宙数字孪生 PaaS 级工具链。）

（陈杨）

【前沿基金投资中科晶益 742.5 万元】 6 月 23 日，前沿基金参与中科晶益（东莞）材料科技有限责任公司天使轮融资，投资 742.5 万元。本轮融资总金额 2250 万元，用于产品研发及市场扩展。（中科晶益成立于 2020 年 5 月，主要从事各类高性能单晶铜箔、高纯铜、各类二维材料、定制化高端热工装备等的研究、制造和销售。）

（陈杨）

【前沿基金投资氦星光联 1960 万元】 6 月 30 日，前沿基金参与氦星光联科技（深圳）有限公司 Pre-A 轮融资，投资 1960 万元。本轮融资总金额 3000 万元，用于产品研发及市场扩展。（氦星光联成立于 2021 年 8 月，主要从事低功耗小型化星载激光通信终端以及核心器件的研发、制造和销售，并提供宇航级核心光电器件、超高速通信算法、激光通信终端以及星地激光地面接收系统等产品。）

（陈杨）

【英创汇智完成 5500 万元 B++ 轮融资】 6 月，前沿基金投资企业北京英创汇智科技有限公司完成 5500 万元 B++ 轮融资。本轮融资由瑞丞基金、长三角基金、德联资本等机构投资。融资用于产品研发及产线建设。

（陈杨）

【前沿基金追加投资云驰未来 580.47 万元】 8 月 30 日，前沿基金参与北京云驰未来科技有限公司 Pre-A+ 轮融资，追加投资 580.47 万元。本轮融资投资方包括中电子基金、前沿基金、金沙江资本等机构。融资用于产品开发及市场运营。

（陈杨）

【氦星光联完成 1622 万元 Pre-A+ 轮融资】 9 月，前沿基金投资企业氦星光联科技（深圳）有限公司完成 1622 万元 Pre-A+ 轮融资。本轮融资由东证创新、杭州岙华、奇绩创坛等机构投资。融资用于公司运营及产品研发。

（陈杨）

【九章云极完成 1 亿元 C+ 轮融资】 9 月，前沿基金投资企业北京九章云极科技有限公司完成 1 亿元 C+ 轮融资。本轮融资由中关村龙门基金领投，达泰资本、前沿科创基金等机构跟投。融资用于公司运营及产品研发。

（陈杨）

【博睿康完成 1.5 亿元 C 轮融资】 9 月，前沿基金投资企业博睿康科技（常州）股份有限公司完成 1.5 亿元 C 轮融资。本轮融资由松禾资本领投，常州科教城跟投，老股东红杉资本、凯风资本持续追加投资。融资用于脑机接口产品研发及市场开拓。

（陈杨）

【维萨汽车完成 6800 万元 A 轮融资】 9 月，前沿基金投资企业维萨汽车技术有限公司完成 6800 万元 A 轮融资。本轮融资由蔚来资本投资。融资用于产品研发。

（陈杨）

【前沿基金追加投资暖流科技 1000 万元】 10 月 7 日，前沿基金参与北京暖流科技有限公司 A+ 轮融资，追加投资 1000 万元。本轮融资投资方包括熙诚金睿、前沿基金、海南嘉成、飞凡创投。融资用于产品开发、项目交付及团队扩充。

（陈杨）

【前沿基金投资流马锐驰 5000 万元】 10 月 27 日，前沿基金参与杭州流马锐驰科技有限公司 A 轮融资，投资 5000 万元。本轮融资金额 5000 万元，用于产品研发及市场扩展。（流马锐驰成立于 2020 年 7 月，是一家基于融合的全自动泊车功能乘用车量产的自动驾驶创业公司。）

（陈杨）

【前沿基金投资诺傲力 3000 万元】 11 月 16 日，前沿基金参与上海诺傲力机电科技有限公司 B+ 轮融资，投资 3000 万元。本轮融资总金额 4000 万元，用于产品研发及市场扩展。（诺傲力成立于 2015 年

4月，专注于通用型高端机床的设计及制造，同时也为航空航天、国防军工、船舶、模具等产业提供定制化机床。）

（陈杨）

【超星未来完成 1.23 亿元 A2 轮融资】12月，前沿基金投资企业北京超星未来科技有限公司完成 1.23 亿元 A2 轮融资。本轮融资由高远基金、无限启航、广发乾和、云时资本、国创未来等机构投资。融资用于芯片产品研发。

（陈杨）

北京生命科学园创新投资基金（有限合伙）

【概况】北京生命科学园创新投资基金（有限合伙）（简称生命园创投基金）设立于 2019 年 9 月，由中关村资本管理，专注于生命科技产业，尤其关注肿瘤免疫领域、退行性神经疾病领域创新药的孵化以及高端医疗设备领域的开发。基金规模 5 亿元。2022 年，生命科学园创投基金投资项目 8 个，均为新增投资，投资金额 1.52 亿元。截至 2022 年底，基金共出资 13 个项目，累计出资金额 2.13 亿元。

（叶志远）

【生命园创投基金投资神济昌华 800 万元】1 月 28 日，生命园创投基金参与神济昌华（北京）生物科技有限公司种子轮融资，投资 800 万元。本轮融资由生命园创投基金独家投资。融资重点用于渐冻症等神经系统疾病。（神济昌华成立于 2021 年 11 月，主要聚焦中枢神经系统疾病，特别是神经退行性疾病和脑损伤，包括肌萎缩侧索硬化症、脑卒中、阿尔兹海默症、帕金森病、亨廷顿舞蹈症等。）

（叶志远）

【唯公科技完成 1.6 亿元 B+ 轮融资】1 月，生命园创投基金投资企业深圳唯公科技有限公司完成 1.6 亿元 B+ 轮融资。本轮融资由招商健康领投，全球生命科学龙头企业旗下中国创新基金、同创伟业跟投。融资用于提高新型高通量荧光检测平台技术。

（叶志远）

【生命园创投基金投资华毅乐健 4000 万元】2 月 14 日，生命园创投基金参与苏州华毅乐健生物科技有限公司 A 轮融资，投资 4000 万元。本轮融资金额 3 亿元，由生命园创投基金、红杉中国、阳光保险、清松资本、光大控股、果实盈富、华兴资本等机构投资。融资主要用于推进公司先导基因治疗产品的生产、注册、临床和研究，以及加速公司在其他靶向肝脏和靶向神经领域产品的开发。（华毅乐健成立于 2019 年 10 月，由著名生物学家饶毅创立，以自主创新研发为核心，致力于打造成为一家立足中国、全球领先的生物科技公司。）

（叶志远）

【拓领博泰完成 1.37 亿元 A 轮融资】3 月 9 日，生命园创投基金投资企业北京拓领博泰生物科技有限公司完成 1.37 亿元 A 轮融资。本轮融资由龙磐投资领投，中关村协同创新基金、中科创星、源慧资本共同出资。融资用于研发自身免疫疾病的一类新药及建设公司研发中心等。

（拓领博泰办公楼外景）

（叶志远）

【因诺惟康完成 1.35 亿元 A 轮融资】3 月，生命园创投基金投资企业北京因诺惟康医药科技有限公司完成 1.35 亿元 A 轮融资。本轮融资由元生资本、丹麓资本、宁波凯风、博荃投资、道康致和、功元投资等机构投资。融资用于研发管线的进一步推进。

（叶志远）

【生命园创投基金投资分子之心 949.32 万元】4 月 24 日，生命园创投基金参与北京分子之心科技有限公司天使轮融资，投资 949.32 万元。本轮融资总金额 1237 万美元，由生命园创投基金、红杉中国、百度风投、芯航资本、未来启创等机构投资。融资用于进一步扩大团队、AI蛋白质平台的持续优化，以及科研成果的产品化转化。（分子之心成立于2022年1月，是国内顶尖的AI蛋白质设计平台公司，由全球AI蛋白质折叠技术奠基人、计算生物学家许锦波创立，拥有全球顶级计算生物专家团队。）

（叶志远）

【生命园创投基金投资时夕生物650万元】5月，生命园创投基金参与时夕（广州）生物科技有限公司天使轮融资，投资650万元。本轮融资总金额2000万元，由晓池资本、生命园创投基金等机构投资。融资用于公司核心项目的研发、推进核心管线项目验证以及人才的引进。（时夕生物成立于2021年12月，是一家通过靶向RNA编辑技术开发针对危害人类健康尚无有效常规治疗手段的创新药物研发公司，致力于满足基因突变引起的遗传性疾病、神经系统疾病及其他疾病领域未被满足的临床需求。）

（叶志远）

【生命园创投基金投资博锐创合2000万元】6月9日，生命园创投基金参与苏州博锐创合医药有限公司A轮融资，投资2000万元。本轮融资总金额2.65亿元，由生命园创投基金、红杉中国、阳光融汇、天府三江资本、普华资本、清松资本、深圳今晟等机构投资。融资用于加快推进多条自研管线的临床开发与注册，加速研发中心和生产基地建设以及全球范围内的BD合作。（博锐创合由药明康德和北大苏南研究院共同发起，专注于放射性核素靶向药物的研发及临床应用，公司聚焦肿瘤精准诊断和治疗，致力于成为国际一流的核素药物创新企业，造福全球患者。）

（叶志远）

【生命园创投基金投资维泰瑞隆550万美元】7月25日，生命园创投基金参与维泰瑞隆（北京）生物科技有限公司B轮融资，投资550万美元。本轮融资总金额2亿美元，由高榕资本、云峰基金、生命园创投基金、淡马锡、Invus、F-Prime Capital、斯道资本、ARCH Venture Partners、险峰旗云、和玉资本、阿布扎比投资局、康桥资本、江远资本等机构投资。融资用于推进受体相互作用蛋白激酶1（RIPK1）抑制剂的临床开发，并进一步扩大研发规模、拓展研发管线，针对衰老相关退行性疾病开发各项潜在同类最佳/同类第一的候选药物。（维泰瑞隆成立于2018年2月，由北京生命科学研究所王晓东院士创立，致力于开发能够从根本上解决衰老相关退行性疾病的变革性疗法，已逐步成长为细胞程序性死亡及衰老相关退行性疾病领域研究的头部企业。）

（叶志远）

【生命园创投基金投资毕诺济1000万元】8月10日，生命园创投基金参与毕诺济（上海）生物技术有限公司天使+轮融资，投资金额1000万元。本轮融资总金额1.18亿元，由溪策资本、生命园创投基金、智诚资本等机构投资。融资主要用于公司在全球范围内推进产品管线的临床前研究及临床开发。（毕诺济成立于2021年11月，由全球知名华人免疫学家董晨院士创立，专注于细胞治疗领域的前沿探索，致力于科研成果的临床转化，开发针对肿瘤和自体免疫性疾病的创新疗法。）

（叶志远）

【生命园创投基金投资健达九州4000万元】11月11日，生命园创投基金参与健达九州（北京）生物科技有限公司天使轮融资，投资金额4000万元。本轮融资总金额8000万元，由生命园创投基金、金种子基金、中发展高精尖基金、昌发展、道远资本、亦尚汇成等机构投资。融资用于基因治疗领域新技术、新产品的研发。（健达九州成立于2022年3月，由北京脑科学中心与类脑研究中心主任罗敏敏教授创立，公司专注于基因治疗领域新技术、新产品的研发，重点开展神经、精神类疾病新药研发及技术转化，致力于开发以AAV为载体的更有效、更安全的创新型基因治疗产品。）

（叶志远）

【神济昌华完成3300万元天使轮融资】11月，生命园创投基金投资企业神济昌华（北京）生物科技有限公司完成3300万元天使轮融资。本轮融资由和玉资本、上海丰仓创新基金、水木清华校友种子基金等机构投资。融资用于推动公司产品管线的CDMO生产、IIT启动及新管线开发等。

（叶志远）

发行价为 60.98 元／股，募资总额 11.59 亿元。

（冯昊）

北京中发助力壹号投资基金
（有限合伙）

【概况】北京中发助力壹号投资基金（有限合伙）（简称中发助力基金）设立于 2020 年 2 月，由中关村资本管理，主要投资北京十大高精尖产业领域成长期、成熟期企业（包括参与上市公司定增等）。基金认缴规模 31.23 亿元，已完成实缴 31.23 亿元。截至 2022 年底，中发助力基金投资项目 3 个，其中上市公司 2 家，累计投资金额 30.48 亿元。

（冯昊）

【晶品特装 IPO 成功过会】6 月 13 日，兴昌高科、中关村资本联合投资企业北京晶品特装科技股份有限公司首次公开发行 A 股股票，同时在科创板上市项目获上海证券交易所科创板上市委 2022 年第 48 次会议审议通过。中发助力基金于 2021 年 6 月参与晶品特装 Pre-IPO 轮融资，投资金额 4800 万元。

（冯昊）

【紫光集团破产重组】7 月，紫光集团及下属公司发布公告，紫光集团根据相关法律法规及"重整计划"的约定，完成公司股权及新任董事、监事、总经理的工商变更登记手续。两家原股东清华控股有限公司及北京健坤投资集团有限公司全部退出，战略投资人"智路建广联合体"设立的控股平台北京智广芯控股有限公司承接紫光集团的 100% 股权，紫光集团股权完成交割。2021 年 12 月，智路资本与建广资产作为联合牵头方中标紫光集团破产重组项目。中发助力基金通过投资建广广铭（德州）半导体产业投资基金合伙企业（有限合伙）20 亿元帮助紫光集团重整。

（孙致远）

【晶品特装在科创板上市】12 月 8 日，兴昌高科、中关村资本联合投资企业北京晶品特装科技股份有限公司在科创板成功上市，股票简称：晶品特装，股票代码：688084，成为中国首家专注无人化装备领域的上市企业。晶品特装本次发行 1900 万股，

北京中发展金种子创业投资中心
（有限合伙）

【概况】北京中发展金种子创业投资中心（有限合伙）（简称金种子基金）成立于 2020 年 8 月，是中关村发展集团发挥独特业务专长，帮助中小科创企业抗击新冠疫情所设立的一支基金。基金由中关村资本管理，重点满足集团"金种子"培育计划储备企业的股权融资需求，解决企业的实际困难，同时引导社会资本放大对"金种子"企业的支持。基金认缴规模 4.01 亿元，已完成实缴 1.21 亿元。2022 年，金种子基金新增投资项目 1 个，累计投资项目 10 个，投资金额 9000 万元。

（冯昊）

【吉因加获医疗健康最具投资价值企业称号】5 月 26 日，2021 年度中国医疗大健康产业投融资荣耀榜通过 CHC 医疗传媒直播平台在线揭晓，金种子基金投资企业北京吉因加科技有限公司作为深耕肿瘤精准医疗领域的头部企业，获"2021 年度医疗健康最具投资价值企业"荣誉称号。

（冯昊）

【启科量子入选 2022 年中关村企业专利与技术标准项目】10 月 8 日，市科委、中关村管委会公布"2022 年中关村企业专利与技术标准项目"支持单位名单，集团基金系前沿基金和金种子基金投资服务企业国开启科量子技术（北京）有限公司上榜。2022 年，启科量子成为北京市知识产权示范单位。截至年底，公司已申请和授权的专利超过 300 项，并承担 25 项国家及行业标准制定工作。

（陈杨）

【九州云箭完成新一轮亿元融资】10 月，金种子基金和启航二期参与投资的九州云箭（北京）空间科技有限公司完成新一轮亿元融资。本轮投资方包括融道投资和九智资本，老股东新投华瀛继续追加投资。融资用于加速液氧甲烷重复使用动力技术验证

和产品迭代以及产品集成能力建设等。

（赵丽）

【金种子基金投资健达九州】11 月 11 日，金种子基金与高精尖臻选基金联合参与健达九州（北京）生物科技有限公司天使轮融资 2000 万元。

（冯昊）

北京前沿盈谷股权投资管理中心
（有限合伙）

【概况】北京前沿盈谷股权投资管理中心（有限合伙）（简称前沿盈谷基金）成立于 2021 年 10 月 28 日，由北京中关村资本基金管理有限公司担任基金管理人，北京前沿科创私募基金管理中心（有限合伙）担任执行事务合伙人，通过特殊目的载体对德国阿格亚股份有限公司（简称德国阿格亚）进行股权收购及增资，获得德国阿格亚 88.95% 股权。该基金仅限于对德国阿格亚进行股权投资。

（宋逸群）

【前沿盈谷基金投资德国阿格亚】截至 2022 年底，前沿盈谷基金全体合伙人的实缴出资额合计 21.8 亿元，累计投资金额 217986009.00 元（合计 3069 万欧元），其中 3000 万欧元用于支付德国阿格亚的收购款，69 万欧元用于支付因该笔投资产生的中介机构费用以及因境外 SPV 公司存续和设立产生的中介机构费用。

（宋逸群）

北京智源发展创业投资基金
（有限合伙）

【概况】2022 年 3 月 7 日，北京智源发展创业投资基金（有限合伙）（简称智源基金）成立，由中关村资本管理，北京智源研究院下属公司智源创投作为执行事务合伙人。基金规模 1.05 亿元，主要针对人工智能相关领域进行投资。

（丁越雷）

【智源基金投资中科睿医 400 万元】12 月，智源基金完成北京中科睿医信息科技有限公司 400 万元投资，本轮融资方式为受让智源创投老股。（中科睿医是由中国科学院孵化成立的创新医疗科技企业，提供面向神经系统病筛、诊、治、研全场景解决方案。）

（丁越雷）

【智源基金投资深空交响 700 万元】12 月，智源基金完成北京深空交响科技有限责任公司 700 万元投资，本轮融资方式为增资。（深空交响团队拥有 20 余年的 3D 系统开发经验，之前公司 QQ 炫舞被腾讯收购，总收入超过 300 亿元，公司专注于实现轻松、促进人与人交流体验的 AIGC 的 3D 互动社区。）

（丁越雷）

北京中诺远见创新投资基金中心
（有限合伙）

【概况】2022 年 5 月 6 日，北京中诺远见创新投资基金中心（有限合伙）（简称中诺基金）设立，由中关村科技租赁股份有限公司、北京中关村科技创业金融服务集团有限公司、大家投资控股有限责任公司、上海科精商务咨询合伙企业（有限合伙）、远见共创资本管理有限公司、北京中诺同创投资基金管理有限公司共同发起设立。基金总规模 5 亿元，存续期 7 年（包括 2 年投资期、3 年退出期和 2 年延展期）。基金聚焦于先进制造、生命科技、新消费等战略性新兴产业的原始创新投资，主要投向三大领域：领先的 AI+（机器人、无人驾驶等在细分领域的落地）、航空航天、新材料、大数据等先进制造领域，医疗机器人、医疗器械、诊断治疗等生命科技领域，2C 的消费品牌、消费供应链等新消费领域。基金于 9 月开始首笔投资。

（宋逸群）

【中诺基金投资星油科技 2000 万元】11 月，北京星油科技有限公司完成 2000 万元 B 轮融资。本轮融资方式为增资，中诺基金独家参与。（星油科技成立于 2015 年 12 月，是一家致力于在油气田领域打造领先流体机械的高新技术企业。针对中国目前油气行业的现状，星油科技经过多年持续研发与配套改进，已孵化出低压气井排水采气、高压气井压力能回收和油井油气混输、油井套管气回收共四大类应用产品，为油气田提质增效、节能减排提供全新解决方案。）

（宋逸群）

北京中发高精尖臻选创业投资基金（有限合伙）

【概况】2022年6月15日，北京中发高精尖臻选创业投资基金（有限合伙）（简称高精尖臻选基金）设立，由中关村资本管理，投资领域围绕首都十大高精尖产业垂直细分领域内中关村发展集团中关村高精尖母基金已配资子基金所投项目。基金认缴规模3.08亿元，已完成实缴1.03亿元。年内，高精尖臻选基金投资项目1个，投资金额1000万元。

（冯昊）

【高精尖臻选基金投资健达九州】11月11日，高精尖臻选基金和金种子基金分别参与健达九州（北京）生物科技有限公司天使轮融资，各投资1000万元。（健达九州进行原创基因治疗和细胞治疗药物的开发，包括失明治疗和脑胶质瘤治疗。2022年建立成熟的光敏蛋白发现平台和腺相关病毒AAV定向进化筛选平台，以及多项重大脑疾病基金治疗方案。）

（冯昊）

北京北脑创业投资基金（有限合伙）

【概况】2022年，北京北脑创业投资基金（有限合伙）（简称北脑基金）设立，由中关村资本管理。基金规模4.01亿元，主要对脑机技术相关产业领域的初创期、成长期的企业进行股权投资。

（王东）

【北脑基金设立】12月28日，北脑基金注册成立；基金由中关村资本担任普通合伙人，中关村发展集团担任有限合伙人，中关村资本担任基金管理人。2023年

3月7日，北脑基金在中国证券投资基金业协会完成备案。

（王东）

北京中关村远见认股权创业投资中心（有限合伙）

【概况】北京中关村远见认股权创业投资中心（有限合伙）（简称认股权投资基金）设立于2020年10月，由中关村创投管理，专注于为双创企业进行"服务＋投资"的联合培育。基金规模1亿元。2022年，认股权投资基金投资项目3个，决策投资金额3000万元，其中已出资项目1个，出资金额1000万元，另有2个项目暂未完成出资；至2022年底，认股权投资基金累计决策项目6个，决策投资金额7020万元。

（张晓青）

【认股权投资基金投资中科鑫通1000万元】1月29日，认股权投资基金投资中科鑫通微电子技术（北京）有限公司，投资金额1000万元。融资主要用于拓展光子芯片在医疗检测、无人驾驶、人工智能、光通信等领域的技术与产品开发。（中科鑫通成立于2020年，是一家电路芯片制造商，主要从事微波光子芯片和系统的研发、制造及应用，拟自主设立国内首条"多材料、跨尺寸"的光子芯片产线。）

（张晓青）

北京生态雨林创业投资中心（有限合伙）

【概况】2022年6月23日，北京生态雨林创业投资中心（有限合伙）（简称雨林基金）设立，由中关村创投管理，投资符合北京城市功能定位和相关产业政策导向的企业，其中投资于科技服务业、医药健康、新一代信息技术领域等科技企业的比例不低于雨林基金全部投资额的70%。基金规模2.8亿元，首期已完成实缴7000万元，并完成对4个项目的

立项及初步评议。

（张晓青）

【雨林基金完成 4 个项目立项】 2022 年，雨林基金完成中科微针（北京）科技有限公司、微纳动力（北京）科技有限责任公司、博诺康源（北京）药业科技有限公司、巴山泓（北京）医药科技有限公司 4 个项目的立项，涵盖科技服务、医疗器械等领域。

（张晓青）

北京远见前沿创发创业投资中心（有限合伙）

【概况】 2022 年 7 月 5 日，北京远见前沿创发创业投资中心（有限合伙）（简称前沿创发基金）设立，由中关村创投管理，瞄准十大高精尖产业发展方向，重点围绕智能装备（智能网联汽车、无人机等）、新材料、新能源、生命健康等新兴产业。基金首期规模 2 亿元，已完成实缴 6000 万元。年内，前沿创发基金完成 4 个项目的投资决策，决策金额合计 5000 万元，暂未实际出资。

（张晓青）

【前沿创发基金完成 4 个项目投资决策】 2022 年，前沿创发基金完成北京创新爱尚家科技股份有限公司、理工雷科智途（北京）科技有限公司、众芯汉创（北京）科技有限公司、北京煜邦数码科技有限公司 4 个项目的投资决策，涵盖新材料、高端装备、集成电路等领域，决策金额合计 5000 万元。

（张晓青）

北京中关村发展启航产业投资基金（有限合伙）

【概况】 北京中关村发展启航产业投资基金（有限合伙）（简称启航一期）设立于 2016 年 12 月，由启航投资管理并担任普通合伙人，专注于 TMT、智能互联网、医药健康产业、新能源与环保技术等领域投资。基金规模 5 亿元，实缴规模 5 亿元，累计

投资 31 个项目。2022 年，基金退出项目 3 个。

（赵丽）

【驭光科技完成 2 亿元战略融资】 5 月，启航一期投资企业北京驭光科技发展有限公司宣布完成 2 亿元战略融资，投资方为上市公司歌尔股份。歌尔股份通过整合驭光科技上游的三维传感技术与产能，进一步加宽在元宇宙和 AR/VR 方面的硬件业务，驭光科技因此获得全新的商业拓展平台。

（赵丽）

【行易道完成近亿元 C+ 轮融资】 7 月，启航一期投资企业北京行易道科技有限公司宣布完成 C+ 轮融资，融资金额近亿元。本轮融资由中信建投资本和北京亦庄芯创基金联合投资。融资将进一步增强公司在国内外市场的开拓能力，持续扩大研发团队的规模，提升组织能力并支持量产爬坡，保障公司的产品交付能力。

（赵丽）

【5 家企业入选国家级专精特新"小巨人"企业】 8 月，启航一期投资企业北京忆芯科技有限公司、海杰亚（北京）医疗器械有限公司、北京九章云极科技有限公司、北京中科慧眼科技有限公司、北京中数智汇科技股份有限公司 5 家企业入选 2022 年国家级第四批专精特新"小巨人"企业。

（赵丽）

【启航一期完成亿华通项目退出】 8 月，启航一期于 2019 年投资的项目北京亿华通科技股份有限公司通过二级市场减持实现全部退出。该项目投资本金 1000 万元，共收回本金及收益之和 3123.08 万元，投资回报倍数 3.12。

（赵丽）

【赛纳生物完成超 2 亿元 C+ 轮融资】 8 月，启航一期投资企业赛纳生物科技（北京）有限公司完成 C+ 轮融资，融资金额超 2 亿元。本轮融资由中国国有企业结构调整基金二期领投，无锡国联国康健康产业投资中心（有限合伙）跟投。

（赵丽）

【九章云极完成 C+ 轮融资】 9 月，启航一期投资企业北京九章云极科技有限公司宣布完成 C+ 轮融资。本轮融资由龙门投资领投，中关村前沿、达泰资

本、德本启辰、领沨资本跟投。本次融资后，公司将继续聚焦"数据智能"，以更自动、更先进、更开放的 AI 基础软件服务政府和企业客户，加速其数智化升级进程。

（赵丽）

【七鑫易维完成亿级新融资】 11 月，启航一期投资企业北京七鑫易维信息技术有限公司宣布完成新一轮亿级融资。本轮融资由华控基金领投，蔚领时代、厦门素璞、清华校友基金跟投。本次融资后，公司将持续投入眼球追踪关键技术与新产品的研发，深耕创新场景化解决方案，强化上下游产业链布局，加速生态建设和应用落地，打造共生共创共赢的伙伴体系。

（赵丽）

【博睿康完成数亿元 C 轮融资】 12 月，启航一期投资企业博睿康科技（常州）股份有限公司宣布完成数亿元 C 轮融资。本轮融资由松禾资本领投，天使轮、Pre-A 轮、A 轮、B 轮的领投方及其他多家老股东跟投。融资推动微创植入脑机接口系统进入临床。

（赵丽）

【启航一期完成东土华盛项目退出】 12 月，启航一期于 2019 年投资的东土华盛科技有限公司实现全部退出。该项目投资本金 1000 万元，共收回分红、本金及收益之和 1374.47 万元，投资回报倍数 1.37。

（赵丽）

北京中关村发展启航创新投资基金（有限合伙）

【概况】 北京中关村发展启航创新投资基金（有限合伙）（简称启航二期）设立于 2019 年 1 月，由启航投资管理，专注于新一代信息技术、医药健康、智能制造领域投资。基金规模 6.35 亿元，实缴规模 6.35 亿元，累计投资 37 个项目。2022 年，启航二期新增投资项目 7 个，投资金额 9600 万元。其中，首次投资弘海微创、二零八先进科技、西安芯派、算能科技 4 个项目，出资金额 6600 万元；

对已投项目进行追投 3 个，追投金额 3000 万元。

（赵丽）

【启航二期投资弘海微创 1300 万元】 1 月，启航二期完成对北京弘海微创科技有限公司的投资 1300 万元。（弘海微创成立于 2017 年 11 月，主营业务为颅内静脉取栓、颅内静脉支架等神经介入产品的研发生产和销售。）

（赵丽）

【启航二期投资二零八先进科技 799.92 万元】 1 月，启航二期完成对湖南二零八先进科技有限公司的投资 799.92 万元。（二零八先进科技成立于 2019 年 4 月，是新一代惯性器件关键技术提供商，通过融合基础材料研究与工程化实践，跨前沿学科实现新一代激光陀螺、高精度加速度计以及下一代半球谐振陀螺的技术研发、工程化以及批量生产工艺研究，建成国内研发水平最高、产品系列最完整的高端惯性器件技术平台。）

（赵丽）

【艾利特机器人完成数亿元 C1 轮融资】 1 月，启航二期投资企业苏州艾利特机器人有限公司宣布完成数亿元 C1 轮融资。本轮融资由达晨财智和尚珹投资联合领投，坤言资本跟投。融资用于继续加速全球生态布局，拉升产品力。

（赵丽）

【启航二期完成蓝晶微生物项目部分退出】 3 月，启航二期于 2019 年、2021 年多轮持续投资的项目北京蓝晶微生物科技有限公司实现部分退出。该项目投资本金共计 3500 万元，此次退出本金 411.02 万元，共收回本金及收益之和 3490.71 万元，投资回报倍数 8.49。

（赵丽）

【灵犀微光获亿元级 B 轮融资】 3 月，启航二期投资企业北京灵犀微光科技有限公司宣布完成亿元级 B 轮融资。本轮投资方包括国投美亚基金、富智康集团有限公司、美迪凯、北京天和创投和深圳五道投资。融资用于公司在 AR 光波导研发方面的攻坚克难，集中解决阵列波导自动化生产问题，为其全面走向消费端市场铺路；继续推进体全息光波导技术研发及大批量量产；加速打通 AR 产业链，促进

AR 普及落地。

（赵丽）

【蓝晶微生物完成 B3 轮融资】3 月，启航二期投资企业北京蓝晶微生物科技有限公司宣布完成 B3 轮融资，B 系列融资总额达 15 亿元。蓝晶微生物 B3 轮融资由元生资本和中国国有企业混合所有制改革基金共同领投，中平资本、江苏黄海金融控股集团、中州蓝海跟投，现有股东峰瑞资本、碧桂园创投、高瓴创投和三一创新投资等继续追加投资。此前，蓝晶微生物分别于 2021 年 2 月和 8 月获得累计近 7 亿元的 B1 轮和 B2 轮融资。B 系列融资主要用于生物可降解材料 PHA 规模化生产设施的建设运营、工业 4.0 合成生物学研发平台 SynBio_OS 的开发部署，以及再生医学材料与工程益生菌等新产品管线的研发落地。

（赵丽）

【后摩智能完成数亿元 Pre-A+ 轮融资】4 月，启航二期投资企业南京后摩智能科技有限公司宣布完成数亿元 Pre-A+ 轮融资。本轮融资由经纬创投和金浦悦达汽车基金联合领投，国家中小企业发展基金联想子基金和天创资本等跟投。现有投资方启明创投、和玉资本继续追加投资。融资用于持续加大公司在存算一体大算力 AI 芯片的研发投入，加速在智能驾驶、泛机器人领域的拓展和布局。

（赵丽）

【启航二期投资算能科技 3500 万元】6 月，启航二期和芯创集成电路基金完成对厦门算能科技有限公司的联合投资，其中启航二期投资 3500 万元，芯创集成电路基金投资 2500 万元。（算能科技成立于 2019 年 4 月，是一家自主研发高性能处理器芯片、大算力 AI 芯片及相关硬件的高科技企业。公司拥有自主研发的高性能处理器芯片、高性能安全可信的服务器设计、弹性云计算架构设计、高密度 AI 计算及高速低功耗计算芯片等多项行业领先技术。）

（赵丽）

【4 家投资企业入选国家级专精特新"小巨人"企业】8 月，启航二期投资企业北京史河科技有限公司、北京博清科技有限公司、浙江孔辉汽车科技有限公司、上海川土微电子有限公司 4 家企业入选

2022 年国家级第四批专精特新"小巨人"企业。

（赵丽）

【启航二期投资西安芯派 1000 万元】9 月，启航二期完成对西安芯派电子科技股份有限公司的投资 1000 万元。[西安芯派成立于 2008 年 7 月，核心业务为功率场效应管及电源管理 IC 设计，主要产品为中大功率场效应管（MOSFET，低压至高压全系列产品）、绝缘栅双极型晶体管（IGBT）、二极管（含快速恢复二极管及肖特基二极管）、桥堆，以及电源管理 IC 等。]

（赵丽）

【宜明细胞完成数亿元 C 轮融资】9 月，启航二期投资企业宜明（北京）细胞生物科技有限公司完成数亿元 C 轮融资。本轮融资由金石投资和里昂资本领投，华盖资本、IDG 资本、源创投资、方富资本、华大共赢、文周投资、兴业国信跟投。融资用于美国和加拿大 CMC 研发中心平台建设，加速宜明细胞全球化布局；推进 CGT（细胞与基因治疗）载体技术和工艺的开发与创新，提高 GMP AAV、质粒、慢病毒、腺病毒、CAR-T、iPSC 等产品的产能，赋能国内外 CGT 新药研发与产业转化。

（赵丽）

【孔辉科技完成 5.1 亿元 B 轮股权融资】11 月，启航二期投资企业浙江孔辉汽车科技有限公司宣布完成 5.1 亿元 B 轮股权融资。本轮融资由国风投、中车国创、源码资本、深创投联合领投，涌铧投资、火眼资本、杉杉创投、德宁资本等跟投。融资主要用于新增产线建设。

（赵丽）

【启航二期追加投资中科原动力】12 月，启航二期完成对北京中科原动力科技有限公司的追加投资 1000 万元。追投完成后，启航二期对中科原动力的投资金额累计达 2340 万元。本轮融资由中金资本旗下基金领投，启航二期作为老股东持续跟投。中科原动力于年内完成两轮累计超亿元融资。本轮融资用于加速农业机器人产品体系建设，重点布局新能源方向，打造智能时代农业机器人生产力。

（赵丽）

北京中发启航东土华盛专项投资基金（有限合伙）

【概况】 北京中发启航东土华盛专项投资基金（有限合伙）（简称东土基金）设立于2019年2月，由启航投资管理，基金规模1.52亿元，为投资于单一标的东土华盛科技有限公司的专项基金。2019年5月完成1.52亿元专项投资，持股比例13.60%。2021年12月和2022年12月，基金分两笔实现该项目的全部退出。

（赵丽）

【东土基金完成东土华盛项目退出】 12月，东土基金于2019年投资的项目东土华盛科技有限公司实现全部退出。该项目投资本金1.52亿元，共收回分红、本金及收益之和2.08亿元，投资回报倍数1.37。

（赵丽）

北京中关村芯创集成电路设计产业投资基金（有限合伙）

【概况】 北京中关村芯创集成电路设计产业投资基金（有限合伙）（简称芯创集成电路基金）设立于2019年12月，由启航投资管理，专注于集成电路设计产业及泛集成电路上下游企业投资。基金规模1.78亿元，实缴规模1.67亿元，累计投资9个项目。2022年，芯创集成电路基金新增投资项目5个，出资金额8200万元。

（赵丽）

【芯创集成电路基金投资云合智网1000万元】 3月，芯创集成电路基金完成对杭州云合智网技术有限公司的投资1000万元。（云合智网成立于2020年11月，是国内最早进入自主研发、规模生产、批量销售通用FPGA芯片及新一代异构可编程计算芯片的企业之一。）

（赵丽）

【芯创集成电路基金投资京微齐力】 4月，芯创集成电路基金完成对京微齐力（北京）科技有限公司的投资2500万元。（京微齐力成立于2017年6月，是国内最早进入自主研发、规模生产、批量销售通用FPGA芯片及新一代异构可编程计算芯片的企业之一。）

（赵丽）

【芯创集成电路基金追加投资芯来科技】 4月，芯创集成电路基金完成对芯来智融半导体科技（上海）有限公司的追加投资1000万元。投资完成后，芯创集成电路基金对芯来科技的累计投资金额达2300万元。本轮融资总金额数亿元，由君联资本领投，祥晖资本、首钢基金、建发新兴投资、上海科创基金、精确资本、天堂硅谷、橙叶投资跟投，老股东中电科核心技术研投基金、临芯投资、芯创集成电路基金、小米长江产业基金、蓝驰创投继续追投。融资主要用于加大新产品和工具的研发投入，加快公司在RISC-V领域芯片应用落地的技术平台创新。

（赵丽）

【芯创集成电路基金投资算能科技】 6月，芯创集成电路基金和启航二期完成对厦门算能科技有限公司的联合投资，其中芯创集成电路基金投资2500万元，启航二期投资3500万元。

（赵丽）

【2家投资企业入选国家级专精特新"小巨人"企业】 8月，芯创集成电路基金投资企业基石酷联微电子技术（北京）有限公司、上海川土微电子有限公司入选2022年国家级第四批专精特新"小巨人"企业。

（赵丽）

【芯创集成电路基金追加投资西安芯派】 9月，芯创集成电路基金完成对西安芯派电子科技股份有限公司的追加投资1000万元。投资完成后，芯创集成电路基金对西安芯派的累计投资金额达2000万元。

（赵丽）

【川土微电子完成C轮和C+轮融资】 12月，芯创集成电路和启航二期共同投资企业上海川土微电子有限公司完成数亿元C轮和C+轮股权融资。本轮融资由比亚迪股份、上汽集团战略直投基金及旗下尚颖资本联合领投，磐霖资本、朗玛峰创投、元禾璞华、中汇金资本等老股东继续跟投。融资主要用于进一步提升核心技术及车规芯片等关键产品的迭代升级与新产品的研发，引进高端研发人才，优化产品性能，巩固现有产品线的市场地位。

（赵丽）

北京北科中发展启航创业投资基金（有限合伙）

【概况】2022 年 12 月，北京北科中发展启航创业投资基金（有限合伙）（简称北科启航基金）设立，由启航投资管理，基金规模 4.24 亿元，基金主要投向以新一代信息技术、智能制造企业为主，兼顾能源科技、新材料等领域企业。投资阶段以初创期项目为主，兼顾成长期和成熟期。截至 2022 年底，基金完成实缴 1.44 亿元。

（赵丽）

【北科启航基金设立】12 月 22 日，北京北科中发展启航创业投资基金（有限合伙）设立，注册资本 4.24 亿元。其中，北京中关村高精尖创业投资基金（有限合伙）认缴 1.5 亿元，北京北科创业投资有限公司认缴 2.5 亿元，北京中关村软件园孵化服务有限公司认缴 2000 万元。注册地址北京市昌平区回龙观镇龙域中街 1 号院 1 号楼，经营范围以私募基金从事股权投资、投资管理、资产管理等活动（须在中国证券投资基金业协会完成登记备案后方可从事经营活动）。

（赵丽）

北京协同科创创业投资管理中心（有限合伙）

【概况】北京协同科创创业投资管理中心（有限合伙）（简称协同科创基金）设立于 2018 年 2 月，由北京中关村协同创新投资基金管理有限公司管理。基金规模 1.01 亿元。截至 2022 年底，共投资 12 个硬科技项目，IRR 达 30.5%。2022 年，投资项目天

壕新能新三板挂牌。

（叶梅、韩娜）

【国创中心基地在纳米城开工】1 月 4 日，国家第三代半导体技术创新中心研发与产业化基地开工仪式在苏州工业园区纳米城举办。基地首期占地 7 公顷，总建筑面积超 20 万平方米，总投资超 18 亿元，共 13 栋单体建筑，带动投资预计超 50 亿元。基地包括国家第三代半导体技术创新中心以及协同科创基金投资企业苏州汉天下电子有限公司电子研发中心等部分定建企业。汉天下电子研发中心总建筑面积约 1.7 万平方米，规划建设 8 英寸体声波滤波器及射频模组生产厂房，主要包括高频滤波器研发生产线、射频模组封装线、产品性能测试实验室等，是苏州汉天下器件工艺研发和生产制造中心。

（叶梅、韩娜）

【齐碳科技上榜多个榜单】1 月 21 日，2021 成都硬科技扑克牌发布暨投融资对接会在成都举办，协同科创基金投资企业齐碳科技上榜雨前顾问评选的 2021 年度成都硬科技代表企业。10 月 27 日，由成都传媒集团主办、红星新闻·红星资本局承办的"2022 红星新闻·中国西部数字经济峰会"在成都东安湖举行。协同科创基金投资企业成都齐碳科技有限公司作为自主掌握硬科技创新力的高科技公司，入选"十大影响力科技企业"。11 月 9—10 日，《哈佛商业评论》创刊百年中国年会在北京举办，大会揭晓"第六届拉姆·查兰管理实践奖"获奖名单。协同科创基金投资企业齐碳科技凭借案例"国产纳米孔基因测序技术的创新破局之路"获"2022 拉姆·查兰管理实践奖—创新创业实践奖"，并入选《哈佛商业评论》中文版案例库。

（叶梅、韩娜）

【旌准医疗入选北京市专精特新"小巨人"企业】3 月 1 日，市经济和信息化局公布《关于对 2021 年度第二批北京市专精特新"小巨人"企业名单公告的通知》，共有 751 家中小企业上榜。上榜的企业中多数分布在东城、西城、朝阳、海淀等地区，涵盖医疗、电子信息、能源等行业领域。协同科创基金投资企业北京旌准医疗科技有限公司凭借在血液肿瘤及器官移植等领域的专业优势以及特色服务获

北京市专精特新"小巨人"企业称号。

（叶梅、韩娜）

【旌准医疗 TERT 基因突变检测试剂盒获批上市】
3 月 11 日，协同科创基金投资企业北京旌准医疗科技有限公司 TERT 基因突变检测试剂盒（荧光 PCR- 毛细管电泳测序法）（国械注准 20223400311）正式获国家药监局批准上市。该试剂盒通过毛细管电泳测序法对扩增后的 PCR 片段进行 TERT 基因启动子区 1295228 和 1295250 位点突变分析，能够最大限度地保证检测结果的准确性，检测结果可以用于临床辅助诊断，为临床医生的诊断和治疗提供参考。

（叶梅、韩娜）

【齐碳科技科研成果在线发表】 3 月 23 日，协同科创基金投资企业成都齐碳科技有限公司纳米孔测序平台在微生物研究方向的首个科研成果在线发表于 *Frontiersin Microbiology*。该研究由扬州大学李瑞超教授所在研究团队（王志强教授团队）主导完成。文章指出，通过齐碳科技纳米孔测序平台对细菌微生物进行全基因组测序，完成了耐药基因遗传环境分析研究，并评估了齐碳纳米孔测序平台 QNome 获得多重耐药（MDR）细菌全基因组的能力。齐碳科技 QNome 在识别复杂的细菌基因组特征方面具有较高的分辨率，并能很好地解析大多数 MDR 细菌基因组。同时，利用齐碳科技纳米孔测序数据和二代高通量 Illumina 数据进行混合组装，可以生成完整性和准确度更高的细菌基因组。

（叶梅、韩娜）

【齐碳科技发布基于纳米孔测序的靶向热点突变检测和宏基因组分析工具】 4 月 21 日，协同科创基金投资企业成都齐碳科技有限公司生物信息团队基于纳米孔测序技术自主开发的 Nano2NGS 分析框架成果在线发表于 *NAR Genomics and Bioinformatics*，该框架同时支持靶向热点突变检测和宏基因组检测的分析需求。该方法同时获国家发明专利的授权证书以及软件著作权。

（叶梅、韩娜）

【纽迪瑞科技获小米集团战略投资】 5 月 9 日，协同科创基金投资企业深圳纽迪瑞科技开发有限公司

迎来新一轮战略投资，本轮融资由小米集团领投，顺为跟投。本轮融资后，纽迪瑞科技将持续围绕 Mobile 智能手机、Wearable 可穿戴、Measurable 力测量等三大核心产品线，继续拓展更多的柔性压感触控应用前景，携手硬件制造、芯片、终端等上下游企业，共同构筑产业链合作生态，共同为终端用户打造更加便捷、简单、直观、自然的触觉交互体验。纽迪瑞科技拥有一支高水平核心技术团队及产品商业化能力，可为市场提供高性能、低成本、即贴即用的压感触控产品与服务，应用于手机、平板电脑、TWS 耳机、汽车等电子产品人机交互、物机交互场景。

（叶梅、韩娜）

【齐碳科技发布基于纳米孔测序的细菌组装分析 pipeline 工具】 6 月 9 日，协同科创基金投资企业成都齐碳科技有限公司生物信息团队基于纳米孔测序技术自主开发的组装分析 pipeline——MAECI 上线 GitHub，在线发表于 *PlosOne*。该方法可以提升细菌基因组组装的准确性及完整性，扩展了纳米孔测序技术在细菌基因组组装上的分析手段，为推动纳米孔测序技术在科学研究和临床实践中的应用提供帮助。

（叶梅、韩娜）

【宽带通信滤波器芯片技术联合研发中心成立】 6 月 25 日，协同科创基金投资企业苏州汉天下电子有限公司联合江苏第三代半导体研究院有限公司共建宽带通信滤波器芯片技术联合研发中心，以高性能体声波滤波器的研发与应用开发为主线，解决设计、工艺等关键共性技术问题，通过产业集群的协同优势，发挥企业技术优势，形成优势互补和加强，共同培育和承担各类重大项目，推动高性能滤波器产业化。

（叶梅、韩娜）

【齐碳科技举行新品发布会暨在线学术研讨会】 6 月 28 日，协同科创基金投资企业成都齐碳科技有限公司举行新品发布会暨在线学术研讨会，发布纳米孔基因测序仪 QNome-3841hex 以及相关试剂盒，为灵活测序场景提供全新解决方案。QNome-3841hex 搭载测序芯片 QCell-384，单张芯片可产出 3G 数据量，在 6 张芯片同时运行的环境下，一次测序可

获取 18GB 数据。QNome-3841hex 外观简洁、操作简便，可摆脱中心实验室的限制，其文库制备简单、边测序边分析、实时 basecall 的特点，有助于在突发公共卫生事件中，随时随地深入一线，快速查找问题源头，以及在病原体研究场景下，助力快速检测，全面掌握病原体基因信息。

（叶梅、韩娜）

【搭载纽迪瑞压感触控解决方案的华为 FreeBuds Pro2 发布】 7 月 27 日，在"HarmonyOS3 及华为全场景新品发布会"上，华为 FreeBudsPro2 发布。在交互方式上，FreeBudsPro2 采用基于协同科创基金投资企业纽迪瑞的先进压感触控技术的"贴合式电容＋压感触控方案"，具有直观、快捷、准确等特性与优势，可赋予用户更简单、自由、流畅的人机交互体验。

（叶梅、韩娜）

【天壕新能新三板挂牌】 7 月 29 日，协同科创基金投资企业天壕新能源股份有限公司挂牌新三板，股票名称天壕新能，股票代码 873866。（天壕新能成立于 2008 年 6 月，是天壕投资集团旗下以秸秆、树皮等农林废弃物为原材料进行清洁能源发电和区域性供热的新能源服务企业。）

（叶梅、韩娜）

【天壕新能封丘县秸秆综合利用项目启动】 9 月 16 日，协同科创基金投资企业天壕新能源股份有限公司封丘县秸秆综合利用项目启动。该项目全年可处理农业秸秆及其农林废弃物约 35 万吨，年发电量 2.25 亿千瓦时，可向封丘开发区企业提供蒸汽 34 万吨和居民集中供热面积 200 余万平方米，带动就业 900 余人，产生社会经济效益 6000 余万元，为

农民节省种植成本 2500 余万元。

（叶梅、韩娜）

【汉天下推出高性能 B1+B3 四工器】 10 月 10 日，协同科创基金投资企业苏州汉天下电子有限公司推出自主研发的 B1+B3 四工器 HSQP1213。该产品由 4 颗 BAW 滤波器集成打造，经全面测试，其插入损耗均在 2dB 左右。此外，不论是 B1 和 B3 的隔离度，还是两者之间的交叉隔离度均能保持在 60dB，信号收发灵敏度达到优秀水准。

（叶梅、韩娜）

【汉天下 MEMS 滤波器芯片研发生产项目通线】 10 月 18 日，协同科创基金投资企业苏州汉天下电子有限公司自有晶圆厂——常熟臻芯微电子有限公司 MEMS 滤波器芯片研发生产项目通线仪式举行。除了直投基金投资支持外，该项目还得到常熟中关村协同基金的支持。臻芯微电子主要从事射频滤波器芯片的生产制造，整体达产后年销售突破 15 亿元，税收超 1 亿元。其 MEMS 滤波器芯片研发生产项目总投资 14 亿元。其中一期投资 8 亿元，建设一条高性能体声波滤波器芯片制造和封装线，具备年产 9.6 亿颗体声波滤波器芯片的能力；二期扩产后滤波器年产量翻倍，并具备应用于对应规模的射频模组封测能力。该项目以体声波滤波器的前端晶圆制造为主，将与汉天下规划在建的模组后端封测线一起形成完整的射频芯片产业链。

（叶梅、韩娜）

【搭载纽迪瑞压感触控解决方案的网易有道词典笔发布】 10 月 27 日，搭载协同科创基金投资企业深圳纽迪瑞科技开发有限公司"词典笔压感触控解决方案"的网易有道词典笔 P5 发布。这是全球首款隐藏式压感触控词典笔。结构上，有道词典笔 P5 采用全球首创隐藏式压感一体式触头设计。笔头与笔身呈一体式结构，将 NDT 压感模组贴附于笔头前端的应力集中点，当笔头受力时，压感模组感应到按压所产生的微小形变，实现开关功能。

（叶梅、韩娜）

【汉天下获"2022 年度硬核中国芯评选"两个奖项】 11 月 15 日，在第四届硬核中国芯领袖峰会暨 2022

汽车芯片技术创新与应用论坛上，"2022 年度硬核中国芯评选"获奖榜单揭晓。协同科创基金投资企业苏州汉天下电子有限公司及其产品在 135 家企业、174 款产品中脱颖而出，获"2022 年度最佳射频芯片"和"2022 年度卓越成长表现企业"两项大奖。

（叶梅、韩娜）

【齐碳科技完成 7 亿元 C 轮融资】 12 月，协同科创基金、生命科学园产业基金、南阳中关村子基金投资企业成都齐碳科技有限公司宣布完成 7 亿元 C 轮融资。本轮融资由美团领投，华盖资本管理的首都大健康基金、博远资本持续追加投资。中关村协同创新直投基金于 2019 年开始对齐碳科技进行早期投资，此后持续加磅支持，并进行全方位的投后服务。本轮融资后，齐碳科技将紧贴市场需求，持续完善产品矩阵，加速推出中、高通量测序平台；同时拓展更多元的应用场景，加大市场开拓力度，扩大商业化版图。

（叶梅、韩娜）

【越光智能完成 Pre－A 轮融资】 12 月，协同科创基金投资企业杭州越光智能科技有限公司宣布完成 Pre－A 轮融资。本轮融资由浙江省创业投资集团有限公司独家投资，用于完成技术迭代和光子拾音产品在不同场景中的迅速落地。（越光智能是一家研发、生产光子拾音与多普勒激光雷达的科技公司，拥有新一代多普勒激光雷达技术和光子拾音技术的自主知识产权，具备完整的设计和生产能力，是目前国内唯一一家可以研发并量产多普勒激光雷达与小型化多通道光子拾音系统的供应商。）

（叶梅、韩娜）

南阳中关村协同创新创业资产管理中心（有限合伙）

【概况】 南阳中关村协同创新创业资产管理中心（有限合伙）（简称南阳中关村子基金）设立于 2018 年 5 月，由北京中关村协同创新投资基金管理有限公司下属南阳中关村协同创业投资基金管理有限公司管理，聚焦电子信息、节能环保、医疗健康等新兴产业投资。基金规模 6700 万元。2022 年，南阳中关村子基金新增投资 3 个项目，决策出资总额 1740 万元。

（叶梅、韩娜）

【中精普康完成数千万元 A 轮融资】 2 月，中精普康（北京）医药科技有限公司宣布完成数千万元 A 轮融资，南阳中关村子基金参与投资。本轮融资主要用于推进结直肠癌早筛产品早长静的医疗器械三类证临床试验开展及商业化推广。本轮融资的同时，中精普康确定与相关头部医院开展大规模临床研究，目标为打造第一个原创于中国临床研究的多组学结直肠肿瘤血检早筛产品。

（叶梅、韩娜）

【南阳中关村子基金投资创模生物 500 万元】 8 月，南阳中关村子基金投资创模生物科技（北京）有限公司，投资金额 500 万元。融资主要用于研发药效评价的新技术平台和补充运营资金。

（叶梅、韩娜）

【南阳中关村子基金投资森妙生物 500 万元】 10 月，南阳中关村子基金投资北京森妙生物科技有限公司，投资金额 500 万元。融资主要用于团队建设、SV－001 项目临床前研究和临床申报、SV－002 项目临床前研究、疫苗佐剂 CMC 以及其他项目的推进。

（叶梅、韩娜）

【南阳中关村子基金投资艾缇亚 740 万元】 10 月，南阳中关村子基金投资艾缇亚（上海）制药有限公司，投资金额 740 万元。融资主要用于"重组协议"

中约定的重组安排。

（叶梅、韩娜）

北京中关村生命科学园产业发展基金（有限合伙）

【概况】北京中关村生命科学园产业发展基金（有限合伙）（简称生命科学园产业基金）设立于 2018 年 5 月，由中关村协同创新基金联合中关村生命科学园、中关村医疗器械园和金汇通企业集团共同发起设立，由北京中关村协同创新投资基金管理有限公司管理，专注于医药产业生态链的早期投资，致力于寻找最具成长性细分领域的龙头企业，重点关注医药产业，其中又以早中期阶段的创新药、具有特色的首仿药为主，兼顾高端医疗器械领域，把握国产替代机会。基金规模 5 亿元。2022 年，生命科学园产业基金新增投资 2 个项目，出资总额 4000 万元。

（叶梅、韩娜）

【生命科学园产业基金投资拓领博泰 3000 万元】1 月 17 日，生命科学园产业基金投资北京拓领博泰生物科技有限公司，投资金额 3000 万元。融资用于团队建设、各管线项目推进。（拓领博泰专注于研发调控过度免疫反应的小分子新药，为包括新冠病毒在内的病毒感染、自身免疫疾病等过度免疫反应相关的疾病研发全新机理的药物。）

（叶梅、韩娜）

【拓领博泰获全国颠覆性技术创新大赛总决赛最高奖】3 月 22—23 日，在深圳举行的全国颠覆性技

术创新大赛总决赛上，生命科学园产业基金投资企业北京拓领博泰生物科技有限公司获大赛的最高奖——优胜奖。

（叶梅、韩娜）

【拓领博泰和百度达成战略合作】9 月 2 日，生命科学园产业基金投资企业北京拓领博泰生物科技有限公司与飞桨螺旋桨（PaddleHelix）生物计算平台签署战略合作协议。双方结合各自在免疫调控技术、AI 药物设计领域的优势和资源，进一步推进自身免疫疾病的新药开发工作。此次合作的螺旋桨 PaddleHelix 生物计算平台，是基于百度飞桨深度学习框架开发的生物计算平台，提供 AI+ 生物计算能力，满足新药研发、疫苗设计、精准医疗场景的 AI 需求。

（叶梅、韩娜）

【生命科学园产业基金投资森妙生物 1000 万元】11 月 4 日，生命科学园产业基金投资北京森妙生物科技有限公司 1000 万。融资主要用于团队建设、各管线项目推进。

（叶梅、韩娜）

【拓领博泰获中国创新创业大赛优秀企业奖】11 月 22 日，第十一届中国创新创业大赛全国赛（生物医药）在杭州结束。本届赛事聚焦生物医药领域，329 家企业晋级全国赛。生命科学园产业基金投资企业北京拓领博泰生物科技有限公司获北京市总决赛二等奖，并被北京赛区推荐进入全国赛。在全国赛成长组比赛中，拓领博泰创新药项目获中国创新创业大赛优秀企业奖。

（叶梅、韩娜）

江苏中关村中诺协同投资基金合伙企业（有限合伙）

【概况】江苏中关村中诺协同投资基金合伙企业（有限合伙）（简称江苏中诺子基金）设立于2019年11月，由北京中关村协同创新投资基金管理有限公司管理，专注于大健康、大智造、大数据，兼顾其他战略新兴行业成长期、成熟期项目的投资。基金规模2.4亿元。2022年，江苏中诺子基金新增投资3个项目，决策出资总额2450万元。

（叶梅、韩娜）

【江苏中诺子基金投资悦鲲环保952.28万元】1月，江苏中诺子基金投资上海悦鲲环保科技有限公司，投资金额952.28万元。融资主要用于打造智能回收体系自主研发智能分类回收机，在北上广等城市投入使用。

（叶梅、韩娜）

【江苏中诺子基金投资英创汇智500万元】4月，江苏中诺子基金投资北京英创汇智科技有限公司，投资金额500万元。融资主要用于建设北京亦庄研发中心。

（叶梅、韩娜）

【江苏中诺子基金投资欧卡电子1000万元】5月，江苏中诺子基金投资陕西欧卡电子智能科技有限公司，投资金额1000万元。融资主要用于从事具备"清洁＋巡检＋测绘＋监测"四大特性的水面无人驾驶、水域服务机器人技术与产品开发。

（叶梅、韩娜）

【佰辰医疗发布电感耦合等离子体质谱仪ICP8000】6月24—26日，广东省医师协会检验医师分会年会暨第四届检验医师珠江论坛召开。江苏中诺子基金投资企业浙江佰辰医疗科技有限公司在会上发布企业自主研发的电感耦合等离子体质谱仪ICP8000微量元素分析仪。ICP8000微量元素分析仪配备相应的前处理试剂，可以实现对尿碘、尿铜或血中多种微量元素快速、准确、稳定的分析，以解决临床

检测中微量元素检测分析的问题，为临床检测、健康生活提供完备的微量元素分析平台。

（叶梅、韩娜）

【吉因加发布病原系列产品】7月20日，江苏中诺子基金投资企业北京吉因加科技有限公司正式发布病原系列产品。吉因加全面布局了mNGS和tNGS两种检测技术，满足不同临床场景下的病原检测需求。mNGS的特点是全面、精准地将所有病原一网打尽，涵盖多类样本、2.3万余种病原；tNGS的特点是难检病原灵敏检测，耐药marker精准报出。

（叶梅、韩娜）

【天勤生物助力单抗F61获临床批件】7月27日，国药集团中国生物武汉生物制品研究所申报的重组全人源抗新冠病毒单克隆抗体（简称单抗F61）获国家药监局临床试验批件。该单抗F61是应对奥密克戎变异株疫情的重要武器。江苏中诺子基金投资企业湖北天勤生物科技有限公司为此次项目提供全套毒理试验、药代试验、组织交叉反应试验等服务。

（叶梅、韩娜）

【天勤生物助力新冠mRNA疫苗进入临床】10月26日，浙江海昶生物医药技术有限公司自主研发的新型冠状病毒mRNA疫苗加强针项目IND申请获美国食品药品管理局（FDA）批准（IND:28424），是国内首个被美国FDA批准的mRNA疫苗项目。江苏中诺子基金投资企业湖北天勤生物科技有限公司主导此项目全部的非临床药理毒理研究，同时和国内知名的P3实验室共同合作完成该疫苗的攻毒实验。

（叶梅、韩娜）

【吉因加病原分析软件获批NMPA医疗器械注册Ⅱ类证书】11月23日，国家药监局官网公开信息显示，江苏中诺子基金投资企业北京吉因加科技有限公司自主研发的病原微生物测序数据分析软件获批医疗器械注册Ⅱ类证书（注册证编号：湘械注准20222211955）。此次获批的病原分析软件，通过分析临床样本（如痰液、肺泡灌洗液、血液、脑脊液和脓液等）的测序数据，可检测500多种病原微生

物；可实现对呼吸系统、血流、中枢神经系统和局灶感染等多种临床应用场景下病原微生物的精准报出，辅助临床医生快速确定送检样本中可能存在的致病微生物。

（叶梅、韩娜）

【天勤生物助力单抗 F61 鼻用喷雾剂获临床批件】 11 月 25 日，国药集团中国生物武汉生物制品研究所重组全人源抗新冠病毒单克隆抗体鼻用喷雾剂（F61 鼻用喷雾剂）获国家药监局临床试验批件，用于新冠病毒高暴露风险人群的预防。江苏中诺子基金投资企业湖北天勤生物科技有限公司武汉分公司为此次项目提供全套的非临床毒理研究，助力该项目获批临床。

（叶梅、韩娜）

【白山云获信息技术应用创新"大比武"金融赛道奖】 12 月 5 日，由中国金融认证中心（CFCA）主办的"2022 信息技术应用创新'大比武'金融业务应用支撑技术赛道"总决赛落幕，38 支队伍参加总决赛。江苏中诺子基金投资企业贵州白山云科技股份有限公司联合中国银行江苏分行、中银金融科技有限公司推出的"基于零信任安全的私域运营解决方案"获"行业应用潜力奖"。

（叶梅、韩娜）

【佰辰医疗与安捷伦科技达成战略合作】 12 月 8 日，江苏中诺子基金投资企业浙江佰辰医疗科技有限公司宣布与安捷伦科技公司达成战略合作，双方共同为国内市场提供先进的临床检测和诊断解决方案，致力于改善临床检测实践、疾病预防、筛查和治疗。合作会促进电感耦合等离子体质谱（ICP—MS）技术在中国临床市场的应用。

（叶梅、韩娜）

泰兴中关村协同创新投资基金
（有限合伙）

【概况】 泰兴中关村协同创新投资基金（有限合伙）（简称泰兴中关村协同创新基金）设立于 2020 年 11 月，2021 年 1 月 6 日在中国证券投资基金业协会

完成备案，由北京中关村协同创新投资基金管理有限公司管理。基金旨在引导资本流向创新前沿，助力高端硬科技成果落地转化，帮助泰兴高新区培育硬科技、高精尖产业集群，主要投向高端制造、新能源、新材料等符合泰兴高新区产业规划的相关领域。基金规模 5.02 亿元。

（叶梅、韩娜）

【中科同志入选 2022 年中关村高新技术企业协会支持单位】 2022 年，北京中科同志科技股份有限公司入选 2022 年中关村高新技术企业协会支持单位，入选类型为知识产权服务类——"支持科技型中小企业开展发明专利布局"。（中科同志成立于 2005 年，是国家级高新技术企业、国家知识产权优势企业、北京市知识产权示范企业、北京市"专精特新"中小企业。公司致力于半导体芯片特种封装工艺核心装备的研发，为全球客户提供半导体通用芯片、功率半导体芯片 IGBT 模块、SiC 器件、高功率激光器、红外、LED 芯片的整体封装解决方案，以及亚微米倒装共晶粘片机等高精度设备和 SMT 贴片机、回流焊等电子装联设备。）

（叶梅、韩娜）

南阳光电产业发展基金合伙企业
（有限合伙）

【概况】 南阳光电产业发展基金合伙企业（有限合伙）（简称南阳光电基金）设立于 2021 年 1 月 5 日，2021 年 4 月 20 日在中国证券投资基金业协会完成备案，由北京中关村协同创新投资基金管理有限公司管理。基金服务北京高科技企业的融资需求和发展空间，促进京宛两地光电产业链发展的优势互补，为南阳和中关村创新产品和服务拓展应用场景。基金规模 1.5 亿元。

（叶梅、韩娜）

【采用耐德佳技术的无线 AR 智能眼镜发布】 5 月 20 日，高通技术公司正式发布搭载骁龙 XR2 平台的无线 AR 智能眼镜参考设计。与原来的有线 AR 相比，新的设计令外形缩小了大约 40%，实现了更符

合人体工学的配重。高通骁龙 XR2 无线 AR 参考设计，采用南阳光电基金投资企业北京耐德佳显示技术有限公司自由曲面钻石 AR 光学方案，支持 90Hz 的双 1920×1080Micro-OLED 显示器。另外，高通 XR1AR 智能眼镜参考设计采用的也是耐德佳自由曲面 AR 光学解决方案。

(叶梅、韩娜)

【耐德佳完成 B+ 轮融资】 5 月，南阳光电基金投资企业北京耐德佳显示技术有限公司宣布完成产业资本和行业资本联合参与的 B+ 轮融资。本轮融资主要应用于 AR/VR 光学模组产能提升、技术研发升级等。（耐德佳成立于 2015 年 11 月，是一家由美国亚利桑那大学、清华大学、华中科技大学、北京理工大学、中国科学院博士团队及资深光学工艺师团队创立的高新技术公司，致力于增强现实及虚拟现实智能眼镜及光学模组的设计、研发、生产及技术支持。）

(叶梅、韩娜)

【耐德佳成立未来光学科研院】 6 月 24 日，南阳光电基金投资企业耐德佳全资子公司未来光学（上饶）科研院有限公司成立，总面积 10 万平方米，致力于为光学企业提供专业的光学设计、研发服务，结合光学检验中心专业的检测能力，制定光学行业标准，落地高端光学成品项目。同日，江西省光学镜头镜片产品质量监督检验中心成立，由未来光学科研院有限公司承接其技术运营及产能升级，协助其向全球光电行业提供高精密光学元件检测及认证服务。

(叶梅、韩娜)

常州中关村协同创业投资中心
（有限合伙）

【概况】 常州中关村协同创业投资中心（有限合伙）（简称常州基金）设立于 2021 年 6 月 28 日，2021 年 12 月 29 日在中国证券投资基金业协会完成备案。基金由北京中关村协同创新投资基金管理有限公司担任基金管理人，基金规模 0.85 亿元，专注于早中

期企业，重点投资高端制造、生命科学等战略性新兴产业。2022 年，基金完成投资项目 4 个，投资金额 3980 万元。

(叶梅、韩娜)

【常州基金投资泰豪生物 1180 万元】 6 月，常州基金投资北京泰豪生物科技有限公司，投资金额 1180 万元。融资主要用于研发药效评价的新技术平台和补充运营资金，以及公司产品研发、生产基地建设和人才团队建设。

(叶梅、韩娜)

【泰豪生物完成 Pre-A 轮投资】 7 月 25 日，常州基金完成对北京泰豪生物科技有限公司的 Pre-A 轮领投，参与投资的还有深圳大一资本。本轮融资用于公司产品研发、生产基地建设和人才团队建设。（泰豪生物成立于 2021 年 6 月，是一家专注于微流控分子诊断 POCT 系统的研发、设计及生产的医疗器械企业，在昌平区拥有 800 平方米的研发中心。）

（泰豪生物研发的产品）

(叶梅、韩娜)

【常州基金投资创模生物 1000 万元】 9 月，常州基金投资创模生物科技（北京）有限公司，投资金额 1000 万元。融资主要用于支持目前新实验室设施的建设任务，以及新临床前研究平台的研发和建设。创模生物成立于 2020 年 9 月，是一家专注肿瘤及肿瘤免疫药效学评价的临床试验业务（CRO）的服务商，建立了全面的临床前 CRO 服务平台，以及二代免疫系统人源化模型、二代人源肿瘤异体移植模型等模型平台。

(叶梅、韩娜)

【常州基金投资海湃泰克 800 万元】10 月，常州基金投资海湃泰克（北京）生物医药科技有限公司，投资金额 800 万元。融资主要用于候选化合物筛选、临床试验申报和补充流动资金。

（叶梅、韩娜）

【常州基金投资森妙生物 1000 万元】11 月，常州基金投资北京森妙生物科技有限公司，投资金额 1000 万元。融资主要用于开发疫苗佐剂等创新型药物。

（叶梅、韩娜）

浙江长创股权投资有限公司

【概况】浙江长创股权投资有限公司成立于 2022 年，基金首期规模 10 亿元，是主要聚焦发展高端装备、新材料两大主导产业的优质子基金，培育绿色能源、人工智能、生态创新经济等机会产业，打好产业基础高级化和产业链现代化攻坚，构建 "2+N" 现代产业体系。

（叶梅、韩娜）

【浙江长创投资子基金中小浙普】9 月 30 日，浙江长创股权投资有限公司投资子基金中小浙普（上海）创业投资合伙企业（有限合伙），投资金额 1.23 亿元。子基金主要投向信息技术、能源技术、先进服务业等领域项目。

（叶梅、韩娜）

北京瞪羚科创企业创业投资中心（有限合伙）

【概况】2022 年 6 月 7 日，北京瞪羚科创企业创业投资中心（有限合伙）（简称瞪羚科创基金）设立，由北京中关村瞪羚投资基金管理有限公司（简称瞪羚管理公司）管理，主要从事国内具有高科技性、高成长性并符合国家政策支持的专精特新领域相关行业股权投资和投资管理服务。基金规模 15 亿元。2022 年，瞪羚科创基金投资项目 7 个，出资金额

8420 万元。

（白慧贤）

【瞪羚科创基金投资通嘉宏瑞 500 万元】8 月，北京通嘉宏瑞科技有限公司完成数亿元 A+++ 轮融资。本轮融资由石溪资本、中芯聚源、诺华投资、鑫睿创业联合领投，亦庄国投、合肥国正资本和瞪羚科创基金等跟投，瞪羚科创基金出资 500 万元。融资主要用于真空泵量产产能扩充和补充流动资金。（通嘉宏瑞成立于 2019 年 7 月，从事泛半导体领域干式真空泵的开发、设计和制造及维修业务，处于国内行业领先水平。）

（白慧贤）

【瞪羚科创基金投资咸宁海威 4000 万元】8 月，瞪羚科创基金通过杭州国鼎君戎复材股权投资合伙企业（有限合伙）向咸宁海威复合材料制品有限公司出资 4000 万元，咸宁海威完成数千万元 A 轮融资。本轮融资方式为老股转让，参与方包括瞪羚科创基金、国鼎资本、中兵资本等。（咸宁海威成立于 2005 年 10 月，主要从事树脂基复合材料制品的研发、生产、销售，主营水面船舶、水下装备、海洋工程、汽车制造等领域所用的高端复合材料。）

（白慧贤）

【瞪羚科创基金投资中科睿信 1920 万元】8 月，瞪羚科创基金通过国鼎君创（淄博）股权投资合伙企业（有限合伙）向北京中科睿信科技有限公司出资 1920 万元，中科睿信完成数千万元 A+ 轮融资。本轮融资方式为增资，参与方包括瞪羚科创基金、国鼎资本、嘉兴水木等。（中科睿信成立于 2018 年 7 月，定位于高频领域电子仿真测试解决方案与设备提供商，提供全链路测试解决方案和测试设备，未来将拓展到民用汽车、5G 等领域。）

（白慧贤）

【瞪羚科创基金投资锐芯微电子 650 万元】9 月，瞪羚科创基金通过广东三航国鼎科创股权投资合伙企业（有限合伙）向锐芯微电子股份有限公司出资 650 万元，锐芯微电子完成数亿元 Pre-IPO 轮融资。本轮融资方式为老股转让，参与方包括深创投、瞪

羚科创基金、上汽资本等。（锐芯微电子成立于2008年2月，专注于高端图像芯片定制业务、高灵敏度图像传感器芯片和摄像机芯的研发、设计及销售业务。）

（白慧贤）

【瞪羚科创基金投资菲斯罗克550万元】 9月，瞪羚科创基金通过广东三航基金向株洲菲斯罗克光电科技股份有限公司出资550万元，菲斯罗克完成数千万元Pre-IPO轮融资。本轮融资方式为增资和老股转让，参与方包括瞪羚科创基金、株洲动力谷、株洲仟玺等。公司已进入IPO辅导阶段。（菲斯罗克创立于2016年4月，实现了光纤陀螺从器件到组件和系统的全产业链谱系产品，其研制的光纤环产品达到国内最高精度，广泛应用于行业重要客户。）

（白慧贤）

【瞪羚科创基金投资汉芯国科400万元】 9月，瞪羚科创基金通过广东三航基金向成都汉芯国科集成技术有限公司出资400万元，汉芯国科完成数千万元A轮融资。本轮融资方式为增资和老股转让，参与方包括瞪羚科创基金、国鼎资本、成都德鼎等。公司完成重要型号产品定型工作。（汉芯国科成立于2015年12月，是一家从事国产射频微波、毫米波集成电路芯片设计及SIP系统级封装，射频微波子系统的研发、生产类企业。）

（白慧贤）

【瞪羚科创基金投资创天电子400万元】 9月，瞪羚科创基金通过广东三航基金向广州创天电子科技有限公司出资400万元，创天电子完成数千万元Pre-IPO轮融资。本轮融资方式为老股转让，参与方包括瞪羚科创基金、国鼎资本、广州弘晟、苏州弘德等。（创天电子成立于2003年12月，是目前国内少数MLCC电容产品与上游瓷粉均具备自主量产能力的核心企业。）

（白慧贤）

北京开元弘道创业投资中心（有限合伙）

【概况】 北京开元弘道创业投资中心（有限合伙）（简称开元弘道基金）设立于2018年6月，专注于生物医药、信息技术等新经济领域投资。基金规模3.5亿元。2022年，开元弘道基金新增投资项目2个，投资金额3500万元。截至2022年底，在开元弘道基金已投12个项目中，8个项目获得后续融资，累计实现后续融资额超过80亿元，项目估值都实现较好提升。

（张晓青）

【亚虹医药在上海证券交易所科创板上市】 1月7日，开元弘道基金投资企业江苏亚虹医药科技股份有限公司在上海证券交易所科创板上市，证券代码688176。开元弘道基金于2019年11月投资亚虹医药3000万元。（亚虹医药成立于2010年3月，是一家专注于泌尿生殖系统肿瘤及其他重大疾病领域的全球化创新药公司。）

（张晓青、赵丽）

【开元弘道基金投资中科鑫通1000万元】 1月28日，开元弘道基金投资中科鑫通微电子技术（北京）有限公司，投资金额1000万元。融资主要用于拓展光子芯片在医疗检测、无人驾驶、人工智能、光通信等领域的技术与产品开发。

（张晓青）

【开元弘道基金投资安信怀德生物2500万元】 6月30日，开元弘道基金投资北京安信怀德生物技术有限公司，投资金额2500万元。[安信怀德生物成立于2012年4月，拥有完全自主知识产权的"超级三聚体"技术平台、长效类基因工程药物技术平台的开发，已成功开发蛋白云（pCloud technology）技术平台，重点研发项目超级TRAIL已形成排他性的全球专利保护。]

（张晓青）

直接投资

【概况】2022年，集团直接投资业务包括自有资金投资业务和代持政府资金投资业务。代持政府资金主要来源于两部分：科技成果转化和产业化项目统筹资金（简称统筹资金）、中关村现代服务业试点扶持资金（简称现代服务业资金）。截至2022年底，集团自有资金累计投资项目57个，出资金额18.12亿元，完全退出项目45个，退出投资额及收益合计17.76亿元；经批准的代持统筹资金投资项目148个，实际完成出资项目118个，出资金额22.35亿元，完全退出项目71个，项目退出率60%；经批准的代持现代服务业资金投资项目23个，实际完成出资项目12个，出资金额1.77亿元，实现完全退出项目9个，项目退出率75%。

(邱林彤)

【华臣医药委贷处置完成】1月19日，集团收到北京华臣联合医药科技有限公司抵押土地拍卖分配款3431.28万元。经大兴区人民法院出具华臣医药执行分配方案异议之诉民事判决书之后，各方均不上诉。集团收回该项目全部退出资金4010.60万元，实现内部收益率7.26%。

(邱林彤)

【集团收到4家企业分红收益分配额】5月17日，集团收到深圳市建筑科学研究院股份有限公司分红收益分配额。6月9日，收到钢研纳克检测技术股份有限公司分红收益分配额。7月27日，收到上海韦尔半导体股份有限公司分红收益分配额。8月3日，收到中煤科工清洁能源股份有限公司分红收益分配额。

(邱林彤)

【集团自有资金投资项目和代持政府资金投资项目退出3个】2022年，集团完成自有资金投资项目北京中关村水木医疗科技有限公司、北京石墨烯技术研究院有限公司股权转让，退出金额0.30亿元；收回代持政府资金投资终止项目国能科技创新有限公司部分退出资金。

(邱林彤)

【1家集团服务企业拟上市】2022年，集团服务企业北京朗视仪器股份有限公司获拟上市筹备材料，与市科委、中关村管委会沟通，获得国资投资程序确认文件。

(邱林彤)

表8 集团自有资金2022年度项目收益统计表

单位：万元

项目建设单位	退出时间	退出金额	收益种类
北京华臣联合医药科技有限公司	2022.01.19	3431.28	委贷收益
北京中关村水木医疗科技有限公司	2022.04.20	2873.87	股权转让
深圳市建筑科学研究院股份有限公司	2022.05.17	68.60	分红收益
钢研纳克检测技术股份有限公司	2022.06.09	20.90	分红收益
上海韦尔半导体股份有限公司	2022.07.27	8.03	分红收益
中煤科工清洁能源股份有限公司	2022.08.03	112.00	分红收益
北京石墨烯技术研究院有限公司	2022.11.21	153.53	股权转让
合计		6668.21	

表 9 2022 年集团代持政府资金退出项目统计表

单位：万元

项目建设单位	项目内容	委托机构	退出时间	退出金额
国能科技创新有限公司	固体钒电池技术研发及初步规模化生产项目	市科委、中关村管委会	2022.08.31	309.05
合计				309.05

表 10 截至 2022 年底集团代持科技成果转化和产业化项目统筹资金投资总体情况统计表

委托单位	联席会批准项目		完成出资项目		退出项目（含部分退出）		在投项目	
	个数	金额（万元）	个数	金额（万元）	个数	本金（万元）	个数	金额（万元）
市科委、中关村管委会	128	228626	98	114189	75	86197	27	27992
市经济和信息化局	19	99323	19	99323	1	566	19	98757
经济技术开发区管委会	1	10000	1	10000	—	—	1	10000
合计	148	337949	118	223512	76	86763	47	136749

注：（1）多次出资未重复计项目数。

（2）部分退出项目 5 个，分别为市科委、中关村管委会中搜网络、信威通信、中科九章及国能科技（4 个），市经济和信息化局灿芯创智 1 个，已从合计中剔除重复数据。

（3）市科委、中关村管委会出资和在投项目不含航天科工基金。

表 11 截至 2022 年底集团代持科技成果转化和产业化项目统筹资金在投项目投资方式统计表

委托单位	政府股权		共享知识产权		合计	
	个数	金额（万元）	个数	金额（万元）	个数	金额（万元）
市科委、中关村管委会	23	23642	4	4350	27	27992
市经济和信息化局	—	—	19	98757	19	98757
经济技术开发区管委会	1	10000	—	—	1	10000
合计	24	33642	23	103107	47	136749

表 12　截至 2022 年底集团代持科技成果转化和产业化项目统筹资金在投项目行业分布统计表

单位：个

委托单位	大信息	大健康	大环保	合计（去重）
市科委、中关村管委会	10	9	8	27
市经济和信息化局	19	—	—	19
经济技术开发区管委会	1	—	—	1
合计	30	9	8	47

表 13　截至 2022 年底集团代持中关村现代服务业试点扶持资金投资项目统计表

委托单位	上级拨款		集团出资		在投项目	
	个数	金额（万元）	个数	金额（万元）	个数	金额（万元）
市科委、中关村管委会	6	10540	5	8590	1	1200
市商委	4	7360	4	4960	—	—
市经济和信息化局	3	4190	3	4190	2	3190
合计	13	22090	12	17740	3	4390

（邱林彤）

科技金融服务

中关村发展集团年鉴

YEARBOOK OF ZHONGGUANCUN DEVELOPMENT GROUP

2023

综　述

2022 年，集团深化金服板块集团化运营，探索科技金融创新与服务。全年为企业提供债权融资规模 669 亿元，服务科技企业 7560 家次。

多元拓展融资端，渠道规模双提升。通过公司债券、银行信贷等方式实现融资规模 116.3 亿元。本部发行公司债券 8 亿元；发行首期知识产权融资租赁 ABS，完成知识产权 ABS 第二期、设备租赁 ABS 及 ABN 第一期的发行。完成德远保理收购，为企业提供更丰富的供应链金融服务；推动瞪羚管理公司增资，提升金服股债联动协同能力。拓展信托等渠道，通过直接融资为 21 家科创企业提供 8.15 亿元资金支持；成功落地全国首单 3500 万元含权"绿色高成长中小企业债权融资计划"。

发挥特色化服务能力。全年为 5094 家企业提供担保服务规模 551.5 亿元，为 577 家企业提供租赁融资 74.2 亿元，通过小贷、保理、供应链金融、信用交易等服务提供融资支持 43.7 亿元。设立 15 亿元瞪羚科创基金和 5 亿元租赁二期基金。加快认股权工作，年内共签署认股权项目 1110 个，其中担保 975 个、租赁 135 个。中关村领创金融为 1211 家企业提供供应链金融服务 5 亿元。中关村信用交易平台发布。

推出知识产权"新产品"。中关村科技租赁发行 2 期知识产权资产支持专项计划，年内完成知识产权融资投放 140 笔，金额超 10.6 亿元。持续创新融资担保新模式。中关村科技担保与网商银行合作成立"政银担"产品，推出全流程线上化"普惠保"产品，标准化业务新增规模 14.26 亿元，服务客户 2800 家。向专精特新"小巨人"企业推出 3000 万授信升级版主动担保授信方案。

供应链金融产品逐步落地。中关村领创金融创新推出"供应链金融＋数字人民币＋全场景"等业务新模式，成为首都数字经济产业的创新举措。立足京津冀协同发展，发挥科技金融供给作用。租赁业务区域扩张取得突破性进展，设立深圳、杭州、苏州 3 家区域参股公司。担保业务天津子公司为 124 家企业新增担保规模 9.72 亿元，同比增长 58%。保理业务首次实现科技型企业正向保理服务 4570 万元；发行公开市场产品 4 期，服务客户 531 家。小贷业务全力化解流动性风险，全年发放贷款 110 笔，支持企业融资金额 15 亿元。加大数字化转型力度，发挥线上业务增长能力。金融数据服务平台一期完成验收，系统累计调用超 6000 次。担保业务搭建 CRM 客户管理等系统，优化升级小微标准化业务系统。租赁业务上线数字尽调系统，初步实现远程尽调。

开展公司标准化建设，推进服务及管理质量的双提升。落地质量管理体系认证，提升管理标准化水平，确定了"金服＋担保、租赁"即"一拖二"整体获证方式，完成 ISO 9001 管理体系认证；落实集团业务标准化工作要求，重点子公司形成标准化产品手册等。

聚焦系统性风险，推进全面风险管理体系落地。落地金融板块风险监测核心指标体系，完善风险管理工具；推进风险流程闭环管理，强化结果应用；完善风险管理机制建设，保障业务创新发展。担保业务代偿率为 0.55%，达近 5 年最低；租赁业务不良率为 1.6%，小贷业务不良率为 1.3%。

（唐娜）

中关村金服

【概况】 北京中关村科技创业金融服务集团有限公司（简称中关村金服）成立于2009年2月24日。公司打造"以债权融资为核心、债股联动为特色、金融科技为支撑"的一体化金融服务模式，着眼于解决科技型中小微企业"融资难、融资贵、融资慢"问题，不断创新金融产品，为不同成长阶段的科技创新企业提供一体化、全方位、管家式综合金融服务。业务包括科技担保、科技租赁、科技信贷、资本市场服务、供应链金融、信用交易、股债联动、知识产权质押等综合金融服务。2022年，中关村金服持续深化改革转型，以集团化运营为主线，不断拓宽融资渠道、提升协同服务能力、做优股债联动，取得显著成效。丰富债务融资渠道，增强资本市场影响力。年内，本部发行2期公司债券，募集资金共8亿元，票面利率分别为3.90%和3.63%，创下自2022年5月以来AA+地方国有企业类金融主体公募债最低利率。完成德远保理收购事项，2022年中关村金服受让德远保理股权事项在深圳金融局获批并完成工商变更。推动信用交易业务发展，中关村信用交易平台发布，中关村金服金融数据服务平台V1.0验收完成；获得ISO 9001：2015质量管理体系认证。

（唐娜）

【中关村金服与东城区政府进行座谈交流】 3月11日，中关村金服到东城区政府交流工作。会议主要围绕企业融资、产业引进、空间盘活及升级改造等方面进行交流，推动政企实现共赢发展。中关村金服将发挥专业优势，推动合作落地见效，探索形成政企合作新范式，支持东城区高质量发展。

（王素娟）

【2022年第一期公募公司债券发行】 4月19日，中关村金服发行2022年第一期公募公司债券4亿元（债券简称：22中科01；债券代码：185685.SH），期限3年，票面利率3.90%，较2021年首期公司债下降50bp，实现债券融资成本的新低。此次公司债券发行吸引了银行、证券公司、基金管理公司等多元化投资机构的参与。

（杨泽原）

【中关村金服金融数据服务平台V1.0完成验收】 4月26日，中关村金服为落实集团改革工作方案、支撑发展集团数字化转型战略、持续推进数字化建设而打造的中关村金服金融数据服务平台V1.0完成项目验收。服务产品包括标准化报告、上市公司等可获取公开数据的标准化评价报告、定制化展示、评价报告等，并提供接口对接、"黑名单"等名录展示功能，为子公司业务系统提供数据服务，为使用人员提供企业基础信息、评价评测结果、数据汇集统计分析等相关功能支持。

（曾欣）

【2022第二期公募公司债券发行】 7月6日，中关村金服发行2022年第二期公募公司债券4亿元（债券简称：22中科02；债券代码：185989.SH），期限3年，票面利率3.63%，创下自2022年5月以来AA+地方国有企业类金融主体公募债最低利率。本次发行是在第一期公司债券3.90%低价发行之后再创新低，融资成本再次下降7%左右。中关村金服与资本市场的再次对接，提升了中关村金服的融资能力和品牌影响力。此次公司债券发行吸引了银行、证券公司、基金管理公司等多元化投资机构的参与。

（杨泽原）

【中关村金服获颁ISO 9001：2015认证证书】 12月30日，中关村金服通过国际权威机构瑞士SGS认证中心审核，获颁ISO 9001：2015质量管理体系认证证书。中关村金服整体获得主证书，认证范围包括融投资项目管理及提供行政支持服务的管理、提供融资租赁业务、提供担保业务；中关村金服本部及下属中关村科技担保、中关村科技租赁分别获得子证书。作为中关村发展集团第一批质量管理体系认证试点子公司，中关村金服成立质量管理认证与业务标准化建设专项工作组，创新提出"金服＋担保、租赁"的"一拖二"整体质量管理体系建设与认证方式，明确了质量管理体系的方针和目标，通过质量管理体系调研、培训、策划、文件编制、体系运行、内审与管理评审 6 个阶段的建设工作，经过认证机构两个阶段的监督审核，确认中关村金服及下属中关村科技担保、中关村科技租赁的管理体系符合 ISO 9001：2015 要求，获得 ISO 9001：2015

质量管理体系认证证书。

（刘建建）

中关村信用交易平台

【概况】2022 年 7 月 29 日，中关村信用交易平台系统在线发布。平台坚持"以信用促融资，以融资促发展"，为创新创业主体提供高效便捷的普惠金融服务，是中关村示范区深入发掘培育科创企业信用价值、提高创新创业主体融资效率、助力北京国际科技创新中心建设的重要载体。平台由北京中关村融信数字科技有限公司（简称融信数科）运营。2022 年，融信数科依托中关村金服累计服务北京市 400 余家上市公司、近 100 家独角兽企业和 6.5 万余家次科创企业，并提供超过 4000 亿元融资服务，综合运用大数据、区块链、人工智能等金融科技手段，针对新一代信息技术、集成电路、智能制造与装备、医药健康等领域的创新创业主体，基于量化分析企业的主体信用、资产信用和交易信用，系统构建企业信用评价的指标体系，研发设计企业信用与资金融通的交易系统，为企业提供低成本、高效率的资金支持，引导金融机构减少对抵质押品的依赖，推动科创企业融资模式转型。

（李萌）

【融信数科与京辉氢能签订战略合作协议】6 月 28 日，融信数科与京辉氢能集团有限公司签订战略合作协议。中关村金服、融信数科、京辉氢能相关领导出席签约仪式。融信数科作为中关村金服服务"双创"企业的新平台，其打造的中关村信用交易平台可为京辉氢能提供多层次、专业化的金融服务。双方将建立长期合作关系，整合产业资源和金融资源，在股权融资、债权融资、产业规划等方面进行合作，立足中关村信用交易平台，更好地实现资金链和资产链的融通，打造中关村产融结合的标杆。

（杨明）

【中关村信用交易平台发布】7 月 29 日，融信数科正式对外发布中关村信用交易平台，面向创新创业

企业提供具有中关村特色的融资解决方案。中关村信用交易平台在大数据技术的支持下，以中关村金服及下属各金融板块近 20 年的业务数据为核心，综合企业所属行业、企业生命周期等基本属性，建模分析并出具企业信用价值报告，打造信用共识机制，完成资金、资产的智能撮合匹配交易。平台致力于科技型企业的信用价值培育与挖掘，从而完善银行征信体系在企业经营数据缺失方面的不足，更加全面、系统、公正地评价企业的整体信用状况及履约能力。企业的信用分值越高，融资成本将越低，通过中关村信用交易平台对企业精准画像的数据呈现，让企业信用在中关村信用交易平台找到应用场景，从而打造中关村企业信用生态。截至 2022 年底，在服务普惠小微企业方面，中关村信用交易平台注册客户 88 家，预审客户 70 家，预审通过率 90%，预授信金额 6760.82 万元。

（徐向武）

【完成首笔北京市专精特新企业信用撮合服务】8 月，融信数科与北京惠朗时代科技有限公司（简称惠朗时代）接洽，经多维度数据比对、分析、研判，与其签署大数据服务协议，并将其推荐给中信银行北京分行。中信银行经尽调后与惠朗时代沟通，于 9 月给予其授信并放款 500 万元。

（李萌）

【提升科技企业精准画像能力】2022 年下半年以来，融信数科逐步完善信用交易评价模型，聚焦科创企业信用融资属性，引入"行业成长性、周期性和竞争程度"等行业属性，企业近三年"营收、纳税、利润在细分行业层次"等细分领域属性，"研发投入、科创资源和技术创新领域"等科技属性，"核心专利与主营业务关联程度、与主营业务相关的专利申请量、与主营业务收入相关的专利价值"等知识产权价值属性，为全面、客观评价科创企业信用

价值奠定坚实基础。

（赵岩青）

【梳理商业银行特色科技金融产品】截至 2022 年底，融信数科吸纳多家银行的特色拳头产品、高质量的产品，现已梳理出"中关村银行惠才贷、认股权贷款""浦发银行科创快贷、认股权贷款""中信银行信知贷、科创 E 贷、投贷联动""广发银行科技 E 贷、科信贷、流水贷"等多项能够直接解决科技型企业融资痛点的产品，初步完成 16 家银行、37 个特色产品筛选。

（徐向武）

【中关村信用交易平台服务企业 220 余家】截至 2022 年底，中关村信用交易平台预授信企业 13 家；平台实现银行放款 1500 万元、互联网预授信 2395 万元，预审通过率 90%，注册到预审转化率 70%，注册到预审通过转化率 60%。

（杨明）

中关村供应链金融服务平台

【概况】 中关村供应链金融服务平台于 2020 年 10 月经中关村管委会授牌运营，专注于满足科技创新企业的供应链金融业务需求。平台采用区块链、大数据等科技手段，以供应链金融产品为依托，是汇集资金方（银行、证券、担保、保理等）、核心企业、上游供应商、增信机构等多方共同参与的全链条云端供应链金融服务系统。平台由北京中关村领创金融信息服务有限公司（简称中关村领创金融）运营。截至 2022 年底，中关村供应链金融服务平台累计服务企业 1200 余家，注册客户超过 160 家，实现供应链金融交易规模 5 亿元。

（李圆）

【携手平台服务企业申报典型案例】 6 月，中关村供应链金融服务平台携手北京利亚德光电股份有限公司探索大中小企业融通创新模式，实践"融资供给融通模式"创新，实现利亚德上市公司优质资信与上下游中小企业共享共用，提升中小企业融资可获

得性。该典型案例被市工信局作为中小企业融通创新典型模式上报工业和信息化部。

（张爱洁）

【中关村领创金融推荐的 8 家企业项目入围"创客北京 2022"决赛】 8 月 18 日，第七届"创客中国"北京市中小企业创新创业大赛暨"创客北京 2022"创新创业大赛区级复赛结束。大赛组委会发布市级决赛入围名单，共有 492 个项目进入决赛，其中企业组 415 个项目、创客组 77 个项目。中关村领创金融推荐的北京煦联得节能科技股份有限公司、北醒（北京）光子科技有限公司、航天智控（北京）监测技术有限公司、金税桥大数据科技股份有限公司等 8 家企业的项目入围市级决赛，其中，天安星控（北京）科技有限责任公司晋级龙芯中科·龙架构自主生态专项赛决赛。决赛优秀项目被推荐至全国"创客中国"总决赛。

表 14　中关村领创金融推荐企业入围"创客北京 2022"决赛名单一览表

序号	项目名称	企业全称	所属组别
1	煦联得项目商业计划书	北京煦联得节能科技股份有限公司	区域赛企业组
2	面向智能网联汽车的固态激光雷达研发及产业化	北醒（北京）光子科技有限公司	区域赛企业组
3	基于故障诊断与寿命预测的设备智能运维大数据云平台	航天智控（北京）监测技术有限公司	区域赛企业组
4	智能收报一体机	金税桥大数据科技股份有限公司	区域赛企业组
5	慧宝源生物商业计划书	北京慧宝源生物技术股份有限公司	区域赛企业组
6	大爱全息项目	大爱全息（北京）科技有限公司	区域赛企业组
7	开源异构计算软件栈	澎峰（北京）科技有限公司	区域赛企业组
8	天孖——数字孪生虚实结合试验系统	天安星控（北京）科技有限责任公司	龙芯中科·龙架构自主生态专项赛

（张爱洁）

【中关村领创金融获评北京市中小企业公共服务示范平台】 9 月，市经济和信息化局公布"2022 年度

北京市中小企业公共服务示范平台和小型微型企业创业创新示范基地名单"，北京中关村领创金融信

73

息服务有限公司获评 2022 年度北京市中小企业公共服务示范平台。

（张爱洁）

【中关村领创金融推荐的 4 家企业获"创客北京 2022"决赛 TOP 150】 11 月，"创客北京 2022"大赛获奖名单公布，中关村领创金融作为大赛窗口平台赛区（初赛）承办单位之一，征集 15 个优秀创业项目，推荐 9 个优秀项目晋级海淀区级复赛、2 个优秀项目晋级专项赛。最终，北京慧宝源生物技术股份有限公司、澎峰（北京）科技有限公司入围大赛 TOP 150，北京慧宝源生物技术股份有限公司入选八大产业十强。此外，大赛联合 14 家龙头企业设置专项赛道，航天智控（北京）监测技术有限公司获京东·企业服务生态专项赛特等奖，天安星控（北京）科技有限责任公司获龙芯中科·龙架构自主生态专项赛优胜奖。在承办过程中，中关村领创金融联合中关村资本、中关村协同发展、中信银行、民生银行等多家金融机构、专业服务机构，组织开展多场金融服务对接交流会，为参赛企业拓展金融服务渠道、提供专属服务优惠，助其获取优质金融服务。

（张爱洁）

【首笔"区块链供应链金融＋数字人民币＋全场景"融合场景业务落地】 12 月 1 日，中关村发展集团首笔"区块链供应链金融＋数字人民币＋全场景"融合场景业务正式落地。该笔业务是中关村发展集团以中关村新一轮先行先试改革为契机，探索各板块融合创新，推进集团数字化转型的新进展。该业务模式在提升集团数字化支撑能力、资金统筹能力、实现降本增效的基础上，实现了中小企业融资服务范围及数字人民币应用场景的扩大，实现数字人民币与实体产业链的深度结合。集团在市属国企范围内进行该业务推广，为促进数字科技为中小科技企业赋能、为产业赋能，以数字化实现各行业升级转型作出更大贡献，促进数字人民币与实体经济融合水平再上新台阶。

（李圆）

【"支持实体经济助力企业发展"系列公益活动结束】 12 月 29 日，"供应链金融支持实体经济发展，打通资金融通堵点、难点"公益讲座结束，标志着"支持实体经济助力企业发展"系列线上公益交流活动结束。该系列活动是在北京市中小企业公共服务平台的指导下，由中关村领创金融携手德勤中国、中伦文德律师事务所联合推出的线上系列公益交流活动。本次系列活动历时两个月，共举办 4 场，累计 207 人次在线观看。来自德勤中国、中伦文德律师事务所以及中关村领创金融等机构的专家分别从财税筹划、法律风控、资金融通等方面与中小企业进行分享。

（张爱洁）

北京企业上市综合服务平台

【概况】北京企业上市综合服务平台运营主体北京启元资本市场发展服务有限公司（简称启元资本）成立于2018年6月，由中关村发展集团牵头设立，旨在进一步促进首都金融生态建设，优化全市上市服务体系，引导资本市场金融创新，通过建立资本学院、智能IPO、投行咨询等业务体系聚集各方资源，支持企业在境内外上市，鼓励企业开展境内外并购重组。2022年，北京企业上市综合服务平台共开展线上线下培训51场，2256人参与，491家企业参加，服务覆盖专精特新企业等40余家次。完成北京市上市企业补贴申报工作，共受理企业补贴申请41家次，协助发放上市补贴9540万元。完成"钻石之星"435家上市后备企业培育活动，发布2021"钻石之星"上市潜力企业榜单。

（徐雨芊）

【"钻石之星"上市后备企业培育活动启动】3月16日，2022年"钻石之星"上市后备企业培育活动启动仪式举办。启元资本根据拟上市企业发展阶段和现实需求，通过开展政策宣讲、专题培训、走访交流等方式帮助企业对接优质资源，向上市后备企业提供全面服务，助力企业上市发展。年内，开展线上和线下培训51场，培训2256人次，覆盖企业491家，培训内容围绕北京证券交易所上市审核要求、最新转板规则解读、IPO现场检查注意事项、科创属性内控制度的建设和执行等专题，邀请北京证券交易所、伦敦证券交易所、中信证券、华泰证券、国泰君安证券、安永、国家开发银行、同盟资本、史密夫斐尔律所、超凡知产、梵清律所、金峰传媒等机构专家进行讲解分享。

（徐雨芊）

【"北交管家"专题服务产品推出】9月，北京企业上市综合服务平台全面深化与北京证券交易所、全国股转系统的工作联系与合作，做好与北京证券交易所上市相关的政策、案例、动态等信息的宣传推广活动，发掘创新型中小企业登录北京证券交易所的意愿和需求，提供全方位、全流程的北京证券交易所上市服务。平台自主挖掘北京中科智易科技股份有限公司、北京国环莱茵环境工程技术有限公司、北京德火科技有限责任公司、北京中矿大地地球探测工程技术有限公司、北京中电联达信息技术有限公司等近20家挂牌储备期企业，为企业提供政策解读和专项辅导服务，并协同北京证券交易所进行走访，对企业挂牌新三板及三板转至北京证券交易所过程中遇到的问题进行沟通交流和答疑解惑，提高企业与交易所间的对接效率，搭建企业上市绿色沟通渠道。针对创新型中小企业在资本市场中缺信息、缺人才、缺指导的困境，平台推出"北交管家"专项服务，解决企业在筹备北京证券交易所上市过程中面临的自身资本能力不足、证券事务部门待建等痛点。"北交管家"专项服务包括上市方案设计、上市诊断报告、证券事务部门代培等服务模块，为企业制定"一企一策"的上市服务方案和落地保障措施。

（徐雨芊）

【"钻石之星"上市后备企业评价暨培育活动举办】2022年，按照《北京市上市公司"钻石工程"行动计划（2020—2022）》的任务要求，北京企业上市综合服务平台开展2022年"钻石之星"上市后备企业评价暨培育活动，得到70余家政府机构、监管机构、投资机构、金融机构、园区协会的支持。2022年，435家企业参与"钻石之星"上市后备企业评价，涉及新一代信息技术、智能制造、新材料、生物医药、节能环保等产业领域。平台经过前期对企业调研走访，对标不同板块上市挂牌的财务标准和属性要求，结合企业相关数据，从营收、净利、研发投入、专利数量、融资行为等维度，形成年度"钻石之星"100家上市潜力企业初步结果。此外，平台通过整合政府、监管、投资、金融及上市中介服务机构资源，从企业主营业务、财务指标、核心竞争力、未来成长性等情况，绘制企业不同发展阶段的需求图谱，通过组织专题培训、案例解析、宣讲政策、行业沙龙等方式提供上市培训服务，打造"钻石之星"上市后备企业。

（徐雨芊）

【《2022年首都资本市场报告》发布】 2022年，北京企业上市综合服务平台发布《2022年首都资本市场报告》。该报告显示，2022年北京市A股上市企业460家，总市值21.16万亿元，排名全国第一。全年新增全球上市公司61家，其中A股43家，港股15家，美股2家，瑞士证券交易所1家。此外北京市IPO企业"专精特新"及战略性新兴产业比例高，2022年，北京市新增A股上市企业43家，其中有12家专精特新"小巨人"企业，占比27.91%，"专精特新"企业估值及流动性普遍高于平均水平。融资方面，2022年，北京市企业共完成85笔股权融资，包括首发及增发、配股、优先股、可转债等再融资，融资金额2243.61亿元；北京市上市企业共发行债券562只，包括短期融资券、金融债券、公司债券、资产支持证券等类型，融资金额20332.34亿元。北京市上市企业全年直接融资金

额排名全国第一，融资能力强。北京市上市公司平均研发费用率领先。2022年，北京市上市公司研发费用总额大幅增长，根据三季报数据，北京市上市公司研发费用总额达到2523.94亿元，同比上涨19.32%，平均研发费用率为12.42%，均领先全国。报告显示，北京市科创企业数量领跑全国。截至2022年10月，北京市已累计认定"专精特新"中小企业5360家、国家级专精特新"小巨人"企业590家，近六成集中在新一代信息技术、人工智能、生物医药、智能制造等高精尖产业领域，超七成属于"制造强国"或"网络强国"领域。

（徐雨芊）

【2022"钻石之星"TOP 100上市后备企业名单发布】 2022年，在由北京市金融监管局、中关村发展集团指导，启元资本主办的2022年首都资本市场年度大会上，北京企业上市综合服务平台发布2022"钻石之星"TOP 100上市后备企业名单。北京证券交易所市场发展部、上海证券交易所北方市场中心、深圳证券交易所北方市场中心、香港交易所环球上市服务部等机构的领导和专家出席会议并进行交流。会议采用线上和线下相结合的方式，线上直播观看超10万人次。北京日报、中国证券报、证券日报、新华社、北京电视台等多家媒体进行报道。

（徐雨芊）

科技担保服务

【概况】 集团科技担保业务主要依托旗下子公司北京中关村科技融资担保有限公司（简称中关村科技担保）开展，以贷款担保、债券担保、信托计划担保、保函担保、票证担保等多种形式为科技及现代服务业中小微企业提供担保服务。2022年，集团科技担保业务新增业务规模超过550亿元，同比增长23.7%。主营收入7.66亿元，同比增长5%；融担平均费率降至1.58%，同比下降0.06个百分点。其中，小微新增规模214亿元，同比增长40.8%；户数4733家，同比增长116.7%。普惠小微新增规模86亿元，同比增长38.7%；户数4356家，同比增长99.4%；费率降至1.32%，标准化小微业务费率更是降至1%。科技和现代服务业中小微客户在政策性融担业务中占比超过80%，在2021年基础上提升2个百分点。新增"专精特新"企业710家，包括国家级专精特新"小巨人"企业38家。推出标准化纾困方案服务科技中小微企业。制定"纾疫通"支持方案；从优化流程、创新模式、完善供给、降费让利以及提高风险容忍度等方面，迭代推出20条具体措施，多层次标准化纾困解难；推出全流程线上化"普惠保"产品；全面启动银行专属普惠产品对接，与工商银行、建设银行、邮储银行分别合作推出"工银保""易担贷""见贷即保"等标准化"银担"信贷产品。联合设立15亿元瞪羚科创基金，年内投资项目7个、金额8420万元，完成立项5个、跟踪项目200余个。成功发行全国首单含权、绿色贴标的"联合瑞升（北京）科技有限公司2022年度第一期绿色债权融资计划（高成长债）"，募集资金3500万元。首推供应链资产证券化产品。北京首单由专业担保公司提供外部增信的供应链证券化产品成功发行，储架10亿元，采用基于应付账款为基础资产的反向供应链ABS模式，为专精特新"小巨人"企业安东石油的19家中小型供应商提供纾困支持。中关村担保搭建CRM客户管理系统、面客系统、风控引擎系统等，支持小微融担标准化业务的全面线上化，实现了标准化产品模型的快速迭代，推进个性化融担业务的新老系统切换和落地数据中台等一系列重大项目，初步形成信息系统框架。截至2022年底，集团科技担保业务累计为8万多个项目提供超过4000亿元的担保服务。其中，95%以上为中小微企业，80%以上为科技及现代服务业企业，服务的客户中超过1100家在国内外资本市场（含新三板和北京证券交易所）挂牌上市。累计设立办事处15家、联络处8家。

（薛威）

【服务"专精特新"企业助力冬（残）奥会】 1月，中关村科技担保为北京华江文化集团有限公司提供1200万元融担支持，支持企业创意设计奥运会徽章产品，传播奥林匹克文化；华江文化取得在特许徽章、钥匙扣及其他非贵金属制品、贵金属制品、陶瓷制品三大品类的特许生产权，以及特许零售商资格。自2018年开始，中关村科技担保通过定向融资计划、银行贷款以及保函等产品支持北京北特圣迪科技发展有限公司发展，累计提供担保服务94笔、授信额度5.9亿元；北特圣迪是国内演艺装备行业的领军企业，包揽了冬奥会地面中央舞台系统、空中设施设备工程、冰瀑大型表演装置、主火炬姿态调整执行机构、场外火炬双转台等工程项目及核心设施设备建造，是在冬奥会和冬残奥会开/闭幕式4场仪式中承接舞台机械项目最多的企业。自2011年开始，中关村科技担保为北京动力源科技股份有限公司提供多元化的金融产品担保；"十三五"以来，中关村科技担保为客户及其子公司累计提供担保服务超过5亿元，业务品种包含3年期企业债、2年期流动资金贷款、世界银行转贷款（美元）、德国复兴银行转贷款（欧元）等，为企业发展提供了强有力的资金支持；冬奥会期间，动力源 5G 通信电源产品为赛事的正常运行提供通信网络保障；凭借燃料电池产品在新能源汽车的陆运经验和优势，隔离型燃料电池 DC/DC 变换器产品成功应用于新能源客车，为北京冬奥会提供运输和接驳服务保障工作，再次以绿色环保的企业理念助力绿色冬奥。2021 年开始，中关村科技担保为北京猎户星空科技有限公司提供授信担保，支持客户研发、生产各型号服务机器人；北京冬奥会共入选 7 家机器人企业的 11 款服务机器人。

（薛威）

【泛华体育中关村创新成长可转债发行】3 月 18 日，中关村科技担保以"担保＋发行"服务方式，通过北京股权交易中心为"双奥场馆"参建单位——北京泛华新兴体育产业股份有限公司成功发行 2022 年度中关村创新成长可转债。本期发行金额 2000 万元，期限 36 个月，为泛华体育的业务发展赢得了资金支持。中关村科技担保结合泛华体育的用款需求，为其量身定制担保和发行方案，协调多方资源，用时一个月完成担保、尽职调查、发行材料撰写、中介机构协调、问题反馈、现场答辩、资金落实等全部工作，项目按要求落地。泛华体育主要从事体育设施设计和建造、体育场馆和赛事运营管理等，冬奥会期间，主要承担"冰丝带""冰之帆""冰立方"场馆建设改造和赛时服务保障任务。

（陆晓宁）

【中关村科技担保获评"2021 年海淀区诚信单位"】3 月，中关村科技担保获海淀区文明办诚信创建活动领导小组授予的"2021 年海淀区诚信单位"荣誉证书。

（陈柏同）

【"小微普惠批量融资担保业务"推出】4 月 27 日，中关村科技担保与网商银行联合推出"小微普惠批量融资担保业务"，网商银行对"白名单"企业实行"3 分钟审核，1 秒钟放贷，0 人工干预"的模式，担保机构实行"见贷即保"模式，实现企业贷款申请"秒批"。为了让数字普惠金融服务实现成本可负担、商业可持续，该服务还建立了"银、担、再担风险分担机制"，由中关村担保、北京再担保、网商银行对贷款本金按照 4：4：2 比例分担风险责任，并争取国家融担基金的再担保分担，进一步分散风险。

（提爱莲）

【瞪羚科创基金投资运营】5 月 12 日，中关村科技担保子公司瞪羚基金管理公司召开瞪羚科创基金首个项目投资立项会，瞪羚科创基金进入实质投资运营阶段。瞪羚科创基金规模 15 亿元，由中关村金服、中关村科技担保及瞪羚基金管理公司共同发起设立，旨在通过"股权＋债权"的综合融资服务机制，拓展科技型企业融资渠道，提升解决"双创"主体融资难、融资慢、融资贵问题的能力。立项客户北京通嘉宏瑞科技有限公司是自主研发、制造、销售国产真空泵的企业，其自主生产的真空泵获得中芯国际、京东方等客户认可。通嘉宏瑞项目已获中关村科技担保提供的 2500 万元融资担保支持。本次瞪羚科创基金对通嘉宏瑞进行 500 万元股权投资，为企业提供"股权＋债权"综合融资服务支持。

（梁飞）

【绿色高成长中小企业债权融资计划发行】5 月 23 日，由中关村科技担保提供担保和发行服务的"联合瑞升（北京）科技有限公司 2022 年度第一期绿色债权融资计划（高成长债）"发行，募集金额 3500 万元，期限 3（1+1+1）年，附第 1 年、第 2 年末融资人赎回选择权。这是通过北京金融资产交易所发行的全国首单含权"绿色高成长中小企业债权融资计划"，也是在疫情防控特殊时期，中关村科技担保通过灵活调配、协调服务的快速反应机制成功落地的中关村创新成长直接融资产品。本次债权融资计划募集资金用于热电厂余热利用改造项目，从节能减排和企业成长性上，本次债权融资计划产品均符合北京金融资产交易所对"绿色"及"高成长"的要求。

（陆晓宁）

【为驭驾同行提供 200 万元融资担保】5 月 24 日，中关村科技担保通过线上专属普惠服务"工银保"为小微高新技术企业北京驭驾同行科技有限公司提供 200 万元融资担保服务，助力其缓解特殊时期的现金流紧张问题，实现平稳发展。（驭驾同行成立于 2009 年 4 月，业务涉及智能安防监控和政务公共服务综合信息平台、平安城市、智能交通、数字城管、智慧交警等智慧城市相关领域，开发出"三维地理信息可视化指挥调度平台"。）

（李泽）

【为兴顺达提供 1500 万元贷款担保】5 月 24 日，中关村科技担保通过开通绿色通道，快速审批，为大兴区地面公共交通运营商——北京市兴顺达客运有限责任公司提供 1500 万元流动资金贷款担保服务，助其缓解特殊时期的现金流紧张问题，保障企业正常运营和首都公交正常运行。（兴顺达成立于 1999 年 6 月，主营公交车运营，贯彻低碳绿色出行理念，在疫情期间全力协助完成疫情相关人员的转运等工作。）

（张鑫）

【中关村科技担保获中证鹏元 AAA 主体长期信用评级】5 月 26 日，中关村科技担保获中证鹏元资信评估股份有限公司 AAA 主体长期信用评级，评级展望为稳定。

（崔晓）

【中关村科技担保获大公国际 AAA 主体长期信用评级】6 月 1 日，中关村科技担保获大公国际资信评估有限公司主体长期信用等级 AAA，评级展望为稳定。

（张岩）

【中关村科技担保抗疫纾困"20 条"发布】6 月 6 日，为贯彻落实国务院和北京市"在疫情下稳定经济增长"的政策要求，中关村科技担保发布《纾困解难服务我市科创主体和小微企业行动方案》（简称"20 条"），从优化流程、创新模式、完善供给、降费让利、综合服务、放宽风险容忍度和加强内部保障 7 个方面实施"20 条"具体措施，多措并举为北京小微企业、科创主体纾困解难，发挥担保增信功能，强化社会责任担当，助力首都经济高质量稳定发展。"20 条"针对性强、覆盖面广、协同度高、灵活创新高效。创新担保模式，推出"批量化无还本续担"业务模式，对于贷款在 6 月至 9 月内到期、单户金额 1000 万元以内符合一定条件的在保小微企业，可在担保方案不变、无须还本、不影响征信记录的情况下完成贷款接续，免收延期期间的评审费。科技赋能升级"小微小额标准化"业务模式，简化评审流程，小微企业通过客户端、渠道端、微信小程序，在线完成业务申请、资料提交和电子签约，1—2 个工作日内完成快速审批，融资额最高可达 300 万元。借助大数据手段，批量推进小微普惠业务，针对特定场景小微企业，与工行、建行等继续开展"见贷即保"合作模式并探索拓展到其他合作银行。

（张岩）

【股债联动基金设立】6 月 7 日，北京瞪羚科创企业创业投资中心（有限合伙）设立。瞪羚科创基金由中关村发展集团体系内中关村金服、中关村科技担保、北京中关村瞪羚投资基金管理有限公司联合北京博恩特药业有限公司、北京安东软件技术有限公司、北京基联启迪投资管理有限公司共同设立，基金规模 15 亿元。瞪羚科创基金将以"专精特新"科创企业为主要服务对象，充分发挥中关村金服平台资源优势，通过"股权＋债权"综合融资服务机制，拓展科创企业融资渠道，提升解决"双创"主体融资"难慢贵"问题的能力，助推企业资本市场上市。

（梁飞）

【中关村科技担保举办政策及产品宣讲培训会】6 月

14 日，中关村科技担保联合中关村软件园孵化器、中国民生银行举办政策及产品宣讲培训会。中关村科技担保负责人作主题为"补贴政策解读及小微企业担保产品介绍"的分享，主要针对各级政府部门出台的与企业发展切实相关的贷款贴息等政策进行讲解，并对公司适用小微企业融资发展的金融产品进行介绍，具体包括：额度最高达 300 万元的小微小额标准化产品——创业保、知融保、税融保、科融保，额度最高可达 1000 万元的知识产权融资类产品——智融保，"知产"变"资产"的直接融资类产品——知识产权 ABS，以及简化评审、快速审批、专注服务"专精特新"企业的产品"专精特新"绿通等。

（方方）

【"创客北京"大赛新闻发布会召开】7 月 6 日，由市财政局、市经济和信息化局、丰台区政府联合主办，中关村科技担保及国融工发、亦庄产投、北京银行中关村分行、兴业银行北京分行、中信银行北京分行、中关村科技租赁、首创高科等单位协办的第七届"创客中国"北京市中小企业创新创业大赛暨"创客北京 2022"创新创业大赛（简称"创客北京"大赛）新闻发布会在丰台区召开。市经济和信息化局、丰台区委区政府、赛道承办方等的代表出席发布会，16 个区和北京经济技术开发区中小企业主管部门、赛道赛、各协办单位、金融机构、示范平台、示范基地等 300 余家单位线上参会，超 5 万家次企业的代表在线观看。本届大赛由区域赛和龙头企业专项赛构成，区域赛设初赛、复赛、决赛 3 个环节，共设立 200 个初赛点、17 个分赛区，面向高精尖产业、文化创意产业、新型便民服务业广泛征集和遴选优秀项目。本届大赛继续坚持"以服务

促发展以大赛促创新"的办赛理念，依托北京市中小企业公共服务平台，整合全市 200 多家"中小企业公共服务示范平台"和"小型微型创业创新示范基地"以及市中小平台服务商资源，形成覆盖北京全域的初赛窗口和资源对接网络；联合北京银行、兴业银行、中信银行、中关村科技担保、中关村科技租赁五大金融机构为参赛企业定制 20 余款专项金融产品并给予费率优惠，逐个企业梳理融资需求，量身定制信贷支持成长方案；联合北京中小企业创投引导基金、北京市高精尖基金优选百家知名投资机构为参赛企业全面打通多层次融资通道，助力企业发展。

（方方）

【与汇丰银行北京分行开展"银担"对接活动】7 月 21 日，中关村科技担保领导带领市场经营部、事业部相关负责人赴汇丰银行北京分行开展对接活动。汇丰银行北京分行领导及对公业务团队主要负责人参加对接会。双方围绕产品与业务开展中的实际问题进行交流，研讨在疫情影响下各行业担保贷款业务推动要点和主要风险防控手段，并就下一步合作方向交换了意见。

（方方）

【"国金－中关村担保创新型企业供应链 1 号资产支持专项计划"发行】8 月 25 日，北京首单由专业担保公司提供外部增信的供应链证券化产品——"国金－中关村担保创新型企业供应链 1 号资产支持专项计划"发行，项目评级 AAA，总规模 0.95 亿元。中关村科技担保作为发起人及增信机构为专项计划承担差额补足义务，并为核心资产提供担保。

本系列项目"国金－中关村担保创新型企业供应链1－10号资产支持专项计划"主要面向国家战略新兴产业和北京市高精尖产业领域核心企业及其上游供应商企业，采用基于应付账款为基础资产的反向供应链ABS模式。项目于6月21日取得深圳证券交易所无异议函，储架规模不超过10亿元，首期产品规模0.95亿元，支持的企业为与安东石油技术（集团）有限公司合作的19家中小型供应商。

（崔晓）

【中关村科技担保获AAA主体长期信用评级】 10月26日，中关村科技担保获联合资信评估股份有限公司主体长期信用等级AAA，评级展望为稳定。

（崔晓）

【中技所－中关村担保－长江－2期ABS发行】 11月11日，"中技所－中关村担保－长江－2期知识产权资产支持专项计划（ABS）"在深圳证券交易所发行，发行规模2.02亿元，票面利率3.00%，债项评级AAA。中关村科技担保作为增信方在专项计划与基础资产两个层面提供担保服务。

（崔晓）

【为"专精特新"企业开辟绿色服务通道】 2022年，中关村科技担保在受疫情影响严重的朝阳、丰台、海淀3个区开辟绿色服务通道，实现担保资金迅速到账，为"专精特新"企业经营发展保驾护航。5月23日，中关村科技担保通过线上服务、快速审批，为北京鑫创数字科技股份有限公司提供996万元委托贷款。5月26日，为北京数秦科技有限公司提供200万元融资担保服务，完成客户的授信接续工作。5月27日，为北京索云科技股份有限公司提供700万元综合授信担保服务，助力企业缓解疫情防控特殊时期现金流紧张问题。6月2日，为北京动力源科技股份有限公司子公司提供1000万元贷款。

（薛威）

【支持新技术新产品为北京冬奥会服务】 2022年，中关村科技担保支持的多家科技企业尤其是中关村民营中小微科创企业，在北京冬奥会场馆建设、医疗服务、安全保障、赛事转播以及大气污染防治等方面作出贡献。在冰立方和延庆赛区现场，北京德辰科技股份有限公司的产品和技术保障了北京奥运会的无线电安全；富盛科技股份有限公司为北京市公安局先后提供北京冬奥会安保科技信息化建设、首钢冬奥园区及周边公共安全视频监控建设服务，在平台支撑及图像解析方面作出了卓越贡献；北京市万格数码通讯科技有限公司对信号覆盖以及各项功能反复摸底测试优化，在张家口市公安局警用数字集群系统运维工作中发挥了重要作用；中科宇图科技股份有限公司全力打造智慧环保系统，全程守护"北京蓝"；北京三夫户外用品股份有限公司为国家自由式滑雪U型场地队、国家自由式滑雪空中技巧队、国家冬季两项队、清华大学射击队等10多支队伍的运动健儿提供专业产品；北京品恩科技股份有限公司为北京赛区、延庆赛区各场馆、北京外围各公安检查站和卡口提供一体化科技安保平台系统及运行保障服务。

（薛威）

科技租赁服务

【概况】 集团科技租赁业务主要依托旗下子公司中关村科技租赁股份有限公司（简称中关村科技租赁）开展。2020 年 1 月，中关村科技租赁在香港联合交易所有限公司上市。2022 年，中关村科技租赁营业收入 7.43 亿元，同比增长约 13%；利润总额 3.01 亿元，同比增长约 15%；租赁投放金额 74.2 亿元，同比增长超 20%，总资产首次突破 100 亿元；新增服务客户 260 家；服务企业 577 家次，其中服务"专精特新"企业 193 家次；净资产收益率为 10.6%。区域扩张战略取得突破性进展，设立深圳、杭州、苏州 3 家区域参股公司，实现租赁投放金额约 7.5 亿元，助力公司快速做大客户规模，挖掘更多高成长性科创企业客户。持续开展知识产权融资创新，年内完成知识产权融资投放 140 笔，金额超 10.6 亿元；发行两期知识产权资产支持专项计划，为中小科创企业无形资产融资提供新的解决方案。持续深化租投联动业务模式，江苏中诺子基金全年交割金额超 6800 万元，1 个项目退出，回报达 2.08 倍，同时创新性引入保险资金，设立二期基金，规模 5 亿元。认股权运营实现闭环，全年新签认股权项目 135 个，并实现认股权转让收益 50 万元。中关村科技租赁进一步提炼科创企业成长驱动因子，提升信用和价值发现能力，持续加强全面风险管理体系建设，开展质量管理和业务标准化体系建设，于年内通过 ISO 9001 认证。截至 2022 年底，中关村科技租赁累计为 1700 家科创企业提供融资租赁服务，融资总额超 370 亿元。

（王鸣曦）

【中关村科技租赁与大家投控签约】 3 月 14 日，中关村科技租赁与大家投资控股有限责任公司基金合作签约仪式举行。双方针对基金投资开展深度合作，围绕中关村科技租赁的优质项目资产，设立以"专精特新"为主题的股权投资基金，总规模 10 亿元，首期 5 亿元，重点投资先进制造、新一代信息技术、生命科技等战略新兴产业，打造科技主题的精品基金。这是中关村发展集团体系内首个引入保险资金的基金。

（王鸣曦）

【中关村科技租赁公布 2021 年度业绩】 3 月 18 日，中关村科技租赁第一届第二十二次董事会会议、第一届第八次监事会会议以线上和线下会议相结合的形式召开。会议表决通过《2021 年度财务报告》《2021 年董事会工作报告》《2021 年监事会工作报告》《2021 年度报告》《2021 年度利润分配预案》等多项议案。会后，董事会发布公司 2021 年度业绩公告，并建议股东大会宣派末期股息 6000 万元（含税）。

（王鸣曦）

【知识产权资产支持专项计划获深圳证券交易所无异议函】 4 月 29 日，"中信建投－中关村科技租赁 2022 年第 1—3 期知识产权资产支持专项计划"获深圳证券交易所无异议函，储架规模 5 亿元。其中，第 1 期专项计划是与北京朝阳国际科技创新服务有限公司合作，专利客户为注册在北京市朝阳区的科创企业，服务区域经济发展。这是中关村科技租赁首次以知识产权融资项目作为 ABS 的底层资产，对特定区域的项目进行批量化营销与落地入池。

（王鸣曦）

【国内首笔在轨商业遥感卫星资产售后回租业务落地】 6月29日，中关村科技租赁与北京未来宇航科技有限公司联合举行新闻发布会，对外公布国内首笔在轨商业遥感卫星资产融资租赁业务成功落地，由中关村科技租赁向未来宇航旗下陕西丝路天图卫星科技有限公司提供资金支持。此次合作是中关村科技租赁、未来宇航和丝路天图三方合作构建中国商业航天产业生态的成果，推动航天创新应用与产业链服务升级，促进科技与金融的融合。

（王鸣曦）

【首架翼龙－2民用无人机下线】 6月29日，由中关村科技租赁支持的首架翼龙－2民用无人机下线仪式在中航（成都）无人机系统股份有限公司举行，标志着"翼龙"系列无人机在民用领域实现商业化运营走出一条创新之路。这是中关村科技租赁与中航（成都）无人机系统股份有限公司、天信通航（北京）科技有限公司签署《共同建设大型无人机运维平台项目深度合作协议》后下线的首架民用无人机。"翼龙"系列无人机是大型长航时无人机，在大气象、大应急等民用领域具有更广范围、更深层次、更高水平的发展和应用。

（王鸣曦）

【中关村科技租赁获AA+主体信用评级】 6月，中关村科技租赁获中证鹏元资信评估股份有限公司AA+主体信用评级，评级展望为稳定。

（王鸣曦）

【中关村科技租赁与中关村科学城公司签约】 7月28日，中关村科技租赁与北京中关村科学城创新发展有限公司举行战略合作签约仪式。双方承诺将在前期紧密合作的基础上，建立长期战略合作关系，

互为重要合作伙伴，整合双方的优势资源，共同探索构建深耕本地化科创企业发展的新模式，携手助力海淀科创企业发展。签约仪式后，双方围绕"探索科技金融深耕服务区域发展新模式"的主题，就金融创新服务、重点项目合作、沟通联动机制等事项进行交流讨论，再次明确未来双方在资源嫁接、优势互补、协同融合等方面深化合作的共识，双向赋能提升综合服务能力，全力推动区域高质量发展取得更多实质性成果。

（王鸣曦）

【北京市首单专精特新知识产权ABS设立】 8月10日，"中信建投－中关村科技租赁2022年第1期知识产权资产支持专项计划（专精特新）"设立，发行规模1.07亿元。其中，优先A级募集规模0.73亿元，AAA评级，预期到期日2023年6月20日，票面利率2.8%；优先B级募集规模0.28亿元，AAA评级，预期到期日2023年12月20日，中关村科技担保为优先B级提供第二差额支付承诺，票面利率为3%。本次债券发行利率再次刷新中关村科技租赁近年的发行纪录，综合票面发行利率为2.86%，创全国知识产权ABS票面利率新低。

（王鸣曦）

【承办第七届"创客中国"生物医药专题赛】 8月25日，由工业和信息化部网络安全产业发展中心（工业和信息化部信息中心）、北京市经济和信息化局、海淀区政府举办，中关村科技租赁承办的2022年第七届"创客中国"生物医药中小企业创新创业大赛结束。大赛以发展未来医疗核心力量、推动健康产业创新变革为宗旨，吸引来自全国各地的477

个生物医药产业项目报名参赛，其中创客组项目125个、企业组项目352个。大赛设置初赛、复赛、半决赛、决赛4级，历时两个月，评选产生创客组、企业组的特等奖及一、二、三等奖。其中，视界眼科创新眼药研究团队获创客组特等奖，北京纳米维景科技有限公司获企业组特等奖。

（王鸣曦）

【中关村科技租赁3家区域参股公司成立】8月29日、9月14日、11月2日，中关村科技租赁深圳、杭州、苏州3家区域参股公司分别成立，区域扩张战略实现突破性进展，并形成业务拓展策略、运营管理流程和团队组织架构。

（王鸣曦）

【"建投国君－中关村科技租赁2022年第1期资产支持专项计划"设立】9月20日，"建投国君－中关村科技租赁2022年第1期资产支持专项计划"设立，发行规模5亿元。其中，优先A级募集规模3.75亿元，AAA评级，预期到期日2024年4月22日，循环期按季付息，摊还期按季付息、按季过手还本，票面利率3.0%；优先B级募集规模1亿元，

AAA评级，预期到期日2024年10月21日，循环期按季付息，摊还期按季付息、按季过手还本，中关村科技担保为优先B级提供第二差额支付承诺，票面利率为3.2%；综合票面发行利率为3.04%。本次资产支持专项计划为民营科技和新经济企业租赁资产证券化产品。

（王鸣曦）

【2022年第1期定向资产支持票据设立】11月22日，"中关村科技租赁2022年第1期定向资产支持票据"设立。其中，优先A级募集规模6.25亿元，AAA评级，预期到期日2024年11月20日，循环期按季付息，摊还期按季付息、按季过手还本；优先B级募集规模1.5亿元，AAA评级，预期到期日2025年2月20日，循环期按季付息，摊还期按季付息、按季过手还本，中关村发展集团为优先B级提供第二差额支付承诺。

（王鸣曦）

【中关村科技租赁成立10周年】11月27日，中关村科技租赁成立10周年纪念日。中关村科技租赁推出"纪念文集"，刊登公司领导和员工撰写的纪念文章。其中，公司执行董事、总经理以"十年恰是风华正茂 踔厉奋发再谱新篇——打造中关村科技租赁模式"为题，回顾了公司10年的发展历程和经营业绩。

（王鸣曦）

【中关村科技租赁获西湖论坛杯多项荣誉】11月30日，在杭州举办的主题为"守正创新 产融结合——中国融资租赁发展之路"的中国融资租赁（西湖）论坛2022主题峰会上，中关村科技租赁获2022年中国融资租赁（西湖）论坛杯"2022年度优秀租赁

企业奖""2022 年度租赁企业创新成就奖",执行董事、总经理获"2022 年度融资租赁风云人物奖"。

(王鸣曦)

【中关村科技租赁获科创租赁卓越创新企业奖】 12 月 23 日,在 2022 年中国融资租赁总经理高峰论坛暨金鼎奖颁奖盛典上,中关村科技租赁因综合实力及行业影响力卓越获科创租赁卓越创新企业奖。

(王鸣曦)

【天津市首单民营企业知识产权 ABS 设立】 12 月 27 日,"天津滨海新区－中信建投－中关村科技租赁 2022 年第 2 期知识产权资产支持专项计划(专精特新)"设立,发行规模 9100 万元,综合票面发行利率为 4%,是天津市首单支持民营企业发展的知识产权证券化产品。

(王鸣曦)

【知识产权租赁入选《国家服务业扩大开放综合试点示范最佳实践案例》】 12 月 27 日,商务部印发《国家服务业扩大开放综合试点示范最佳实践案例》,中关村科技租赁创新的知识产权售后回租产品入选。中关村科技租赁结合北京国际科技创新城市建设的发展方向和企业实际需求,在朝阳区主管单位统筹协调推动下,主动创新知识产权融资租赁业务结构,在北京市首次推出"知识产权售后回租"融资模式,其中"专利权售后回租"业务为全国首单,为支持拥有科技类知识产权的科创企业成长和服务实体经济开辟了一条新路。

(王鸣曦)

【中关村科技租赁获 ISO 9001 认证】 12 月,中关村科技租赁获 ISO 9001:2015 认证。年内,中关村科技租赁系统开展质量管理、业务标准化体系建设工作,编制了涵盖基础产品、特色产品、创新产品三大类产品体系的标准产品手册,完成租赁项目全生命周期标准化管理手册的编写。

(王鸣曦)

科技专业服务

中关村发展集团年鉴

YEARBOOK OF ZHONGGUANCUN DEVELOPMENT GROUP

2023

综　述

2022 年，集团扎实建设专业科技服务平台，营造优质创新生态取得新突破。加快构建圈层服务体系，持续丰富集成服务包，助力科技成果转化和产业化。截至 2022 年底，集团共集成 5 个方面 20 大类 203 项服务。

着力做强中关村科服。整合集团内部服务资源，通过参控股方式提供专业化服务，完成中关村产业研究院、中关村水木医疗、北京石墨烯技术研究院有限公司股权转让至中关村科服工作。中关村芯园、中关村水木医疗、中关村硬创空间服务企业数分别为 83 家、551 家和 1200 家。做强中关村"金种子"管家服务中心。举办第 2 期金种子管家实训营，管家队伍壮大至 108 人，全年走访企业近千家次，服务企业超 1000 家次。完成区块链基础设施、数据智能中心、管理驾驶舱等项目，应用数智化技术提升服务便捷性。深化中关村易创平台、中关村技术交易平台等大数据服务平台建设和运营，促进提升集团数智化管理和精准化服务水平。积极为中小微企业提供网上办公、视频会议、远程协作和数字化管理等服务；中关村技术交易平台发布供需项目 8894 个，中关村易创平台运营以来累计服务企业超 2 万家次。

做精重点专业服务平台。深入探索知识产权转化支撑新发展格局的有效路径，不断深化"六权一体"，即"确权—评权—股权—债权—维权—易权"全链条服务体系，全年支持服务腾讯公司、北京建院、北京工业大学等各类主体 150 家次，其中专精特新"小巨人"企业 40 家、"专精特新"企业 65 家。北京 IP 获国家级中小企业公共服务示范平台、首批北京市专利转化专项支持单位；怀柔科学城管家服务获好评，经营发展势头良好，综合服务能力持续提升；中关村集成电路设计园产业服务平台合作机构持续拓展，新增服务机构 8 家，联合园区华峰测控、普源精电等企业和合作机构共同成立 IC PARK 共性技术服务中心。

不断提升科技创新、产业咨询、规划设计智库支撑能力，不断提升专业孵化等服务能力。依托工业院为全市重点工程提供全过程工程咨询服务，布局城市更新等新赛道，多个项目成果获行业殊荣。雄安新区"三校"项目竣工移交。依托中关村产业研究院构建全方位产业咨询及研究业务体系。中关村产业研究院承担产业发展与科创中心建设研究项目 65 个，发布 40 余篇研究报告，举办"新产业 50 人论坛"品牌活动。持续实施孵化器专项提升方案，集团运营孵化器达到 36 家，新增毕业企业 261 家。

（孙致远）

产业服务

【概况】2022年，集团全力打造的中关村科服品牌，明确了共性技术服务、综合科技服务、数智信息服务、创新社区服务4项主要业务。中关村金种子管家实训营第2期开营，精准服务北京小蝇科技有限责任公司等企业1000家次。深化大数据服务平台建设，中关村技术交易平台与中关村易创平台两大平台强强合作，形成有效联动，解决科技成果转化和技术交易的"最后一公里"难题。中关村易创平台注册用户16671家，上架集团科技服务产品188项、科服合作产品350余项。聚焦生物医药、集成电路等关键领域，继续依托中关村软件园、中关村医疗器械园、中关村集成电路设计园等园区，打造医疗器械、大环保、轨道交通等专业服务平台。

（马利霞）

中关村科服

【概况】中关村科服成立于2020年9月，注册资本5亿元，是中关村发展集团整合体系内外资源，全资设立的科技服务市场化平台公司，是面向创新创业主体的共性服务平台和数智化业务运营平台。公司以创新创业主体为中心，以与创新创业主体共成长为宗旨，业务涵盖共性技术服务、综合科技服务、数智信息服务、创新社区服务4项主要业务，积极构建从技术到市场全周期的科技服务能力，提供"全周期、管家式、一站式"科技服务，致力于打造"聚合、互动、共生、循环"的科技服务生态圈，助力"双创"主体创新创业。2022年，中关村科服在朝阳区建设"中关村社区·数字产业创新中心"。建设运营的中关村科技成果转化与技术交易综合服务平台（简称中关村技术交易平台）提供重要的展示和资源渠道，让"双创"主体通过互联网方式享受更便捷的服务。高标准服务中关村论坛技术交易大会。中关村易创平台累计上线500余项科技服务产品。中关村科服设立生态雨林基金，投资优质科技服务机构，让中小企业享受更优质、更优惠的服务。在人才赋能方面，金种子管家服务中心拥有百余名管家人才，"一对一"精准链接、服务企业。

（马利霞）

【金种子管家服务中心服务管家征求意见座谈会召开】1月19日，金种子管家服务中心召开服务管家征求意见座谈会。会议通过线上和线下相结合的方式举办。来自中关村医疗器械园、中关村产业研究院、中关村智酷、工业院、中关村国际、中关村资本、中关村科技担保、中关村微纳能源等公司的8名服务管家代表现场参会，50余名服务管家通过线上方式参会。会议通报了2021年度金种子管家服务中心运营情况。管家们根据企业服务实践，围绕中心定位、资源对接、信息共享、任务分配、利益机制等方面进行全方位复盘、分析并提出建议，为集团管家式服务体系的建设和发展建言献策。中关村金种子管家实训营第1期共有59名金种子管家结业。会议现场举行了金种子管家服务中心管家结业典礼，为现场参会的8名金种子管家代表颁发结业证书。

（王晓晓）

【中关村科技服务生态雨林基金设立】1月25日，中关村科服与天津泰达产业发展集团通过云签约形式，签署中关村科技服务生态雨林基金合作协议，中关村科技服务生态雨林基金（简称雨林基金）正式对外发布。雨林基金由中关村科服、中关村创投发起设立，中关村发展集团中关村高精尖母基金、北京市中小企业服务中心、天津泰达产发集团等机构联合出资，主要投资科技服务业、新一代信息技术领域、健康领域的科技企业，重点聚焦科技成果转化和产业化过程中的共性技术服务需求，助力中关村发展集团及中关村科服搭建覆盖高精尖产业的一体化科技服务生态体系，提升创新生态集成服务能力。

（崔湛钜）

【"科技服务面对面"专场活动举办】3月10日，中关村科服、中关村水木医疗、北京京工弘元创业投资中心（有限合伙）、中关村产业研究院联合举办"科技服务面对面·有源医疗器械及体外诊断专场"线上活动。活动围绕医疗器械研发、转化、注册、临床等方面展开，中关村水木医疗介绍了医疗器械"工程化研发＋检验检测＋临床试验＋注册"全产业链一站式平台服务内容，为医疗器械产品全生命周期的不同阶段提供"端到端"式的一体化创新服务。苏州水木济衡生物技术有限公司介绍了中关村水木医疗IVD（体外诊断）检测实验室的业务组成及水木济衡标准品和质控品的知识及产品特性。中关村水木医疗器械检测研究院介绍了中关村水木医疗可靠性试验室的检测能力，以及面向企业研发过程的个性化可靠性技术服务。中关村水木医疗—电子科技大学联合实验室介绍了医疗器械产品产业化过程中的可靠性工程化和非功能性评价技术的服务思路和典型案例，详解水木医疗产业化服务的可靠性业务体系。北京水木菁创医药科技有限公司从临床试验伦理原则、临床试验科学设计及临床试验质量管理等方面介绍并分析了新法规对IVD临床试验的要求和影响。"科技服务面对面"活动是中关村科服推出的品牌活动，联合中关村科技服务生态战略合作伙伴共同举办，旨在解决企业成长过程中面临的需求和问题，提供全周期、一站式、管家式服务。本次活动线上80余人次参会。

（李云霄）

【数字化转型升级项目落地】3月，由中关村科服实施的中关村建投数字化办公项目一期落地、二期启动，助力中关村建投在组织管理、办公协同、业务协同等方面再上新台阶。本次合作，中关村科服结合项目实际定制开发方案，发挥组织引擎、权限引擎、流程引擎、内容引擎、门户引擎、消息引擎和集成引擎七大引擎能力，形成低代码平台。以"办文、办会、办事"业务为主线，推动文、事、会全程数字化，构建高度开放、可拓展的数字化工作环境，实现"纵向管控、横向协同"的业务管理目标，全面提升多级组织的协同管理能力，助力集团园区板块的数字化转型升级和管理模式升级。

（马利霞）

【北京中关村硬创空间科技有限公司更名】5月20日，依据《中华人民共和国公司法》的相关规定，北京中关村硬创空间科技有限公司正式更名为中关村硬创空间集团有限公司（简称中关村硬创空间），公司原经营范围、法定代表人、日常通信地址、联系方式不变；以原公司名称签订的相关法律文件继续有效，原有业务关系和服务承诺不变。

（江萌）

【中关村科服官网正式上线】5月，北京中关村科技服务有限公司官方网站（www.zgcts.com.cn）正式上线。网站包括"关于我们""新闻中心""企业党建"等信息专栏，以及"主要业务""服务平台""合作专区"等业务专栏，以图文并茂、格调清新的形式呈现中关村科服科技服务形象。在网站核心位置，通过网页导航图片的形式形象化展示公司的服务定位、理念和目标。"新闻中心"栏目，持续展示公司的重要成果及动态。"主要业务"栏目，集中展示公司明确的共性技术服务、综合科技服务、数智信息服务、创新社区服务4项主要业务。"服务平台"栏目，推荐公司推出的四大服务品牌——中关村易创平台、中关村技术交易平台、中关村社区、金种子管家服务。网站还对200余项产品和服务进行总结性展示。9月，完成官网信息系统安全等级保护备案二级申报工作。

（马利霞）

【中关村科服2021年度董事会召开】6月20日，中关村科服 2021 年度董事会召开。中关村科服公司董监事、经营班子参加会议。会议以记名投票表决方式，审议通过了公司 2021 年度董事会工作报告的议案、2021 年度总经理工作报告的议案、2021 年度财务决算的议案、2021 年度利润分配的议案、2022 年度经营计划的议案、2022 年度财务预算的议案、2022 年度经营层考核的议案等 7 项议案。会议指出，2022 年中关村科服将继续围绕助力高精尖产业发展、建设数智化核心能力、深化公司体系内协同、推动公司规范化管理、推进全面从严治党、加强董事会建设等重点工作开展，以需求驱动、服务驱动和数智驱动为主线，力争高标准完成公司年度经营任务，以一流业绩为北京建设国际科技创新中心作出贡献。

（马利霞）

【中关村科服与 ITTN 签署合作协议】 6 月，中关村科服与国际技术转移协作网络（ITTN）签署合作协议，双方将在国际技术转移经理人培训、考试和认证，以及创新与技术商业化专业人士（ITCP）培训招生等领域开展合作。中关村科服运营的中关村技术交易平台将上线技术转移经理人人才培养系统和技术转移人才库系统，提供技术转移经理人在线课程学习和随堂测试功能，线上申请"中国国际技术转移经理人"资格认证，并为技术转移经理人提供信息公示、查询、证明、评价和联合认证服务，还可以在线下载技术经理人资格水平认定证明。通过深化合作关系，双方将发挥各自领域专业优势，共同策划组织有针对性的技术经理人服务内容，形成技术经理人资源市场化运营机制，实现高水平技术转移专业人才聚集，

打造国际科技成果转化和技术交易生态圈，服务北京国际科技创新中心建设。

（徐阳）

【中关村科服与中关村智用人工智能研究院签约】 7 月 2 日，在国际创业投资集聚区举办的智能技术企业科技信用评级标准发布会上，中关村科服与中关村智用人工智能研究院签署战略合作协议。双方将立足"新型产业生态服务商"的定位，打造智能产业生态服务体系，以 AIRank 基准体系和智能技术企业评级体系为核心，提供模块化的人工智能产品及服务解决方案，促进智能技术的研发与产业化落地；将共同开拓智能产业生态服务平台的应用场景，策划开展人工智能运营服务，并将尝试通过共建认股权资源池、设立成果转化和高成长基金等方式，打造人工智能产业服务新生态，塑造人工智能产业化发展新格局。

（马利霞）

【武汉中关村硬创空间获 CMA 资质认定】 7 月 4 日，武汉中关村硬创空间科技有限公司取得中国计量认证（CMA）资质认定。武汉中关村中试实验室和武汉中关村检测认证实验室，是在武汉东湖新技术开发区管委会的支持下，中关村硬创空间联合中国电子科技集团公司第十五研究所、武汉高科国有控股集团有限公司共同打造的华中地区"中试智造、检测认证、存储与安全测评、科技咨询"一站式综合服务平台，旨在以技

术创新和多元化服务为企业赋能，助力企业加快科技成果转化，实现高质量发展，打造一批引领技术创新发展的领军企业，构筑武汉竞争新优势。

（江萌）

【中关村金种子管家实训营第 2 期开营】 7 月 6 日，中关村金种子管家实训营第 2 期正式开营。本期实

训营由中关村科服联合北京大学创业训练营承办。课程立足于管家式科技服务定位与价值，量身定制管家服务课程体系，致力于培养懂中关村、懂产业、懂企业、懂服务的复合型人才，培养满足新时代新形势要求的专业科技服务人才。中关村发展集团、科技部火炬中心、中关村科服等单位领导出席开营仪式，来自集团"4+2"业务板块的63名管家学员参营。第2期实训营邀请政产学研用金介媒等领域的顶级专家为学员授课解惑，通过导师授课、主题学习、服务实践与分享等方式，跳出管家学员的工作岗位，跨界走进科技服务的各个细分领域，集中开展"管家式科创服务定位与目标""科创管家必备知识与胜任力""科创管家核心服务专业知识及专业技能""科创管家服务流程梳理"等重点模块的培训，设计"100+"学时课程，全面提升管家学员的知识、能力和素养。开营仪式上，为2021年度5位金牌服务管家和10位银牌服务管家代表颁发奖杯和证书。

（王晓晓）

【中关村科服与亿欧签署战略合作协议】7月25日，中关村科服与北京亿欧网盟科技有限公司在北京签署战略合作协议。双方将发挥各自优势，在企业服务、咨询研究、平台运营、技术引入等重点方向有针对性地链接服务资源、拓展应用场景，不断为中关村科技服务平台的建设蓄力赋能，为创新创业主体提供更具市场价值、兼具普适性和个性化的服务内容；双方将为创新链的科技企业提供产业与场景落地、科创价值挖掘、供需精准匹配等方面的服务，为产业链的实体企业提供创新业务规划与战略咨询、实体产业创新价值发现、产业创新链整合等服务，推动科技服务进一步实现精准化与高效化，整合新型科技服务力量，建立科技服务新生态。

（马利霞）

【中关村社区·数字产业创新中心首家企业入驻】8月1日，北京优本出行信息技术有限公司入驻中关村社区·数字产业创新中心仪式举行，这是首家入驻中关村社区·数字产业创新中心的企业。优本出行作为中关村社区第一家入驻企业，助力社区入驻企业实现从0到1的突破，对社区运营服务起到试金石作用。优本出行入驻中关村社区，将融入中关村创新创业生态，能充分享受中关村的相关政策资源和科技服务资源。（优本出行成立于2020年10月，作为腾讯的合作运营方，提供全链路聚合网约车出行服务，已在100余座合作城市开通，接入8家运力平台，覆盖所有一、二线城市以及省会城市。）

（夏宁）

【武汉中关村硬创空间获科技成果转化中心授牌】8月12日，武汉市高新技术产业协会发布《市科技局关于认定2022年度首批武汉市科技成果转化中心的通知》，武汉中关村硬创空间科技有限公司的"武汉市电子制造科技成果转化中心"项目入选。此次共有5家中心上榜，涉及"光芯屏端网"新一代信息技术、大健康和生物技术、高端装备、绿色环保、先进基础材料等领域。

（江萌）

【中关村科服与飞企互联达成战略合作】8月，中关村科服与广东飞企互联科技股份有限公司达成战略合作，双方发挥各自优势，加强技术合作、资源合作，打造开放、共享的中关村科技服务平台，进一步推动科技服务实现精准化与高效化，携手打造创新要素聚集的开放共享生态。（飞企互联成立于2009年5月，是新三板创新层企业，专注智慧园区业务，打造园区数字化管理体系，推进园区生态化产业运营，在全国拥有300多家产业链伙伴、600多家园区客户，覆盖6万余家园区企业与300多万园区公众。）

（徐阳）

【中关村技术交易平台2.0版本上线】9月13日，由中关村科服建设运营的中关村技术交易平台2.0版本正式上线发布。2.0版本深化科技成果转化产业链条，打磨高精尖产业重要环节，让交易动起来、让资源活起来、让产品和服务用起来，更具精准性、实操性和流动性，将更加便利地为创新企业、高校院所、投资机构、服务机构等提供项目展示和交易服务，持续打造永不落幕的技术交易平台。2.0版本重点围绕项目供需对接、成果转化落地、场景应用、产业跨界融合、国际项目合作引入、企业科技服务这6个科技成果转化高频领域深挖细化，关注技术需求与科技成果匹配、新技术新产品与应用场景匹配、发展需求与科技服务匹配"三个精准匹配"，形成"7+1"（"7"指项目大厅、需求大厅、活动大厅、服务大厅、资讯大厅、人才大厅和资源大厅7个大厅，"1"指1个大会专栏）的平台架构，通过数字化手段加快创新成果转化应用，破解从技术到产业发展的转化瓶颈。

（徐阳）

【《技术经理人能力评价规范》发布】 9月19日，由中关村科服参与起草的全国首个技术经理人能力评价团体标准——《技术经理人能力评价规范》（简称《规范》）（T/CASTEM 1007—2022）正式发布，标志着技术经理人能力建设和等级评价步入标准化、规范化、制度化发展轨道。《规范》由科技部科技评估中心、北京五洲融合创新产业战略研究院、中国科技评估与成果管理研究会、科技部科技人才交流开发服务中心、中国技术交易所、北京理工大学技术转移中心、北京技术市场协会、上海市科技成果评价研究院、中科合创（北京）科技成果评价中心、中关村科服等单位共同编制。该《规范》规定了技术经理人职能、能力总体要求、能力评价分级与要求、能力评价组织实施和评价结果应用，可作为对技术经理人进行评价、培养、认定、考核、激励的指导性文件。《规范》还提出了不同等级技术经理人应具备的能力要求，重点打造形成层级分明、指标明确、渠道畅通的能力建设和评价体系，有利于技术经理人能力建设和等级评价更加规范统一，科技成果转化生态体系更加完善。科技成果转移转化具有流程长、环节多、利益相关方复杂等特点，要求技术经理人须通晓技术、法律、知识产权、商务、金融等方面专业知识，技术经理人自身能力的高低是决定科技成果转移转化成败的关键因素。《规范》认为，技术经理人应在知识水平、实践技能、经验与业绩、职业素养4个维度具备相应的科技成果转移转化工作能力，并进行分级评价，包括初级、中级和高级技术经理人。《规范》还制定了评价实施细则。

（马利霞）

【中关村硬创空间中试及检测认证实验室落地温州】 9月28日，由温州市鹿城区科技局、温州市鹿城区工业发展集团有限公司、温州市工科院科技发展有限公司与中关村硬创空间联合共建的温州中关村中试实验室、温州中关村检测认证实验室在温州市鹿城区揭牌，为温州及鹿城的科研成果走出实验室、走向生产线提供对接和服务平台。实验室将打造集原始创新、技术研发、成果转化于一体的全链条创新生态系统，为企业提供从技术、中试、转化、认证到市场的一站式服务，满足企业在智能制造、低压电气、电子产品、电线电缆、汽车零部件、新能源等领域的发展需求，帮助企业强化自主创新能力，为温州鹿城区的实体产业升级、高精尖企业培育注入新动能，为温州市区域经济发展和科技创新注入新活力。

（江萌）

【2022中关村中韩元宇宙产业合作论坛举办】 12月20日，由中关村发展集团、中关村科服、在华韩国创新中心（KIC中国）、国际技术转移协作网络（ITTN）共同举办的2022中关村中韩元宇宙产业合作论坛在ARK元宇宙平台举办。论坛以"新一代数字技术——元宇宙产业创新应用"为主题，共同探索中韩创新技术合作契机。活动中，KIC中国、中关村科服、ITTN三方代表表示，共同推进中韩元宇宙领域合作。论坛上半场，中韩两国的政策部门、行业专家就元宇宙政策方向、行业发展趋势以及合作机遇发表主旨演讲。论坛下半场，两国优秀虚拟数字人、元宇宙平台等元宇宙项目技术发布，助力中韩创新技术科技成果转化。来自韩国的3家企业DEEPBRAIN AI、ARK花动科技、INTERACT与来自中国的3家企业南京八点八数字科技有限公司、北京聚力维度科技有限公司、爱化身科技（北京）有限公司分享了元宇宙浪潮下两国企业所面临的机遇与挑战。论坛采用ARK元宇宙会议平台，参会者一边聆听行业专家们对元宇宙的思考，一边沉浸式地体验元宇宙的魅力，对元宇宙技术有更真实的感知。活动还通过中关村易创平台进行直播。中韩两国元宇宙领域的政策专家、学者，领军企业、投资机构等代表500余

人线上参会。

（马利霞）

【中关村科服建设运营中关村社区·数字产业创新中心】 2022 年，中关村科服推动中关村社区·数字产业创新中心在朝阳区落地建设，打造中关村发展集团"中关村社区"品牌旗舰店和样板间。数字产业创新中心建设是在朝阳区政府和中关村发展集团共同支持指导下，由中关村科服与中关村朝阳园管委会联合共建运营的科技创新产业综合体。项目位于朝阳区亚奥商圈与望京商圈交会处，距离地铁 15 号线关庄站 300 米，项目总占地 1.23 公顷，总建筑面积 4.5 万平方米。社区建设遵循以人为本、开放共享、功能多元、智慧高效、绿色生态的理念，围绕数字经济领域，重点聚焦人工智能、工业互联网、大数据及行业应用等相关前沿产业，引入企业总部、高质量前沿科技企业及优质创新创业项目，全力在朝阳区打造数字产业新集群、科技服务新地标，为北京建设国际科技创新中心和全球数字经济标杆城市添砖加瓦。

（夏宁）

北京飞镖国际创新平台

【概况】 北京飞镖国际创新平台建成于 2021 年 8 月 26 日，由大得创同（上海）科技有限公司、北京昌发展产业运营管理股份有限公司、中关村科服共同出资建设，位于中关村生命科学园，2022 年 1 月正式开启运营。该平台是集研发中心、加速转化和早期孵化为一体的生命健康科技领域创新平台，聚焦抗体药物开发、基因编辑、疫苗研发、基因与细胞治疗、脑科学、AI 药物设计、生物分子降解、靶向 RNA 疗法等重点和新兴科技领域研发创新，并计划设立"生命谷飞镖创新孵化基金"，预计首期募集 2 亿元，专注于投资天使轮阶段的早期项目和初创团队。截至 2022 年底，北京飞镖国际创新平台已累计服务 20 余家生物医药创新项目和企业，企业融资总额达 8 亿元，获得知识产权 60 余项。在昌平"两区"建设改革创新发展过程中，生物医药产业

孵化"飞镖"加速服务模式入选"两区"建设第二批市级改革创新实践案例，同时获得了北京市第一批引领类标杆型孵化器。

（王东升）

【流式细胞技术与应用交流会举办】 4 月 13 日，由北京中关村生命科学园生物医药科技孵化有限公司、北京飞镖国际创新平台、北京德泉兴业商贸有限公司联合主办，火石创造、贝克曼库尔特商贸（中国）有限公司共同支持的流式细胞技术与应用交流会线上举办。培训会上，德泉兴业高级应用支持专员介绍了流式细胞术的原理，包括流式细胞仪组成、分析及分选原理、实验注意事项以及流式细胞仪功能等，讲解了流式实验的准备工作及检测，如实验方案设计、样品制备、仪器校准与参数设置、数据采集、数据分析等，并通过案例分析帮助企业快速掌握流式细胞术原理及实验检测；贝克曼库尔特商贸（中国）有限公司高级应用支持专员介绍了流式细胞术在 CAR-T、抗体、干细胞、生物小颗粒等多领域中的应用，分别从技术路线和最新进展帮助企业了解流式细胞术无与伦比的分析能力，并通过仪器、试剂及应用方案为企业提供全面解决方案。230 余人次参会。线上人员就流式细胞术的技术及应用展开讨论。

（王东升）

【*Nature* 全面报道北京飞镖国际创新平台】 4 月，英国权威科学杂志 *Nature* 对 ATLATL"北京飞镖国际创新平台"进行全面报道。报道称，ATLATL 为 100 余家公司或项目提供服务，包括 Mabwell、Grit Therapeutics、LaNova、Phanes Therapeutics、Hifibio、AstraZeneca 和 Boehringer Ingelheim。ATLATL 的企业文化和目标是：让创新更加有效，让科学家研发成果快速、精准对接，飞得更远。创新平台对标国际顶级生物医药研发实验室标准，设计和建设 Class A 级别的共享实验室、独立实验室、临床前研究实验室等平台，集成研发、办公、会议、商务服务等功能。在专业服务方面将整合前沿研发资源，为企业发展提供专业的研发设备、完善的实验室运营管理、顶级的综合配套资源和完整的解决方案以及驻场 CRO 研发技术支持，专注服务

于满足药物开发、基因编辑、疫苗研发、新型治疗技术、肿瘤早筛、脑科学、AI 药物设计、数字医疗等领域研发创新企业的共性需求，真正实现创新项目"拎包入住"。

（王东升）

【PCR 技术与应用交流会举办】 8 月 31 日，由北京中关村生命科学园生物医药科技孵化有限公司、北京飞镖国际创新平台联合主办，火石数链、罗氏诊断产品（上海）有限公司共同支持的 2022 中关村生命科学园开放实验室技术交流培训系列活动——PCR 技术与应用交流会线上举办。罗氏诊断产品（上海）有限公司专家就荧光定量 PCR、芯片式数字 PCR 在生物医药中的应用进行分享与探讨，为企业提供高效的交流学习平台。相关企业的代表 70 余人次参会。

（王东升）

【企业经营法律风险管理分享会举办】 11 月 23 日，由北京中关村生命科学园生物医药科技孵化有限公司、北京飞镖国际创新平台、北京市忠慧律师事务所联合主办的企业经营法律风险管理线上分享交流会举办。忠慧律师事务所专职律师主讲，就企业经营风险及防范措施、合同风险管理与合同纠纷处理等内容进行分享，并结合各类案例剖析企业投融资操作实务，为企业经营管理、融资发展等环节提供有效风险防范措施。相关企业的代表 340 余人次参会。

（王东升、宋烁）

【国际创新合作项目取得进展】 2022 年，针对生物医药前沿领域，北京飞镖国际创新平台搭建了大分子药物活性分析平台、基因治疗 & 合成生物学研发平台、核酸药物检测平台、细胞功能分析平台、工程菌研究平台等公共技术服务平台。同时，持续推进国际创新合作计划与项目，11 月 8 日，举办全面启动与德国勃林格殷格翰合作共建的 BI-ATLATL 联合创新实验室仪式。该合作为生物医药创新项目提供包括创新概念验证、市场定位、项目研发、专利策略、创新商业合作等在内的全方位企业辅导及商业化支持一站式服务。8—12 月，北京飞镖国际创新平台与丹麦诺和诺德联合推出"星起点"项目，通过创新的模式整合资源，搭建医药开放创新合作的新生态，与外部合作伙伴共同打造多元化研发管线。通过 INNOVO® 平台，将新颖的科学创想与飞镖加速创新中心、诺和诺德的全球丰富资源及知识经验相连接，更高效地将其转化为突破性疗法，共同协助生物医药创新企业加速技术转化。飞镖国际入驻企业迪纳元昇公司和睿愈生物公司获 50 万元奖金，用于支付入驻飞镖国际的租金以及飞镖国际提供的各项研发服务，同时还得到诺和诺德药物研发专家的针对性指导和研究助力。

（王东升）

中关村软件园公共技术服务平台

【概况】 中关村软件园公共技术服务平台始建于 2003 年，以园区大数据平台为智慧中枢，涵盖超级计算服务体系、超级链接服务体系和共性技术支撑服务体系等三大服务体系，拥有符合国家 A 级、国际"T3+"级标准的 8000 平方米分布式云数据中心和集成"光纤互联网 +5G+IPv6+WiFi+IoT"的融合通信服务平台，落地国家授时中心北京节点、协同开发平台、信息安全服务平台、软件测试服务平台、政务服务平台、创新服务平台、产学研项目库等多方位共性平台，通过 ISO 20000、ISO 22301 和 ISO 27000 三项国际认证并取得全国性 IDC 和 ISP 资质，服务区域高精尖产业发展，全力支撑北京国际科技创新中心建设。2022 年，中关村软件园云计算数据中心凭借绿色、智能、高可用等特点，与华为、腾讯云、支付宝等 9 家机构并列成为金融业数据中心基础设施等级认证首批机构，标志着中关村软件园云计算数据中心融合互联、安全可靠的金融业务支撑保障能力持续加强。

（李军伟）

【中关村软件园云计算数据中心获 JR.Ⅱ等级认证】 11 月 13 日，北京国家金融科技认证中心举行"传递信任 服务发展"国家金融科技认证中心颁证仪式。中关村软件园云计算数据中心凭借绿色、智能、高可用等特点获北京国际金融科技认证中心

JR. Ⅱ级认证首批机构证书，标志着中关村软件园云计算数据中心可为各类金融系统提供稳定的基础性公共支撑环境。（中关村软件园云计算数据中心位于中关村软件园园区内，机房建筑面积1.2万平方米，配备2500个机架，可提供3—7千瓦不同功率的机柜，主要面向金融类、科技企业、政府机构科技部门等客户。）

（李军伟）

【公共技术服务平台服务500余家企业】2022年，中关村软件园公共技术服务平台为500余家企业提供超级计算服务、超级链接服务和共性技术支撑服务，服务范围立足园区辐射北京，覆盖企业、政府、金融、社会机构等客户，园区IT服务年收入近1.5亿元。

（李军伟）

中关村软件园人才基地培训中心（大创园）

【概况】中关村软件园人才基地培训中心（大创园）成立于2005年，位于中关村软件园国际软件大厦，由中关村软件园发起设立。培训中心致力于为科技型企业、地方政府及高校提供系统的人才服务，拥有5000平方米的教学场地，可满足近千人同时参加培训。2022年，大创园组织培训、对接、"一对一"辅导活动45场次，超额完成年度指标；平谷基地对接中关村平谷园管委会，邀请中关村平谷园管委会领导到中关村软件园进行参观交流，并就协同产服部、前期部、IT部、国际孵化器等体系内资源多次到管委会沟通汇报工作。

（李军伟）

【培训中心召开产教融合专委会第一次主任委员闭门会议】1月11日，培训中心与云计算产业联盟联合发起成立中关村云计算产业联盟产教融合专委会，并在中关村软件园召开产教融合专委会第一次主任委员会闭门会议。"网络安全"板块的主任委员单位启明星辰、北京交通大学、腾讯科技、麒麟软件、科大讯飞列席会议。会上，由主任委员单位

带头在联合倡议书上署名并呼吁在共同约定的"发挥行业引领、探讨人才培养标准建设、促进产教科学技术交流、科研及转化合作、培养数字优秀人才"等方面发声、发力。

（李军伟）

【安普诺完成数亿元B轮融资】3月22日，北京高校大学生创业园（软件园）[简称大创园（软件园）]毕业企业北京安普诺信息技术有限公司完成数亿元B轮融资。本轮融资后，安普诺进一步深化在中国软件供应链安全关键技术创新研发及上下游产业生态前瞻性布局上的战略投入，在DevSecOps敏捷安全、软件供应链安全和云原生安全等新兴应用场景下打造闭环的第三代悬镜DevSecOps智适应威胁管理体系，持续升级在华北、华东、华南、华中、西南、港澳等地区的规模化产品服务交付和运营能力，深度覆盖金融电商、能源电力、智能制造、电信运营商及泛互联网等企业级安全市场。

（李军伟）

【培训中心举办区块链前沿技术及应用高级研修班】11月8—10日，由市人力社保局指导、中关村软件园人才基地培训中心主办的区块链前沿技术及应用高级研修班在中关村软件园举行。此次高级研修班通过在线直播的形式学习；研修学员由工程师、学者、企业管理者和区块链兴趣爱好者组成，覆盖北京、天津、河北、广东、广西、浙江、江西、上海、贵州、海南、吉林、河南、山西和陕西共14个省市。

（李军伟）

【大创园（软件园）新增入孵企业20家】2022年，大创园（软件园）新增入孵企业20家，年末在孵企业41家，从业人数561人，24家企业完成注册，产值约4888.36万元。在孵企业中国家高新技术企业2家、新四板挂牌企业1家。截至2022年底，大创园（软件园）累计孵化企业141家，累计获得知识产权总量561件；累计孵化瞪羚企业1家，"专精特新"企业4家，国家高新技术企业12家，中关村高新技术企业27家，中关村雏鹰企业10家；孵化企业累计融资70544.76万元。

（李军伟）

【大创园（软件园）举办活动45场】 2022年，因受新冠疫情影响，为了不影响对团队的孵化服务工作，大创园（软件园）培训采取尽量线上、辅导择机线下的形式，共组织培训、专家辅导、咨询和资源对接等活动45场次，其中团队辅导12次，资源对接28次，开展政策解读、专业培训、投融资对接等活动5场次。

（李军伟）

【大创园（软件园）开展专业共建】 2022年，大创园（软件园）完成与广西科技师范学院、包头师范学院2所学校的续约合同签署工作；完成南通理工产教融合共建软件工程专业协议签署；协助江苏省本科高校产教融合型品牌专业项目申报；与包头师范学院联合申报共建"包头师范学院—中关村软件园大数据产业学院"项目；在丽江举办"2022年暑期全国高校新一代信息技术师资研修班"；与中教未来国际教育科技（北京）有限公司、云科未来科技（北京）有限公司开展高层商务对接洽谈会，建立有效沟通机制；给符合毕业条件的1119名学生发放毕业证书；对接北京工商大学，积极拓展新业务。

（李军伟）

中关村芯园集成电路设计服务平台

【概况】 中关村芯园（北京）有限公司成立于2015年12月，旨在打造中关村芯园集成电路设计服务平台（简称中关村芯园）。2022年，为配合经营思路的调整，公司新增7家优质服务提供商资质，全年服务"双创"主体223家次；获得11项软件著作权登记证书；完成ISO 9001质量管理体系认证年审工作；完成公司党支部换届工作。

（王泓、李竹）

【"创客北京2022"创新创业大赛启动】 6月6日，第七届"创客中国"北京市中小企业创新创业大赛暨"创客北京2022"创新创业大赛报名启动。大赛由市经济和信息化局、市财政局、丰台区政府主办，北京市中小企业服务中心、北京市中小企业公共服务平台、丰台区科学技术和信息化局、中关村丰台园管委会、北京创业投资创新服务联盟承办，由区域赛和龙头企业专项赛构成。区域赛设初赛、复赛、决赛3个环节，共设立200个初赛点、17个分赛区，面向高精尖产业、文化创意产业、新型便民服务业广泛征集和遴选优秀项目，最终分8个行业进行区域晋级赛的决赛。报名参赛的"专精特新"企业可直接进入复赛环节，优秀项目将被推荐至全国"创客中国"总决赛，并有机会获国家级专精特新"小巨人"企业资格。本届大赛继续坚持"以服务促发展 以大赛促创新"的办赛理念，依托北京市中小企业公共服务平台整合全市200多家"中小企业公共服务示范平台"和"小型微型创业创新示范基地"以及市中小平台服务商资源，形成覆盖北京全域的初赛窗口和资源对接网络；联合北京银行、兴业银行、中信银行、中关村科技担保、中关村科技租赁五大金融机构为参赛企业定制20余款专项金融产品并给予费率优惠，并逐企梳理融资需求，量身定制信贷支持成长方案；联合北京中小企业创投引导基金、北京市高精尖基金优选百家知名投资机构为参赛企业全面打通多层次融资通道，助力企业发展。中关村芯园（北京）有限公司作为"创客北京2022"创新创业大赛窗口平台赛区（初赛）承办单位开展初赛的组织实施工作。

（王泓、李竹）

【传感器信号处理电路设计技术分享会举办】 7月26日，中关村芯园在线举办芯园·在线技术分享会，邀请华芯拓远（天津）科技有限公司研发总监讲解"传感器信号处理电路设计技术"，主要内容包括MEMS处理芯片的特点、MEMS处理芯片调试平台、MEMS处理芯片架构、常用MEMS传感器封装介绍等。

（王泓、李竹）

【3DDFM提升产品竞争力技术分享会举办】 9月1日，中关村芯园在线举办芯园·在线技术分享会，上海望友信息科技有限公司总监应邀围绕"面向制造的设计——3DDFM提升产品竞争力"进行分享，主要内容包括工业软件加快数字化转型、面向制造

的设计、3DDFM 提升产品竞争力等。

（王泓、李竹）

【中关村芯园延续北京市中小企业公共服务示范平台】 9 月 15 日，2022 年度北京市中小企业公共服务示范平台和小型微型企业创业创新示范基地名单公布，中关村芯园延续北京市中小企业公共服务示范平台。

（王泓、李竹）

【Thermal——芯片失效分析的指明灯技术分享会举办】 9 月 16 日，中关村芯园在线举办芯园·在线技术分享会，泓准达电子科技（常州）有限公司研发部总监应邀就"Thermal——芯片失效分析的指明灯"进行分享，主要讲述芯片的失效分析发生在其生命周期的各个阶段，介绍了芯片的失效、采用的分析方法和工具。其分析方法中，失效定位是分析技术的核心，Thermal 是失效定位主要分析工具之一。通过对 Thermal 的介绍和案例分享，来说明Thermal 设备在失效分析中的重要性。

（王泓、李竹）

【欧普兰·片上螺旋电感的设计与仿真技术分享会举办】 9 月 23 日，中关村芯园在线举办"欧普兰·片上螺旋电感的设计与仿真"技术分享会。本次交流基于片上电感的损耗机制、谐振频率、品质因子等电感性能，结合 EM 仿真，介绍片上电感的设计分析、电感布局的分析，同时使用 EM 工具对这些理论分析进行实例验证。

（王泓、李竹）

【中关村芯园获北京市中小企业服务体系质量提升项目补贴】 10 月 19 日，市经济和信息化局公布2022 年北京市中小企业发展资金支持中小企业服务体系质量提升项目，4 个区域产业创新环境提升（延续性）项目、27 个中小企业公共服务示范平台和小微型企业创业创新示范基地服务能力提升项目获北京市中小企业发展资金支持，中关村芯园申报的"北京集成电路设计公共服务示范平台质量提升建设项目"入选。该项目旨在增强中小企业服务体系在企业汇集、资源带动和产业支撑等方面的作用。

（王泓、李竹）

中关村临床生物样本库

【概况】 中关村临床生物样本库设立于 2018 年 12 月，由中关村生命科学园孵化器、嘉和美康信息技术有限公司和北京首科开阳创业投资中心（有限合伙）共同出资成立，由北京生命科学园生物科技研究院有限公司（简称生命科学园生物科技研究院）负责经营，位于中关村生命科学园医药科技中心。该平台定位于第三方专业化临床样本保藏与服务平台，最大生物样本储存能力可达 1000 万份。平台针对心脑血管病、糖尿病、恶性肿瘤、精神分裂症和情感障碍、慢性肾脏病、脊柱和关节病等严重危害人们健康的重大疾病，实现样本采集、流转、冻存可追溯等功能。2021 年，中关村临床生物样本库获人类遗传资源保藏行政许可资质。2022 年，与生命科学园生物科技研究院等单位联合承办第四届北京临床生物样本库创新发展论坛。

（谢泊晚）

【第四届北京临床生物样本库创新发展论坛举办】 12 月 8—9 日，由北京临床生物样本库创新发展联盟主办，首都医科大学附属北京胸科医院和生命科学园生物科技研究院等单位联合承办的第四届北京临床生物样本库创新发展论坛在北京举办。论坛采用线上直播形式进行，主题为"高质量建设，可持续发展"。市科委、中关村管委会，北京市医院管理中心，昌平区委区政府，首都医科大学等单位的领导、专家出席论坛，来自全国 27 个省市自治区的生物样本库专家、学者、同行近 2000名嘉宾同步线上参加论坛。在学术报告环节，论坛分为"法规、政策、标准与认可""高质量样本库建设""样本资源建设与利用""样本保藏质控研究"四大板块，围绕"十四五"医药创新布局与生物样本资源建设、人类遗传资源政策法规履行与思考、临床生物样本库的标准化建设与管理、生物样本质量评价与技术标准、生物样本库协同发展与样本转化利用、生物样本保藏新技术新方法等主题进行深入交流。在特别推出的样本资源转化利用主题圆桌论坛上，医疗机构样本库专家和科研样本需求企业负责人通过线上对话的形式，增加信息资源互通，解决项目生物样本采集、合作等诸多难题，为未来医研企协同开展样本资源共建共享打下了良好的基础。

（谢泊晚）

中关村智酷

【概况】 中关村智酷成立于 2018 年，由中关村软件园发起设立，依托软件园大信息领域创新创业生态积淀和创新人才培养经验，打造"产学合作平台、创新创业学院、人才创新基地"。年内，中关村智酷编制完成《2022 大赛成长力报告》，参与首届"京彩大创"北京大学生创新创业大赛，挖掘优质创新资源，建立产业资源汇聚通道。以阳泉虚拟产业园为抓手，加快推进以数智平台底座支撑的虚拟产业园的建设与落地，推动公司数字化转型。紧抓数字双碳产业机遇，从源头布局，促进公司数字双碳新产品建设与落地，助力区域双碳转型发展。与国内百余所高校开展双创学院、双创培训合作，并与国内外近百所高校开展产学合作。

（李军伟）

【中关村创新领航者培训举办】 3 月 15 日，中国国际"互联网＋"大学生创新创业大赛展示交流中心发布《创业者支持计划》，"2022 年度的中关村创新领航者计划"金种子实训营续航启动。"中关村创新领航者计划"是由市科委、中关村管委会和中关村发展集团指导，中关村企业家顾问委员会、中关村创业发展生态促进会、中关村软件园主办的具有中关村特色和优势的创新创业人才服务平台。年内，中关村智酷开展中关村创新领航者培训工作，全年举办 4 个训练营。完成山西 CEO 实训营、北京金种子实训营第 2 期、大创 CEO 实训营和川渝"专精特新"赋能实训营培训计划。建立金种子企业库，实现紧密、有效对接的企业数量不少于 290个。对接地方 80 余个金种子、瞪羚、展翼企业，实现瞪羚企业落地山西太原。

（李军伟）

【首届"京彩大创"北京大学生创新创业大赛举办】 4 月 13 日，首届"京彩大创"北京大学生创新创业大赛启动。本次大赛范围覆盖北京地区重点高校及京津冀区域所有院校，打造了更大范围、更高质量优选创新创业项目平台。共有 7475 人通过大赛官网注册报名，4574 支团队报名参赛。大赛分为科技创新、社会服务、文化创意、乡村振兴 4 个赛道，经过前期初赛、复赛、分赛道决赛比拼，最终评选出 15 个项目晋级总决赛。中关村软件园为大赛提供战略支持，中关村智酷作为首席智库单位深度参与，承办"社会服务"分赛道决赛，参与总决赛同期成果展示、产业对接等活动规划实施，加速大赛优质项目产业化落地支持。

（李军伟）

【中关村智酷与猎豹移动达成全面合作】 4 月 15 日，由中关村智酷与猎豹移动 AI 教育共同主办的"中关村智酷 × 猎豹移动 AI 教育全面合作"签约仪式在北京举行。中关村软件园、猎豹移动、猎户星空、中关村智酷相关人员参加签约仪式。双方将围绕人工智能和服务机器人产业，共同致力于在产业人才共建共育、院校产业学院业务、服务机器人场景落地等方向进行项目合作，发挥各自优势，助力全国实体经济智能化升级。猎豹移动及其投资的猎户星空深耕服务机器人赛道，已落地 20 余个行业场景，有近 3 万个机器人上岗，日均语音交互频次超 1500万次，总服务人次超 3 亿人次，积累了 1 万余家客户服务经验。

（李军伟）

【沙薇当选北京市第十六届人民代表大会代表】11月18日，北京市海淀区第十七届人民代表大会第二次全体会议选举产生北京市第十六届人民代表大会代表。来自集团基层一线的代表沙薇当选为北京市第十六届人民代表大会代表。沙薇于2018年9月加入集团，在中关村智酷从事产学研合作、科技成果转化和企业孵化服务等创新创业企业一线服务工作。

（李军伟）

【《2022大赛成长力报告》编制完成】2022年，中关村智酷完成第七届中国国际"互联网+"大学生创新创业大赛《2022大赛成长力报告》编制工作。报告分为大赛篇、项目篇、教育篇、就业篇及案例篇五大篇章，调研项目共计16805个、高校1235所，利用成长力三维结构，绘制第1—7届大赛重点项目的"成长地图"。基于大赛中心的运营，深度参与第八届大赛同期活动，实现与教育部在大赛总决赛更深层次合作，承担大赛创新创业成果展中双创教育板块和创业就业板块的内容和设计。

（李军伟）

【运营北京高校大学生创业园（理工园）项目】2022年，中关村智酷继续高质量运营北京高校大学生创业园（理工园）项目，完成市教委各项契约指标，新增入园团队不少于40个，向软件园体系推荐项目不少于20个；完成项目年度续约工作。年内，累计新增入园团队54支。截至2022年底，在孵团队148支；为软件园孵化器项目库导入210个项目，理工园精准对接39个项目，大赛中心推荐并落地3个项目；为工业互联网产业园对接项目11个，其中北京软壳微互动科技有限公司、北京缪缥绮科技有限公司2家企业实现落地。

（李军伟）

【推进管家服务中心落地】2022年，中关村智酷继续推进管家服务中心落地，与贝内思企业管理科技（北京）有限公司及河北省内丘县达成合作，负责在内丘（北京）创新中心开展"中关村智酷数字科创服务中心"及"中关村智酷管家式科创服务"，为内丘县企业提供管家式科创服务，年度运营费含固定运营费用和企业增值服务费用。管家中心落地

石景山工业互联网园，开业运营。

（李军伟）

【阳泉云上产业园项目建设】2022年，由中关村智酷运营的山西省智创城NO.7云谷科技创新园是阳泉市发展数字经济的重要承接载体，运营团队贯彻落实阳泉市数字经济优先发展战略，联合东北电力大学绿色低碳产业研究院深度调研阳泉市全域基础情况，创新性地提出数智双碳发展战略，以阳泉市资源禀赋，结合区域战略，通过数字驱动分析，挖掘深层价值，加速创新发展，依托大数据、云计算等前沿技术建设阳泉云上产业园项目。该项目以大数据平台为智慧中枢，以数字创新平台为抓手，通过孵化转化、企业融通等四大板块8类服务，为山西省智创城NO.7云谷科技创新园打造"一机制""一体系""一平台"，推动区域内具有产业链、技术链、价值链内在联系的企业形成虚拟空间集聚，高效赋能当地产业，同时通过虚拟空间搭建创新合作、共建共赢的价值创造平台、资源融合平台、场景促进平台，吸引域外企业在虚拟空间上进行产业要素有效协同，推进建设行业组织、学术机构、产业联盟、大中小企业多层次开放协作的新型创新服务平台。阳泉云上产业园项目是中关村智酷发挥中关村创新创业服务平台作用，打造具有中关村特色的产学研协同发展的创新性举措。项目成功申请山西省发展改革委双创项目补助资金800万元。

（李军伟）

【数智双碳产业技术创新示范园建设】2022年，在呼和浩特市新城区政府的支持下，由中关村智酷作为牵头单位，联合中国国际工程咨询有限公司、东北电力大学绿色低碳产业研究院等合作单位，采用"F+EPC+O"方式，共同参与"数智双碳产业技术创新示范园"建设，旨在打造国内具有引领和示范作用的创新型数智双碳技术科创平台。数智双碳产业技术创新示范园位于呼和浩特市新城区首府科技城园区，总用地面积54109平方米，总建筑面积63230平方米，利用物联网、云计算、大数据等新一代信息技术，对园区开展智慧能源管理，拟建设"两中心、一平台、一基地、一示范"，即数智双碳产业科创中心、数智双碳共性技术实验测试中

心、数智双碳大数据公共服务平台、数智双碳产业基地、零碳园区示范工程配套。中关村智酷将从资金源头布局，整合资源方，实现"拓展＋运营"合作模式创新；以专项债申报为抓手，帮助地方政府解决融资问题，进而助推中关村智酷新产品的拓展与落地，服务地方经济转型。中关村智酷全流程参与项目的规划设计和后期建设服务，依托地方政府资源和自身在成果转化、宣传推广、高端平台、运营专业等方面的综合性核心优势，助力发展智慧、绿色、可持续的高质量园区。

（李军伟）

【中关村智酷7个项目签约】 2022年，中关村智酷实现7个项目签约。与成都锦江白鹭湾新经济总部功能区管委会就共建人才与产业创新应用示范基地达成合作，签订框架协议；与杭州未来科技城管委会达成合作并签订协议，共同建设北京高校大学生创业就业协同平台；与横琴粤澳深度合作区管委会达成合作，为横琴产业项目提供运营策划，产业咨询方案已得到合作方认可，通过咨询项目，促进深度合作，拟采用"F＋EPC＋O"合作模式，通过建立连接器，打通转化器，做强放大器，实现横琴粤澳深度合作区智能硬件产业社区项目落地；与成渝两地发展改革委、经济和信息化委、泸永江融合创新示范区政府（四川泸州市政府，重庆江津区政府、永川区政府）达成合作，开展2022"专精特新"产业赋能大赛，打造成渝地区双城经济圈大企业与"专精特新"中小企业融通创新典型模式典范；与重庆拾光格商业管理有限公司合作打造重师拾光格数字经济产业创新港，项目战略协议已签约，面积约5.2万平方米；与南繁科技城有限公司签订产业咨询服务协议，为崖州湾数字经济产业大脑项目提供市场研究以及定位策划方面的咨询服务；与武汉市江夏区政府就江夏数字经济科技产业创新社区项目达成合作，并签订框架协议，按照"一中心、一基地、一园区"的建设运营思路，打造集"中关村智酷产学研融通创新中心、武汉江夏数字经济产业基地、武汉江夏数字经济科技产业园"于一体的数字经济科技产业创新社区。

（李军伟）

"科学·亚洲"产业交流平台

【概况】 "科学·亚洲"产业交流平台设立于2019年11月，为中关村生命科学园与美国科学促进会——《科学》期刊的出版者和清华控股旗下TIE国际创新走廊合作打造的园区国际化的学术交流平台，定位于全球科学技术和创新人才跨界交流高端平台，聚焦生物医药细分领域，面向全球科学人才开展学术和技术应用交流的专业论坛和前沿研讨。

（谢泊晚）

【科学亚洲干细胞移植与临床应用会议暨中关村生命科学园发展论坛举办】 10月26—27日，"2022科学亚洲干细胞移植与临床应用会议暨中关村生命科学园发展论坛"在中关村生命科学园举办。本届会议由市科委、中关村管委会、北京市科协、昌平区政府、中关村生命科学园管委会指导，*Nature Portfolio*学术主办，中关村生命科学园公司、TIE国际创新走廊联合主办，北京科技国际交流中心、北清创新中心承办，昌发展提供支持。会议同时通过"昌发展""TIE国际创新走廊"官微等平台进行直播，观看达50万人次，线上平台获赞150万余次。作为首都海智"创新链接"系列活动之一，本届科学亚洲会议共包括12场学术演讲、5场产业分享、2场圆桌讨论以及中关村生命科学园的开放日活动，吸引了海内外20余位干细胞移植与临床应用领域的顶尖科学家、著名企业家等各界精英，旨在为全球前沿领域的科学技术和创新人才进行跨界交流打造一个专业的平台，从而促进学术和技术的研讨，推动全球科技的发展。来自中、新、美、日、意、英等国家的专家教授线上云集，围绕干细胞领域的前沿研究发表演讲。北京大学生命科学学院的邓宏魁教授、杜克－新加坡国立大学医学院的张素春教授、英国剑桥大学外科学系再生医学教授Ludovic Vallier分别以"利用人化学诱导多能干细胞（hCiPSC）生成功能性胰岛细胞""神经系统疾病的干细胞疗法""利用人多能干细胞的肝病细胞疗法"为题发表演讲。论坛邀请中国科学院干细胞与再生医学创新研究院执行院长胡宝洋、清华大学医学院长聘教授纪家葵、暨南大学粤港澳神经再生研究院特聘教授陈功、北京生命科学研究所高级研究员汤楠等专家教授及多位企业家创始人、CEO 做主旨演讲。与会专家围绕干细胞应用的各个领域，包括神经退行性疾病、肿瘤、血液性疾病及代谢性疾病等，分享了最前沿的研究成果和发展趋势。

（谢泊晚）

【科学亚洲会议园区开放日活动】10 月 27 日，在"2022 科学亚洲干细胞移植与临床应用会议暨中关村生命科学园发展论坛"上，园区开放日活动首次举办。在中关村生命科学园发起组织下，参会的科学家、企业嘉宾及青年学者等通过参观中关村生命科学园投资设立的中关村细胞与基因治疗创新孵化平台、大分子生物药工艺研发平台、北京临床生物样本资源公共服务平台，实地了解中关村生命科学园为科研人员和企业提供的全方位专业服务。

（谢泊晚）

中关村集成电路设计园
产业服务平台

【概况】中关村集成电路设计园产业服务平台（IC PARK ISP）设立于 2019 年 11 月，是北京市首个专注于芯片产业的服务平台，为企业提供全生命周期的全方位、全过程的服务价值链。2022 年，产业服务平台合作机构持续拓展，新增服务机构 8 家，联合园区华峰测控、普源精电等企业和合作机构共同成立 IC PARK 共性技术服务中心，8 月正式挂牌；与 7 家联合实验室签约，搭建线上和线下专业技术服务平台，提供芯片测试领域专业测试服务，提升园区专业技术服务能力。全年为企业提供服务 100 余家次，开展高质量产业活动 12 次，活动以高新政策申报解读、集成电路专项政策宣讲、知识产权、人才培养、应用技术交流等为主题，参加活动

人员线下近千人次、线上近 30 万人次。截至 2022 年底，产业服务平台合作机构达 110 余家，提供政策咨询、知识产权、工商财税、法律、共性技术、投融资等 200 余项服务。

（李松龄）

【"信芯科技金融讲堂"揭牌仪式暨第一期讲座举办】8 月 18 日，由中关村芯学院和国信证券股份有限公司北京自贸试验区永丰证券营业部（简称国信证券北京自贸区营业部）举办的"信芯科技金融讲堂"揭牌仪式暨第一期讲座在中关村集成电路设计园举办。活动旨在为中关村集成电路设计园园区企业、各上市公司、"专精特新"企业、金融机构、投资机构搭建一个开放共享的合作交流平台，结合园区产业特色和科创资源，开展深度合作，打造创新生态，以金融赋能园区科创企业高质量协同发展。"信芯科技金融讲堂"充分集成园区"一平台、三节点"产业服务体系和国信证券一站式金融服务优势，为园区企业、金融机构等搭建开放共享的合作交流平台，提供更加精准化的金融服务支持，推动园区产业创新生态进一步优化升级。由中关村芯学院与国信证券北京自贸区营业部合作设计的"信芯科技金融讲堂"专业课程计划发布。

（李松龄）

【IC PARK 共性技术服务中心揭牌】8 月 19 日，在第六届"芯动北京"中关村 IC 产业论坛上，IC PARK 联合高校院所、行业企业、第三方检验认证机构发起成立共性技术服务中心并正式揭牌。市科委、中关村管委会、海淀区政府、市经济和信息化局、中关村发展集团、北京航空航天大学、北京华峰测控技术股份有限公司等政府部门及合作机构相

关领导，园区企业以及金融机构的代表参加揭牌仪式。IC PARK 共性技术服务中心下设集成电路测试联合实验室、工业芯片质量检测认证联合实验室等七大实验室，涵盖芯片产业化阶段中所需的 EDA、IP、流片、封装、测试、快制中试、供应链等服务，能够为集成电路企业提供全周期、全过程的一站式技术服务，解决泛 IC 领域广大企业的共性技术需求，帮助企业降低研发成本。IC PARK 共性技术服务中心将采用线上和线下相结合的服务模式，聚集高校院所、科研机构研发资源和研发力量，推动科研设备和科研资源共享。

（李松龄）

【"信芯科技金融讲堂"第二期讲座举办】 10 月 31 日，由中关村芯学院和国信证券股份有限公司北京自贸试验区永丰证券营业部举办的"信芯科技金融讲堂"第二期讲座在中关村集成电路设计园举办。国信证券股份有限公司北京分公司上市公司业务部负责人与已上市或拟上市的优质专精特新"小巨人"企业分享"拟上市企业股权激励工具介绍"；海淀区人力资源和社会保障局人才发展科特约讲师应邀分享"北京市人才引进落户类政策体系概述介绍"，详细解读北京积分落户以及应届毕业生、在职人才、留学人才引进等相关政策。

（李松龄）

生物相容性评价平台

【概况】 生物相容性评价平台设立于 2019 年 12 月，由中关村发展集团、中关村医疗器械园共同发起设立，北京通和立泰生物科技有限公司具体运营。中关村医疗器械园投资 454 万元购置硬件设备，与北京通和泰达转化医学研究院建设近 5000 平方米的转化医学实验室，是国内首家具有国际标准的医学转化平台，可开展 19 类人类疾病动物模型的创制，包括血管疾病器械评价、骨科材料评价、眼科材料评价、牙科材料评价、各类导管评价、各类补片评价、各类止血材料评价、各类留置性材料评价、有源植入性器械评价和有源非植入性评价等 10 余个医学领域。2022 年，生物相容性评价平台完成 43 项科研服务，服务范围涵盖眼科材料评价等项目。

（李婉竹）

【通和立泰获 CMA 检测资质认定】 2 月，北京通和立泰生物科技有限公司通过国家认证认可监督管理委员会（CMA）组织的专家评审，获"中国国家认证认可监督管理委员会检验检测机构资质认定证书"。自此，通和立泰在生物相容性领域可以向社会出具具有证明作用的数据和结果，能力范围包括细胞毒性、致敏刺激、血液相容性、各种毒性试验、植入试验等细分领域，检测范围涵盖医疗器械、器械生产原辅材料及药物、器械包材等。

（李婉竹）

【通和立泰获 CNAS 资质认可】 9 月 14 日，北京通和立泰生物科技有限公司获中国合格评定国家认可委员会（CNAS）实验动物机构认可证书，成为国内小型猪容量最大，医疗器械生物相容性评价、临床前动物实验和临床医学培训首家具备"双 C"资质的科研和科技服务机构。CNAS 资质的获得标志着通和立泰相关研究条件符合

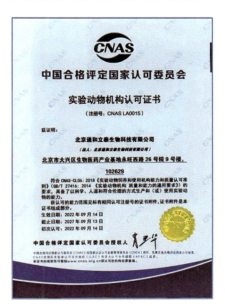

CNAS－CL06：2018《实验动物饲养和使用机构质量和能力认可准则》的要求，具备了以科学、人道和符合伦理的方式生产和（或）使用实验动物的能力，成为国内第 15 家实验动物相关机构获得 CNAS 认可的单位，也使通和立泰成为国内为数不多的同时具备 CNAS 实验动物资质和 CMA 生物相容性检测资质的机构，标志着通和立泰的管理体系、技术能力及配套设施均达到国内领先水平。

（李婉竹）

中关村医疗器械产业服务平台

【概况】中关村医疗器械产业服务平台设立于 2020 年 1 月，是由中关村发展集团投资打造的全国首个医疗器械全链条专业服务平台，运营面积 3600 平方米。该平台由北京中关村水木医疗科技有限公司（简称中关村水木医疗）具体运营。中关村水木医疗成立于 2017 年，于北京经济技术开发区搭建了全球首个医疗器械"工程化研发＋检验检测＋临床试验＋注册"全产业链一站式服务平台，为企业提供包括功能性研发、合规性研发、易用性研发、可靠性研发、批量性研发的全方位工程化设计服务，以及涵盖产品注册、检验检测、GMP 服务、临床研究服务的一站式产品上市解决方案，加快推进创新医疗器械产品注册上市进程，解决创新医疗器械企业产业化"最后一公里"的难题。该平台设有全国领先的医疗器械可靠性、电气安全、电磁兼容、软件测试、包装测试及 IVD 方面的共 6 个专业检验检测实验室，并取得国家认证认可监督管理委员会批准的检验检测机构资质和中国合格评定国家认可委员会证书，共通过 1508 项检验检测标准资质认定，基本涵盖全部有源医疗器械及体外诊断检测项目。另外，在体外诊断领域搭建了国产自主研发全品类诊断标准品（质控品）综合服务解决平台，提供第三方质控品、参考品定制、校准品和质控品委托研发生产（CDMO）等多种产品和服务。截至 2022 年底，该平台服务全国客户千余家，其中服务北京客户近 400 家、服务项目超过 3000 项。服务对象包括 GE、西门子、美敦力等国际巨头，以及天智航和华瑞博等国产创新医疗器械企业。中关村水木医疗对于创新医疗器械有着丰富的项目经验，国家药监局已批准的创新医疗器械中有 31 项产品为中关村水木医疗承检产品。同时，中关村水木医疗长期与高校院所、医疗机构开展合作，共同推动产学研医检用协同发展。

（张同）

【生命科学产业数字化运营平台设立】3 月 16 日，中关村水木医疗成立生命科学产业数字化运营平台——北京水木凌瑞医疗科技有限公司。水木凌瑞位于北京经济技术开发区，业务范围覆盖放疗技术支持、质子患者临床试验招募、医院学科建设、放疗设备（质子、重离子、伽马刀、加速器）等相关物理质控，是中关村水木医疗"工程化研发＋检验检测＋临床试验＋注册"全产业链一站式服务平台的重要组成部分，为基层医院肿瘤及放疗相关科室建设提供优质、高效、便捷的综合医疗服务。

（张同）

【中关村水木医疗完成亿元级 A+ 轮融资】7 月，中关村水木医疗完成亿元级 A+ 轮融资，本轮投资方为沂景资本与松禾资本。融资主要用于布局中关村水木医疗医疗器械的 CDMO 和动物实验等服务，将服务覆盖到医疗器械产品的全生命周期和不同阶段，完善"端到端"式一体化创新服务。

（张同）

【中关村水木医疗获国家高新技术企业认证】10 月 18 日，北京市科学技术委员会对 2022 年认定的第一批 1137 家高新技术企业备案名单进行公告，中关村水木医疗名列其中。

（张同）

【中关村水木医疗参与项目获北京市科学技术进步奖一等奖】11 月 23 日，市政府印发《关于 2021 年度北京市科学技术奖励的决定》，由中关村水木医疗、中国人民解放军总医院、中国计量科学研究院、北京市医疗器械检验研究院（北京市医用生物防护装备检验研究中心）、北京九强生物技术股份有限公司、北京丹大生物技术有限公司联合申报的"诊断标志物检测关键技术平台与国家标准体系的构建及推广应用"项目获 2021 年度北京市科学技术进步奖一等奖。

（张同）

中关村易（e）创服务平台

【概况】中关村易（e）创服务平台（简称中关村易创平台）于 2020 年 3 月上线，是中关村发展集团打造的线上大数据智慧服务平台，以大数据为技术引擎，致力于服务企业全生命周期，解决科创主体营商痛点。平台以产业知识图谱为核心引擎，以产业链体系为本体，以大数据技术、人工智能技术为依托，打造产业分析服务、政策匹配服务、智能园区服务、企业征信服务等八大类服务，一站式解决科创企业全生命周期的痛点问题。2022 年，中关村易创平台搭建起基本的运营底层架构，平台的服务能力得到显著提升。至年底，中关村易创平台注册用户量达到 16671 家，在线企业认证 310 家，上架集团科技服务产品 188 项、科服合作产品 350 多项，服务产品覆盖集团各业务板块及共性技术服务、综合科技服务、数智信息服务、创新社区服务等产品类别，共举办 30 场沙龙活动，累计观看超过 3 万人次；服务企业超 2 万家次。

（邢茹玉）

【财税服务专场培训活动举办】5 月 12 日，由中关村科服、中关村易创平台、北京海淀科技金融资本控股集团股份有限公司、中关村云计算产业联盟、中关村核心区中小微企业服务机构联盟联合主办，北京德钧科技服务有限公司承办的助力企业防风险、降税负提供优质财税服务专场培训线上活动——"研发费用加计扣除税务风险和应对方向"举办。本次培训由中国科学院全国双创导师、北京德钧科技服务有限公司联合创始人主讲，深度解析"研发费用加计扣除"的最新政策和知识点，以及加扣需谨慎的减税九大风险点，为企业做好税务服务。100 余家企业代表在线参加。

（邢茹玉）

【中关村易创平台首试视频号直播】5 月 19 日，中

关村易创平台开展"专精特新"企业知识产权布局专题培训。活动采用开放性较强、视觉效果良好的视频号直播方式，近 2000 人在线观看，并通过中关村技术交易平台和中关村易创官网同步直播。活动聚焦拟上市的"专精特新"企业需求，围绕"专精特新"企业上市对创新性的要求、IPO 前面临的知识产权风险、知识产权诉讼的应对方法、IPO 问询的知识产权问题、"专精特新"企业的知识产权布局、高价值专利培育等 6 个方面进行深度解析，帮助企业解决遇到的知识产权问题，提升创新能力和知识产权工作能力，促进企业与创新资源、金融资本、产业发展的有效融合。

（邢茹玉）

【2022 洞悉创新生态全景圆桌会议举办】6 月 23 日，中关村易创平台、中关村科服、北京德钧科技服务有限公司联合主办"2022 洞悉创新生态全景圆桌会议"。会议以"洞悉创新生态全景"为主题，致力于帮助科技企业塑造科创属性标签，打造有差异化、特色化的综合科技服务，点亮科创属性计划。工业和信息化部中小企业发展促进中心、中关村科服、中国社会科学院数量经济与技术经济研究所、中国社会科学院大学、亿欧公司、北京德钧科技服务有限公司等单位嘉宾，从宏观和微观视角，围绕企业创新和服务、创新生态体系建设、企业发展问题等话题进行分析探讨和研判；还从政府、高校、企业、服务机构等不同角度出发，针对在线企业提出的问题给予针对性的解答与探讨，共探科创产业发展未来，共促科创产业集聚优势。会议通过中关村易创平台及视频号、中关村技术交易平台、德钧科技服务平台视频号、亿欧平台同步直播，线上观

看人数近万人。

(邢茹玉)

【"拥抱北交所、抓住新机遇"圆桌会议举办】6月28日，由中关村易创平台组织召开的 2022 助力科技企业"拥抱北交所、抓住新机遇"圆桌会议在中关村易创平台视频号举办。活动聚焦创新型中小企业的发展，围绕北京证券交易所制度解读与探索、拟上市企业上市过程中面临的机遇与挑战等话题进行分享。利物资本创始合伙人分享了投资北京证券交易所的心路历程、收益过程，以及当下投资市场对北京证券交易所的看法、现状和未来预期；西南证券中小企业融资部北京一部负责人、西南证券内部培训师以"掘金新三板、拥抱北交所"为主题，对企业上市规则进行解读，并分析新格局下的资本市场新机遇和北京证券交易所给企业提供的上市新路径；中关村科服产业服务部负责人介绍了中关村科服对中小企业发展的助力情况；北京兆信信息技术股份有限公司、北京清畅电力技术股份有限公司就公司实际情况与所处的行业痛点与难点进行提问，在场嘉宾结合企业困惑，针对性地给予解答。100 余家企业的代表上千人次参与线上会议。

(邢茹玉)

【"双碳"绿色高质量发展沙龙举办】9月13日，由中关村科服、中关村易创平台、中关村创业生态发展促进会、大兴国际氢能示范区、E20 环境平台、水木兴创（北京）科技发展有限公司联合主办，北京德钧科技服务有限公司承办的"碳达峰碳中和新形势下企业如何绿色高质量发展沙龙"主题活动在大兴国际氢能示范区举办。本次活动作为中关村易创平台科创体系系列专题活动之一，聚焦"碳达峰碳中和"主题，着眼于低碳发展及绿色低碳新赛道布局，致力于打造"双碳"全产业链服务平台，助力企业转型升级和绿色高质量发展，共创"零碳"未来。活动中，E20 环境平台相关负责人做分享；北京聚兴华通氢能科技有限公司、北京京仪集团有限责任公司、北京电力设备总厂有限公司、北京德钧科技服务有限公司等"双碳"服务领域企业负责人进行了圆桌对话、思想交流。与会嘉宾结合产业和企业发展情况，分享了在实现碳达峰碳中和目

标、低碳可持续发展道路上作出的努力和取得的成效，并就如何利用"双碳"政策促进企业发展进行分享交流，共同探寻"双碳"背景下经济转型和产业创新路径。会后，与会嘉宾参观了大兴国际氢能示范区，学习了解氢能产业的发展沿革及国内外氢能产业的最新成果。活动在中关村易创平台视频号同步直播，百余家企业人员在线观摩学习。

(邢茹玉)

【科创企业研发费与加计扣除解析培训举办】11月11日，中关村科服联合中科电商谷产业园、北京信用协会、北京精品游戏研发基地委托北京德钧科技服务有限公司举办"科创企业如何正确理解高新研发费与加计扣除"系列线上培训活动。活动旨在帮助企业能更全面地理解最新研发费用加计扣除的相关政策，以及相关操作流程，在新一年度的汇算清缴方面为企业提供帮助。中国科学院全国"双创"导师、资质规划师、知识产权政策专家从高新企业研发费与加计扣除的关系、加计扣除政策解读、深度解析"研发费"加计扣除、减税九大风险点加扣需谨慎四大主题入手，讲解如何正确理解高新企业研发费与加计扣除的相关政策。活动以直播形式进行。

(邢茹玉)

"大环保"产业综合服务平台

【概况】集团"大环保"产业综合服务平台建于 2020 年，依托中关村至臻环保搭建。该平台聚焦环境智库咨询、环境综合治理、环境产业创新服务

等，通过高新技术、创新模式和智慧手段，为环保产业发展注入新动能。2022年，中关村至臻环保持续发挥在减污降碳方面的能力和优势，与德国道依茨股份有限公司氢能合作项目进入合资协议洽谈阶段；启动榆林兰炭产业特色园区柠条塔区兰炭酚氨废水集中处理投资项目（BOT）、理想汽车一基地扩建、二基地和三基地污水站新建项目，完成宣威市第二污水处理厂设备采购安装项目等的签约；推动北汽镇江污水处理站、常州理想汽车污水处理站、北京海纳川污水处理站、北京厚成泰克污水处理站等项目的安全有序运转。依托环保管家、合规咨询、"双碳"咨询等专业化智库，为客户提供更深入的全产业链生态治理服务。开展科技园区绿色低碳建设运营策略研究，编制《科技园区绿色低碳建设运营工作指南》。

（陈燕安）

【中关村至臻环保与门头沟区政府进行交流座谈】
6月8日，中关村至臻环保到门头沟区开展交流座谈。门头沟区政府、区发展改革委、区生态环境局、中关村门头沟园管委会、区投促中心等的相关领导出席座谈会。中关村至臻环保介绍公司的主要业务情况，并就屋顶分布式光伏开发利用、氢能资源的开发利用、生态环境导向开发模式（EOD）展开深入交流。门头沟区相关领导表示，门头沟区与中关村有良好的合作基础，门头沟区按照新版北京城市总体规划赋予的功能定位，实施生态立区、文化兴区、科技强区战略，与中关村至臻环保的业务规划十分契合，希望双方在区域生态环境开发、新能源综合利用等多个领域展开深入合作，共同推动门头沟区绿色经济高质量发展。

（陈燕安）

【中关村至臻环保到榆林考察调研】 7月6—7日，中关村至臻环保管理团队与道依茨股份有限公司氢能技术团队到榆林考察调研氢能应用场景，与神木市多家兰炭企业、榆林科创新城智慧能源站、横山区供水厂及污水处理厂等代表性企业访谈交流，详细了解企业能耗和碳排放情况，就氢气内燃机助力企业减污降碳方案进行广泛交流，初步达成合作意向。

（陈燕安）

【中关村至臻环保在 *Water Research* 发表科研成果】
7月15日，中关村至臻环保和中国矿业大学（北京）张春晖教授团队的研究论文 *Electrocoagulation coupled with conductive ceramic membrane filtration for wastewater treatment：Toward membrane modification,characterization,and application* 在 *Water Research* 上发布。该研究主要探讨了荷电陶瓷膜的制备及其在工业废水处理领域中的应用。

（陈燕安）

【中关村至臻环保到特变电工新能源考察调研】 7月19日，中关村至臻环保到特变电工新疆新能源股份有限公司进行考察调研。双方在助力企业、园区减污降碳、绿色发展方面进行交流和探讨。特变电工新能源是为全球能源事业提供绿色清洁解决方案的服务商，致力于"绿色发展、低碳发展"，是国家级高新技术企业集团和中国大型能源装备制造企业集团，培育了

"输变电高端制造、新能源、新材料""一高两新"国家三大战略性新兴产业，已发展为中国输变电行业核心骨干企业。

（陈燕安）

【中关村至臻环保中标理想汽车常州基地项目】 9月14日，中关村至臻环保中标理想汽车常州基地南区污水处理站"零排"设备间设计安装总承包项目。工程内容包括污水处理站零排放系统的设计、采购、安装、试运行等内容。项目采用先进的技术路线和优良的施工技术。投产后对企业产生的脱脂废水、锆化废水进行有效处理，实现污水零排放。

（陈燕安）

【中关村至臻环保与道依茨签署合作备忘录】 9月29日，中关村至臻环保与德国道依茨股份有限公司签署合作备忘录。根据协议，双方将在氢能源应用领域开展研究合作，共同商讨道依茨公司全球领先

的氢气内燃机技术成果在北京落地孵化，以及后续共同开发应用于中国市场的氢气内燃机产品技术。道依茨公司作为国际上非道路应用领域碳中和驱动系统研发的先行者，制造出了高效清洁的氢气内燃机。

（陈燕安）

【中关村至臻环保中标宣威市第二污水厂设备采购及安装项目】 10 月 20 日，中关村至臻环保中标云南省"宣威市北盘江流域水环境综合整治 PPP 项目"宣威市第二污水处理厂设备采购及安装项目，中标金额 1.066 亿元。宣威市北盘江流域水环境综合整治 PPP 项目是当地的重点工程，宣威市第二污水处理厂设备项目是整体工程的重要组成部分。该污水厂为全地下污水处理厂，工程内容包括设备供货、安装、调试。项目建成后，能有效解决宣威市污水处理能力不足的问题，提高城市污水集中收集率，改善城市水环境和地面区域景观。

（陈燕安）

【兰炭酚氨废水集中处理项目立塔工作启动】 11 月 10 日，由中关村至臻环保投资建设的柠条塔区兰炭酚氨废水集中处理项目立塔工作正式启动，"间对甲酚塔"当日吊装成功。"间对甲酚塔"是项目实现精酚回收资源化的核心设备，也是项目建设过程中施工作业的重点、难点。该塔高 63.5 米，吊装重量 90 吨，采用 500 吨履带吊主吊和 260 吨履带吊辅助吊共同完成吊装。柠条塔区兰炭酚氨废水集中处理项目是榆林神木市政府在兰炭转型升级发展背景下引进的 BOT 环保项目，旨在解决区域兰炭废水处理问题。为实现废水的有效处理和项目效益的最大化，中关村至臻环保采用先进技术，将化工生产与传统水处理工艺紧密结合，在处理废水的同时实现废水中酚氨污

（"间对甲酚塔"吊装现场）

染物的资源化利用。

（陈燕安）

【编制《科技园区绿色低碳建设运营工作指南》】 2022 年，中关村至臻环保受中关村建投委托，开展科技园区绿色低碳建设运营策略研究，并编制《科技园区绿色低碳建设运营工作指南》（简称《指南》），用于指导中关村建投新建项目和城市更新项目开展绿色低碳建设运营工作。《指南》从园区建设运营的全生命周期出发，对标世界领先的绿色低碳园区，梳理各阶段的绿色低碳重点工作和技术措施，全方位、全过程推进落实绿色低碳理念。《指南》通过中关村发展集团创新能力建设课题的评审。

（陈燕安）

AI 标准评测和数据分享平台

【概况】 AI 标准评测和数据分享平台设立于 2020 年 12 月，是中关村软件园为推动人工智能产业资源的共建共享和标准化管理研发的新一代人工智能资源开放共享平台，以数据资源为核心，发力数据评测标准化，打造服务共享、标准评测和产业转化的全新人工智能数据生态，通过建设开放、灵活、可扩展的 AI 开源数据平台，有效打破各行业数据系统界限，解决数据质量孤岛问题。同时，通过平台建设的 AI 数据质量评测和治理能力，可以促进中国人工智能统一规范的数据标准建设和完善的数据质量评测指标体系建设，解决中国各领域（语音、视觉、电信等）和各行业（通信、家居、金融、医疗、交通、教育等）人工智能发展过程中存在的数据质量问题。2022 年，平台累计收集不同行业领域数据 50 余万条，完成 3 项软件著作权申请，并通过市科委、中关村管委会组织的项目验收。

（李军伟）

【平台收集数据信息 50 余万条】 2022 年，AI 标准评测和数据分享平台包括供需大厅与 AI 标准子系统、企业中心与订单子系统、数据集和算法商城子系统及用户管理子系统等组成部分，收集 11 个不同行业领域数据集 50 余万条，为至少 100 家企业提

供人工智能芯片、算法、接口、自然语言处理、智能语音、计算机视觉等测试验证服务。

（李军伟）

中关村轨道交通产业服务平台

【概况】中关村轨道交通产业服务平台设立于2020年12月，由北京中关村轨道交通产业发展有限公司（简称中关村轨道交通）联合首批产业服务机构共同发起设立。平台围绕丰台区千亿级轨道交通产业布局，发挥平台服务资源优势，以共建、共享、共赢的理念服务中关村轨道交通行业各类企业，打造产业服务生态。服务内容涵盖技术创新、合作研发、知识产权、人才培养、检测认证、市场拓展、科技金融、品牌建设等多个类别。2022年，继续整合行业资源，打造中关村轨交产业服务体系。依托中国城市轨道交通协会等资源，通过线下中关村社区·智慧轨交创新驿站和线上"丰创智云"公共服务平台，形成集产业协同、科技创新、资本赋能于一体的全方位、专业化的服务体系，针对轨道交通企业的研发、测试、孵化、中试等需求，围绕共性技术研发、产品创新、标准创制、集成开发、规模采购等关键环节开展上下游、大中小企业合作。年内，联合国内30余家专业化服务机构开展产业咨询、资质认证、空间载体、项目投融资服务等共计60余项，组织中国城市轨道交通协会城轨职称政策宣讲会暨轨交团标培训会等多场企业服务活动，参与《城市轨道交通初期运营客流预测规范》等行业标准编写，进一步推动北京轨道交通产业开放协同创新，实现产业增量发展和创新升级。围绕丰台区轨道交通产业，依托丰台创新中心9号楼，打造中关村（丰台）轨道交通前沿技术创新中心，重点关注智能装备、通信信号、智能运维等细分领域，聚焦轨道交通产业链上下游优质企业入驻，培育国家高新技术企业、"专精特新"企业和隐形冠军企业，实现在前沿创新上引领产业发展，在服务示范上构筑可复制模式。同时，以丰台创新中心为主链接10余个载体，通过联动大赛、展会、论坛等及事业合伙人和股东的推荐，利用市区两级产业优惠政策对接高精尖成果产业化项目、前沿技术产品示范应用项目、高科技人才和创新团队项目等80余家，推动北京四方必施恩科技有限公司、北京有家东升科技有限公司等18家企业招商落地，其中轨道交通相关企业9家，注册资本金1000万元以上企业12家。积极推动中关村·西南交通大学轨道交通科技产业创新中心、德国轨道工业协会等重点项目落地丰台科技园，填补了园区产业链空白。推动产学研用协同发展。举办"2022中关村轨道交通国际创新创业大赛"总决赛、"创客北京2022"创新创业大赛中国通号·轨道交通通信信号行业专项赛决赛、"满天星"中关村轨道交通产业项目投资路演等行业活动，推动高校具有潜在应用价值的基础研究成果与应用端对接。联合中车系投资基金和京投系基石基金、轨道交通产业并购基金、中关村发展集团系基金和丰发展系基金等10余家重点产业投资方跟进助力，配合投资方建立项目评价机制和落地支持方案，形成稳定的项目池。发起成立中关村创联轨道交通产业技术创新战略联盟。持续拓展龙头企业高管、高校院所专家和学者、协会负责人等知名专家进入"中关村轨道交通专家库"，2022年新增专家50余人，智库成员达到150余人。

（赵睿）

【第三届国家自然科学基金优秀成果北京对接会召开】1月19日，第三届国家自然科学基金优秀成果北京对接会在丰台区交控大厦召开。本次活动由国家自然科学基金委员会计划与政策局和北京市自然科学基金委员会主办，北京市自然科学基金委员会办公室（简称市基金办）和中关村丰台园管委会、丰台区科学技术与信息化局、中关村技术交易平台、中关村轨道交通、交控科技股份有限公司共同承办，会议采用线上和线下相结合的形式开展。国家自然科学基金优秀项目成果团队成员，企业、孵化器、投资机构的代表等40余人参加线下会议。另有30余家企业、投资机构等以视频方式参加会议。本次活动重点面向电子信息和智慧交通两个领域，遴选14项优秀项目成果参会路演。邀请管理专家、领域学者、知名企业家等作为路演嘉宾，对项目成果的前沿性、创新性及应用前景等进行精彩点评。会后，8 个项目团队与有关企业达成初步合作意向。

（赵睿）

【"丰创智云"科技政策大讲堂举办】 1 月 20 日，中关村轨道交通联合相关政策服务机构举办"丰创智云"科技政策大讲堂——2022 年国家高新技术企业申报政策重点要点线上培训。丰台区第五税务所针对企业税务申报的主要难点——研发费用加计扣除及汇算清缴政策进行深度解析。柒拾壹信息科技公司就国家高新技术企业最新政策和高新技术企业发展所面临的形势进行深入分析，并对高新技术企业认定与科技型中小企业评价的基本要求、申请程序、重点事项等进行详细讲解。相关企业也通过线上进行交流。40 余家科技型企业的负责人和财务人员参加活动。

（赵睿）

【中关村丰台园与西南交通大学共建轨道交通科技产业创新中心】 3 月初，中关村丰台园与西南交通大学科学技术发展研究院、西南（唐山）交通大学北京校友会签署产业合作协议，共同建设"中关村·西南交通大学轨道交通科技产业创新中心"，把区域产业优势和高校的科技、人才优势紧密结合起来，围绕企业需求建立互利互惠的产教融合长效机制，着力打造校地企协同创新标杆。此次合作，以"校地企联动、聚焦项目、突出创新、服务产业、共建共享"为原则，充分发挥丰台园的空间、产业优势和西南交大在轨道交通领域强势科研成果转化能力和人才优势，以及西南交大北京校友会的企业资源、行业赋能优势，在技术服务、技术孵化等方面开展全方位、多层次的交流与合作。根据协议，在未来三年，三方将聚焦西南交通大学技术转移工作站和校友企业成果转化基地建设，围绕智能运维、牵引动力、新能源、新制式等细分领域，联合丰台区龙头企业开展 5G、新材料、人工智能、物联网、云平台、大数据、边缘计算、载人飞行等新技术与轨道交通技术融合创新合作，同时作为西南交通大学在北京先进科研成果的展示平台、相关轨道交通企业的孵化平台、校友企业的服务平台和企业家培训基地，该中心将着力转化一批跨领域、跨场景的高精尖技术应用项目在丰台落地，为企业和学校搭建协同发展的平台，更好地实现"人、地、产"融合发展，努力打造中关村轨道交通"专精特新"特色园区，助力北京全国科技创新中心建设。

（赵睿）

【"中关村—西南交大轨道交通创新中心"企业开放日活动举行】 3 月 16 日，为推动"中关村·西南交通大学轨道交通科技产业创新中心"项目落地，打造校地企协同创新标杆，结合"校地企联动、聚焦项目、突出创新、服务产业、共建共享"产业合作协议主题，中关村丰台园联合西南交通大学北京校友会、中关村轨道交通开展"中关村—西南交大轨道交通创新中心"企业开放日活动。本次开放日邀请交铁检验认证中心（成都）有限公司（JRCC）、北京奥威通科技有限公司等多家轨道交通企业的代表参加，通过实地参观和座谈交流，了解园区发展环境及产业现状。在开放日座谈会上，中关村丰台园管委会介绍园区发展历程及区域生态环境、2022 年园区在轨道交通产业发展方面的工作要点，详细介绍丰台营商环境、市场活力和相关政策。西南交通大学负责人就创新中心建设背景、功能定位及目标、后续企业服务体系建设等内容进行重点推介。

（赵睿）

【"中关村·西南交通大学轨道交通科技产业创新中心"建设座谈会举办】 3 月 17 日，中关村轨道交通同西南交大（北京）校友会和西南交通大学科研院、技术转移研究院、对外合作处以及信息学院等单位进行交流。西南交大科研院表示，校领导对产业合作协议的签订全力支持，也是校地校企深度融合、协同创新的重要举措。学校将积极推动创新中心建设内容的落实，发挥交大科研优势、人才优势和科技成果转化的政策优势，全面梳理学校具备成果转化的项目库供丰台区遴选和对接。西南交大（北京）校友会表示校友会将积极对接学校土建、电气、机械、信息等骨干院系和优势学科，发挥校友企业成果转化的市场优势，积极探索创新中心的运作模式，携手学校和丰台科技园共同实现"政产学研用"一体化，助推创新价值实现快速转化，聚合校友企业内生动力，助力学校在轨道交通领域的学科优势可持续发展。中关村轨道交通做好平台建设、项目路演等科技成果转化服务工作，利用丰台科技园相关政策助力学校重点项目和校友企业落地丰台。

（赵睿）

【中关村丰台园轨道交通产业标准化提升专题培训会召开】

7月14日，丰台园轨道交通产业标准化提升专题培训会召开。为进一步服务园区企业开展标准化建设工作，提升轨道交通产业标准化水平，中关村丰台园联合中关村轨道交通、中国城市轨道交通协会职称评审委员会、北京正河山标准化咨询事务所开展该专题培训活动。培训分为两个主题，分别是中国城市轨道交通协会城市轨道交通专业职称评审政策解读和轨道交通团体标准专题培训。园区80余家企业通过腾讯会议在线参加。

（赵睿）

【"创客北京2022"创新创业大赛中国通号·轨道交通通信信号行业专项赛决赛落幕】

8月16日，"创客北京2022"创新创业大赛中国通号·轨道交通通信信号行业专项赛决赛落幕。本次专项赛决赛由市经济和信息化局、市财政局、丰台区政府主办，中国铁路通信信号股份有限公司、北京市中小企业服务中心、北京市中小企业公共服务平台、丰台区科学技术和信息化局、中关村丰台园管委会、北京创业投资创新服务联盟承办，北京全路通信信号研究设计院集团有限公司、北京市中关村轨道交通产业发展有限公司协办。本次专项赛主要围绕智能、安全、绿色、便捷的轨道交通产业发展思路和轨道交通与新技术融合创新发展理念，面向前沿技术研究、产品研发、运用维护等轨道交通全产业链，重点聚焦高端装备和智慧服务两大方向，征集新技术、新产品与新服务，挖掘出有潜力的团队和有价值的项目，推动中小企业的转型升级和成长，助力北京市高精尖产业发展和北京国际科技创新中心建设。活动有来自19个省的270余个项目报名参赛，涉及轨道交通关键技术、系统装备、运营维护等多个领域，其中有38个项目进入决赛阶段。本次决赛采用"线上＋线下路演"的形式，路演现场采用

专家针对参赛选手对项目的陈述提问交流的方式，综合考量项目的市场前景、核心竞争力、创新能力、团队能力等，经由专家逐项评审打分最终评选出大赛特等奖1项和优胜奖10项。

（赵睿）

【中关村轨道交通产业项目投资路演活动举办】

11月3日，由中关村丰台园管委会、中关村·西南交通大学轨道交通产业科技创新中心联合主办，中关村科服、中关村轨道交通作为支持单位的"满天星计划"——中关村轨道交通产业项目投资路演系列活动在丰台创新中心举办。活动由轨道交通行业甲方、产业投资机构、金融服务机构、企业的代表等60余人通过线上和线下相结合的方式参加。活动致力于帮助优质项目对接专业投资人，结合中关村轨道交通国际创新创业大赛、展会、论坛等行业专业活动的项目积累及相关单位推荐，定期推出一批高质量、有代表性的轨道交通产业化项目进行公开路演，同时邀请国内知名投资机构参与，通过资金和政策支持推动项目落地和产业化。首期"满天星计划"活动共有3家企业参与路演，分别是北京洞微科技发展有限公司、北京京投信安科技发展有限公司、罗维智联（北京）科技有限公司。

（赵睿）

【2022中关村轨道交通国际创新创业大赛总决赛举办】

12月23日，2022中关村轨道交通国际创新创业大赛总决赛在丰台创新中心举办。大赛由市科委、中关村管委会、市经济和信息化局、丰台区政府、中关村发展集团主办，中国铁路通信信号股份有限公司联合主办，中关村丰台园管委会、中关村科服、北京全路通信信号研究设计院集团有限公司、中关村轨道交通承办。大赛共有来自北京、上海、山东等19个省市自治区、香港特别行政区，以及美国、荷兰等地区的128个项目报名参赛，经过北京、上海、成都、深圳、青岛五大赛区的层层选拔，最终18个优秀项目进入总决赛。最终评出创新组一等奖、二等奖、三等奖各1名，企业组一等奖1名、二等奖2名、三等奖3名，以及最具投资价值奖TOP 10、最具技术创新奖TOP 10、最具市场前景奖TOP 10三类单项奖。其中，清华大学

电磁行星齿轮团队的"电磁行星齿轮技术研发及产业化项目"获创新组一等奖,北京全路通信信号研究设计院集团有限公司团队的"铁路信号基础装备智能综合运维平台研究项目"获企业组一等奖。大赛邀请来自詹天佑基金会、通号城交公司、通号院集团、中铁电气化局、北京交通大学、城轨创新网络、北京城建院、协同创新轨道交通研究院、基石基金的9位专家担任评委。来自企业、投资机构、科研单位和新闻媒体等各界代表400余人通过线上或线下方式参加活动。

(赵睿)

【中关村创联轨道交通产业技术创新战略联盟第一次会员大会召开】 12月28日,中关村创联轨道交通产业技术创新战略联盟第一次会员大会在丰台创新中心召开。中关村丰台园管委会以及57家首批会员代表参加本次大会。会议选举产生联盟第一届理事会和监事会,第一届理事会由北京市基础设施投资有限公司、通号城市轨道交通技术有限公司、交控科技股份有限公司、北京交通大学、中关村发展集团、中关村轨道交通等6家单位组成,监事会由北京市丰台区发展投资有限公司、北京城建交通设计研究院有限公司、北京智弘通达科技有限公司等3家单位组成。大会同期召开理事会和监事会会议,分别选举产生理事会负责人和监事会负责人。中关村创联轨道交通产业技术创新战略联盟由市科委、中关村管委会、中关村丰台园管委会等单位指导,北京市基础设施投资有限公司、通号城市轨道交通技术有限公司、交控科技股份有限公司、北京交通大学、中关村发展集团股份有限公司、中关村轨道交通等行业龙头企业和高校等单位发起成立。

(赵睿)

中关村生命科学园生物药中试平台

【概况】 中关村生命科学园生物药中试平台建成于2021年11月。平台聚焦大分子生物药的工艺开发与大规模生产,搭建智能化GMP生产抗体药

物中试服务平台,建筑面积5540.69平方米,具备SCADA之类集数据采集、管理、监控等功能于一体的智能化GMP生产环境,具体包括cGMP原液生产车间,以及与原液车间配套的无菌水针制剂生产车间和QC实验室,用于临床样品生产以及技术转移转化。

(谢泊晚)

【抗肿瘤新药 HH-101 注射液完成首例受试者给药】 2月22日,华辉安健(北京)生物科技有限公司宣布,公司自主研发的靶向免疫检查点 TIGIT 抗体新药HH-101注射液获国家药监局临床试验默示许可,并完成中国首例受试者给药。HH-101 在临床前实验中表现出优异的抗肿瘤活性和安全性。

(谢泊晚)

【HH-006 成为首个启动海外临床试验的乙肝中和抗体】 6月6日,华辉安健(北京)生物科技有限公司宣布其在研乙肝病毒(HBV)中和抗体 HH-006,已在澳大利亚启动Ⅰ期临床试验并完成首例受试者给药。本次临床研究为一项随机、双盲、安慰剂对照的Ⅰ期临床试验,旨在评估 HH-006 在健康人中的安全性、耐受性和药代动力学特性。这也是由中国科学家自主研发的乙肝中和抗体首次正式在海外开展临床研究。

(谢泊晚)

【华辉大分子生物药工艺研发平台启动】 9月9日,华辉大分子生物药工艺研发平台正式启动。该平台由华辉安健(北京)生物科技有限公司携手中关村生命科学园共同建设,投资近2亿元。该平台是用于成药性验证、工艺开发和临床试验用药生产的开放灵活性中试平台。总建设面积7200平方米,拥有 200 升、500 升、1000 升、2000 升单体生物反应器,总产能约4000升,软硬件条件先进。

(谢泊晚)

【2022 年中关村生命科学园生物医药精品项目路演会成功举办】 9月16日,由北京中关村生命科学园发展有限责任公司、北京中关村生命科学园生物医药科技孵化有限公司(简称中关村生命科学园孵化器)及北京基金小镇主办,北京飞镖国际创新平台、和义广业创新平台协办的 2022 年中关村生命

科学园生物医药精品项目路演会通过线上会议方式举行。本次路演活动为来自海内外的 7 家创新创业团队与 80 多位投资机构代表搭建了高效、便捷的对接平台，旨在促进生物医药企业快速发展。点评专家、与会投资机构代表就企业的市场表现、发展布局、前景展望等议题展开交流，双方也就投融资意向进行初步对接。6000 余人次线上观看。

（谢泊晚）

【星亢原与药明生物达成战略合作】 9 月 30 日，北京中关村生命科学园孵化器孵化企业北京星亢原生物科技有限公司与药明生物针对星亢原自主研发的创新型大分子药物的工艺开发和大规模生产达成战略合作，并签订长期合作备忘录。根据协议，星亢原将借助药明生物在生物药开发和生产领域积累的丰富经验和强大实力，推进公司大分子重磅产品的临床前药学研究和临床用药的生产，加速星亢原首个大分子创新药在美国及中国申报临床的进程。药明生物将赋能星亢原开展靶点发现、分子设计、药物研究、临床开发等工作，加速癌症、自身免疫疾病、罕见病等治疗领域的创新大分子药物研发和生产进程。

（谢泊晚）

【李文辉被授予 2022 未来科学大奖生命科学奖】 11 月，北京生命科学研究所李文辉研究员因其发现的乙型和丁型肝炎病毒感染人的受体为钠离子 – 牛磺胆酸共转运蛋白（NTCP）有助于开发更有效的治疗乙型和丁型肝炎的药物，被授予 2022 未来科学大奖生命科学奖。

（谢泊晚）

【星亢原获多个奖项】 2022 年，中关村生命科学园入驻企业北京星亢原生物科技有限公司获多个奖项。1 月，星亢原入选"2021 投中榜·锐公司 100"榜单。4 月，星亢原获评"2021 年度生物医药最佳企业"。6 月，星亢原入选"主榜·中国创新生物医药榜 TOP 100"以及"价值领域榜·AI+医疗 TOP 10"两大榜单。星亢原联合创始人兼 CEO 陈航博士荣获"蔚澜奖·年度创新青年科学家"奖项。9 月，星亢原以"基于人工智能和生物物理的创新药物研发"项目荣获 BEYOND Awards

生命科学创新大奖。10 月，全球科学权威杂志 *Nature* 对星亢原进行了深度报道。12 月，星亢原联合创始人陈航博士入选"2022 福布斯中国·青年海归菁英·影响力"榜单。同月，星亢原以"基于 AI 和生物物理的创新药物研发技术平台"项目荣登 VB-Find Award 2022 年度最具创新性医疗科技产品 TOP 100"最佳数字与信息技术产品（解决方案）"榜单。（星亢原于 2018 年入驻中关村生命科学园，是国内首家将人工智能技术应用于生物大分子和多特异性分子药物等新兴药物模式研发的生物高科技公司。）

（谢泊晚）

中关村细胞与基因治疗创新孵化平台

【概况】 中关村细胞与基因治疗创新孵化平台成立于 2021 年 11 月，由中关村生命科学园建设。该平台建有含"基因治疗病毒载体生产"和"细胞治疗产品生产"的通用型模块化的工艺开发与中试研究平台，包括质粒中试生产线、病毒 PD 工艺开发线、病毒中试生产线及细胞生产平台等，符合中国、美国、欧洲对细胞与基因治疗药物生产厂房的要求。平台每年可承接 15—20 个中试临床样本研发服务项目，满足中关村基因与细胞治疗产品 II 期临床前实验 50% 左右的市场需求。平台按功能划分为质粒生产区、病毒生产区、细胞生产区、质量控制区、公用工程区、仓储区和办公区等独立区域。该平台的病毒生产线全部采用一次性生产工艺，从资本支出、运营费用、转换产出、空间占有等角度，均可极大地拓展生物制药的能力，提高空间利用率，加速项目的快速迭代。

（谢泊晚）

【荷塘生华与高博集团签署战略合作协议】 8 月 1 日，北京荷塘生华医疗科技有限公司与高博医疗集团签署战略合作协议。该协议助力双方充分发挥各自在生物医药领域的优势，通过紧密合作，开展细胞与基因治疗国际临床研究，共同为管线研发企业建设价值验证的"绿色通道",共建细胞与基因治疗的快研发、快生产、快验证生态。北京荷塘生华医疗科技有限公司自 2021 年底投入运营以来,每年可为 10 家以上细胞与基因治疗企业提供创新药物研发和临床试验服务。

（谢泊晚）

【荷塘生华与中因科技签约】8 月 21 日,荷塘生华与北京中因科技有限公司进行战略合作签约,助力双方充分发挥各自在生物医药领域的优势,合作开发 AAV 眼科药物设计与研发平台,打造快速设计眼科药物管线的能力,以及针对不同管线的需求快速研发和改造质粒、病毒载体、细胞株的能力。

（谢泊晚）

中关村 AI 新药研发平台

【概况】中关村 AI 新药研发平台于 2021 年 12 月 19 日设立,位于中关村生命科学园,由中关村生命科学园与角井（北京）生物技术有限公司共同发起建设。平台以人工智能（AI）为引擎,以新一代生物实验技术为驱动,开展高通量样本处理、大规模细胞培养、高通量检测服务、AI 辅助药物设计、AI 辅助靶点发现等关键技术的突破,搭建高通量生物技术平台、"AI+"大数据平台等创新平台,旨在帮助制药企业快速进行药物靶点发现和筛选、药物作用机制探索、特异性抗体优化等工作,这也是国内首个将人工智能技术与生物医学技术相结合的全新药物研发平台。2022 年,角井生物与龙蜥社区（OpenAnolis）签订协议,角井生物加入龙蜥社区;龙蜥社区的迟颖博士加入角井生物团队,担任首席技术官（CTO）,负责领导公司 AI 算法开发升级。

（谢泊晚）

【"云上进化"2022 全球 AI 生物智药大赛线上答疑会举办】10 月 22 日,在阿里云、英伟达、角井生物主办的"云上进化"2022 全球 AI 生物智药大赛进行过程中,佰翱得副总裁颜晓东博士带领冷冻电镜团队作为大赛顾问出席大赛线上答疑会,为参赛选手提供针对抗原抗体相互作用知识的答疑解惑。同时,作为全球最大的商业冷冻电镜服务供应商,佰翱得利用其高端电镜解析原创性抗原抗体复合物结构,为本次大赛提供结构生物学知识的指导及冷冻电镜结构的解析,是本次大赛的标准答案提供方。

（谢泊晚）

【角井生物与佰翱得达成战略合作】2022 年,角井（北京）生物技术有限公司（中关村 AI 新药研发平台）与无锡佰翱得生物科学有限公司在北京中关村生命科学园达成战略合作。角井生物、佰翱得、中关村生命科学园、北京昌平科技园发展有限公司等相关专家、领导出席签约仪式。佰翱得将基于冷冻电镜技术支持角井生物"中关村 AI 新药研发平台",助力角井生物进一步推动人工智能和冷冻电镜赋能的药物研发。

（谢泊晚）

【"云上进化"2022 全球 AI 生物智药大赛举办】2022 年,阿里云联合 NVIDIA、角井生物共同发起"云上进化"2022 全球 AI 生物智药大赛,进一步推动云计算、AI 与生物制药、生命科学领域的交融与发展,持续发掘行业优秀人才和团队。比赛分为"基于 AI 算法的 SARS-CoV-2 广谱中和抗体药物设计"和"抗原抗体结合 Epitope 和 Paratope 精准确定"两个赛道。大赛邀请哈佛大学统计系终身教授、清华大学统计研究中心创始人、角井科技创始人刘军,中国工程院院士、北京大学博雅讲席教授、北京大学国际癌症研究院院长、北京大学健康医疗大数据国家研究院院长詹启敏,中国科学院院士、上海市免疫治疗创新研究院创始院长、上海交通大学医学院教授董晨,清华大学人工智能研究院常务副院长、欧洲科学院外籍院士孙茂松,浙江大学医药学部副主任、浙江大学智能创新药物研究院副院长何俏军,以及 NVIDIA 中国医疗行业应用总监冀永楠等多位专家作为大赛顾问,为参赛选手答疑解惑。大赛吸引世界各地 6200 多支高水平队伍参赛,涌现出众多优秀算法方案。参赛选手使用语言模型、图神经网络等多样化的深度学习方法,在基于蛋白质序列和结构等方面,对抗原—抗体对的亲和力、活性和特异性进行了多角度的建模分析和预测。

（谢泊晚）

【角井生物与龙蜥社区达成合作】 2022 年，中关村生命科学园孵化器在孵企业角井生物与龙蜥社区签订了 CLA（英文全称为 *Contribution License Agreement*，即贡献者许可协议），正式加入龙蜥社区。龙蜥社区是国内领先的操作系统开源社区，由国内外主流操作系统厂商、芯片厂商、云计算公司共同发起，旨在构建一个开源、中立、开放的 Linux 上游发行版社区及创新平台。角井生物加入龙蜥社区后，首次在操作系统层面将 AI 技术引入新药开发，包括应用龙蜥的"国密"算法加密生物医药信息，以及为龙蜥贡献面向新药开发的底层 AI 算法和软件模块；龙蜥操作系统的安全、稳定、高性能等特性，也将更好地支撑角井生物构建高效、自主创新的应用研究平台。

（谢泊晚）

知识产权服务

【概况】集团知识产权服务主要依托下属子公司北京知识产权运营管理有限公司（简称北京IP）开展。北京IP自2014年7月成立以来，积极探索适应本市创新主体需求的知识产权转化运营模式，建成"六权一体"全链条知识产权服务体系，以"确权—评权—债权—股权—维权—易权"为"双创"主体提供高价值专利、商标、版权的开发布局、评估评价、融资支持、维权保护、交易转化等全方位服务，赋能科技创新0-1、1-100转化，探索了一条盘活知识资产、促进成果转化的"中关村之路"。2022年，北京IP紧扣创新主体实际需求，不断深化"六权一体"全链条服务体系，全年支持服务腾讯公司、北京建院、北京工业大学等各类主体150家次，其中专精特新"小巨人"企业40家、"专精特新"企业65家。获评国家级中小企业公共服务示范平台、首批北京市专利转化专项支持单位，怀柔科学城管家服务获好评，经营发展势头良好，综合服务能力持续提升。"智融宝"产品向300余家科技小微企业提供知识产权质押贷款，拟批贷金额突破11亿元，盘活企业知识产权超1800项。线上提供知识产权大数据智能分析近2万次，人工智能、生物医药、节能环保等领域高价值专利包35个。首批参与北京市专利转化专项，促成北京建院、北京工业大学、北京航空航天大学、中国电子工程设计院等150件发明专利开放许可。盘活大院、大学、大所存量专利，受托运营北京工业大学、北京交通大学、中国科学院等20多家高校院所3.2万余件专利，促成近百件发明专利的流转和价值实现。

（范芮芮）

【智能传感器微论坛举办】2月25日，由北京IP主办，北京市专利代理师协会、国家知识产权运营大平台——华智众创（北京）投资公司、北京工业发展投资公司、北京怀柔仪器和传感器公司等协办的智能传感器微论坛（第二期）举办。活动以"高价值发明专利的创制与布局"为主题，来自北京市专利代理师协会的10余家会员单位主要负责人，北京银行、首创担保等10余家金融机构，以及30余家智能传感器领域企业和研究机构以线上和线下相结合方式参加了活动。北京IP与北京市专利代理师协会签署合作协议，双方将围绕北京IP承担的智能传感器高价值知识产权培育运营国家专项，在专利挖掘与申请、专利质押融资、专利股权投资等方面开展资源优势互补合作。

（章谦）

【北京IP与中关村银行签署战略合作协议】2月28日，北京IP与中关村银行达成知识产权金融战略合作协议。双方将充分发挥资源聚合优势，联手为中关村科技企业提供知识产权质押贷款等优质服务，进一步破解企业融资难题，赋能首都知识产权

依赖/密集型企业，助力北京国际科技创新中心建设。北京 IP 与中关村银行联手，将为企业提供最高 5000 万元的知识产权质押贷款支持，融资成本可获政府贴息。签约会上，双方还就知识产权保护对于科技创新、产业发展的支撑保障作用达成共识。

（吕鹏飞）

【IP 女神座谈会举办】3 月 8 日，由北京 IP 和北京反侵权假冒联盟（CAASA）共同主办的"第四届（2022）知识产权巾帼建功——IP 女神座谈会"举行。来自阿里巴巴、美国爱宝、爱普生（中国）、雀巢（中国）等的 60 余名知识产权领域女性代表出席座谈会。与会嘉宾围绕"不被定义，才是最漂亮的定义"的主题，结合工作案例分享了从事知识产权保护工作方面的进展及成果，交流生活经验与生活方式，探讨如何从容应对挑战，提升生活品质。

（范芮芮）

【北京 IP 迁址】3 月 11 日，北京 IP 地址由中关村知识产权大厦 B 座 4F 迁至 7F。

（武晶）

【北京 IP 入驻洛阳·中关村协同创新中心】3 月 16 日，"产业之智·'洛'地生根——洛阳·中关村协同创新中心揭牌仪式"在洛阳市瀍河区举行，标志着洛阳·中关村协同创新中心正式运营。北京 IP 及中关村天合科技成果转化促进中心、北京神州泰科科技有限公司、中关村意谷（北京）科技服务有限公司、北京中发智造科技发展有限公司 5 家服务机构首批入驻。在洛阳·中关村协同创新中心展厅参观现场，由北京 IP 与中关村协同投资共同研发的——洛阳市科创大数据监测平台亮相，北京 IP 负责人为参展人员进行介绍。活动期间，北京 IP 还参与"双碳"产业、大健康产业企业座谈交流会，调研洛阳市巴库干细胞产业园，了解当地产业政策相关情况，并与洛阳巴库生物科技有限公司、洛阳古草生物科技有限公司等企业沟通，为企业知识产权问题提供咨询服务。

（蒯慧）

【北京 IP 服务"揭榜挂帅"制科技项目】4 月 2 日，石家庄市政府新闻办举行"石家庄市 2022 年首批'揭榜挂帅'制科技项目"新闻发布会，公布 2022 年首批"揭榜挂帅"制科技项目，其中包括河北圣昊光电科技有限公司等 17 家企业的 21 个技术项目的攻关需求。北京 IP 通过自主开发的"科技资源供需匹配分析系统"，为其中 9 个技术攻关项目提供了专利大数据检索分析服务，帮助其快速锁定与发布项目密切相关的人才团队、创新技术等信息，促进供需两端实现精准匹配。科技资源供需匹配分析系统是北京 IP 在建项目，旨在充分利用专利大数据包含的技术、法律、商业等综合信息，利用统计分析和数据挖掘等手段，降低技术创新信息获取的难度和成本，提高供需双方对接效率，服务于"卡脖子"技术攻关和成果转化。

（赵博慧）

【北京IP服务青藤文化】4月中旬，北京IP对接北京青藤文化股份有限公司，联合金融机构为其提供知识产权质押融资服务。5月中旬完成项目审批。因知识产权质押手续办理单位被划入海淀区疫情防控管控区，无法如期办理质押，北京IP协调各方，为该笔贷款争取到先放款、后办理质押登记手续的优待。

（吕鹏飞）

【举办8场世界知识产权日系列活动】4月20日至5月10日，全国知识产权宣传周期间，北京IP先后走进京津各科技园区和孵化器，联合举办包括论坛、科创主题日、分享会、培训会、线上帮扶等在内的8场世界知识产权日系列活动，帮助企业解决经营发展中知识产权难题，提升创新主体知识产权保护意识和工作水平。4月20日，在大兴区知识产权局的指导下，中关村医疗器械园举办"大兴区知识产权政策宣讲及企业知识产权培训"，就"知识产权质押融资助力科创企业发展"进行详细讲解。4月20日，北京IP走进洪泰产业社区联合举办周三分享会活动，就"如何将知识产权快速'产钱'"这一话题展开交流探讨。4月21日，首都知识产权服务业协会组织的中关村知识产权帮扶系列活动——明略科技集团线上专场举办。北京IP与"双创"企业开展"一对一"帮扶工作，针对企业专利量大、如何盘活、如何节约成本的问题以及在专利质押融资、转化等方面所遇问题，提出有效指导建议。4月22日，由天津市知识产权局、北京市知识产权局、河北省知识产权局、天津市科协、天津滨海高新区管委会指导，天津产权交易中心、科创中国知识产权服务中心、北京IP联合举办的"全面开启知识产权强国建设新征程——知识产权大协同、大保护、大服务、大发展"的"京津冀协同知识产权服务、践行创新驱动发展活动"在天津举行。4月22日，由中关村产业技术联盟联合会、中关村知识产权促进中心、中关村软件和信息服务产业创新联盟、北京IP联合主办的"保护知识产权就是保护创新"主题培训线上举办。近200家联盟企业、合作伙伴参加主题讲座。4月26日，中国研究型医院学会与北京IP在京联合举办"智汇医疗·智创

未来——知识产权运营与医疗感知成果转化论坛"。4月29日，由天津东疆基金管理有限公司联合北京IP、人保财险天津分公司主办的"知识产权金融助力企业高质量发展"培训活动举办。此次培训活动主要聘请知识产权相关领域专家，围绕提高企业知识产权的运用效益、保护效果、管理能力，进而提高知识产权运用能力等方面进行辅导，并从知识产权保险、金融、维权三个维度进行专题培训。5月10日，由中关村社会组织联合会与欧洲专利局主办，由北京知识产权保护协会、北京市专利代理师协会、首都知识产权服务业协会、北京IP、柳沈律师事务所协办的"欧洲专利申请实务培训会"举办。培训内容围绕欧洲专利介绍、欧洲专利申请流程、电子服务概览、企业加速发展的可能路径和途径等主题进行了线上主题分享，近200家科技企业线上参会。

（范芮芮）

【科创中国知识产权分析管理系统（天津滨海）上线】4月22日，由北京IP联合科创中国知识产权服务中心等共同开发，国内首个面向京津冀区域的"科创中国知识产权分析管理系统"在滨海高新区正式亮相。该系统利用大数据及人工智能等手段，由北京IP联合科创中国知识产权服务中心、国家知识产权运营公共服务平台、亚信数据共同开发，是一套集中展示天津滨海高新区科创服务能力的可视化系统。该系统通过专业的知识产权评价模型，直观、动态展示区域企业专利等创新状况，反映天津滨海高新区建设新趋势新特点，监测跟踪国内外相关技术创新和产业发展状况，同时为区域知识产权创造、保护、运用、管理工作提供线上IP管家服务

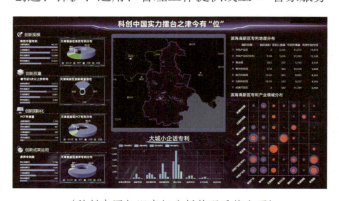

（科创中国知识产权分析管理系统主页）

和信息化支撑，打造知识产权赋能产业发展的"天津样本"。

（张晓红）

【知识产权运营与医疗感知成果转化论坛举办】4月26日，由中国研究型医院学会与北京IP共同组织的"智汇医疗·智创未来——知识产权运营与医疗感知成果转化论坛"采取线上和线下相结合的方式举办。本次论坛旨在响应国家战略号召，探索以科技成果重要载体知识产权为支点，聚焦打通0-1、1-100转化链条，围绕全球热点技术——医疗感知，邀请研究型医院和资本、产业、专业服务领域的优势单位，从高度、广度、厚度等维度探讨破解科技成果转化难题的新模式、新方法，共同推动自主知识产权落地实施。论坛发布了《全球医疗感知领域专利布局研究成果报告》。该报告由北京IP联合中国研究型医院学会打造，基于全球海量专利大数据，全面盘点了全球医用传感器产业技术全貌，重点围绕国内外医院、企业的技术方向和创新实力进行对比分析，揭示了全球医疗感知技术的最新动向和技术热点，为国内相关主体加速技术攻关和成果转化提供有益参考。论坛揭晓中国医院知识产权"十佳"名单。该评选活动由北京IP和中国研究型医院学会联合发起，旨在引导国内医院和相关企业加强高价值专利培育转化，提升知识产权意识和创新能力。论坛启动了"中国研究型医院—北京IP科技成果转化项目征集活动"，旨在鼓励引导拥有自主知识产权的医院和团队，参与学会与北京IP等相关方正在合作共建的医学科技"成果池"和成果转化平台。论坛还特设了医学创新转化直通车分会场，围绕"医学创新转化工作路径"主题，邀请来

自泌尿外科、妇产科、麻醉科、危重医学科、护理等领域一线资深医学专家，共同就医学创新与转化的新思维、新模式进行广泛的研讨与交流。

（章谦）

【4家服务企业入选国家级专精特新"小巨人"企业名单】5月17日，工业和信息化部发布《第三批国家级专精特新"小巨人"企业公示名单》，北京市共有31家企业入选。其中，北京IP服务企业北京仁创科技集团有限公司、北京泽华化学工程有限公司、北京中科博联科技集团有限公司、北京海洋海泰科技有限公司4家企业上榜。至此，北京IP累计已有11家服务企业获得国家级专精特新"小巨人"企业称号。2021年以来，北京IP通过中关村知识产权质押融资创新产品——智融宝2.0，先后为4家企业累计提供1300万元融资支持，有效盘活企业5项专利，缓解了疫情给其带来的经营压力。

（周敏）

【4家服务企业入选第三批北京市"专精特新"中小企业名单】5月19日，市经济和信息化局正式发布《2022年度第三批北京市"专精特新"中小企业名单》，北京IP 4家服务企业北京格如灵科技有限公司、北京英格尔科技有限公司、北京云洋物联技术有限公司、北京中科用通科技股份有限公司入选。

（周敏）

【知识产权质押融资政策解读举办】5月，由房山区科委、首都科技条件平台房山工作站、房山区高新技术企业协会联合主办，北京IP等多家单位支持的2022年度科技创新政策线上宣讲系列第六讲——知识产权质押融资政策解读举办。北京IP金融部应邀通过"腾讯视频会议"进行了专题辅导，云端覆盖科技企业受众近70余家次。疫情特殊时期，融资难成为中小企业急需解决的问题。北京IP结合长期以来服务科技企业案例，围绕"科技企业知识产权质押融资贷款及贴息政策"进行重点介绍，为企业资金难题提供解决方案。

（周敏）

【北京IP获评北京市专利转化专项首批支持单位】6月8日，北京市知识产权局公布北京市专利转化专项项目首批支持单位名单，北京IP获评北京市专利交

易运营服务能力提升支持项目。

（曾圆圆）

【北京 IP 2021 年度"三会"召开】 6 月 17 日，北京 IP 2021 年度股东会、第三届第十一次董事会、第三届第四次监事会以线上和线下相结合的形式召开。董事会审议通过《2021 年度董事会及总经理工作报告》《2022 年度经营计划》等 9 项议案，股东会审议通过《2021 年度财务决算的议案》《2022 年财务预算的议案》等 6 项议案。监事会审议通过《2021 年度监事会工作报告》等 5 项议案。北京 IP 汇报了现阶段经营情况和重点任务进展情况。会议肯定公司 2021 年取得的工作成绩，进一步明确公司下一步发展战略和思路，并对 2022 年经营发展提出要求。会议指出，2022 年将继续认真落实股东会、董事会确定的各项目标任务，加快构建全链条知识产权服务体系，进一步打磨可盈利商业模式，实现可持续发展，以优异成绩迎接党的二十大胜利召开。

（武晶）

【"知识产权维权面临的挑战与应对"系列线上培训活动举办】 6 月 30 日，北京 IP 联合中关村科服共同组织"知识产权维权面临的挑战与应对"系列线上培训活动，针对展会知识产权"维权"和"应对维权"两大问题，北京 IP 维权总监进行"知识产权维权挑战与应对"主题分享，从搭便车、蹭名牌、著作权被抄袭、商业秘密遭外泄等侵权问题，剖析知识产权对设计师的重要意义，并针对权利持有人维权难度大、问题多、资金缺等情况给出建议。数

千名设计师在线观看。

（马超）

【北京 IP 助力"平谷北寨红杏"地理标志知识产权保护运用】 6 月，北京 IP 市场营销团队到访平谷区相关部门，就做好"平谷北寨红杏"地理标志产品保护及知识产权经营运用进行交流，并确定初步合作方向。平谷区北寨红杏有百余年的栽培历史，以其果大形圆、黄里透红、味道酸甜、含糖量高和耐储运的特色深受市场欢迎，成为村域的支柱产业和村民经济收入的主要来源，北寨村也因此获得"中国红杏第一村"的称号。

（范芮芮）

【北京 IP 担任怀柔科学城服务管家】 6 月，由中关村知识产权促进中心主导的 2022 年中关村国家知识产权制度示范园区知识产权服务管家项目启动，北京 IP 获评"中关村国家知识产权制度示范园区（怀柔科学城）知识产权服务管家项目"指定服务机构，这是北京 IP 连续两年担任怀柔科学城服务管家。该项目旨在通过"知识产权主管部门＋园区管委会＋优质服务机构"模式，为园区提供因需制定的知识产权全方位服务，助推园区及园区企业提升知识产权工作水平。

（曾圆圆）

【北京市科技驱动经济大数据监测平台上线】 6 月，北京 IP 知识产权大数据解决方案最新研发成果——北京市科技驱动经济大数据监测平台上线。该平台搭载以知识产权为关键要素的创新能力评价体系，旨在通过集成化、可视化、动态化，破解现有知识产权报告枯燥冗长和实效性不够等问题，为相关部门提供一手情报、最新动态数据和深度解析，更好

地服务区域产业创新驱动发展。该平台聚焦创新规模、创新质量、成果运用、创新效能4个评价维度，全面扫描并客观揭示北京市及十六区的知识产权创新特点和产业优势，为相关部门在强化知识产权保护大背景下加快产业优化升级提供数据支撑和参考。

（张晓红）

【"如何做好著作权保护"主题沙龙活动举办】 7月14日，由北京IP联合中关村易创平台共同组织的"如何做好著作权保护"主题沙龙活动举办。为了让设计师们了解如何保护自己正常的权益，中关村易创平台邀请北京智丞瀚方知识产权代理有限公司进行"如何做好著作权保护"主题分享，通过真实案例，从著作权概念、著作权侵权行为认定、著作权维权及责任承担等方面进行阐述。活动助力设计师系统地了解著作权相关知识，对著作权侵权行为作出准确判断并采取合理措施保护著作权。

（马超）

【数字版权保护专题沙龙举办】 7月15日，北京IP携手禄米仓新视听产业园、北京浩天律师事务所等10余家行业企业举办"数字版权与文化金融"系列第1期沙龙——数字版权保护专题研讨。沙龙围绕数字版权的保护趋势、数字版权与传统版权保护的区别，以及企业所面临的现实问题，从技术、法律、行业实践等角度展开讨论。北京IP维权负责人从国企角度出发，阐述整体环境的变化对于版权保护的新要求。作为技术支持方，北京永新视博数字电视技术有限公司展示了技术力量给版权保护带来的巨大安全感。活动参会嘉宾，分别服务于内容生产、版权保护及技术平台方。与会人员对视听领域内的发展机会、行业领域现在及未来的需求痛点、未来各方合作共赢的方式等展开讨论。

（马超）

【"创客北京2022"创新创业大赛北京IP初赛评审会召开】 7月22日，由市经济和信息化局、北京市财政局、丰台区政府主办，北京IP作为"创客北京2022"创新创业大赛窗口平台之一承办的区域初赛评审会举办。自6月初起至7月15日，北京IP通过多渠道广泛征集及定向沟通等方式，共征集北京超数时代科技有限公司、优铸科技（北京）有限公司等15个优秀企业的项目入围初赛，其中，"专精特新"企业5家，涵盖人工智能、大健康、新材料、绿色节能、科技服务等多个领域。初赛采取商业计划书（BP）筛选形式进行，分别从项目商业计划书完善度、团队实力、项目技术创新性、市场前景、运营能力、财务指标和资本认可度以及特色优势等多维度全方位进行考核评价，选拔并推荐优秀项目进入区级复赛。在组织平台初赛的同时，北京IP为参赛企业提供包括优质优惠的知识产权质押融资"智融宝"、智能传感器知识产权股权融资、知识产权维权保护、知识产权评价分析、科技成果及专利技术的展示和交易等模块在内全链条服务支持，赋能企业加速成长。

（范芮芮）

【中关村e谷"产业生态合作共同体"启动】 7月29日，以"进军·产业·未来"为主题的中关村e谷十周年战略升级发布会在北京举办。北京市人大常委会、北京市科学技术研究院、天津市宁河区人大、工业和信息化部网络安全产业发展中心、北京航空航天大学、中国民航科学技术研究院、科技部火炬中心等部门及单位相关领导嘉宾出席。北京IP作为中关村e谷"产业生态合作共同体"主要合作机构之一应邀参加启动仪式。基于"让产业服务成为经济增长引擎"的使命，中关村e谷与北京IP等数十家产业生态合作伙伴启动"产业生态合作共同体"战略合作计划。大会还宣布中关村e谷产业IP正式对外发布。来自中关村e谷、北大纵横管理咨询公司、北京纵横联合投资公司、北京航空航天大

学、北京天鸿（控股）集团等单位的嘉宾聚焦主题展开精彩的演讲，与现场嘉宾共同交流分享关于科技创新、产业生态、产城融合的新观点、新模式。

（范芮芮）

【北京IP赴中国（蚌埠）传感谷调研交流】7月，北京IP赴中国（蚌埠）传感谷交流开展智能传感器高价值专利培育运营全链条服务工作。蚌埠市政府、蚌埠经济开发区等领导出席。北京IP到蚌埠经济开发区管委会、蚌埠市市场监管局、蚌埠投资集团有限公司进行对接交流。座谈会上，蚌埠市副市长介绍蚌埠市深化科技创新体制机制改革加快科技成果转化应用体系建设的相关工作。与会双方对传感器股权投资基金设立、科技成果转化、高价值知识产权培育运营、招商引智、论坛活动举办等事项进行讨论和交流，以知识产权赋能产业链和创新链，达成多个合作意向。北京IP还参观了中国（蚌埠）传感谷和国家专利技术蚌埠展示交易中心。

（王洋）

【北京IP到访中关村社区】7月，北京IP、北京轨道交通、北京国际控股等公司及中关村发展集团相关部门负责人到访中关村社区·数字产业创新中心，为社区带来"科技服务＋国际化"的运营智慧和科创资源。社区建设围绕数字经济领域，重点聚焦产业互联网等相关前沿产业，引入企业总部、高质量前沿科技企业及优质创新创业项目，拟建设中关村产业互联网前沿技术创新中心，打造数字生态新集群、"双创"社区新驻地、科技服务新地标、高端商务新环境。

（周霖霞）

【知识产权资本化解读会举办】7月，由中关村科学城科技服务业促进会主办、促进会理事单位北京IP承办的"海创＋"系列公益活动"知识产权＋"板块知识产权资本化解读会活动举办，大中小企业的代表近50人参与活动。北京IP子公司北京北知智慧知识产权服务有限公司将企业能够参与的北京市、海淀区、中关村等科技项目扶持政策进行解读，针对与会企业在知识产权资本化类型及项目申报等方面的困惑予以解答。

（范芮芮）

【北京IP与杭州银行智融宝项目落地】7月，北京IP与杭州银行知识产权金融合作项目智融宝2.0正式落地。智融宝2.0由中关村发展集团指导支持、北京IP打造，主要面向具有自主知识产权的高科技企业，提供贷款额度不高于5000万元、政策补贴后综合融资成本约3%的融资支持。位于中关村核心区的北京某化学工程公司，通过智融宝2.0质押两项发明专利，获得500万元知识产权质押贷款支持。

（周敏）

【北京 IP 促成首单专利开放许可】 8 月 1 日，在北京市知识产权局的指导下，北京 IP 作为国内首个政府引导型知识产权运营国有平台、智能传感领域高价值专利培育运营国家专项承担机构积极开展试点，促成国家级"专精特新"小巨人——中电投工程研究检测评定中心有限公司 13 项发明专利开放许可，并在中关村知识产权运营公共服务平台（IP Online）正式公开发布。中电投检测中心成立于 2010 年，致力于工程检验检测领域新技术的创新与研发，获得国家高新技术企业、北京市专利试点单位、中关村开放实验室等资质。

（章谦）

【7 家推荐企业晋级"创客北京 2022"市级总决赛】 8 月 18 日，第七届"创客中国"北京市中小企业创新创业大赛暨"创客北京 2022"创新创业大赛发布决赛入围名单。北京 IP 推荐的 9 家优胜企业参加海淀区级复赛，其中北京德普润新材料科技有限公司、北京环清环境科技有限公司、北京热华能源股份有限公司、北京维卓致远医疗科技发展有限责任公司、北京无忧创想信息技术有限公司、中科润蓝环保技术（北京）股份有限公司等 7 家企业的参赛

项目入围市级总决赛。

（范芮芮）

【为第 17 届北京发明创新大赛定制知识产权运营专项奖】 8 月 18 日，由北科控股冠名的第 17 届北京发明创新大赛开赛。大赛由市科委、中关村管委会、市总工会作为支持单位，中国发明协会、北京市科学技术研究院作为指导单位，北京发明协会和北京市职工技术协会共同主办。北京 IP 作为协办单位受邀参加，介绍为大赛定制的知识产权运营专项奖。本届大赛首次汇聚来自京津冀、长三角、粤港澳大湾区、成渝地区、西北地区的大赛协作单位、专项奖设奖单位、项目组织推荐单位 75 家，首次采取云启动仪式，运用虚拟主会场、多城云联动的方式，设计发明微探班、云端启动台等环节，是突破地域限制、融合新颖创意完成的一次隔空启动。

（章谦）

【北京 IP 获"创客北京 2022"海淀区优秀组织奖】 8 月 26 日，由市经济和信息化局、市财政局、丰台区政府主办的"创客北京 2022"创新创业大赛北京区域赛总决赛落幕。北京 IP 获"创客北京 2022"海淀区级赛优秀组织奖。自 2022 年 6 月"创客北京 2022"大赛启动以来，北京 IP 先后举办大赛平台初

赛专家评审会，组织产业创新、市场发展、投资融资等领域的资深专家选拔并推荐优秀项目；组织企业参加海淀区域赛线下路演会，为海淀区域赛输送了人工智能、大健康、新材料、绿色节能、科技服务等多领域的 15 个优质创业项目。最终，中科润蓝环保技术（北京）股份有限公司等 7 家企业晋级市级总决赛，北京无忧创想信息技术有限公司凭借项目"51CTO 企业版"入围海淀区域赛企业组优胜奖。

（范芮芮）

【北京 IP 促成首单个人专利权人开放许可】 8 月，北京 IP 促成首单个人专利权人开放许可。开放许可专利名称为：一站式茶饮自动加工设备，专利号 ZL202110590948.7。发明权利人一直深耕餐饮领域，同时创立了自有餐饮品牌。该发明也是北京 IP 首单面向个人权利人的专利运营和开放许可案例，是帮助个体发明人实现自身专利技术有效转化的有益探索。

（章谦）

【创新技术与知识产权产业化能力提升示范培训举办】 8 月，由国际技术转移协作网络（ITTN）主办、北京 IP 等单位共同协办的创新技术与知识产权产业化能力提升示范培训（开班讲座）在北京举办。北京 IP 围绕"科技知识产权运营与产业化"，从技术、人才、资本、数据等 4 个维度，详细阐述如何运营、运用知识产权，结合知识产权保护工作切实服务中国科技成果转化的案例进行经验分享。共有 65 位来自新一代信息技术、生物技术、创新药与大健康、创新医疗器械、智能终端与高端装备、智能生产与高端制造、新能源及应用、新材料及应用、碳中和与绿色创新、现代农业等领域和知识产权机构的专家学者，以线上和线下相结合的方式参加培训。

（范芮芮）

【小微金融信贷政策解读及相关产品宣讲活动举行】 9 月 21 日，由中关村软件园孵化器联合北京 IP、中关村科技担保、华财会计和上海银行北京分行联合组织的"最新小微金融信贷政策解读及相关产品宣讲活动"举行。北京 IP 子公司北京北知智慧知识产权服务有限公司专利部根据企业普遍关心的知识产

权融资产品，结合最新北京市各区知识产权政策，围绕知识产权质押融资、高价值专利培育等进行重点分享，为园区企业畅通融资通道、合力共解科技型企业融资难题，贡献知识产权力量。10 余家科技企业参加活动。

（周霖霞）

【政策性资金申报和知识产权财税处理培训会举办】 9 月 23 日，由北京市知识产权保护中心怀柔科学城分中心、中国民生银行、北京 IP 联合主办的"政策性资金申报、知识产权财税处理"培训会举办。高伟达软件股份有限公司、北京华创方舟科技集团有限公司等 130 家怀柔企业以线上形式参与。北京 IP 以"政策性资金申报基础知识介绍"为主题，对国家及北京市各区最新知识产权政策，以及企业关注的重点问题进行讲解。立信会计师事务所合伙人以"企业自主知识产权的财税处理"为主题，详细介绍企业自主知识产权的财税处理。两位培训专家分别就参会企业存在的困惑进行线上答疑。本次活动旨在以"入园惠企"为契机，发挥国有平台作用和全链条知识产权服务能力，联合民生银行北京中关村分行、立信会计师事务所等协同服务体，帮助怀柔科学城创新主体解决实际需求，为企业科技创新发展保驾护航。

（周霖霞）

【天津玛斯特获"国家知识产权优势企业"称号】 9 月 27 日，国家知识产权局"2022 年度国家知识产权优势企业和示范企业评定结果"结束公示。北京 IP 服务企业玛斯特轻量化科技（天津）有限公司凭借优秀的研发创新和知识产权管理实力，获 2022

年度"国家知识产权优势企业"称号。

（赵博慧）

【优你造科技获北京市"专精特新"中小企业称号】
9月，北京IP服务企业优你造科技（北京）有限公司获北京市"专精特新"中小企业称号。该企业通过北京IP与中关村科技担保合作的"专利质押贷款创新产品"智融宝2.0，质押3项发明专利，获得200万元贷款支持，其中"一种3D打印方法及3D打印设备"专利提交PCT国际专利申请。

（周敏）

【北京IP获市级中小企业公共服务示范平台服务绩效奖励】
10月19日，市经济和信息化局公布《北京市中小企业公共服务示范平台和小型微型企业创业创新示范基地2021年度服务绩效评价结果的通知》，北京IP获得年度服务绩效奖励。北京IP充分发挥"确权—评权—债权—股权—维权—易权"的全链条知识产权服务优势，为"双创"主体提供知识产权开发布局、融资支持、维权保护、评估评价、交易转化等全方位服务支撑。

（曾圆圆）

【北京IP入库北京市科技型中小企业名单】
10月24日，市科委、中关村管委会公示《北京市2022年第九批拟入库科技型中小企业名单》，北京IP入选。

（任东东）

【"一带一路"高价值专利培育运营座谈会举办】
10月，由北京IP组织的"一带一路"高价值专利培育运营系列专题座谈会举办。北京IP专家团队与北京拓灵新声科技有限公司、光子算数（北京）科技有限责任公司、北京智芯传感科技有限公司等5家企业面

对面答疑解惑；北京IP子公司北京北知智慧知识产权服务有限公司以"高价值专利的培育与运营"为主题进行分享，引导企业加强专利信息利用，有规划地突破国外技术壁垒及"卡脖子"技术，并提出培育高价值专利、构建知识产权运营体系的意见建议。北京IP金融部就"科技企业知识产权质押融资贷款及贴息政策"做了分享和交流。

（任东东、曾圆圆）

【北京IP与北京建院达成专利开放许可合作】
11月8日，北京IP与北京市建筑设计研究院有限公司达成知识产权合作。北京IP作为专业服务机构，协助北京建院运用专利开放许可制度，试点专利"一对多"快速许可，力争达到盘活专利价值、促进成果转化的目的，以更好地推动北京建院转型升级、创新发展。北京建院此次开放许可的17件专利均为发明专利，涉及建筑施工、设计、抗震、建模等建筑领域。专利许可期限均在两年以上，付费方式采取入门费加销售额提成的方式。北京IP还为北京建院提供知识产权咨询、科技成果分级分类评价、成果转移转化、建筑产业技术导航、知识产权运营管理等专业服务。

（章谦）

【北京IP及12家服务企业获北京市专利转化专项支持】
11月24日，北京市知识产权局《北京市专利转化专项第三次申报拟支持单位》结束公示。北京IP获北京市专利交易运营服务能力提升项目支持，北京IP智融宝服务企业北京道达天际科技股份有限公司等12家企业获专利质押融资成本补贴。这是北京IP第二次获北京市专利转化专项支持。北京市专利交易运营服务能力提升项目主要支持积极开展专利技术交易和运营服务的工作平台，为全市各类创新创业主体提供专利转让、许可、质押融资、证券化等专业服务，提升专利技术转移转化供需对接服务能力。

（章谦、吕鹏飞）

【仁创生态获智融宝知识产权质押贷款1000万元支持】
11月，北京仁创科技集团有限公司子公司北京仁创生态环保科技有限公司凭借"水收集净化储存系统"发明专利，获北京IP智融宝知识产权质押贷

款 1000 万元支持，缓解了企业融资难题。仁创科技是首批国家创新型企业、首批企业国家重点实验室建设单位、国家级专精特新"小巨人"企业，拥有"硅砂资源利用国家重点实验室"等研究平台。围绕沙漠风积砂的资源化利用，拥有 770 多项发明专利，获省部级科技进步一等奖 5 项、国家发明奖 1 项、国家发明专利金奖 1 项、国际发明金奖 1 项。

（周敏）

【两家推荐企业入选"创客北京 2022"大赛 TOP 150】 11 月，第七届"创客中国"北京市中小企业创新创业大赛暨"创客北京 2022"创新创业大赛获奖名单揭晓。由北京 IP 推荐的中科润蓝环保技术（北京）股份有限公司、北京环清环境科技有限公司入围大赛 TOP 150。环清科技的"工业化水热裂解技术综合处置农林废弃物项目"在无废城市专项赛中获优胜奖。"创客北京 2022"大赛赛后，北京 IP 为获奖企业提供优质优惠知识产权融资（智融宝），并提供包括知识产权高价值专利、商标、版权、地理标志的开发布局以及维权保护、评估评价、交易转化等在内的企业成长所需的知识产权服务支持。

（范芮芮）

【北京 IP 与北京航空航天大学达成专利开放许可合作】 11 月，北京 IP 与北京航空航天大学达成专利开放许可合作。北京航空航天大学在北京 IP 的专业服务下，通过中关村知识产权运营公共服务平台（IP Online，www.bjiponline.com）集中发布首批开放许可发明专利 76 项，涉及新材料、先进制造、新一代信息技术、医工结合、智能传感器等领域。专利许可期限 1—4 年不等，付费方式采取入门费加销售额提成的方式。

（章谦）

【北京 IP 入选国家中小企业公共服务示范平台名单】 12 月 13 日，工业和信息化部发布《2022 年度国家中小企业公共服务示范平台名单的通告》，北京 IP 入选。

（吕鹏飞）

【知识产权系列培训举办】 2022 年，北京 IP 联合广州大学城·中关村青创汇组织系列知识产权培训，

分别以"企业知识产权挖掘与布局""人工智能相关技术专利导航分析""企业 IPO 上市知识产权辅导""知识产权维权保护"等为主题进行讲解，旨在帮助广州大学城等创新主体提高专利运营意识，推进知识产权，尤其是专利转化需求对接及促进科技成果转移转化出成效，促进知识产权与企业创新的快速、有效融合。企业负责人、高管及协会工作人员参加学习。

（蒯慧、赵博慧）

【率先试点专利开放许可】 2022 年，北京 IP 作为国内首个政府倡导设立的专门从事知识产权运营的国有平台率先试点取得初步成效。先后促成北京航空航天大学、北京工业大学、北京市建筑设计研究院有限公司、中电投工程研究检测评定中心 143 件发明专利的申请，涉及智能传感、新一代信息技术、人工智能、抗震建模等领域。截至 2022 年底，北京 IP 指导 6 家高校、企业和个人权利人完成专利开放许可登记，并针对专利权人中有国家级"专精特新"小巨人、央企国企、高校院所的不同特点，采取差异化的付费方式和许可期限，许可最长期限到专利权有效期满，付费方式包括一次性支付、全部提成费支付、入门费加提成费支付等。同时，依托 IP Online 和北京 IP 科技园区工作站，以线上和线下相结合，促进专利许可信息精准匹配、高价值专利技术流转运用，进一步激活"闲置"专利的潜在经济价值，助推产学研深度融合及科技创新合作交流。

（章谦）

【助力中关村发展集团打造集成服务生态】 2022 年，北京 IP 以知识产权为着力点和纽带，紧扣科技创新全周期打造"六权一体"知识产权服务链，以"确权—评权—股权—债权—维权—易权"的全过程服务主动融入和服务新时代首都发展大局：首批加入金种子服务管家并获得银牌管家称号；担任中关村协同发展、产业研究院 IP 顾问，承接并完成广州番禺、洛阳协同创新中心等 10 多份产业专利导航报告，涉及智能网联、医疗器械等硬科技，在多类经济科技活动中发挥了知识产权智囊作用；与中关村科技担保、中关村协同基金建立长效合作，推动

知识产权与金融资本深度融合。截至 12 月，北京 IP "智融宝" 累计服务企业 208 家、放贷总额 8.9 亿元，盘活企业核心知识产权 1590 项；在中关村软件园、中关村生命科学园、中关村集成电路设计园、怀柔科学城、天津滨海中关村科技园等 20 多个园区设立服务工作站。年内，向兄弟公司推送接收项目 48 个，落地 26 个；联合举办培训、微论坛等 "入园惠企" 活动 16 场，受益企业 300 多家，助力园区企业知识产权保护意识和工作水平再提升。

（范芮芮）

【入驻怀柔科学城创新小镇举办 "入园惠企" 活动 10 场】 2022 年，北京 IP 服务站入驻怀柔科学城创新小镇，组建专门的服务团队，包括产业专家、知识产权专家、政策专家，联合科学城管委会等单位举办 "入园惠企" 活动 10 场，通过 "一对一" 及制定服务方案开展知识产权全链条服务及云辅导。5 月，怀柔区科协、北京中关村微纳能源投资有限公司和北京 IP 共同组织开展 2022 年怀柔区 "科技工作者日" 系列活动——"知识产权运营管理专项培训" 线上活动。这是北京 IP 为第六个 "全国科技工作者日" 组织的宣传活动。9 月，由中关村知识产权促进中心、北京怀柔科学城管委会与北京 IP 联合组织的 "知识产权助力企业高质量发展" 主题活动举办。同月，"入园惠企" 系列活动先后组织专家围绕企业关心的 "知识产权管理实务、高价值专利创造与专利布局、北京市知识产权政策介绍、知识产权金融及维权应对、品牌管理商标实务、企业自主知识产权的财税处理" 等知识产权运营内容，组织 6 场 "入园惠企" 线上系列活动，累计服务怀柔百余家科技企业。10 月，中关村知识产权促进中心、北京怀柔科学城管委会与北京 IP 联合举办 "怀柔科学城知识产权管家项目专题培训"。培训围绕知识产权布局和产业专利池进行，怀柔辖区 20 多家企业的代表线上参会。11 月，北京 IP 入驻怀柔科学城创新小镇，以知识产权为纽带，汇聚全球创新资源的知识产权运营国际合作网络，主导设立知识产权服务协同体，通过协同服务方式，快速响应科学城各类创新主体知识产权需求，继续发挥好专业服务平台作用。

（曾圆圆）

创新孵化

【概况】2022 年，集团持续实施孵化器专项提升方案，新设中关村领科星空孵化器，孵化器新增毕业企业 261 家。截至 2022 年底，集团运营孵化器 36 家，孵化器累计毕业企业 2789 家。

（王亦彤）

表 15　2022 年中关村发展集团孵化器情况一览表

序号	孵化器名称	成立时间	运营单位
1	中关村国际孵化器	2000.12	北京中关村国际孵化器有限公司
2	中关村软件园孵化器	2001.11	北京中关村软件园孵化服务有限公司
3	中关村兴业（北京）高科技孵化器股份有限公司	2002.09	中关村兴业（北京）高科技孵化器股份有限公司
4	马池口埝头孵化器	2007.05	北京兴昌高科技发展有限公司
5	丰科世纪孵化器	2014.03	北京丰科世纪科技孵化器有限公司
6	中关村虚拟现实空间	2014.12	北京实创高科技发展有限责任公司
7	保定·中关村创新中心孵化器	2015.04	保定中关村信息谷科技服务有限责任公司
8	徐州中关村信息谷雨林空间（徐州软件园）	2015.10	徐州信息谷资产管理有限责任公司
9	雨林空间	2016.07	南宁中关村信息谷科技服务有限责任公司
10	中关村虚拟现实空间文化教育产业园	2017.01	北京实创高科技发展有限责任公司
11	成都·中关村信息谷创新中心	2017.05	中关村信息谷（成都）科技服务有限责任公司
12	生命智谷孵化中心	2017.05	中关村医疗器械园有限公司
13	天津中关村雨林空间国际孵化器	2017.06	天津中关村科技园运营服务有限公司
14	银川·中关村创新中心雨林空间国际孵化器	2017.12	银川中关村信息谷科技服务有限责任公司
15	京津中关村孵化器	2017.12	天津京津中关村科技城发展有限公司
16	济南·中关村信息谷创新中心	2018.03	济南中关村领创空间科技有限责任公司
17	湖州·中关村信息谷创新中心	2018.07	湖州领创科技服务有限责任公司
18	新泰雨林空间国际孵化器	2018.09	新泰中关村信息谷科技服务有限责任公司
19	中关村微纳能源投资有限公司	2018.10	北京中关村微纳能源投资有限公司
20	长春中关村雨林空间创业孵化基地	2018.11	长春中关村信息谷科技服务有限责任公司
21	中关村集成电路设计园芯创空间（一期）、（二期）	2019.03 2021.03	北京芯创空间科技服务有限责任公司
22	中关村信息谷雨林空间国际孵化器（怀柔）	2019.05	雨林生态（北京）科技服务有限责任公司
23	滁州中关村发展协同创新中心雨林空间国际孵化器	2019.06	安徽中关村信息谷科技服务有限责任公司
24	滨海中关村（天津自创区）创新中心雨林空间	2019.07	天津中关村信息谷科技服务有限责任公司
25	潍坊·中关村信息谷创新中心	2019.12	潍坊中关村信息谷科技服务有限责任公司
26	青岛中关村信息谷创新示范基地	2020.01	青岛中关村信息谷科技服务有限责任公司
27	沈阳·中关村智能制造创新中心	2020.01	沈阳中关村信息谷科技服务有限责任公司
28	雨林空间国际孵化器	2020.10	南阳中关村信息谷科技服务有限责任公司

（续表）

序号	孵化器名称	成立时间	运营单位
29	广州中关村信息谷雨林空间孵化器	2020.12	广州中关村信息谷科技服务有限责任公司
30	雨林空间孵化器	2020.12	三明·中关村科技园运营服务有限责任公司
31	绵阳·中关村信息谷创新中心雨林空间国际孵化器	2020.12	绵阳中关村信息谷科技服务有限责任公司
32	中关村信息谷·温州创新中心雨林空间	2021.05	温州中关村信息谷科技服务有限责任公司
33	赤峰中关村雨林空间孵化器	2021.05	赤峰中关村信息谷科技服务有限公司
34	安溪中关村领创中心	2021.08	安溪中关村领创空间科技服务有限责任公司
35	大连·中关村信息谷创新中心雨林空间国际孵化器	2021.10	大连中关村信息谷科技服务有限责任公司
36	中关村领科星空孵化器	2022.06	中关村协同发展投资有限公司

（王亦彤）

中关村国际孵化器

【概况】2022年，中关村国际孵化器新增入孵企业45家，期末在孵企业176家，从业人数约2150人；企业产值约20.5亿元。截至2022年底，累计孵化企业1210家，其中留学生创业企业890余家、上市企业13家。18家企业承担国家重大科技专项，633家企业获政府各项资金支持达2.28亿元，191家企业累计获股权投资40.57亿元，148家企业获银行贷款5.25亿元。

（李军伟）

【中关村国际孵化器与KIC中国签署战略合作协议】
1月28日，中关村国际孵化器与在华韩国创新中心（简称KIC中国）签署战略合作协议，双方相关负责人出席签约活动。KIC中国于2016年6月成立于北京，作为韩国科学技术信息通信部下属的非营利性机构，KIC中国专注于支持韩国创业企业开拓中国市场，为在华韩国创业者以及计划进入中国市场的韩国创业企业提供创业信息、创业培训等服务。KIC中国负责人表示，2022年是中韩建交30周年，KIC中国将通过与中关村国际孵化器深入合作，重点围绕生命科学、半导体、新材料等产业领域和"元宇宙"等热点概念，共同举办系列中韩科技路演、论坛和创新创业大赛，全方位推动中韩科技合作，共同打造具有影响力的中韩科技企业交流合作平台。中关村国际孵化器负责人表示，中关村国际孵化器将通过与KIC中国深入合作，系统化梳理和分析韩国科技企业在北京发展的各类需求，将从空间、投资、服务3个方面为韩国在华企业的发展提供定制化的培育与服务体系。

（李军伟）

【清云智通获 HICOOL 2022 全球创业大赛一等奖】
8 月 26 日，在 HICOOL 2022 全球创业者峰会开幕式暨全球创业大赛颁奖盛典上，中关村国际孵化器入驻企业清云智通（北京）科技有限公司的"流程工业数字孪生系统"凭借全球领先的技术实力、创新的行业价值及广阔的发展前景，经过多轮角逐，从 5000 余个优秀项目中脱颖而出，获 HICOOL 2022 全球创业大赛一等奖。"流程工业数字孪生系统"项目通过构建拥有完全自主知识产权的流程模拟系统，结合高效的优化算法，实现流程模拟的在线化，达到数字孪生，并在数字孪生的基础上构建先进控制、实时优化、安全预警、设备管理等各类智能制造服务。对于流程企业来说，清云智通数字孪生系统通过工艺机理专用通用模拟优化技术、创新的单元设备算法、领先的数据校正和数据预测技术、实时优化预测技术等，提升孪生精度和运作效率，从模拟仿真达到真孪生，进而解决物理孪生体和数字孪生体的数字化管理问题，实现企业在研发设计、操作控制以及生产运营等多个场景中的应用，可以帮助流程企业进行高质量研发、大型装置无人操作、装置设备预测预警、低碳节能运行等，也可帮助设计院或工程公司进行工艺设计的优化和仿真。

（李军伟）

【中关村国际前沿科技创新大赛国际赛道智能制造与新材料领域决赛举办】 9 月 1 日，由中关村高科技产业促进中心、中关村前沿科技与产业服务联盟主办，中关村国际孵化器承办的 2022 中关村国际前沿科技创新大赛国际赛道智能制造与新材料领域决赛在北京通过线上和线下相结合的方式举行。创新大赛国际赛道于 6 月启动，分为报名、初赛、决赛与总决赛 4 个阶段，以"前沿引领、共创未来"为主题，聚焦新一代信息技术、生物健康、智能制造与新材料三大产业领域。国际化项目分别来自加拿大、韩国、德国、爱尔兰、新加坡、日本等国家。最终，智能制造与新材料领域国际赛道的"中关村前沿科技 TOP 10"榜单产生，北京孵烯玻碳科技有限公司的 Graphene Glass Fibre Composite Material、英达视（北京）智能科技有限公司的 Industrial Next

等 10 个项目入榜。

（李军伟）

【中关村国际前沿科技创新大赛国际赛道生物健康领域决赛举办】 9 月 14 日，由中关村高科技产业促进中心、中关村前沿科技与产业服务联盟主办，中关村国际孵化器承办的 2022 中关村国际前沿科技创新大赛国际赛道生物健康领域决赛在中关村国际孵化器通过线上和线下相结合的方式举行。10 位来自高校院所、投资机构或领军企业的专家担任评委。经过初赛筛选，15 个生物健康领域国际科技项目入围决赛。各项目代表从团队优势、产业创新、自主知识产权、市场需求、核心竞争力、商业模式等方面进行答辩。最终，北京鑫康合生物医药科技有限公司、Ommo Technologies Inc.（美国）等企业的 10 个项目入围 2022 年中关村国际前沿科技创新大赛国际赛道生物健康领域 TOP 10。

（李军伟）

【中关村国际孵化器侨界联合会成立】 9 月 26 日，海淀区上地街道组织召开中关村国际孵化器侨界联合会成立大会，首家园区侨界联合会——中关村国际孵化器侨界联合会成立，标志着中关村软件园基层侨联组织建设工作新突破、新发展，同时为进一步构建具有海淀特色的"大统战""大侨务"工作格局奠定良好的组织基础。大会选举产生第一届中关村国际孵化器侨界联合会主席、副主席、秘书长、委员共 5 人。中关村国际孵化器侨界联合会、中关村国际孵化器侨之家正式揭牌。中关村国际孵化器侨界联合会将以服务园区留学人员为中心，把更多的创新要素引入留创企业，通过学术交流、产学研合作、人才托举、创新活动等服务企业创新发展，促进企业增强自主创新能力和核心竞争力，通过侨联会赋能推进科技创新与园区发展紧密结合，增强园区创新、创业的原动力；把园区留学人员和海外人才聚集起来，更好地在园区贯彻落实党和政府支持人才创新创业的政策，在为留学人员创新创业创造良好的环境的同时，加强对留学人员的政治引领，把园区留学人员和海外华人紧密团结在党的周围，为园区发展提供强大动力，为北京力争率先建成高水平人才高地贡献科创力量。

【中关村国际孵化器获评国家级科技企业孵化器优秀（A类）】12月28日，中关村国际孵化器在科技部火炬中心公布的"国家级科技企业孵化器2021年度评价结果"中被评为优秀（A类）孵化器。

（李军伟）

中关村软件园孵化器

【概况】2022年，中关村软件园孵化器新增入孵企业45家，新增上市企业1家，国家级专精特新"小巨人"企业1家，期末在孵企业148家，从业人员2719人；企业产值约13.96亿元。截至2022年底，累计孵化企业1169家，其中留学生创业企业216家、上市企业13家，培育出国家级专精特新"小巨人"企业4家、北京市专精特新"小巨人"企业3家、国家高新技术企业376家，3家企业承担国家重大科技专项，137家企业共获政府各项资金支持0.5亿元，72家企业累计获股权投资17.14亿元，93家企业获银行贷款13.35亿元。

（李军伟）

【中关村软件园孵化器上榜"2021百家特色载体榜单"】1月，第四届"寻找100家特色载体"活动对外发布"2021百家特色载体榜单"，中关村软件园孵化器上榜。本次活动聚焦产业化、数字化、精益化，挖掘数字化时代孵化载体在产业赋能、数字赋能等方面的新价值。

（李军伟）

【北京股权交易中心与中关村软件园孵化器合作共建科创孵化板】9月，北京股权交易中心、中关村

软件园孵化器科创孵化板合作推荐单位授牌仪式举行。中关村软件园孵化器合作共建科创孵化板是在市科委、中关村管委会支持指导下，通过北京四板市场打造国内首个科创孵化板，该板块旨在通过为上板企业提供公司治理、财务管理、股权激励等一系列资本市场合规培育服务，支持北京市孵化器进一步完善优质科创企业的发掘和培育机制，加快推动科创小微企业对接资本市场并快速高质量发展。2022年，中关村软件园孵化器推荐科创孵化板上板企业12家。

（李军伟）

【中关村软件园孵化器投资北科中发展启航基金】12月22日，中关村软件园孵化器投资北科中发展启航基金2000万元。北科中发展启航基金由北京市科学技术研究院、中关村发展集团中关村高精尖母基金、中关村软件园孵化器及启航投资共同发起设立，首期规模5亿元，以新一代信息技术、智能智造方向的初创期项目为主要投资目标，兼顾成长期和成熟期项目，符合软件园孵化器关注的行业赛道和企业发展阶段，提升软件园孵化器投资属性，强化与"双创"主体的关联，获得企业成长收益。北科中发展启航基金关注的初创期项目与中关村软件园高成长基金关注的快速成长期项目形成互补，不同发展阶段的企业均能纳入集团项目库。

（李军伟）

【百家云纳斯达克挂牌上市】12月25日，中关村软件园孵化器在孵企业百家云在纳斯达克上市，成为中国音视频SaaS第一股。股票代码"RTC"（"Real Time Communication"的缩写）。百家云集团是一家拥有音视频核心技术和知识产权的国家级高新技术集团企业，以AI、云计算和大数据等新兴技术为支撑，致力于通过丰富的产品矩阵，为汽车、金融、教育、医疗等多个领域的知名企业及政府机构提供一站式视频技术解决方案。

（李军伟）

【中关村软件园孵化器获多项荣誉】2022年，中关村软件园孵化器获评国家小型微型企业创业创新示范基地、北京市小型微型企业创业创新示范基地及"2021中国技术创业协会科技创业贡献奖"，被

北京股权交易中心确定为"科创孵化板合作推荐单位"。

(李军伟)

【中国泰尔实验室—中关村软件园联合创新中心开展企业调研】2022 年，中关村软件园孵化器与泰尔实验室合作成立的"中国泰尔实验室—中关村软件园联合创新中心"完成企业调研计划，与在孵企业就标准制定、技术攻关等开展对接合作；组织制定中关村科技创新联合赋能平台建设方案，通过建设专业技术服务平台提升在高精尖产业垂直细分领域的资源整合能力和专业服务能力；完成赋能平台宣传视频制作，与 4 家单位签署战略合作协议，进行客户储备工作。

(李军伟)

【中关村软件园孵化器开展认股权业务】2022 年，中关村软件园孵化器在集团认股权业务工作的指引下开展认股权创新业务，挖掘优质企业，与企业签署认股权合作协议，以中关村软件园孵化器优质的服务提前锁定企业股权份额，以获得企业快速发展过程中带来的成长收益，伴随企业共同成长。年内，与企业签署认股权合作协议 21 家，其中签署基础层协议 18 家，新增认股权条款签约率 100%；签署创新层协议 3 家，总认购额度 1.05 亿元，最低认购折扣 8 折。其中，北京智芯仿真科技有限公司向中关村软件园孵化器授予股权认购额度 500 万元，并开启新一轮融资。在中关村软件园孵化器的协调组织下，多家投资机构对该项目表现出投资兴趣，最终由北京国管中心下属基金受让此认股权额度。中关村软件园孵化器成功实现认股权业务行权落地。

(李军伟)

中关村集成电路设计园芯创空间

【概况】2022 年，芯创空间新增入孵企业 20 家，共有在孵企业 45 家，其中认股权企业 18 家，毕业企业 16 家；全年共举办活动 8 场，参与人数达 300 余人。新增"芯·气象""芯生代大课堂"服务子品牌，推进"腾笼换鸟"，优化入孵企业，实施一

期腾退搬迁。

(李松龄)

【芯创空间与池州市经开区签约】3 月 11 日，池州市委、市政府及池州经开区相关负责人到中关村集成电路设计园参观考察。先后参观了园区展示中心及 IC 科技馆。芯创空间负责人从园区成立背景、规划建设及运营服务等方面进行整体介绍，并详细介绍园区龙头企业、产业生态及产业服务体系。池州经开区与中关村集成电路设计园芯创空间签订半导体产业战略合作协议。本次战略合作协议的签署是推动"池州芯创空间"项目运营实施的第一步，为加速推进池州市与北京市"专精特新"企业对接，实现多层次、多领域的全方位合作奠定了基础。

(李松龄)

【芯创空间入驻企业获北京市"专精特新"中小企业认定】5 月，芯创空间入驻企业北京见合八方科技发展有限公司获北京市"专精特新"中小企业认定。见合八方是一家提供光感知系统行业方案及数据服务的高科技企业，致力于为交通、军队、电力提供智能可视化的光感知行业解决方案，产品主要覆盖光感知产品（光纤雷达 FiDAR 等）及相关融合

感知算法软件等。

（李松龄）

【芯创空间与风云气象签署产业运营服务协议】6 月 28 日，芯创空间与北京风云气象科技有限公司签署"芯·气象"产业运营服务协议，双方围绕中国气象科技产业园昌平园（简称中国气象昌平园）园区服务体系升级达成深度合作。芯创空间凭借其在集成电路领域多年的产业服务经验，助力中国气象昌平园打造链条式、专业化、行业集聚的产业示范园区。风云气象归属中国气象局下属国有企业华风气象传媒集团有限责任公司，负责中国气象昌平园的资产运营管理工作。园区占地 2.5 万平方米，总建筑规模 5.9 万平方米。作为气象领域专业的科技园区，中国气象昌平园以提升气象服务能力为重点，以孵化转化为核心，以引智引资为手段，以关联产业聚集为途径，致力于推动气象产业的发展。此次

芯创空间与风云气象的合作，坚持以特色化服务为核心，通过整合双方优势资源，实现专业化服务能力的输出，建立创新型产业服务体系，加速科技成果转化和产业化，赋能更多的优质科技型企业，为中国高科技园区和新型孵化器的发展探索新模式、新路径、新气象。

（李松龄）

【芯创空间与新乡市红旗区政府签约】9 月 5 日，芯创空间与河南省新乡市红旗区政府签署合作协议，共建新乡集成电路专业孵化器项目，引进培育优质创新资源，为新乡市电子信息产业发展注入创新活力。根据协议，芯创空间针对新乡市产业发展需求，将进一步整合中关村科技创新服务资源，结合中关村集成电路设计园在产业导入、项目孵化、空间运营、科技服务等方面的成功经验，通过"带土移植、因地制宜"等方式与新乡市区两级政府合作共同打造集成电路专业孵化器项目，推动当地产业生态建设。

（李松龄）

【芯创空间与池州共建半导体产业生态】9 月 18 日，安徽省池州市委市政府及相关委办局负责人到中关村集成电路设计园参观考察。双方就进一步深化芯创空间与池州经开区的半导体产业合作事宜开展交流座谈。芯创空间负责人介绍中关村集成电路设计园"一基两翼"发展理念、"一平台三节点"产业服务体系及"带土移植"对外合作、共同推进区域协同创新的基本思路。池州经开区负责人介绍双方打造"基地＋飞地"的合作设想，表达了未来在人才、基金等多方面深化合作的意愿，并表示池州经开区将提供集政策支持、综合配套等在内的一流营商环境。座谈会上，安徽平天湖投资集团与芯创空间签署"芯创空间（池州）集成电路和软件产业孵化器"运营合作协议。

（李松龄）

科技咨询

【概况】2022 年，集团主要依托旗下北京市工业设计研究院有限公司（简称工业院）、中关村产业研究院开展科技咨询服务。工业院以服务科技企业新需求为使命，创新服务产品，倾力打造城市更新、全过程工程咨询服务。承接服务北京市科委重大科技基础设施支撑国家科技战略和国际科技创新中心建设对策研究、"三城一区"科技创新资源融合联动发展研究和北京市药品检验研究院疫苗检验中心建设工程，以及北京屹唐科技公司集成电路技术创新中心项目，服务政府、企事业单位等主体，助力国际科技创新中心建设。强化质量管理和标准化建设，对标 ISO 9001 质量认证要求，完善质量管理制度体系，标准化重点任务稳步推进，"BIM 三维文件交付要求与深度规定"标准已完成初稿编制。推进重大项目，着眼于服务国家和首都战略。完成雄安新区"三校"交钥匙项目，承接中关村工业互联网产业园、亦庄丰田燃料电池研发与生产项目、南中轴国际文化科技园、北京市北斗融合创新应用示范、服务支撑首都营商环境评价工作等一批国家和市级重大项目。获得科技部高新技术企业资格重新认定；获半导体封装废水处理装置、含氟废水组合处理装置、垃圾渗滤浓液减量化处理装置 3 件实用新型专利授权；参与制定市市场监管局发布实施的地方标准《乘用车单位产品综合能耗消耗限额》、集团园区新基建和数智化配置标准；完成公司科技创新奖励办法和科研项目管理制度。中关村产业研究院提供产业研究、项目落地解决方案、政策咨询、投资咨询、管理咨询等各类服务。年内，中关村科服增资控股中关村产业研究院，推动中关村产业研究院承接门头沟园人工智能产业规划项目。中关村产业研究院成为中关村全球高端智库联盟理事单位。

（唐旭磊、姚沛沛）

工业院

【概况】2022 年，工业院全年累计服务项目 1600 家次，服务客户数 225 个；接收或向其他子公司推荐项目 22 个，落地设计、咨询项目 14 个。

（唐旭磊）

【延续国家工程咨询甲级综合资信】1 月 21 日，中国工程咨询协会公布"2019、2020 年持续符合及 2021 年符合甲级资信评价标准的工程咨询单位名单"，工业院咨询公司凭借过硬的综合实力，通过 2021 年工程咨询单位甲级资信评价，延续甲级综合资信及 8 项专业甲级资信。甲级综合资信是工程咨询行业最高资信评价，获此资信评价的单位可以承担所有专业规划咨询和评估咨询业务。"全国固定资产投资在线监管平台"共备案 2.4 万余家工程咨询单位，仅 83 家咨询单位具有甲级综合资信。工业院咨询公司作为 83 家之一，可持续开展工程领域所有专业的规划咨询和评估咨询工作。

（唐旭磊）

【北京首个细胞治疗中试基地实现企业入驻】3 月，由工业院设计的北京首个细胞治疗中试基地迎来竣工验收后首家入驻企业。2019 年 5 月 5 日，北京亦庄细胞治疗研发中试基地项目立项。同年 9 月，工业院中标项目设计工作。该项目是全国规模最大的细胞治疗产业专业载体、北京市首个精准定位发展细胞治疗产业的专业化载体，2020 年北京市"3 个 100"重点工程中高精尖产业项目之一，是集研发、中试及生产于一体的细胞治疗产业主阵地，是公共服务资源的聚集地、专业人才的栖居地和区域资源的辐射地。

（唐旭磊）

【入选市政府固定资产投资项目中介机构】4 月 8 日，

市发展改革委对市政府固定资产投资项目中介机构遴选中标结果进行公布，工业院咨询公司入选综合、市政公用工程、建筑、电子信息工程、石油化工医药、机械（含智能制造）、造价咨询（初步设计概算评审、决算审核）7个专业。其中，综合专业评比排名第二，并首次入选造价咨询专业。

（唐旭磊）

【签订北京市北斗融合创新应用示范项目合同】4月15日，工业院咨询公司与中央军委装备发展部装备项目管理中心签订《中国第二代卫星导航系统重大专项——北京市北斗融合创新应用示范项目合同》，负责项目总体管理工作。中国第二代卫星导航系统重大专项是由国务院、中央军委"十二五"时期批准实施的国家级重大专项。2013年，受市经济和信息化局委托，工业院咨询公司承担了北京市一期北斗示范项目的管理工作，成为全国第一个同时完成任务验收和财务验收的区域示范项目标杆工程。2021年初开始，市经济和信息化局在一期示范项目成功的基础上，选取国家重点关注且北京市基础良好的车路协同、无人配送等北斗重大应用场景，策划二期北斗示范——北京市北斗融合创新应用示范项目，并再次委托工业院咨询公司作为项目总体管理单位。

（唐旭磊）

【承接项目入选城市更新最佳实践优秀案例】5月6日，由北京城市规划学会组织开展的首届"北京城市更新最佳实践"评选活动获奖项目名单公布，评选出北京城市更新"最佳实践"16项、"优秀案例"18项。其中，工业院承接设计的经开区星网北

汽蓝谷项目入选"优秀案例"。星网北汽蓝谷位于北京经济技术开发区东环中路5号，占地面积11公顷，建筑面积13.4万平方米。该项目作为北京新能源汽车股份有限公司总部，设有2个实验中心、80余个专业实验室。

（唐旭磊）

【代建北京市支持雄安新区建设小学项目工程实体竣工交付】6月22日，由工业院负责代建的北京市支持雄安新区建设学校项目中的小学项目（史家小学雄安校区）实现竣工并正式移交雄安新区，这是北京市支持雄安新区"三校一院"项目中继幼儿园项目移交后，第二个完成竣工验收并交付的项目。为保障"三校一院"交钥匙项目建成高质量工程、精品工程、廉洁工程，发挥示范带动作用，工业院与市协同办、市教委、办学支持单位，会同雄安新区政府主管部门共同组建学校项目"交钥匙"联合工作专班，精心谋划顶层设计，创新项目运行机制，不断加强统筹协调。项目实施过程中，工业院派驻的项目团队克服规划条件调整、新冠疫情突发、大小市政交叉作业、断水、断电等诸多困难，历经近3年，最终完成工程实体建设并移交雄安新区。

（唐旭磊）

【代建北京市支持雄安新区建设学校项目工程实体全部竣工】7月31日，由工业院负责代建的北京市支持雄安新区建设中学项目（北京第四中学雄安校区）实现竣工并正式移交雄安新区，这是北京市支持雄安新区"三校一院"项目中继幼儿园和小学项目移交后，最后一个完成竣工验收并交付的项目。本次交付的项目，规划用地面积56560平方米，总建筑面积42615平方米。交付当日，北京市委、市

发展改革委及市相关上级主管部门，河北雄安新区管理委员会公共服务局等领导一行 30 余人，实地走访调研 3 所学校，见证中学项目的交接仪式，并听取 3 所学校项目整体建设过程介绍，对于项目的工程质量和工业院的项目管理工作给予充分肯定。工业院与雄安新区公服局签订中学项目移交协议并进行"交钥匙"仪式。

（唐旭磊）

【**工业院设计中心获"紫金奖"**】8 月 5 日，由中共江苏省委宣传部、江苏省住房和城乡建设厅联合中国建筑学会、中国勘察设计协会、中国风景园林学会共同主办的第八届"紫金奖·建筑及环境设计大赛"落幕。工业院设计中心参赛的项目"生态港湾＆活力方舟"获职业组二等奖。第八届"紫金奖·建筑及环境设计大赛"以"多维的绿·共享的城"为主题，吸引 333 所高校、310 家设计机构、9668 人次参与，共征集到作品 2592 项（其中，省外作品数量占比首超 50%）。经专业评审和社会公示，共产生 181 项"优秀作品奖"和 104 项入围奖，省外单位获奖作品占比 36.7%。工业院设计中心创作团队紧扣竞赛主题，结合北京亦庄细胞治疗研发中试基地项目设计实践，并对新冠疫情下的产业园区规划设计进行思考，遵循以"产为核"、以"人为本"的设计原则，提出"生态港湾＆活力方舟"设计理念，探索创新型高科技产业社区规划设计的新思路、新方法。

（唐旭磊）

【**中标河南省重大科技基础设施前期研究评估项目**】8 月 16 日，河南省发展改革委发布公告，工业院咨询公司中标《河南省发展改革委 2022 年省重大科技基础设施前期研究评估项目》中的科学研究领域项目包段。该中标项目创下工业院咨询公司规划咨询类单项合同额新高，标志着公司拓展河南省业务迈出关键一步，同时为以后承接国家实验室等重大科技基础设施建设项目提供咨询服务打下坚实基础。

（唐旭磊）

【**工业院丰田燃料电池研发与生产项目（一期）正式开工**】10 月 24 日，由工业院承接设计的丰田燃料电池研发与生产项目（一期）"开工典礼暨奠基仪式"在北京经济技术开发区举行。项目由华丰燃料电池有限公司及联合燃料电池系统研发（北京）有限公司建设，占地面积约 11 万平方米，将建设燃料电池生产线、检测线和研发中心，生产燃料电池系统产品，并进行燃料电池系统相关研发工作。

（唐旭磊）

【**4 家服务企业入选 2022 北京企业 100 强榜单**】12 月 22 日，北京企业联合会、北京市企业家协会发布《2022 年度北京企业 100 强榜单》。工业院服务企业北京汽车集团有限公司、北京同仁堂股份有限公司、小米集团、北京金隅集团股份有限公司入选榜单。

（唐旭磊）

中关村产业研究院

【概况】2022 年，中关村产业研究院开展新能源、新材料、先进制造 3 个产业专项规划研究，明确中关村房山园三大主导产业，二、三级目录及产业图谱。发挥高端智库作用，服务中关村重点课题研究。协助分园完成《中关村延庆园产业研究》《中关村平谷园改革发展提升方案》《推动城市南部地区产业高质量发展研究》《农业中关村政策体系分析》等课题研究；举办新产业 50 人论坛。

（姚沛沛）

【《中国智能制造技术人才洞察 2022》发布】1 月，中关村产业研究院联合 LinkedIn（领英）共同发布《中国智能制造技术人才洞察 2022》。报告以领英人才大数据为主要依托，将全球智能制造领域领先的"灯塔工厂"人才与中国相关技术人才进行对比，发现其不同特征，并总结出有效的人才培养模式。报告主要由技术人才特征、技术人才"升维"实践、人才发展建议和延展阅读 4 部分组成。技术人才特征模块逐一分析全球"灯塔工厂"、中国工业互联网、工业机器人、半导体技术 4 类人才的特征，并注重对人才来源、所需技能等维度的分析；技术人才"升维"实践模块从政府、高职院校、产业界和企业界 4 个方向给出"升维"方案以达到"灯塔工厂""五项全能"。本报告属于人才发展建议模块，从人才环境、培养模式等角度给出建议并提供部分案例。

（姚沛沛）

【医疗健康创新创业系列专题培训举办】8 月 4—5 日，由中关村产业研究院和中关村科服联合主办的"医疗健康创新创业系列专题培训"活动举办。此次系列培训旨在为医疗健康创新企业提供深度赋能。来自领英中国、北京 IP、中关村水木医疗、华泰证券、赛赋医药等机构的相关领导及专家带来与医疗企业成长发展过程相关的主题分享，内容涵盖人才引进、专利布局、资本规划、IPO 逻辑、行业政策、医疗器械注册法规、创新药非临床评价、创新药临床设计等，覆盖企业成长的多方面知识、技能和资讯。此次培训采取"线下＋线上"的方式进行，为更多企业提供便利的参与通道，来自医疗企业、投资机构、研究机构的代表近 200 人参加培训。

（姚沛沛）

【助力科途医学完成数千万元融资】8 月，中关村产业研究院作为独家财务顾问，助力北京科途医学科技有限公司完成新一轮融资，融资额达数千万元。本轮融资由方富资本投资，主要用于临床前毒理药理平台升级、类器官多维数据挖掘以及市场拓展。科途医疗同时是集团旗下启航基金的投资组合，本轮融资的交割也是一次集团内部私募股权投资和专项金融服务相互协作的探索，具有推广价值，为实现集团对"双创"企业打造一站式集成化服务的目标奠定新的基础。科途医学是致力于类器官技术研发和转化的国家高新技术企业。

（姚沛沛）

【中关村产业研究院举办"算力中心与产业应用融合发展"闭门研讨会】9 月 23 日，由中关村产业研究院发起，与中发展智源人工智能公司联合举办的"算力中心与产业应用融合发展"闭门研讨会在中关村（京西）人工智能科技园召开，多位政、产、学、研等各界嘉宾闭门商讨，促进业界共识，加速数字经济场景落地。

（姚沛沛）

【中关村产业研究院成为中关村全球高端智库联盟理事单位】9 月 24 日，2022 中关村全球高端智库联盟理事大会暨第一届理事长会议第三次工作会议在线上召开，来自中国、德国、法国、韩国、马来西亚、美国、日本、塞尔维亚、印度 9 个国家和地区、55 家智库联盟理事单位、80 余名参会代表出席会议。中关村产业研究院作为联盟候选理事单位受邀参加，并经过理事大会表决通过成为中关村全球高端智库联盟理事单位。中关村全球高端智库联盟以"汇聚全球智识·服务创新发展"为宗旨，以全球智慧推动构建人类命运共同体为愿景，通过搭建交流平台、开展合作研究、服务社会发展、推动人文交流，提升全球智库协同创新能力，推动人类社会共同发展。

（姚沛沛）

【中关村产业研究院获国家高新技术企业认证】12 月 30 日，全国高新技术企业认定管理工作领导小组办公室发布 2022 年国家高新技术企业认证名单，中关村产业研究院凭借其创新能力，获国家高新技术企业认证。

（姚沛沛）

科技园区发展

中关村发展集团年鉴

YEARBOOK OF ZHONGGUANCUN DEVELOPMENT GROUP

2023

综　述

2022 年，集团扎实建设高品质创新社区，助力各分园提升专业化运营服务水平，有力支撑世界领先科技园区建设。

强化园区重资产集约化管理。 夯实中关村建投"大平台小项目"管控模式，加强"七位一体"规划和项目专业化管理，推动 REITs 扩募项目储备，在施项目面积超 56 万平方米，拓展储备优质产业空间近 60 万平方米。

加快打造轻资产专业运营团队。 设立员工持股的人工智能公司，中关村集成电路设计园、中关村医疗器械园轻资产拓展取得项目突破，集团全年新增京内轻资产运营面积超 26 万平方米。

加快数智园区建设。 编制数智园区落地实施方案，中关村软件园深化园区大数据平台及人工智能算法建设，数智园区运营取得千万级的经济收益；中关村京西发展、人工智能公司联合华为等头部企业打造 100P 自主可控人工智能计算中心；中关村集成电路设计园联合芯海择优开展智慧能源及园区智能监测等新应用。

高标准推进特色产业园区建设。 以中关村软件园为主体的行业应用软件产业集群通过国家首批"中小企业特色产业集群"认定，国家数字服务出口基地和"科创中国"试点建设得到相关部委高度认可并向全国推广。中关村软件园、中关村集成电路设计园、中关村新兴产业前沿技术研究院成为北京市首批高品质园区，获得政策性资金支持。中关村工业互联网产业园一期建设与运营同步展开。南中轴国际文化科技园开园。中关村（京西）人工智能科技园、中关村工业互联网产业园、南中轴国际文化科技园 3 个项目被纳入2022 年北京市"3 个 100"重点工程。中关村（京西）人工智能科技园一期和中关村工业互联网产业园二期相继启动并纳入市政府重大项目投资计划。截至 2022 年底，集团所属京内特色园区数量 16 个，科技园区开发建设累计投资额 1303.04亿元，运营面积 480.05 万平方米，入驻企业约5000 家。

（孙致远、桂楠）

中关村软件园

【概况】 中关村软件园位于海淀区东北旺，东邻上地信息产业基地，南靠规划绿化带及北大生物城，西接东北旺苗圃，北至后厂村路，占地面积 260 万平方米，是中关村示范区中的新一代信息技术产业高端专业化园区、北京建设世界级软件名城核心区，是北京市唯一同时拥有国家软件产业基地、国家软件出口基地称号的国家级双基地，拥有由国家部委、北京市授予的产业园区荣誉几十项，集聚能源、交通、通信、金融、国防等国民经济重要领域的行业应用领军企业，在云计算、移动互联、大数据、人工智能、量子科学、新型 IT 服务产业等方面率先形成全国领先的特色产业集群，呈现出典型的现代服务业高端形态。园区由北京中关村软件园发展有限责任公司建设运营。

2022 年，中关村软件园深度推进国家数字服务出口基地和"两区"建设，建设数字服务出口基地公共服务平台和全市数字贸易行业的贸易大数据分析应用平台，将数字贸易港的服务范围拓展到全市。推进"科创中国"试点工作。持续升级园区智慧大脑，启动园区智慧运营管理平台建设，提升园区数字化感知、综合指挥调度、数字化运营和协同处理能力。提升数智园区建设水平，打造智慧化标杆园区。软件园的高品质园区建设专项工作被列入市科委、中关村管委会加快建设世界领先科技园区"1+5"政策重点储备项目和拟支持的 10 个高品质标杆园区。举办融通高峰论坛、创新之源、Zpark 说等产业创新活动，打造人文乐享园区。园区公共技术服务平台建设升级，不断完善超级计算、超级链接和共性技术支撑服务内容。完成"5G＋MEC"商用方案及产品设计，升级融合通信中心，实现园区通信网络大数据监测和分析，有效提升服务品质和园区管理水平。建成 AI 数据标准测评平台，面向全市企业提供 AI 数据共享和测评服务；整合市人力社保局、

华为、百度、北大国发院及 CHO100 等资源，举办 10 余场行业论坛及主题分享活动。坚实履行责任担当，保障园区企业稳定运转，全力助力企业复工复产和社会经济发展。全年共为 425 家中小微企业减免房租及服务费 6862.3 万元。协助 REITs 楼宇 40 家企业减免房租 2288 万元。服务中科大洋等园区企业申报"房租通"政策。

2022 年，园区企业总收入 4759.3 亿元，比上年增长 10.8%；国际业务总收入 163.8 亿元，比上年增长 5%；每平方千米产值 1830.5 亿元；企业投入研发经费 613.4 亿元，比上年增长 20%，研发投入占企业总收入的 12.9%；企业新增知识产权 23473 件；完成科技成果转化 588 项，比上年增加 44 项；新增企业 44 家。截至 2022 年底，中关村软件园入驻企业 789 家，其中上市企业 72 家，比上年增加 2 家。收入过亿元的企业 93 家，比上年增加 3 家。在入驻企业中，国家规划布局重点软件企业 27 家、中国互联网百强企业 7 家、独角兽企业 7 家、瞪羚企业 128 家、国家级专精特新"小巨人"企业 25 家、北京市"专精特新"中小企业 104 家。5 家企业获国家级企业技术中心认定，35 家企业获省级企业技术中心认定。有博士后科研工作站 24 家。园区企业共有分支机构 1524 家，其中大陆分支机构 1199 家、港澳台分支机构 101 家、国外分支机构 224 家。园区企业共获国家级科技进步奖励 46 项，其中国家科技进步奖特等奖 1 项、国家科技进步奖一等奖 7 项。园区企业从业人员 9.68 万人，其中外籍人员 3950 人，学士学位人员占比 61.9%，硕士学位人员占比 16.7%，博士学位人员占比 3.9%。拥有高端人才 142 人，比上年增加 2 人，其中院士 10 人、享受国务院特殊津贴人员 16 人、科技部创新人才 7 人、"科技北京"领军人才 13 人、长江学者 14 人。园区累计拥有知识产权 110912 件，其中

授权专利 56001 件、注册商标 33637 件、软件著作权 21274 件。

（李军伟）

【博彦科技入围北京软协行业榜单】 1月7日，在北京软件和信息服务业协会第十届会员代表大会第二次会议上，北京软协发布《2021 北京软件和信息技术服务企业综合实力报告》和《2021 北京软件企业核心竞争力评价报告》，并公布相关行业榜单。其中，中关村软件园入驻企业博彦科技股份有限公司入围 2021 北京软件和信息技术服务业综合实力百强企业和 2021 北京软件核心竞争力企业（规模性）名单。

（李军伟）

【数字政通发布"棋骥"无人驾驶智联网格车】 1月7日，中关村软件园入驻企业北京数字政通科技股份有限公司发布新品"棋骥"无人驾驶智联网格车。该网格车以"无人驾驶 +AIOT"技术为核心，是国内首款应用无人驾驶技术的网格车，也是全国网格化管理新模式的一次重要的技术和应用创新突破。"棋骥"具备完整的 L4 级自动驾驶能力，能够识别各类城市交通信号和道路标志标线，智能应对各种复杂路况，可在无安全员条件下自主行驶在城市开放道路，24 小时全天候为城市进行"CT 扫描"，高效发现城市运行方面的问题，还能够实时、多维、精准地感知城市正在发生的各类管理和运行问题。"棋骥"还能够与晶石数字孪生平台紧密融合，打通真实场景与虚拟世界的数据交互，为一网统管提供更多沉浸式、多元化的体验。"棋骥"在中新天津生态城开展了广泛的道路测试，以及市政公用、市容环卫、交通管理、环境监测和公众服务等方面的应用测试。能够识别和处理道路破损、暴露垃圾、私搭乱建、人群聚集等数十种城市管理问题，将在智慧城市管理和运行服务中为城市"一网统管"提供智能化、物联化的高效支撑，在未来将会为更多城市打造绿色、低碳、高效、智能的无人驾驶全景化城市服务模式。

（李军伟）

【联想集团获全球 PC 出货量冠军】 1月12日，市场调研机构 IDC 发布《2021 年 Q4 与全年 PC 市场研究报告》。《报告》指出，2021 年全球 PC 总出货量 3.488 亿台，其中中关村软件园入驻企业联想集团有限公司以全年 8193 万台的出货量和 23.5% 的市场份额获 2021 年全球 PC 出货量冠军。

（李军伟）

【中科大洋助力总台 8K 超高清频道建设】 1月24日，中央广播电视总台 8K 超高清频道开播。中关村软件园入驻企业北京中科大洋科技发展股份有限公司在 8K 频道项目中承接 8K 播控系统的建设工作，针对 8K 超高清频道播出业务形态定制研发出一套 8K 播出控管监系统，并形成模块化验证。系统完成 8K 播出场景下节目整备、节目质量保障、编单、文件播出控制、监控等全业务流程布局，形成台内 8K 播出系统信号、文件等相关格式标准建议，以及与周边系统的对接规范建议，为总台 8K 频道的播出和未来发展打下基础。

（李军伟）

【亚信科技获吴文俊人工智能科学技术奖】 1月27日，2021 年度吴文俊人工智能科学技术奖名单正式公布。其中，亚信科技（中国）有限公司与清华大学智能产业研究院（AIR）联合完成的"5G 网络智能化系统研发与产业规模化应用"获科技进步奖三等奖。项目构建第五代移动通信网络智能化技术体系，包括：通过构建面向 5G 核心网、接入网、网管的新型 5G 智能网元集合，实现通信人工智能与 5G 网络生态系统的全面融合；通过 5G 网络切片技术实现 5G 网络面向垂直行业的能力开放；通过网络数字孪生技术与人工智能相结合，实现 5G 网络全生命周期的规划、建设、优化、维护的孪生化与智能化；通过网络自动化、虚拟化、云化技术实现软硬解耦的新型 5G 网络管理架构。（吴文俊人工智能科学技术奖设立于 2011 年，以人民科学家、人工智能先驱、首届国家最高科学技术奖获得者、中国人工智能学会名誉理事长吴文俊的姓名命名，经科技部、国家科学技术奖励工作办公室批准，由中国人工智能学会主办，旨在表彰智能科学技术领域取得重大技术突破、贡献卓著的人物和组织。该奖项具备提名推荐国家科学技术奖资格，被外界誉为"中国智能科学技术最高奖"，象征人工智能领域的最高荣誉。）

（李军伟）

【联想集团产品助力短道速滑国家队】 2 月 5 日，中国短道速滑国家队获 2022 年北京冬奥会中国首枚金牌。联想集团有限公司为中国短道速滑国家队和中国速度滑冰国家队提供自主研发的单导联三导联心电仪，帮助运动员通过无感穿戴设备，接受高频采样，通过医疗级体征数据平台，协同 thinkplus 会议平板形成一整套智慧训练解决方案，可达到智慧管理运动员竞技状态的目的。

（李军伟）

【全球首个开源车路协同数据集发布】 2 月 24 日，全球首个基于真实场景的开源车路协同自动驾驶数据集 DAIR-V2X 正式发布，向中国境内用户提供下载使用。该数据集由清华大学智能产业研究院（AIR）联合北京市高级别自动驾驶示范区、北京车网科技发展有限公司、百度 Apollo、北京智源人工智能研究院共同发布。数据集首次实现在相同时空下，车端与路端联合视角的 2D、3D 标注方法创新，作为业界、学界首个开源车路协同数据集，将有效

服务科研、产业、政府机构，有效协同各方进行车路协同的学术研究和产业落地，促进中国车路协同发展。

（李军伟）

【软通动力在创业板上市】 3 月 15 日，软通动力信息技术（集团）股份有限公司在深圳证券交易所创业板上市，股票代码 301236。本次发行股票数量 6352.9412 万股，募集资金总额 46.30 亿元。（软通动力成立于 2005 年 11 月，致力于成为具有全球影响力的数字技术服务领导企业，企业数字化转型可信赖的合作伙伴。）

（李军伟）

【天融信获评 CNVD 2021 年度 5 项荣誉】 3 月 23 日，由国家互联网应急中心主办的国家信息安全漏洞共享平台（CNVD）2021 年度工作会议召开。会上，天融信科技集团股份有限公司获评 CNVD 2021 年度 5 项荣誉，包括漏洞信息报送突出贡献单位、原创漏洞发现突出贡献单位、漏洞处置突出贡献单位、技术组支撑单位以及年度最具价值漏洞奖。

（李军伟）

【ARTIQ 架构量子测控系统发布】 3 月 28 日，国开启科量子技术（北京）有限公司宣布在离子阱量子计算机工程化研发上取得重大技术进展，发布国内首套具有自主知识产权的 ARTIQ 架构量子测控系统（QuSoil）。第一批开放市场定制的产品包括逻辑门指令编译模块、FPGA 中央处理模块、下位功能组件（"数字脉冲 I/O 模块"和"数字频率合成模块"）。QuSoil 系统提出通用量子计算机测控系统的 5 个基本标准（五大挑战）：能够以极其精确的时序接收和生成至少百量级的数字和模拟信号，并确保相位相干；能够以非常低的反应延迟完成量子纠错方案中的测量和控制；能够处理结构复杂的量子逻辑门协议，实现通用量子算法；能够满足灵活部署且可编程的需求，适应不断改进的实验硬件；能够满足硬件、驱动程序和数据分析软件的多样性诉求，以适应分布式和多平台环境。

（李军伟）

【中关村数智经济发展论坛举办】 3 月 31 日，由中国科协主办、中关村软件园等单位承办的中关村数

智经济发展论坛在京举办。市科协等单位有关负责人及社会组织、企业等的代表参加。与会代表分析数字化、智能化产业发展新趋势，展示数智前沿技术。会上，中关村软件园与 CSDN 签署战略合作协议，共建"中关村国际开源社区"。双方将深度合作，积极链接并整合开源技术、开源组织、科技服务、产业投资等资源，共建国际化开源创新社区。中关村软件园以开源生态建设为目标，将联合 CSDN 等开源机构和开源领军企业，共同建设集技术社区、项目孵化、基金投资、专业赛会、人才培养、国际交流等功能于一体的国际化开源创新社区，加快培育和落地一批开源技术及相关领域创新项目，支撑"科创中国"开源试点建设，促进开源生态优化发展。

（李军伟）

【实现 100 千米量子直接通信】 4 月 6 日，由北京量子信息科学研究院、清华大学龙桂鲁教授团队和清华大学陆建华教授团队合作设计的相位量子态与时间戳量子态混合编码的量子直接通信系统实现 100 千米量子直接通信，该成果在线发表于《光：科学与应用》杂志上。100 千米量子直接通信是迄今世界最长的量子直接通信距离。该系统说明现有的技术能够实现城市之间的点对点量子直接通信，传送简单短信，依靠感知和阻止窃听，保证通信安全。该系统采用相位量子态和时间戳量子态的混合编码，相位量子态具有自补偿性能，时间戳量子态用于抽样检测，降低噪声影响，因而具有高度的稳定性和极低的本征误码率（没有窃听时的误码率），结合具有更强纠错能力的极低码率 LDBCH 编码，有效提高安全通信容量、距离和速率。

（李军伟）

【华力创通机载北斗定位追踪设备获民航局适航认证】 4 月 7 日，北京华力创通科技股份有限公司自主研制的机载北斗定位追踪设备通过国家民用航空局的适航认证审查，获适航认证证书而取得进入民用航空领域的"通行证"。机载北斗定位追踪设备是基于中国北斗卫星导航系统适用于民航客机使用的定位追踪设备。

（李军伟）

【亚信科技获 iF 设计金奖】 4 月 11 日，德国汉诺威工业设计论坛（iF Industrie Forum Design）揭晓 2022 iF 设计奖（iF Design Award），亚信科技（中国）有限公司的 Asiainfo Digital Building（数字楼宇解决方案）3D 可视化作品从来自全球 57 个国家和地区的 10776 件作品中脱颖而出，获 iF 设计金奖（iF Design Award Gold）。该作品基于自身 3D 可视化平台产品 AISWare HyperView 设计完成，秉承以人为本的设计理念，采用 5G、物联网、大数据、人工智能和数字孪生等技术，致力于打造集安防监控、便捷通行、风险预防、精准服务等多种应用于一体的"有温度、善感知、智生长"的数字生命体。

（李军伟）

【中关村软件园入选第一批海外知识产权维权服务联络站名单】 4 月 25 日，由北京市知识产权维权援助中心（国家海外知识产权纠纷应对指导中心北京分中心）主办、中关村软件园承办的"高质量发展中的'引进来'与'走出去'"北京市海外知识产权保护成果发布暨主题沙龙活动举办。活动中，结合北京市创新主体需求，发布 3 项北京市海外知识产权维权援助服务成果。中关村软件园等 10 家单位入选第一批海外知识产权维权服务联络站名单。

（李军伟）

【深度学习技术及应用国家工程研究中心揭牌】 4 月 26 日，由百度公司牵头筹建的深度学习技术及应用国家工程研究中心揭牌。该研究中心由中国工程院院士潘云鹤担任技术委员会主任，面向国家重大战略任务和重点工程建设需求，开展关键核心技术研究，探索创新联合体模式，加速科技成果工程化、产业化进程。其前身是深度学习技术及应用国家工程实验室，由百度公司牵头筹建，联合清华大学、北京航空航天大学、中国电子技术标准化研究院、中国信息通信研究院共建。

（李军伟）

【亚信科技入选人工智能产业创新重点任务入围揭榜单位】 5 月，工业和信息化部"新一代人工智能产业创新重点任务入围揭榜单位"名单揭晓，亚信科技（中国）有限公司依托其自主研发的通用人工智能平台 AISWare AI 参与"人工智能开发服务平台及工具"领域申报，入选国家级榜单。通用人工智能平台 AISWare AI 是帮助政企客户构建大规模智能服务的基础设施，是企业智慧中台的中枢、企业数智化转型的基础赋能平台，能为企业提供算法模型分步构建和全生命周期管理服务，帮助客户将自身业务下沉为算法模型以支持业务价值挖掘，支撑企业智慧中台搭建，为全业务领域的数据驱动型应用提供注智服务，最终达到构建可复用、组合创新、规模化智能服务的目的。该产品已在通信、金融、能源、交通、政务、公共安全等领域应用。工业和信息化部组织的"新一代人工智能产业创新重点任务"项目主要聚焦人工智能产业发展的核心基础、智能产品、公共支撑 3 类创新任务，目的在于发掘培育一批掌握关键核心技术、具备较强创新能力的优势单位，突破一批人工智能标志性技术产品，加速新技术、新产品应用落地。

（李军伟）

【运用激光雷达技术发现树王】 5 月，西藏自治区墨脱县林业和草原局与北京大学牵头的科研团队合作，在墨脱县境内的背崩乡格林村发现一棵高达 76.8 米的不丹松。该不丹松刷新位于云南省高黎贡山 72 米秃杉树王的纪录，成为中国大陆已知的最高的一棵树。研究团队运用北京数字绿土科技股份有限公司研发的国内首套采用激光雷达技术的高通、无损获取全生育期作物三维表型信息的硬件观测平台。平台融合激光雷达、组合导航系统、SLAM 算法、摄影测量等技术实现三维空间实景的准确感知，可应用于森林火灾建模、濒危物种保护、水文建模和森林管理等行业。

（李军伟）

【中关村软件园成为数字经济标准工作组首批成员单位】 6 月 14 日，由工业和信息化部国家工业信息安全发展研究中心主办的全国两化融合标准化委员会数字经济标准工作组（TC573/WG9）第一次全体成员大会在北京通过线上和线下相结合的方式举办。大会审定数字经济标准工作组章程，确定工作组召集人和秘书长、副秘书长名单，宣布 TC573/WG9 首批成员单位名单，中关村软件园成为首批 41 家成员单位之一，是成员单位中唯一国家数字服务出口基地、唯一园区单位。

（李军伟）

【华如科技在创业板上市】 6 月 23 日，北京华如科技股份有限公司在深圳证券交易所创业板上市，股票简称华如科技，股票代码 301302。受疫情影响，上市仪式首次采用元宇宙直播间的形式举行，构建沉浸式虚拟空间，实现全国乃至全球的投资者相聚

云端，共同见证华如科技登陆深圳证券交易所创业板。华如科技成立于 2011 年 11 月，是专注于仿真产品研发与技术服务的高新技术企业。

（李军伟）

【《数据出境安全评估办法》政策宣讲会举办】 7 月 18 日，由市商务局、市委网信办、市经济和信息化局主办，中关村软件园与北京数字贸易协会承办的《数据出境安全评估办法》政策宣讲会在中关村软件园国家数字服务出口基地举办。来自大型数字经济企业、服务贸易和数字贸易企业的代表 30 余人参加。相关专家对《数据出境安全评估办法》的背景和要点进行解析，对各企业提出的相关问题进行解答；与会人员就《数据出境安全评估办法》的实施进行探讨交流。

（李军伟）

【2022 百度世界大会召开】 7 月 21 日，由百度在线网络技术（北京）有限公司与央视新闻联合举办的 2022 百度世界大会在线上召开。大会以"AI 深耕，万物生长"为主题。百度创始人、董事长兼首席执行官李彦宏及百度各业务领军人物出席。大会上，百度最新 AI 技术成果集中亮相，首发基于自动驾驶技术的重大突破、基于飞桨深度学习平台等多个全球领先产品。百度在预训练大模型领域又取得重大进展，并与中国航天共同发布全球首个航天领域的大模型。推出第六代量产无人车 Apollo RT6；发布 3 款围绕家庭健康相关领域的人工智能产品——小度添添智能健身镜 M30、小度语音智能闹钟及小度大屏护眼学习机 P20。百度智能云发布其在能源、制造、公共服务和农业等领域的进展。

（李军伟）

【2022 中关村融通创新高峰论坛举办】 8 月 10 日，由中关村软件园主办，以"携手并进，共创未来"为主题的 2022 中关村融通创新高峰论坛在中关村软件园举办。中国科协科学技术传播中心、市科协、中关村软件园领导与来自阿里巴巴、联想、华为、百度等企业的代表 100 余人参加。论坛回顾了中关村数字科技联合创新大赛六大赛道的亮点，华为、百度等企业分别展示赛道情况；华为、联想等企业的代表围绕智能化变革、"云物大移智"、数字经济发展与新生态三大主题发表演讲。中关村软件园发起成立"中关村企业融通创新联合体"，该平台旨在进一步整合多元化、市场化、国际化的创新资源，推动引链、布链、串联、延链，发挥桥梁与纽带作用。论坛上还进行两场圆桌会议，为中关村软件园营造良好的融通创新环境探索解决方案。

（李军伟）

【海光信息在科创板上市】 8 月 12 日，海光信息技术股份有限公司在上海证券交易所科创板挂牌上市，股票简称海光信息，股票代码 688041。海光信息成立于 2014 年 10 月，持续深耕高端处理器及相关领域，研制出性能领先的海光通用处理器（CPU）和海光协处理器（DCU）。

（李军伟）

【中关村软件园企业组团参加服贸会】 8 月 31 日至 9 月 5 日，中国（北京）国际服务贸易交易会在国家会议中心和首钢园区举行。中关村软件园组织 10 余家园区企业集中亮相，在电信、计算机专题展、综合展、教育服务展等展区集中展示数字服务最新成果。广联达科技股份有限公司展示基于智慧工地的智能硬件产品，包括国内首个 5G 建筑巡检机器狗、全景移动视频 AI 巡检系统等；北京捷通华声科技股份公司展示灵云智库、灵云数字人等 AI 产品；小船出海教育科技（北京）有限公司（"作业帮"）展示教育科技全套解决方案，包括智能答疑、智能练习、智能批改等领域先进技术；联想集团有限公司展示新 IT 解决方案与服务将成为推动各行业数字化智能化的实践案例；达闼科技（北京）有限公司展示了能表演戏剧的云端智能人形服务机器人、能送餐递物的室内多功能云端机器人、能介绍讲解的云端智能虚拟机器人。

（李军伟）

【《以数字化公共服务赋能出口基地高质量发展》入选创新实践案例】 9月1日，商务部、市政府在国家会议中心共同主办2022年中国国际服务贸易交易会"北京日"暨"两区"建设两周年主题活动，发布2022"两区"建设改革创新实践案例，集团报送的《以数字化公共服务赋能出口基地高质量发展》因创新性强、实用性好、具备示范意义入选，成为唯一入选的企业案例，也是市国资系统唯一入选案例。案例系统总结了中关村发展集团立足中关村软件园国家数字服务出口基地，通过完善共性技术支撑平台、建设智慧大脑平台、优化人才服务平台、打造智慧企业服务平台，推进数智园区建设，提升数智化服务水平，引领推动数字服务产业生态加速形成的主要做法和实践效果，为北京市7类14家国家级特色服务出口基地创新发展提供了参考。

（李军伟）

【第十一季"创新之源"大会举办】 9月6日，中关村软件园、中关村软件园孵化器在线举办第十一季"创新之源"大会，线上观众超2万人。工业和信息化部、海淀区政府、中关村科学城管委会等单位相关负责人，以及中国软件行业协会、中关村大数据产业联盟、北京股权交易中心等产学研机构专家学者和创投机构的代表、"创新之源"16强项目负责人共同参加活动。本季"创新之源"大会以"数智驱动融合创新"为主题，围绕人工智能、信息技术的大方向，聚焦智能制造、工业创新、数字孪生、集成电路和传感器等细分赛道进行专场评比，最终从近千个报名项目中筛选出16强进行决赛。最终，北京智芯仿真科技有限公司获一等奖。获奖企业将获最高价值百万元的孵化服务包，涵盖项目落地、科技金融、品牌推广、资源对接等方面的支持，并进入"双创加速营"进行重点孵化。会议还发布《2022中国AI技术应用场景市场研究及产品选型报告》。

（李军伟）

【中关村软件园"科技向北"系列活动举办】 9月6—8日，由中关村软件园主办的中关村软件园"科技向北"系列活动在线上举办。系列活动包括创新之夜音乐节、创新创业科技脱口秀"Zpark说"、电竞赛等。"月宫一号"总设计师、首席科学家刘红，奥运冠军、191运动空间创始人惠若琪等嘉宾在"Zpark说"活动中通过演讲与互动，分享前沿科技的秘密和脑洞大开的创新以及人生的精彩故事。电竞赛是面向全国线上用户和科技园区、企业举办的高规格、高科技、高人气的赛事表演活动，是集成科技、体育、电竞、表演、社交一站式全要素、全链条的科技体育互娱大会，聚集了64支企业竞赛团队。小米、腾讯、字节跳动旗下的3支参赛队伍最终获得前3名。

（李军伟）

【启明星辰与中国移动签署战略合作协议】 9月14日，启明星辰信息技术集团股份有限公司与中国移动通信集团有限公司签署战略合作协议。双方将在安全业务市场联合拓展、安全产品服务共同打造、安全能力体系协同建设、安全前沿领域协同创新等方面开展合作，并共同建立联合实验室，在网络安全、数据安全、应用安全、API安全、云安全等领域进行产品打磨与产品联合研发，创新合作平台，形成优势互补、平等互利、资源共享、共同发展的新局面。

（李军伟）

【亚信科技与央企合力构建"全场景"综合物流生态圈】 10月11日，亚信科技（中国）有限公司及其子公司亚信货云（北京）科技有限公司，与招商局集团旗下中国外运长航集团有限公司在京签署战略合作协议，共同推动信息技术赋能物流行业，合力构建"全场景"综合物流生态圈。根据协议，各方将基于各自信息技术与市场能力优势，加强产业合作，推进信息技术在物流供应链场景下的创新应用。中国外运长航将提供相关平台架构、业务场景和行业需求。亚信科技及旗下亚信货云提供产品、集成、服务、运营等技术能力，为平台场景搭建、业务应用、市场推广等提供支持；针对数据治理等需求，提供大数据、人工智能等相关底层软件和解决方案，以及面向特定场景的定制开发、部署和系统集成服务。

(李军伟)

【3 家企业入选北京市"隐形冠军"企业名单】10 月 25 日，市经济和信息化局、市工商联联合发布 2022 年北京市"隐形冠军"企业名单，全市共 12 家企业入选。中关村软件园北京天融信网络安全技术有限公司、北京千方科技股份有限公司、亚信科技（中国）有限公司 3 家企业凭借其在软件产品、解决方案和相关服务领域的专业性、突出的创新能力、领先的市场份额入选 2022 年北京市"隐形冠军"企业名单。北京市"隐形冠军"的认定标准，首要关注企业对产业链的支撑性、引领性，优先支持符合本市鼓励发展条件的高精尖产业和能够解决关键核心技术和工艺的企业。

(李军伟)

【中科汇联智能问答机器人系统入选互联网助力经济社会数字化转型特色案例】11 月 15 日，由工业和信息化部、深圳市政府共同主办的 2022（第二十一届）中国互联网大会在深圳开幕。本次大会以"发展数字经济促进数字文明"为主题，共设置基础设施、技术创新、融合发展、网络治理四大板块，推出 17 场分论坛。在特色仪式环节，《"互联网助力经济社会数字化转型"案例》发布。北京中科汇联科技股份有限公司"北京市昌平区政务服务管理局区政府门户网站 AICC 政务服务智能问答机器人"项目入选互联网助力经济社会数字化转型特色案例。该智能问答机器人系统以中科汇联客服中心智能化产品 AICC 统一智能交互中心平台为基础支撑，在产品创新性、智能性、成熟性、可信性和可推广性等层面均有突破。

(李军伟)

【中科曙光入选国家级智能制造标杆企业名单】11 月 23 日，在由江苏省政府、工业和信息化部、中国工程院、中国科协共同主办的 2022 世界智能制造大会上，发布了智能制造标杆企业（第六批）榜单，11 家企业入选 2022 年智能制造标杆企业。中关村软件园入驻企业曙光信息产业股份有限公司入选，成为具有行业代表性和示范效应的国家级标杆企业。

(李军伟)

【9 家企业获 2021 年度北京市科学技术奖】11 月 23 日，市政府发布《关于 2021 年度北京市科学技术奖励的决定》，授予北京市科学技术奖人物奖 16 项、项目奖 181 项。中关村软件园入驻企业和研究机构参与的项目获自然科学奖二等奖 1 项，科学技术进步奖一等奖 3 项、二等奖 4 项。其中，"高温超导体中压致超导再进入现象的发现与机理研究"项目获自然科学奖二等奖；"提升新能源消纳能力的大电网安全稳定量化评估与控制技术及应用""国家安全可控先进计算系统关键技术及应用""面向复杂交通场景的自动驾驶系统研发及产业化"项目获科学技术进步奖一等奖；"复杂装备数字化仿真测试验证关键技术研究与应用""认知智能驱动的多模态自然人机交互关键技术及应用""新一代道路交通数字化系统关键技术及应用""复杂场景卫星导航信号模拟发生装置研发与应用"项目获科学技术进步奖二等奖。

(李军伟)

【10 家企业上榜中国 2022 新型实体企业 100 强】11 月 27 日，中国企业评价协会在 2022 中国企业家博鳌论坛期间发布 2022 新型实体企业 100 强榜单，园区企业百度集团股份有限公司、科大讯飞股份有限公司、曙光信息产业股份有限公司、浪潮电子信息产业股份有限公司、神州数码集团股份有限公司、亚信科技控股有限公司、树根互联股份有限公司、国电南瑞科技股份有限公司、软通动力信息技术（集团）股份有限公司、北京千方科技股份有限公司等 10 家企业上榜。

(李军伟)

【全集成超低温量子比特控制芯片研制完成】11 月，北京量子信息科学研究院量子计算云平台团队与清华大学集成电路学院研究人员合作，在面向量子计算系统大规模集成的超低温 CMOS 量子比特控制芯片研究方面取得进展，相关研究被"芯片奥林匹克大会"ISSCC 2023 录用。研究团队在前期大量 CMOS 元器件超低温特性建模研究的基础上，设计出目前具有最低功耗水平的双通道量子比特控制芯片。该芯片基于极化调制技术，在 3.5K 超低温环境下可以产生超导量子比特控制所需的 X、Y 通道任意包络脉冲信号和 Z 通道偏置信号，同时集成片上本振、时钟、存储等电路，在国际上首次把单个量子比特控制能耗降低至 20mW 以下。该芯片在北京量子研究院量子计算云平台实现了对超导量子比特的有效控制，是国内首个公开报道的集成化量子比特控制芯片，在推进量子计算系统自主可控的集成化、小型化方面有关键支撑作用。

（李军伟）

【灵云 AICC 获 2022 中国最佳全媒体智能客服解决方案奖】 12 月，由呼叫中心与 BPO 行业资讯网（51Callcenter）主办的 2022（第十五届）大数据应用及呼叫中心产业峰会暨 2022（第十五届）"金音奖"中国最佳客户联络中心及卓越客服体验评选颁奖典礼在上海举办。园区入驻企业北京捷通华声科技股份有限公司研发的灵云 AICC 全智能客服解决方案获"2022 中国最佳全媒体智能客服解决方案奖"。

（李军伟）

【2 家企业获批博士后工作站】 2022 年，园区企业北京新领先医药科技发展有限公司和北京华如科技股份有限公司获批增设博士后工作站。至此，园区有百度集团股份有限公司、曙光信息产业股份有限公司、启明星辰信息技术集团股份有限公司等 24 家企业博士后科研工作站。

（李军伟）

【离子阱全系列教学模拟机推出】 2022 年，国开启科量子技术（北京）有限公司推出自主研发的离子阱全系列教学模拟机，用于模拟离子阱量子计算机并演示器部分功能，针对不同应用环境推出教学版、科普版以及科研版 3 款产品，可满足课堂、科普展览馆、实验室等场景对量子计算机教学的多层次需求。

（李军伟）

【百度智能云助力冬（残）奥会】 2022 年，在北京冬奥（残）会上，百度智能云通过"3D+"AI 技术解决运动员高速度、高难度动作还原的难题，将单人比赛项目变成"多人比赛"，实现冠、亚军比赛画面的三维恢复和虚拟叠加，让观众通过一个赛道看到不同选手的实时动作；通过时空定格技术把时

序的连续动作定格到 3D 空间，可让观众实现 360°多角度观看，动作清晰；利用虚拟现实技术对首钢滑雪大跳台进行三维重建与虚拟还原，打造首钢大跳台 1∶1 的场馆 3D 模型，观众可通过 3D 场景漫游的形式，从远景、全景、近景等多角度自由视角观赏大跳台，并可切换日景、夜景、水景等不同的视觉效果。

（李军伟）

【举办 5 次"Z 计划"二期双创加速营集结活动】 2022 年，中关村软件园"Z 计划"二期双创加速营举办 5 次集结活动。1 月 14 日，双创加速营培训老师带领企业走进百度，感受 AI 魅力，通过授课为企业在产业智能化技术和创投资源链接方面进行助力。1 月 15 日，双创加速营一行来到亚杰商会，听取企业家关于"创业 28 年，如何在商业价值中寻找生命意义""App 方法论：数字时代的品牌战略"等主题分享。7 月 6 日，双创加速营带领营员走访由清华大学联合清博智能组建的元宇宙文化实验室，全面了解元宇宙新领域，帮助企业开阔视野，并将元宇宙与各自所在的工业互联网、无人机、机器人、智能营销等业务形成结合。7 月 29 日，双创加速营一行参观联想"未来中心"，与联想专家进行交流，一起感知创新，握手未来。11 月 5 日，以增进了解，加强合作为目的，双创加速营培训老师组织加速营营员企业与投资机构导师进行拓展活动，搭建企业与投资机构间的沟通桥梁。"Z 计划"双创加速营二期通过专家公开课、走进一线大厂、科技金融课堂、户外拓展等系列活动，对入营学员进行集中扶持、培育，全面助力企业链接创投机构、开拓行业资源、打磨商业模式，推动金种子企业、优秀创新项目孵化落地，发展壮大。

（李军伟）

【中关村软件园推进国家数字服务出口基地和"两区"建设】 2022 年，中关村软件园深度推进国家数字服务出口基地和"两区"建设。建设数字服务出口基地公共服务平台和全市数字贸易行业的贸易大数据分析应用平台；在网信部门指导下持续推进数据出境合规评估试点的落地，建设数据合规和出境评估服务管理平台；发起成立国家数字服务出口基

地产业联盟，成为国家级数字经济标准工作组成员单位；"两区"建设成果《以数字化公共服务赋能出口基地高质量发展》《多元主体合力共建海外知识产权维权综合服务新体系》入选"两区"建设市级改革创新案例集，为国家级特色服务出口基地创新发展提供参考。

（李军伟）

【中关村软件园继续推进"科创中国"试点工作】
2022年，中关村软件园深入推进"科创中国"试点建设，承担并高质量完成"科创中国"产学融合会议项目和海外工程师型研发社区项目，推动开源社区建设，跟踪、服务企业需求2000余项，形成资源汇聚和需求对接平台，服务和支撑区域高质量的创新创业。

（李军伟）

【中关村软件园继续提升数智园区建设水平】2022年，中关村软件园继续提升数智园区建设水平，打造智慧化标杆园区。持续升级园区智慧大脑，启动园区智慧运营管理平台建设，提升园区数字化感知、综合指挥调度、数字化运营和协同处理等方面能力。打造覆盖全园区的边缘计算智慧化应用场景，推进数字化技术在产业组织和园区管理方面的辅助应用。启动人工智能大模型算法开放平台建设，进一步提高共性技术服务的精准化、专业化水平。完成行业内首个数据流程服务团体标准的起草工作，奠定了软件园在数智园区运营方面的主导地位。

（李军伟）

【为425家中小微企业减免费用6862.3万元】2022

年，中关村软件园认真调研企业需求，落实减租降费和帮扶措施。全年共为425家中小微企业减免房租及服务费6862.3万元。协助REITs楼宇40家企业减免房租2288万元。服务中科大洋等园区企业申报"房租通"。

（李军伟）

【中关村软件园通过国家"中小企业特色产业集群"认定】2022年，以中关村软件园为主体打造的"北京市海淀区行业应用软件产业集群"，通过国家"中小企业特色产业集群"认定。

（李军伟）

【52家企业入选北京市"专精特新"中小企业名单】2022年，市经济和信息化局共进行四批北京市"专精特新"中小企业名单的评选。其中，中关村软件园北京一径科技有限公司、北京赛博易安科技有限公司、北京君正集成电路股份有限公司等52家企业入选。

表16　2022年中关村软件园入选"专精特新"中小企业一览表

序号	企业名称	备注
1	北京一径科技有限公司	
2	北京睿信丰科技有限公司	
3	北京旗硕基业科技股份有限公司	
4	平行云科技（北京）有限公司	
5	北京软通智慧科技有限公司	
6	北京华胜锐盈科技有限公司	
7	北京赋乐科技有限公司	
8	北京蓝海讯通科技股份有限公司	
9	北京神州邦邦技术服务有限公司	
10	北京中友金审科技有限公司	第一批
11	北京微焓科技有限公司	
12	北京平安联想智慧医疗信息技术有限公司	
13	北京卓华信息技术股份有限公司	
14	北京中农信达信息技术有限公司	
15	北京安普诺信息技术有限公司	
16	云孚科技（北京）有限公司	
17	北京微网通联股份有限公司	
18	北京先见科技有限公司	
19	领航未来（北京）科技有限公司	

（续表）

序号	企业名称	备注
20	北京赛博易安科技有限公司	
21	北京基线天成科技有限公司	
22	北京博思廷科技有限公司	
23	北京天云海数技术有限公司	
24	北京观成科技有限公司	
25	北京南瑞怡和环保科技有限公司	
26	北京焱融科技有限公司	第三批
27	北京和协航电信息科技有限公司	
28	北京神州云动科技股份有限公司	
29	博云视觉（北京）科技有限公司	
30	北京蓝玛星际科技有限公司	
31	神州灵云（北京）科技有限公司	
32	北京东方网信科技股份有限公司	
33	北京君正集成电路股份有限公司	
34	北京康邦科技有限公司	第四批
35	北京赛搏长城信息科技有限公司	
36	北京国网信通埃森哲信息技术有限公司	

（续表）

序号	企业名称	备注
37	北京暖流科技有限公司	
38	北京通通易联科技有限公司	
39	北京博雅睿视科技有限公司	
40	北京汉王智远科技有限公司	
41	北京建恒信安科技有限公司	
42	北京华孚聚能科技有限公司	
43	北京云核网络技术有限公司	
44	北京广联达天下科技有限公司	
45	北京博思财信网络科技有限公司	第四批
46	小付钱包技术（北京）有限公司	
47	北京网田科技发展有限公司	
48	北京德鸿在线教育科技有限公司	
49	北京智精灵科技有限公司	
50	北京深光科技有限公司	
51	北京大鱼创想科技有限公司	
52	北京博阳慧源电力科技有限公司	

（李军伟）

中关村生命科学园

【概况】中关村生命科学园位于昌平区，东起京藏高速公路，西至京新高速公路，北到南沙河，南到回南北路。园区一期工程占地面积 130 万平方米，建设用地面积 103.49 万平方米，建筑面积 52 万平方米；园区二期工程占地面积 119 万平方米，建筑面积 83 万平方米。中关村生命科学园专注于生命科学基础研发和原始创新，率先在科技园区产业规划建设、产业组织服务、科研项目转化、孵化服务等方面探索出创新发展新路径，形成以基础研究为核心，包括研发、中试、生产、临床应用等模块在内的体系完整的生物医药产业链、创新链、服务链。园区以北京生命科学研究所、北京市药品检验所为基础支撑平台，以北大国际医院为临床试验平台，依托生物芯片北京国家工程研究中心、蛋白质药物国家工程研究中心等 7 个国家级工程化产业项目和美国健赞、瑞士先正达、丹麦诺和诺德等 8 家国际著名生物技术企业的企业研发中心，打造集生命科学研究、企业孵化、中试与生产、成果评价、鉴定、项目展示发布、风险投资、国际交流、人员培训于一体的国际一流的生物技术园区。园区由北京中关村生命科学园发展有限责任公司建设运营。

中关村生命科学园作为国内一流的生命科学研发和产业聚集区，形成以基础研究为核心，包括研发、中试、生产流通、临床应用等模块在内的完整产业链。在基础研究方面，落地北京生命科学研究所、北京脑科学与类脑研究中心、国家蛋白质工程中心、生物芯片北京国家工程中心等一批国际知名的科研机构。在研发中试方面，以保诺科技、康龙化成为代表的 CRO 企业为生物制药项目提供一体化药物研发、中试生产服务，聚集百济神州、诺诚健华、维泰瑞隆、华辉安健、原基华毅、丹序生物、炎明生物等国内外知名创新药企。在生产流通方面，吸引新时代健康集团、瑞康医药、扬子江药业、万

泰生物、宝日医等国内外重要药品、医疗器械生产流通企业。在临床应用方面，布局北京大学国际医院、北京大学第六医院、高博国际研究型医院、北京霍普甲状腺专科医院、北京大学康复医院等超过 3000 个床位的医疗资源，为入园企业创新药和医疗器械研发提供丰富的临床资源。

(谢泊晚)

【"同路·共生"医药健康产业生态伙伴交流会举办】1 月 12 日，由中关村生命科学园管委会、昌发展和中关村生命科学园公司联合主办的"同路·共生"医药健康产业生态伙伴交流会举办。来自医药健康领域的龙头企业、创新型生产及研发企业、科研院所、科学服务机构、金融机构及产业服务机构的专家、学者和企业家参会。活动设置主题分享及互动交流环节，聚焦生物医药、医疗器械、CXO、智慧医疗等领域，与会嘉宾共同探讨后疫情时代下全球医疗健康产业的未来趋势，分享产业洞察，深层互动交流。

(谢泊晚)

【第十六届"春晖杯"获选项目北京站对接医药健康领域专场活动举办】1 月 13 日，由北京海外学人中心主办、北京市留学人员生命园创业园承办的第十六届"春晖杯"获选项目北京站对接医药健康领域专场活动举办，旨在助力北京国际科创中心建设，吸引海外优秀人才、优质创业项目落地，推动国际科技创新与合作。会上，中关村生命科学园孵化器入驻企业北京唯公医疗技术有限公司创始人李为公结合自身创业经历，为创业企业分享团队建设、项目落地及融资等方面的经验。路演环节，CV Detect 人工智能 CVD 快速诊断平台、腹腔镜手术人工智能 AI 辅助系统等 5 支"春晖杯"获选项目团队进行项目展示。项目负责人围绕项目创新内容、领域技术、团队情况及市场机遇、发展规划等

方面组织展示活动，项目的创新性、发展前景和社会价值得到参会资方的高度评价。"春晖杯"大赛自 2006 年设立以来已连续举办 16 届，构建起自项目遴选、引导、培育和对接到项目落地、孵化和产业化的一整套完整的服务体系，鼓励和吸引一大批海外留学人员，特别是高层次留学人员投身国家建设，充分发挥了海外留学人员在科技创新、自主创新、高端创新方面的生力军作用。

（谢泊晚）

【百世诺通过 CAP NGS-A 2021 室间质评】1 月，美国病理学家协会公布 NGS-A 2021：Next Generation Sequencing（NGS）-Germline 室间质评结果，中关村生命科学园入驻企业百世诺（北京）医疗科技有限公司通过该项能力验证，意味着百世诺的质量体系规范性和检测结果可靠性获得美国食品药品监管局（FDA）等国际审查机构的认同。

（谢泊晚）

【医药科技中心雨水花园入围《中国景观实践》】4 月，中关村生命科学园医药科技中心雨水花园设计成功入围《中国景观实践》。《中国景观实践》由中国城市科学研究会景观学与美丽中国建设专业委员会策划编制，共收到来自全国各大院校、企业等机构的 300 多份有效投稿作品。经过组委会初选，123 份作品通过初选。其中，由偶木智造（北京）规划设计有限公司设计的中关村生命科学园医药科技中心雨水花园设计项目入围。

（谢泊晚）

【张浩千入选"中国 40 位 40 岁以下的商界精英"榜单】6 月 22 日，全球最具影响力的商业杂志《财富》中文版公布 2022 年度"中国 40 位 40 岁以下

的商界精英"榜单（Fortune 40 Under 40）。蓝晶微生物（Bluepha）联合创始人兼 CEO 张浩千博士凭借其在创新创业中的成就入选。

（谢泊晚）

【蓝晶微生物加入联合国全球契约组织】6 月 23 日，蓝晶微生物正式加入联合国全球契约组织（United Nation Global Compact，UNGC），成为中国第一家加入联合国全球契约组织的合成生物学公司。蓝晶微生物将加强与联合国全球契约组织的合作，持续为社会提供更加可持续的解决方案。

（谢泊晚）

【中关村生命科学园获"昌聚杯"优秀组织奖】6 月 28 日，在第五届"创业北京"创业创新大赛选拔赛暨"昌聚杯"第五届创业创新大赛颁奖仪式上，中关村生命科学园发展有限责任公司荣获"优秀组织奖"。

（谢泊晚）

【"大脑功能和病理的神经通路"国际会议举行】7 月 28—29 日，由 Nature Portfolio 和北京脑科学与类脑研究中心主办的 2022 中关村论坛系列活动之一——"大脑功能和病理的神经通路"国际会议在京举行。会议邀请 16 位来自中国、德国、英国、美国、法国、日本等国家的脑认知科学前沿研究人员，分别围绕奖赏和学习的神经基础、感知的神经基础、神经退行性疾病和肿瘤相关的大脑疾病 4 个主题，分享"皮质—杏仁核通路之于奖赏贬值与快感缺失的影响""饥渴状态下动机与进食之间的关系""过度兴奋的边缘神经元代表性满足状态并抑制交配动机""猕猴在有声交流中的皮质动力学""脑棘突触的机械作用对学习与记忆的影响""神经多样性的产生和脑细胞类型的多样性""多个分析和控制大脑方面的研究工具""关于神经变性的遗传分析研究提示了损伤反应途径的失效""小胶质细胞和周围巨噬细胞在肌萎缩性侧索硬化症中的影响""朊病毒病中的蛋白质感染因子""退行性疾病中错误折叠蛋白的传递"等最新研究成果。本次活动共约 2200 人注册，吸引约 3000 人次在线观看。

（谢泊晚）

【北京脑科学与类脑研究中心二期竣工】7 月，北京脑科学与类脑研究中心二期完成竣工验收。中心总建筑面积约 53787 平方米，主要分为科研、平台、转化、配套、服务五大功能区，建成 50 个独立实验室和 10 个技术辅助中心，成为集基础研究、临床研究、应用研究、多学科交叉融合和成果孵化、转化于一体的国际化基地。

（谢泊晚）

【中国创新创业大赛北京赛区生物医药行业赛举办】 8 月 11 日，由中关村生命科学园管委会、北京中关村生命科学园发展有限责任公司、北京昌平科技园发展有限公司、北京创业孵育协会主办，北京脑科学与类脑研究中心、北京恒润普生生物技术有限公司、北京科技咨询业协会承办的第十一届中国创新创业大赛北京赛区生物医药行业赛暨第七届北京创新创业生物医药与人工智能领域主题赛复赛在中关村生命科学园举办。比赛围绕产业链部署创新链，围绕创新链布局产业链，积极构建企业为主体、市场为导向、产学研深度融合的创新要素集聚平台，不断激发市场主体活力，推动全市创新创业高质量发展。本次比赛采用"线上汇报、线下打分"的形式分为两组进行，各企业的代表通过线上答辩的方式，在规定时间内对各自项目的应用背景、技术核心、赛道优势、预估投入、未来前景等进行简明扼要的讲解，来自金科君创、新湾 novaBAY、荷塘创投、启航基金、汉典制药、汉康资本、崇德英盛基金等机构的 10 位评委从技术和产品、商业模式及实施方案、行业及市场等方面进行提问和点评。从初赛中脱颖而出的 63 家企业参与了复赛。

（谢泊晚）

【中关村生命科学园知识产权公共服务工作站获评 2021 年度优秀工作站】 8 月 23 日，北京市知识产权公共服务工作会召开。会上公布 2021 年度 13 家知识产权公共服务优秀工作站名单，中关村生命科学园知识产权公共服务工作站入选。中关村生命科学园知识产权公共服务工作站作为知识公共服务工作站、商标品牌指导站、海外知识产权维权服务联络站，通过线上咨询、线下培训，设立图书角，走访企业等方式，致力于为生物医药企业提供专业、高效的知识产权政策解读、布局、维权等服务。

（谢泊晚）

【昌平生命谷国际精准医学产业园工程启动】 8 月 31 日，昌平生命谷国际精准医学产业园工程启动仪式举行。昌平生命谷国际精准医学产业园由昌平科技园发展有限公司与康桥资本共同打造，作为生命科学园三期的首发项目，位于生命科学园一期、二期南侧，将承接一期、二期研发成果转化功能，园区规划建筑规模约 24.57 万平方米，以 4 个片区、1 个社区中心的结构，为从事生命科学研究的科学家、研发人员以及相关从业人员打造互联、创新、低碳的社区。园区将面向精准诊断、靶向治疗、免疫治疗等精准医学方向，聚焦细胞治疗、基因治疗等前沿技术赛道，配套产业服务平台和供应链平台，重点引进跨国公司研发中心、国内上市公司和领军企业全国或北方总部以及全球顶尖科研机构落户，积极承建以国家实验室、北京生命科学研究所、北京大学、清华大学等为代表的科研机构和高校的原始创新成果转化、产业化项目。已有丹序生物、华夏英泰、博雅辑因、中因科技等 13 家企业首批签约入驻。

（谢泊晚）

【诺诚健华上海证券交易所科创板上市】 9 月 21 日，中关村发展集团投资企业北京诺诚健华医药科技有限公司（上海证券交易所代码：688428；香港联交所代码：09969）登陆上海证券交易所科创板，成为在上海证券交易所科创板和港交所两地上市的生物科技公司。诺诚健华是集团 2015 年以自有资金委托贷款附认股权方式投资 2000 万元支持的企业，入驻中关村生命科学园。诺诚健华将本次科创板发行的募集资金净额投入新药研发、药物研发平台升级、营销网络建设、信息化建设以及补充流动资金等方面。中国国际金融股份有限公司是本次科创板发行的保荐机构和联席主承销商，高盛高华证券有限责任公司、摩根大通证券（中国）有限公司和粤开证券股份有限公司是本次科创板发行的联席主承销商。（诺诚健华于 2015 年由崔霁松和施一公联合创立，是一家立足中国面向全球的生物医药高科技企业，打造了一体化的生物医药创新平台、具有强大市场前景的产品管线，覆盖血液瘤、实体瘤和自身免疫性疾病等领域。）

（谢泊晚）

【邵峰院士获威廉·科利奖】9月27日，美国纽约癌症研究所将2022年度威廉·科利奖（William Coley Award）授予邵峰院士。邵峰院士是自1979年以来首位基于中国本土作出原创科学发现而获此殊荣的科学家，并作为获奖代表进行主旨演讲。邵峰院士是北京生命科学研究所资深研究员、生命园创投基金投资企业北京炎明生物科技有限公司的创始人。

（谢泊晚）

【3家企业入选北京民营企业科技创新百强榜单】9月，北京市工商联、中国工商银行北京市分行联合召开2022北京民营企业百强发布会，发布2022北京民营企业科技创新百强榜单，中关村生命科学园入驻企业北京万泰生物药业股份有限公司、北京泛生子基因科技有限公司、数坤（北京）网络科技股份有限公司位列其中。

（谢泊晚）

【博雅辑因入选"2022中国医药创新种子企业100强"榜单】9月，博雅辑因入选"2022中国医药创新种子企业100强"榜单。该榜单基于科睿唯安Derwent™专利数据及Cortellis™竞争情报和临床试验数据，通过对授权专利数量和专利施引总量、在研临床试验数量、获批与上市新药数量等方面指标进行数据化处理，从5000多家中国药企中遴选产生。

（谢泊晚）

【百世诺通过NCCL室间质评】9月，中关村生命科学园入驻企业百世诺（北京）医学检验实验室通过国家卫生健康委临床检验中心（National Center for Clinical Laboratories，NCCL）组织的"遗传病高通量测序检测生物信息学分析"室间质评，该室间质评用以评估实验室遗传病高通量测序检测生物信息分析能力和遗传病致病性解读能力。

（谢泊晚）

【4家企业入选北京市"专精特新"中小企业】10月9日，市经济和信息化局印发《关于对2022年度第四批北京市"专精特新"中小企业名单进行公告的通知》，中关村生命科学园入驻企业北京质肽生物医药科技有限公司、华辉安健（北京）生物科技有限公司、北京蓝晶微生物科技有限公司及北京慧宝源生物技术股份有限公司等4家企业入选。

（谢泊晚）

【康为世纪登陆科创板】10月25日，中关村生命科学园入驻企业江苏康为世纪生物科技股份有限公司成功登陆科创板，股票简称"康为世纪"，股票代码"688426"。首发价为48.98元/股，发行市盈率40.8倍，发行2329.03万股。此次募集资金将用于医疗器械及生物检测试剂产业化项目、康为世纪营销网络建设项目、分子检测产品研发项目和补充流动资金。

（谢泊晚）

【诺诚健华第二代泛TRK小分子抑制剂ICP-723完成首例青少年患者给药】10月28日，中关村发展集团投资企业北京诺诚健华医药科技有限公司宣布，其自主研发的第二代泛TRK小分子抑制剂ICP-723在中山大学肿瘤防治中心儿童肿瘤科完成首例青少年患者给药，这也是ICP-723在成人患者中显示良好安全性和有效性后，首次在青少年（12周岁到18周岁）患者中开展临床研究。ICP-723是诺诚健华在全球拥有自主知识产权的1类创新药，用于治疗携带NTRK融合基因的晚期或转移性实体瘤，包括乳腺癌、结肠癌、直肠癌、肺癌、甲状腺癌、肉瘤等，以及对第一代TRK抑制剂产生耐药的患者。

（谢泊晚）

【2022北京·昌平生命科学国际论坛举办】11月17—20日，由市科委、中关村管委会，市科协，昌平区政府共同举办的2022北京·昌平生命科学国际论坛在"云端"举办。本届论坛以"探索生命共创未来"为主题，包括开幕式、主论坛和6场专题论坛，122位各界人士发表主旨报告、专题演讲百余场，集中签约26个项目。主论坛上，诺贝尔生理学/医学奖获得者托马斯·苏德霍夫、朱尔斯·霍夫曼，王晓东、贝德年、叶祥忠等国内外知名科学家和专家，以及医疗机构、投资机构、行业协会和商会组织、国内外医药企业的代表围绕当今生命科学和医药健康产业发展前沿共话发展与合作。6个专题论坛涵盖医药健康产业从研发创新到产业化

落地的全生命周期。论坛活动上，昌平科技产业母基金群启动。

（谢泊晚）

【唯公科技全自动流式荧光发光免疫分析仪获证上市】 12 月 6 日，生命园创投基金投资企业唯公科技设计开发出中国第一台基于自主磁性编码微球的全自动流式荧光发光免疫分析仪（EasyPlex2200），获得药监部门颁发的医疗器械 Ⅱ 类注册证，批准上市销售。

（谢泊晚）

【医药科技中心项目获"2022—2023 年度国家优质工程奖"】 12 月，医药科技中心项目获"2022—2023 年度国家优质工程奖"。国家优质工程奖设立于 1981 年，是经国务院确认的中国工程建设领域设立最早，规格最高，跨行业、跨专业的国家级质量奖，倡导"追求卓越、铸就经典"的工程管理理念。此奖项是对中关村生命科学园公司全面、系统、科学、经济的工程管理理念及管理方式的肯定。

（谢泊晚）

【邵峰获 2022 年度陈嘉庚科学奖生命科学奖】 12 月，2022 年度陈嘉庚科学奖获奖名单公布，北京生命科学研究所研究员邵峰获 2022 年度陈嘉庚科学奖生命科学奖。

（谢泊晚）

【助力细胞与基因治疗的产业化 CGT 系列讲座举办】 2022 年，北京中关村生命科学园管委会指导，昌发展、中关村生命科学园公司、赛默飞联合举办了 HIBIO 创新加速营"创新赋能，助力细胞与基因治疗的产业化"CGT 系列讲座。讲座吸引中国生物、百济神州、华夏英泰、镁伽、济凡生物、可瑞生物、荷塘生华、中因科技、人类遗传资源样本库、赛赋医药、慧心医谷、北赛泓升、乐普医疗、中国科学院、百度、中金、海通证券等 600 余家企业、科研院所和投资机构参加。嘉宾围绕基因治疗的上下游工艺优化、细胞 / 基因治疗实验室信息化建设和质量控制、细胞 / 基因治疗临床试验的挑战与对策等方面内容进行主题分享和交流。

（谢泊晚）

【中关村生命科学园青年公寓（专家公寓）及商业配套项目推进】 2022 年，继续推进中关村生命科学园青年公寓（专家公寓）及商业配套项目。该项目位于昌平区中关村生命科学园 18 号地块，总占地面积 2.19 公顷，总建筑面积 7.85 万平方米，2007 年 11 月 26 日取得国有土地使用权并启动开发，2021 年 12 月 25 日开工建设，预计 2025 年初建成投用。本项目定位为 CPNL 核心区配套的专家人才公寓、商业综合体、公共服务设施，建成后将形成特色鲜明、功能先进、配套完善的"生活＋工作"一体化智慧型科技创新服务社区，为顶尖科学家和科技创新人才提供精准的生活配套，将极大地满足生命科学园园区高端人才的居住需求，促进园区居住和配套服务水平的提升，带动高品质建设与产业升级，实现职住平衡，推动园区产业良性发展与城市规划统筹结合，真正实现"产城融合"，为北京推动"生命谷"建设，加快打造全球领先技术创新高地、协同创新先行区、创新创业示范城贡献力量。

（谢泊晚）

【中关村生命科学园通过国家"中小企业特色产业集群"认定】 2022 年，以中关村生命科学园为主体打造的"北京市昌平区生命科学产业集群"，通过国家"中小企业特色产业集群"认定。

（谢泊晚）

中关村集成电路设计园

【概况】 中关村集成电路设计园位于海淀区中关村科学城北区，占地面积 6 万平方米，建筑面积 22 万平方米。园区立足于国家、北京市及中关村加快集成电路设计产业发展的战略要求，以实现经济效益与社会效益双赢为导向，以推动集成电路设计产业创新发展为动力，按照"泛 IC 领域创新生态集成服务商"的战略定位，聚集创新要素，吸引高端人才，优化营商环境，创新管理体制，抢占未来先机，促进园区高质量发展，与"双创"主体共成长，努力建设世界一流的集成电路设计园和创新高地。园区由北京中关村集成电路设计园发展有限责任公司建设运营。

2022 年，园区销售签约面积 3000 余平方米，基本完成园区销售去化，自持空间出租率近 100%；通过优化整合空间资源新增运营空间 5000 余平方米，承接南中轴国际文化科技园项目新增运营面积 7.1 万平方米。园区创新"认股权 +"产投联动业务新模式，推出"认股权 + 投资 + 服务换收益权 + 外部合作"系统性组合拳，建立产投联动闭环体系，新增认股权企业 35 家，实现基金对认股权行权项目 3 个；持续深挖"认股权池"内优质企业，与 3 家初创型企业签订"服务换收益权"协议；探索"认股权 + 项目合作"新模式，达成首例园区对外认股权拓展项目合作。芯创基金一期累计完成出资项目 9 个，出资金额 1.67 亿元；芯创基金二期募资工作稳步推进。提升园区生态和公司品牌，举办第六届"芯动北京"中关村 IC 产业论坛、中关村半导体金种子企业成长营等产业活动。积极履行社会责任，落实减租降费和帮扶措施，对园区符合条件的 109 家小微企业减免 6 个月租金，减免房租金额达 3300 余万元。2022 年，园区企业总产值约 460.7 亿元，地均产出 7678.3 亿元 / 平方公里，是中关村示范区的 39.5 倍。截至 2022 年底，园区累计入驻比特大陆、兆易创新、地平线、普源精电、豪威科技等泛集成电路企业 115 家，入驻企业员工达 6000 余人。其中，上市企业 11 家、准上市企业 5 家、独角兽企业 5 家。园区企业累计获知识产权授权近 9000 项，参与标准制定 83 项，其中国家及行业标准 17 项。

（李松龄）

【云合智网完成超 4 亿元 Pre-A+ 轮融资】 2 月 25 日，中关村集成电路设计园入驻企业杭州云合智网技术有限公司完成超 4 亿元 Pre-A+ 轮融资。本轮融资由海松资本领投，龙湖资本、混沌投资、银盛泰资本、萧山开发区产业基金、招商证券、芯创集成电路基金、分享投资、华盖资本跟投，老股东前海母基金、活水资本、临芯资本、金沙江资本等持续加注，光源资本继续担任独家财务顾问。融资用于加速芯片研发及市场落地，进一步完善团队建设。

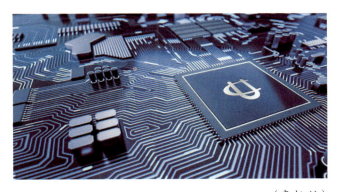

（李松龄）

【普源精电科创板 IPO 注册获批】 3 月 1 日，证监会发布关于同意普源精电科技股份有限公司首次公开发行股票注册的批复，同意中关村集成电路设计园入驻企业普源精电首次公开发行股票的注册申请。普源精电是中国领先的仪器解决方案提供商，主要产品包括数字示波器、波形发生器、射频类仪器、电源及电子负载、万用表及数据采集器等，350 余件专利申请获批。

（李松龄）

【文安智能获 WSF 双项认证】 3 月 17 日，中关村集成电路设计园入驻企业北京文安智能技术股份有限公司获得由国际权威标准认证机构世标认证（WSF）颁发的 ISO 27001（信息安全管理体系）与 ISO 27701（隐私保护管理体系）双项认证。ISO 27001 是目前世界上应用最广泛和最典型的信息安全管理标准，它在 14 个控制域提出 35 个安全控制目标和 114 个控制措施，如信息安全策略、信息安全组织、人力资源安全、资产管理、访问控制、物理和环境安全等，帮助企业更好地识别并应对信息安全风险。

（李松龄）

【"华为杯"第四届中国研究生创"芯"大赛颁奖典礼举办】 3 月 18 日，由中关村集成电路设计园承办的"华为杯"第四届中国研究生创"芯"大赛竞演及颁奖典礼在 IC PARK 落下帷幕。本届大赛以"使命担当，创芯有我"为主题，自 2021 年 4 月启动以来，共有来自全国 101 所研究生培养单位的 499 支队伍报名参赛，参赛学生 1439 人，指导教师 427 人。大赛历经初赛评选、基础题笔试、答辩、上机设计、现场路演环节等，西安电子科技大学"红星闪闪小分队"、华东师范大学"闵大荒耕耘者"、北京航空航天大学"F928"3 支队伍获大赛最高荣誉"创'芯'之星"，12 支队伍获一等奖，34 支队伍获二等奖，52 支队伍获华为、新思科技等 9 家企业设置的专项奖，来自北京航空航天大学、复旦大学等 10 所高校的 18 位教师获最佳指导教师奖，包

含 IC PARK 在内的 20 家单位获大赛优秀组织奖。此次活动进行全程在线直播，来自全国各大高校、企业、科研机构等集成电路行业的专家、研究生参赛选手线上参加。

（李松龄）

【永信至诚获 CITIVD 技术支撑单位证书】 3 月，国家工业信息安全发展研究中心颁发"信创政务产品安全漏洞专业库技术支撑单位"证书，经过 6 个月的考核择优，中关村集成电路设计园入驻企业北京永信至诚科技股份有限公司入选。信创政务产品安全漏洞专业库（CITIVD）依据《网络产品安全漏洞管理规定》，面向信创产品提供者、网络产品安全漏洞收集平台和其他发现漏洞的组织或个人，收集、上报并验证信创产品安全漏洞，旨在提高国家信创重大漏洞和重要安全事件的发现、分析、处置能力，进一步助力信创领域安全漏洞研究、事件解读，形成漏洞 / 安全事件的收集、分析、处置、披露的良性机制，从而提高中国信息安全漏洞 / 安全事件的研究水平和预警能力。

（李松龄）

【普源精电登陆 A 股科创板】 4 月 8 日，中关村集成电路设计园入驻企业普源精电科技股份有限公司（RIGOL）在上海证券交易所 A 股科创板上市，股票简称普源精电，股票代码 688337.SH。根据普源精电中长期战略发展计划，本次募投项目旨在释放

公司新产品产能，进一步提升公司自主研发能力，推进核心技术突破与产品迭代更新。

（李松龄）

【兆芯获"2021最具影响力自主可控国产品牌"奖】

4月26日，中关村集成电路设计园入驻企业兆芯在《微型计算机》主办的2021年度品牌影响力调查活动中获"2021最具影响力自主可控国产品牌"奖。"年度品牌影响力调查"由《微型计算机》1998年发起并主办，活动覆盖整个IT产品市场和消费者。2021年度《微型计算机》品牌影响力调查活动历时40天，有效投票达到20万份以上。

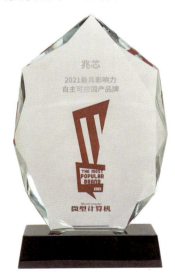

（李松龄）

【"Hello Hobot"地平线机器人开发平台发布会举办】 6月14日，中关村集成电路设计园入驻企业地平线机器人于线上举办"Hello Hobot"地平线机器人开发平台发布会，推出国内首个软硬一体、开放易用的机器人开发平台——Horizon Hobot Platform。该平台使用地平线旭日®系列芯片为算力基石，针对机器人开发的痛点，为开发者提供

从底层计算、开发工具到算法案例的整套机器人开发服务，有效提升机器人开发效率，推动行业发展和产业繁荣。

（李松龄）

【中关村集成电路设计园2021年度"三会"召开】

6月21日，中关村集成电路设计园公司召开2021年度股东大会、第三届董事会第二十二次会议、第三届监事会第四次会议，公司三方股东代表、董事、监事及经营班子成员参加大会。会议审议通过《2021年度董事会工作报告》《2021年度监事会工作报告》《2021年度总经理工作报告》等7项议案。中关村集成电路设计园公司董事会、监事会及经营班子代表分别作了年度工作报告。会议指出，通过一年的努力，园区疫情防控工作取得显著成效，企业聚集更明显，产业服务更坚实，配套环境更完善，"双创"氛围更浓厚，品牌价值更突出。园区坚定落实"一基两翼"发展战略，高质量改革转型发展态势向好，深入贯彻"轻资产、强服务、活机制"经营方针，在持续优化园区产业生态、加快公司战略转型、努力打造世界一流集成电路设计产业园区的道路上迈出坚实的一步。股东代表对公司2021年取得的成绩给予肯定，表示会一如既往地支持中关村集成电路设计园公司各项工作，并提出希望股东之间加强合作，发挥各自资源优势，寻找新的合作契机。

（李松龄）

【ISO 9001质量管理体系启动会召开】 7月7日，中关村集成电路设计园ISO 9001质量管理体系启动会召开，公司领导班子成员及各部门负责人参加会议。通标标准技术服务有限公司高级讲师宣贯ISO

质量管理体系发展历程及相关核心标准，并对实施计划做了详细安排。中关村集成电路设计园公司召开动员会，指出 ISO 9001 质量管理体系认证是集团质量管理和标准化建设三年行动计划的重点任务，是公司和园区实现高质量发展的重要抓手。企业要想通过 ISO 9001 质量管理体系的认证，必须全面梳理优化公司跨部门流程和工作标准，优化绩效考核工作方法，在公司和园区牢固树立客户价值导向的动态企业文化，提高公司运营效率和服务工作水平。会议强调，各部门及全体员工要配合并全面落实 ISO 9001 质量管理体系认证各项工作安排，通过细化全过程工作标准，控制运营风险，参与 ISO 9001 质量管理体系认证，提升公司规范化管理水平，为创建世界一流园区打下坚实基础。

（李松龄）

【华峰测控全球交付量达 5000 台】 7 月 18 日，中关村集成电路设计园入驻企业北京华峰测控技术股份有限公司 STS 8000 系列测试机全球第 5000 台交付仪式在北京总部举办。华峰测控国内子公司、各地技术中心、海外子公司以网络视频会议形式接入参加。华峰测控于 1 月 18 日正式入驻园区，是科创板上市企业，已成长为国内最大的半导体测试系统本土供应商，也是为数不多向国内外知名芯片设计公司、晶圆厂、IDM 和封测厂商供应半导体测试设备的中国企业。其开放实验室当日投入使用。

（李松龄）

【《民法典》背景下的合同法律风险防范讲座举办】 7 月 21 日，中关村集成电路设计园邀请公司常年法

律服务机构——北京市易和律师事务所的执行合伙人律师为公司全体员工作题为《民法典》背景下的合同法律风险防范"的讲座。律师以多年法律实践为素材，系统翔实地讲解了《民法典》背景下合同的构成要素等基本知识，着重提示合同签订及履行过程中的风险及其防范要点，并结合公司实务对合同管理问题提出建议。

（李松龄）

【第六届"芯动北京"中关村 IC 产业论坛举办】 8 月 19 日，由中国半导体行业协会集成电路设计分会、北京中关村集成电路设计园发展有限责任公司主办，中关村集成电路设计园产业服务平台、中关村芯学院、北京中关村芯创集成电路设计产业投资基金、北京芯创空间科技服务有限责任公司承办的 2022 中关村论坛系列活动——第六届"芯动北京"中关村 IC 产业论坛以线上云会议方式举办。本届论坛以"开源、开放，共生、共荣"为主题，国内外行业专家聚焦 RISC-V 进行交流，共绘 RISC-V 与芯片开源发展新蓝图。RISC-V 国际基金会、OpenHW Group 和 CHIPS Alliance 三大国际开源组织的专家以及中国工程院院士倪光南、中国科学院计算技术研究所副所长包云岗等分析国内外开源生态发展趋势和商用推广情况；市经济和信息化局有关负责人介绍北京市与中国科学院共同成立的北京开源芯片研究院的建设发展情况；IC PARK 两家入园企业地平线、芯来科技分别介绍开源芯片在智能汽车生态、处理器 IP 等不同应用领域的市场前景和技术发展。论坛上还发布 IC PARK 产业生态聚集宣传片，举行 IC PARK 共性技术服务中心揭牌仪式和

IC PARK 创新生态金融支持战略合作伙伴计划签约仪式。作为本届论坛的重要环节之一，基石酷联等7个精选路演项目负责人以及24家投资机构现场参加"IC PARK 芯创之星"项目路演。北京市委、市政府，清华大学，中国半导体行业协会集成电路设计分会，工业和信息化部电子信息司，市科委、中关村管委会，市经济和信息化局，海淀区委、区政府，以及相关委办局的领导、业界专家、IC 企业的代表等以线上形式参加会议，累计吸引全国超23万人次在线观看。

（李松龄）

【中关村半导体金种子企业成长营举办】 8月25日，由中关村发展集团与亚杰商会合作创办的中关村半导体金种子企业成长营首期班师生见面会在中关村集成电路设计园举办。半导体首期班吸纳的学员来自近20家不同赛道、不同阶段、不同规模的优秀泛 IC 企业，聚合集团体系 IC 全产业链服务资源，提供导师"一对一"辅导、"一对多"创业培训、"多对一"发展咨询、"多对多"资源对接等八大类服务，全部"公益免费"，助力营造北京集成电路创新发展小生态。会上介绍中关村半导体金种子企业成长营首期班学员的筛选标准、培训体系、导师阵容及组合规则。半导体首期班聚集一批具有原始创新、颠覆性解决"卡脖子"技术问题的优质项目负责人，旨在利用集团全 IC 产业链要素资源和亚杰商会的优秀模式为企业解决发展过程中的需求和问题，合力孵化出"中国的德州仪器"。来自中关村集成电路设计园、中关村芯园、中关村芯海择优、中关村资本等的成长营导师分别结合公司发展发表讲话，优秀的泛 IC 入

营企业的代表分别介绍了各自的创业经历以及企业的发展情况。本次入营企业主营业务涵盖集成电路产业多个前沿方向，包括硅光计算、氮化镓、Chiplet 等。

（李松龄）

【兆易创新发布 GD32A503 系列首款车规级 MCU】 9月20日，中关村集成电路设计园入驻企业兆易创新科技集团股份有限公司发布首款基于Cortex-M33 内核的 GD32A503 系列车规级微控制器，正式进入车规级 MCU 市场。该系列产品以均衡的处理性能、丰富的外设接口和增强的安全等级，为车身控制、车用照明、智能座舱、辅助驾驶及电机电源等多种电气化车用场景提供主流开发之选。GD32A503 产品组合提供4种封装共10个型号，已通过前期用户验证。

（李松龄）

【中庆入选国家级专精特新"小巨人"企业】 9月28日，市经济和信息化局公布工业和信息化部审定的"第四批国家级专精特新'小巨人'企业名单"，中关村集成电路设计园入驻企业北京中庆现代技术股份有限公司凭借其研发技术实力和自主创新能力，以及在教育人工智能应用中的突出表现，在上万家申报企业中脱颖而出，成功晋级国家级专精特新"小巨人"企业。现代中庆人工智能产品已进入数千所学校，是教育部教育技术与资源发展中心"智能研修平台全国应用试点工作"全国技术支持单位，携手华南师范大学共建"师范生智能实训关键技术与场景示范产学研基地"等。

（李松龄）

【地平线征程®5全球首发上市】 9月30日，地平线征程®5芯片全球首发量产车型——理想L8正式上市。此次发布标志着地平线与理想汽车合作全面进化升级，正式开启国产大算力智能驾驶芯片的规模化量产时代。征程®5是地平线面向高等级自动驾驶打造的第三代车规级产品。基于软硬协同优化的技术理念，征程®5单颗芯片算力高达128 TOPS，拥有业界领先的真实计算性能。理想AD Pro采用以视觉为主的多传感器融合方案，以及由理想汽车全栈自研的感知、决策和控制算法，征程®5作为算力基石，将高效支撑理想AD Pro的计算需求。与此同时，征程®5所拥有的极致性能，将助力理想L8 Pro兼具实用与领先性，在同价位细分市场拥有越级产品体验，推动高阶智能驾驶量产普及，降低豪华智能汽车的拥车门槛。除了理想L8之外，征程®5也获得比亚迪、上汽集团、一汽红旗、自游家汽车等多家车企的量产定点合作。

（李松龄）

【豪威科技发布OX03J10汽车图像传感器】 9月，中关村集成电路设计园入驻企业豪威科技（北京）股份有限公司面向360°环景显示系统、后视摄像头、摄像头监控系统（CMS）三类场景发布型号为OX03J10的全新汽车图像传感器。这是一款用于人类视觉和机器视觉汽车应用的1/2.44英寸光学格式、1920×1536单芯片低功耗CMOS，符合ASIL-B安全标准，可支持YUV、RGB和RAW 3种格式输出，在信号处理、成像效果、产品功耗等方面进行了优化升级，能支持更多高阶的辅助驾驶功能。

【永信至诚获北京市企业技术中心认定】 10月10日，市经济和信息化局发布的《2022年度第一批北京市市级企业技术中心创建名单》公示期满，中关村集成电路设计园入驻企业北京永信至诚科技股份有限公司获北京市企业技术中心认定。

（李松龄）

【地平线与大众汽车集团开展战略合作】 10月13日，中关村集成电路设计园入驻企业地平线与大众汽车集团旗下软件公司CARIAD达成合作协议，CARIAD与地平线成立合资企业，并在其中持有60%的股份，大众汽车集团为本次合作投资约24亿欧元。计划组建的合资企业将致力于加速自动驾驶软硬件技术在中国汽车市场的开发和商业化，为中国消费者尽早带来自动驾驶汽车的驾乘体验；开发包括完整软硬件堆栈技术在内的前沿技术，使CARIAD持续为中国消费者提供定制化产品和服务，加速面向中国市场的高级驾驶辅助系统和自动驾驶系统开发进程，推进NEW AUTO战略，进一步驱动中国业务转型；地平线将充分发挥自身的优势，为中国智能汽车用户开发新一代技术和解决方案。

（李松龄）

【永信至诚登陆A股科创板】 10月19日，中关村集成电路设计园入驻企业北京永信至诚科技股份有限公司正式登陆上海证券交易所科创板，股票简称永信至诚，股票代码688244。永信至诚于2019年1月入驻中关村集成电路设计园，是聚焦科技创新的网络安全企业和国家级专精特新"小巨人"企业，经过10余年发展，形成了以网络靶场系列产品为核心，以安全管控与蜜罐系列产品、安全工具类产品、安全防护系列服务、网络安全竞赛服务及线上和线下培训服务为辅的"产品乘服务"体系，着力于解决产业数字化转型缺乏安全测试环境、网络安全人员实战能力不足、政企用户缺乏主动防护能力等方面问题。

（李松龄）

【认股权企业服务暨创"芯"之源项目路演活动举行】10月21日，中关村集成电路设计园联合芯创空间举办认股权企业服务暨创"芯"之源项目路演活动。参加活动的中国创投、达鼎投资、芯创集成电路基金等多家知名投资机构以及众多优秀创新型项目进行路演，投资机构及现场嘉宾就项目优势、核心技术、商业模式、产业化进展等问题，与路演项目负责人进行互动交流，并提出相关建议。此次活动进一步增强园区优质认股权项目与资方的互动交流，通过为园区认股权池企业持续赋能，实现资本对产业发展的有效促进，加速高科技成果产业转化。园区继续构建"空间＋服务＋投资"模式，以空间为载体、以服务为支撑、以投资为手段，通过开展科创企业金融服务系列活动，搭建园区、企业和投融资机构沟通交流平台，帮助投资机构发现优秀企业，促进产业链协同、上下游合作伙伴沟通，助力企业快速发展。

（李松龄）

【医疗用内窥镜统一控制平台上市】10月31日，中关村集成电路设计园入驻企业豪威集团和引领一次性内窥镜突破技术的公司AdaptivEndo™宣布双方开展合作，为医疗行业提供专门用于手术室内部和外部的内窥镜统一控制台，其中包括用于肠胃科、肝科、泌尿科、妇科和高级内窥镜手术（脊柱和心脏电生理检查）的系统。该系统采用豪威集团的图像传感器进行高性能成像，控制装置更加简单；AdaptivEndo系统由临床医生主导设计，在成本和性能方面得到优化。在满足临床手术特定要求的同时，内窥镜平台本身将通用部件、接头和控制台集成在一个平台上，在手术室、急诊室和门诊手术中心均能使用。

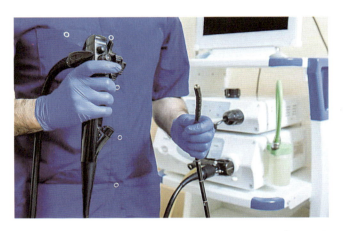

（李松龄）

【永信至诚"数字风洞"产品体系战略发布】11月19日，中关村集成电路设计园入驻企业北京永信至诚科技股份有限公司发布面向安全测试评估领域的"数字风洞"产品体系战略，标志着永信至诚作为网络靶场和人才建设领军企业，继续以"产品乘服务"的价值体系，开启网络安全测试评估专业赛道。传统的数据安全产品侧重于对数据安全某一方向进行单点防护，永信至诚数据安全"数字风洞"产品侧重点在于安全测试评估，针对数据全生命周期进行安全检测和风险评估，鉴别数据的安全性能，助力各行业建立安全测试评估体系，验证数据安全工作成效，提高数据安全保障能力。发布会现场，永信至诚董事长为政企单位提出"法律法规、勒索病毒、特种攻击"3个重要的安全命题。永信至诚高级副总裁以数字政府、能源行业、重点单位、赛事演练等网络安全测试评估实践案例，分享"数字风洞"产品体系在数据安全、关键行业、信创、人工智能等领域的典型应用。"数字风洞"作为网络靶场测试评估的重要形态得到发布，将全面助力各行业在网络安全工作中实现合规的保障、风险的预控、标准的践行和投入的回报。

（李松龄）

【兆易创新入选"2022 新型实体企业 100 强"榜单】
11 月 27 日，中国企业家博鳌论坛（线上）发布"2022 新型实体企业 100 强"榜单，中关村集成电路设计园入驻企业兆易创新科技集团股份有限公司从 1.7 万余家样本企业中脱颖而出，与华为、京东、小米、格力、宁德时代等全球知名企业共同入选百强榜单。

（李松龄）

【为园区小微企业减租 3300 余万元】 2022 年，按照市政府《关于继续加大中小微企业帮扶力度加快困难企业恢复发展的若干措施》、市国资委等 7 部门《关于减免服务业小微企业和个体工商户房屋租金有关事项的通知》等有关政策要求以及股东工作部署，中关村集成电路设计园落实减租降费和帮扶措施，对园区符合条件的 109 家小微企业减免 6 个月租金，减免房租金额达 3300 余万元。

（李松龄）

中关村高端医疗器械产业园

【概况】 中关村高端医疗器械产业园（简称中关村医疗器械园）位于大兴生物医药产业基地三期中部、生物医药国际企业花园用地范围内，东至宝参南街，西至明川大街，南至庆丰西路，北至永旺西路。园区规划占地面积19.17万平方米（一期8.73万平方米、二期10.44万平方米），建筑面积38.24万平方米（一期18.47万平方米、二期19.77万平方米），重点发展高端医疗器械研发总部、新型高端医疗器械生产制造、医疗器械企业孵化成长、医疗器械支撑服务等四大产业。园区由中关村医疗器械园有限公司建设运营。

2022年，首都医科大学科创中心正式投入使用，北京赛科希德科技股份有限公司入驻园区，国内最大的模式动物供应商百奥赛图（北京）医药科技股份有限公司港股上市，北京华脉泰科医疗器械股份有限公司、北京万洁天元医疗器械股份有限公司、北京阿迈特医疗器械有限公司、北京术锐机器人股份有限公司、中科微针科技有限公司等企业进入上市前准备阶段。园区二期项目在建设阶段已开展预招商工作，引入中关村联创医学工程转化中心、中科微针、北京师宏药业有限公司等龙头企业或项目。二期项目启动区完成工程移交，企业逐步验收、入驻、装修；实施区完成工程建设内容，年底前实现四方验收。在园区已有的中关村水木医疗、通和立泰等专业平台的基础上，完成中关村普世CSO平台的落地工作。助企纾困减免房租，积极履行社会责任，落实减租降费和帮扶措施，共涉及46家企业，减免金额1164.21万元。2022年，园区总收入80亿元，收入过亿元企业4家，上市企业（含分支机构）8家；纳税总额5亿元；研发经费投入4.1亿元。截至2022年底，园区入驻企业90家，其中年内新增30家，包括3家行业龙头企业。园区企业从业人员约1900人，其中年内新增400余人，留学归国人员28人；园区共有高端人才35人，其中院士2人；园区企业累计获知识产权授权739件。

（李婉竹）

【热景生物在 Nature 发表文章揭示 GP73 血糖控制新机制】 1月7日，北京热景生物控股子公司舜景生物技术有限公司孙志伟研究员、北京热景生物高琦博士、军事医学研究院钟辉研究员团队、广西医科大学附属肿瘤医院吴飞翔教授在 Nature Metabolism 杂志发表文章 GP73 is a glucogenic hormone contributing to SARS-CoV-2-induced hyperglycemia，揭示高尔基体蛋白73（GP73）血糖控制新机制。该研究揭示新冠病毒感染患者发生糖代谢异常的机制，阐述 GP73 在该机制中的关键作用，提示 GP73 可能作为一个新靶点，其特异性抗体能够抑制 GP73 的升糖作用，对新冠患者的治疗和预后具有积极意义。

（李婉竹）

【万洁天元两款产品获医疗器械注册证】 1月，中关村医疗器械园入驻企业北京万洁天元医疗器械股份有限公司的"椎体成形工具包"产品取得国家药监局第二类"医疗器械注册证"。椎体成形工具包是经皮椎体成形术的配套使用工具，在椎体成形术和椎体后凸成形术中建立手术通道，并通过该通道进行骨水泥注入或作为取活检的通道。该产品在技术、质量上达到国际同类产品水平。11月17日，万洁天元的冷敷治疗产品取得国家药监局颁发的"冷敷治疗仪"产品第二类"医疗器械注册证"。冷敷治疗是将低于人体温度的物理因子作用于患处，使皮肤和内脏器官的血管收缩，改变人体局部或全身血液循环和新陈代谢状况，达到治疗目的的一种治疗方法，起到降温、止痛、止血、减轻炎性水肿等作用。

（李婉竹）

【全球最小的微型神经外科手术机器人系统获批上市】 1月，由华科精准（北京）医疗科技有限公司联合清华大学及多家医院自主研发的国家创新产品微型"高智能"Q300 系列神经外科手术机器人系统获国家药监局（NMPA）批准上市。该系统是一款具有高智能化、高精准度、高便捷性的新型微型手术机器人系列产品，拥有全球最小的体积、最轻的重量（仅 1.4 千克），将全面覆盖从大型三级医院到基层医院，并可在急诊或病房执行各类脑出血、脑肿瘤活检及相关急诊手术，有望极大扩展神经外科机器人手术的应用场景。

（李婉竹）

【启慧生物通过高新技术企业认定】2 月 14 日，全国高新技术企业认定管理工作领导小组办公室下发《关于对北京市 2021 年认定的第四批高新技术企业进行备案的公告》，中关村医疗器械园入驻企业启慧生物通过高新技术企业认定。

（李婉竹）

【阿迈特产品获北京市新技术新产品（服务）证书】2 月 28 日，中关村医疗器械园入驻企业北京阿迈特医疗器械有限公司自主研发的 3D 打印新一代全降解冠脉血管支架（全降解冠脉药物洗脱支架系统）获得由市科委、市发展改革委等部门联合颁发的北京市新技术新产品（服务）证书。北京市新技术新产品（服务）证书旨在推动新技术新产品（服务）的推广应用，发展和扶持符合构建高精尖经济结构要求的产品或服务，具有极高的专业性和权威性。根据该认证管理办法的相关规定，获得该认证的产品必须具备先进的创新技术、成熟的质量把控、充足的经济潜力以及广阔的市场前景。

（李婉竹）

【热景生物入选"2021 第七届中国最具影响力医药企业百强榜"】2 月，中国董事局网与中国数据研究中心共同发布"2021 第七届中国最具影响力医药企业百强榜"，中关村医疗器械园入驻企业北京热景生物技术股份有限公司入选。该榜单评选从"健康中国"的生态建设出发，预判和分析产业趋势，多维度、立体化探讨医药产业多分支领域融合的新路径，经过层层科学筛选，由中国数据研究中心专家领衔的评委会主导完成。候选企业以在沪深主板、中小板、创业板、北京证券交易所及新三板上市的医药企业为基础，主要从营销管理指标、财务指标及创新指标方面进行考核。

（李婉竹）

【首都医科大学科创中心正式投入使用】4 月 19 日，位于中关村医疗器械园的首都医科大学科创中心投入使用。该中心将承接一批首都医科大学附属医院专家研发成果转化落地，打通产学研用之间的关键环节。已交由首都医科大学运营，开展临床项目征集工作。

（李婉竹）

【大兴区知识产权政策宣讲及企业知识产权培训举办】4 月 20 日，在大兴区知识产权局的指导下，中关村医疗器械园举办大兴区知识产权政策宣讲及企业知识产权培训。大兴区知识产权局负责人对发布的"大兴区促进知识产权发展项目"进行详细解读，并着重讲解项目的支持对象范围、支持内容及申报材料、组织实施及评审流程等重点内容；介绍北京市知识产权保护中心大兴分中心的主要职能以及专利预审备案的具体流程。北京悦和知识产权代理有限公司负责人重点从企业知识产权管理、内外部风险应对以及如何开展高质量企业知识产权工作等企业共同关心的话题入手，进行"知识产权管理

与风险应对"专题培训。会议还邀请北京 IP 和北京信诚资产评估有限责任公司的专家就"知识产权质押融资助力科创企业发展"和"知识产权价值评估"进行详细讲解。本次培训会为园区企业带来更为优质、便捷、高效的知识产权服务，进一步丰富中关村医疗器械园知识产权服务平台内容。园区内20 余家企业 30 余位代表参加培训。

（李婉竹）

【再生医学材料联合研究中心成立】 4 月 23 日，清华大学（材料学院）—奥精医疗科技股份有限公司再生医学材料联合研究中心揭牌仪式在清华大学逸夫技术科学楼举行。再生医学材料联合研究中心本着"友好合作、互惠互利、优势互补、共同发展"的原则，聚焦再生医学材料领域，充分利用清华大学的技术优势、奥精医疗的资金优势和产业转化经验，开展紧密合作，将更高效地推动生物医用材料领域先进材料、前沿技术、高端产品的研发和转化，更好地为人民生命健康保驾护航。在实现科研成果产品转化的同时，着力打造再生医学材料从实验室到临床的全链条转化的新模式，在实验室与生物再生医疗器械市场之间架设更有效更顺畅的高速通道。在随后的"清华校友——材料学院崔福斋奖助学金"捐赠仪式上，奥精医疗为学院捐赠。该奖学金由奥精医疗创始人崔福斋教授捐赠 300 万元设立，旨在鼓励材料学院学子刻苦钻研，勇攀科技高峰。

（李婉竹）

【中发众创被纳入中关村高新技术企业库】 6 月 24 日，中关村医疗器械园旗下二级服务公司中发众创医疗科技服务（北京）有限公司被纳入中关村高新技术企业库并获得证书。中发众创是结合中关村医疗器械园优化园区服务体系，加强专业服务能力和专业

孵化能力建设而构建的医疗科技专业化服务平台。该平台基于全产业链的综合服务能力、专业服务态度以及创新创业精神，为企业提供包含战略发展、技术服务、产业支撑和资源加持的整体赋能，助力医疗健康企业创新创业，实现可持续发展。

（李婉竹）

【多人获评大兴区"新国门"领军人才和优秀青年人才】 6 月 28 日，大兴区委发布《关于认定 2022年大兴区"新国门"领军人才、优秀青年人才及人才创办企业的决定》，中关村医疗器械园内多家企业、多人榜上有名。来自北京热景生物技术股份有限公司、北京华脉泰科医疗器械有限公司、北京奥精医疗器械有限责任公司、北京巴瑞医疗器械有限公司、北京启慧生物医药有限公司、北京尚宁科智医疗器械有限公司等的 8 人获评大兴区"新国门"领军人才；来自北京百奥赛图基因生物技术有限公司、华科精准（北京）医疗科技有限公司、北京热景生物技术股份有限公司、北京领健医疗科技有限公司、北京云力境安科技有限公司、北京巴瑞医疗器械有限公司等的 15 人获评大兴区优秀青年人才。

（李婉竹）

【中关村国际前沿科技创新大赛医疗器械领域决赛举办】 8 月 16 日，由中关村高科技产业促进中心、北京市大兴区"两区"建设工作领导小组办公室、中关村大兴生物医药产业基地管委会、中关村前沿科技与产业服务联盟主办，中关村医疗器械园承办的 2022 年中关村国际前沿科技创新大赛医疗器械领域决赛在中关村医疗器械园举办。来自高校院所、医疗机构、投资机构等单位的 10 位专家担任评委。15 个参赛项目的代表展示了各自的创新成果、前沿技术。最终，北京长木谷医疗科技有限公司等10家硬科技企业入围2022年中关村国际前沿科技创新大赛医疗器械领域TOP 10。

（李婉竹）

【北京医院云参访活动举办】 8月25日，中关村医疗器械园举办北京医院云参访活动，园区和北京医院的临床医生、科研人员、企业的代表等百余人在线参与。中关村医疗器械园业务专家介绍园区的创新支撑条件、优势，服务体系及园区企业创新情况，为进一步交流和对接提供了前提条件。"一种新的防治肿瘤的小分子药物""人工尿道括约肌""髋关节骨折复位顶棒支撑复位装置""痰液上清检测非小细胞肺癌驱动基因改变方案"等4个科技创新成果进行路演。北京华诺奥美基因生物科技有限公司、奥精医疗科技股份有限公司相关负责人分别介绍所在企业的创新情况和研发需求，并与北京医院临床医生和科研人员进行临床研发、成果转化交流。本次云参访活动加深了北京医院与园区及企业之间的沟通和了解，促进医企深度融合，推动更多解决临床需求、提高临床诊疗效率的优质创新项目实现转化落地。

（李婉竹）

【全球首座合成生物主题科普展馆落地】 8月30日，由华熙生物科技股份有限公司主导建设的全球首座合成生物科学馆开馆仪式暨胶原蛋白产品发布会在中关村医疗器械园举行。合成生物科学馆坐落于中关村医疗器械园华熙生物合成生物技术国际创新产业基地，成为国内生物科技新地标。科学馆共设"追溯——地球的碳息""黎明——认知生命""新生——合成生物学""重塑——地球资源""未来可期——未来已来"5个展览单元。通过参观，公众可以深入了解合成生物学的诞生背景、发展历程、产业化应用，以及合成生物学对双碳乃至生物经济发展的重要作用。

（李婉竹）

【百奥赛图港交所主板上市】 9月1日，中关村医疗器械园入驻企业百奥赛图（北京）医药科技股份有限公司宣布正式在香港联合交易所主板挂牌上市，股票简称百奥赛图，股票代码02315.HK。此次公司共向全球发售2175.85万股，每股发售价25.22港元，款项净额约为4.71亿港元。百奥赛图坚持以技术创新驱动新药研发，在江苏南通和美国波士顿建立研发生产中心，已与全球前10家大型制药企业中的9家建立长期的合作关系。

（李婉竹）

【科技企业融资路演活动举办】 9月22日，中关村医疗器械园举办北京畅融工程——科技企业融资路演活动，为中小企业和金融机构搭建信息桥梁。中关村医疗器械园业务专家带领与会的30余名代表参观展厅，详细介绍园区在产业生态、科技金融服务、专业技术服务等方面的优势，为进一步交流和对接提供前提条件。来自北京健平金星医疗器械有限公司、北京中农互联信息技术有限公司、北京心灵方舟科技发展公司的相关负责人分别以"人血管内皮生长因子试剂盒（VEGF-KIT）""可控环境数字化服务""脑功能成像及脑神经调控"为主题进行路演。活动现场，来自香港龙腾国际集团、弘润创投、北京海贝启航创投、北京勃尔金投资、宁波天雍流金五大投行的专家对3家公司的产品进行点评，并与企业达成初步投资意向。

（李婉竹）

【九芝堂美科入选北京市"专精特新"企业名单】
10月9日，市经济和信息化局印发《关于对2022年度第四批北京市"专精特新"中小企业名单进行公告的通知》，中关村医疗器械园入驻企业九芝堂美科（北京）细胞技术有限公司因其在经济效益、专业化程度、创新能力、经营管理等专项层面达到行业领先水平而入选。九芝堂美科拥有世界领先的干细胞扩增技术，形成了自有干细胞生产体系和质量体系，并在中国药谷建成了符合中国、美国和欧盟cGMP标准的大规模干细胞研发生产基地，其生产的科研用干细胞系列产品，同时符合美国FDA和中国NMPA临床试验要求，可直接用于临床前动物实验，也可在适宜条件下进一步培养扩增，用于细胞生物学研究或其他科学研究。

（李婉竹）

【雅果科技完成数千万元A+轮融资】11月4日，中关村医疗器械园入驻企业北京雅果科技有限公司完成数千万元A+轮融资。本轮融资由潍坊中科海创股权投资合伙企业（有限合伙）领投，北京金科汇钰创业投资合伙企业（有限合伙）跟投。融资主要用于雅果科技的产品研发、市场推广和国内外销售体系的扩建，帮助雅果科技进一步扩大在呼吸慢病与危重症领域的创新研发，提升产品核心竞争

力，加强市场拓展与生态合作，加速多场景应用的落地。

（李婉竹）

【热景生物试剂盒获国家药监局批准上市】11月14日，中关村医疗器械园入驻企业北京热景生物技术股份有限公司乙型肝炎病毒RNA（HBV-RNA）测定试剂盒获国家药监局批准上市（国械注准20223401509），成为国际首个获批的基于PCR-荧光探针法定量检测乙型肝炎病毒RNA的试剂盒。该产品是热景生物和北京大学基础医学院共同牵头的"十三五"国家传染病防治科技重大专项标志性成果之一，也是热景生物打造的国人肝健康工程从肝炎至肝癌全程监测系列产品的重要新成员，此次获批将推进其在临床上的广泛应用，进一步提升热景生物在肝病诊断领域的竞争力。

（李婉竹）

【热景生物入选2022年度北京企业100强榜单】12月22日，北京企业联合会、北京市企业家协会发布2022年度北京企业100强榜单，包括2022北京企业100强（综合）榜单、北京制造业企业100强榜单、北京服务业企业100强榜单、北京上市公司100强榜单等，以及《2022北京100强企业发展报告》，中关村医疗器械园入驻企业北京热景生物技术股份有限公司入选榜单。

（李婉竹）

【2家企业获批设立博士后工作站】12月28日，由市人力社保局举办的"博士后工作助力北京建设高水平人才高地推进会"召开。中关村医疗器械园入驻企业北京万洁天元医疗器械股份有限公司、北京雅果科技有限公司获批设立园区类博士后科研工作站。

（李婉竹）

【园区二期项目建设稳步推进】2022年，园区二期项目启动区完成工程移交，企业逐步验收、入驻、装修。

（李婉竹）

【园区引入高精尖项目32个】2022年，园区引入高精尖项目32个，其中包括赛科希德、中科微针、师宏药业3家行业龙头企业。

（李婉竹）

中关村新兴产业前沿技术研究院

【概况】中关村新兴产业前沿技术研究院（简称中关村前沿技术研究院）位于房山区北京高端制造业基地核心区，总占地面积 15.3 万平方米，建筑面积 22.77 万平方米。其中，研究院一期东至智慧东街，南至弘安路，西至智慧西街，北至广茂路，占地面积 12 万平方米，建筑面积 16.88 万平方米；二期东至规划六路绿地西边线，南至石厦路绿地北边线，西至项目用地西红线，北至项目用地北红线，占地面积 3.3 万平方米，建筑面积 5.89 万平方米。园区是中关村发展集团与房山区合作打造的智能制造领域特色产业园，是国内第一个真正具备 5G 自动驾驶研发、开放道路测试能力的示范区，是中关村示范区唯一授权以高端制造为主题的特色园区。中关村前沿技术研究院产业定位以工业 4.0 与互联网跨界融合为主方向，聚焦无人机、智能网联汽车、智能机器人、医工交叉等智能装备，以及新能源、新材料等前沿技术领域。园区一期、二期由北京中关村前沿技术产业发展有限公司整体运营。

2022 年，园区总收入 51 亿元，收入过亿元企业 2 家；纳税总额 1.5 亿元；每平方公里产值 48.7 亿元；企业研发经费投入 2.65 亿元；企业新增专利 285 件。园区围绕智能应急装备等重点产业领域，全年接洽储备 350 余个强链补链项目，落地 41 个高精尖项目，展视网、安迈特等优质企业落地房山。研究院一期入驻率达 89.2%、二期超过 84.3%。2022 年，中关村前沿技术公司推进房山区对集团专属资金支持政策落地。《构建新型政企关系全面合作发展支持资金使用管理实施细则》正式通过房山区政府常务会审议。中关村（房山）高精尖产业投资基金正式设立。与中关村科技租赁、中关村科技担保等签订合作协议，加强集团内部协同，拓展有偿服务业务范围，积极探索"1+3"商业模式。申报"中关村促进园区高质量发展项目"，成为北京

市首批高品质特色园区。园内有航景创新、首望科技等多家北京市"专精特新"中小企业。田园奥瑞获农业农村部"神农奖"和"中国农业农村重大新技术"两项荣誉，航景创新研发部航飞组获评"北京市青年文明号"，驭势科技无人驾驶牵引车成功引入广东省机场集团，史河科技向一批客户交付船舶除锈机器人。截至 2022 年底，园区共有入驻企业 43 家；园区企业从业人员约 1200 人，研发人员占比超 60%；园区有院士 1 人；园区企业累计获知识产权授权 369 件。

(张翔)

【2 家企业入选北京市"专精特新"中小企业名单】1 月 21 日，市经济和信息化局发布《关于 2022 年度第一批"专精特新"中小企业的公告》，共有 587 家企业入选。其中，中关村前沿技术研究院入驻企业北京航景创新科技有限公司、首望科技（北京）有限公司入选。

(张翔)

【亮道智能完成 A+ 轮、B1 轮融资】1 月，中关村前沿技术研究院入驻企业北京亮道智能汽车技术有限公司完成超亿元 A+ 轮融资。本轮融资由国投招商领投，虹软科技等产业投资方跟投。融资用于进一步加大技术研发投入与产品化，加速激光雷达系统集成方案的量产交付。11 月 4 日，亮道智能宣布完成超亿元 B1 轮融资。本轮融资由朗玛峰创投领投，彬复资本跟投，老股东国投招商持续追加投资。融资将继续加大车规级量产激光雷达产品研发投入，加快感知软件算法开发迭代，搭建全自动化生产线，保证产品大规模量产的高质量品质，进一步推动车载激光雷达系统的量产应用进程。

(张翔)

【驭势科技无人驾驶递送车在沙特阿拉伯开展配送服务】1 月，由中关村前沿技术研究院入驻企业驭

势科技（北京）有限公司与德思卢博（亚洲）有限公司联合打造的无人驾驶递送车在沙特阿拉伯阿卜杜拉国王科技大学社区开展"最后一公里"的商业化无人配送服务。无人驾驶递送车基于德思卢博专门为中东市场开发的 UNO 无人驾驶递送车和驭势科技的 UiBox 智慧城市服务解决方案打造，车身配备激光雷达、摄像头、DGPS 和车规级的域控制器等自动驾驶硬件设备，能够在开放道路的行驶中准确检测人和物体，并自主行驶完成全流程递送服务。当地社区居民可通过手机短信及车身安装的触摸屏与无人车进行交互并完成快递获取。

（张翔）

【园区企业入选 2021 "科创中国"榜单】2 月 21 日，在 2022 "科创中国"年度工作会议上，中国科协公布 2021 "科创中国"系列榜单。中关村前沿技术研究院入驻单位北京市生物医学工程高精尖创新中心入选 2021 "科创中国"产学研融通组织榜；北京航空航天大学医学科学与工程学院院长、北京市生物医学工程高精尖创新中心主任樊瑜波教授团队的技术成果"植介入医疗器械设计、优化与评测关键技术"入选 2021 "科创中国"先导技术榜（先进材料领域）。

（张翔）

【田园奥瑞获"神农奖"】2 月，由中关村前沿技术研究院入驻企业田园奥瑞生物科技有限公司等单位完成的"猪精液高效冷冻技术体系创建与产业化应用"成果获"2020—2021 年度神农中华农业科技奖"，入选"2021 中国农业农村重大新技术新产品新装备——新技术类"。因该技术成果以及相关的农业科技人员和创新团队为国家农业科技进步和农业农村经济发展作出突出贡献，获得农业农村部表彰。

（张翔）

【亮道智能与 Innoviz 达成战略合作】4 月 13 日，中关村前沿技术研究院入驻企业北京亮道智能汽车技术有限公司与以色列 Innoviz 公司共同宣布，双方签署战略合作协议，建立战略合作伙伴关系，将基于 InnovizTwo 共同开发下一代量产激光雷达系统解决方案。根据协议，双方将探索为中国地区的汽车厂商定制 Innoviz LiDAR 产品的可能性，开发感知解决方案，并进行系统验证和数据收集，以加快推出基于 InnovizTwo 的高分辨率 LiDAR 的系列化生产解决方案。

（张翔）

【驭势科技无人配送车助力抗疫一线】4 月 15 日，中关村前沿技术研究院入驻企业驭势科技（北京）有限公司将第一批无人配送车送至广州抗疫一线。Uibox 无人配送车基于驭势科技自动驾驶技术栈 U-Drive® 打造，车身搭载有 3 个混合固态雷达、2 个激光雷达和 7 个摄像头，拥有 L4 级别的自动驾驶能力，可应对复杂的开放道路场景，每次可运载 200 千克的物资，满载续航距离 80 千米，可在配餐时段为社区居民进行餐饮配送，非配餐时段进行防疫物资配送，实现分时复用，分担社区工作者的压力。无人配送车还支持自主返航、低电返航，可提供 7×24 小时的全天候服务。通过 App 和云控平台，关联仓库端、用户端、无人车端，实现配送全流程信息化、可视化，在提高车辆运营效率的同时，保障无人驾驶安全。

（张翔）

【新一轮全域服务委托合同签订】4 月，中关村前沿技术与中关村房山园管委会签订新一轮全域服务委托合同——《中关村房山园产业组织与科技服务委托合同》。服务范围由高端制造业基地扩展至中关村房山园全域，正式成为房山全域产业招商、产业组织、创新生态建设与创新发展服务的专业化平台。新合同中项目引进数量、企业服务家次等任务指标较之前均有 2 倍左右的增长，相应增加运营服务费，为中关村前沿技术深耕房山高精尖产业发展和创新生态服务体系构建打下坚实基础。

（张翔）

【2 家企业入选毕马威中国领先汽车科技企业 50 榜单】4 月，"第五届毕马威中国领先汽车科技企业 50 榜单"公布，中关村前沿技术研究院入驻企业驭势科技（北京）有限公司凭借其在无人驾驶技术研发能力与商业化落地的优异表现入选"自动驾驶领域领先企业榜单"，这也是驭势科技连续第五年登榜；北京亮道智能汽车技术有限公司凭借其在自动驾驶激光雷达领域的出色表现入选自动驾驶领域新锐企业榜单，这也是亮道智能连续第三年登榜。该榜单的评选由毕马威在 2017 年发起，作为汽车科技榜单，其专业度和历年评选结果获得业界的普遍认可，是汽车科技领域最权威的评比之一。

（张翔）

【亮道智能与梅赛德斯－奔驰集团达成战略合作】5 月，中关村前沿技术研究院入驻企业北京亮道智能汽车技术有限公司与德国梅赛德斯－奔驰集团签署合作备忘录，在智慧交通领域达成战略合作。双方将在德国伍珀塔尔城市智慧交通项目上开展合作，通过对亮道智能的激光雷达高精度的探测数据与奔驰量产车型车辆数据的整合分析评估，基于云服务，为城市管理者提供大数据智慧交通解决方

案。奔驰集团将提供旗下量产车辆脱敏后的驾驶行为与车辆定位数据，并由亮道智能开发智慧城市的交通数据流模型。亮道智能将基于该交通流数据模型，进行多维度的数据融合分析、评估和云上工具链部署，进而实时准确预测各主要交通干道的行人及车辆通行意图，输出交通流量与交通预测数据，通过大数据分析，为伍珀塔尔市的智慧交通升级提供数据支撑。

（张翔）

【史河科技船舶除锈机器人交付】6 月 14 日，南通瑞泰船务工程有限公司、北京史河科技有限公司船舶除锈机器人交付仪式在南通市举行。中关村前沿技术研究院入驻企业史河科技研发的船舶除锈机器人通过超高压水进行除锈，并搭载回收装置，实现污水实时回收，可有效提升除锈效率和除锈质量，适用于船体外壳 90% 以上区域的除锈作业，同时机器人通过远程遥控操作，可避免安全隐患。

（张翔）

【中关村前沿技术 2021 年度"三会"召开】6 月 21 日，中关村前沿技术第一届董事会第九次会议、第一届监事会第七次会议以及 2021 年度股东会以线上和线下相结合的形式召开。股东单位代表、公司董监事及经营班子参加会议。会议听取并逐项审议通过《2021 年董事会工作报告》《2021 年总经理工作报告》《2022 年经营计划报告》《2022 年财务预算》等 8 项年度"三会"议案。股东代表、董监事对中关村前沿技术 2021 年克服疫情影响，抢抓集团与房山区构建新型政企关系新一轮全面合作机遇的过程中在高精尖项目引入、全球智能应急装备大赛举办、认股权项目行权、高精尖产业基金筹设等方面取得的突出成绩给予肯定，对下一阶段公司经营管理提出针对性和建设性的建议。会议明确 2022

年公司经营目标和重点任务。会议指出，要坚决贯彻落实股东会、董事会要求，听取监事会意见，迅速适应房山全域运营的新形势，进一步发挥公司作为房山区创新发展专业化平台的优势和作用，落实落细集团与房山区构建新型政企关系全面合作各项具体任务，为集团打造国际一流的创新生态集成服务商，为"一区一城"新房山建设作出新的更大贡献。

（张翔）

【中关村（房山）高精尖产业投资基金设立】7月5日，中关村（房山）高精尖产业投资基金设立，9月2日在中国证券投资基金业协会完成备案。基金总规模10亿元，首期2亿元，重点围绕智能装备、新材料等新兴产业，投资支持符合房山区重点产业方向的高科技企业并积极推动项目落地。基金由北京前沿创发公司担任普通合伙人，房山区和中发展集团有关单位担任有限合伙人，中关村创投负责日常投资运作和管理。年内，中关村前沿技术累计向管理人推荐了18个优质投资项目，完成3个项目投资决策，决策金额合计4000万元。

（张翔）

【"碳索一号"启动运营】7月14日，在数字经济与清洁能源深度融合发展高峰论坛暨中国电信（国家）数字青海绿色大数据中心启动仪式上，由中关村前沿技术研究院入驻企业驭势科技（北京）有限公司等单位研发的5G无人驾驶小巴——"碳索一号"启动在中国电信（国家）数字青海绿色大数据中心园区的常态化运营。"碳索一号"采用纯电力驱动，最高时速30千米，续航里程160千米。车辆搭载驭势科技自主研发的自动驾驶系统，具备L4级别的无人驾驶技术；配备多传感器融合定位技术，可

实现厘米级的高精度定位与高可靠的规划控制，自主避障功能确保在复杂路况和恶劣天气条件下畅行无阻。部署于园区云端的车辆控制系统，可通过园区5G网络与车辆进行实时信息交互。

（张翔）

【史河科技获中国民用机器人场景突破奖】7月14日，在第三届中国机器人行业年会暨Leaderrobot机器人行业颁奖典礼上，北京史河科技有限公司凭借其雄厚的研发实力与领先的高空作业解决方案获中国民用机器人场景突破奖。史河科技始终致力于自主创新，通过对船舶、化工、能源、桥梁、建筑等行业场景的探索，将各行业工艺know-how与立面移动平台深度融合，已开发出船舶除锈、化工防腐、球罐打磨、火电检测等多款高空机器人产品，是国内第一家实现高空机器人产业化的企业。

（张翔）

【达闼科技获中国机器人伺服系统技术领先奖】7月14日，在第三届中国机器人行业年会暨Leaderrobot机器人行业颁奖典礼上，中关村前沿技术研究院入驻企业达闼科技（北京）有限公司凭借其智能柔性关节SCA（Smart Compliant Actuator）获"Leaderrobot 2021年度中国机器人伺服系统技术领先奖"。SCA智能柔性执行器集成伺服电机、伺服驱动、编码器和减速器，具备高度集成、高扭矩输出、总线控制、柔性控制和低成本等特点，是服务型机器人重要的关节执行器，可应用于工业机器人、民用服务机器人、特殊机器人、机械加工行业、精仪器设备、交通运输工具及医疗专用设备等领域。

（张翔）

【知识产权政策培训会举办】7月20日，北京市知

识产权公共服务中关村房山园工作站组织举办"惠企政策进园区——知识产权政策培训会"线上活动。这是该工作站建站后的首次活动。活动邀请专家重点对 2022 年中关村示范区科技创新与知识产权支持资金及 2022 年知识产权保险试点两项政策进行宣讲，助力中关村房山园 20 余家企业在知识产权方面做好业务布局与项目申报。

(张翔)

【2 家企业入选中国最具社会影响力的创业公司榜单】
7 月 28 日，《财富》杂志（中文版）公布"2022 年中国最具社会影响力的创业公司"榜单，中关村前沿技术研究院入驻企业北京达闼科技有限公司与驭势科技（北京）有限公司 2 家企业入选。该榜单的评选旨在表彰那些即便在非常规经济环境中，依然具有创新精神且关注其业务的社会意义和价值并因此获得人们的认同和资本青睐的创业公司。达闼科技是智能机器人领域的头部企业，全球领先的云端机器人创造者、制造商和运营商；驭势科技是国内领先的无人驾驶公司。

(张翔)

【驭势科技获多项物流技术荣誉】 7 月 28—30 日，由中国物流与采购联合会主办的"2022 全球物流技术大会"在海口举行。驭势科技（北京）有限公司现场展示了无人驾驶小巴、无人驾驶中巴、无人驾驶物流车、无人驾驶轻卡以及面向社区、公开道路的无人配送车。大会期间，驭势科技获由中国物流与采购联合会颁发的 2022 年度"物流技术创新案例"和"物流技术装备推荐品牌"两大奖项。驭势科技联合创始人、首席产品官周鑫获"物流技术匠心人物"奖。

(张翔)

【达闼机器人携手思尔腾科技与唐山市政府达成战略合作】 7 月 30 日，达闼机器人股份有限公司携手上海思尔腾集团，与唐山市人民政府签署战略合作协议。各方将在包括智能机器人制造与运营、智能全控工业温室科技领域、乡村振兴创建服务在内的技术开发、技术服务、生产销售等方面开展全面战略合作，助力当地传统工业向智能制造行业转型，提升农业现代化水平，打造千亿智慧先进农业产业

集群，努力把唐山建成东北亚地区经济合作的窗口城市、环渤海地区的新型工业化基地、首都经济圈的重要支点。

(张翔)

【中关村储能产业创新沙龙举办】 8 月 5 日，由中关村高科技产业促进中心、房山区科委、房山区经济和信息化局、良乡大学城管委会、房山园管委会等单位主办，中关村前沿技术、中关村科服、中关村前沿科技与产业服务联盟等单位承办的 2022 中关村前沿科技沙龙——中关村储能产业创新沙龙在中关村前沿技术研究院举办。活动以"志存高远 厚积薄发"为主题，采用线上和线下相结合的方式举办。市科委、中关村管委会，房山区政府，中关村发展集团等单位相关负责人及专家学者，产业联盟、龙头企业、投资机构等的代表约 80 人现场参与，线上约 3000 人参加。与会人员就中国电力的新型储能发展布局、华能电池储能技术产业化实践等主题进行行业前沿分享，并就在"双碳"目标下如何推动中关村储能产业高质量发展进行交流和探讨。

(张翔)

【史河科技入选国家级专精特新"小巨人"企业】
8 月 9 日，工业和信息化部公示第四批专精特新"小巨人"企业名单，北京共有 334 家企业入选。中关村前沿技术研究院入驻企业北京史河科技有限公司入选。

(张翔)

【共建德国激光雷达测试联合实验室】 8 月 11 日，中关村前沿技术研究院入驻企业北京亮道智能汽车技术有限公司与中汽研欧洲检测认证有限责任公司共同宣布，双方达成战略合作，共建德国激光雷达

测试联合实验室，致力于激光雷达行业标准规范研究，提供激光雷达硬件性能与感知软件系统测试、中欧市场准入等服务。联合实验室位于德国埃尔丁市，占地面积近 1200 平方米，可基于中欧不同国家汽车行业标准的评价方法，为激光雷达厂商提供点云质量测评和硬件可靠性测评，并出具专业测评报告。

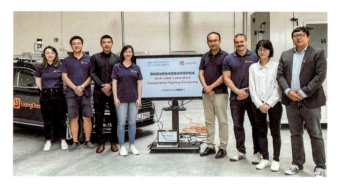

（张翔）

【史河科技参展世界机器人大会暨博览会】8 月 18—21 日，在 2022 世界机器人大会暨博览会上，北京史河科技有限公司以动态、静态两种形式展出自主研发的船舶除锈机器人，覆盖船舶、化工、火电等应用领域。产品适用于船体外壳 90% 以上区域的除锈作业，并具有自主导航、一键自动换道以及规划区域自动作业等特点。史河科技还展出其自主研发的化工防腐、球罐打磨、火电检测机器人等系列产品。其中，化工防腐机器人获国内首个防爆认证，球罐打磨机器人被科技部鉴定为"项目总体技术达到国际先进水平"，火电检测机器人是国内唯一可翻越锅炉"折焰角"的火电检测机器人。

（张翔）

【"碳中和与氢能"主题 PE 思享会举办】8 月 20 日，"碳中和与氢能"主题 PE 思享会在中关村前沿技术研究院举办。房山区政府等单位有关负责人及相关企业、机构等的代表参加。与会人员围绕"创新助力碳中和""氢能全产业链发展的途径与突破"等内容，阐释"碳达峰碳中和"工作的重大意义、丰富内涵、总体思路、政策举措和相关建议。

（张翔）

【达闼科技云端机器人技术入选机器人十大前沿技术】8 月 21 日，在 2022 世界机器人大会闭幕式上，中国电子学会发布"机器人十大前沿热点领域（2022—2023）"，中关村前沿技术研究院入驻企业达闼科技（北京）有限公司研发的达闼海睿操作系统、机器人元宇宙、仿人机器人等云端机器人技术入选"2022—2023 机器人十大前沿技术"。其中，达闼海睿操作系统是一个以多模态人工智能、人工增强、云计算及实时数字孪生为核心的机器人"云－网－端"操作系统，包括融合视觉、语音对话、智能运动及多模态融合人工智能、数字孪生、大数据、人工增强、持续学习训练等技术，通过达

闳海元世界（机器人元宇宙）和机器人开发套件为整个服务机器人产业构建机器人数字孪生体，提供开发和训练机器人的各种技能和应用的开放平台，通过采用强化学习实现大规模的低成本、高效率训练，可应用于各行各业的机器人服务场景。

（张翔）

【房山园优质项目投融资路演活动举办】 8月，由房山区金融办、房山园管委会主办，中关村前沿技术、中关村科服联合承办的中关村房山园优质项目投融资路演活动在中关村前沿技术研究院举办。活动采用线上和线下相结合的方式。房山区委、区政府等单位负责人及企业、投资机构等的代表参加。来自智能装备、新材料、医疗器械等领域的北京史河科技有限公司、北京深云智合科技有限公司、北京航景创新科技有限公司、北京煜邦数码科技有限公司等 19 家企业展示其自身发展理念、竞争优势、经营现状、融资需求等相关情况。投资机构对项目情况进行点评，并从投资方的角度与企业开展交流。路演吸引中关村金服、中关村资本、中关村科服、启航基金、前沿基金、瞪羚基金等投资机构代表和多家银行机构负责人约 80 人现场参与，线上约 3000 人参加活动。活动现场，国科兴和、启航基金、中关村创投、中和万方等多家投资机构与路演项目方达成投资合作意向。

（张翔）

【组织 14 家企业参展服贸会】 9月1—5日，2022年中国国际服务贸易交易会在北京国家会议中心和首钢园区举办期间，中关村前沿技术组织北京史河科技有限公司、北京航景创新科技有限公司、达闳

科技等 14 家房山园入驻企业参展，亮相首钢园 11号馆，展示船体除锈机器人、FWH—1500 无人直升机、云端机器人等行业高端产品，行业领域涵盖高端装备、高端制造、新型储能、氢能及新材料等重点产业领域的科技创新成果，吸引近万名国内外观众参观，受到新华社、中央电视台等 10 余家国家级及市级主流媒体聚焦关注。中国电力、新源智储、卫蓝新能源、安迈特等 10 余个重大项目现场签约，签约项目与签约金额均打破历年纪录。

（张翔）

【"720 穿越飞船"入选技术创新优秀案例】 9月3日，在"数字赋能文旅 增强创新动力"论坛上，市文化和旅游局发布 2022 年北京文旅技术创新应用场景优秀案例。其中，中关村前沿技术研究院入驻企业首望体验科技文化有限公司的"720 穿越飞船"入选。"720穿越飞船"是胶囊形态的全包裹高沉浸感虚拟现实立体影像系统，集 VR、MR 等技术于一体，可让人如时空穿越一般，完全沉浸在虚拟的影像场景中，可应用于文化历史展演、主题教育实践、艺术作品展览等领域。

（张翔）

【拓疆者项目入选人工智能赛道 TOP 10】 9 月 13 日，在 2022 中关村国际前沿科技创新大赛人工智能领域决赛上，中关村前沿技术研究院入驻企业北京拓疆者智能科技有限公司的参赛项目"工程机械远程智控系统"入选人工智能赛道 TOP 10 榜单。拓疆者针对安全生产政策趋严、招人成本上升等痛点，打造"工程机械远程智控系统"。该系统可以无损加装在各类传统工程机械上，将挖掘机、装载机等工程机械升级成为智能遥控的机器人，让操作手可以坐在办公室轻松施工。同时，通过收集远程遥控产生的数据，结合 AI 技术、机器人自动控制技术，不断生产并扩大智能化功能矩阵，并通过 AR 等技术融合到远程遥控当中，从而提高生产效率，降低管理成本。

（张翔）

【中关村前沿技术研究院获评北京市小型微型企业创业创新示范基地】 9 月 15 日，市经济和信息化局公布"2022 年度北京市中小企业公共服务示范平台和小型微型企业创业创新示范基地名单"，23 个基地被认定为 2022 年度北京市小型微型企业创业创新示范基地，中关村前沿技术研究院中小企业创新发展基地入选。中关村前沿技术研究院是由中关村发展集团和房山区政府合力打造的智能制造特色产业园，重点引进、培育一批智能网联汽车、智能应急装备、无人机、氢能源、新材料等细分领域"专精特新"及"隐形冠军"中小企业，在创新驱动引领区域新经济发展中成效显著，已成为房山区高精尖产业极具活力的前沿主阵地。

（张翔）

【《超高压水射流除锈机器人技术规范》发布】 9 月 23 日，中关村标准化协会发布《关于批准发布〈超高压水射流除锈机器人技术规范〉等 3 项中关村标准的公告》（中关村标协〔2022〕行字第〔055〕号），由北京史河科技有限公司主导起草的《超高压水射流除锈机器人技术规范》（T/ZSA 118-2022）获批发布。标准规定了超高压水射流除锈机器人的组成与基本参数、技术要求、部件要求、试验、检验规则、标志、包装、运输及贮存，填补了中国高压水射流除锈机器人技术标准空白，统一了产业链上下游企业的产品执行标准，在相关产品的制造、测试、创新等方面具有极大的指导意义，为船舶、化工等行业的智能化、绿色化发展起到重要推动作用。

（张翔）

【达闼获批建设国家新一代人工智能开放创新平台】 9 月，科技部正式批复支持达闼建设"云端机器人国家新一代人工智能开放创新平台"，这标志着达闼成为国内第一家围绕人工智能和云端机器人建设新一代人工智能开放创新平台的"国家队"企业。云端机器人国家新一代人工智能开放创新平台基于达闼自研的云端机器人操作系统海睿 OS，聚焦融合人工智能、计算机视觉、机器智能控制、自然语言处理等领域的先进技术，为智能服务机器人产业的技术及应用赋能。12 月 23 日，知识城（广州）投资集团有限公司与达闼机器人股份有限公司签订战略合作协议，并举行"国家新一代人工智能开放创新平台广州基地"揭牌仪式。

（张翔）

【全国首个航站楼内无人驾驶摆渡车应用测试完成】 10 月，中关村前沿技术研究院入驻企业驭势科技（北京）有限公司的无人驾驶摆渡车在杭州萧山国际机场 T4 航站楼完成全国首个航站楼内无人驾驶摆渡车应用测试。无人驾驶摆渡车可同时供 4 人乘坐，采用无门设计，方便乘客轻装上下车；搭载驭势科技公司自主研发的 U-Drive® 自动驾驶平台，依托多传感器感知融合定位和自动驾驶算法，配合 5G 网络，能够实现自主导航与自主避障，解决和满足 T4 航站楼刚投入使用后，走错航站楼和跨楼中转旅客对于快速摆渡出行的需求。

（张翔）

【史河科技产品获欧盟 CE 安全认证】 10 月，中关村前沿技术研究院入驻企业北京史河科技有限公司的 HighMate 水射流清理机器人（型号：RPP–MW–SRR–30）通过德国莱茵 TÜV 的相关机械指令协调标准和无线电设备指令测试认证，满足包括 EN60204–1：2018 机械设备电气要求标准、EN ISO 12100：2010 机械安全标准等 10 项欧洲标准，成为国内首家获得欧盟 CE 安全认证标识的高空作业机器人企业。产品采用低压伺服电机驱动系统，配备两级减速机传动，可满足复杂曲面作业下的多样化应用场景需求，适用于全船 90% 以上的区域作业，可实现除锈废水 99% 以上回收。

（张翔）

【驭势科技获北京市科学技术进步奖】 11 月 23 日，市政府印发《关于 2021 年度北京市科学技术奖励的决定》，由中关村前沿技术研究院入驻企业驭势科技（北京）有限公司等单位吴甘沙等完成的"区域物流运输无人驾驶技术研发及产业化应用"项目获 2021 年度北京市科技进步奖二等奖。成果创新点：研发突破"整车级"智能驾驶安全架构体系，提出多重冗余安全技术，提高自动驾驶物流车辆的安全性，为实现无人化运营奠定基础；研发提出"高精度多源定位融合算法技术"，突破在复杂环境

下的高鲁棒性厘米级精准定位，实现对高安全多场景 L4 级自动驾驶系统的核心技术突破；研发攻克"目标识别及细粒度环境感知技术"，自主研发的全景分割技术达到业界最高精度，解决雨、雾、雪等极端天气对自动驾驶系统感知功能的影响；自主研发"挂载拖斗的产品级自主倒车控制系统"，解决物流运输场景中存在的多拖斗倒车折叠失控问题，填补国内外技术空白，提高无人驾驶车的运载效率；研发建立了"无人驾驶商业运营高效部署及创新运营服务的技术体系"，实现多车协同系统及轻量级多车智能驾驶仿真系统开发，满足物流运输场景部署时间快、成本低的要求。项目成果应用于机场、汽车制造等 10 余类实体经济、70 余个场内无人物流项目，并出口至沙特阿拉伯、韩国等国家，实现多类特定场景无人驾驶商业应用方面的国际首创。

（张翔）

【2022 中关村国际前沿科技创新大赛智能制造与新材料领域决赛举办】 12 月 16 日，由中关村高科技产业促进中心、中关村房山园管委会、中关村前沿科技与产业服务联盟主办，中关村前沿技术承办的"2022 中关村国际前沿科技创新大赛智能制造与新材料领域决赛"以线上形式举办。经过初赛筛选，15 个来自智能制造与新材料领域的参赛项目展现其科技创新成果。来自高校院所、投资机构、领军企业等单位的 12 位专家担任评委。最终，北京博清科技有限公司、遨天科技（北京）有限公司、九州云箭（北京）空间科技有限公司、北京捷象灵越科技有限公司等 10 家硬科技企业入围"2022 中关村前沿科技智能制造与新材料领域 TOP 10"。

（张翔）

【全国首单认股权"登记、转让、行权"项目落地】
12月30日，中关村前沿技术研究院入驻企业航景创新的认股权权益通过北京股权交易中心正式实现转让，由中关村前沿技术溢价200万元完成转让，成为全国首个在认股权综合服务试点完成"登记、转让、行权"全业务流程的成功案例。自2019年入驻以来，中关村前沿技术依托集团科技服务全链条布局优势，协同属地政府通过租金减免、高层次人才引进、产业工人定向招聘、组织参与国家级展会及创新赛事、在园区周边为其开辟试飞场地等管家式、全流程贴身服务，扶持助力航景创新成长。

（张翔）

【亮道智能获多项荣誉】 2022年，中关村前沿技术研究院入驻企业北京亮道智能汽车技术有限公司获多项荣誉。

表17　亮道智能获部分荣誉一览表

时间	获奖名称	获奖产品
2月	2022年"德国创新TOP 100"	—
8月31日	2022年度智能驾驶（感知）好产品	纯固态Flash侧向补盲激光雷达LDSatellite™
8月31日	2022年度智能网联软硬件中国百强供应商	
11月8日	2022中国品牌全球化100强	—
11月8日	EqualOcean 2022中国汽车科技30强	—
11月11日	2022"汽车创新技术大奖"卓越企业奖与技术创新奖	—
11月30日	2022年度高工智能汽车"金球奖"	纯固态侧向补盲激光雷达LDSatellite™系列

（张翔）

【中关村前沿技术研究院被认定为高品质特色园区和创业创新示范基地】 2022年，中关村前沿技术研究院被认定为"北京市首批重点支持的高品质特色园区"和"北京市小型微型企业创业创新示范基地"。

（张翔）

【编制完成北京高端制造业基地高质量发展三年行动方案】 2022年，按照市、区两区办，区经济和信息化局要求，中关村前沿技术研究院配合房山园管委会研究并编制完成《北京高端制造业基地高质量发展三年行动方案（2022—2024）》。方案明确高端基地作为"两区"建设中"三片区七组团"重点园区，将通过3年的建设与发展，加快提升科技创新策源能力、产业承载能力、协同创新引领能力和产业链现代化水平，力争到2024年成为深化新型政企合作的试验田、北京引领制造业高质量发展的新高地和世界领先的高科技园区。

（张翔）

中关村·长城脚下的创新家园

【概况】中关村·长城脚下的创新家园位于延庆区康庄镇，是中关村延庆园核心区，距北京城区 62 千米，距延庆城区 9 千米。总规划占地面积 4.97 平方千米，其中园区一期占地面积 82 万平方米。园区定位为以无人机、新能源和能源互联网、体育科技、现代园艺为产业特色的科技园区，由北京中关村延庆园建设发展有限公司建设运营。

2022 年，延庆区政府与中关村发展集团签署"构建新型政企关系"全面合作协议，以中关村·长城脚下的创新家园为依托，合作打造京西北科技创新高地。中关村·长城脚下的创新家园项目土地一级开发已基本完成，6023、6030 地块土地协议出让，共分摊一级开发成本 16390 万元。项目实现供地、回款，具备了以低成本、快交通、优环境的特质承接核心区科技产业和人才外溢的条件。推动一级开发土地上市，航天科技集团下属航天飞鸿公司延庆无人机装备产业基地项目土地出让合同正式签订，该项目被国务院国资委列为"十四五"重点产业项目。年内，中关村延庆园公司推动 37 家企业落地中关村延庆园，实体企业 3 家。其中，嘉洋科技入围 2022 年第三批北京市"专精特新"中小企业名单和北京工商联北京民营企业"1+4"百强榜单；新疆阜康煤化下属晋铎美业能源可年纳税 1000 万元，嘉洋科技、具虎电子商务可年纳税 600 万—1000 万元，京忠信清洁、青岛宝佳自动化可年纳税 200 万元。推动产业工作体系化开展。先后为 10 余家企业提供人才引进、资证办理、对接上市咨询和融资渠道等服务，建立具有延庆园特色的初版 5 大类 26 小类服务清单及延庆园"1+4"产业政策解读清单，成为对外产业导入和内部招商技能提升的有力工具。与中关村科服、中关村资本、启元资本、中关村科技担保、中关村科技租赁等单位建立密切的点对点协同产服工作模式，推荐嘉洋科技与启元资本达成合作，成为启元资本"北交管家"的首批用户；推荐 2 家企业与中关村科服签订认股权协议；为中关村资本、中关村协同创新基金、中关村创投推荐 2 家寻找投资的企业，进一步协同利用集团资源为企业服务提供范式。

（夏芳）

【延庆区委区政府到访中关村发展集团】6 月 13 日，延庆区委区政府到访中关村发展集团。在座谈会上，双方就共同推进新型政企合作协议签订、在延庆园开展产业载体建设运营等事宜达成共识。延庆区政府将支持集团在园区建设、空间运营、资本投资、金融服务等方面的投入，与集团建立新型政企合作模式，聚焦"后冬奥"时期地区发展，发挥生态涵养区的生态优势，立足区位特点，将延庆园建设成为地区经济发展新的增长极，以科技引领推动延庆区高质量发展。集团将发挥创新生态集成服务商的优势，深入参与延庆区高质量绿色发展，在延庆建设运营高品质、低成本的中关村社区，引导中心城区科技产业外溢，以政府服务管家合伙人的机制为入园企业提供全要素的产业服务，促进企业和地区更好更快发展。

（夏芳）

【中关村延庆园公司 2021 年度"三会"召开】6 月 23 日，中关村延庆园公司召开 2021 年度"三会"。与会人员审议了相关议案，讨论通过 5 项监事会议案、8 项董事会议案和 5 项股东会议案。会议围绕如何落实好集团转型发展的各项要求，如何完成好延庆区确定的园区建设任务，如何实现公司高质量发展进行了探讨。会议号召，公司全体成员要全面贯彻落实集团和延庆区委区政府工作部署，以土地入市、转型发展为重点，加快推动地块征地和入市，推动一级开发成本回流，全面推进市政工程配套项目移交，稳步筹划摘地工作，加快推进改革转型，做好经营管理工作，以转型发展要求指引园区未来建设。

（夏芳）

【延庆区与中关村发展集团签署全面合作协议】 7月14日，延庆区政府与中关村发展集团签署"构建新型政企关系"全面合作协议，共同谋划"后冬奥"时期科技园区发展新篇章，合作打造京西北科技创新新高地。此次合作将以中关村·长城脚下的创新家园项目为依托，规划建设形成功能完善、宜居宜业的精品示范园区，打造与"双创"主体共成长的特色产业聚集区和覆盖园区服务全链条的产业服务平台。同时，以创新生态集成服务赋能现有的空间载体，加快区域重点项目落地。此次合作签约，标志着创新生态集成服务的政企合作新机制在延庆区正式落地。延庆区政府统筹中关村延庆园规划和发展，将为双方创新合作提供政策支持和良好的营商环境；集团发挥创新生态集成服务商优势，成为延庆区政府创新生态集成服务"合伙人"，将科技股权投资、科技金融服务、科技专业服务、科技园区发展运营等20大类180余项集成服务产品全面导入延庆区，形成以"1+1+1+N"（其中的3个"1"分别指"1平台""1基金""1基地"，"1平台"指特色集成服务平台，"1基金"指高精尖产业基金，"1基地"指中关村·长城脚下的创新家园；"N"指N个应用场景）为基础的服务高质量发展的创新生态体系。

（夏芳）

【嘉洋科技入围北京民营企业"1+4"百强榜】 9月26日，北京市工商联、中国工商银行北京市分行联合召开"2022北京民营企业百强"发布会，发布北京民营企业"1+4"百强榜单，即"2022北京民营企业百强""2022北京民营企业科技创新百强""2022北京民营企业文化产业百强""2022北京民营企业中小百强""2022北京民营企业社会责任百强"。其中，中关村延庆园公司引入企业嘉洋智慧安全生产科技发展（北京）有限公司入围"2022北京民营企业中小百强"。

（梁少雄）

【加快推进6028-2地块摘地工作】 2022年，中关村延庆园公司持续深化6028-2地块项目可行性研究。5月，着手启动投资项目专家评审会，根据集团反馈意见，结合多次实地调研园区市场，逐步落实集团对于项目可研相关要求，进一步完善可行性研究。9月，集团党委会原则同意以中关村延庆园为主体投资建设中关村·长城脚下的创新家园6028-2地块项目。完成6028-2地块概念方案设计，促进产业落地和精品园区建设。

（梁少雄）

【与中关村软件园建立轻资产运营合作机制】 2022年，中关村延庆园公司与中关村软件园建立轻资产运营合作机制。结合集团轻重资产分离的改革部署，聚焦延庆科技创新需求，结合公司现阶段产业工作重点，围绕创新家园项目与中关村软件园签署运营服务合作协议，促进园区整体产城协同发展。

（梁少雄）

【市政配套工程移交及收尾工作】 2022年，中关村延庆园公司全面加速市政配套移交及收尾工作。完成市政道路及管线工程、中心公园和代征绿地移交工作；推进35千伏高压线迁改工程，完成可研、环评、稳评、水评、立项、规划许可等的报批手续，电力隧道挖掘施工已全面铺开。稳步推动剩余地块征地入市工作，1号地重新取得相关权属审核及函复文件，完成土地整治项目耕地指标入库，推进解决耕地指标缺口。6028-2地块完成地价评审、现场验收，地块入库单、安保协议、开发建设补偿协议等相关材料已提交市储中心。

（夏芳）

中关村（京西）人工智能科技园

【概况】中关村（京西）人工智能科技园位于门头沟区西山脚下，永定河畔，毗邻长安街西延线，规划占地面积 54.5 万平方米，其中产业用地面积 20.58 万平方米，地上建筑面积 55 万平方米，其中一期占地面积 8.54 万平方米，总建筑面积 30.9 万平方米。园区主要服务以智能技术为核心、"智能＋"为主体的人工智能企业，并可根据入驻企业意向，提供量身定制空间等专业服务，满足生产、生活、生态有机结合的产业发展和人文需求，可为龙头企业、中小企业提供商务办公、中试小试、孵化研发等多样空间载体，打造"办公＋试验＋试制"的人工智能产业化基地。园区是中关村发展集团探索创新园区运营模式升级，加快构建人工智能特色的创新园区，拥有良好的政策、人才、环境、基础设施等方面的优势，致力于实现全周期、一站式、管家式集成服务体系全覆盖，推动区域人工智能产业年产值规模达到百亿元，打造成为国际一流的人工智能创新社区。园区由中关村京西发展负责开发建设，人工智能公司负责运营。2019 年 10 月，为进一步营造人工智能产业氛围，园区先导园——中关村（京西）人工智能科技园·智能文创园正式启用。

2022 年 3 月，集团与门头沟区政府签署"构建新型政企关系"全面合作协议，进一步加强空间统筹，整合要素资源，为建设高效、领先、低碳的数智化新型产业社区夯实基础支撑。2022 年，园区与门头沟园管委会就中关村"生态雨林"项目等签署合作协议，拓展产业共赢发展的有效路径；联合华为公司，与门头沟区协商达成战略合作共识，共同建设中关村（京西）人工智能科技园，推动中关村人工智能计算中心建设，营造人工智能创新生态。一期项目签订土地出让合同，中关村京西发展获取一期项目 6 块地的 50 年使用权，项目建设加速启动。年内，智能文创园累计入驻企业 60 余家，其中国家高新技术企业 9 家、"专精特新"企业 4 家，入驻率已达可出租面积的 90%。截至 2022 年底，智能文创园获北京市小型微型创新创业示范基地、北京市文化创意产业园等荣誉称号。

（段晓宇、侯鹏飞）

【门头沟区与中关村发展集团座谈会举办】1 月 14 日，门头沟区领导与中关村发展集团相关负责人进行座谈交流，共商新型政企合作机制，加快打造高水平人工智能科技园。中关村发展集团领导表示，集团将作为区委、区政府在"双创"领域的服务管家合伙人，与门头沟区探索合作运营新机制，服务区科技创新发展，为创新创业提供营商环境和政策精准匹配。希望双方聚焦人工智能领域，着力打造特色高端和创新产业集聚区。门头沟区领导表示，将坚持生态立区、文化兴区、科技强区，聚焦人工智能、超高清数字视听、心血管领域医疗器械智能制造等发展方向，探索与中关村发展集团深化合作的模式。希望双方进一步挖掘潜力、整合资源，以精细化的配套政策和服务，为继续合作奠定基础。中关村发展集团及中关村京西发展领导、相关负责人，门头沟区相关领导参加座谈。

（段晓宇）

【人民健康系统工程机器人实验室揭牌】2 月 12 日，人民健康系统工程机器人实验室揭牌仪式暨人民健康系统工程机器人论坛在中关村（京西）人工智能科技园·智能文创园举办。出席活动的有：市科委、中关村管委会，市经济和信息化局，门头沟区政府等相关领导，倪光南院士、俞梦孙院士、何月蓉院士，海尔智家全球首席数字技术官，中关村京西发展负责人，遨博公司、富锐投资、九合金控、秀域集团、如影智能等公司的负责人。活动现场，"人民健康系统工程机器人实验室"揭牌。该实验室关注新兴科技特别是机器人科技的发展，立足系统工程的视角围绕大健康理念开展研究，协调机器人、中医、康养等多方力量，推进"人民健康系统工程机器人"顶层设计，并进行机器人系统集成、医疗大数据、人体穴位精准识别、多能量场康复理疗等方面技术的攻关，探索促进人民健康事业与新兴科技产业协同发展的新应用场景。

（段晓宇）

【"构建新型政企关系"全面合作协议签署】3月31日，中关村发展集团与门头沟区政府签署"构建新型政企关系"全面合作协议。中关村发展集团，门头沟区委，华为中国区、北京区等的相关领导出席签约仪式。双方将以合力打造中关村（京西）人工智能科技园为基础，以重大项目为牵引，加快优化和完善营商环境，建设高效、领先、低碳的数智化新型产业社区，共同打造具有全球影响力的人工智能产业集聚区。仪式上，门头沟区政府向中关村（京西）人工智能科技园·智能文创园颁发门头沟区创新创业示范基地牌匾；中关村门头沟园管委会与中关村科服、中关村资本、中关村科技担保、中关村科技租赁、中关村产业研究院就中关村金种子管家服务体系、中关村"生态雨林"项目、人工智能产业规划等签署合作协议。根据协议，门头沟区将为双方创新合作提供空间、政策、配套服务以及良好的营商环境；中关村发展集团将充分发挥创新生态集成服务商优势，整合国内外产业创新要素资源，推动集团20类180余项创新生态集成服务产品全面导入门头沟区，培育创新"沃土"，与政府形成优势互补、利益共享、共同发展的政企互利共赢合作机制。双方将共同发起设立人工智能高精尖产业发展基金，培育适应科技创新长周期特点的"耐心资本"，引导社会资本加强对门头沟区人工智能创新的战略性投资。同时，双方将共建中关村门头沟园"科技股权池"，遴选、投资一批优质创新项目，培育门头沟区人工智能领域高精尖产业发展的"金种子"企业。

（段晓宇）

【智能文创园获区级创新创业示范基地称号】3月，中关村（京西）人工智能科技园·智能文创园获中关村科技园区门头沟园管委会颁发的"中关村科技

园区门头沟园创新创业示范基地"称号。

（段晓宇）

【微链科技完成数千万元A轮融资】3月，智能文创园入驻企业北京微链道爱科技有限公司完成数千万元A轮融资。本轮融资由中博聚力领投，海南泰益跟投。融资用于进一步加强研发、提升产品交付能力和拓展市场。

（段晓宇）

【中关村（京西）人工智能会客厅举办】4月15日，由门头沟区政府、中关村发展集团、华为技术有限公司联合举办的首届昇腾人工智能生态大会暨中关村（京西）人工智能会客厅在中关村智能文创园举办。大会旨在促进首都人工智能领域的科技创新和产业发展，加快形成区域"专精特新"产业集群，构建持续发展、合作共赢的人工智能生态圈，加速打造京西人工智能产业名片。门头沟区政府着重加强人工智能产业细分领域培育，实现集聚一批重点项目、培育一批产业链隐形冠军、汇聚一批高素质专业化人才、打造一批特色产业空间，在绿水青山间持续构建现代产业体系和产业生态。中关村发展集团始终秉持"以创新创业主体为中心、与创新创业主体共成长"的企业宗旨，围绕科技成果转化的全生命周期，为科技创新提供普惠、精准、集成服务，携手创新创业主体共同打造开放共赢的创新生态。华为提供人工智能"根技术"支撑，依托开放的昇腾AI基础软硬件平台，与诸多伙伴携手开发释放AI潜力，创新场景化AI应用。本次三方合作是在全国首次采用市场化运作模式，形成以产业政策为牵引、"根技术"为基石、产业资本助力的普

惠算力建设新模式。旨在以人工智能"根技术"为依托，搭建"公共智算服务""创新孵化""产业聚合发展""科研创新与人才培养"4个平台，通过为人工智能企业提供公共智算服务促进人工智能领域的创新孵化，推动人工智能技术与实体经济深度融合。30 余家科技企业的代表参会。

（段晓宇）

【微链科技 3D 视觉产品通过欧盟 CE 认证】4 月，智能文创园入驻企业北京微链道爱科技有限公司生产的引导型 BP 系列 3D 相机取得欧盟 CE 证书。

（段晓宇）

【北京中发展智源人工智能科技发展有限公司成立】5 月 20 日，北京中发展智源人工智能科技发展有限公司注册成立（简称人工智能公司），是中关村发展集团联合智源研究院成立的第一家专注于人工智能领域的轻资产服务企业。人工智能公司定位为开放型、平台型、枢纽型的人工智能专业服务商，愿景是成为国际一流的人工智能创新生态集成服务商，围绕人工智能领域企业的核心诉求，统筹内外部资源，探索"生态＋投资＋服务＋空间"的业务模式，聚焦人工智能算力、算法底层需求，打造智能算力平台、大模型平台，补齐人工智能产业服务短板，助力北京人工智能产业发展。公司以"热情＋执着"的企业文化，搭建人工智能领域创新生态雨林，解决"双创"主体创新发展需求，推动公司与"双创"主体和地方政府共成长。

（段晓宇）

【中关村昇腾人工智能产业分论坛举办】5 月 31 日，作为 2022 北京智源大会的重要组成部分——中关村昇腾人工智能产业分论坛举办。此次论坛由门头沟区政府、中关村发展集团、北京智源人工智能研究院、华为技术有限公司联合主办，中关村门头沟园管委会、中关村京西发展、人工智能公司联合承办。论坛邀请 AI 业界专家、企业大咖等聚焦人工智能产业发展，聚力"AI＋应用"生态构建，共同探讨 AI 产业洞察与观点，分享 AI 创新理论与成果。华为昇腾计算业务专家发表"昇腾 AI 新生态向上共赢新世代"主题演讲，指出人工智能在从局部探索走向千行百业的过程中，也暴露出算力昂贵、人才稀缺、开发难度大等问题。大会现场，由门头沟区政府、中关村发展集团、华为公司联合成立的北京昇腾人工智能计算中心和北京昇腾人工智能生态创新中心揭牌，2022 昇腾 AI 创新大赛北京赛区比赛正式启动。

（段晓宇）

【中关村国际前沿科技创新大赛大数据与云计算领域决赛举办】8 月 9 日，由中关村高科技产业促进中心、中关村门头沟园管委会、中关村前沿科技与产业服务联盟主办，人工智能公司承办的 2022 年中关村国际前沿科技创新大赛"中关村银行杯"大数据与云计算领域决赛在智能文创园举办。涉及数据安全平台、人工智能医学影像重建和增强、智能合约形式化验证平台、数据中心节能减排新技术等 15 个参赛项目，展现大数据与云计算赛道科技创新的"硬实力"。最终，北京思斐软件技术有限公司、北京星辰天合科技股份有限公司、北京焱融科技发展有限公司依次名列前三名，均入围 2022 年中关村国际前沿科技创新大赛大数据与云计算领域 TOP 10。

（段晓宇）

【中关村京西发展获"双承诺"试点单位授牌】8 月 18 日，在门头沟区 2022 年营商环境年"双承诺"融合试点工作启动仪式上，北京中关村京西建设发展有限公司获门头沟区首批"双承诺"试点单位授牌。"双承诺"指监管部门承诺"五不超"（监管不超范围、执法不超标准、频次不超计划、服务不超时限、临查不超要求），试点企业承诺"五做到"（做到诚实守信、做到日常专人管理、做到自查不降标准、做到及时反馈、做到不达标退出的场景化模式）。

（段晓宇）

【创客北京昇腾大赛举办】 8 月 26 日，以"数智未来，因你而来"为主题的 2022 创客北京·华鲲振宇·昇腾 AI 创新大赛决赛暨第二届中关村（京西）人工智能会客厅在中关村（京西）人工智能科技园举办。大赛是面向 AI 开发者打造的赛事，覆盖北京领袖企业、初创企业、高校、科研院所等人工智能开发主体，共吸引 100 余支人工智能创新团队报名参赛。活动旨在发掘北京优秀人工智能企业、团队，鼓励全产业开发者基于昇腾基础软硬件打造业界领先的解决方案，加速 AI 与千行百业融合，促进北京 AI 产业发展。决赛路演环节，北京智行者科技股份有限公司、普强（国际）科技有限公司、北京和信康科技有限公司、北京博思廷科技有限公司、北京易道博识科技有限公司、嘉洋智慧安全生产科技发展（北京）有限公司、深思考人工智能机器人科技（北京）有限公司等 32 家企业进行了 AI 项目展示，共同展现 AI"新势力"。第二届中关村（京西）人工智能会客厅同步举办，专注于人工智能与自动驾驶、智慧医疗、智慧金融、智慧能源和智慧城市等领域的多家科技企业的代表，共话北京人工智能领域产业发展和技术创新。

（段晓宇）

【中关村（京西）人工智能科技园一期项目立项批复】 10 月 12 日，中关村（京西）人工智能科技园一期项目取得门头沟区发展改革委立项批复，标志着中关村（京西）人工智能科技园一期项目进入开发建设的实质阶段。

（侯鹏飞）

【《智"健"未来：人工智能与机器学习赋能中国医疗健康行业》白皮书发布】 10 月，人工智能公司与 IQVIA 艾昆纬数据科学和高级分析团队联合发布《智"健"未来：人工智能与机器学习赋能中国医疗健康行业》白皮书，旨在帮助医疗健康产业深刻认识人工智能和机器学习技术为药械企业的研发、生产、流通环节带来的变革，以及这些技术在新医疗健康应用场景中释放的潜力，从而助力企业降低成本、提高运营效率，实现商业决策与企业数字化转型。

（段晓宇）

【中关村（京西）人工智能科技园一期项目签订土地出让合同】 11 月 9 日，中关村京西发展正式与北京市规划和自然资源委员会门头沟分局签署《国有建设用地使用权出让合同》，获得中关村（京西）人工智能科技园一期项目 6 块国有土地的 50 年使用权，标志着该项目进入实质性开发建设阶段。此次获取的 6 块土地占地 8.54 公顷，规划总建筑面积约 30.9 万平方米，其中地上约 22.6 万平方米、地下约 8.3 万平方米，项目总投资约 39 亿元。项目建成后将成为集生产、生活、生态有机结合的产业发展和人文需求于一体的空间载体，打造国际一流人工智能创新社区，占领北京国际创新中心的人工智能产业高地。中关村京西发展在取得项目土地后，将依靠集团的支持筹集资金，并按合同约定缴纳土地款，推动各项前期手续办理，加快实现项目开工建设。

（侯鹏飞）

【智能文创园委托协议签订】11月11日，人工智能公司与重资产中关村京西发展签订智能文创园委托协议，约定人工智能公司负责智能文创园项目的招商、运营及管理工作，并收取相应的委托服务费。

（段晓宇）

【中关村（京西）人工智能科技园一期项目规划及建筑设计方案审议通过】11月30日，中关村（京西）人工智能科技园一期项目规划及建筑方案获门头沟区长办公会审议通过，标志着项目规划建设工作取得实质性进展。中关村京西发展、人工智能公司与工业院相关负责人参会。会议指出，门头沟区政府与中关村发展集团签署的"构建新型政企关系"合作协议是门头沟区的标志性成果，政府各部门将全力支持人工智能科技园项目建设，共同推进区域人工智能产业发展，开启高质量发展新篇章。会议要求，确保招商先行，人工智能企业和商务生活配套企业应同步开展招商，全面打造高品质产业园区；各委办局密切协作配合，主动靠前服务，加快项目手续办理，加速推进工程建设，力争取得突破性工作成果。

（侯鹏飞）

【中关村（京西）人工智能科技园一期项目规划及建筑设计方案成果展展出】11月，中关村京西发展以展板、视频等形式在中关村发展集团展出中关村（京西）人工智能科技园一期项目建设规划及建筑设计方案成果。集团领导听取关于中关村（京西）人工智能科技园一期项目规划及建筑设计、产业

生态、数智园区建设等内容的汇报后指出，中关村（京西）人工智能科技园在园区定位方面，要以客户为导向，立足产业规划，进行合理布局；在园区规划方面，要秉持绿色、生态、数智等发展理念，打造国际一流的人工智能科技创新园区；在建筑设计方面，要标准化、体系化发展，着眼未来，打造中关村发展集团品牌形象；在园区发展方面，要与国际需求接轨，打造国际人才社区交流中心，促进人才、技术、项目等合作；在产业导入方面，要利用好集团现有的产业体系，实现精准对接及服务。中关村建投、人工智能公司、中关村京西发展以及工业院等的相关人员参加。

（侯鹏飞）

【2 家企业入围第七届"创客中国"创新创业大赛500 强】11月，智能文创园入驻企业北京夏禾科技有限公司和北京至格科技有限公司入围第七届"创客中国"创新创业大赛500 强。创客中国大赛组委会根据《第七届"创客中国"中小企业创新创业大赛500 强产生办法（试行）》，经专家评审和现场公证，从全国累计报名的3.7 万余个项目中评选出大赛500 强项目。夏禾科技的"夏禾科技 OLED 核心发光材料研发项目"和至格科技的"增强现实（AR）衍射光波导及光学显示模组产业化项目"入围。

（段晓宇）

【智能文创园被认定为北京市级文化产业园区】12月，中关村（京西）人工智能科技园·智能文创园被认定为北京市级文化产业园区，成为门头沟区首家市级文化产业园区。2022 年北京市级文化产业园区认定评审工作从8 月启动，逐步对全市130 多家园区开展合规性审查、专家评审和实地踏勘等工作，综合园区运营管理、经济效益、社会效益、品牌建设等方面因素，最终96 家园区获"2022 年度北京市级文化产业园区"，其中市级文化产业示范园区 10 家、市级文化产业示范园区（提名）10 家、市级文化产业园区 76 家。

（段晓宇）

【推动中关村（京西）人工智能产业园算力中心建设】2022 年，中关村京西发展推动中关村（京西）人工智能产业园算力中心建设，落实与人工智能

公司签订的共建算力中心协议，算力中心项目取得备案与施工手续，为全面启动工程建设工作奠定基础。

（侯鹏飞）

【万数科技助力北京冬（残）奥运】2022年，万数科技的8K超高清视频制作回放专用服务器用于2022年北京冬奥会和冬残奥会车橇项目、自由式滑雪空中技巧项目的比赛服务中。万数科技是专业的企业级计算机产品（服务器、存储、AI算力设备）生产制造商，其为广电行业客户定制的8K超高清视频制作回放专用服务器应用于VSExMotion8k超高清视频制作回放系统，主要为实现8K视频慢动作回放和字幕图文包装功能提供硬件计算平台，为视频行业客户定制的专用服务器能将信号实时多通道采集收录、实时慢动作编辑、实时播表建立、实时慢动作播出回放等功能整合到一个计算平台里，成功应用于"5G+8K"超高清转播车中。

（段晓宇）

中关村工业互联网产业园

【概况】 中关村工业互联网产业园位于石景山区北Ⅱ区西井地块，总占地面积 9.27 公顷，总建筑面积约 45 万平方米，分两期开发建设：一期占地面积 2.87 公顷，建筑面积 16.86 万平方米；二期占地面积 6.4 公顷，建筑面积 27.66 万平方米。中关村工业互联网产业园作为北京市重点工程项目，由中关村发展集团与石景山区政府共同打造，中关村工业互联网公司负责建设运营，总体定位为"中关村工业互联网产业示范区"。园区以商务办公、研发办公、产业配套及生活配套功能为主，以工业互联网为核心，以生产性服务业为基础，围绕工业互联网细分产业方向，构建"1+1+1+1+3"创新服务体系，建设工业互联网高端研发性产业集群，对标世界级园区，建设"国内一流、世界领先"的高精尖产业示范园区，打造工业互联网全国创新中心、产业高地、全产业链、全生命周期的生态系统。

2022 年，中关村工业互联网产业园纳入北京市"3 个 100"重点工程，一期项目实现主体结构封顶，取得一期项目商品房预售许可证；启动二期项目摘地等前期工作。中关村工业互联网公司通过 ISO 9001 质量管理体系认证，成为工业互联网产业联盟和北京工业互联网技术创新与产业发展联盟会员单位。

【中关村工业互联网公司成为两大产业联盟会员单位】 5 月 23 日，工业互联网产业联盟、北京工业互联网技术创新与产业发展联盟公布最新一批会员单位名单，中关村工业互联网公司通过两大联盟审核，成为联盟会员单位。工业互联网产业联盟于 2016 年 2 月 1 日成立，是国内外先进制造业转型升级的重要内容和关键载体，是"中国制造 2025""互联网+"协同制造战略布局的重要内容。北京工业互联网技术创新与产业发展联盟于 2019 年 3 月 17 日成立，致力成为工业互联网产业政策的推动者，打造创新资源集聚和合作交流的平台。

(阳靓)

【促进工业互联网产业发展座谈会举办】 6 月 29 日，促进工业互联网产业发展座谈会召开。会议由中关村发展集团主持，市经济和信息化局，市科委、中关村管委会，石景山区政府，中关村石景山园管委会等政府部门相关领导，广联达科技股份有限公司、软通动力信息技术（集团）有限公司、北京东土科技股份有限公司、拓尔思信息技术股份有限公司、航天云网科技发展有限责任公司、汇龙森等工业互联网企业的负责人，工业大数据国家工程实验室、中关村车联网联盟等机构的负责人参加会议。座谈会上，中关村工业互联网公司汇报中关村工业互联网产业园规划建设情况，石景山区政府介绍工业互联网产业发展政策；与会嘉宾交流意见，为推

（张艳飞）

动中关村工业互联网产业发展、高水平规划、建设以及运营中关村工业互联网产业园建言献策。

（张艳飞）

【中关村工业互联网公司到青岛海尔卡奥斯调研】8 月 13 日，中关村工业互联网公司赴青岛海尔卡奥斯公司走访调研，参观卡奥斯工业智能研究院，了解卡奥斯 COSMOPlat 工业互联网平台，实地探访中德海尔滚筒互联工厂，并达成初步合作意向。

（阳靓）

【中关村工业互联网产业园一期项目地下结构工程提前完成"正负零"】8 月 29 日，中关村工业互联网产业园一期项目（034 地块）地下车库负一层最后一块顶板混凝土浇筑完成，地下结构工程正式完工，比原计划提前一个月完成"正负零"，标志着项目全面迈入地上主体结构施工阶段。一期项目（034 地块）于 4 月 1 日启动地下结构工程。

（张艳飞）

【中关村工业互联网产业园项目一期取得商品房预售许可证】12 月 30 日，中关村工业互联网产业园项目一期（工联科创中心项目）取得商品房预售许可证 [京房售证字（2022）213 号]，标志着项目从前期建设进入销售阶段。

（张艳飞）

【中关村工业互联网产业园二期通过集团董事会审批】12 月，中关村工业互联网产业园二期 1606–605 地块项目通过集团董事会审批，项目建设加速推进。二期 605 地块总建筑面积约 28 万平方米，主要建设研发办公、孵化器等产业载体及专家公寓、展览展示、商业等配套功能，建成后将按照"轻重

分离、租售并举"的思路，吸引上下游泛工业互联网产业企业入驻，以"聚集创新项目、搭建服务体系、发挥引领作用、打造区域品牌"四大举措，推动集团"4+2"服务体系更好地服务工业互联网产业在石景山区发展。

（张艳飞）

【中关村工业互联网公司获 ISO 9001：2015 质量管理体系认证】2022 年，中关村工业互联网公司全力推进质量管理体系认证工作，完成纲领性指导文件《质量管理手册》和涵盖全业务范围 14 个程序文件的编制工作，经过为期 6 个月的质量体系搭建、培训、内审、外审等系列工作，9 月 22 日正式取得 ISO 9001 质量管理体系认证证书，成为中关村发展集团体系内试点单位中 2022 年首家通过 ISO 质量管理体系认证的企业。

（张艳飞）

【中关村工业互联网产业园项目一期建设】2022 年，中关村工业互联网公司和项目各参建方制订预案，采取相应措施减少疫情和场地狭小的影响，全力推进项目一期各项工程建设任务。结合项目招采进度及工程进度，及时提供图纸与技术支持，保障年度重点工作任务的完成。完成主体建筑施工图设计、幕墙、泛光照明、智能化弱电、变配电、热力、燃气、景观、交通导视、小市政等 10 项施工图设计，5 项二次深化设计施工图审核及 2 项设计咨询资料收集整理工作。于 2 月完成 034 项目 2 号楼 LEED 金级预认申报并取得认证证书，推进绿建三星认证工作。工程进度方面，土护降工程于 5 月 20 日完工，地下结构工程于 8 月 29 日完工，

主体结构于 11 月 30 日封顶，较绩效考核目标提前 31 天，防水、二次结构、幕墙、机电等专业施工工作有序展开。

（张艳飞）

【中关村工业互联网产业园项目二期建设】2022 年，中关村工业互联网公司推进中关村工业互联网产业园二期拿地及前期手续办理工作。提前启动 605 地块相关规划设计工作，完成建筑高度规划指标论证、公交首末站一体化规划条件编制、交通咨询服务 3 项设计咨询单位招标，组织协调 2 家设计单位分别提交了 9 版二期项目的规划概念设计方案，确定了概念设计方案的深化方向。与区管委会、规自分局、园林局等外部关联单位沟通，收集各方意见，为设计方案的快速推进和审批落地提供保障。11 月 29 日，组织召开公司 2022 年第六次临时股东会暨第一届董事会第十一次会议，审议通过关于投资建设中关村工业互联网产业园二期项目的议案。11 月 30 日，公司完成预申请保证金缴纳及申请材料递交工作。

（张艳飞）

南中轴国际文化科技园

【概况】 南中轴国际文化科技园位于丰台区南苑路15号，北至丰海南街，东至南苑路，南至凉水河，西至规划道路，总占地面积5.38公顷，总建筑面积19.54万平方米，其中一期建筑面积约7.4万平方米、二期建筑面积约12.14万平方米。南中轴国际文化科技园作为大红门地区首个城市更新示范产业园项目，由中关村发展集团与丰台区政府共同打造，围绕科技、文化、国际商务等产业，建设独角兽企业的加速器，布局一批依托新科技、引领新需求、创造新动力的未来产业，营造具有国际竞争力和吸引力的创新发展生态，建设国际一流"科技＋文化"的新地标和数字经济新高地。2021年7月，中关村发展集团与丰台区政府签署战略合作协议，共建南中轴国际文化科技园。同年12月，南中轴国际文化科技园揭牌。

2022年，南中轴国际文化科技园项目被纳入北京市"3个100"重点工程项目，一期正式开园，二期取得施工许可证。引进落地企业50余家，包括2家国家级专精特新"小巨人"企业、1家上市公司子公司、1家潜在独角兽子公司、16家国家高新技术企业/创新型中小企业，已初步形成元宇宙产业集聚态势。另有重点跟进企业30余家，分布在集成电路、人工智能、元宇宙等领域。轻重资产协同运营，宣传扩大园区知名度。园区引入中关村集成电路设计园、中关村海外科技园、中国服务贸易协会、中关村大数据产业联盟4家专业化轻资产运营机构，建立协同工作和激励约束机制，以统一规范、高效高质的服务触达客户，共建"中关村创新社区"。参与承办互联网3.0峰会、中日韩元宇宙合作论坛，支持举办南中轴文化元宇宙沙龙等活动，全方面扩大园区知名度。数智创新中心投入使用，利用数字人、元宇宙等前沿技术，全景式展现大红门和南中轴地区文化底蕴、历史变迁和未来规划，同时作为入园企业的展示窗口和元宇宙科普教育基地，获"2022年丰台区科普项目"支持。

（何芬、辛永波）

【南中轴公司取得南中轴国际文化科技园项目实施主体授权】 1月29日，丰台区政府下发《北京市丰台区人民政府关于授权南中轴（北京）国际文化科技发展有限公司为南中轴国际文化科技园项目实施主体的批复》（丰政函〔2022〕48号），标志着南中轴公司正式取得南中轴国际文化科技园项目改造实施和运营主体授权。

（李想）

【项目实施方案获得批复并完成备案】 3月16日，南中轴国际文化科技园项目实施方案完成审批，通过丰台区副区长主持召开的专题会审议；3月21日，丰台区发展改革委审核通过项目实施方案备案文件，正式下发项目备案证明[京丰台发改（备）〔2022〕9号]，标志着项目已完成立项核准。

（李想）

【项目概念设计方案通过市规自委专家评审会】 3月21日，南中轴国际文化科技园项目概念设计方案通过市规划和自然资源委专家评审。

（李想）

【南中轴国际文化科技园轻重资产合作运营签约】 4月12日，南中轴国际文化科技园轻重资产合作运营签约仪式在中关村发展集团举行。中关村集成电路设计园公司、中关村海外科技园公司、中国服务贸易协会、中关村大数据产业联盟4家运营机构与园区签署合作协议，在产业招商、产业组织、创新生态营造等方面优势互补、共同发力，推动园区建设成为国际一流的"科技＋文化"新地标和数字经济新高地。中关村发展集团领导致辞指出，建设南中轴国际文化科技园是落实北京非首都功能疏解、促进城南地区产业转型升级的重大举措，是政企通力合作、引领大红门地区"华丽转身"的首个城市更新示范项目。园区将强化轻重资产协同，带动优质项目、人才、资本、产业聚集，打造"中关村创新社区"，为带动大红门地区城市更新和产业转型、提升南中轴及丰台区创新要素聚集活力创造出可复制、可推广的经验。

（何芬、辛永波）

【项目"多规合一"取得协同平台综合会商意见】 6月17日，南中轴国际文化科技园项目"多规合一"取得协同平台综合会商意见。

（李想）

【丰台区委到园区调研】 6月20日，丰台区委调研南中轴地区规划建设情况，并考察南中轴国际文化科技园，深入了解服装批发业态疏解后"腾笼换鸟"打造城市更新样板、推进产业功能升级情况。

（李想）

【南中轴国际文化科技园参加首届北京城市更新论坛】 7月12日，"首届北京城市更新论坛暨北京城市更新联盟"启动仪式在首钢园区举行。中关村发展集团、南中轴公司作为联盟首批成员单位，参与北京城市更新行动，借助联盟的市场优势和资源平台，共享城市更新项目信息，学习和借鉴优秀案

例，寻找优势互补和强强联合的机会，探索多元化城市更新模式，为园区高质量发展赋能。论坛以"共拓更新、共圆复兴"为主题，旨在凝聚北京城市更新共识，搭建多方对话平台。南中轴国际文化科技园项目作为城市更新标杆示范项目在丰台区城市更新工作整体情况及项目推介中展示。本次论坛还开展了政策解读、学术演讲、项目推介、案例分享等多种活动，围绕城市更新相关的文化传承、商业焕新、科技赋能等主题以及城市更新实践中发现的问题进行探讨和交流。住房和城乡建设部、北京市和各区相关领导，北京城市更新联盟理事单位和100余家成员单位等的代表，城市更新领域知名专家和资深行业人士等参加活动。

（何芬、辛永波）

【南中轴国际文化科技园项目取得规划许可证】 7月15日，南中轴国际文化科技园项目取得规划许可证。

（李想）

【南中轴国际文化科技园项目内部宣讲会举办】 7月20日，中关村集成电路设计园举办南中轴国际文化科技园项目内部宣讲会，助力南中轴项目在产业招

商、产业组织、创新生态营造等方面资源共享、共同发力。南中轴项目部负责人为公司全体员工详细介绍南中轴国际文化科技园项目的功能定位、项目配套等，围绕项目的支持政策、租赁条件等进行重点解读，针对参会人员提出的产业政策落地、空间载体情况等问题进行答疑交流。

（李松龄）

【南中轴国际文化科技园区召开第二次联席会】 7月22日，丰台区委、区政府，中关村发展集团领导一行到南中轴国际文化科技园区召开第二次联席会。会议指出，南中轴国际文化科技园建设项目是南中轴地区启动的第一个能实现价值的产业项目，具有引领示范和带动区域活力的作用，要坚持科技、文化、商务的产业发展方向，付出更多的努力和担当，高质量完成北京发展中赋予的历史责任和使命。会议还研究了项目投资、规划建设、产业招商等有关事项。

（李想）

【南中轴国际文化科技园协办 2022 全球数字经济大会互联网 3.0 峰会】 7月28日，由市经济和信息化局、丰台区政府、中关村发展集团、中国科协科学技术传播中心、中关村大数据产业联盟联合承办，南中轴国际文化科技园参与协办，以"虚实相生、未来已来"为主题的 2022 全球数字经济大会互联网 3.0 峰会在国家会议中心举办。南中轴国际文化科技园在会上通过视频方式发布了搭建认股权池、租金换股权、服务换股权、支持共性技术平台等元宇宙产业支持措施，吸引元宇宙企业集聚发展。

（李想）

【"启元计划"发布】 7月28日，在 2022 全球数字经济大会互联网 3.0 峰会上，中关村大数据产业联盟、中国科协科技传播中心、北京信息化协会共同发布"启元计划"。"启元计划"的核心目的是征集元宇宙领域新产品、新技术、新场景解决方案和示范项目，对接政府的政策开展市场化推广应用，吸引社会投资机构推动形成良好的产业发展生态，助力元宇宙相关产业高质量发展。"启元计划"的征集方向包括底层技术、数字人、数字空间、XR 终端设备与可视化解决方案、创作者经济、元宇宙应用场景等六大类，同时提供对接需求、政策解读、投融资服务、生态合作 4 项赋能服务。

（辛永波）

【中关村建投调研建信住房西红门创业之家项目】 8月8日，中关村建投领导带队赴建信住房北京公司西红门创业之家长租公寓项目考察。建信住房北京公司、建设银行北京丰台支行等机构的领导参加。中关村建投一行参观建信住房公司西红门创业之家项目的白领公寓标准间、多人间集体宿舍和配套公共服务空间，了解项目基本情况、建设周期、装修标准、运营模式、服务内容等。双方就长租公寓建设运营、城市更新项目金融支持措施等进行了座谈交流。据调研了解，创业之家是建信住房北京公司推出的首个租赁社区，总建筑面积超 3 万平方米，在建设之初就搭建起新能源供能体系、海绵城市系统等，倡导绿色生活方式，主要面向周边青年客群，可满足千余人的租住需求，开业以来运营状况良好。中关村建投公司、沿海公司、南中轴公司、中关村集成电路设计园等相关负责人参加座谈。

（何芬）

【一期改造工程取得建筑工程施工许可证】 9月30

日，南中轴国际文化科技园建设项目（1 号西楼等 7 项）一期改造工程取得建筑工程施工许可证。

（李想）

【南中轴国际文化科技园一期外立面完成】 10 月底，南中轴国际文化科技园升级改造工程一期（西楼）外立面完成。该项目原址是昔日大红门服装商贸城的服装批发早市，单体建筑规模超过 7 万平方米。项目实施主体南中轴公司联合专业设计机构和建筑团队，经过设计、论证，形成结构加固、幕墙改造、机电更新的最优解决方案，确定面积超过 1000 平方米、从 1 层贯穿 7 层的采光大中庭，解决建筑采光通风和平面布局难题；完成抗浮工程，累计拆除违建约 3.6 万平方米，形成串联园区一、二期各载体的生态文化科技环。在推动改造升级的同时，南中轴国际文化科技园按照"龙头引领、产业先行"的思路开展产业组织和资源导入工作，引进 20 余家符合产业定位的科技文化企业，北京大恒炫璟科技有限责任公司、墨宇宙（北京）科技有限公司等一批元宇宙和新一代信息技术领域代表性企业集聚园区。

（何芬、辛永波）

【南中轴国际文化科技园一期开园】 12 月 30 日，由丰台区政府和中关村发展集团主办的南中轴国际文化科技园一期开园仪式在园区举行。丰台区政府、中关村发展集团等单位相关负责人及园区规划设计机构、入园企业等的代表 40 余人参加。南中轴国际文化科技园由大红门服装商贸城原址升级改造而成，建筑面积约 19.5 万平方米，其中一期（西楼）建筑面积 7.4 万平方米，设有办公空间和共享空间，以及餐饮、银行、超市、创意直播基地等配套设施和 1300 平方米的数智创新中心。北京前景无忧电子科技股份有限公司、北京鸿游科技有限公司、北京优游宝贝教育咨询有限公司、北京汉捷科技有限公司、北京中环丰清环保科技有限公司等入驻企业的代表获颁开启园区大门的"金钥匙"。

（何芬、辛永波）

【二期改造工程取得建筑工程施工许可证】 12 月 30 日，南中轴国际文化科技园建设项目二期改造工程取得建筑工程施工许可证。

（李想）

中国科学院北京纳米能源与系统研究所园区建设项目

【概况】 中国科学院北京纳米能源与系统研究所（简称纳米能源所）园区建设项目位于北京雁栖经济开发区（怀柔科学城），占地面积约4.47万平方米，建筑面积10.8万平方米，主要从事纳米能源和纳米自驱动系统研究，创立压电电子学和压电光电子学两个学科，拥有摩擦纳米发电机、自驱动传感、海洋蓝色能源和稳定电压电源灯4项核心技术，创立"新时代能源与传感"的科学概念。园区由北京中关村微纳能源投资有限公司建设运营。2020年，纳米能源所整建制迁入园区，成为怀柔科学城第一个整建制搬迁入驻项目。2021年6月22日，中国科学院北京纳米能源与系统研究所、北京纳米能源与系统研究所、中国科学院大学纳米科学与技术学院、微纳能源与传感北京市重点实验室4块牌匾挂牌。

2022年，围绕怀柔综合性国家科学中心独有的大科学装置、交叉平台、实验室、高校院所和新型研发机构等战略科技力量和创新资源，积极搭建服务怀柔科学城区域创新联合体，开启区企合作新模式，成为北京市认定的5家区域创新联合体之一。立足怀柔综合性国家科学中心，打造市场导向的新型产学研一体化平台，承接大科学设施、平台和实验室的科研成果溢出，建立企业"出题"、科研机构"解题"的机制，组织联合技术攻关，协同专家、成员单位提供对接撮合和育成服务，聚焦技术环节，加快技术成果转移转化，培育生态，促进创新要素和产业项目聚集落地，建设未来技术联合创新中心。发挥科技资源撮合作用，集成服务与生态、聚焦项目搭平台。完成华创宇为、跃通达科技等25个项目落地。走访对接国科大，中国科学院物理所、生物物理所、高能所等科研院所，积累成果转化技术资源；组织集团相关单位调研怀柔实验室，集中导入科技成果

转化服务；帮助国科大何裕建教授土壤改良项目开展应用场景推广和技术对接；调研福田戴姆勒、有研工研院、京仪集团、京东方等行业龙头企业，组织行业专家开展联合技术攻关。承办怀柔区"科技工作者日"、市科协4场"首都前沿技术成果系列报告会"，组织开展知识产权运营管理专项培训、中小企业融资实操专项培训、精品项目路演等活动。

截至2022年底，纳米能源所园区从业人员700余人，其中留学归国人员42人，硕士及以上人员占比85%，研发人员占比20%；有院士2人。获中国授权专利416件、国外授权专利43件。纳米能源所园区获评"院士专家服务中心创新基地""乡村建设工作站""专业智库培育基地"等资质。

（欧萍、张皓楠）

【怀柔科学城科研辅助人才培训座谈会举办】 1月12日，中关村微纳能源联合北京电子科技职业学院组织开展怀柔科学城科研辅助人才培训座谈会。怀柔区政府、区科协相关领导参会。会上，中关村微纳能源介绍拟开展服务怀柔科学城科研辅助人才培训的整体构想；北京电子科技职业学院介绍学校的基本情况、办学特色与成效、专业建设情况以及利用怀柔科学城大科学装置辅助人才培养的思路；怀柔科学城中国科学院物理所、中国科学院高能物理所、中国科学院大气物理所、中国科学院空间中心等单位介绍人才需求情况以及存在的困难。会议提出，可以结合怀柔区"一城两都"定位，从怀柔区现有汽车产业、食品加工、生物制药产业以及大力发展的仪器和传感器产业着手，与怀柔区相关职能部门和单位合作，做好怀柔科学城科研辅助人才培训工作。座谈会前，北京电子科技职业学院一行30余人参观怀柔科学城创新小镇展厅和高能同步辐射光源。

（欧萍、张皓楠）

【中关村微纳能源到华北电力大学调研】1月13日，中关村微纳能源到华北电力大学资产经营公司调研学习，中关村产业研究院高级研究员一同调研。座谈会上，华北电力大学资产经营公司介绍学校科技成果转化模式和近年来取得的成果，以及在科技成果转化、知识产权运营方面的工作经验；中关村微纳能源介绍公司情况以及开展的服务怀柔科学城"3+2+1"创新联合体服务体系和发展规划；中关村产业研究院介绍拟在怀柔科学城打造工程技术中心的总体思路和初步构想。与会人员围绕工程技术中心组织架构、运营机制、市场开拓、产业选择以及开展合作等方面进行交流。

（欧萍、张皓楠）

【埃米空间孵化器到中关村微纳能源学习交流】3月28日，埃米空间孵化器到中关村微纳能源参观学习。埃米空间孵化器颜振军博士分享其在科技企业孵化器领域30余年的从业经验，提出智能孵化、

产业孵化等理念。埃米空间是定位于新材料垂直领域的创业孵化器，致力于发展成为孵化器行业一流服务商，为同行业机构提供孵化器诊断、优化等服务。中关村微纳能源围绕怀柔科学城发展现状和远景与埃米空间孵化器进行交流，并为颜振军博士颁发"创业孵化导师"证书。

（欧萍、张皓楠）

【中关村微纳能源到有研工研院进行对接洽谈】3月29日，中关村微纳能源、怀柔区科协领导到有研工程技术研究院有限公司（简称有研工研院）进行对接洽谈。有研工研院负责人着重介绍公司发展历程、主要业务领域、主要产品及科技成果应用等方面情况。中关村微纳能源负责人介绍公司情况及在怀柔科学城整合各类科技资源、开展科技服务的现状。怀柔区科协对拟与中关村微纳能源联合建设的服务怀柔科学城创新联合体相关事宜进行介绍。三方一致认为，创新联合体的建设将有力助推怀柔科学城成果转移转化，带动区域产业发展，在之后的工作中三方要进行更加深入的研究与合作。会后，与会人员参观了有研工研院展厅。

（欧萍、张皓楠）

【知识产权运营管理专项培训举办】5月30日（第六个"全国科技工作者日"），由怀柔区科协主办、中关村微纳能源联合北京IP共同承办的"知识产权运营管理专项培训"线上活动举办，来自怀柔区各行业的60余名科技工作者代表参加。此次培训会为怀柔区"全国科技工作者日"系列活动内容之一。活动中，北京IP专家就企业知识产权运营的范畴、专利布局的战略考虑、预防专利侵权、提升专利质量、专利申请中的商业秘密保留、IPO上市过

程中企业常见 IP 问题，以及北京 IP 主要业务、知识产权运营对企业的重要性、适合各类型企业申报的各项补贴政策等方面内容进行授课分享。

（欧萍、张皓楠）

【中关村微纳能源 2021 年度"三会"召开】6 月 23 日，中关村微纳能源 2021 年度董事会、监事会和股东会"三会"召开。会议审议通过公司 2021 年度总经理工作报告、董事会工作报告、监事会工作报告、公司 2021 年绩效考核、财务决算、2022 年度财务预算等议案。会议期间，公司向股东代表、董事、监事汇报工作情况，听取股东代表、董事、监事意见和建议，就公司转型发展进行沟通，股东代表对公司 2021 年取得的成绩给予充分肯定。

（欧萍、张皓楠）

【中小企业融资实操专项培训线上活动举办】6 月 29 日，由怀柔区科协主办、中关村微纳能源承办的怀柔科学城中小企业融资实操专项培训线上活动举办，来自怀柔区各行业的近 30 名企业的代表参会。培训围绕普惠金融融资产品体系、科创中小企业综合金融服务、中小企业融资常见问题分析和解决方案等进行分享。工商银行北京分行专家介绍工商银行针对中小企业融资的拳头产品——普惠金融融资产品体系，并在此基础上为中小企业量身定制"科创中小企业综合金融服务方案"。信然信息咨询（北京）有限公司专家介绍信然咨询的主要业务模式，并从抵押贷款、信用贷款、保理、融资租赁、承兑汇票、个人信用和定制融资等 7 类融资方式入手，阐述各类融资方式的常见问题和规避方法。此次培训活动系 2022 年怀柔区"全国科技工作者日"系列活动的第二场，旨在帮助怀柔区众多中小微企业在申请融资贷款等资金支持时，规避常见问题，减少不必要的人力、物力和精力损耗，提高贷款申请的效率和成功率，助力企业解决资金难题。

（欧萍、张皓楠）

【联合共建怀柔科学城创新联合体协议签订】6 月 30 日，中关村微纳能源与中关村产业研究院签订联合共建怀柔科学城创新联合体合作协议。座谈会上，中关村产业研究院听取中关村微纳能源关于建设怀柔科学城创新联合体的整体方案和具体思路，

双方围绕产业研究、科创服务等方面进行讨论并就多项建设性意见和建议达成共识。双方一致同意，将发挥各自优势，集合各方资源推进怀柔科学城创新联合体建设，为落实集团服务科技创新、怀柔科学城优秀科技成果转化提供支撑。创新联合体是产学研紧密合作的新型模式，是推进产学研最大程度合作的服务器和放大器。怀柔科学城创新联合体将以怀柔科学城科技企业、行业学会、科技园区、高等院校、科研机构等科技资源，以及各行业的专家资源为依托，围绕科技创新发展和促进科技成果转化，整合资源、搭建平台、创新机制，共同为怀柔科学城产业发展、北京科创中心建设贡献智慧和力量。座谈会前，中关村产业研究院一行考察参观中国科学院高能物理所高能同步辐射光源、怀柔怀北庄地块项目。

（欧萍、张皓楠）

【中国科学仪器自主创新与开放共享座谈研讨会召开】7 月 4 日，中国科学仪器自主创新与开放共享座谈研讨会在中国科学院生物物理所（国家蛋白质中心）召开，中国科学院北京创新发展中心、中国科学院生物物理所、中关村微纳能源领导及相关负责人参加会议。会上，中国科学院生物物理所负责人就"加强专业技术队伍建设，做好开放共享工作，服务研究所科技创新"作专题报告，介绍生物物理所开展仪器管理和运营的现状，以及现阶段中国科学仪器在自主创新和发展等方面面临的重大挑战和难题。与会人员就当前仪器开放共享模式进行剖析，并围绕怀柔科学城大科学装置运营等实际情况进行研究讨论，表示未来将在仪器开放共享、

科技成果产业化、创新联合体共建等多方面开展合作。

（欧萍、张皓楠）

【怀柔科学城精品项目路演活动举办】 8 月 23 日，由怀柔区科协主办、中关村微纳能源和北京北科置地有限责任公司联合承办的 2022 年怀柔科学城精品项目路演活动在怀柔国际科创中心举办。来自怀柔科学城管委会、怀柔区政府相关委办局、高校和科研院所、投资机构、金融机构、孵化器、科技成果转化平台以及新闻媒体等的代表 30 余人参加。此次活动是怀柔区科协和中关村微纳能源围绕新材料、新能源、新农业等领域打造的系列科技交流活动之一，旨在汇聚创新资源、聚集高端产业，营造良好的创新创业生态，促进科技成果转化，通过思想理念的交流碰撞、先进技术的直观体验，为相关科技创新型企业和科研机构分享成功经验、对接合作需求渠道，搭建技术、人才、资本、项目交流融通平台。活动中，中国科学院过程所、中国科学院大学未来技术学院、北京中科纳清科技股份有限公司、北京中科维真科技有限公司等单位围绕"复合储热技术与低碳节能应用""土壤修复改良与生物防治技术应用""摩擦电纳米技术在消杀净化领域

的应用""多晶光场 LED-3D 显示技术应用"等项目进行路演展示。

（欧萍、张皓楠）

【中关村微纳能源与北科建所属公司签订战略合作协议】 8 月 31 日，中关村微纳能源与北科建集团所属的北京科技园置地有限公司签订战略合作协议。双方将发挥各自资源优势，以北科建怀柔国际科创中心空间载体为依托，以中关村微纳能源科技服务资源为支撑，以联合推进怀柔科学城创新联合体为重点，聚集资源、营造氛围、培育生态，共同建立创新孵化服务生态体系，搭建产学研用、政企研服、多方联动的产业孵化服务平台，共同推进科技成果高效转化和产业落地，聚焦新材料、新能源、智能制造等领域，促进产业项目和创新资源等要素在科创中心落地聚集，打造怀柔科学城南部创新要素高度聚集的新高地。来自怀柔科学城管委会、怀柔区科协、怀柔区经济和信息化局、怀柔镇等单位的领导以及中国科学院多家科研院所、相关企业、新闻媒体等的代表等 60 余人参加活动。

（欧萍、张皓楠）

【中国科学院科技创新发展中心到中关村微纳能源交流】 9 月 9 日，中国科学院科技创新发展中心到中关村微纳能源开展交流座谈。怀柔区科协、中关村微纳能源领导，以及相关部门负责人参会。怀柔区科协负责人介绍怀柔科学城区域创新联合体背景以及"科技馆之城"建设、"千人进千企"行动、院士专家科技服务基地、乡村振兴工作站等创新联合体项目情况。中关村微纳能源负责人介绍公司参与怀柔科学城区域创新联合体筹备情况，表示将围绕服务科学城，营造创新生态、促进技术与产业对接，具体包括联合攻关、工程技术人才培训、科普研学、论坛活动等工作。中国科学院科技创新发展中心负责人指出，各方要充分发挥自身优势，开展科普研学、科技成果对接、人才培养等工作，借鉴莱布尼茨学会、弗劳恩霍夫协会等案例，探索解决"三个错位"问题，做好科技服务企业，并表示支持怀柔区域创新联合体建设，积极推动中国科学院科研资源与科协资源、市场化资源结合，更好地服

务怀柔综合性国家科学中心建设。

（欧萍、张皓楠）

【中关村微纳能源入选"院士专家服务中心创新基地"】 9月19日，北京市科协完成对2022年北京市科协科创公共服务平台重点项目评审结果的公示，全市共认定10家"院士专家服务中心创新基地"，中关村微纳能源入选，成为怀柔区首家"院士专家服务中心创新基地"。院士专家服务中心创新基地旨在按照首都区域产业布局和功能定位，依托科协系统组织和人才优势，发挥院士专家示范引领作用，市、区两级科协工作联动，在区内重点产业园区开展院士专家服务中心工作，持续推进人才、技术、数据、知识、资本等创新资源共享，从学术科创、成果转化、决策咨询、高端活动、科学传播、科技工作者培训等方面，推进区域产业转型升级和企业技术进步，助力区域科技经济社会发展及创新人才成长培养。

（欧萍、张皓楠）

【参加怀柔科学城区域创新联合体征求意见座谈会】 9月28日，怀柔科学城区域创新联合体征求意见座谈会在北科建怀柔国际科创中心召开。北京师范大学化学学院、北京化学会、中关村微纳能源等机构相关领导，北京师范大学化学学院多位国家级青年人才、海外优秀青年人才出席会议。中关村微纳能源负责人介绍怀柔科学城区域创新联合体建设方案和工作开展规划，与会专家就创新联合体各项工作实施路径展开分析研讨，并针对实施方案提出意见。北京师范大学化学学院负责人指出，创新联合体的技术成果转移转化方案、工程技术人才培育方案、科普活动方案等均面向国家重大需求，有利于链接原始创新技术和产业，意义重大。北京师范大学化学学院将在具体项目和具体技术落地上与怀柔科学城区域创新联合体开展深度合作，共同推进科研成果在怀柔科学城落地发展。

（欧萍、张皓楠）

【中关村微纳能源助力乡村振兴工作站】 10月19日，北京市科协与各区政府共同启动建立北京市科协科技助力乡村振兴工作站。中关村微纳能源与市、区两级科协签署协议共建怀柔区乡村振兴工作站。北

京市科协科技助力乡村振兴工作站的建立旨在深入贯彻落实北京市乡村振兴战略总体部署，"一区一策"，主体协同，全面优化服务模式，接长手臂、延伸服务渠道，探索建立具有服务区域科学决策、人才培训、技术指导、科普教育和模式探索的科技创新服务平台。

（欧萍、张皓楠）

【新能源领域精品项目路演活动举办】 10月27日，由北京市科协指导、怀柔区科协主办，北京中关村微纳能源投资有限公司联合北京华电天德资产经营有限公司和北科建怀柔国际科创中心承办的怀柔科学城创新联合体新能源系列活动——2022年怀柔科学城精品项目路演（华北电力大学专场）在QC12Q成功举办。来自华北电力大学6个能源电力领域的成果转化项目负责人分别进行推介展示。本场活动也是"北京市院士专家服务中心创新基地"项目对接交流系列活动之一。活动开始之前，北京市科协创新服务中心副主任李虹为中关村微纳能源公司颁发"院士专家服务中心创新基地"牌匾。

（欧萍、张皓楠）

中关村永丰产业基地（新）

【概况】中关村永丰产业基地（新）位于海淀区北部地区、北京市建设"两轴两带多中心"的海淀科技创新中心，是中关村发展区的核心，是中关村科技园区规划发展的重点项目之一，也是中关村高新技术成果转化和产业化的重要平台。基地占地面积458.52万平方米，建设用地233.63万平方米，建筑面积381.23万平方米，致力于打造集研发、中试、孵化、技术服务、技术交易、总部、展示、高端生产于一体的国际一流导航与位置服务和新材料产业中心，重点推进航海导航产业、北斗二代导航系统、位置服务、地理信息系统、新材料五大产业集群以及其他相关产业的发展，由北京实创高科技发展有限责任公司开发建设。

2022年，实创高科聚焦科学城北区，加快园区开发建设。

（韩颖）

【加快永丰产业基地（新）一级开发建设】2022年，实创高科加快永丰产业基地（新）园区开发建设，F2地块与J地块部分宗地实现供地，完成区供地计划20.87公顷，释放产城融合空间43.7万平方米，公司实现回款33.48亿元；G、H地块代征绿地35万平方米移交区园林局；推进故宫博物院北区项目征地事宜，完成集体土地征地协议签订和征地款支付工作。

（韩颖）

【推进永丰产业基地（新）市政道路建设】2022年，实创高科加快市政道路建设，J地块辛店南街等4条支路建成通车，道路总长2.8千米；D、E地块（021区域）皇后店北一街等3条支路通车，道路总长2.4千米，惠及居民2000余户；F1、F2地块内部支路取得道路选址预审批复和市政管线规划许可证；L地块内部支路完成勘察、设计、招投标工作。

（辛店南街等道路建设完工）

（皇后店北一路建设完工）

（韩颖）

上地信息产业基地

【概况】 上地信息产业基地位于海淀区，以信息路为主轴，南至上地南路，北至后厂村路，西至上地西路，东至上地东路，占地面积243.2万平方米，是中国第一个以电子信息产业为主导，集科研、开发、生产、经营、培训、服务于一体的具有可持续创新能力的综合性高新技术产业园区，由北京实创高科技发展有限责任公司负责运营。基地建成后，联想、百度、用友、神州数码、浪潮、华为等高科技企业先后入驻，分别设立研发中心或公司总部。经过30年的开发建设，上地信息产业基地已成为全国企业和产业聚集显著、经济效益增长迅速、技术创新活跃的区域之一。

2022年，实创高科聚焦城市品质提升，加快上地基地改造。上地信息路重要区域城市空间重塑项目（上地憩园、上地公园和"U型路"）建设完工，累计改造面积4.84万平方米；上地泵站升级改造项目通过竣工验收，正式投入使用；上地信息路三街至七街提升改造项目完成施工图设计和施工、监理招标工作；上地南口至上地三街提升改造项目列入区政府投资储备项目，积极争取市级资金支持；配合上地街道加快实施重塑信息路二期工程，对上地信息产业基地90余栋楼宇开展摸排，分类研究形成楼宇提升工作计划；应急抢险中心项目完成权属审查和环评等工作，完成前期土地手续办理；推进政府投资项目收尾工作，原联想地块街区改造和弘源首著地块街区提升项目通过竣工验收，正式结项；推动上地地理信息系统（GIS）二期建设，开发楼宇企业信息维护模块；推进G7西侧交通疏堵与环境综合整治，完成边角绿化施工面积6.6万平方米，项目进入结算阶段。

（韩颖）

【实创高科30周年系列宣传活动开展】 3月，实创高科开展30周年系列宣传活动。通过线上和线下大事记展陈，以及举办书画、摄影主题艺术作品展等主题活动，全面展现公司30年来的奋斗历程和辉煌业绩，突出展示一代代实创人砥砺奋进、无私奉献的精神风貌，传承弘扬"务实、创新、坚韧、奉献"的企业精神，激励公司全体干部员工振奋精神、开拓创新，凝心聚力推进企业高质量发展。3月25日，实创高科领导为辛勤工作30年的建设者代表颁发"致敬实创人"奖章，向30年来为上地科技园区建设和公司创新发展作出巨大贡献的所有实创人表示衷心的感谢，并致以崇高的敬意。

（韩颖）

【上地憩园提升改造项目完工】 4月30日，由实创高科负责实施建设的上地憩园提升改造项目完工，并于"五一"期间重新对外开放。憩园项目是上地信息路重要区域城市空间重塑项目"三节点"之一，是北京市公共空间改造试点项目，也是"马上清（青）西城市提升行动计划"中"聚焦上地"的重要项目。项目位于上地实验小学西侧，西邻信息路，南北长165米，东西宽50米，改造总面积约8000平方米。本次改造聚焦改善休闲空间不足、服务设施欠缺、园内铺装破损等问题，主要从入口、广场、设施、园路、景观等5个方面进行改造提升。通过优化园区流线和活动空间，更新园路铺装，增加人车分行和无障碍通道，增设座椅、儿童沙坑、健身器材等基础设施，增植花灌木和地被花卉等绿植，为居民创造安全舒适的交流和休闲空间，实现"三季有花、四季有景"的景观效果，在兼顾美观与实用性的同时，满足周边居民休闲、娱乐、健身的需求。

（韩颖）

【上地公园提升改造项目完工】 9月初，由实创高科实施建设的"上地公园"提升改造项目完工，并重新对外开放。该项目是北京市公共空间改造试点项目，作为上地信息路重要区域城市空间重塑项目"三节点"之一，也是"马上清（青）西城市提升行动计划"中"聚焦上地"的重要项目。项目北邻上地三街（金隅嘉华大厦），南邻上地二街（上地西里小区），西邻上地实验学校，东邻信息路（科实大厦）。公园南北长185米、东西宽97米，改造总面积约1.6万平方米。本次提升改造通过对公园公共空间的整体规划，提升公园绿地的景观性和功能性，将居民活动设施、文化景观融为一体：打开围栏、连通公园环路、增加无障碍通道，提升便民度；更新道路广场铺装、整合活动空间，满足休闲健身需求；增设廊架、庭院灯、座椅、健身器材等，完善服务设施；重塑水系驳岸、打造叠水雕塑、优化植物配植，提升景观效果。改造后为儿童提供更加安全的娱乐场地，为年轻人提供更加优美的休闲交流空间，为老年人提供更加便捷的健身活动场所。

（韩颖）

【上地信息路"U型路"提升改造项目完工】 9月中旬，由实创高科负责实施建设的上地信息路"U型路"提升改造项目完工。"U型路"作为上地信息路重要区域城市空间重塑项目的北端点，是从北侧进入上地信息产业区的门户和窗口。该项目改造范围

包括上地九街、上地十街、开拓北路、创业北路以及辉煌国际后侧弧形路区域，总体改造面积约2万平方米。"U型路"项目的提升改造主要包括：对街区公共空间进行整合提升，完善公共活动及出行系统，营造良好街区环境；合理优化人行道布局，更换透水铺装，增加树池箅子，扩大步行区域，缓解早晚高峰人行道的通行压力；增设矮墙坐凳以及休闲廊架，为往来人群增加驻足停留的休闲空间；增加庭院灯、射树灯、洗墙灯以及LED灯带，在改善夜间照明的同时，营造科技园区氛围；丰富植被花卉，增加街角景观小品，改善门户形象，使街区更具人文色彩。随着"U型路"项目提升改造的完工，上地信息路重要区域城市空间重塑项目"三节点"全部完成施工任务。

（韩颖）

【上地泵站项目改造完工】 9月22日，由实创高科负责实施改造建设的上地泵站项目完成施工，正式投入使用。该项目是海淀区积水内涝防治的重点项目，位于小营西路北侧、京新高速与地铁13号线之间的长条地带内，主要承担小营西路下穿京新高速、地铁13号线和京包铁路等上地桥桥区雨水抽排任务。本次提升改造主要包括：泵站设施改造，更换大功率水泵设备，提升泵站整体抽水能力；新建配电室，更换老旧配电设备，将电气、自控系统配套升级，并重新申报外电源，为泵站整体运行提供供电保障；低水系统改造，增加雨水管线及雨水箅子，新建出水井、修复老旧排水管线，提高汇水能力，降低积水风险；泵房屋面防水修复，解决老旧

泵房屋顶漏水问题。改造完成后，上地泵站抽排水能力大幅提升，汛期试运行平稳。上地泵站的提升改造为上地地区公共基础设施的安全运行提供有力保障，为行人及车辆出行提供更安全的通行环境。

（改造后的上地泵站）

（韩颖）

【为园区小微企业减租3670万元】2022年，实创高科认真贯彻落实市、区疫情防控决策部署，压紧压实主体责任，对照《新型冠状病毒肺炎防控方案（第九版）》，优化工作方案和应急预案；强化"园区—楼宇（社区）—企业"三级管控，做好30个楼宇项目、8个住宅小区、655万余平方米物业面积的卡口管理、通风消杀等工作；落实"双联系、双报到"机制，党员干部职工分赴13个对口社区的14个点位参与值守3000余人次；为小微企业减免租金3670万元；组建应急救援队，完成突发疫情应急处置、大数据流调、隔离点支援、人员转运等防疫任务；做好区集中医学观察中心服务工作，以及北京冬奥会和冬残奥会疫情防控保障服务；完成实创酒店方舱、10万管PCR实验室、温泉方舱、永丰加速器一区方舱建设任务，并完成实创酒店、永丰两个方舱运营服务保障工作，为疫情防控作出积极贡献。

（韩颖）

区域协同创新

中关村发展集团年鉴

YEARBOOK OF ZHONGGUANCUN DEVELOPMENT GROUP

2023

综　述

2022 年，集团落实京津冀协同发展等国家战略，推进京津冀协同重点项目，持续优化区域协同创新网络，构建"差异化布局、专业化推进、体系化发展"的区域合作业务体系，优化协同创新网络反哺科创中心建设。

截至 2022 年底，区域协同创新平台合作城市及区域 40 余个，协同创新平台 42 个，区域合作基金 14 支。

深化京津冀协同创新共同体建设。积极对接雄安中关村科技园筹建，推动天津滨海—中关村科技园等重点合作项目，京津中关村科技城纳入国家级高新区政策辐射区和科创中国·创新创业孵化类创新基地，深耕细作滨海、宝坻、保定等重点项目，获得多项国家级资质。

深化轻资产运营模式。中关村信息谷深耕重点区域、拓展增值服务，轻资产服务项目 30 余个，在全国协议托管运营面积超过 200 万平方米，全年服务企业近 1.6 万家。

反哺国际科技创新中心建设。中关村协同发展协同哥伦比亚大学全球中心共同发起在京搭建哥大中国·中关村创业加速营，依托创业加速营搭建海归创业者的创新创业服务平台，吸引 35 个海内外高质量创业项目入营，助力北京国际科创中心建设，成功申报北京市东城集聚区科技孵化器。中关村信息谷与北京首都科技发展集团在石景山合作中关村科幻产业创新中心。中关村协同创新基金服务清华大学药学院促进科技成果在京转化，领投齐碳科技等 4 个高端医疗项目，带动社会资本投资支持医药项目在京发展；帮助清辉联诺、拓领博泰和森妙科技落地中关村生命科学园以及扩大办公场所，建立研发中心；推动投资企业耐德佳在门头沟园区探索设立全息材料中试基地；助力平谷设立产业组织基金，初步完成基金设立方案及项目储备；与中关村银行达成战略合作关系，共同推动中关村科技企业服务；通过子基金投资北京企业占比 46%，共向北京各区推荐高精尖和创新孵化项目并实现落地 11 个。年内，区域板块共引入 70 余个项目落地北京。

创新募资方式，推进区域协同基金投资管理。中关村协同创新基金公司注册资本增至 1 亿元，新增募资 10 亿元，受托管理长三角地区浙江长创基金，首期规模 10 亿元。推进管理 6 支产业组织基金，廊坊基金已完成投资，完成讯云数据的项目退出和同华科技退出决策；青田基金完成中青云智和恒韧电镜 2 个项目的出资；浙江长创基金探索"母基金＋直投基金"模式，完成子基金投资决策。加强管理 5 支市场化直投基金，全年储备项目 832 个，秉承优中选精投资原则，协同科创基金共投资 12 个硬科技项目，IRR 达 30.5%，2022 年完成 1 个项目的部分退出决策，天壕新能源新三板挂牌；常州基金已投项目 4 个。

（吴丹、滕琦诺、韩娜）

协同创新平台

【概况】2022 年，集团依托协同创新平台遍布全国的网络功能，发现、筛选优质项目并推动优质项目落地。中关村信息谷新增南通、威海、武汉、海口落地项目，衡水筹备项目。截至 2022 年底，在全国运营 30 余个项目，覆盖保定、徐州、南宁、天津、银川、长春、滁州、新泰、沈阳、苏州、南阳、青岛、广州、莱芜、成都、济南、湖州、潍坊、三明、沛县、绵阳、温州、安溪等。协议托管面积达到 253 万平方米（尚未交付面积 111 万平方米），服务企业 1.6 万家，实时在园企业 2504 家，出租率 61.6%；以轻带重项目新签 25 家客户，累计 46 家。年内，中关村信息谷新培育 4 家国家级专精特新"小巨人"企业，73 家国家高新技术企业，10 家规模以上企业，31 家省、市"专精特新"企业，435 家国家、省、市科技型中小企业，227 项各类知识产权，30 家企业获各级大赛名次，83 家企业获省级立项、荣誉等；中关村信息谷各子公司新获国家级小微企业创业创新示范基地（银川）、全国工人先锋号（南宁）、中国科协首批"科创中国"创新基地（银川）、省级孵化器（南阳、长春、滁州）、省级现代服务业集聚区（长春）、省级留学回国人员创新创业示范基地（徐州）、省级网络安全产业示范园（三明）、市级创业孵化基地（南宁、

南阳）、市级孵化器（广州、绵阳、温州）、市级中小微企业创业创新示范基地（沈阳）、市级小微企业创业创新示范基地（济南、绵阳）、市级服务业扩大开放示范园区（天津滨海区唯一一家）、市级数字经济产业园区（温州市唯一一家）、市级众创空间（苏州）、市级人才示范驿站（三明）、市级科普示范基地（赤峰）、市级青年海洋国际创新创业孵化基地（威海）等荣誉。中关村协同发展新增 1 个区域创新平台。截至 2022 年底，累计运营 6 个创新平台，覆盖北京、天津、石家庄、合肥、洛阳、广州。重点推进天津京津中关村科技城、石家庄鹿泉中关村协同发展中心、合肥中关村协同创新智汇园、广州中关村青创汇、洛阳中关村协同创新中心等合作项目，引入创新孵化项目 19 个，向北京引入落地项目 13 个。依托哥大中国·中关村创业加速营搭建海归创业者的创新创业服务平台，吸引 35 个海内外高质量创业项目入营；京津中关村科技城项目纳入国家级高新区政策辐射区；累计协助 20 家企业被认定为国家级科技型中小企业、2 家企业被认定为"专精特新"中小企业、19 家企业被认定为国家级高新技术企业。

（滕琦诺、方亦庆）

表 18　2022 年中关村协同创新平台一览表

序号	名称	运营方	备注
1	京津中关村科技城	天津京津中关村科技城发展有限公司	
2	中关村协同创新智汇园	合肥中关村协同产业发展有限公司	
3	中关村·鹿泉协同发展中心	中关村协同发展投资有限公司	
4	Z-LINK⁺中关村协同创新中心	中关村协同发展投资有限公司	
5	广州大学城·中关村青创汇	广州中关村领科服务有限公司	
6	义乌·中关村协同发展中心	中关领科（义乌）科技服务有限公司	2022 年 6 月关停
7	洛阳·中关村协同创新中心	中关村协同发展投资有限公司	
8	保定·中关村创新中心	保定中关村信息谷科技服务有限责任公司	

（续表）

序号	名称	运营方		备注
9	徐州·中关村创新中心	徐州信息谷资产管理有限责任公司		
10	南宁·中关村创新示范基地	南宁中关村信息谷科技服务有限责任公司		
11	天津滨海—中关村科技园	天津中关村科技园运营服务有限公司		
12	济南·中关村信息谷创新中心	济南中关村领创空间科技服务有限责任公司		
13	济南·中关村信息谷创新示范基地	济南中关村科技发展有限责任公司		
14	银川·中关村创新中心	银川中关村信息谷科技服务有限责任公司		
15	南宁·中关村科技园	南宁中关村信息谷科技产业园有限责任公司		
16	湖州·中关村信息谷创新中心	湖州领创科技服务有限责任公司		
17	新泰·中关村信息谷创新示范基地	新泰中关村信息谷科技服务有限责任公司		
18	长春·中关村创新中心	长春中关村信息谷科技服务有限责任公司		
19	天津滨海—中关村协同创新示范基地	天津中关村信息谷科技服务有限公司		
20	怀柔科学城创新中心	雨林生态（北京）科技服务有限责任公司		注销
21	滁州·中关村发展协同创新中心	安徽中关村信息谷科技服务有限责任公司		
22	潍坊·中关村信息谷创新中心	潍坊中关村信息谷科技服务有限责任公司		2023 年 3 月关停
23	青岛·中关村信息谷创新中心	青岛中关村信息谷科技服务有限责任公司		
24	沈阳·中关村智能制造创新中心	沈阳中关村信息谷科技服务有限责任公司		
25	南阳·中关村信息谷创新中心	南阳中关村信息谷科技服务有限责任公司		
26	广州·中关村信息谷创新中心	广州中关村信息谷科技服务有限责任公司		
27	苏州·中关村信息谷创新中心	苏州中关村信息谷科技服务有限责任公司		
28	成都·中关村信息谷创新中心	中关村信息谷（成都）科技服务有限责任公司		
29	保定·中关村创新产业园	保定中关村园区开发有限公司		
30	保定·中关村创新基地	保定中关村信息谷科技服务有限责任公司		
31	三明·中关村科技园	三明·中关村科技园运营服务有限责任公司		
32	绵阳·中关村信息谷创新中心	绵阳中关村信息谷科技服务有限责任公司		
33	赤峰·中关村信息谷科技创新基地	赤峰中关村信息谷科技服务有限公司		
34	徐州·中关村信息谷创新示范基地	徐州中关村信息谷科技服务有限责任公司		
35	中关村信息谷·温州创新中心	温州中关村信息谷科技服务有限责任公司		
36	重庆·中关村信息谷协同创新中心	重庆中关村信息谷科技服务有限责任公司		
37	大连·中关村信息谷创新中心	大连中关村信息谷科技服务有限责任公司		
38	安溪·中关村领创中心	安溪中关村领创空间科技服务有限责任公司		
39	南通·中关村信息谷创新园	南通中关村信息谷科技服务有限责任公司		
40	威海·中关村信息谷创新中心	威海中关村信息谷科技服务有限责任公司		
41	武汉·中关村信息谷创新中心	武汉中关村信息谷科技产业服务有限责任公司		
42	海口·中关村信息谷创新中心	海南中关村信息谷科技服务有限责任公司		
43	雄安新区中关村科技园	筹备		
44	衡水·中关村信息谷创新中心	筹备		

（续表）

京津中关村科技城

【概况】 京津中关村科技城成立于 2016 年，位于天津市宝坻区，由天津京津中关村科技城发展有限公司运营管理。园区规划面积 1450 万平方米，东至电子商务与现代物流产业基地西边界，西至朝霞路，南至北环路，北至京哈高速公路防护绿带南边界。科技城分 4 期开发建设，布局新一代信息技术、高端装备制造、生物医药与医疗器械、新能源与新材料四大主导产业，定位于打造中关村全球创新要素汇集地、京津冀协同发展微中心、京东高质量产城融合示范区。2022 年，京津中关村科技城入选国家级高新区政策辐射区，新增市场主体 300 余家，新增实体签约项目 39 家。截至 2022 年底，京津中关村科技城注册市场主体 1000 余家，其中有天津新松智能科技有限公司、莱伯泰科（天津）科技有限公司、光环新网（天津）信息服务有限公司、波森商用车系统（天津）有限公司等一批优质企业；累计完成实体签约项目 91 家；累计培育"专精特新"种子企业 2 家、规模以上企业 11 家；入驻企业拥有知识产权数量 126 件；19 家企业获国家高新技术企业认定，20 家企业获国家级科技型中小企业认定。京津中关村科技城一期 419 万平方米基础设施建设基本完成，累计完成 23 千米市政道路及市政管线、3 座街区公园和 3 千米的滨水城市公园、4 千米的滨水生态廊道，二期 5.2 平方千米已启动建设。6.7 万平方米的中关村协同发展中心建成，天津中关村高端医疗产业园竣工验收，成为创新孵化的重要载体。南开中学京津中关村科技城学校开工，科景轩人才公寓投入使用。

（李颖）

【京津中关村科技城成为首批"天津市服务业扩大开放示范区"】 5 月 23 日，天津市商务局公布关于天津市服务业扩大开放示范园区评审结果，评定京津中关村科技城等 8 个项目为服务业扩大开放示范园区。按照《关于组织开展服务业扩大开放示范区申报工作的通知》精神，天津市商务局委托天津市商务发展促进中心组织专家对服务业扩大开放示范园区项目进行评审。根据专家评审结果，评定的 8 个项目分别为：天津滨海—中关村科技园、东丽湖现代服务业示范区、天津陆路港物流装备产业园、津南科创会展示范区、西青区赛达检测认证园、河西区特色产业主题园区、京津中关村科技城、天津京津电子商务产业园。

（李颖）

【京津中关村科技城与博克斯签约】 8 月 8 日，京津中关村科技城与天津博克斯汽车配件制造有限公司投资协议签约仪式举行，标志着博克斯正式落户京津中关村科技城。博克斯专注机器人自动取件精密工位器具、螺母板及自动焊接生产线产品的研发及生产，与德国研发机构 SEKO TEC 合作开发的螺母板产品已通过德国奔驰的技术认证，成为奔驰全球两家螺母板供应商中中国唯一被认可的供应商。

（李颖）

【京津中关村科技城入选首批"科创中国"创新基地】 8 月 23 日，《中国科协办公厅关于认定首批"科创中国"创新基地的通知》发布，公布"科创中国"创新基地名单。依托天津宝坻京津中关村科技城管委会的京津中关村科技城创新基地被列入"科创中国"创新创业孵化类创新基地首批名单。这是宝坻区唯一一个入选该名单的项目，也是天津市两个入选项目之一。本次公布的 194 个"科创中国"创新基地，涵盖国内创新型企业、重点高校、科研院所、新型研发机构、产业技术研究院、创新创业孵化园区等创新主体。

（李颖）

【京津中关村科技城孵化器获评优秀】 8 月 23 日，天津市科技局公布 2022 年市级孵化机构绩效评估拟奖励名单，京津中关村科技城孵化器获评优秀。京津中关村科技城集成市级科技企业孵化器、市级小微创业创新示范基地、市级创业孵化基地等孵育平台。京津中关村科技城孵化器作为重点孵化平台，是宝坻区唯一一家拥有智能装备制造类全链条孵化生态系统的专业孵化器，已形成"创业苗圃—孵化孵育—加速成长—成熟落地"的全产业链生态服务圈。京津中关村科技城孵化器将依托中关村创新基因，以"科技引领、创新驱动、服务为上"为总纲，进一步增强孵化机构间的交流与合作，充分发挥创业孵化在创新要素集聚方面的支撑作用，推动创新创业向更广范围、更深层次发展，助推产业高质量发展，打造引育高技术人才的强阵地、培育科技型企业的主战场和孵育新兴产业的磁力场，成为区域新经济、新模式、新产业发展的重要孵化阵地。

（李颖）

【乾景电子落户京津中关村科技城】 9 月 27 日，天津京津中关村产业发展有限公司与天津乾景电子专用材料有限公司签约仪式举行，标志着乾景电子正式落户京津中关村科技城。乾景电子主要产品为锑

化镓衬底片，后续计划增加锑化铟、碳化硅等其他半导体衬底片。

（李颖）

【3 家企业在创新创业大赛中获奖】 9 月 28 日，2022 年天津市创新创业大赛暨第十一届中国创新创业大赛（天津赛区）决赛获奖名单产生，宝坻区有 6 家企业获市级大奖，其中京津中关村科技城有 3 家企业获奖，分别是：天津海力特新材料有限公司获初创组一等奖，天津仓擎智能科技有限公司、天津佳云芯睿科技有限公司获初创组优秀奖。

（李颖）

【12 个项目入选京津冀协同创新项目拟立项项目】 10 月 9 日，天津市科技局公布《市科技局关于 2022 年京津冀协同创新项目院市合作项目拟立项的公示》，在 2022 年京津冀协同创新项目拟立项的 29 个项目清单中，京津中关村科技城 12 个项目入选，入选率达 41%。

（李颖）

【中国（天津）—俄罗斯科技创新创业协作网络成立】 12 月 6 日，以"工程技术促进可持续创新"为主题的第九届中俄工程技术论坛在中国北京、天津和俄罗斯莫斯科三地连线举行。京津中关村科技城与莫斯科大学科技园、北京国际交流协会、天津（滨海）海外人才离岸创新创业基地、南开大学科技园、天津大学科技园进行合作签约，共同发起成立中国（天津）—俄罗斯科技创新创业协作网络。该协作网络以电子信息、人工智能、工业互（物）联网、智慧农业、数字金融、5G 技术等重点领域为抓手，搭建多层次、多元化、多角度服务的合作平台，促进专利技术转移和科研院校成果转化。

（李颖）

中关村协同创新智汇园

【概况】中关村协同创新智汇园成立于 2018 年 11 月，位于安徽省合肥市包河区，由合肥中关村协同产业发展有限公司（简称合肥中关村协同发展）运营管理。园区一期总建筑面积约 22 万平方米，建成独立办公楼 15 栋、综合配套服务楼 2 栋、包河区规划招商展示馆及会议服务中心 1 栋，形成"一心、两轴、四组团"，是包河区构建"都市、科技、生态"创新产业社区的示范样板。园区发挥中关村在"大智造、大信息"上的引领作用，结合包河区现有产业优势，重点谋划打造智能网联产业集群，开创中关村的"合肥模式"。2022 年，园区作为产业集群的典型案例，被纳入由国家发展改革委《中国经贸导刊》杂志社主编的《国家战略性新兴产业推荐目录》。2022 世界智能网联汽车大会上，中关村协同创新智汇园获"优秀产业服务园区"称号，这是继合肥中关村连续 3 年获中国新能源和智能网联汽车全产业链·点津奖之后，园区再获产业服务类殊荣。园区 8 家企业入围"安徽省新能源汽车和智能网联汽车产业第一批优势企业与高成长性企业"名单，占园区企业总数的 11%，其中有 7 家企业上榜高成长性企业名单，在全省 96 家入围企业中占比近 8%。截至 2022 年底，园区入驻企业 73 家。其中，国家高新技术企业 30 家、规模以上企业 12 家、"专精特新"企业（省级、市级）4 家、合肥市重点产业链入库企业 20 家、独角兽企业 1 家、院士工作站 2 家、科技型中小企业 33 家、大数据企业 17 家。产业链覆盖环境感知、决策控制、云平台、车联网 −V2X、人工智能、高精度地图及信息安全等多个领域，打造了集 5G 自动驾驶小巴、无人配送、智能清扫、无人观光、无人安防、V2X 测试基地等在内的多重智能网联应用场景。园区先后获评安徽省小微企业创业示范基地、安徽省科技企业孵化器、合肥市创业孵化基地、包河区数字经济产业园区（楼宇）等荣誉，连续 2 年（2021—2022

年）获合肥市科技孵化器绩效评价及合肥市小微企业创业示范基地测评优秀荣誉。

（方亦庆）

【中关村协同创新智汇园"侨胞之家"被评为安徽省"侨胞之家"】3 月 25 日，经安徽省侨联主席办公会研究，确认中关村协同创新智汇园"侨胞之家"等 51 家单位为安徽省第四批"侨胞之家"。随着入驻率逐渐提高，中关村协创园的"侨元素"越来越凸显，汇聚一批有侨资背景的企业和华人华侨、归国留学人员。为了更好地团结动员侨界力量，促进招商引资、招才引智和对外合作与交流，在合肥市侨联、包河区侨联的指导下，2020 年 11 月，中关村协同创新智汇园新侨驿站正式揭牌，成为安徽省首个园区新侨驿站。

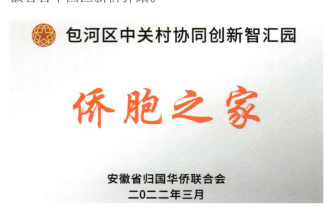

（方亦庆）

【中关村协同创新智汇园列入国家战略性新兴产业推荐目录】8 月 20 日，由国家发展改革委《中国经贸导刊》杂志社主编的《国家战略性新兴产业推荐目录》出版，合肥中关村协同创新智汇园作为产业集群的典型案例列入目录。《中国经贸导刊》为国家发展改革委委刊，被读者誉为"发展改革工作的参考书""经济工作的指南针""。

（万鹏）

【中关村协同创新智汇园获评数字经济产业园区】
8 月 25 日，包河区数据资源局根据《包河区数字经济产业园区（楼宇）认定办法》开展数字经济产业园区（楼宇）认定工作，经申报推荐、专家评审等程序，认定中关村协同创新智汇园等 3 个园区（楼宇）为包河区第一批数字经济产业园区（楼宇）。作为包河区以及合肥市智能网联产业发展的策源地和主阵地，中关村协同创新智汇园入驻企业 70 余家，产业链覆盖环境感知、决策控制、云平台、车联网 −V2X、高精度地图及信息安全等多个领域。

（方亦庆）

【中关村协同创新智汇园获优秀产业服务园区】9 月 16 日，2022 世界智能网联汽车大会暨中国国际新能源和智能网联汽车展览会在中国国际展览中心

开幕。大会以"智能加速度 网联新生态"为主题，围绕高端化运行、国际化布局、专业化解构、互动性体验 4 个特色亮点展开。中关村协同创新智汇园企业展示了各自在智能网联领域最新的产品、技术

和解决方案。在大会的中国新能源和智能网联汽车全产业链·点津奖评选环节，中关村协同创新智汇园获"优秀产业服务园区"称号。

（方亦庆）

【组织 18 家企业参展节能与新能源汽车展】9 月 20日，2022 世界制造业大会在合肥滨湖国际会展中心开幕，2022 国际（合肥）节能与新能源汽车展览会也同期开展。包河区携手中关村协同创新智汇园组织 18 家代表企业、15 款智能网联车型参展，参展企业数及车型数均创历届之最。展品涵盖 5G 自动驾驶小巴、无人配送车、无人清扫车、无人洗地车、无人牵引车、Robotaxi（自动驾驶出租车）等，种类齐全、业态丰富。

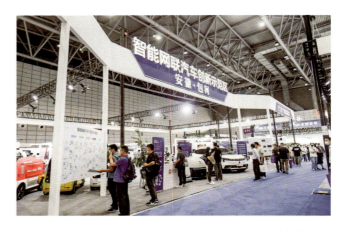

（方亦庆）

【3 家企业入选安徽省"专精特新"中小企业名单】
12 月 30 日，安徽省经济和信息化厅公示 2022 年度安徽省"专精特新"中小企业名单。中关村协同创新智汇园入驻企业北京北科天绘科技有限公司、安徽精一门科技发展有限公司、安徽长泰科技有限公司获评 2022 年度安徽省"专精特新"中小企业。

（方亦庆）

中关村·鹿泉协同发展中心

【概况】中关村·鹿泉协同发展中心成立于 2020 年9 月，位于河北省石家庄市鹿泉区上庄镇科瀛智创谷，受鹿泉区政府委托，由中关村协同发展负责运营。中心总面积 8400 平方米，通过"中关村手法"

构建"类中关村"创新生态环境，打造高端孵化器，促进鹿泉区产业创新发展。中关村·鹿泉协同发展中心围绕鹿泉区"1+3"主导产业，重点引入电子信息、数字安全与应急、智能制造和科技服务类企业，提供商务办公、创新创业、科技孵化、展览展示、科技金融、技术转化、产业加速等多功能服务，并将重点打造科技金融服务平台、集成电路产业服务平台、新工业化服务平台三大"一站式"特色服务平台。中心已入驻高新技术企业21家，聚集了以中电科安全、建研防火、天津讯联科技等为主力军的企业。2022年，中心为鹿泉区企业举办21场产业活动。以中关村·鹿泉协同发展中心为支撑点和发动机，聚焦电子信息、数字安全产业，助力企业孵化、加速、落地，实现"北京研发，鹿泉制造"模式，积极推进"双注册"制，为鹿泉区落地实体企业和专业化园区，并承接非首都功能疏解外溢产业项目，助力鹿泉区打造千亿级电子信息产业高地。由中心推荐的北京圣阳科技有限公司"新型柔性薄膜太阳能发电组件产业化"项目获第一届石家庄"海石杯"高层次人才创新创业大赛新一代电子信息领域决赛一等奖，由中心推荐的中国兵工学会定向能技术专业委员会"四腿足特种重载机器人"和北京石油化工学院的"快递消毒通知柜的研制"分别获二等奖和三等奖。其中，"新型柔性薄膜太阳能发电组件产业化"项目一期投资1.5亿元，各项目都将产业化落地鹿泉区。

（李婷）

【**科创企业股权融资对接会举办**】5月20日，中关村·鹿泉协同发展中心举办"科创企业股权融资对接会"主题交流活动。深圳光一机器人科技有限公司的四腿足液压特种重载机器人项目、北京圣阳科技发展有限公司的中国完全自主知识产权新型柔性薄膜太阳能电池产业化项目、北京中天一维科技有限公司的采集芯片项目等10个项目进行线上和线下路演，20余家企业线下参会，30余家企业线上参会。活动中，财茂基金、启瑞资本、海通证券、建邦基金、苏通基金、臻万投资、盛合明德投资机构专家与路演企业就路演项目展开交流，部分科创企业匹配到意向融资的金融机构。

（李婷）

【**"知识产权及无形资产助力企业高质量发展"交流会举办**】6月10日，中关村·鹿泉协同发展中心组织举办"知识产权及无形资产助力企业高质量发展"主题交流活动。河北省不动产商会、人民日报人民院士城市发展智库河北省基地、石家庄市投资促进局等机构的人员为参会企业就合法防范企业债务风险、合法合规融资、合法避免明股实债风险、合法规避未出资风险等方面问题进行细致讲解，鹿泉区20余家企业的代表参加活动。本次活动为鹿泉区企业提供学习、交流的机会，对企业防范化解债务风险，促进企业发展，充分防范经营过程中可能发生的问题隐患给予了指导。

（李婷）

【**"专利申请、审查及自主政策解读"辅导交流会举办**】7月29日，中关村·鹿泉协同发展中心举办"专利申请、审查及自主政策解读"辅导交流会。河北国维知识产权咨询有限公司专利代理师为企业进行辅导，10余家企业的代表参加。专利代理师对专利权质押登记业务政策及实务进行讲解，介绍专利权质押和专利权质押登记的基本概念，并详细说明如何办理专利权质押登记，以及如何在网上申办专利权

质押登记。本次培训通过对政策的讲解，有助于企业盘活手中无形资产，释放知识产权内在价值，理顺创新发展的融资渠道，助力企业在知识产权运营过程中减负增效，有效提升企业核心竞争力。

（李婷）

【"技术合同中的风险防控"交流会举办】 8月12日，中关村·鹿泉协同发展中心举办"技术合同中的风险防控"主题交流活动。石家庄学院法学院专家进行讲解，鹿泉区20余家企业的代表参加。合同是现代企业从事经营活动和对外经济交往的重要手段，合同的签订与履行是企业取得经济效益的主要途径，合同风险是企业法律风险的源头，大部分法律风险都是因为合同本身不完善或者合同履行过程中出现了问题而产生的。活动中，专家就技术合同中的风险防控诸多问题进行逐一讲解，与会企业的代表纷纷就本公司在相关事件中的问题进行提问。

（李婷）

【多家企业获石家庄市科技创新大赛奖项】 11月3日，由石家庄市科技局主办的"2022年度石家庄市科技创新大赛决赛暨颁奖仪式"在石家庄科技中心举办。大赛以"科技赋能，创新发展"为主题。自6月启动以来，共吸引全市294家企业、559家团队报名，参赛项目聚焦高端制造、新能源、新能源汽车、新材料、生物医药、节能环保、新一代信息技术七大战略性新兴产业。决赛共有50个项目参赛，最终评选出企业组、团队组的一等奖各1名、二等奖各2名、三等奖各3名，企业组优秀奖和团队组优秀奖各32名，为在大赛组织工作中具有突出贡献的单位和个人颁发优秀组织奖和先进个

人奖。中关村·鹿泉协同发展中心推荐9个项目参赛，其中河北清华研究院团队"四腿足液压特种重载机器人"获团队组一等奖，"施工安全数字化管控平台"获优秀团队奖，"HB-CA01在靶向治疗耐药性真菌及细菌感染中的应用""基于数据驱动和三态相变传热的航天结构热控一体化产品及设计平台"获优秀企业奖。

（李婷）

Z-LINK⁺ 中关村协同创新中心

【概况】 Z-LINK⁺中关村协同创新中心成立于2020年，位于北京市东城区东直门外大街39号院航空服务楼，由中关村协同发展负责运营管理，建筑面积2000平方米，依托中关村全球创新资源优势及创新服务辐射能力，打造出基于"中关村手法"的产业组织平台，通过集成中关村科技创新服务能力，贯通北京与区域之间的科技创新、产业资源交流互通，构建"类中关村"产业生态系统，为区域搭建资源链接平台，为区域创新升级注入新动能。截至2022年底，中关村协同创新中心共有22家科创企业项目入驻，其中4家高校成果转化项目、11家留学创业人才引进项目。同时，联合哥伦比亚大学全球中心搭建海外归国人才创新创业平台，推出首期"哥大中国·中关村创业加速营"，共筛选出30余个优质留创项目入营加速。打造中关村领科星空孵化器，并获中关村东城园管委会科技企业孵化器认定。

（方亦庆）

【中关村东城园与中关村协同发展签约】 7月7日，

由中关村东城园管委会主办、北京市东城区高新技术企业协会协办的"中关村东城园创新型高成长企业培育计划"（"紫金计划"）启动仪式在东城区航星园举办。东城区委、区政府，中关村东城园管委会，市科委、中关村管委会，中国科学院人才交流开发中心以及北京航星机器制造有限公司、IDG资本、中关村协同发展等单位的领导，东城区有关部门、街道、东城区高新技术企业协会、"紫金计划"50家入库企业、金融机构、媒体的代表等参加活动。启动仪式上，中关村东城园管委会与中关村协同发展进行战略合作签约，双方将聚焦新一代信息技术、文化科技、健康等产业及数字经济等新兴领域，给予产业发展支持，鼓励支持企业发展壮大，共同构建中关村创新生态。

（方亦庆）

【Z-LINK⁺双创沙龙科技金融专场举办】 7月14日，Z-LINK⁺双创沙龙科技金融专场在中关村协同创新中心举办。活动围绕"金融助力创新、共赋初创发展"主题，聚焦创新中心入驻科创企业与"哥大中国·中关村创业加速营"首期入营项目的切实需求，邀请北京银行、中关村银行和中关村科技担保为6家初创企业进行现场服务。针对初创企业重点关注的创业担保、政府贴息政策等问题，北京银行中关村分行、中关村银行、中关村科技担保的业务负责人分别详细介绍北京市、中关村针对中小微企业的全周期金融服务方案，以及政府协同助企专项行动。

（方亦庆）

【中关村科技成果转化——京粤协同对接会举办】 7月29日，第64期Z-LINK⁺思享汇围绕"中关村科技成果转化——京粤协同"主题，聚焦北京理工

大学智能机器人科技成果转化。中关村协同创新中心和广州大学城·中关村青创汇共同邀请北京理工大学智能机器人与系统高精尖创新中心、厦门市兴泉医药科技有限公司、深圳市沃康医疗科技有限公司、广东医谷产业园共商智能机器人科技成果转化和产业化合作，就机器人工作原理、动力源、零部件国产化、原材料成本、科技成果转化和产业化合作模式等进行"一对一"交流。

（方亦庆）

【哥大中国·中关村创业加速营第一期路演举办】 8月27日，由哥伦比亚大学全球中心（北京）、中关村协同创新中心和山东中科先进技术有限公司共同举办的哥大中国·中关村创业加速营第一期路演以线上和线下相结合的形式举办。中关村东城园管委会、中关村资本、中关村产业研究院、中金甲子、深创投等单位的领导、专家以及顺为资本、华创资本、蔚来资本、九合创投等多家业内知名机构的投资人现场为哥大中国·中关村创业加速营内的初创项目进行点评。哥大中国·中关村创业加速营内万象原生、Aquoprotein、雪梦未来、华辰智造、舒露洁、晨星基因、深眸科技、VationX、Smart Tissues、算路科技、Kisui Tech、环宇瑞声等12家聚焦生命健康与人工智能的企业均有创业项目参加路演。哥伦比亚大学全球中心由哥伦比亚大学校长李·布林格（Lee Bollinger）发起设立，其目的是应对全球化对高等教育所带来的挑战，让全校的师生更深入地了解当今的世界，在更广阔的范围内开展全球性的研究。

（方亦庆）

【经纬泰和获中关村科技型小微企业支持】 9月16日，市科委、中关村管委会发布《关于2022年中

关村科技型小微企业支持项目（企业关键技术创新支持）拟支持单位公示的通知》，决定给予1409家企业资金支持。其中，中关村协同发展组织和推荐的Z-LINK⁺中关村协同创新中心入驻企业经纬泰和健康产业投资控股（北京）有限公司申报成功。经纬泰和是国内第一批致力于非医疗行为的智慧健康管理的国家高新技术企业，于2021年11月入驻Z-LINK⁺中关村协同创新中心，2022年7月被纳入北京市科技型中小企业库。

（方亦庆）

【中关村协同发展公司获中国产业园区运营商50强】9月28日，2022第八届方升产业园区大会召开，中关村协同发展公司获2022年度中国产业园区运营商50强。方升园区大会作为国内产业园区领域顶级论坛，已举办7届，累计参会人数超过1万人。

（方亦庆）

【空天合一获高层次人才创业大赛二等奖】10月28日，2022台州湾新区第三届高层次人才创业大赛开赛。本次大赛以智能装备（航空航天）产业为主要导向，围绕高端芯片、新能源、新材料等领域，精准定位台州当地产业人才需求，面向全球以"公开招募＋定向邀请"的方式重点吸引高层次人才项目，以精准引育塑造赛事品牌，提升集聚人才竞争力。最终，哥大中国·中关村创业加速营项目（由中关村协同发展共同发起）空天合一（北京）空间科技有限公司获2022台州湾新区第三届高层次人才创业大赛二等奖。空天合一是一家卫星电推研制商，是国内为数不多专门从事卫星电推以及先进发动机研发生产的科技公司，也是唯一在商业航天公司涉及全品类推进系统的科技公司。

（方亦庆）

【举办7期Z-LINK⁺思享汇活动】2022年，中关村协同创新中心共举办7期Z-LINK⁺思享汇活动。活动围绕中关村"揭榜挂帅"（北京—鹿泉供需对接专场）、中关村科技成果转化——京粤协同、洛阳市龙头企业技术升级需求、初创企业法律风险及防范、企业上市辅导宣讲等主题开展，线上和线下共吸引200余人次参会，服务50余家科创企业的项目。

（方亦庆）

广州大学城·中关村青创汇

【概况】广州大学城·中关村青创汇成立于2021年10月，位于广州大学城，由广州中关村领科服务有限公司运营管理。园区占地面积约7.2万平方米，建筑面积12.6万平方米，以人工智能为产业发展核心，重点打造以智能网联汽车为主、以智能软硬件和智能产业互联网为辅的"1+2"产业体系，通过搭建服务平台、引进领军人才、建立金融体系，实现孵化器内项目创新研发、企业孵化、产业引导等功能，打造广州大学城创新创业基地和人工智能与数字经济新高地。2022年，致力于把广州大学城·中关村青创汇项目打造成为聚焦人工智能和数字经济产业链的整合集聚的中关村产业生态园区，构建跨区域协同创新链和科技园区产业链，促进合作区域产业生态环境提升，推动实现中关村和大湾区的协同发展。2022年，完成签约企业25家（含5家商业），完成率250%。签约入驻面积38503.93平方米，入驻率35.3%。截至2022年底，广州大学城·中关村青创汇累计入驻企业50家，举办产业创业类活动34场，接待各级政府、企业调研99场1500余人次。

（广州大学城·中关村青创汇外景）

（曾绮琪）

【新工科教育实践研讨交流活动举办】 3月4日，广州大学城新工科教育实践研讨会在中关村青创汇举行。番禺区委、区政府，广州大学城管委会，区科工商信局的相关领导，以及来自XbotPark机器人基地、广州美术学院、重庆大学、东莞职业技术学院等的专家参加活动。番禺区委、区政府表示对与李泽湘教授团队合作的高度重视，强调现阶段要同时推进夏季训练营和新工科办学计划，希望李泽湘教授带领的新工科教育团队能在创新创业和科创教育领域长期积淀，助力广州大学城高校创新创业平台的建设，共同打造"产学研"深度融合的科创生态，促进番禺区加快建设科技创新和产业创新高地，实现创新驱动发展新提升。李泽湘教授表示，团队将运用智能产业科创等经验，结合广州大学城的科创生态，以"科创+产业"为导向，搭建科创

平台，在人才培养、技术研发、企业孵化等方面进一步加强合作，形成良好创新生态。通过新工科平台的建设，助力广州大学城建设科技创新和产业创新策源地。

（曾绮琪）

【广州首个数币岛启动仪式举行】 4月29日，广州市番禺区数字人民币体验推广活动暨首个数字人民币综合应用示范场景（数币岛）启动仪式在广州大学城智汇谷人才联盟交流服务中心路演大厅举行。"数币岛"集合收费、教育医疗、企业、商业、餐饮、文旅、交通出行等全方位场景应用，加快推进"数字番禺""智慧番禺""数字政府"建设，以更加积极主动的姿态融入新发展格局，着力推动番禺经济社会高质量发展。"数字人民币综合应用示范场景（数币岛）"、番禺区首个首贷服务中心暨"中国建设银行广州番禺支行企业首贷服务中心"揭牌。活动中，中国建设银行番禺支行、中国工商银行番禺支行、中国农业银行番禺支行、中国银行番禺支行、交通银行番禺支行、中国邮政储蓄银行番禺支行、招商银行番禺支行等银行机构与高校、园区、企业、村委等场景代表签订合作协议。活动现场设置番禺区数字人民币综合应用场景（数币岛）体验区，各参会代表在手机上下载App后注册账号，就能在活动现场使用数字人民币。

（曾绮琪）

【中关村青创汇领科星空孵化器揭牌】 4月，中关村青创汇领科星空孵化器投入使用，制定了完善的运营管理体系和孵化管理机制，形成包括《孵化器运营管理体系》《孵化导师管理体系》《孵化企业服务规范》《孵化器定价策略及"优创计划"优惠政策》《孵化器"青苗计划"优惠政策》《入孵企业统计管理系列文件》等在内的体系文件。在工作标准支撑下，孵化团队除完成孵化器备案、认股权指标外，初步搭建一站式公共服务平台；组织各类大小活动20场、接待政府部门及单位45批600余人次；签约创业导师11位，策划及组织落地"中关村青创营""哥大中国·中关村创业加速营"等系列创新创业培训课程。6月15日，中关村领科星空孵化器揭牌，11月完成市级孵化器备案登记。中关村领科

星空孵化器一期位于青创汇 B 座 4 层，通过瞄准人工智能与数字经济产业方向，搭建广州与中关村资源互通的桥梁，拓展全球创新孵化网络，为创业者打造"创业苗圃＋孵化器＋加速器"全链条创新创业支撑平台，助力广州大学城打造成为粤港澳大湾区最强大脑、科技创新重要策源地、高端产业要素集聚区和引领大湾区的"智核"梦工厂。为更好地链接全球创新资源，中关村青创汇与哥伦比亚大学全球中心深度合作，在项目内设立华南创新创业孵化中心，通过发挥哥伦比亚大学卓越的学术研究能力，在大湾区开展丰富的项目和人才交流活动，激发创新活力。

（曾绮琪）

【创新创业学院院长圆桌会召开】 5 月 26 日，广州大学城校地共建共治共享圆桌会议之创新创业学院院长圆桌会在智汇谷人才联盟路演大厅举办。广州大学城各高校创新创业学院代表及大学城创新平台载体、特邀平台载体有关负责人重点围绕项目孵化、人才引入、扶持政策、企业服务等方面做经验介绍。会议就如何发挥大学城科技创新和人才资源优势、打造大学城优质创业生态、吸引并留住创新创业人才、促进高校创新创业项目落地发展等进行交流。广州区委组织部、区科工商信局、区招商办、广州大学城管委会、广州大学城创新创业促进中心、小谷围街经济发展办的相关负责人等近 40 人参加圆桌会。

（曾绮琪）

【中关村青创汇招商成果交流会举办】 6 月 15 日，以"智汇番禺·协同发展"为主题的广州大学城·中关村青创汇招商成果交流会举办。大会旨在紧跟广州加快传统产业数字化转型步伐，发挥广州先行

先试、产业链条齐全的优势，推动破除人工智能发展的制约因素，促进粤港澳大湾区产业联动，同时集中展示中关村青创汇园区在科技创新产业聚集和创新培育方面取得的阶段性进展。政府机关代表、知名企业领军人物参加交流会。广州中关村领科服务有限公司负责人就"打造广州大学城·中关村青创汇一站式产业服务平台"主题，围绕园区产业发展总体情况、国际化协同创新网络建设、开放共享创新生态体系、创新产业专属扶持政策等几个方面，向与会嘉宾做详细介绍。曙光信息产业江苏有限公司、广州云智易物联网有限公司、广州市易用信息科技有限公司、匠莘科技（广东）有限公司、广东江銮科技有限公司、广州市柏盛信息科技有限公司等一批行业龙头企业签约入驻。

（曾绮琪）

【华南创新创业孵化中心揭牌】 6 月 15 日，美国哥伦比亚大学深圳校友会华南创新创业孵化中心在广州大学城·中关村青创汇揭牌。该中心将借力哥伦比亚大学卓越的学术研究能力，在大湾区开展丰富的项目和人才交流活动，激发创新活力。在与哥大中国的合作中，广州大学城·中关村青创汇将以数字经济领域前沿技术转移、科技成果转化与创业孵化有机结合为基础，以消费升级和产业升级的市场需求为牵引，整合产业链各环节创新资源，立足广州、中关村，链接全球。

（曾绮琪）

【中关村青创汇入围滨江高端产业园】 9 月 15 日，广州市工业和信息化局公布《广州珠江沿岸地区高质量发展带工信产业导则》，广州将在珠江沿岸重点打造 12 个滨江高端产业园，广州大学城·中关村青创汇入围。《产业导则》指出，将围绕城市产业空间革新，推动以数字经济为引领的产业集群迈向全球价值链中高端，助力珠江沿岸地区奋力建设成为粤港澳大湾区高端产业集中承载区和高质量发展带。

（曾绮琪）

【2022 湾区 5G＋ 智慧园区座谈会举办】 9 月 29 日，由广东省云计算应用协会、广东智慧城市产业技术创新联盟联合主办，广州大学城·中关村青创汇协办的"2022 湾区 5G＋ 智慧园区座谈会"在广州大

学城·中关村青创汇举办。广州中关村领科服务有限公司负责人就"打造广州大学城·中关村青创汇一站式产业服务平台"主题，围绕园区产业发展总体情况、国际化协同创新网络建设、开放共享创新生态体系、创新产业专属扶持政策等几个方面，向与会人员做介绍。中关村青创汇作为中关村打造的科技园区4.0，聚焦专业领域，打造创造力资源聚合区，以"空间运营、科技服务、股权投资"为主要手段，打通政府、产业、金融、技术、服务等全方位创新孵化要素，将有创业意向者、创业者、投资人聚在一起，最终形成集聚区活跃的创新创业生态环境基础，切实增强"造血功能"，激发内生活力。活动最后分享了广州大学城·中关村青创汇最新的企业入驻优惠和创新孵化扶持政策。

（曾绮琪）

【产业需求对接交流活动举办】10月21日，中关村青创汇联合广东省云计算应用协会举办以"与云同行·数智拓展"为主题的产业需求对接交流活动。华南（广州）数据交易集团、神州数码系统集成服务有限公司、广州市锐丰音响科技股份有限公司等省内龙头企业到访园区，与园区软件开发相关企业进行深度业务合作交流。本次活动重点围绕数据生态搭建供需合作平台，为园区企业链接更多业务机会。

（曾绮琪）

【2022青蓝国际创新创业大赛总决赛举办】12月7—8日，2022青蓝国际创新创业大赛总决赛在广州大学城·中关村青创汇落幕。历经6年，青蓝大赛已成为番禺区落实创新驱动发展战略、服务青年人才创新创业的重要平台。大赛在以往初创组的基础上首次开设成长组，"以投代评"联动200余个投资机构及园区、商协会共同挖掘优质项目，累计吸引711个项目报名参赛。经20余场赛事评审，新一届"青蓝人才"诞生。

（曾绮琪）

洛阳·中关村协同创新中心

【概况】2022年3月16日，洛阳·中关村协同创新中心揭牌运营。创新中心位于河南省洛阳市瀍河区，由中关村协同发展负责运营，总面积5078.44平方米。创新中心围绕洛阳高端装备制造、新能源产业链，聚焦瀍河"2+X"产业，秉承"小平台、大辐射"理念，以科创服务为牵引，发挥创新展示、产业服务、产业孵化及加速功能，吸引新技术、新产品、新项目及优质科创服务机构落地，体系化搭建"类中关村"生态创新系统，赋能和培育高科技企业、科创企业、高端人才。2022年，园区入驻产业类项目达到30家，同步开展项目对接会，深度链接"双碳"产业、大健康、元宇宙、智能制造、新一代信息技术方向重点企业，以及国宏中宇、国家图书馆、中筑建、升哲科技、蓝色宇宙、G20、爱尔威、东超科技、航天常兴等全国企业逾200家，形成多条专业产业链条；通过基金招商方式打通大健康产业链招商壁垒，串联经纬泰和、恒通信佳、国家人类基因组北方研究中心等大健康上下游企业，努力搭建瀍河大健康产业新生态；链接一批风口产业企业，推进蓝色宇宙产业合作，研发"人、货、场"数字化结合，提升新一代信息技术应用水平，落实洛阳市产业换道领跑战略；实现智能制造产业突破，加大力度引入空天合一，落地宇航级、军品级发动机生产线，支撑推动制造业高质量发展。搭建瀍河区·中关村企业公共服务平台，引入知识产权、财税咨询、律师事务、品牌宣传、产品推广等驻地服务机构，通过"北京优质服务平台远程专业咨询辅导+驻地服务机构针对性服务"的方式，构建全方位、健全的企业公共服务生态。

（陈光）

【洛阳·中关村协同创新中心揭牌】 3月16日，"产业之智·'洛'地生根——洛阳·中关村协同创新中心揭牌仪式"在瀍河区举行，标志着洛阳·中关村协同创新中心正式运营。洛阳市委、市政府，中关村协同发展，洛阳市政协，洛阳市科技局，瀍河区委及市、区相关委局等的领导和企业负责人参加揭牌仪式。洛阳·中关村协同创新中心具备创新展示、产业服务、产业孵化及加速功能，以先进制造为主线，围绕瀍河新能源和生命健康两大主导产业的发展，按照"做道场、造氛围、落平台"的总体思路，将围绕集聚优质企业、落地产业服务平台、打造产业创新生态等开展招商、产业服务、产业导入等工作，在瀍河构建"类中关村"产业创新生态系统。

（陈光）

【落户企业举行签约仪式】 3月16日，在"产业之智·'洛'地生根——洛阳·中关村协同创新中心揭牌仪式"上，北京IP、北京天合育成科技服务有限责任公司（中关村天合科技成果转化促进中心）、神州泰科、中关村意谷（北京）科技服务有限公司等5家服务机构和国宏中宇、国宏科信、中筑建等10家入驻企业及7家意向落户企业举行签约仪式。

（陈光）

【瀍河区与大健康行业、智能制造行业企业对接洽谈】 6月27—28日，洛阳市瀍河区与到洛阳考察的大健康行业、智能制造行业企业对接洽谈，共商合作事宜。瀍河区政府领导，中关村协同发展、洛阳·中关村协同创新中心、区直相关部门的负责人等参加洽谈活动。优铸科技（北京）有限公司、钧捷科技（北京）有限公司、苏州穿山甲机器人股份有限公司等17家优质企业参加，各企业以路演形式进行，展示自身优势，表达在瀍河区发展的意愿。双方就落地项目、落地需求、投资意向等进行交流，并就后续做好项目对接做了具体安排。

（陈光）

【2022年国家网络安全宣传周河南省青少年日活动举办】 9月10日，由河南省委网信办、团省委主办，洛阳市委网信办、团市委、瀍河区委区政府、共青团瀍河区委、省青少年新媒体协会等机构承办，洛阳·中关村协同创新中心协办的"2022年国家网络安全宣传周河南省青少年日活动"在洛阳·中关村协同创新中心举办。主、承办方领导及150名团员、青少年代表参加活动。各级领导致辞，勉励广大青少年朋友们要更加充分地认识到网络安全的重要性，合法、合理地使用网络资源，自觉践行网络文明公约，积极主动监督网络环境，持续筑牢网络安全防线，共同营造和平、安全、开放、合作的网络文明生态。同期，"青少年日主题团日活动"举办，市委党校及青年好网民代表，分别结合切身经历讲述网络安全是什么、网络安全为什么重要、维护网络安全青少年应该怎么做，助力青少年自觉树立维护网络安全的理念，号召大家保护好公民个人信息，做文明上网的好网民。

（陈光）

【中关村协同创新中心工作汇报会召开】 10月14日，中关村协同创新中心工作汇报会召开，会议对中关村洛阳项目推进情况进行逐项研究，听取中关村协同创新中心负责人关于洛阳市科创成果直通车瀍河区专场活动策划方案、中关村创新协同中心工作进展及重点推进项目和下一步工作计划的汇报，分析中关村当前发展中存在的困难和问题，与会人员提出合理性意见和建议。会议强调，各级各部门要进一步提高工作效率，减少中间环节，优化工作流程，重点工作实时汇报，形成合力促进项目落地；中关村工作要再精细化，切实提高日常管理，聚焦投资方向，精准梳理投资企业，系统管理有效资源，加大风口产业招商力度，促进产业落地见效，为瀍河区高质量发展注入新动能。瀍河区领导、洛阳中关村协同创新中心及区直相关职能部门主要负责人参加会议。

（陈光）

保定·中关村创新中心

【概况】保定·中关村创新中心[保定项目按照"一中心，一基地，一园区"的协同发展路径进行布局，形成了保定·中关村创新中心、保定·中关村创新基地、保定·中关村创新产业园（建设中）的格局]成立于2015年，位于河北省保定高新区电谷国际商务中心，由保定中关村信息谷科技服务有限责任公司（简称保定中关村信息谷）负责运营管理。中心运营面积6.2万平方米，定位于新一代信息技术、战略性新兴产业、人工智能三大产业，以输出管理和品牌运营的轻资产合作的"保定模式"，打造"类中关村"创新生态体系。2022年，保定·中关村创新中心新增入驻企业57家，获评省级双创示范基地、保定市招商引资工作先进集体、2021"科创中国"创新平台，获"2021年协同发展突出贡献单位"等称号。1家入驻企业（诺未科技）获中国创新创业大赛奖项，并以历届省赛最高分获河北省赛区总决赛第一名。截至2022年底，保定·中关村创新中心累计入驻科技企业261家。

（滕琦诺）

【2家博士后科研工作站分站揭牌】1月13日，保定国家高新区新设立博士后科研工作站分站揭牌仪式在保定·中关村创新中心举办。保定国家高新区、保定市人力社保局、宇能电气有限公司、保定中关村信息谷相关负责人，保定诺未科技有限公司、保定市玄云涡喷动力设备研发有限公司、河北三臧生物科技有限公司、保定华锐电力工程设计有限公司等园区企业及高新区优秀企业的代表参加仪式。会上宣读《河北省人社厅关于批准保定诺未科技有限公司和宇能电气有限公司博士后科研工作站分站的通知》，宇能电气有限公司和保定诺未科技有限公司发表建站感言。保定国家高新区为2家分站企业颁发建站补贴各30万元，保定市人力社保局相关负责人致辞。

（滕琦诺）

【科技金融新产品发布会举办】1月14日，保定·中关村创新中心联合建设银行组织开展科技金融产品发布会，帮助区域内科创小微企业系统、深入了解"科创贷"产品，助力企业科技创新。保定国家高新区科技创新局、财政局相关领导，建设银行保定分行、国家高新技术产业开发区支行、复兴西路支行相关负责人，保定诺未科技有限公司、保定中创燕园半导体科技有限公司、河北三臧生物科技有限公司、河北酷德制冷科技有限公司等园区企业及高新区优质科技企业的代表参会。会上，建行保定分行介绍"科创贷""善新贷"两款新产品的申请条件和政策细节，并就产品的适用性做深入解读。建设银行高新区支行为保定·中关村创新中心入驻企业保定德优电气设备制造有限公司发放全省建行系统首笔"科创贷"240万元，为保定国家大学科技园入园企业保定腾辉光电科技有限公司发放"善新贷"500万元。建设银行工作人员就参会企业关心的问题做详细解答，并就企业融资需求做进一步沟通探讨。

（滕琦诺）

【三臧—河大细胞技术开发与应用转化研究院揭牌】1月20日，三臧—河大细胞技术开发与应用转化研究院揭牌仪式在保定·中关村创新中心举办。保定市委、保定国家高新区管委会、市妇联、市科技局、高新区科技创新局、河北大学生命科学学院、河北三臧生物科技有限公司等机构的相关领导及20余名员工代表参加。仪式上，河北三臧生物科技有限公司对项目情况进行介绍；河北大学生命科学学院介绍河北大学建校背景、生命科学学院师资力量

及科研实力；保定国家高新区管委会、市科技局相关负责人致辞。河北大学生命学院与河北三藏生物科技有限公司签署战略合作协议，双方将发挥各自优势，探索产学研结合的新路子，资源共享，推动细胞生物技术创新研究与成果转化。

（滕琦诺）

【"专精特新"企业授牌仪式暨政银企对接会举办】
1月25日，由保定国家高新区管委会主办，高新区改革发展局承办，高新区财政局、建设银行保定分行、保定·中关村创新中心协办的2021年"专精特新"企业授牌仪式暨2022年政银企对接会在保定·中关村创新中心举办。保定国家高新区、区改革发展局、区财政局、区金融局相关领导，建设银行保定分行、国家高新技术产业开发区支行相关负责人，河北同光半导体股份有限公司、保定富阳电力科技有限公司、保定迈拓港湾科技发展股份有限公司、河北三藏生物科技有限公司等21家高新区省级"专精特新"中小企业、示范企业负责人参加活动。区改革发展局宣布保定国家高新区2021"专精特新"中小企业、示范企业认定结果，保定国家高新区、区改革发展局、区财政局、区金融局共同为获"专精特新"称号的企业授牌。同光半导体、富阳电力、迈拓港湾各自围绕企业"专精特新"细分领域做典型经验介绍和先进做法推广。区金融局详细介绍高新区管委会在支持企业融资方面的系列举措，并引导企业用好、用足高新区和保定市对企业发展的各项支持、奖励政策，充分享受政策带来的红利；建行保定分行介绍针对"专精特新"企业的专项产品——"善新贷"，并就产品的申请条件、政策细节及适用性做深入解读。

（滕琦诺）

【保定中关村信息谷获招商引资工作先进集体】2月5日，保定市委、市政府印发《关于表彰项目建设先进集体和先进个人的决定》《保定市2021年度项目建设先进集体和先进个人名单》，保定中关村信息谷获"保定市招商引资工作先进集体"称号。

（滕琦诺）

【保定中关村信息谷获"科创中国"创新平台称号】
2月24日，2022"科创中国"试点城市（保定）建

设工作会推进会通过线上和线下相结合的形式召开。会上宣读《2021"科创中国"试点城市（保定）建设项目榜的表彰通报》《保定市科协关于对2021年度先进集体和先进个人进行表彰的决定》，保定中关村信息谷获2021"科创中国"创新平台称号。

（滕琦诺）

【保定中关村信息谷及入驻企业获协同发展突出贡献单位表彰】2月26日，保定市高新区管委会表彰奖励2021年协同发展突出贡献单位、年度纳税先进企业。保定中关村信息谷获"2021年协同发展突出贡献单位"称号，这是自2017年以来，保定中关村信息谷第五次获此荣誉。同时，园区入驻企业保定中创燕园半导体科技有限公司、保定诺未科技有限公司、保定洛奇医学检验实验室有限公司、信通院（保定）科技创新研究院有限公司、保定市玄云涡喷动力设备研发有限公司、河北三藏生物科技有限公司获"2021年协同发展突出贡献单位"称号，保定迈卓医疗器械有限公司获"2021年度纳税先进企业"称号。

（滕琦诺）

【保定·中关村创新中心获省科技厅专项资金扶持】
2月，河北省财政厅、科技厅印发《关于下达2022年技术创新引导专项资金预算（第二批）的通知》。5月，按照通知要求，对2021年度河北省科技厅公布的绩效评价为优秀和良好的省级科技企业孵化器和众创空间进行奖励，保定高新技术创业服务中心、保定国家大学科技园、保定·中关村创新中心、3S科技孵化器、保定河大科技园等6家孵化器获得补助，共获资金340万元。项目资金主要用于加强河北省科技企业孵化器和众创空间规范化管理，提升服务水平和孵化绩效，加快实现高质量发展。

（滕琦诺）

【保定·中关村创新中心通过省级双创示范基地评估】5月，河北省工业和信息化厅发布《关于公布省级小型微型企业创业创新示范基地服务规范评价结果的通知》，保定·中关村创新中心作为河北省双创示范基地通过评估，获得"服务能力较好，服

务成效明显，很好地发挥了示范带动作用"的评价。本次省级双创示范基地评估经基地自评、市局核查、专家集中评价等程序，从服务能力、可持续发展和服务绩效 3 个方面对 2021 年度有效期内的 72 家省级示范基地服务情况进行综合评价。评价结果分别为合格等次 67 家（其中服务能力较好的 10 家，服务能力较弱的 5 家）、不合格等次 5 家。

（滕琦诺）

【中国（京津冀 & 成渝）· 匈牙利创新合作大会举办】 6 月 28 日，中国（京津冀 & 成渝）· 匈牙利创新合作大会暨 2022 年北京"两区"全球超链接推介活动在保定·中关村创新中心举办。本次活动以"国际国内双循环·共创产业新发展"为主题，中关村信息谷作为活动支持单位，组织园区企业线下集中观摩并参与线上对接。河北中圣博泰科技有限公司、河北玖云医疗科技有限公司、保定知行网络科技有限公司等 10 余家园区企业的代表参加会议。保定国家高新区管委会做线上推介，详细介绍保定国家高新区区位优势、发展态势和产业情况，着重介绍高新区在生物医药和医疗器械领域方面的深入探索及创新政策，邀请与会企业、嘉宾到保定考察，携手合作，互惠共赢。

（滕琦诺）

【2022 年"创客中国"河北省中小企业创新创业大赛启动】 6 月 29 日，由河北省工业和信息化厅、河北省财政厅共同主办的 2022 年"创客中国"河北省中小企业创新创业大赛在石家庄启动。保定·中关村创新中心作为启动仪式的分会场之一参与线上同步直播。保定市工业和信息化局相关领导，竞秀大学生创业基地、支点创业基地、保定·中关村创新中心等园区相关负责人及保定市优秀企业的代表参加仪式。大赛以"围绕产业链，部署创新链，配置资金链"为主题，旨在激发创新潜力，集聚创业资源，营造创新创业氛围，共同打造为中小企业和创客提供交流展示、项目孵化、产融对接、协同创新的平台，推动中小企业转型升级和成长为"专精特新"中小企业，支持大中小企业融通创新，助力制造强省和网络强省建设。8 月 26 日，在大赛决赛中，保定·中关村创新基地入驻企业保定

诺未科技有限公司的"自体记忆性抗肿瘤免疫细胞 I 类新药"项目获一等奖，并获推荐参加全国总决赛。

（滕琦诺）

【保定·中关村创新中心法律服务站揭牌】 7 月 5 日，保定·中关村创新中心法律服务站揭牌仪式暨法律专题培训活动在保定·中关村创新中心举办。保定·中关村创新中心法律服务站由保定·中关村创新中心与河北达公律师事务所共建，服务内容主要为劳动用工风险与防范业务，合同签订、履行的风险与防范业务，企业刑事风险与防范业务，企业合规业务及资质证照管理规范等 15 个方面，旨在为园区入驻企业安心创业营造公平有序的社会环境、公开透明的营商环境、公正高效的法治环境，充分发挥公共法律服务平台作用，近距离、快速解决企业遇到的问题，帮助企业抵御法律风险，实现持久平稳发展。保定市司法局、保定仲裁委员会、保定市律师协会、河北达公律师事务所、保定中关村信息谷相关负责人及园区重点企业的 10 余位代表参加会议。会上，保定中关村信息谷介绍创新中心 7 年运营成效并阐述法律服务工作站服务方向；河北达公律师事务所分别以"传递企业合规实战经验，助力企业稳健快速发展""科技助力法律，打造企业数字化法务部"为主题做法律专题分享，帮助企业充分认识企业风险防范的重要意义，树立风险管理和内控管理基本理念，有效避免法律风险。

（滕琦诺）

【2 家企业获批保定市企业技术中心】 7 月 14 日，保定市发展和改革委办公室发布《2022 年保定市企业技术中心名单》，认定 43 家企业技术中心为保定市企业技术中心。保定·中关村创新中心入驻企业信通院（保定）科技创新研究院有限公司和河北三臧生物科技有限公司 2 家企业入选。

（滕琦诺）

【第五届创新驱动发展大会细胞产业与精准医疗研讨会举办】 7 月 17 日，由保定国家高新区管委会、保定市科协、保定市科技局主办，保定·中关村创新中心、保定诺未科技有限公司承办的第五届创新驱动发展大会细胞产业与精准医疗研讨会在保定

涞源举办。保定市政府、市科协、市科技局，保定国家高新区管委会、河北大学、河北农业大学生命科学院等机构的领导，保定中关村信息谷、保定中关村园区开发公司、保定诺未科技有限公司负责人等参加会议。会议通过"现场＋直播"相结合的方式召开，100余位嘉宾现场参会，300余位嘉宾通过视频在线参会。会上，美国医学与生物工程院院士、美国诺维斯 NOVIS 抗衰科技创始人文学军，清华大学药学院副院长、诺未科技首席科学家陈立功，美国安德森癌症中心教授、河北省政协港澳台侨和外事委员会特邀委员王洪，中华医学会干细胞工程专业学组中青年委员、河北医科大学第一医院细胞治疗实验室主任李全海，国家科技专家库生物制药审评专家、天津市干细胞开发应用协会会长张磊，诺未科技首席技术官 CTO 齐海龙等专家、学者做主题分享和经验交流。保定市细胞与再生医学技术创新战略联盟揭牌。诺未科技与河北大学签署"生物医药产学研公共服务平台建设"项目，与河北农业大学签署"生命健康产学研战略合作单位"项目。与会嘉宾分别就转化医学时代技术创新、干细胞相关临床研究、细胞产业未来趋势等方面进行研讨。

（滕琦诺）

【1 家企业揭榜人工智能医疗器械创新任务】 8 月 5日，保定·中关村创新基地入驻企业易度河北机器人科技有限公司作为创新任务攻关主体，依托人工智能微创血管介入手术机器人系统，联合河北工业大学、首都医科大学附属北京天坛医院、中国科学院深圳先进技术研究院，揭榜"人工智能医疗器械创新任务"。该任务由工业和信息化部科技司、国家药监局医疗器械注册司组织，面向智能产品和支撑环境两个方向，聚焦智能辅助诊断产品、智能辅助治疗产品、医学人工智能数据库等 8 类揭榜任务，征集并遴选一批具备较强创新能力的单位集中攻关，推动人工智能医疗器械创新发展，加速新技术、新产品落地应用。

（滕琦诺）

【数字经济产业园项目一期封顶】 9 月 2 日，保定中关村数字经济产业园项目一期封顶。该项目是保

定·中关村创新中心"一中心、一基地、一园区"协同发展路径中的重要节点，是保定与中关村深化合作、协同创新的重要标志。作为保定市第一个以数字经济命名的产业园区，园区将以数字平台为载体、数字化管理为基础、中关村运营服务为主线，推动保定数字经济新兴企业成长和传统产业数字化转型升级，打造保定数字经济创业创新高地和数字产业化、产业数字化、城市数字化引领地。

（滕琦诺）

【1 家企业入选河北省新型研发机构】 9 月 6 日，根据《河北省新型研发机构管理办法》《河北省科技厅关于组织申报 2022 年度河北省新型研发机构的通知》有关要求，经申报、评审、公示等程序，河北省科技厅公布 3 家单位为 2022 年度河北省成长型新型研发机构。保定·中关村创新中心入驻企业河北三臧生物科技有限公司以全省评分第一的成绩入选河北省新型研发机构（成长组）。

（滕琦诺）

【5 家推荐企业在保定创新创业大赛中获奖】 10 月28—29 日，在保定国家高新区举办的第五届创新创业大赛决赛中，保定·中关村创新中心推荐的5 家企业获奖。其中，中熵科技（北京）有限公司获一等奖，天津赫尔莫斯科技有限公司、亚信科技（中国）有限公司、西康软件有限责任公司获二等奖，北京清博智能科技有限公司获三等奖。本届大赛共 50 支队伍参赛，设置北京、保定两个决赛现场，首次实现京保两地同时联动，评委专家进行线上点评。

（滕琦诺）

【三臧生物获"揭榜挂帅"项目立项支持】 10 月，保定市科学技术局组织"揭榜挂帅"项目联合评估组对"智能化后轮转向核心算法技术"等 38 个揭榜项目进行综合评估，拟对 26 个项目进行立项支持并公示。保定·中关村创新基地入驻企业河北三臧生物科技有限公司的"通用型 CAR-T 细胞的关键技术"项目上榜。科技项目"揭榜挂帅"机制涉及先进制造业、新能源、新一代信息技术、智能电网、生物医药、新材料、节能环保等多个行业领

域，旨在为企业搭建技术突破的桥梁，促进企业科技创新。

（滕琦诺）

【8家企业通过国家高新技术企业认定】 11月9日，河北省科技厅公布2022年第一批备案高新技术企业名单，保定·中关村创新中心入驻企业河北智慧谷软件开发有限公司、河北科迪新能源科技有限公司、河北卓识电力科技有限公司、保定博擎智能科技有限公司、河北思瑞恩新材料科技有限公司、保定创锐泵业有限公司、保定格登莱恩电气设备制造有限公司、保定京冀瑞尔机电设备制造有限公司等8家企业入选。

（滕琦诺）

【5家企业入选河北省"专精特新"中小企业名单】 12月9日，河北省工业和信息化厅公布拟认定2022年第二批河北省"专精特新"中小企业名单。保定·中关村创新中心入驻企业河北思瑞恩新材料科技有限公司、保定中创燕园半导体科技有限公司、保定市玄云涡喷动力设备研发有限公司、保定迈卓医疗器械有限公司4家企业入选。连同第一批获评的保定诺未科技有限公司，2022年，保定·中关村创新中心累计培育5家企业获省级"专精特新"企业称号。

（滕琦诺）

【1家企业工程师入选创新英才名单】 12月23日，河北省科技厅公布2022第一批"河北省科技型中小企业创新英才"名单。保定·中关村创新中心入驻企业河北三臧生物科技有限公司技术部工程师董向涛入选。

（滕琦诺）

【举办4场主题推介会】 2022年，保定·中关村创新中心举办4场主题推介会，分别为"2022保定国家高新区年轻一代企业家座谈会""遇鉴城市的创新力量""2022保定品牌发展论坛""创新汇沙龙企业经营风险防范主题讲座"。其中，"遇鉴城市的创新力量"是线上联合推介会，通过北京中关村信息谷重资产平台，联合保定、南宁、青岛项目公司，扩大项目域外宣传的效果。

（滕琦诺）

徐州·中关村创新中心

【概况】 徐州·中关村创新中心成立于2015年10月，位于江苏省徐州市泉山区，由徐州信息谷资产管理有限责任公司（简称徐州信息谷）负责运营管理，运营面积25.45万平方米，包括创新中心、文化创意产业先导基地和中关村信息谷创新汇。中心定位于信息技术、节能环保、科技金融、智能制造、生物医药及科技文化六大产业，是中关村在京津冀以外地区设立的首个区域创新中心。2022年，徐州·中关村创新中心全年实现产值130亿元、税收5.2亿元。新增签约入驻企业26家，新增入驻面积5570平方米，新增高新技术企业15家，新增认定国家科技型中小企业入库50家。服务84家企业挂牌江苏股权交易中心，其中挂牌成长板47家、科技创新板35家、农业板1家、价值板1家。年内，徐州·中关村创新中心（徐州软件园）获批"江苏省留学回国人员创新创业示范基地"，徐州中关村信息谷获评江苏淮海科技城园区运营和服务优胜单位。截至2022年底，徐州·中关村创新中心累计入驻企业348家，累计入驻面积15.96万平方米。其中，拥有软件百强企业15家、院士领军企业6家、行业头部企业10家、高新技术企业15家。

（滕琦诺）

【生物医药重点项目云上政企对接会举办】 5月26日，徐州·中关村创新中心举办生物医药重点项目云上政企对接会。徐州市泉山区商务局、泉山国有资产投资经营有限公司、北京中关村信息谷、江苏淮海科技城科创中心、徐州软件园、徐州信息谷、广州中关村科创私募基金管理有限公司等单位和企业的相关负责人及6家生物医药重点企业负责人参加会议。会上，泉山区投资促进中心介绍泉山区营商环境、产业集聚优势及现有载体情况；万贝医疗健康科技（上海）有限公司、深圳国家基因库、上海巍太医疗器械有限公司、杭州泰格医药科技股份有限公司、江苏开元药业有限公司、上海微谱检测科技集团股份有限公司等科技型企业介绍企业概况、主要产品、核心竞争力、战略布局、落地需求等。在政企交流环节，泉山区、淮海科技城相关负责人与科技企业进行线上初步对接，双方围绕企业具体需求和落地展开交流，为下一步合作打下良好基础。本次活动通过搭建长效产业组织平台，加强中关村政企资源链接，建立区域联动、资源共享机制。

（滕琦诺）

【巷／隧道干式过滤除尘技术研究与工程应用项目获省科技一等奖】 6月15日，由徐州·中关村创新中心——中国矿业大学科研成果产业化基地入驻企业徐州赛孚瑞科高分子材料有限公司参与完成的"巷／隧道干式过滤除尘技术研究与工程应用"项目获2021年度江苏省科学技术奖一等奖。该研究项目在国内首次提出巷／隧道干式滤筒过滤除尘的最新技术，能够实现煤岩颗粒物年均减排10.5万吨，标志着中国煤矿掘进工作面粉尘治理技术取得重大突破，填补了国内技术空白。新技术已在国家能源集团、陕煤化工集团、同煤集团、潞安化工集团、冀中能源集团等国内20余家企业、600余个掘进面和30余条隧道推广应用，市场占有率90%以上，累计新增经济效益约6.5亿元，带动就业100余人。

（滕琦诺）

【徐州·中关村创新中心获批江苏省留学回国人员创新创业示范基地】 6月24日，江苏省人力资源社会保障厅公布2022年江苏省留学回国人员创新创业示范基地拟入选名单，徐州·中关村创新中心（徐州软件园）作为徐州市首家、本批苏北地区唯一一家企业入选。

（滕琦诺）

【徐州信息谷获评江苏淮海科技城园区运营和服务优胜单位】 6月25日，江苏淮海科技城区域科创中心建设推进大会在徐州·中关村创新中心举行。江苏淮海科技城、徐州软件园相关负责人，徐州信息谷全体工作人员及园区企业的代表等参加。会议宣读《2021年度各运营主体高质量发展考核结果》《2021年度服务保障类机构满意度测评结果》《关于

表彰2021年度先进单位和先进个人的决定》，徐州信息谷被授予"2021年度园区运营和服务优胜单位"。

（滕琦诺）

【2家企业获评省工业电子商务创新发展示范】 7月18日，江苏省工业和信息化厅公示2022年度省工业电子商务创新发展示范名单，徐州·中关村创新中心2家入驻企业获评工业电子商务优秀解决方案服务商，分别为江苏徐工电子商务股份有限公司、徐州网商天下科技集团有限公司。

（滕琦诺）

【重点产业项目对接会举行】 7月19日，徐州·中关村创新中心举办重点产业项目对接会，喜马拉雅城市文化上海公司、北京中关村信息谷、江苏淮海科技城、徐州信息谷相关负责人参加会议。会上，江苏淮海科技城、徐州信息谷分别就泉山区基本情况、产业基础和产业优势、营商环境、中关村创新中心项目运营情况等进行介绍，喜马拉雅从公司概况、主营业务、战略布局、区域规划、成功案例等方面进行分享。双方就城市文化IP打造、24小时数字书房、智慧党建、数字图书馆等方面的创新合作展开对接交流。

（滕琦诺）

【生物3D打印研究项目获省科技计划专项资金奖励】 7月29日，徐州·中关村创新中心入驻企业江苏云仟佰数字科技有限公司生物3D打印研究项目"3D打印骨／软骨一体化仿生异构支架的研发与临床应用"获2022年省科技计划专项资金奖励。该项目是利用生物3D打印技术和定向冷冻技术突破异构

化仿生软骨支架材料的仿生制造技术，解决了传统手术中供体来源不足、受体免疫排斥反应等问题，能够有效提高医疗和服务水平，减轻病人痛苦，具有极大的临床价值与社会效益。

（滕琦诺）

【干细胞临床研究战略合作签约】 8月11日，徐州·中关村创新中心入驻企业徐州区域细胞制备中心与徐州医科大学附属医院（简称徐医附院）就干细胞临床研究达成战略合作，协议共同建设徐医附院干细胞临床研究基地与徐州市健康研究院干细胞临床研究基地。徐医附院负责人介绍了医院科技创新工作发展过程中所取得的成果，表示与徐州区域细胞制备中心进行深度合作，分享徐医附院在生物医疗领域已开展的前沿探索，实现强强联合、资源互补、共同发展，推动生物医疗技术研发、行业技术进步，加速临床应用范畴的拓展。徐州区域细胞制备中心负责人介绍了中心运营情况，以及实验室概况、科研人才配置、科研成果、相关技术储备等，表示全力配合徐医附院抢抓机遇，做好各个科室科研团队、科研领域设备、资金支持以及科研成果临床转化工作。双方将开展数个生物领域的研究工作，共同开展临床研究与临床试验的科室包括整形美容科、内分泌科、风湿免疫科、急诊科、肾内科、消化内科、神经内科等。

（滕琦诺）

【3D 打印技术应用于神经外科患者治疗】 8月30日，徐州·中关村创新中心入驻企业江苏云仟佰数字科技有限公司与安徽医科大学第一附属医院共建的临床数字医学转化中心，联合神经外科颅脑创伤团队，通过"3D 打印骨/软骨一体化仿生异构支架的研发与临床应用"技术，为颅骨缺损患者量身定制"保护帽"。这也是安徽省首次将 3D 打印技术应用于神经外科患者的治疗和康复领域。

（滕琦诺）

【中矿岩土工程技术研究中心获批省级科研平台】 9月28日，江苏省科技厅发布 2022 年省级科研平台认定名单。徐州·中关村创新中心入驻企业徐州中矿岩土技术股份有限公司的江苏省采空区治理与生态修复工程技术研究中心获批新建省级科研平台。该

中心拥有 48 名研发人员，由地质、采矿、机械、农林、土木等多专业综合人才组成，建设有采空区注浆材料实验室、生态修复实验室和生态修复中试基地，主要研发并转化矿山治理与生态修复领域关键技术与工程产品。自主研发项目 34 项，授权专利 72 项、软件著作权 14 项，参编国家及行业规范 6 部，获得矿区综合治理省级、部级科技一等奖、二等奖各 2 项，国家级优秀奖 5 项，省、部级优秀奖 60 余项。

（滕琦诺）

【艾易西环保入选江苏省服务型制造示范企业（平台）名单】 10月14日，江苏省工业和信息化厅公示第七批江苏省服务型制造示范企业（平台）名单，徐州·中关村创新中心入驻企业艾易西（中国）环保科技有限公司入选。

（滕琦诺）

【中矿岩土入围徐州市高新技术企业创新 50 强】 11月29日，2022 年"徐州市高新技术企业创新 50 强"榜单发布，徐州·中关村创新中心入驻企业徐州中矿岩土技术股份有限公司入围。

（滕琦诺）

【2 家研发机构入围徐州市新型研发机构 20 强】 12月28日，徐州市科技局发布 2022 年"新型研发机构 20 强"榜单，从机构建设、研发支出、科技服务、科研产出、衍生孵化、运行成效 6 个方面综合评价参选企业。徐州·中关村创新中心入驻企业徐州市健康研究院、上海交大 MESEA 数字医疗技术联合研发中心 2 家机构入围。

（滕琦诺）

【徐州中关村信息谷雨林空间在孵企业 12 家】 2022年，徐州中关村信息谷雨林空间孵化器新增入孵企业 4 家，累计在孵企业（创业团队）12 家。在孵企业元创工场（江苏）教育科技有限公司获投融资 50 万元。

表19　徐州中关村信息谷雨林空间入孵创业团队一览表

序号	团队名称	技术领域
1	平和设计团队	互联网设计
2	君乾教育科技	电子商务培训服务

（续表）

序号	团队名称	技术领域
3	改之网络科技	软件开发服务
4	流浪图书馆公益阅读团队	图书分享软件及大数据服务
5	睿创工场众包服务平台	睿创工场众包服务平台技术开发与运营
6	星睿创客实验室人才服务平台团队	星睿创客实验室人才服务平台开发与运营
7	星睿智造服务团队	星睿智造工业溯源平台及 MES 服务平台项目开发及运营
8	星课通在线培训服务团队	星课通在线培训服务平台开发与运营
9	小事海淘跨境电商服务团队	小事海淘跨境电商平台开发与运营
10	泉馨生活数字生活服务团队	泉馨生活数字生活服务平台开发与运营
11	星睿智库互联网政务服务团队	数字政务服务平台开发及技术服务
12	泉小奎社区服务团队	泉小奎社区帮办服务平台开发与运营

（滕琦诺）

【50家企业入库江苏省2022年科技型中小企业名单】 2022年，徐州·中关村创新中心共50家入驻企业入库江苏省科技型中小企业名单，涉及新一代信息技术、生物医药、智能制造等产业。

（滕琦诺）

【10家企业入选2022年度上云企业名单】 2022年，徐州·中关村创新中心10家入驻企业获批省级三星级、四星级上云企业，即徐州汉泽信息科技有限公司、江苏朗福莱信息科技有限公司、徐州中矿岩土技术股份有限公司、徐州非凡信息科技有限公司、徐州海派科技有限公司、徐州三源医药科技集团有限公司、江苏安博电子有限公司、徐州上若科技有限公司、艾易西（中国）环保科技有限公司、优网云计算有限公司。

（滕琦诺）

【举办招商引资和创新活动】 2022年，徐州·中关村创新中心举办招商引资活动10余场，主要包括创新中国行——优质项目政企对接会、新一代信息技术重点项目线上对接会、生物医药产业合作云上交流会等招商活动；通过线上和线下举办企业培训、政策宣讲、双创辅导、人才招聘等企业创新活动54场。其中，"职等你来，共赢未来"——徐州中关村企业直播招聘会实现用工单位与求职者精准对接，直播间观看人数2.7万人次、在线接收简历200余份、链接求职者社群媒体10余个，帮助企业招引人才，助力企业发展。

（滕琦诺）

【徐州中关村信息谷雨林空间服务84家企业挂牌】 2022年，徐州中关村信息谷雨林空间科技金融服务平台服务84家企业挂牌江苏股权交易中心，其中挂牌成长板企业47家、科技创新板企业35家、农业板1家、价值板1家。年内累计帮助企业获得扶持资金1500万元。

（滕琦诺）

南宁·中关村创新示范基地

【概况】 南宁·中关村创新示范基地包括明月湖片区、相思湖片区和综保区片区，由南宁中关村信息谷科技服务有限责任公司（简称南宁中关村信息谷）负责运营管理。其中，明月湖片区成立于2016年7月，位于南宁高新区创新路23号，占地12万平方米，总建筑面积8万平方米，重点发展新一代信息技术、生命健康、装备制造、科技服务四大产业；相思湖片区成立于2018年7月，位于南宁高新区大学西路88号，占地1.97万平方米，总建筑面积6.26万平方米，重点发展生命健康、节能环保两大产业；综保区片区成立于2021年1月，位于南宁五象新区平乐大道西面、金海路北面的南宁综合保税区商务中心（金海大厦），总建筑面积约10.5万平方米，主要聚焦总部经济、信息服务、跨境电商等中国（广西）自由贸易试验区南宁片区重点发展的产业。2022年，南宁·中关村创新示范基地新增入驻企业88家，累计入驻企业631家。

（滕琦诺）

【南宁中关村信息谷被认定为南宁市创业孵化基地】 1月24日，南宁市人力社保局公布关于2022年南宁市创业孵化基地认定结果，南宁中关村信息谷获认定。

（滕琦诺）

【17家创新企业入选千企科技创新工程重点企业名单】 3月29日，广西壮族自治区科技厅发布《组织高校院所与重点企业"结对"合作的通知》，南宁·中关村创新示范基地内17家创新企业入选千企科技创新工程重点企业名单。自治区科技厅组织高校院所与千企科技创新工程重点企业"结对"合作，旨在通过鼓励区内高校院所与千企科技创新工程重点企业"结对"合作，促进高校、院所与企业建立长期合作机制，营造全区科技人员持续深入企业服务的良好氛围。

表20　千企科技创新工程重点企业名单

序号	企业名称	地市	备注
1	广西慧云信息技术有限公司	南宁市	高新技术企业百强
2	润建股份有限公司	南宁市	高新技术企业百强
3	捷佳润科技集团股份有限公司	南宁市	高新技术企业百强
4	广西夏阳环保科技有限公司	南宁市	瞪羚企业（含培育）
5	广西云瑞科技有限公司	南宁市	瞪羚企业（含培育）
6	广西益江环保科技股份有限公司	南宁市	瞪羚企业（含培育）
7	广西英伦信息技术股份有限公司	南宁市	瞪羚企业（含培育）
8	广西万维空间科技集团有限公司	南宁市	瞪羚企业（含培育）
9	广西南宁百讯电子科技有限责任公司	南宁市	科技型中小企业
10	南宁慧视科技有限责任公司	南宁市	科技型中小企业
11	广西卡迪亚科技有限公司	南宁市	科技型中小企业

（续表）

序号	企业名称	地市	备注
12	广西芸耕科技有限公司	南宁市	科技型中小企业
13	广西易城蓝图科技有限公司	南宁市	科技型中小企业
14	南宁北部湾人才金港有限公司	南宁市	科技型中小企业
15	广西殊诚众服信息技术有限公司	南宁市	科技型中小企业
16	广西世纪创新显示电子有限公司	南宁市	规模以上工业企业
17	广西柯瑞机械设备有限公司	南宁市	规模以上工业企业

（滕琦诺）

【30家企业获专项资金】 3月，南宁·中关村创新示范基地内30家创新企业获广西壮族自治区科技厅下达的"2020年度第二批激励企业加大研发经费投入财政奖补专项资金"，累计获得立项资助403万元。"企业研发经费投入"是指企业享受研发费用加计扣除优惠的实际研发费用，以企业所得税汇算清缴申报并经税务部门核实后的申报数据为准。企业研发经费投入奖补资金采取事前备案、事后补助的方式，对企业研发经费投入的奖补包括增量奖补和特别奖补。同一企业可同时申请增量奖补和特别奖补。

（滕琦诺）

【"一种机载激光雷达减震装置"获发明专利授权】 7月，南宁·中关村创新示范基地入驻企业万航星空科技发展有限公司申报的"一种机载激光雷达减震装置"获国家知识产权局发明专利授权。该发明提供一种机载激光雷达减震装置，包括支撑组件、减振组件和雷达本体，可有效解决当前无人机搭载激光雷达时，容易因为机身振动而导致激光雷达的外部标定参数发生变化的问题，提升了整个设备的测量精度。

（滕琦诺）

【11家入驻企业获广西知识产权奖励】 11月17日，南宁·中关村创新示范基地11家入驻企业通过2022年第二批广西壮族自治区知识产权奖励复核，获得奖励共计89万元。首次认定国家级知识产权示范企业奖励30万元/家；首次认定国家级知识产

权优势企业奖励 10 万元 / 家；通过复核的国家知识产权示范企业 5 万元 / 家、优势企业 3 万元 / 家。每通过一次复核奖励一次。

（滕琦诺）

【南宁市—中关村深圳协同创新中心建设】 2022 年，由南宁市科技局、南宁高新区与南宁项目［南宁项目指一基地（三片区）、一园区、一飞地、一平台］共同打造的南宁市—中关村深圳协同创新中心经过一年多的运营，已储备意向落地南宁企业 70 余家，累计引荐 20 余批次企业回南宁考察，其中湘联电缆、仁创光电等 17 家企业新落地南宁，累计落地企业达 27 家。新入孵创新企业 24 家，累计孵化企业 50 家，入驻率稳定在 70% 左右。年内，协同创新中心举办"南宁市新一代信息技术行业招商推介会暨粤港澳大湾区新一代信息技术行业交流会"等专题交流活动 3 场，邀请南宁市领导及大湾区 20 余家企业参会，增强企业投资信心。同时，通过举办政策辅导、金融对接、市场拓展、投资路演等 20 余场"双创"活动，培育入驻企业成长的同时对南宁产业环境和扶持政策做了深入宣导，引导入孵项目在条件成熟后逐步向南宁转移。

（滕琦诺）

【南宁高新区双创服务云平台建设】 2022 年，南宁高新区双创服务云平台运营持续向好，先后获得自治区中小企业公共服务示范平台、3 项软件著作权、《人力资源许可证》、《增值电信业务许可证》等资质认定；新增用户 834 家，累计达 1987 家；新增服务机构 12 家，累计达 120 家；新增数据 7.3 万余条，累计沉淀数据 8 万条，其中百度页面收录量达 1958 条。在政策板块，新增兑现高新区年度创新人才、高新区创新券等申报，辅导高新区企业获得自治区、南宁市、高新区等各类奖补累计 1.4 亿元。在金融板块，线上整合 130 种符合创新企业的金融产品，引导企业获银行贷款 1.34 亿元。在人才板块，引导 75 家云平台入驻企业累计发布 441 个岗位需求，招聘人数 3200 余人，吸引岗位浏览量 10 万人次。在双创板块，实现结构化管理的创新数据累计 3000 余条；80 余场创新活动通过线上实现报名，报名人次突破 1000 人；完成南宁高新区企

业出海需求收集等调研。在东盟板块，通过整合东盟资讯、小语种、法律咨询等服务，帮助有出海需求的高科技产品走向东盟，收录东盟要闻、技术交流、产业咨询等各类资讯 1000 余条。在双创服务板块，开通南宁综保区专栏，通过上传跨境电商、保税物流等政策资讯服务意向出海企业；与广西桂贸天下企业管理服务有限公司合作，启动南宁综保区开放交流系列活动，服务综保区企业出海发展。

（滕琦诺）

南宁 · 中关村科技园

【概况】 南宁 · 中关村科技园成立于 2018 年 4 月，由南宁中关村信息谷科技产业园有限责任公司（简称南宁中关村信息谷）负责运营管理，位于南宁高新区东北角的安宁片区原北湖工业园，距南宁 · 中关村创新示范基地约 8 千米，总规划面积 25 平方千米，核心区范围约 7 平方千米，分 3 期开发建设。2022 年，南宁 · 中关村科技园重点推进智能制造产业园及配套设施项目、南宁中关村电子信息产业园二期、南宁中关村电子信息产业园三期及南宁中关村机械制造厂房二期工程 4 个重大项目建设；新引进广西巍屹投资有限公司、南宁东之智专利代理有限公司、广西鑫博纳电力科技有限公司、广西鹏森科技有限公司等 10 家企业。截至 2022 年底，南宁 · 中关村科技园累计入驻创新主体 154 个，其中产业化项目 21 个；累计入驻企业 18 家，引进以中国工程院院士、国家级高层次人才、广西"八桂学者"等为代表的高层次人才 40 名，园区高层次人才累计获得各项人才类经费补助 5400 万元。

（滕琦诺）

【南宁壮博获广西首个动物疾病诊断制品 GMP 证书】 3 月，南宁壮博生物科技有限公司获广西农业农村厅颁发的兽药 GMP 证书和兽药生产许可证，成为广西首个获得动物疾病诊断制品 GMP 证书的企业。南宁壮博是一家集兽医生物制品及其配套产品的研究、生产和销售于一体的高科技企业，拥有世界领先的重组酶介导链替换核酸扩增技术（简称 RAA

技术）。

(滕琦诺)

【中关村管家式科技服务体系发布会举办】8月31日，由北京中关村信息谷主办、南宁中关村信息谷承办、南宁中关村信息谷科技服务有限责任公司协办，以"遇见中关村，成长加速器"为主题的"中关村信息谷科技园样板间开放仪式暨中关村管家式科技服务体系发布会"在中关村信息谷科技园举办。南宁高新区管委会、北京中关村信息谷、南宁市科技局、中交四航局等单位的领导，以及南宁高新区管委会、南宁市科技局相关部门负责人，中关村信息谷科技园入驻企业等的代表等60余人参会。会上，以"中关村管家式科技服务包发布——中关村信息谷科技园科技企业成长计划"为题，发布中关村"10+10"管家式科技服务体系。会议指出，科技企业选择入驻中关村信息谷科技园可全方位享受政策申报服务、人才引育服务、企业培训服务等10项园区企业服务，以及专人服务、增值服务、专业培训等10个服务礼遇包，助力企业加快成长为国家高新技术企业、"专精特新"企业、上市公司。中关村信息谷科技园样板间剪彩仪式同期举行。

(滕琦诺)

【和德科创中心建设】2022年，南宁中关村信息谷持续推动和德科创中心建设，已入驻区块链科创园、北斗智能导航装备产业研究院、南宁壮博GMP实验室等一批研究机构。

(滕琦诺)

天津滨海—中关村科技园

【概况】天津滨海—中关村科技园成立于2016年11月，位于天津市滨海新区，由天津中关村科技园运营服务有限公司（简称天津中关村科技园公司）负责运营。园区规划面积1030万平方米，围绕新一代信息技术、生命与生物科技、科技服务的产业定位，打造具有滨海特色的"类中关村"创新创业生态系统。2022年，天津滨海—中关村

科技园新增注册企业181家，累计突破477家，入库高新技术企业37家、国家科技型中小企业117家、雏鹰企业79家、瞪羚企业2家、"专精特新"企业2家。[数据包含天津滨海—中关村协同创新示范基地、滨海中关村（天津自创区）创新中心雨林空间数据。]

(滕琦诺)

【滨海新区中医医院住院部投入使用】1月25日，天津市滨海新区中医医院暨天津中医药大学第四附属医院北塘院区住院部正式投入使用。滨海新区中医医院位于天津滨海—中关村科技园，是滨海新区唯一一家三级中医医院。北塘院区占地面积6万平方米，总建筑面积15.2万平方米，设妇科、针灸脑病科、内分泌科、眼科、脾胃病科、肺病科、老年病科、心血管内科、肾病科、肿瘤科、儿科、急诊科，ICU以及窥镜中心同步启用。

(滕琦诺)

【嘉庭公寓二期投入使用】3月25日，天津滨海—中关村科技园嘉庭公寓二期1号、3号楼投入使用。嘉庭公寓位于天津滨海—中关村科技园赣州道645号，东至天池路，西至镜泊湖路，南至荆州道，北至赣州道。该公寓主要面向天津滨海—中关村科技园入驻企业人才，辐射科技园各类产业人才，能满足不同类型居住群体需求。公寓建筑面积6.13万平方米，其中地上4.3万平方米、地下1.8万平方米，占地2.2万平方米，绿化面积30%。拟建10栋公寓楼，可满足1000余人的居住需求。其中，一期4栋公寓2017年6月投入使用。此次投用的二期1号、3号楼进行了全新升级，门锁为智能指纹锁，所有家电均由AI智能音响控制，配备了公共厨房、洗衣房、健身房、休闲区等多功能区域。

(滕琦诺)

【第六届世界智能大会滨海中关村协同创新发展论坛举办】6月24日，由天津滨海—中关村科技园管委会、中关村信息谷、亚太工程组织联合会、中国人工智能学会共同主办，天津中关村科技园公司、北京易财金联合承办的第六届世界智能大会滨海中关村协同创新发展论坛在天津滨海—中关村科技园举办。论坛以"创新协同赋能智能产业发展"

为主题，线上和线下邀请 7 位院士、2 家国际组织高层和部分世界 500 强知名机构高管，通过主题演讲、高端对话、成果汇报、新品发布、项目签约等方式，聚焦协同与创新，研讨数字化转型赋能智能产业发展，将更多创新创业资源、先进数字化理念融入天津滨海—中关村科技园，为提升京津协同发展水平持续赋能。联合国科技促进发展委员会、中关村发展集团、天津市滨海新区、天津滨海—中关村科技园管委会相关负责人分别致辞。天津中关村科技园公司做天津滨海—中关村科技园协同创新成果汇报。天津市滨海新区、天津滨海—中关村科技园管委会、天津市滨海产业基金管理有限公司、天津中关村科技园公司共同启动天津滨海知识产权股权投资基金。会上，发起成立滨海中关村数字医疗产业联盟。天津中关村科技园公司分别与正大天晴药业集团、橙意家人科技（天津）有限公司、上海仰和医疗科技有限公司、杭州獴哥健康科技有限公司、天津市爱迪星综合门诊部有限公司等就数字医疗项目签约。天津联汇智造科技有限公司、天津卡雷尔机器人技术有限公司、天津威努特信息技术有限公司、致导创新（天津）科技有限公司 4 家来自天津滨海—中关村科技园的企业依次发布自主研发的全新产品："摩尔机器人——全新专用拖拽车型""卡雷尔智慧仓储盘点系统""威努特主机防勒索系统""AheadX QP532混合翼无人机"。论坛两场圆桌对话分别围绕"协同创新赋能智能产业发展"和"数字化转型与创新"两个主题，8 位对话嘉宾就智能制造如何实现企业转型、AI 如何赋能智能制造、工业互联网企业如何更好地推动制造业转型升级、如何支撑智能制造等方面进行交流，研讨全球人工智能领域的最新研究成果，梳理人工智能、大数据产业的发展方向，推动人工智能领域的融合创新，深入探讨天津滨海—中关村科技园智能领域产业发展的路径和方法。中国工程院院士余贻鑫做"分布式智能电网——面向 21 世纪的强大新基础设施"主题发言，美国国家工程院院士、美国艺术与科学院院士陈世卿做"同时达到乡村振兴与碳中和的科技创新和基础建设"主题发言。

（滕琦诺）

【滨海中关村数字医疗产业联盟成立】6 月 24 日，在第六届世界智能大会滨海中关村协同创新发展论坛上，天津中关村科技园公司、天津泰达产业发展集团与云南白药、零氪科技（北京）有限公司、石药控股集团有限公司、天津海普洛斯医学检验实验室有限责任公司等联盟成员单位代表共同发起成立滨海中关村数字医疗产业联盟。联盟将秉持"兼容并包、立足产业、强化服务、整合资源"的原则，以产业需求为核心，以企业发展需求为导向，依托京津冀数字医疗产业基础，以北京中关村、滨海新区为核心圈，整合生物医药及大数据有关研发应用资源，提升产业与数字化应用结合能力，集聚创新要素，打通数字医疗在政策创新、应用示范、错位互补、供需联动中的发展生态壁垒，为滨海新区数字医疗产业搭建技术支撑平台，引导数字经济形成更持续、快速、健康的发展。

（滕琦诺）

【天津滨海—中关村跨区域协同发展引才平台上线】7 月 1 日，由天津中关村科技园公司联合智联招聘共同打造的"天津滨海—中关村跨区域协同发展引才平台"正式上线发布。该平台是滨海中关村为进一步帮助园区企业提升引才质量、降低引才成本，联合智联招聘搭建的线上招聘平台。天津滨海—中关村科技园入园企业可免费使用平台发布招聘信息、下载应聘人员投递的简历，并享受中关村企业专属的招聘相关福利资源，使园区企业人才招聘质量得到实质性提升，有效降低企业招聘成本。

（滕琦诺）

【产业发展合作协议签署】 7月20日，北京驭景科技有限公司、北京工信融创云科技有限公司分别与天津中关村科技园公司签署《产业发展合作协议》，北京中关村信息谷、天津中关村科技园公司向产业发展合作单位授牌。根据协议，驭景科技和工信融创将与天津滨海—中关村科技园开展一系列战略合作，聚焦智能科技、生命大健康、新能源新材料、科技服务等板块，整合创新要素资源，完善创新服务平台，因地制宜导入优质产业资源和合作平台机构，为园区发展注入活力。签约仪式后，驭景科技和工信融创与天津中关村科技园公司就双方具体合作模式进一步商洽，双方均表示将深化产业发展合作的领域和渠道，做好资源、政策、服务、生态等的精准链接，助推高科技企业在滨海中关村实现长足发展。

（滕琦诺）

【中科蓝海在天津OTC股权交易所挂牌】 7月26日，经天津滨海柜台交易市场（天津OTC）审核通过，天津滨海—中关村科技园企业中科蓝海测试（天津）科技有限公司进入天津OTC创新板挂牌，股权简称中科蓝海，股权代码605073。中科蓝海成立于2019年，是由瑞典于默奥大学、中国科学院、中国药科大学、哈尔滨工业大学团队合作创立的科技型企业，主要聚焦生物医药、生物技术服务、新材料检测等领域，提供仪器共享、检验检测、实验外包等一站式服务。

（滕琦诺）

【京津产业对接交流会举办】 8月5日，高新技术企业培育、服务经验交流会暨京津产业对接交流会在天津滨海—中关村科技园举办。北京中关村高新技术企业协会、中百旺企业服务有限公司、友虹（北京）科技有限公司等北京高新技术企业的代表，与天津科杰机电科技有限公司、天津汇康医用设备有限公司等天津高新技术企业的代表从产业对接角度进行交流；天津市科技局相关负责人对天津市高新技术企业培育情况进行介绍；北京中关村高新技术企业协会从协会的融通桥梁作用方面介绍高新技术企业服务经验。

（滕琦诺）

【"创响中国"投融资服务周活动举办】 8月11日，由天津市高新技术企业协会和天津中关村科技园公司联合主办的"创响中国"投融资服务周活动在天津滨海—中关村协同创新示范基地举办。活动的主题为"税务管理"。中审华会计师事务所解读如何通过税收优惠、研发费用加计扣除、税收统筹规划等合理方法降低企业经营成本、提高财务管理水平，并对如何充分利用好国家的研发费补贴政策、税收洼地省税以及合理规范薪金设置等进行重点剖析，助力园区企业合理避税、降低税负，在日常经营中优化公司税筹体系等。

（滕琦诺）

【滨海新区知识产权风险补偿资金池设立】 9月13日，《天津市滨海新区知识产权融资风险补偿资金管理办法》发布，由天津市滨海新区市市场监管局（知识产权局）牵头推出的知识产权融资产品保障机制——滨海新区知识产权风险补偿资金池在天津滨海—中关村科技园设立。滨海新区知识产权风险补偿资金池规模5000万元，由中央财政资金出资设立，以"政府引导、机构合作、公开高效、风险共担"为原则，用于补偿银行等金融机构为滨海新区企业提供知识产权融资的本金损失，通过对科技型中小微企业知识产权融资的风险补偿前置，进一步调动金融机构开展知识产权质押贷款业务的积极性，使中小微企业更容易获得银行贷款。天津中关村科技园公司作为滨海新区知识产权风险补偿资金管理人，联合中国建设银行、中国银行、中国农业银行、北京银行、中国光大银行、中国工商银行等12家合作银行，天津市中小企业信用融资担保中心、天津中关村科技融资担保有限公司、天津科融融资担保有限公司3家担保公司，以及中国人民财产保险股份有限公司天津分公司等2家保险公司，北京中金浩资产评估有限责任公司等3家评估机构共同为天津滨海—中关村科技园乃至整个滨海新区企业提供知识产权融资服务。

（滕琦诺）

【滨海新区中医医院二期工程开工建设】 10月13日，天津市滨海新区中医医院暨天津中医药大学第四附属医院二期工程开工建设。工程项目建设用地位于滨海新区中医医院北塘院区门诊楼东西两侧，拟建筑面积约4万平方米，按照"统筹规划、功能完备、总体设计、分步实施"的原则，将医院建设成为"以中医为主、中西医结合为特色"，集医疗、预防、教学、科研、养生、保健、康复于一体的国内先进水平的现代化三级综合性中医医院，成为滨海新区区域性中医药医疗服务中心和具有承担医疗、教学、科研、研究生培养等任务的中医药大学附属医院。天津中医药大学、滨海新区中医医院等单位负责人出席开工仪式。

（滕琦诺）

【举办20余场次"华科8陆"系列活动】 2022年，天津滨海—中关村科技园举办20余场次"华科8陆"系列活动，旨在通过不同活动场景推动加强与企业的黏性，并在原有"华科8陆下午茶"基础上，新增"华科8陆午餐会""华科8陆小课堂"，通过不同活动场景，强化与企业不同业务单元负责人的关系，碎片化收集企业信息，以"无事不扰却又无处不在"的工作思路助力企业高质量发展，帮助企业获得投融资累计150万余元。

（滕琦诺）

天津滨海—中关村协同创新示范基地

【概况】 天津滨海—中关村协同创新示范基地成立于2018年12月，位于天津市滨海新区，由天津中关村科技园公司负责运营管理。基地运营面积8.9万平方米，规划建设创新创业服务平台、科技服务平台、知识产权服务平台、金融服务平台、人才服务平台、市场服务平台等六大功能区，拥有孵化器、路演厅、多功能报告厅、咖啡吧、书吧、展厅等区域，集办公、服务、展示于一体。2022年，基地新增入驻企业134家，培育高新技术企业入库16家、国家科技型中小企业57家、雏鹰企业40家、"专精特新"企业1家。截至2022年底，累计入驻企业287家。

（滕琦诺）

【基地书吧入选天津市城市书吧阅读新空间】 1月7日，天津滨海—中关村协同创新示范基地书吧，即泰达图书馆滨海中关村分馆入选天津市城市书吧阅读新空间，成为滨海新区唯一入选的示范阅读新空间单位。泰达图书馆滨海中关村分馆于2021年4月成立，拥有图书4000余册，涵盖党建、哲学、社科、政治法律、经济、文学、生物科学、工业技术等3000余个品类，根据园区企业阅览需求，定期更新书册。升级智慧借阅图书系统，读者通过微信"扫一扫"功能即可实现图书借阅。

（滕琦诺）

【天津滨海知识产权股权投资基金成立】 4月，天津滨海知识产权股权投资基金在天津滨海—中关村协同创新示范基地注册成立。基金首期规模4100万元，由滨海新区知识产权局牵头，天津中关村科技园公司联合天津市滨海产业基金管理有限公司、中国科学院母基金等6家机构共同发起设立，作为基金操作主体。其中，天津中关村科技园公司出资1000万元，用以支持具有技术先进性、产业带动性和广阔市场前景的优质科技项目，助力产业发展。基金将聚焦生物医药、人工智能、大健康、数字医疗、智能制造业等新区重点产业领域，以天津滨海—中关村科技园企业为主体，辐射整个滨海新区，支持企业做大做优做强，吸引更多优质项目落地发展，助力天津市滨海新区经济社会创新发展与产业转型升级以及深化专利技术成果转化的战略布局。6月24日，在第六届世界智能大会滨海中关村协同创新发展论坛上，天津滨海知识产权股权投资基金正式启动。

（滕琦诺）

【创投荟走进孵化器系列沙龙举办】 8月18日，"孵化点亮梦想金融激发活力"——创投荟走进孵化器系列沙龙活动（第二站）在天津滨海—中关村协同创新示范基地举办，近20家企业相关负责人参加。该系列活动由天津经开区金融局、经开区科技局（双创服务中心）联合天津OTC、滨海基金小镇共同组织开展，主要面向经开区各孵化器在孵企业进行"企业融资与营销问诊"，围绕企业七大融资难题开展精准对接服务，加速小微企业融资、发展、上市，帮助企业纾难解困。本次活动分为主题演讲和现场互动式诊断问答环节。青创巢投融资加速器创始人分享中小企业融资规划，建议中小企业在发展过程中明确定位与发展规划；投资人王再兴与创业者就公司上市业务重组、审计、资产评估等方面进行问诊互动。

（滕琦诺）

【天津滨海中关村雨林空间孵化器获升级项目补贴】
2022年，天津滨海中关村雨林空间孵化器获天津经济开发区支持打造特色载体推动中小企业创新创业升级项目补贴，对孵化器进行全面升级。在2022年天津市级孵化机构绩效评估中，众创空间获得"优秀"等次，科技企业孵化器获得"良好"等次。

（滕琦诺）

【链接知名科研院校资源】 2022年，天津滨海—中关村协同创新示范基地持续链接知名科研院校资源，与天津大学、天津科技大学、国际超级计算天津中心、天津国际生物医药联合研究院等建立科研转化与创新实验合作机制，建立产学研用转化平台。基地以滨海新区知识产权保护中心、滨海新区法院科技园中心法庭、知识产权服务业聚集园区为依托，打造集知识产权创造、审核、服务、保护于一体的服务体系，为园区科技创新与产业发展提供保障。

（滕琦诺）

成都·中关村信息谷创新中心

【概况】 成都·中关村信息谷创新中心于2017年5月投入运营，位于成都成华区十一科技广场A座裙楼地上1—3层，由中关村信息谷（成都）科技服务有限责任公司（简称成都中关村信息谷）运营。创新中心面积近6000平方米，聚焦电子信息、智能制造、新能源、新材料等高科技、高附加值产业。与成华区政府通过共同建立"线上＋线下"协同创新网络体系，聚集中关村创新资源，引进中关村服务创新工作经验与模式，培育品牌产品、品牌机

构，并形成"集成性的创新创业平台、辐射性的创新服务枢纽、互动性的创新创业生态圈"。2022年，成都·中关村信息谷创新中心新增企业3家。围绕构建"类中关村"特色元宇宙应用场景的目标，组织承办主题双创活动2场：共建成渝双城经济圈元宇宙产业新生态——战略合作签约仪式、第四届世界科技发展论坛——数字前沿和新兴产业元宇宙创新峰会。截至2022年底，中心累计入驻企业25家，入驻率60%。

（滕琦诺）

【创新合作交流会暨企业家年会举办】 1月15日，由成都中关村信息谷、西部印象文化旅游股份有限公司联合主办的"创新合作交流暨2021年度中关村信息谷（成都）企业家年会"在艺尚锦江举办。活动以"协同共进融合共赢"为主题，邀请各行业专家、商协会代表、企业家齐聚一堂，旨在加强各领域间的协同创新，促进各界交流合作，进一步激发企业活力。成都中关村信息谷与西部印象公司签署战略合作协议。双方将在功能区建设、产业布局、科技＋文创产业发展等领域开展深度合作，依托双方优势资源，紧抓成渝双城经济发展机遇，优化资源配置，创新合作模式，坚持良好的服务理念，聚焦优质企业的引进和培育，不断为企业赋能，共同构建持续稳定高效的企业发展服务平台。

（滕琦诺）

【直播电商项目专题线上对接会举办】 4月26日，由北京中关村信息谷主办，银川中关村信息谷、中关村信息谷南通项目筹备组、成都中关村信息谷、绵阳中关村信息谷联合承办的"中关村信息谷区域协同——直播电商项目专题线上对接会"在银川·中关村创新中心举办。承办会议各区域公司负责人、北京巨量引擎网络技术有限公司本地消费中心社会公共与文旅创新业务负责人等参加活动。银川、成都、绵阳中关村信息谷分别直播电商项目专题推介；巨量引擎负责人详细介绍公司的发展规模，直播电商孵化、培育，短视频推广引流，双引擎联动模式及专项流量扶持方案，并就巨量引擎将字节跳动的智能技术、数据流量、内容生态等优势应用于营销领域，专注深耕，为品牌实现营销目标

提供动力等情况做了详细阐述，并与银川、成都、绵阳中关村信息谷围绕项目落地需求、合作模式等展开沟通交流。会上达成共识，加强巨量引擎与成都·中关村信息谷创新中心的链接，在特色品牌打造、专业人才培养、直播电商营销服务等领域跨界合作，探索直播电商创新模式，助力成都市成华区打造流量新高地，构建业态丰富、人才聚集、场景驱动的产业生态，推进电商直播产业高质量发展，为合作城市的经济高质量发展贡献力量。

（滕琦诺）

【三方战略合作签约仪式举行】5 月 27 日，北交金科金融信息服务有限公司、成都中关村信息谷、北京壹天文化传媒有限公司在北京证券交易所西南中心签署战略合作协议。三方充分发挥各自优势，以中关村信息谷科技产业为引领示范，以"空间运营＋孵化服务"为双轴、"中关村生态共享＋金融资本"为驱动，结合北京证券交易所集团金融创新及技术成果转化平台优势、北京壹天文化旗下元宇宙内容资源和应用场景，促进成渝经济圈地方产业经济跨越式发展，共同构建"类中关村"特色的元宇宙产业应用场景。此次三方在数字产权存证及发行、产业平台运营、金融生态构建等领域达成多项合作共识，实现三方工作结构上的互通互助，加强三方产业结构上的强链补链，落实成果转换和企业全生命周期服务，构建元宇宙的数字产业链，全面提升创新孵化、产业投资、金融服务等平台功能，提升成渝经济圈元宇宙产业创新发展能级，成为培育孵化"专精特新"优质企业的新引擎，为元宇宙创新型企业构建空间、内容展示、基金孵化、知识产权交易一站式专业服务体系。三方将在成渝经济圈核心城市展开项目选址，以"类中关村"模式联合运营打造元宇宙创新产业示范园专项系列计划，发起设立首期 30 亿元规模的元宇宙产业基金，投资方向聚焦元宇宙上下游关联产业生态，探索通过数字产权、天使投资、创业投资、知识产权证券化、科技保险、影视金融等方式推动元宇宙科技成果资本化、产业化。

（滕琦诺）

【"创新中国行"走进粤港澳大湾区活动举办】6 月 22 日，由成都中关村信息谷、绵阳中关村信息谷、银川中关村信息谷、三明中关村科技园、海南中关村信息谷联合主办的走进粤港澳大湾区中关村信息谷区域协同（深圳）招商对接会暨签约仪式在深圳市南山区智慧广场举办，旨在推动京津冀、长三角、大湾区等区域共建区域科技创新平台协同发展。相关行业 50 余家企业的代表 110 余人参加活动。成都中关村信息谷对成都市成华区、东部新区进行推介。中关村信息谷与深圳市海勤科技有限公司、坎德拉（深圳）科技创新有限公司、玉禾田环境事业发展集团股份有限公司、深圳市贝斯曼精密仪器有限公司 4 家企业签订战略合作协议。活动中，广东华商集团、深圳市和隽科创有限公司、和君集团有限公司、玉禾田环境事业发展集团股份有限公司、深圳市康雅图健康管理科技有限公司、深圳市贝斯曼精密仪器有限公司、深圳市奇翼文旅科创有限公司、坎德拉（深圳）科技创新有限公司、深圳市海勤科技有限公司、深圳华创春晖科技有限公司相关负责人就各自企业经营模式、发展现状、产业方向以及到蓉落地发展需求等进行推介。与会人员围绕成都市成华区自身资源禀赋、产业基础优势、交通区位优势等方面展开交流，并就企业落地具体事宜交换意见。

（滕琦诺）

【参加中国（京津冀＆成渝）·匈牙利创新合作大会】6 月 28 日，由北京市科学技术研究院、北京市"两区"办及京津冀、成渝等地科技主管单位共同主办，北京中关村信息谷等单位承办的中国（京津冀＆成渝）·匈牙利创新合作大会暨 2022 年北京"两区"全球超链接推介活动在 ZOOM 线上会议平台举办。此次活动旨在进一步落实"一带一路"倡议，推动中匈两国的科技创新合作，加深北京市科学技术研究院与京津冀、成渝地区相关机构的合作关系，助力地方社会经济发展，发展壮大京津冀、成渝两大城市群，打造国内国际双循环发展的新格局。成都中关村信息谷通过视频连线方式参加活动。北京市科学技术研究院、中关村全球高端智库联盟、匈牙利驻华大使馆、北京市

"两区"办、成都市科协等机构的相关领导致辞。成都中关村信息谷负责人表示，将进一步发挥中关村创新资源优势，强化国内国际创新合作力度，积极融入成渝地区双城经济圈建设，推动各类创新资源向成都汇聚，共谋科技驱动创新，共话区域协同发展。

（滕琦诺）

【数字前沿和新兴产业元宇宙创新峰会举办】 11月26日，由中国科协、中国科学院、中国工程院、四川省政府主办，成都中广电泛应用产业研究院、成都市互联网协会承办，成都郫都区政府、成都中关村信息谷协办的第四届世界科技与发展论坛——数字前沿和新兴产业元宇宙创新峰会在成都天府国际会议中心举办。四川省委网络安全和信息化委员会办公室、清华大学国家文化产业研究中心、成都中广电泛应用产业研究院等单位相关领导及30余家企业负责人，诺贝尔化学奖获得者达尼埃尔·谢赫特曼和图灵奖获得者约瑟夫·斯发基斯等百余人线上或线下参加会议。会前，与会的领导和嘉宾共同参观元宇宙经典案例体验展区，现场了解成都大运会数字藏品"蓉宝"、城市元宇宙、交通元宇宙、苏小妹虚拟人、亚洲最大XR摄影棚、"无尽之塔"企业元宇宙、石景山科幻元宇宙中心、联想智能车等具有代表性前沿性的元宇宙创新应用场景。主旨演讲环节，诺贝尔化学奖获得者达尼埃尔·谢赫特曼发表了题为"虚拟现实技术教育应用"的演讲；图灵奖获得者约瑟夫·斯发基斯就元宇宙核心技术虚拟现实的未来发展方向做了权威解读；欧洲技术转移联合会主席亨利奇·龚特曼进行主旨演讲；清华大学国家文化产业研究中心主任、中国传媒大学文化发展研究院院长熊澄宇围绕数字产业前沿核心进行分享；中国科学院院士褚君浩发表题为"数字技术与第四次工业革命"的主题演讲。圆桌论坛环节，与会嘉宾围绕"元宇宙与城市应用""元宇宙数字资产"两个议题进行讨论，并分享独到见解与观点。会议最后发出《元宇宙协同发展成都倡议》，促进元宇宙协同发展。

（滕琦诺）

济南·中关村信息谷创新中心

【概况】 济南·中关村信息谷创新中心原名中关村领创空间（济南），成立于2017年7月，位于山东省济南市高新技术创业服务中心，由济南中关村领创空间科技服务有限责任公司负责运营管理。中心运营面积2万平方米，运用"互联网＋"概念，与济南高新区管委会共同聚集整合"双创"资源，以医药健康、先进制造、大数据为核心，搭建线上虚拟服务平台和线下实体服务框架，在全国打造可示范、可复制的宜业、宜创型创新中心。2022年，济南·中关村信息谷创新中心新增入驻企业4家，累计入驻企业109家。其中，瞪羚企业1家、国家高新技术企业15家、规模以上企业1家、省级瞪羚企业1家、省级"专精特新"企业3家、市级瞪羚企业2家、市级"专精特新"企业3家、科技型中小企业22家。

（滕琦诺）

【5家企业获评2021年度高新技术企业】 2022年初，济南·中关村信息谷创新中心5家入驻企业获评2021年度高新技术企业，分别是鸿鹏新能源科技有限公司、山东优奥信息科技有限公司、山东乾森智能科技有限公司、济南光机医疗设备有限公司、山东驰域环保科技有限公司。

（滕琦诺）

【获评小型微型企业创业创新示范基地】 3月31日，济南市工业和信息化局公布济南市小型微型企业创业创新示范基地名单，济南·中关村信息谷创新中心入选。

（滕琦诺）

【山东发明协会济南中关村工作站成立】 6月16日，济南·中关村信息谷创新中心与山东发明协会签署战略合作，成立山东发明协会济南中关村工作站。工作站成立的目标是发挥双方优势，为企业发展提供科技赋能、知识产权赋能、科技成果转化，支持科技园区中小企业技术创新，强化知识产权品牌创造保护运用，为增强中小企业在产品、技术、规划管理、融资税收模式等方面的创新发展能力，以及加大对创新产品和服务的推广力度提供一体化服务。双方将针对重点产业发展需求，探索科技成果转化模式，更好地服务园区企业科技创新。

（滕琦诺）

【红领创新创业联盟授牌暨党课学习大会召开】 6月30日，济南·中关村信息谷创新中心举办红领创新创业联盟授牌暨党课学习大会。会上明确了红领联盟的职能定位、"五共"（理论共学、活动共办、资源共享、工作共推、品牌共创）工作方法的内涵以及任务目标。济南高新区创业服务中心综合党委向联盟成员单位授牌，向班子成员颁发聘书。大会选举产生联盟主席、常务副主席、副主席、秘书长等。在自由讨论环节，各联盟成员单位围绕草拟的联盟章程发言交流、献计献策。红领联盟将围绕各方意见，改进新的工作章程，力促红领联盟和各企业党支部健康快速发展，打造高新区、济南市党建文化特色品牌。

（滕琦诺）

【2项产品入选第六批山东省首版次高端软件产品名单】 7月4日，山东省工业和信息化厅公示第六批山东省首版次高端软件产品名单，济南·中关村信息谷创新中心2家入驻企业的产品入选，分别是鸿鹏新能源科技有限公司的"能源物联网智慧用电管理平台V5.0"、济南博佳特物联科技有限公司的"工业物联大数据平台V1.0"。

（滕琦诺）

【中关村电商供应链平台启动】 7月16日，由济南·中关村信息谷创新中心、瑞阳控股集团主办的以"合作共赢携手共进共创辉煌"为主题的中关村电商供应链平台启动仪式举行。济南·中关村信息谷创新中心邀请瑞阳控股集团作为该项目的战略合作伙伴和独家项目运营商，利用双方的专业能力和丰富资源，共同创建中关村电商基地供应链平台。基地定位于生态型电商孵化器，拥有培训、一类电商、直播电商、供应链、云仓、产业金融等六大业务板块。济南·中关村信息谷创新中心、瑞阳控股集团相关领导出席启动仪式，相关领域的企业、厂

商、电商等30余家企业的代表参加。多家参会企业与供应链平台签约。

（滕琦诺）

【韩国多卖库首届招商说明会举办】 7月22日，山东省电子商务促进会跨境分会与韩国最大线上批发平台Domeggook（多卖库）在济南·中关村信息谷创新中心举办全国首届招商发布会，旨在邀请山东省内工厂企业入驻平台，直接为韩国本土网店、经销商等提供采购服务，助力山东省工厂企业快速打开韩国市场，实现品牌出海。此次说明会由山东省电子商务促进会·跨境电商分会、济南·中关村信息谷创新中心主办，中关村（济南）电商孵化基地、尚品优选（威海）商贸有限公司、中通国际、星汇（山东）供应链服务有限公司、世联（山东）电子商务有限公司协办。Domeggook（多卖库）是韩国G&G旗下批发平台，也是韩国本土最大规模的网络批发平台。

（滕琦诺）

【创客咖啡第八期举办】 8月16日，济南·中关村信息谷创新中心举办创客咖啡第八期——浅谈后疫情时代医疗康养企业的发展之路。活动围绕"疫情给企业带来了哪些影响""从市场和政策层面分析疫情影响下的机遇有哪些""园区企业如何抱团取暖"等方面展开。济南·中关村信息谷创新中心介绍济南中关村的扶持政策，询问企业需求和意见。来自医疗机械、生物科技等领域的企业从专业角度发表各自的看法和见解，分享优势资源。

（滕琦诺）

【2022山东新型智慧城市创新发展论坛举办】 9月28日，由山东省聊城市大数据局、山东省大数据协会、济南·中关村信息谷创新中心、山东省新型智慧城市发展促进会主办，中国联通聊城市分公司承办的2022山东新型智慧城市创新发展论坛在聊城举办。本次大会以"数字变革创新发展"为主题，探讨新型智慧城市创新发展之路。山东省大数据局、聊城市大数据局、山东省大数据协会、浪潮集团等政府主管部门、行业企业、社会组织、专家智库、新闻媒体，以及中国工程院院士、大学教授等各界人士参会。济南·中关村信息谷创新中心介

绍中心建立的背景、服务举措、产业特色以及服务区域经济发展的相关情况。与会专家分别以"智慧城市""杭州城市大脑实践探索""英特尔赋能城市智慧发展""数智融合 助推城市数字化发展能级跃迁""中国联通新型智慧城市实践""为数字城市铺就'高速公路'"为题进行分享。会后，与会人员参观聊城市新型智慧城市建设成果。

（滕琦诺）

【2 家企业获评 2022 年度市级瞪羚企业】 10 月 31 日，济南市工业和信息化局对 2022 年度市级瞪羚企业进行公示。济南·中关村信息谷创新中心入驻企业山东风顺制冷科技集团有限责任公司、济南博佳特物联科技有限公司获认定。风顺制冷成立于 2005 年 3 月，是一家集制冷设备设计研发、制造、销售、施工、运维于一体的企业，拥有多项专利及发明；博佳特物联成立于 2017 年 7 月，是集物联网技术开发、软件开发、系统集成于一体的高新技术企业，拥有 40 多件知识产权。

（滕琦诺）

【物联网专场路演活动举办】 11 月 9 日，济南·中关村信息谷创新中心举办物联网专场路演对接活动。本次活动邀请行业大咖、相关创业项目及投资机构参与，提供大咖演讲、项目路演、项目辅导、需求对接、项目培育等综合服务。济南·中关村信息谷创新中心负责人介绍中心运营模式及企业孵化等各项服务。在路演环节，山东中盈数字能源科技有限公司中盈城配供应链项目、山东有人信息技术有限公司物联通信产品解决方案、点点生鲜果蔬柜项目、山东安畅物联网科技有限公司智慧井盖人员安全及防汛预警管控平台、济南博佳特物联科技有限公司工业物联低代码平台 5 个项目进行了展示。

（滕琦诺）

【获市级科技企业孵化器绩效评价优秀单位并获专项扶持】 11 月 24 日，济南科技创新中心建设推进委员会办公室、济南市科技局（代）发布 2022 年济南市"科创济南建设若干政策措施"专项资金扶持项目的通知，济南中关村领创空间科技服务有限责任公司市级科技企业孵化器绩效评价为优秀，获

资金支持 50 万元。

（滕琦诺）

【2022 济南·中关村大学生助农主播大赛决赛落幕】 12 月 7 日，由济南·中关村信息谷创新中心发起、新视觉新媒体承办的"不负青春韶华助力乡村振兴"大学生助农主播大赛决赛落幕。本次大赛通过抖音直播大学生开展"好品山东"助农活动，促进"小农户"连接"大市场"，让农产品真正在市场上流通起来，推动农民增收致富，打造美丽乡村，为乡村振兴插上"云"翅膀。大赛于 10 月 21 日启动，来自 10 余所高校的在校大学生参加。决赛阶段，选手以直播带货的形式，更直观地展现主播们的带货能力。最终，菏泽学院学生获一、三等奖，济南职业学院学生获二等奖。

（滕琦诺）

【举办 10 场领创路演活动】 2022 年，济南·中关村信息谷创新中心共举办 10 场"创新创业中关村——领创路演"活动。活动分为"智能制造"专场路演对接、新零售专场、大数据应用专场、环保专场、"网络安全"专场路演对接、"文化旅游"专场路演对接、"物联网"专场路演对接、智慧物流专场等，采用线上和线下相结合的方式进行。济南·中关村信息谷创新中心负责人和行业专家、相关创业项目及投资机构的代表等参加活动。"创新创业中关村——领创路演"系列活动为企业和园区内的优质项目提供自我展示的机会，实现平台内企业间的互动，与行业专家进行广泛探讨，推动项目及投资者精准对接。

（滕琦诺）

【举办 15 场中关村大讲堂活动】 2022 年，济南·中关村信息谷创新中心共举办 15 场中关村大讲堂活动，分别以"新征管模式下企业涉税风险分析""全面开启知识产权强国建设新征程""质量管理体系标准""从专业人才到管理高手""职称晋升政策和要点解读""企业财务法律风险防控及账款催收""高层薪酬之动态合伙股权"为主题，聚焦企业员工法务、财务、税务等方面的培训。总培训约 3100 人次。

（滕琦诺）

济南·中关村信息谷创新示范基地

【概况】济南·中关村信息谷创新示范基地成立于2020年7月，位于济南市莱芜高新区，由济南中关村科技发展有限责任公司负责运营。项目总用地面积33.3公顷，建筑面积24万平方米。一期建设用地面积14.6公顷，建筑面积12万平方米，建筑密度35%，绿地率15%。一期建设8栋单层厂房，层高16.3米，6栋多层厂房，2栋高层加1栋裙楼作为生活配套楼。项目以智能制造产业为核心、科技服务为支撑，助力莱芜高新区培育新旧动能转换的内生动力。2022年3月，基地被评为济南市小型微型企业创业创新示范基地；6月获济南市唯一一家2022年度市级科技创业孵化载体绩效评价结果"优秀"；11月通过2017—2021年5年项目进区协议绩效考核及审计工作，得分92分。中关村信息谷莱芜高新项目引进企业累计招引本科及本科以上人才54人，其中硕士15人、博士13人。

（滕琦诺）

【省级协会对话莱芜高新区产业交流论坛举办】8月25日，以"创新合作 共赢发展"为主题的省级协会对话莱芜高新区产业交流论坛暨红色教育活动举办。本次活动由山东省社会组织总会、莱芜高新区管委会主办，莱芜高新区管委会投资促进部、山东省装备制造业协会、济南中关村科技发展有限责任公司承办。在论坛上，山东省社会组织总会、莱芜高新区管委会投资促进部、济南中关村科技发展有限责任公司三方共同签订资源赋能战略合作协议，建立全面战略合作关系，探索协会与地方政府及企业在智能制造领域开展深度合作、资源协同的良好合作机制，为莱芜高新区的智能制造产业发展带来新机遇。

（滕琦诺）

【创维无线智能终端生产基地项目落地】12月19日，创维无线技术（深圳）有限公司落地济南·中关村信息谷创新示范基地。创维无线是跨越粤、港两地的一家创新型高科技公司，生产移动终端、可穿戴设备、AR/VR设备、医疗电子、智能家居、物联网设备、汽车电子等消费电子产品及其关键零部件，产品远销中东、非洲、东南亚、巴基斯坦、印度等国家和地区，与近30个国家的当地品牌形成战略合作。公司在济南·中关村信息谷创新示范基地的项目租赁面积19812.92平方米，主要建设SMT贴片线6条、8寸以下显示屏模组线2条、手机整机组装线8条，年产300万部手机整机、1000万片PCBA主板、显示模组等手机核心配件，项目总投资12亿元。

（滕琦诺）

银川·中关村创新中心

【概况】银川·中关村创新中心成立于2017年12月，位于宁夏回族自治区银川市西夏区，由银川中关村信息谷科技服务有限责任公司（简称银川中关村信息谷）负责运营管理。创新中心总面积9.98万平方米，布局新一代信息技术、"互联网+N"战略，包括"互联网+医疗""互联网+教育""互联网+人力资源"等产业，构建"一中心、十平台"创新创业服务平台，开展国内外协同发展新模式，设立离岸孵化器，搭建国内外科技成果落地银川的"空中走廊"。截至2022年底，银川·中关村创新中心累计签约入驻企业122家，涵盖"互联网+医疗健康""互联网+大健康""互联网+人力资源""互联网+教育""互联网+文旅电竞""互联网+交通"和电子商务类企业；入驻自治区级科技型中小企业29家、总部为省级科技型中小企业16家、总部为市级科技型中小企业7家、总部为高新技术企业32家、总部为独角兽企业14家、总部为上市企业9家。

（滕琦诺）

【银川（深圳）离岸孵化器系列活动举办】6月22日，由银川市科技局、宁夏回族自治区政府驻广东办事处、银川市政府驻深圳办事处、银川市投资促进局、银川市西夏区政府、银川中关村创新创业科技园建设服务办公室联合主办，深圳市宁夏商会承办的"创新中国行·走进粤港澳大湾区"中关村信息谷区域协同招商推介会暨银川（深圳）离岸孵化器系列活动在深圳市南山区举办。本次活动以开放汇聚创新发展力量，促进科技创新成果转化，推动合作城市、合作政府有效招商为目的。70余家企业110余人参加活动。活动现场，深圳市宁夏商会与北京中关村信息谷进行战略合作签约。华商集团、玉禾田环境事业发展集团股份有限公司等10家企业进行路演展示。

（滕琦诺）

【银川（福州）离岸孵化器揭牌及交流活动举办】8月18日，由银川中关村信息谷承办的中关村信息谷区域协同福州创新中心暨银川（福州）离岸孵化器揭牌仪式及交流合作活动在福州市举办。来自北京、上海、深圳等地的100余位企业代表参加活动。现场分别进行数字经济、新材料、生物医药专场对接会，3个会场同时进行企业项目路演推介、政企交流等环节。北京智谱华章科技有限公司福建分公司、福州万加智能科技有限公司、北京天峰影业有限公司、诺赛联合（北京）生物医学科技有限公司、北京万东医疗科技股份有限公司福建区域、北京快鱼电子股份有限公司、北京清碳科技有限公司、苏州冷杉精密仪器有限公司等企业的代表分别介绍公司的生产经营、产业定位等方面的情况，围绕业务内容、技术合作、市场对接等方面互动交流，表达了合作意愿。

（滕琦诺）

【2家单位入选首批"科创中国"创新基地】8月23日，《中国科协办公厅关于认定首批"科创中国"创新基地的通知》发布，依托银川产业技术研究院的银川产业技术创新基地被认定为"科创中国"产学研协作类创新基地；依托银川中关村信息谷的银川中关村创新基地被认定为"科创中国"创新创业孵化类创新基地。

（滕琦诺）

【全国"大众创业、万众创新"活动周宁夏分会场活动举办】9月15日，2022年全国"大众创业、万众创新"活动周宁夏分会场活动启动仪式在银川中关村创新创业科技园举行。本次活动周以"创新增动能，创业促就业"为主题，采取线上和线下相结合的方式，开展双创成果展示、创新创业论坛、创新创业大赛等110余场活动。

（滕琦诺）

【"智创未来"第四届宁夏工业App创新应用大赛举办】9月16日，由宁夏回族自治区工业和信息化厅、发展和改革委员会、科技厅及财政厅主办，宁夏工业互联网产业联盟和银川市网络信息化局、银川中关村信息谷承办的"智创未来"第四届宁夏工业App创新应用大赛在银川·中关村创新中心举办。本次大赛作为"西部数谷"算力产业大会银川智慧城市峰会的分项活动，用友网络科技股份有限公司宁夏分公司、安徽增材云数字科技有限公司等30余家企业参赛，涉及智能制造、新一代信息技术、新材料、智慧交通、生物医药战略性新兴产业领域。最终，评审出各奖项获奖队伍共16支，其中一等奖1名、二等奖2名、三等奖3名、优秀奖10名。

（滕琦诺）

【银川市第二届志愿服务项目大赛举办】11月22—23日，由银川市文明办、银川市团委、银川市民政局联合银川市春熙社会工作发展服务中心、银川中关村信息谷、共青团银川·中关村创新中心工作委员会共同主办的银川市第二届志愿服务项目大赛暨第五届青年志愿服务项目大赛在银川·中关村创新中心举办。大赛采取线上和线下相结合的方式，以"志愿银川爱要一起"为主题，对25个进入决赛的志愿服务项目进行评选，内容涵盖关爱农民工子女、恤病助医、阳光助残、脱贫攻坚、邻里守望、为老服务等领域，大赛评审委员根据评审办法对申报项目进行点评。

（滕琦诺）

【银川·中关村创新中心入选国家小型微型企业创业创新示范基地】11月28日，工业和信息化部印发通知，公布2022年度国家小型微型企业创业创新示范基地名单，银川·中关村创新中心"银川中关村小微企业创业创新基地"入选。

（滕琦诺）

【23 家企业获科技型中小企业称号】2022 年，银川·中关村创新中心 14 家入驻企业获国家级科技型中小企业称号，9 家入驻企业获宁夏回族自治区科技型中小企业称号。截至 2022 年底，银川·中关村创新中心聚集高质量创新主体 553 家，形成特色的"互联网 +N"产业体系，引进各类创新资源，科技成果转移转化效果显著。

（滕琦诺）

【离岸孵化器建设】2022 年，银川中关村信息谷在强化上海、杭州、西安、深圳等离岸孵化器的同时，在苏州、南京、武汉、长沙、成都等城市洽谈拓展离岸孵化器，累计落地、对接 20 个离岸孵化器，以"东部—中部—西部"为主线的银川飞地离岸创新网络体系建成。截至 2022 年底，建成并投入运营银川区域离岸孵化器 15 家，累计对接 570 家优质企业，累计引进百家科技企业。银川中关村信息谷通过离岸孵化器系列活动开展项目拓展工作，先后对接晋中、乌鲁木齐、海口、三亚、佛山、昆明等多个地区。

（滕琦诺）

【银川·中关村创新中心举办 54 场路演活动】2022 年，银川·中关村创新中心共举办 54 场"创意创新在银川"凤凰汇·周二路演吧系列活动。活动主要包括科技企业政策宣贯、互联网医院药械供应业态研讨会、银川—三明·区域协同促就业人才供需对接线上交流会、"立足创新科引未来"科技企业（北京区域）线上招商对接会、"点燃数字引擎·推动双轮驱动"元海集团线上招商对接会、"校企协同·共融共生"银川中关村—宁夏财经学院交流座谈会、体系化产业组织优质项目线上推介会、银川市规模以上工业企业研发平台建设专题政策辅导培训班、"助企纾困稳岗行动"——企业职工岗位技能提升培训政策宣传座谈会等。截至 2022 年底，银川·中关村创新中心累计举办"创意创新在银川"等各类创新活动 283 期，服务企业、机构、政府数量 3900 余家，服务创业团队 1100 余家、1.6 万余人。

（滕琦诺）

湖州·中关村信息谷创新中心

【概况】湖州·中关村信息谷创新中心原名中关村领创空间（湖州），成立于 2018 年 7 月，位于浙江省湖州经济技术开发区，由湖州领创科技服务有限责任公司负责运营管理。运营面积 7000 平方米，定位于培育发展信息技术、高端装备、生物医药、智能制造、智能机器人、新能源汽车、光电技术、软件开发、大数据应用等新兴产业，改造提升金属新材、绿色家居、现代纺织和时尚精品四大传统优势产业。2022 年，入驻企业先后获得首届长三角 G60 科技走廊（浙江）科技孵化企业创新创业大赛决赛三等奖、湖州市创新创业大赛二等奖、湖州南太湖人才精英计划、西塞山英才计划和湖州市首届"西塞山杯"创新创业大赛二等奖等奖项。截至 2022 年底，湖州·中关村信息谷创新中心累计孵化企业（团队）113 家，双创人员超 1000 人，产值超 10 亿元，获得知识产权 122 件，其中商标 52 件、软件著作权 39 件、专利 31 件。

（滕琦诺）

【湖州中关村企业联盟联谊交流会举办】1 月 20 日，"协同创新·共创未来"湖州中关村企业联盟联谊交流会在湖州·中关村信息谷创新中心举办。浙江城视智能系统工程有限公司、成微软件科技有限公司等中关村园区企业负责人出席交流会。会上，2022 年新入驻企业湖州龙华装饰工程有限公司、赛

炜大数据服务有限公司湖州分公司、湖州尚城服务有限公司等 4 家企业现场集体签约。多家入驻企业负责人发言，分享工作收获并提出意见和建议。

（滕琦诺）

【科技孵化企业创新创业大赛宣讲培训会举办】 10 月 21 日，由嘉兴市科技企业孵化器协会主持的首届长三角 G60 科创走廊（浙江）科技孵化企业创新创业大赛宣讲培训会线上举办。培训主要内容包括首届长三角 G60 科创走廊（浙江）科技孵化企业创新创业大赛申报流程、参赛条件及注意事项讲解，农行科技金融产品及服务等介绍，并设现场解答企业疑问环节。湖州市科技局、湖州科技创业服务中心、嘉兴市科技企业孵化器协会、中国农业银行股份有限公司（湖州分行）、中关村信息谷湖州创新招商部团队等机构相关人员及企业代表参会。

（滕琦诺）

【炯创科技在科技孵化企业创新创业大赛决赛中获奖】 11 月 25 日，以"逐梦长三角，共创新时代"为主题的首届长三角 G60 科创走廊（浙江）科技孵化企业创新创业大赛决赛在嘉兴海宁举行。大赛聚焦新一代信息技术、生命健康、未来产业以及智能制造等领域，自 9 月启动以来，共吸引嘉兴、杭州、湖州、金华 4 地 100 多个创业项目报名参赛，最终 24 强进入决赛。湖州·中关村信息谷创新中心入驻企业湖州炯创科技有限公司的"高精度智能气体传感器的研发及产业应用"项目获决赛三等奖。该项目主要以医用气体传感器为主线，聚焦电化学传感器及其配套数据采集、传输与联网设备研发和产业化，解决气体传感器灵敏度低、贵金属用量高、价格昂贵等问题，已成功申请发明专利 7 件。

（滕琦诺）

【"智汇湖州·双创云课堂"系列讲座举办 6 期】 2022 年，湖州中关村信息谷举办 6 期"智汇湖州·双创云课堂"系列培训讲座，包括政策宣讲、孵化辅导、产业落地、业务拓展和项目路演，旨在为企业可持续发展提供各类保障，为项目的落地及快速发展助力。线上累计参与 200 万人次，线下 300 余人参加。

（滕琦诺）

【举办 36 期体系化产业组织优质项目线上推介会】 2022 年，中关村信息谷在湖州·中关村信息谷创新中心组织举办 36 期体系化产业组织优质项目线上推介会。推介会分别聚焦数字化、节能环保领域，人工智能、机器人领域，生命健康、文旅、节能环保领域，新能源、新材料、商业领域，基因检测、智能驾驶领域，智能制造、总部经济领域，农业科技、智慧交通领域，新一代信息技术、智能制造、智慧医疗领域等优质项目，贯彻"智汇湖州·协同发展"的目标，推动项目供需信息集中高效精准对接，同时通过线上活动为湖州持续导入优质资源，实现产业组织体系化，开启区域协同发展互利共赢新局面。中关村信息谷事业部、产业组织部代表及中关村信息谷湖州创新中心招商团队相关负责人参会。

（滕琦诺）

新泰·中关村信息谷创新示范基地

【概况】 新泰·中关村信息谷创新示范基地成立于 2018 年 9 月，位于山东省泰安市新泰市，由新泰中关村信息谷科技服务有限责任公司（简称新泰中关村信息谷）运营管理。基地规划面积 270 万平方米，其中 50 万平方米的核心区以信息创新产业为核心，聚焦新产业、新平台、新模式、新业态，融入生活、生态、生产、生命四大板块，集聚"小镇客厅""商业文体中心""智汇源""金融保障中心"等一系列功能模块。2022 年，新泰·中关村信息谷创新示范基地新增入驻企业 6 家，累计入驻企业 23 家。

（滕琦诺）

【投融资线上和线下对接会举办】 1 月 11 日，新泰中关村信息谷投融资线上和线下对接会举办，泰安市科技金融服务中心、泰山创新谷科技运营管理有限公司、上海信隆行信息技术股份有限公司、山东同弈人工智能科技有限公司、山东天鑫盛泰投资有限公司、山东金石伟建工程科技有限公司、山东博睿天下科技有限公司、新泰中关村信息谷

243

等单位的相关负责人参加。新泰中关村信息谷负责人表示，本次活动聚焦园区科技型中小企业，按照"上下联动、横向协同、政策引导、服务赋能"的原则，从中小微企业最基本的融资服务入手，以实体平台服务和虚拟网上服务相结合的形式，服务园区科技型中小企业。泰安市科技金融服务中心负责人表示，将充分发挥线上和线下的作用，实现企业与金融服务平台常态化信息互通、业务互联的良性互动和有效对接。园区企业通过线上"云路演"、线下咨询洽谈的方式，向金融服务机构展示当前发展情况，推动企业与金融机构之间的互通互联、深度融合。

（滕琦诺）

【"线上＋线下"产业对接会举行】2 月 15 日，新泰中关村信息谷举办"线上＋线下"产业对接会，狸猫互动科技有限公司、创能智联科技有限公司、成融科技有限公司、深圳智碳未来科技有限公司、新泰市商务局、新泰中关村信息谷等企业的负责人参加。企业家通过网络"云路演"方式，就项目核心技术、团队建设、市场规模、产品服务、应用场景、商业模式进行推介路演，并就项目发展需求以及发展规划等方面与商务局领导进行细致交流和探讨，表示将充分发挥自身资源优势为新泰发展牵线搭桥、建言献策，贡献智慧和力量。会后，线下参会企业狸猫互动科技有限公司参观了新泰·中关村信息谷创新示范基地展厅及山东泰茶良心谷有机生态示范园和大健康产业园，就项目未来发展合作与相关负责人进行对接。

（滕琦诺）

【扩列联盟战略合作签约仪式举办】2 月 24 日，扩列联盟战略合作签约仪式在新泰·中关村信息谷创新示范基地举办，新泰中关村信息谷负责人、扩列联盟成员企业的代表参加。扩列联盟于 2017 年开始专注于为供应链、餐饮 O2O、食品、教培、医疗、新零售等相关行业提供战略规划、融资及孵化服务，扩列（山东）健康医疗发展有限责任公司是扩列联盟落地新泰后，在山东区域开展医疗健康合作的承载机构。双方鉴于在各自领域拥有的产业资源和平台优势，决定缔结合作伙伴关系，将以此次

签约为契机，充分发挥各自优势，通过引入先进的智慧医疗产业技术，全面赋能基层医务工作者及医疗卫生机构，改善基层医疗服务的质量和效率，提升基层医疗诊疗水平，造福更多基层百姓。

（滕琦诺）

【"新泰中关村路演·云上直播间"活动举办】5 月 13 日，由新泰市商务局主办、新泰中关村信息谷承办的"新泰中关村路演·云上直播间"活动举办，中国国际贸易促进委员会新泰市委员会、新泰中关村信息谷有关领导和新能源发电、航天卫星遥感、智能风光储能、工业网络安全等特邀优质项目负责人参会。活动设北京·中关村信息谷和新泰·中关村信息谷两个会场，旨在通过便捷化、即时化、远程不见面的方式进行线上对接交流，为政府与企业提供对接平台，完善新泰特色产业布局。会上，新泰市贸促会负责人介绍新泰市经济发展优势和招商优惠政策等情况。各项目负责人就企业发展规划、重点业务、应用前景、投资意向及下一步如何在新泰开展工作发言。双方就新兴产业技术引进、投资项目落地、产业链合作对接以及各自关心的问题进行广泛深入交流，表达了进一步合作的意愿。

（滕琦诺）

【3 家企业获"泰山云谷"双创基金奖励】5 月 16 日，经泰安市总工会审核认定，新泰·中关村信息谷创新示范基地入驻企业万象和天（新泰）文化传媒有限公司、泰安晶控电气科技有限公司、新泰智存寰宇软件开发有限公司获"泰山云谷"双创基金奖励。"泰山云谷"双创基金由泰安市总工会设立，是营造"大众创业、万众创新"、推动实施以"创业带动就业"的发展举措。

（滕琦诺）

【企业财税培训会举行】6 月 2 日，新泰中关村信息谷邀请新泰市志盛会计服务有限公司为园区企业普及财税知识。培训内容主要涉及投融资策略、财务创新思维、企业风险与内部控制、财务报表分析、全面预算管理、企业成本控制、企业税务筹划、新税法解读等，重点强调降低涉税风险的重要性和税务部门审查重点。通过此次培训，与会人员对涉税知识、税收政策以及票据的规范使用和管理有了更

深层次的认识和了解。

（滕琦诺）

【科技人才政策解读会举行】 8 月 4 日，新泰中关村信息谷邀请新泰市科技局、市委组织部相关领导，新泰众成科技有限公司相关负责人，为园区企业做科技人才政策解读指导。本次活动旨在帮助企业深入了解和掌握最新科技人才政策，熟练匹配和运用到实际工作中，重点围绕人才和科技创新两个维度，就与企业发展息息相关的政策做详细解读，帮助企业准确把握政策要点和政策新规，充分享受政策红利。新泰市委组织部、市科技局围绕"哪些人才能够享受优惠政策""人才能够享受哪些保障服务""企业引进人才能够得到哪些支持"，以及国家级、省级、市级和本地人才政策进行分层级、分领域、分类别的细致解读。市科技局就高新技术企业申报认定奖励补助政策、首次入库科技型中小微企业补助政策、企业研发费用加计扣除、科技成果再贷款申请流程及规定、科技创新券申请及如何兑现、科技创新平台安全知识等政策规定进行解读分析，通过实际案例演示政策申报的具体操作流程，并鼓励中小微企业加强科技创新意识，规范科技创新管理，用好用足各项惠企政策。

（滕琦诺）

【新泰市高新技术企业申报培训会举行】 8 月 12 日，由国家税务总局新泰市税务局、新泰市科技局主办，新泰中关村信息谷承办的 2022 年度新泰市高新技术企业申报培训会举行。本次培训结合高新技术企业申报、认定以及知识产权相关内容，聚焦申报工作中的重点、难点、关键点、易错点和评审要点进行系统性讲解培训。新泰市税务局、科技局重点围绕《高新技术企业认定管理办法》，全面讲解高新技术企业的申报条件、研发费用归集、科研人员管理、高新技术产品（服务）收入、企业创新能力评价指标要求等，为企业申报高新技术企业及持续发展提供指导和启发。国家税务总局新泰市税务局、新泰市科技局相关领导出席活动。

（滕琦诺）

【总部经济产业政企对接会举办】 8 月 18 日，由新泰市宫里镇政府主办、新泰中关村信息谷承办的总部经济产业政企对接会在新泰·中关村信息谷创新示范基地举办。宫里镇政府、新泰中关村信息谷等单位的相关负责人参加活动。与会人员参观了基地展厅和办公楼宇，通过观看宣传片，深入了解新泰中关村信息谷在科技创新、区域协同、产业集聚、人才引进等方面取得的成果。新泰中关村信息谷就自身发展历程、产业布局及未来发展规划进行详细介绍，并对金融支撑、政策保障、配套服务等方面进行重点解说。企服在线（北京）科技有限公司、上海灿联企业服务有限公司、长远中小企业服务有限公司介绍本公司业务开展情况，分享成果合作案例。政企双方就进一步增进友谊、加强总部经济合作等事项达成共识。

（滕琦诺）

【新能源项目线上政企对接会举办】 9 月 8 日，新能源项目线上政企对接会在新泰·中关村信息谷创新示范基地举办，北京招商专班、团市委领导，新泰市经济开发区、能源发展服务中心相关部门领导，以及新泰中关村信息谷负责人参加活动。会上，北京招商专班、团市委介绍新泰市新能源产业发展情况；新泰市经济开发区介绍新泰市新能源产业项目规划情况；能源发展服务中心介绍新泰市新能源产业政策、产业指标等情况；中能建氢能源有限公司、奥米嘉能源科技有限公司、亿嘉和科技股份有限公司介绍公司发展情况和计划投资项目。与会各方就项目合作需求、合作模式、合作方案、合作前景等进行交流探讨，并达成初步共识。

（滕琦诺）

【举办 7 场培训活动】 2022 年，新泰中关村信息谷累计举办政企对接类、政策解读类、项目申报类、金融赋能类、法律咨询类、消防培训类活动 7 场，着力解决影响企业发展的突出问题和瓶颈制约，切实做好提质量、稳增长、调结构、防风险、强保障各项工作，助推企业高质量发展。

（滕琦诺）

长春·中关村创新中心

【概况】长春·中关村创新中心成立于 2018 年 11 月，位于吉林省长春市高新区，由长春中关村信息谷科技服务有限责任公司（简称长春中关村信息谷）负责运营管理。中心重点发展新一代信息技术、智能制造、生物与生命科技、服务外包等战略性新兴产业，培育以创新为主要特征的内生动力，形成产业微集群。2022 年，长春·中关村创新中心通过基础服务、行政管家、政策申报、资本融通、资源协同五大板块解决企业实际需求，全年举办 20 余场线下创新活动，直接参与企业达 300 家，不断提升品牌影响力。截至 2022 年底，长春·中关村创新中心累计签约入驻企业 56 家，其中高新技术企业 3 家。

（滕琦诺）

【产业金融交流会举办】1 月 14 日，由长春·中关村创新中心会同吉林股权交易所、东北证券、律鹰法商联合主办的"2022 长春中关村产业协同计划系列活动——产业金融交流会"在长春·中关村创新中心举办。活动以"繁荣资本市场，服务中小微企业"为主题，共吸引来自区域内金融主管单位、资本市场、中介机构、中小企业等的近 50 位主要负责人参会交流。与会嘉宾分别从政策解读、资本市场、股权交易、股权资本等方面进行主题分享，律鹰法商创始人围绕"大佬们是怎么赚钱的？""企业

如何走向资本市场？""资本眼中好项目的 6 个标准是什么？"等进行解读，并结合华为、美团等知名企业股权资本配置方式为参会企业作出解读。本次交流会是长春中关村"产业协同计划"系列活动之一，旨在通过交流会这个平台同金融及资本相关机构建立合作交流机制，引入产业资本，为园区企业融资融智。

（滕琦诺）

【"2022 年货大集"直播活动开启】1 月 22 日，长春·中关村创新中心"2022 年货大集"直播活动开启。本次活动将直播带货与公益助农相结合，运用"互联网＋电商直播"的方式，帮助吉林省内特色农产品宣传推广，打响吉林省特色农产品特色品牌，为乡村振兴进行数字化赋能。直播活动持续两小时，精选吉林省最具特色的胖头鱼、笨鸡蛋、青蛙小甜大米、酸菜、乌筐煎饼、五谷杂粮等 15 种特色农副产品，总观看人数近 3200 人次，订单量 900 余单，销售额 9.3 万余元。

（滕琦诺）

【培育企业高质量发展政策解读会举办】2 月 25 日，长春·中关村创新中心举办"2022 长春中关村产业协同计划系列活动之培育企业高质量发展政策解读会"，旨在促进园区企业高质量发展，把握吉林省推进高质量发展战略机遇。天盛知合咨询集团专家对企业申报高新技术企业和"专精特新"中小企业的相关政策进行重点解读，着重根据吉林省和长春市域内实际情况，对政策导向、各城区奖励标准及兑现情况给予详细解读，特别是对企业关注但尚属陌生的科技型中小企业评价、吉林省企业 R&D 投入引导计划、长春市企业研发投入后补助项目等专项板块进行了详细解读。宣讲会同时提示申办"小巨人"企业，省、市级企业技术中心、知识产权优势示范企业、工业设计中心、产业技术研发中心，吉林省工程研发中心等资格也是长春·中关村创新中心园区企业向高质量发展不可或缺的重要途径。

（滕琦诺）

【组织园区企业参展服贸会】8 月 31 日至 9 月 5 日，以"服务合作促发展 绿色创新迎未来"为年度主题的 2022 年中国国际服务贸易交易会在北京举办。

长春·中关村创新中心携手吉林艾格瑞科技有限公司、长春市保食安食品净化科技服务有限公司、吉林省顶顶网络科技有限责任公司、长春宏日新能源有限责任公司、长春伟瑞迪科技有限公司、吉林省先飞科技发展有限责任公司、吉林省中天数码科技有限公司、吉林省盛世辰辉科技有限公司、长春元通医疗科技有限责任公司9家入驻企业线上和线下同时参展。

（滕琦诺）

【2家企业获长春新区天使资金项目二等奖】 10月，为进一步推进"大众创业、万众创新"，扶持初创期科技企业发展，长春新区"天使资金"项目面向新区企业全方位启动。该项目由长春高新区管委会主办、长春科技创业服务中心承办。长春·中关村创新中心组织3家入驻企业参加活动，其中吉林艾格瑞科技有限公司和吉林省华印三维数字科技有限公司的项目获二等奖。艾格瑞是集微波测试仪器系列、红外分析仪器系列、电化学分析仪器系列等其他仪器仪表研发、生产、销售及服务于一体的高技术企业。华印三维专注于3D打印技术应用。

（滕琦诺）

【"众创杯"吉林省青年创新创业大赛赛前培训举办】 11月2日，由中国长春人力资源服务产业园主办，长发人力资源产业投资（长春）有限公司承办，长春·中关村创新中心、吉林股权交易所、长春市玖壹商业管理公司协办的首届"众创杯"吉林省青年创新创业大赛（复赛）赛前培训活动在长春·中关村创新中心举办。活动旨在帮助参赛选手及意向创业企业了解创新创业相关知识，完善服务体系，优化创新、扶持创业，深度培育省内优质青年创业项目成长，加强省内创新创业优秀成果展现，以服务吉林省创新创业高质量发展。本次复赛培训通过大赛官网"吉林省双创与人才信息管理服务平台"与"吉创人才"微信平台同时线上直播。直播结束后，在官网及公众号开放直播视频回放。

（滕琦诺）

【"众创杯"吉林省青年创新创业大赛颁奖签约仪式举行】 11月18日，由中国长春人力资源服务产业园主办，长发人力资源产业投资（长春）有限公司

承办，长春·中关村创新中心、吉林股权交易所、长春市玖壹商业管理公司协办的首届"众创杯"吉林省青年创新创业大赛颁奖签约仪式暨"创话发展"高峰论坛举办。"众创杯"大赛有来自吉林、浙江等地的345个项目、近千名选手参赛，特邀创新创业、产业发展、学术研究、企业战略、风险投资等领域专家担任评委。比赛经过初赛评审、复赛培训、决赛路演等环节，最终评选出企业组一等奖1名、二等奖2名、三等奖3名，校园组一等奖1名、二等奖2名、三等奖3名。获奖项目涵盖生物医药、新材料、新能源电池及汽车、互联网平台与元宇宙等众多热门产业领域。大赛期间，共收到25家入围企业的融资需求。吉林省投资集团、吉林省创投、吉林省科投、吉创基金、长春新投、长春净月基金等多家投资机构现场观赛，累计为30余家参赛项目团队开展"一对一"服务，提供意向融资支持1500万元。文杰投资、长春新投等投资机构代表与获奖团队达成意向合作签约。长春·中关村创新中心与长发人力资源产业投资（长春）有限公司、吉林股权交易所、玖壹商业等众创平台分别达成战略合作，依托各自优势特色，结成战略伙伴关系，以实现资源共享、优势互补、协同创新，推动吉林省创新创业工作高质量发展。在"创话发展"高峰论坛上，来自吉林大学商学与管理学院、德国引诺国际创新中心、上海凡麦资本的3位主讲老师，从创新创业的理论基础、自身实践经历、吸引投资要素3个维度，围绕"创新创业的核心问题""构建国际化协同创新生态、智能孵化助力科创强国""谁为你的梦想买单"等主题，探讨新形势下青年创新创业的新理念、新方向、新机遇。

（滕琦诺）

【5 家企业入选长春市"专精特新"中小企业】
2022 年，长春·中关村创新中心吉林宏日新能源股份有限公司、中科凯瑞新能源有限公司、吉林省中暖节能科技有限公司、吉林省格润物联科技有限公司、吉林省中天数码科技有限公司 5 家入驻企业入选 2022 年长春市"专精特新"中小企业；吉林省锐讯信息技术股份有限公司通过长春市"专精特新"中小企业复审。年内，长春·中关村创新中心共 6 家入驻企业成为市级"专精特新"中小企业。

(滕琦诺)

【1 家企业入选省级"专精特新"中小企业】 2022 年，长春·中关村创新中心 1 家入驻企业吉林宏日新能源股份有限公司入选 2022 年吉林省"专精特新"中小企业，并在第四批国家级专精特新"小巨人"企业名单中再度上榜。

(滕琦诺)

【举办 11 期企业成长计划 × 星拓说活动】 2022 年，长春·中关村创新中心共举办 11 期企业成长计划 × 星拓说活动，分别就"私域流量""疫情后的企业发展""青年创业者的交流会""品牌私域增长大会""星拓说之与未来同行""人力资源与组织管理体系"等主题进行分享。长春中关村企业成长计划"星拓说"是以知识分享为主的企业家主题线下沙龙活动，集合国际前沿知识理论思维，搭建企业综合资源平台，致力于本土企业互联网知识分享，通过更人性化的方式，多方面助力企业产品上行，实现行业与行业的对接。截至 2022 年底，累计举办 36 场线下活动，165 位行业领袖成为星拓说分享者，3000 余家企业参与星拓说活动。

(滕琦诺)

【引进省固体激光实验室重点项目】 2022 年，长春·中关村创新中心引进长春理工大学省固体激光实验室重点项目——基于数字弹药的智能蓝军靶标系统。该产品技术领先，适用于军队大面积演习使用；与吉大工程院院士领军的非沿轨卫星成像项目开展长期合作，推动与新区管委会商谈准备购地实现产业化。同时，创新中心多次走访光机所、应化所、吉林大学、理工大学、吉林省农业科学院等多个学院，推动多个项目在谈合作。其中，在吉林省农业科学院实地交流中，考察 30 余种待转化农业科技成果。

(滕琦诺)

滁州·中关村发展协同创新中心

【概况】 滁州·中关村发展协同创新中心成立于 2019 年 6 月，位于安徽省滁州市，由安徽中关村信息谷科技服务有限责任公司（简称安徽中关村信息谷）负责运营管理。中心运营面积 8.5 万平方米，以智能制造、新一代信息技术、大健康、科技服务为产业支撑，以创新为动力，推动科技产业发展，建设以科技成果转化为核心，以政策、技术、人才、资本四大要素为支撑的长三角"三省一市一体化"的桥头堡和示范区。2022 年，滁州·中关村发展协同创新中心新增企业 32 家。截至 2022 年底，累计入驻企业 55 家。

(滕琦诺)

【第 18 期"走进长三角梦圆汇智湾"路演吧活动举办】 5 月 26 日，"走进长三角梦圆汇智湾"路演吧第 18 期新兴产业项目路演暨重点项目签约仪式在滁州·中关村发展协同创新中心举办。滁州高教科创管理服务中心、南谯区委组织部、南谯区科技局、南谯区人才服务中心、南谯区经济和信息化局企业帮扶中心、滁州大学科技园有限公司等机构的领导出席活动，相关部门负责人介绍科技创新扶持政策和高层次人才优惠政策。江苏省捷达科技集团、南京纳鑫新材料有限公司、微流控白细胞分析仪项目负责人进行路演展示。会上，5G ＋人工智能应用联合创新实验室、电子学系统调试平台、光电仪器装调及测试平台揭牌，颁发"亭城英才"卡。江苏捷达科技智慧医疗及智慧医教项目、滁州鸿生新材料科技项目、微流控白细胞分析仪项目、医用微创外科缝合器项目、南京壹证通密码服务及数字认证项目、安徽富安水污染治理环保项目、滁州圣安医疗防护用品研发生产项目、滁州金玉滁菊生态科技项目 8 个项目现场签约。

(滕琦诺)

【滁州中关村信息谷雨林空间孵化器被认定为省级科技企业孵化器】9月26日，安徽省科技厅公示2022年度省级科技企业孵化器认定、众创空间备案拟确认名单，根据《安徽省科技企业孵化器认定、众创空间备案及绩效评价管理办法（试行）》和《关于开展2022年度安徽省科技企业孵化器认定众创空间备案及复审工作的通知》相关标准及要求，滁州中关村信息谷雨林空间孵化器拟认定为2022年度省级科技企业孵化器。10月9日，滁州中关村信息谷雨林空间孵化器被认定为省级科技企业孵化器。

（滕琦诺）

【第23期"走进长三角梦圆汇智湾"路演吧活动举办】12月7日，由滁州大学科技园有限公司、安徽中关村信息谷主办的"走进长三角梦圆汇智湾"路演吧第23期国家领军人才专场暨国家领军人才引进签约活动在滁州·中关村发展协同创新中心举行，30余名企业代表参加活动。路演环节，5名高层次人才展示流态冰技术以及长三角产教融合智慧云平台、湿法超细粉碎技术和智能垃圾分类一体化技术、光伏电站运维技术等最新科研创新项目，参会企业围绕项目的技术和产品、商业模式等方面进行互动交流。活动中还举行国家A类人才引进签约仪式。

（滕琦诺）

【举办22期"e课堂"直播课】2022年，滁州·中关村发展协同创新中心共举办22期"e课堂"直播课，相关专家围绕"高新技术企业认定全流程解读及认定不通过原因分析""科技金融服务系列课程——企业IPO上市辅导""专精特新类项目申报实操""企业人才盘点和梯队建设——人才管理""'五维力招聘'系列课程""专精特新中小企业转型升级之路——绿色制造探索实践"等进行讲解。

（滕琦诺）

【举办3场银企对接会活动】2022年，滁州中关村信息谷举办3场银企对接会活动，帮助园区企业从各类银行和投资机构获得贷款及基金4500余万元，意向投资金额5000余万元，在疫情期间很好地解决了企业资金困难，为企业健康经营提供了强有力

保障。储备重点客户安徽康洛建筑科技有限公司在香港中小股权交易系统挂牌，经与企业座谈后，帮助其争取园区上市资金政策。

（滕琦诺）

青岛·中关村信息谷创新中心

【概况】青岛·中关村信息谷创新中心成立于2020年1月，位于山东省青岛市高新技术产业开发区火炬路，由青岛中关村信息谷科技服务有限责任公司（简称青岛中关村信息谷）运营。中心运营面积1万平方米，围绕人工智能、5G等新一代信息技术和生物与生命科技的主线，构筑服务平台高地，旨在打造一个立足青岛、联动京津冀、辐射东北亚、面向全球的国际开放平台及创新交流窗口。2022年，青岛·中关村信息谷创新中心新增入驻企业43家。截至2022年底，累计入驻企业96家，涉及新一代信息技术、高端智能制造产业等。其中，规模以上企业4家、高新技术企业20家、"专精特新"企业9家、雏鹰企业1家、国科小企业39家，引进高层次人才4人，园区现有博士5人、硕士20人。

（滕琦诺）

【青岛中关村信息谷成为中国人工智能学会单位会员】4月，青岛中关村信息谷经过各项考核及评测成为中国人工智能学会单位会员。入会后，青岛中关村信息谷将为企业拓展人工智能领域的高端资源，加强行业交流合作，为优质项目提供创新创业土壤，以学会的前沿技术和学术为支撑，助力企业完成产业提升。

（滕琦诺）

【32 家企业入库科技型中小企业名单】 2022 年，山东省青岛市科技局先后公布 5 批 2022 年入库科技型中小企业名单，青岛·中关村信息谷创新中心 32 家入驻企业入库。

表 21　青岛·中关村信息谷创新中心入库科技型中小企业一览表

时间	批次	入库企业
4 月 19 日	第一批 6 家	青岛益科达生物技术有限公司、青岛中关村信息谷科技服务有限责任公司、青岛明道节能环保科技有限公司、青岛伊利诺斯电气有限公司、青岛奇游灵动科技有限公司、青岛浦创电子科技有限公司
5 月 20 日	第二批 8 家	青岛睿辰密封科技有限公司、青岛泰戈菲斯海洋装备股份有限公司、青岛纳印新材料科技有限公司、山东威致物联科技有限公司、山东海拓智能科技有限公司、青岛莱之问智能科技有限公司、青岛笈美创意科技有限公司、青岛海途工业科技有限公司
6 月 30 日	第三批 9 家	青岛高格软件有限公司、青岛德旭环保科技有限公司、青岛美差网络信息技术有限公司、青岛中创高科软件有限公司、青岛依蓝云科技有限公司、青岛中创高科软件有限公司、青岛西格流体技术有限公司、青岛科创云联信息技术有限公司、青岛环普节能科技有限公司
8 月 2 日	第四批 6 家	山东洋泽生物科技有限公司、海励易控（青岛）科技有限公司、青岛铭钰智能科技有限责任公司、青岛市乐天网络技术有限责任公司、山东凌睿企业管理有限公司、青岛泰兰德电气技术有限公司
8 月 30 日	第五批 3 家	山东博和利信息技术有限公司、青岛未来城市信息技术有限公司、青岛犇犇吉牛网络科技有限公司

（滕琦诺）

【搭建中关村装备制造供应链服务平台】 2022 年，青岛·中关村信息谷创新中心整合中关村信息谷内外部资源，结合山东雄厚的工业产业基础，以共享工厂为理念，搭建中关村装备制造供应链服务平台，整合各门类供应链企业，包括精密机加工、SMT 贴片、模具加工、注塑等各类生产型企业，可满足产品研发企业的各种生产需求，解决北京、天津等地生产成本高、供应链企业不足的问题，为产品研发型企业提供技术赋能、产业赋能。已达成合作的企业涉及医疗设备、军工产品、汽车零部件，平台意向入会企业 100 余家，12 月进行了平台第一

批会员企业集中签约，签约企业 20 家。

（滕琦诺）

【搭建康复项目创新成果转化平台】 2022 年，由青岛中关村信息谷联合青岛市立医院、青岛康桥医疗互联网有限公司三方合作搭建的康复项目创新成果转化平台申报"青岛市打造康复产业科技创新高地研究"项目获批公示，平台将落户园区，下一步为园区康复产业相关的优质项目引进提供有力支撑。

（滕琦诺）

【中关村信息谷创新基地二期建设启动】 2022 年，青岛中关村信息谷推动参股公司启动中关村信息谷创新基地二期建设。二期项目占地面积 14470 平方米，规划建筑面积 2 万多平方米，包含生产厂房区、厂房办公区等。前期对接储备项目 30 余家，已有鸡蛋分级机研发生产项目、中国科学院光学镜头项目、自动化包装解决方案项目等 5 家企业的项目签署合作协议，签约面积 14400 平方米，已完成二期开发货值的 80%。

（滕琦诺）

【举办 3 期"创新中国行"系列活动】 2022 年，由青岛高新区管委会招商部主办、青岛中关村信息谷承办的"创新中国行"活动共举办 3 期，分别走进济南、苏州、重庆，进行产业对接。当地参会企业介绍自身发展情况、在行业内发展现状、在政策和金融科技方面的发展需求等，并进行交流讨论。

（滕琦诺）

【举办 7 场"岛城创新汇"系列活动】 2022 年，青岛·中关村信息谷创新中心共举办 7 场"岛城创新汇"系列活动，分别围绕人事管理、风险控制、"专精特新"政策、企业股权设计、最新财税政策

等主题，线上和线下相结合，共吸引超 100 家企业 2000 余人次参与。"岛城创新汇"帮助企业搭建高效、专业的对接平台，带动园区营造创新氛围，同时也达到聚资源、聚人才、促合作的目标。

（滕琦诺）

沈阳·中关村智能制造创新中心

【概况】沈阳·中关村智能制造创新中心成立于 2020 年 1 月，位于辽宁省沈阳市铁西区，由沈阳中关村信息谷科技服务有限责任公司（简称沈阳中关村信息谷）运营。中心运营面积 1.4 万平方米，聚焦工业互联网、先进制造、生物医药和科技服务等关键领域，着力构建以科技成果转化为核心，以企业、人才、资本、院校、政策、文化六大要素为支撑的"类中关村"创新生态系统，打造创新要素齐备、产业高度聚集的京沈协同创新示范项目。2022 年，沈阳·中关村智能制造创新中心新增入驻企业 31 家，累计签约企业 126 家。其中辽股交挂牌企业 11 家（本年新增 6 家）、国家高新技术企业 19 家（本年新增 9 家）、科技型中小企业 26 家（本年新增 17 家），新增沈阳市专家工作站 1 个；推荐新嘉合、库蒂瑞思等 8 家企业申报"科创中国"榜单企业。沈阳·中关村智能制造创新中心在省、市两级 2021 年度科技企业孵化器绩效评价中获 A 类，均排名第一；获沈阳市工业和信息化局小微企业创业创新示范基地认定；获沈阳市人力社保局 2021 年示范创业活动奖励。

（滕琦诺）

【中关村数字经济·沈阳高峰论坛举办】1 月 15 日，由沈阳市科技局，铁西区政府，沈阳经开区、中德园管委会，北京市科学技术研究院，北京中关村信息谷联合主办，沈阳中关村信息谷、中关村全球高端智库联盟、沈阳经开区管委会联合承办的"科创中国数创未来"中关村数字经济·沈阳高峰论坛暨沈阳·中关村智能制造创新中心成立两周年纪念大会在全球工业互联网大会会议中心举行。会议总结沈阳·中关村两年来的建设发展成果，全方位展

示近年来铁西区深入实施数字经济发展战略、不断完善数字基础设施、加快培育新业态新模式、推进数字产业化和产业数字化取得的成效。京沈两地相关部门领导、知名专家学者及社会各界人士 200 余人参加会议。会上，数字新型基础设施暨"星火·链网"超级节点（沈阳）试运行启动仪式举行。辽宁工业互联网大数据交易中心、新型工业网络（沈阳）实验室、奇安信辽宁工业互联网安全创新中心等 3 家工业互联网重点创新平台发布建设方案。中国工程院院士唐立新被聘为"数字铁西"首席数字官。共计 52 个总投资约 630 亿元的数字经济及基础设施项目集中签约，其中包括三大通信运营商战略合作项目 3 个、京沈合作项目 10 个、5G＋工业互联网应用场景暨技改项目 10 个、数字经济项目 29 个。高峰论坛环节，与会专家学者分别就智能装备、工业互联网标识赋能产业数字化转型、工业互联网平台应用与安全等方面作主题演讲，为制造业高质量发展进行数字赋能。同期，"中关村数字经济·沈阳高峰论坛创新合作交流会""铁西智能制造伙伴数字讲堂——工业互联网安全专题"活动分别举办。

（滕琦诺）

【英瑞科技入选"科创中国"2021 新锐企业榜】2 月 21 日，中国科协 2021"科创中国"系列榜单发布，沈阳·中关村智能制造创新中心入驻企业沈阳英瑞科技股份有限公司入选"科创中国"2021 新锐企业榜。英瑞科技是一家从事先进自动化设备、物联网智能设备研发的高新技术企业。公司研制的智能炒菜机器人，可通过在线方式实现创作、调味、炒菜三大核心功能，其中创作菜品功能为国内首创。1 月 18 日，智能炒菜机器人料盒定位移载装

置获国家发明专利。

(滕琦诺)

【政银企对接会暨铁西区 2021 年度辽股交挂牌企业授牌仪式举行】 2 月 25 日，由沈阳市金融发展局，沈阳经开区、中德园管委会主办，铁西区金融发展局、沈阳中关村信息谷、辽宁股权交易中心股份有限公司、沈阳农村商业银行股份有限公司、中国工商银行股份有限公司沈阳分行承办的政银企对接会暨铁西区 2021 年度辽股交挂牌企业授牌仪式在沈阳·中关村智能制造创新中心举行。沈阳市银行、证券、基金多家金融机构以及区内 30 余家科技企业相关负责人参加活动。沈阳英瑞科技股份有限公司、辽宁金豹环保科技股份有限公司、沈阳百事美生物科技有限公司、沈阳汉威机械制造有限公司、沈阳忠威金属制品有限公司、沈阳市锦金鑫科技有限公司、辽宁华阳传媒有限公司、辽宁新嘉合精密工业技术有限公司、辽宁魔术师智造科技有限公司、乾承机械科技（沈阳）有限公司等 10 家在辽股交挂牌企业获授牌，其中 5 家为沈阳·中关村智能制造创新中心入驻企业。沈阳中关村信息谷分别与沈阳农商银行、工商银行沈阳分行签约，两家银行正式入驻沈阳中关村金融服务驿站，联手为企业提供"一对一"融资对接服务。会后，30 余家企业相关负责人与金融机构专家进行交流。

(滕琦诺)

【走近北欧——经济技术交流会举办】 3 月 18 日，由中德园管委会、沈阳产业技术研究院主办，北欧卓银信息咨询有限公司、沈阳中关村信息谷、中德发展（沈阳）离岸创新服务中心有限公司承办的以"携手创新合作共赢"为主题的走近北欧——经济技术交流会在沈阳·中关村智能制造创新中心举办。会议通过线上和线下的形式举行。来自沈阳市、铁西区政府相关部门、产研机构、投资机构、基金公司及科技企业的相关领导及工作人员与北欧专家围绕生物医药、智能制造等方面的合作进行对接交流。北欧企业项目介绍环节，6 位专家分别就"智能海洋生态系统联盟""老年护理女士舒适导尿器""移动式生物质锅炉自动化技术""智能压缩绷带""INO 能量饮料""可拆解编制支架治疗技术"

等项目做详细介绍，并与参会嘉宾进行交流。

(滕琦诺)

【沈阳·中关村智能制造创新中心在省孵化器 2021 年度绩效考核中获评 A 类】 8 月，辽宁省科技厅发布《关于公布辽宁省科技企业孵化器 2021 年度绩效考核评价结果的通知》，沈阳·中关村智能制造创新中心获评"A 类"。为推动全省科技创新创业高质量发展，引导和促进科技企业孵化器健康发展，此次共有 56 家省级及以上科技企业孵化器参与绩效考核评价，其中 8 家孵化器被评定为"A 类"。

(滕琦诺)

【沈阳·中关村智能制造创新中心入选中小微企业创业创新示范基地】 9 月 9 日，沈阳市工业和信息化局对 2022 年度沈阳市中小企业公共服务示范平台和中小微企业创业创新示范基地名单进行公示，沈阳·中关村智能制造创新中心入选。此次评选旨在支持中小微企业创业创新示范基地健康稳定发展，降低中小企业运营成本，全市共有 3 家单位入选。

(滕琦诺)

【英瑞科技"专家工作站"挂牌】 10 月 26 日，沈阳·中关村智能制造创新中心入驻企业沈阳英瑞科技股份有限公司"专家工作站"授牌仪式在沈阳·中关村智能制造创新中心举行。铁西区科协、经开区、沈阳中关村信息谷、英瑞科技等机构的领导及相关人员参加仪式。英瑞科技专家工作站主要针对自动化线体和机器人自动化工作站进行设计制造，经过长期发展，在自动化装备开发服务和应用领域积累了雄厚的核心技术和研发能力，向宝马、奔驰等车企交付了生产装配线、物流发运线、机器人自动化工作站等；针对物联网自动化控制系统中的换热站智能节能控制开展研发，实现楼宇冬季换热站智能控温；针对物联网智能炒菜机器人自动控制及通信开展研发，通过材料的改进提升加热效率并在物联网自动控制上实现突破。工作站将围绕智能工厂、智能装备、智能餐饮打造数字化物联新模式。

(滕琦诺)

【中德（沈阳）高端装备制造创新委员会第三次峰会召开】 10 月 31 日，以"融合创新加速汽车产业数智变革"为主题的中德（沈阳）高端装备制造创新委员会第三次峰会暨2022国际汽车数字化与智能制造大会在沈阳全球工业互联网大会会议中心举行。会议以线上和线下相结合的方式，同时在沈阳·中关村智能制造创新中心和德国海德堡两地设立分会场。辽宁省委、沈阳市委等省市领导，德国驻沈阳总领事馆总领事，德国商会东北区负责人，中德创新委员会德方秘书长以及中德双方相关领域专家学者、企业的代表参加会议。中德双方专家学者围绕"智能制造与智能装备：关键技术与发展趋势""德国智能制造的现状与趋势""中国智能制造'十四五'科技创新规划与进展""中国智能制造'十四五'产业规划及进展""面向未来的全球汽车智能制造"等主题展开交流和高层对话。会议决定，创新委员会下设分委会增设汽车数字化委员会，新增德国FEV、贺利氏、东软睿驰汽车、阿里云计算有限公司、华为技术有限公司等成员单位，创新委员会成员单位总数增至152家。创新委员会自成立以来，通过搭建智库咨询、对外合作、学习分享、解决实施、产业发展等平台，实现了人才、项目、资金、产业的有效融合。会上，创新中心入驻企业乾承机械科技（沈阳）有限公司、沈阳隆创科技有限公司等多家企业展示了最新创新成果。

（滕琦诺）

【9家入驻企业被认定为国家高新技术企业】 2022年，沈阳·中关村智能制造创新中心9家入驻企业入选科技部火炬中心公布的高新技术企业备案名单，累计有19家入驻企业被认定为国家高新技术企业。

（滕琦诺）

【17家企业入选2022年科技型中小企业】 2022年，辽宁省科技厅先后公布了4批科技型中小企业入库名单，沈阳英瑞科技股份有限公司、沈阳众劢科技有限公司等17家沈阳·中关村智能制造创新中心入驻企业位列其中。至此，共有26家入驻企业入选科技型中小企业，覆盖工业互联网、智能制造、新一代信息技术、生物医药、科技服务等主导产业领域。

（滕琦诺）

【6家企业在辽宁股权交易中心挂牌】 2022年，沈阳·中关村智能制造创新中心6家入驻企业在辽宁股权交易中心成功挂牌。至此，共11家入驻企业在辽宁股权交易中心挂牌。沈阳中关村信息谷通过搭建企业综合服务、科技金融服务、产业协同服务、人力资源服务、知识产权服务、政务综合服务等六大创新服务平台，为企业提供全方位、全周期的管家式服务，使企业在市场拓展、营业收入、人员招聘、资质认定、法律信誉等多方面不断提升；通过举办"京沈汇"项目路演吧等系列品牌活动，为企业搭建投融资平台，帮助企业解决资金方面疑难问题，推动金融机构为优质企业提供全方位的融资服务。

表22　2022年在辽宁股权交易中心挂牌企业一览表

序号	企业名称
1	沈阳隆创科技有限公司
2	沈阳众劢科技有限公司
3	华域信息技术（沈阳）有限公司
4	沈阳锐米科技有限公司
5	沈阳沃尼德科技有限公司
6	沈阳神链数字科技有限公司

南阳·中关村信息谷创新中心

【概况】 南阳·中关村信息谷创新中心成立于2020年10月，位于河南省南阳市南阳·中关村科技产业园，由南阳中关村信息谷科技服务有限责任公司（简称南阳中关村信息谷）运营管理。中心运营面积2.16万平方米，以大信息先进制造、电子商务为主导，科技服务业为支撑，按照"立足区域优势、着眼国际视野、强化资源对接、形成示范引领"的发展思路，构建一个"政产学研、创孵金展"、要素齐全、有机互动的"类中关村"创新生态系统，推进区域转型升级、创新发展。2022年，南阳·中关村信息谷创新中心新增入驻企业1家。截至2022年底，累计入驻企业58家。获"河南省级服务外包基地""省级科技企业孵化器""南阳市众创空间""南阳市科技企业孵化器""南阳市技术转移服务机构""南阳市级创业孵化示范基地"等荣誉称号。

（滕琦诺）

【南阳中关村信息谷创新孵化器被认定为省级孵化器】
1月，河南省科技厅发布通知，南阳中关村信息谷创新孵化器经推荐、专家评审、现场考察、厅长办公会研究、公示等程序，被认定为河南省科技企业孵化器，并纳入省级服务和管理体系。南阳·中关村信息谷创新中心按照"一线城市研发、南阳转化、全国推广"的工作思路，以高新区"主新特"、科技服务业为重点产业方向，整合各方资源禀赋，搭建营商政策、领军企业、高端人才、金融资本、高校院所、创新文化六大要素为支撑的"类中关村"创新生态，将中关村产业服务的模式与南阳本地产业现状结合，打造创新要素齐备、产业高度集聚的科技产业创新高地。

（滕琦诺）

【5 家企业获科技创新奖励】4月17日，南阳高新区 2022 年度党工委工作会议召开。会上，67 家企业受到表彰，共发放科技创新奖励 745.5 万元。其中，南阳·中关村信息谷创新中心有 5 家企业入选高新区 2021 年度科技创新企业表彰奖励名单，分别为：南阳中关村信息谷获市级众创空间奖励 10 万元，南阳迈特网络科技有限公司、河南正夫元集团有限公司、南阳一霖网络技术服务有限公司和中东鸿森人工智能科技（南阳）有限公司获国家科技型中小企业奖励各 1 万元。

（滕琦诺）

【2 个产业化项目落地】2022 年，南阳中关村信息谷立足本土产业发展，深耕中医药领域，落地产业化项目 2 个，分别是河南时事通医疗大数据运营中心有限公司医疗器械专业服务平台项目（总投资 0.3 亿元）、北京禾柏中药饮片生产基地（总投资 1.36 元），累计总投资 2 亿元。

（滕琦诺）

【完成 5 个项目产业协同】2022 年，南阳中关村信息谷产业协同工作稳步推进，实现协同赤峰公司落地赤峰小黄鸭网络科技有限公司、北京壹川鸣知识产权代理事务所（特殊普通合伙）赤峰分所、内蒙古优正网络科技有限公司 3 个项目，协同天津公司落地兴宇新材料科技（天津）有限公司、天津光尘科技有限公司 2 个项目，累计完成 5 个项目的协同，完成总公司年度指标。

（滕琦诺）

【完成 9 个股权认购项目】2022 年，南阳中关村信息谷完成与河南宛达锂电能源有限公司、河南融悟网络科技有限责任公司、河南麟顺网络技术有限公司、南阳笑沃网络科技有限公司、河南沃飞影视传媒有限公司、南阳京豫技术转移服务有限公司、河南众沃物联网科技有限公司、河南爱跑者运动科技有限公司、南阳达沃网络科技有限公司股权认购签约项目 9 个。

（滕琦诺）

【落地 4 个重点科技研发及成果转化平台】2022 年，南阳·中关村信息谷创新中心注册落地 4 个重点科技研发及成果转化平台，分别是河南现代中药研发公共服务平台（上市公司广州博济建设）、南阳市仲景中医药产业研究院（上海交通大学建设）、南阳药用植物产业技术研究院（河南工业大学建设）、中通防爆智慧防爆电气研究院（南阳中通防爆建设）。另有 2 个科研平台筹划推进中，分别是河南中药材产业研究院（中国中医科学院中药所建设）、河南中药材种质研究中心（天津南开大学建设）。

（滕琦诺）

【32 家企业入库科技型中小企业名单】2022 年，南阳·中关村信息谷创新中心培育河南正夫元集团有限公司、河南梦十三科技有限公司等 32 家入驻企业获科技型中小企业认定，并进行省级科技管理部

门科技型中小企业入库登记。辅导河南时光机网络科技有限公司、南阳一霖网络技术服务有限公司等3家企业申报国家高新技术企业认定。

(滕琦诺)

广州·中关村信息谷创新中心

【概况】广州·中关村信息谷创新中心成立于2020年12月，位于广东省广州白云湖数字科技城，由广州中关村信息谷科技服务有限责任公司（简称广州中关村信息谷）负责运营管理。中心运营面积1万平方米，着力打造广州中关村协同创新展示交易中心、雨林空间国际孵化器、科技办公区等创新交流示范窗口。2022年，广州·中关村信息谷创新中心新增入驻企业26家，为白云区引入广联达、浪潮工业互联网等115家企业的全国或区域型总部基地，完成广联达数字科技（广州）有限公司、广东云湾工业互联网有限公司、广州精典人才创新有限公司、广东菲立日盛家居科技有限公司、广州康浚汽车销售服务有限公司5家升规纳统企业。组织举办主题涵盖政策宣讲、企业产品发布、行业对接、企业服务等白云数字科技周活动14场，200余家企业、400余人次参加，累计举办29场。组织广州顺拓科技发展有限公司、广州播丫科技有限公司2家入驻企业参加"第十一届中国创新创业大赛（广东·广州赛区）暨2022年广州科技创新创业大赛"，分别获得初创组和成长组优秀奖。截至2022年底，中心累计入驻企业46家。

(滕琦诺)

【首届广州中关村生态合作伙伴大会举办】1月14日，由粤港澳大湾区中关村企业联盟主办、广州中关村信息谷承办，以"凝心聚力绘宏图，砥砺奋进谱新篇"为主题的首届广州中关村生态合作伙伴大会在广州·中关村信息谷创新中心举办。大会分为领导致辞、项目推介、主题演讲、颁奖仪式、自由交流等环节。广州中关村信息谷项目100余家入驻企业、生态合作伙伴、意向落地重点企业等创新企业和生态合作服务机构等的代表150余人参会。广

州中关村信息谷汇报广州·中关村信息谷创新中心运营成果，广州白云金融控股集团推介重点项目。主题演讲环节，广联达科技股份有限公司、浪潮工业互联网产业股份有限公司、广东百分点科技有限公司、深圳市雄韬电源科技股份有限公司、世潮富（香港）控股有限公司、深圳市世纪阳明投资有限公司、广州顺拓科技发展有限公司等的嘉宾分别进行主题发言。本次大会旨在推动创新要素资源向广州白云聚集，加快打造高质量发展新引擎，助力白云区高质量发展中心城区建设，为广州"老城市新活力"作出更大贡献。

(滕琦诺)

【科创小镇产业服务合作协议签订】5月30日，广州中关村信息谷与广州市白云公有资产运营有限公司签订科创小镇产业服务合作协议，合作期10年，每年给予98万元的服务费支持，每年通过举办10场产业创新活动快速导入新兴产业创新资源，搭建科创小镇产业创新发展服务体系。年内，累计举办"碳中和与数字经济研讨会""建筑业数字化与绿色低碳发展研讨会"等创新创业活动8场，带动小镇集聚企业300余家，其中规模以上企业8家。

(滕琦诺)

【探索传统行业数字化营销转型的最佳通路沙龙活动举办】6月10日，由广州市白云区政府石门街道办事处、广州市白云公有资产运营有限公司主办，广州中关村信息谷、广州播丫科技有限公司承办的白云数字科技周第22期"探索传统行业数字化营销转型的最佳通路"沙龙活动在广州·中关村信息谷创新中心举办。本次活动以线上和线下相结合的方式举办，相关单位、企业的代表200余人参会。线

下参会人员到广州·中关村信息谷创新中心一楼展厅，参观了解广州中关村项目的背景、产业定位、发展规划以及白云区数字经济产业规划发展情况。播丫科技进行了播丫直播一体机及直播整体方案分享，阐释直播行业的发展趋势，详细介绍公司的智能直播一体机产品，并分享诸多直播行业大咖的成熟运营经验。本次活动旨在探索传统行业转型直播的最佳通路，服务白云区传统行业企业快速实现数字化转型升级，助力白云区直播经济蓬勃发展。

（滕琦诺）

【建筑业数字化与绿色低碳发展研讨会举办】 7月6日，由中共广州市白云区委组织部、广州市白云区科工商信局、广州市白云区投资促进局主办，广州市白云区政府石门街道办事处、广州市白云公有资产运营有限公司、广州中关村信息谷、广州晟丰联合实业投资有限公司承办的白云数字科技周第24期"建筑业数字化与绿色低碳发展研讨会暨白云区第二届科技·人才活动周"在广州·中关村信息谷创新中心举办。相关单位、企业的代表40余人参会。广州中关村信息谷、中国电子节能技术协会大湾区办事处、西安交通大学国家技术转移中心广东中心等单位相关负责人分别结合本单位业务进行发言。本次活动旨在通过围绕"数字经济助力建筑业绿色低碳发展"主题的交流，推动建筑领域更多创新主体和创新要素向白云聚集，共同促进白云区建筑业高质量发展。

（滕琦诺）

【"赋业通"项目宣讲会举办】 8月20日，由广州市白云区政府石门街道办事处、广州晟丰联合实业投资有限公司主办，广州中关村信息谷、中业汇科产业发展（广州）有限公司承办的白云数字科技周第28期"赋业通"项目宣讲会在广州·中关村信息谷创新中心举办。相关单位、企业的代表30余人参会。"赋业通"项目负责人就当今社会经济环境下门店、品牌方、消费者三方的痛点进行剖析，解读未来消费市场发展趋势，并详细介绍科技平台——"赋业通"。该产品主要是为品牌清货卖货，为门店拓客引流，为大众群体省钱赚钱。本次活动旨在改变用户消费习惯，拉动国内商品市场内需，赋能实

体经济，为消费市场注入新活力。

（滕琦诺）

【广州中关村信息谷与大当家供应链签约】 9月20日，由广州市白云区政府石门街道办事处、广州晟丰联合实业投资有限公司主办，广州中关村信息谷、大当家供应链（广东）有限公司承办的白云数字科技周第29期"广州中关村信息谷 & 大当家供应链公司战略合作签约仪式"在广州·中关村信息谷创新中心举办。相关单位、企业的代表20余人参会。广州中关村信息谷与大当家供应链共同发起设立广州白云湖新工业产业基金，聚焦高端软件、云计算、人工智能、新一代通信网络、物联网、数字创意六大产业及配套产业，推动重点产业项目加速落地。签约仪式结束后，签约双方分别介绍了自身企业发展情况，并围绕白云湖数字科技城重点产业片区拟投资标的展开基金运作模式、投资计划等方面的详细讨论。

（滕琦诺）

【与白云城投公司签订委托运营协议】 10月1日，广州中关村信息谷与广州市白云城市开发投资集团有限公司签订《广州·中关村信息谷创新示范基地项目委托运营协议》，合作载体约1万平方米，合作期10年，租金五五分成，预计正式运营平均每年可增加收入200万元，进一步保障了公司可持续发展。已完成载体交付条件沟通对接，储备广东南方数码科技股份有限公司、广东量大天晟装配建筑材料有限公司、中建领航科技有限公司等意向入驻客户30余家。

（滕琦诺）

苏州·中关村信息谷创新中心

【概况】 苏州·中关村信息谷创新中心成立于2020年12月，位于江苏省苏州市高铁新城片区，由苏州中关村信息谷科技服务有限责任公司（简称苏州中关村信息谷）负责运营管理。中心运营面积3.01万平方米，定位为大数据、工业互联网、科技金融、智能驾驶、先进材料、生物医药六大产业。2022年，

苏州·中关村信息谷创新中心新增入驻企业 33 家，对接科技企业商协会 31 家、校友会和高校联盟 4 家。苏州中关村信息谷雨林空间获评苏州市级众创空间。截至 2022 年底，创新中心累计入驻企业 64 家。其中，高新技术企业 3 家、科技型中小企业 7 家、江苏省民营科技企业 2 家、江苏省企业技术中心 1 家。

（滕琦诺）

【协会、校友会交流合作座谈活动举办】 1 月 20 日，苏州·中关村信息谷创新中心举办"创新合作共享共赢"协会、校友会交流合作座谈活动，南京大学苏州校友会、浙江大学苏州校友会、苏州智能制造行业协会、苏州化工行业协会、苏州工业经济联合会、苏州市光电产业商会对外发展中心相关负责人参加。一行人参观了雨林空间等部分共享配套设施。苏州中关村信息谷长三角创新中心负责人介绍了中关村的创新发展历程，中关村信息谷在区域协同发展、资源优化配置等方面的优势与成果，重点对创新中心运营模式以及在企业招引、培育、科技服务等方面的发展成果进行推介。相关人员具体介绍了各协会、校友会的成立背景、发展概况。双方围绕产业研发成果、企业发展诉求等做了重点交流。

（滕琦诺）

【企业入驻签约仪式举办】 1 月 26 日，"智汇高铁共创未来"迎新春联谊会暨企业入驻签约仪式在苏州·中关村信息谷创新中心举办。苏州高铁新城管委会、科技商务局相关领导，苏州中关村信息谷、入驻企业、新签约企业相关负责人参加活动。活动现场，苏州中关村信息谷与 7 家新入驻企业的代表签约；相邦（苏州）生物材料科技有限公司、苏州联佳绿色智能科技有限公司代表入驻企业发言，极客隆数字科技有限公司代表新入驻企业发言。

（滕琦诺）

【激光雷达与视觉一体化智能监测系统获信息化创新技术奖】 3 月 26 日，苏州·中关村信息谷创新中心入驻企业苏州思卡信息系统有限公司的"激光雷达与视觉一体化智能监测系统——HighwayGo"获"2022 高速公路信息化创新技术奖"。

（滕琦诺）

【优质项目获区科技领军人才计划三等奖】 5 月 6—7 日，在 2022（第十三届）阳澄湖创客大赛科技领军人才项目（先申报后落户）线上邀请赛中，苏州中关村信息谷"基于 cfDNA 染色体开放区间检测技术的泛癌早筛产品的开发和产业化"项目获三等奖。本次大赛共收到数字创新技术、先进材料、生物医药、碳达峰碳中和、智能传感等领域的 175 个参赛项目，经过遴选，共有 50 个优质项目进入邀请赛路演环节。最终，评选出二等奖项目 2 个、三等奖项目 21 个。获奖项目除能够获得奖金外，还有机会获得相城区科技领军人才计划"直通车"门票，创业类立项后可获得最高 600 万元的项目资助。

（滕琦诺）

【苏州中关村信息谷雨林空间获评苏州市级众创空间】 8 月，江苏省科技厅、苏州市科技局完成 2022 年省级众创空间、市级科技企业孵化器、众创空间名单公示，苏州中关村信息谷雨林空间入选苏州市级众创空间。雨林空间位于相成区南天成路 6 号，以先进材料、智能网联汽车、信息技术、人工智能、大数据等产业为方向。

（滕琦诺）

【吴江青商会企业走进苏州中关村项目合作交流会举办】 9 月 20 日，"同行筑梦，共创未来"吴江青商会企业走进苏州中关村项目合作交流会在苏州·中关村信息谷创新中心举行。苏州市吴江区青年商会、海锋集团有限公司、雅艺德智能数齿科技（江苏）有限公司、苏州市八都建筑有限公司、江苏华瑞会计师事务所、江苏强泰国际贸易发展有限公司、江苏创源电子有限公司、苏州阳刚建设发展集团有限公司、苏州中关村信息谷相关负责人参加活动。苏州中关村信息谷负责人介绍了中关村创新发展历程，技术、人才、资本、平台、市场等各类资源，中关村信息谷在区域协同发展、资源优化配置等方面的优势与成果。吴江区青年商会负责人介绍了商会成立背景、发展概况等。来访团参观了雨林空间等部分共享配套设施。双方围绕企业落地政策及发展诉求等方面做了重点交流，并希望在科技金融、科技服务、项目落地、政策宣导、市场推广、

资源对接等方面开展深度合作。

（滕琦诺）

（滕琦诺）

【苏州高铁新城科技孵化器工作推进会召开】 12月5日，苏州高铁新城科技商务局在苏州·中关村信息谷创新中心组织召开科技孵化器工作推进会。苏州高铁新城科技商务局就2022年科技孵化器发展情况做相关工作总结；各孵化器负责人从基本情况、服务能力、孵化绩效、发展规划等方面，对各孵化载体建设情况进行汇报；苏州高铁新城管委会指出，相城将规划建设成一个现代化高科技中心城区，并对参会部门、企业提出"加强科技孵化器的协同发展模式""进一步提升载体能级"等要求；苏州高铁新城科技商务局从孵化器特色、职能、绩效考核和管理服务方面做补充。苏州高铁新城管委会、科技商务局相关领导，区内20多家科技孵化器主要负责人参加会议。

（滕琦诺）

【举办6期"云学院"双创云课堂活动】 2022年，苏州·中关村信息谷创新中心共举办6期"苏州中关村智谷'云学院'双创云课堂"活动。活动分别以"语音识别与人工智能""循环经济、低碳经济理论解读与实践应用""物联网在智能制造领域的创新应用""现代物流业的发展与推动""解码元宇宙""无人机行业应用"等为主题，聚焦企业创新难、成长难的痛点，通过思维赋能、技能赋能、战略赋能等形式，提供系统化、专业化、有效化的培训，推动双创服务向更大范围、更高层次、更深程度发展。苏州·中关村信息谷创新中心入驻企业的管理人员、相城区相关企业负责人等参加，在线观看人数累计超过700万人次。

【举办11期体系化产业组织优质项目线上系列推介会】 2022年，由北京中关村信息谷主办的体系化产业组织优质项目线上系列推介会在苏州·中关村信息谷创新中心共举办11期。推介会分别介绍了北京福田康明斯发动机有限公司数字化解决方案项目、上海洁鹿环保科技有限公司环保设备运维生产项目、成都考拉悠然科技有限公司人工智能数字化赋能项目、北大医疗医院管理公司医院托管运营合作项目、中广核辐照技术有限公司辐照加工服务项目、深圳市刚竹医疗科技有限公司动物基因检测实验中心项目、国合洲际能源咨询院碳中和研究院合作项目、中石化新星（北京）新能源开发有限公司"油气氢电服"加能站项目、安阳弘安航空科技有限公司智能电池研发生产项目等项目的规模、特色、产业优势、核心团队等基本情况及落地需求，重点对接人工智能/机器人、生命健康/文旅/节能环保、新材料/文旅/智能硬件、新能源/智能制造/总部经济、新能源/农业科技/智慧交通、信息技术/智能制造/智慧医疗、数字经济/智能制造/人工智能等领域优质项目，有助于推动项目供需信息集中高效精准对接，实现区域联动、资源共享，打造区域协同发展新局面。共60余家企业的相关代表参会。

（滕琦诺）

【7家企业通过江苏省科技型中小企业认定】 2022年，根据江苏省科技厅关于2022年入库科技型中小企业公告，苏州·中关村信息谷创新中心入驻企业苏州联佳绿色智能科技有限公司、苏州思卡智能科技有限公司、苏州中迈新能源科技有限公司、优

贝学礼（苏州）信息技术有限责任公司、苏州大羽包装科技有限公司、苏州大森塑胶工业有限公司、苏州银珲玛电子科技有限公司等7家企业通过江苏省科技型中小企业认定。

（滕琦诺）

【2家企业通过江苏省民营科技企业认定】 2022年，根据江苏省民营科技企业协会《关于公布2022年江苏省民营科技企业备案名单的通知》，苏州·中关村信息谷创新中心入驻企业苏州思卡智能科技有限公司、苏州联佳绿色智能科技有限公司2家企业通过江苏省民营科技企业认定。

（滕琦诺）

【3家企业获评高新技术企业】 2022年，根据《关于对江苏省认定机构2022年认定的第四批高新技术企业进行备案公示的通知》，苏州·中关村信息谷创新中心入驻企业苏州联佳绿色智能科技有限公司、苏州星迹时空网络科技有限公司、苏州大森塑胶工业有限公司等3家企业通过高新技术企业认定。

（滕琦诺）

三明·中关村科技园

【概况】 三明·中关村科技园成立于2020年12月，位于福建省三明市生态新城核心区，由三明中关村科技园运营服务有限责任公司负责运营管理。园区运营面积5.24万平方米，定位为电子商务、智能互联、生命健康三大产业。2022年，三明·中关村科技园新增注册企业134家。参与举办活动30场，其中"创新中国行"类招商活动15场；"京闽创新汇"开展各类企业服务活动38场，累计3000余人次参加。三明·中关村科技园获评"2022年度省级科技企业孵化器""福建省网络安全产业示范园""优化营商环境联系点"，成为"三明实践"现场教学基地，人才驿站入选市级示范站。截至2022年底，科技园累计注册企业238家。

（滕琦诺）

【沃动漫数字文创公共实训基地启动】 6月6日，三明·中关村科技园14号楼沃动漫数字文创公共实训基地启动运营，并为三明医学科技职业学院职教园分校信息技术系视觉传播设计五年专班学员进行第一期专业课程培训。数字文创公共实训基地是政、行、企、校共同打造的公共实训基地，专注于数字文创专业的产教融合解决方案，涉及影视动漫、新媒体短视频、视觉传达、电商直播等方面，通过教育赋能产业，推动数字文创产业发展。

（滕琦诺）

【京闽科技合作（厦门）创新中心暨三明·中关村科技园（厦门）离岸孵化器揭牌】 7月7日，由福建省科技厅、厦门市科技局、三明市政府主办，福建省科技厅对外合作处、厦门市科技局科技合作与成果转化处、三明市科技局、海西三明生态工贸区管委会、北京中关村信息谷承办的京闽科技合作（厦门）创新中心暨三明·中关村科技园（厦门）离岸孵化器揭牌仪式在厦门软件园三期举行。三明·中关村科技园与厦门市人工智能行业协会签署战略合作协议书；三明·中关村科技园与6家企业签署意向协议，企业涵盖人工智能、物联网无线通信产业、软件开发业等多种行业。三明·中关村科技园负责人从京闽合作的发展路径，三明·中关村科技园项目概况、优势、园区风采及京闽科技合作创新中心暨三明·中关村科技园（厦门）离岸孵化器等方面进行汇报。海西三明生态工贸区、三明经济开发区、三明高新区、永安市石墨和石墨烯产业园负责人分别就各自园区的区位概况、营商环境、相关政策等情况进行招商推介；中旅联控股有限公司、厦门四信通信科技有限公司等8家企业负责人分别介绍企业情况、战略布局、落地需求等。

（滕琦诺）

【京闽科技合作（福州）创新中心暨三明·中关村科技园（福州）离岸孵化器揭牌】8月18日，由福建省科技厅、三明市科技局、海西三明生态工贸区管委会主办，三明市经济开发区管委会、三明高新技术产业园管委会、永安市石墨和石墨烯产业园管委会、尤溪经济开发区管委会承办，三明中关村科技园运营服务有限责任公司协办的京闽科技合作（福州）创新中心暨三明·中关村科技园（福州）离岸孵化器揭牌仪式在福州仓山区凯悦酒店举行。主承办单位领导及来自北京、上海、深圳等地100余位企业的代表参加活动。三明·中关村科技园负责人从京闽合作的历程、三明·中关村科技园核心优势、运营模式、园区建设及京闽科技合作创新中心暨三明·中关村科技园（福州）离岸孵化器等方面进行介绍。三明·中关村科技园与福建省对外科技交流中心就共建福州离岸孵化器签署合作协议书，双方立足各自资源优势，围绕科技项目展示推介、科技成果转化、科技人才交流、科技金融服务等进行深度合作。三明·中关村科技园与粤港澳大湾区机器人产业联盟、北京精准放射医学学会专精特新医疗专委会、北京物联网智能技术应用协会等7家企业签署合作协议书，签约企业涵盖生物医药、新材料、人工智能大数据等行业。现场还分别进行了数字经济、新材料、生物医药3个专场对接会，同时进行企业项目路演推介、政企交流等活动。

（滕琦诺）

【三明·中关村科技园被认定为省级科技企业孵化器】12月7日，福建省科技厅公布2022年度省级科技企业孵化器（3家）和省级众创空间（47家）认定名单。经形式审查、专家评审、公示等流程，三明·中关村科技园被认定为2022年度省级科技企业孵化器。

（滕琦诺）

绵阳·中关村信息谷创新中心

【概况】绵阳·中关村信息谷创新中心成立于2020年12月，位于四川省绵阳市涪城区，由绵阳中关村信息谷科技服务有限责任公司（简称绵阳中关村信息谷）负责运营管理。项目一期运营面积6.2万平方米，二期规划运营面积14.24万平方米，按照"一园区，一基地"的空间发展理念，产业定位为5G、人工智能、科技金融、"互联网+"等相关产业，打造绵阳现代创新型产业体系，构建"类中关村"创新发展生态，形成产业聚集效应。2022年，绵阳·中关村信息谷创新中心新增企业91家，其中招引"专精特新"企业1家、高新技术企业4家、科技型中小企业5家、退役军人创业7家、大学生创业1家。截至2022年底，累计入驻企业253家。全年累计申报项目10个，已立项通过项目3个（绵阳市市级科技企业孵化器、绵阳市小型微型企业创业创新示范基地、绵阳市科技企业孵化链备案）。绵阳·中关村信息谷创新中心获绵阳市小型微型企业创业创新示范基地、绵阳市市级科技企业孵化器、绵阳2021年度建设四个强区——领军人才团队、涪城荟——科技创新招商联盟首届盟主单位等荣誉。

（绵阳·中关村信息谷创新中心鸟瞰）

（滕琦诺）

【绵阳·中关村信息谷创新中心获绵阳市小型微型企业创业创新示范基地称号】6月6日，绵阳市经济和信息化局公示2022年度绵阳市中小企业公共服务示范平台、绵阳市小型微型企业创业创新示范基地拟认定名单，绵阳·中关村信息谷创新中心因基础设施完备、运营管理规范、商业模式清晰、创新链完整、产业链协同、服务功能齐全、服务业绩突出、社会公信度高、示范带动作用强，入选2022年度绵阳市小型微型企业创业创新示范基地名单。

（滕琦诺）

【雨林空间（国际）孵化器获市级科技企业孵化器认定】6月29日，绵阳市科技局发布关于认定2022年绵阳市科技企业孵化载体备案的通知，经过组织申报、现场考察、专家评审、社会公示等程序，绵阳·中关村信息谷创新中心雨林空间（国际）孵化器被认定为绵阳市"2022年度市级科技企业孵化器"。

（滕琦诺）

【5家企业获绵阳市高新技术企业认定奖励专项资金】8月16日，绵阳市科技局发布关于启动2022年度绵阳市高新技术企业认定及瞪羚企业备案奖励专项资金申报的通知，绵阳·中关村信息谷创新中心入驻企业四川中久防务科技有限公司、四川久远银海畅辉软件有限公司、绵阳市蝴蝶信息技术有限公司、绵阳谷夫科技有限公司、四川米粒数码技术有限公司等5家企业获2021年度绵阳市高新技术企业认定奖励专项资金。

（滕琦诺）

【全国"大众创业、万众创新"活动周绵阳分会场活动举办】9月13日，由绵阳市政府主办，绵阳市科技局、涪城区政府承办，涪城区科技局、绵阳中关村信息谷协办的2022年全国"大众创业、万众创新"活动周绵阳分会场启动仪式在绵阳·中关村信息谷创新中心举行。本次"双创"活动周以"创新增动能，创业促就业"为主题，在全市开展"高新技术企业助跑行动"、"双创新澎湃"专题讲座、"逐梦计划"大学生社会实践以及经验交流、信息发布、导师评选等一系列专题活动，进一步营造

出创新创业氛围、激发全社会创新创业激情。仪式上，相关领导为省级孵化器和众创空间授牌，就第七届中国创新挑战赛（绵阳）技术融合专题赛进行赛事推介。涪城区、园区分管科技的负责人、科技型中小企业发展工作领导小组成员单位负责人，部分双创平台负责人近50人参加现场活动，县（市、区）相关单位、园区近千人收看线上直播。

（滕琦诺）

【举办66场"创意创新在绵州·路演吧"活动】2022年，绵阳·中关村信息谷创新中心举办66场"创意创新在绵州·路演吧"活动。活动分别以数字经济、新能源产业重点项目线上对接会、高新技术企业认定培训会、区域协同——巨量引擎项目线上对接会、"基金赋能助力发展"线上项目对接会、"企业经营风险＋如何降低风险"财税知识培训、"专精特新"中小企业培育暨政策解读专题讲座、"夏季消防安全培训"及演练活动、区域协同——新兴材料及产业项目线上对接会、"企业合规的理论与实践"法律讲座等为内容，服务企业800余家2000余人次，合作各类投融资机构近20家。

（滕琦诺）

【举办37期"创新中国行"活动】2022年，绵阳·中关村信息谷创新中心举办37期"创新中国行"活

动，共组织园区 80 余家科技企业前往北京、天津、西安、苏州、杭州、厦门等地考察交流，对接各地政府及相关企业。

（滕琦诺）

【完成四级孵化体系科技企业孵化链条备案】2022年，绵阳中关村信息谷联合金家林总部经济试验区管委会、想到科技孵化器等企事业单位共同完成绵阳市"创业苗圃＋孵化器＋加速器＋产业园"四级孵化体系科技企业孵化链条备案。该项目是涪城区唯一创新驱动发展的科技企业全孵化链条示范点。该体系有力推进项目培育、创新孵化、企业加速服务有效链接，打造创新创业集聚高地。全年培育国家级科技型中小企业较上年增长 325%，培育国家级高新技术企业较上年增长 80%。

（滕琦诺）

【举办 47 场"谋合作促发展"优质项目线上推介活动】2022年，北京中关村信息谷主办、绵阳中关村信息谷承办了 47 场区域协同——"谋合作促发展"优质项目系列推介活动。活动设人工智能及元宇宙领域项目专场，智慧赋能及数字化改造项目专场，新能源及智能制造项目专场，数字化及节能环保项目专场，人工智能及机器人领域项目专场，生命健康、文旅及节能环保领域专场，新材料、文旅及智能硬件领域专场，新能源、新材料及商业领域专场，新能源、基因检测及智能驾驶领域专场，生物医药、IT 培训及智能驾驶领域专场，新能源、智能制造及总部经济领域专场，新能源、农业科技及智慧交通领域专场，新一代信息技术、智能制造及智慧医疗领域专场，数字经济、智能制造及人工智能领域专场，新能源、智能制造及人工智能领域专场等，发挥区域资源优势和产业优势，加强区域创新资源协同合作。活动共推介 200 余家企业的优质项目。

（滕琦诺）

【34 家企业通过国家级科技型中小企业认定】2022年，根据四川省科技厅关于拟入库科技型中小企业名单等相关通知累计统计，绵阳·中关村信息谷创新中心入驻企业四川省尊理科技服务有限责任公司、四川中久防务科技有限公司、绵阳市蝴蝶信息技术有限公司、四川久远银海畅辉软件有限公司等

34 家企业通过国家级科技型中小企业认定。

（滕琦诺）

赤峰·中关村信息谷科技创新基地

【概况】赤峰·中关村信息谷科技创新基地成立于2021 年 5 月，位于内蒙古自治区赤峰市，由赤峰中关村信息谷科技服务有限公司（简称赤峰中关村信息谷）负责运营。基地运营面积 10.5 万平方米，定位为新一代信息技术、智能制造、现代服务等，是赤峰市政府与中关村信息谷为推进京蒙创新协作、推动赤峰市供给侧结构性改革和产业转型升级合作而建设的项目。2022 年，赤峰·中关村信息谷科技创新基地签约入驻企业 5 家，接待企业 150 余家，共计接待 1340 余人次；完成反哺北京企业 4 家，区域外项目协同 12 家。截至 2022 年底，累计入驻企业 69 家。

（赤峰·中关村信息谷科技创新基地外景）

（滕琦诺）

【赤峰中关村信息谷与银行签订战略合作协议】5 月30 日，赤峰中关村信息谷与赤峰市松山区立农村镇银行有限责任公司在赤峰·中关村信息谷科技创新基地举办战略合作签约仪式。双方将紧密围绕服务基地企业，在党建融合、工会活动、融资对接等方面进行深度合作，实现中关村与金融机构之间资源优化和共享，提升中关村及金融机构共同服务企业能力。赤峰中关村信息谷负责人介绍了北京中关村与赤峰松山区政府共建共运营赤峰·中关村信息谷科技创新基地的合作背景、合作模式、运营思路及运营以来所取得的成效。赤峰市松山区立农村镇银

行介绍立农村镇银行立足本土的优势、作为村镇银行区别于大型国有银行的政策灵活性、服务企业的便利性。此次签约，有助于更多的金融机构持续加入赤峰中关村信息谷，搭建科技金融服务平台，为赤峰中关村实现"一中心、一基地、一园区、一基金、一平台"的发展路径提供有力支撑。

（滕琦诺）

【赤峰中关村跨区域协同发展引才平台上线】 7月6日，由天津中关村科技园公司、赤峰中关村信息谷联合智联招聘共同打造的"赤峰中关村跨区域协同发展引才平台"（https：//special.zhaopin.com/2022/hb/tjzg042702/）正式上线发布。赤峰中关村跨区域协同发展引才平台是赤峰中关村信息谷为进一步帮助园区企业提升引才质量、降低引才成本，联合智联招聘搭建的线上招聘平台，平台将为赤峰·中关村信息谷科技创新基地入园企业在智联平台上免费发布职位需求，并享受中关村企业专属的招聘相关福利资源；在平台上发布的企业可免费获得招聘福利的线上直播课程；企业可通过智联招聘遍布全国的线上网络平台，拓展宣传渠道，宣传展示企业风采。平台使园区企业人才招聘质量得到实质性提升，企业招聘成本得到有效降低。

（滕琦诺）

【"95128可蚁点"约车服务平台上线】 8月5日，以"科技赋能，畅想出行"为主题的赤峰市中心城区巡游出租汽车"95128可蚁点"约车服务平台上线运营发布会在赤峰·中关村信息谷科技创新基地举行。发布会全面介绍"95128可蚁点"巡游出租车约车服务平台功能、特点及重要意义，同时模拟操作"95128可蚁点"平台使用过程。该平台是在95128电话叫车功能基础上，以"一个对话即一个订单""一个设备服务一座城"的创新理念，为群众提供更简单、更安全的全场景叫车服务。平台具有一键语音叫车、精准就近点车、虚拟号码呼叫、线上和线下灵活支付等功能，乘客可通过拨打95128电话、手机App、微信小程序3种方式进行约车。同时，行业管理部门可以通过平台实时了解出租车的运营情况，有效利用实时数据为司机和乘客提供更好更全面的服务，通过评价体系建立司机和用户信用机制，以提高行业的服务质量和监管力度。"95128可蚁点"约车服务平台是赤峰市交通运输部门一项重要惠民工程，通过平台将巡游出租汽车服务与"互联网＋"技术相结合，实现出租汽车行业供给侧改革，有效缓解巡游出租行业路面打车难、服务评价难、行业管理难等问题。

（滕琦诺）

【赤峰·中关村信息谷科技创新基地法律顾问合同签约】 12月1日，赤峰中关村信息谷和内蒙古松川律师事务所签订赤峰·中关村信息谷科技创新基地法律顾问合同。为满足基地企业法律问题咨询诉求，赤峰中关村信息谷聘请内蒙古松川律师事务所担任基地法律顾问，为园区内的企业提供更为客观、专业、方便的法律服务，帮助企业提前防范法律风险，为企业完善内部管理制度和法律监督机制，协助企业顺利完成商业交易，为企业减少成本，引导企业树立正确的法律风险管理观念。合同内容包括：协助基地解答赤峰中关村企业的相关诉求，包括但不限于法律咨询、依法提供建议或者出具律师意见书，开具出庭函；协助赤峰中关村企业草拟、制定、审查或者修改合同、章程等法律文书；应赤峰中关村企业要求，参与磋商、谈判，进行法律分析、论证；受赤峰中关村企业委托，签署、送达或者接受法律文件；就赤峰中关村企业面临或者可能发生的纠纷，进行法律论证，提出解决方案，出具律师函，发表律师意见；或者参与非诉讼谈判、协调、调解；协助在赤峰中关村举办"京蒙创新汇——法律培训讲堂"等系列普法活动；办理双方商定的其他法律事务等。

（滕琦诺）

【赤峰中关村信息谷获评科普教育基地】 12月2日，赤峰市科协印发通知，公布赤峰市2022年科普教育基地名单。赤峰中关村信息谷被认定为"赤峰市2022年科普教育基地"。

（滕琦诺）

【新增12家科技型中小企业】 2022年，内蒙古自治区先后公布8批入库科技型中小企业名单。赤峰·中关村信息谷科技创新基地12家入驻企业入库，累计14家，即内蒙古铂略科技发展有限公司、赤峰中关村信息谷科技服务有限公司、内蒙古主导科技有限公司、赤峰新再灵科技有限公司、内蒙古金泰中威科技有限责任公司、内蒙古崇正科技有限公司、赤峰华源新力科技有限公司、赤峰天象科技有限公司、内蒙古卓瓦科技有限公司、内蒙古主导光电科技有限公司、赤峰野农优品电子商务有限公司、赤峰市恒联晟科技有限公司、赤峰市跃鸿网络科技有限公司、内蒙古乐水清源科技有限公司。企业覆盖新一代信息技术、智能制造与现代服务业等主导产业领域，科技企业队伍不断壮大，创新集聚效果愈发显著。

（滕琦诺）

【举办7场"京蒙创新汇"活动】2022年，赤峰·中关村信息谷科技创新基地以线上和线下相结合、多媒体平台共宣传等形式举办7场"京蒙创新汇"系列活动，包括科技政策解读会、中国农业银行最新政策宣讲会、科技企业认定实操座谈会、消防知识培训及实操演练小课堂、小微企业创业担保贷款政策解读座谈会、法治体检小课堂等。为满足企业招聘需要，多次举办"京蒙创新汇——校地企深化合作对接会"，赤峰公司与赤峰学院、赤峰工业职业技术学院、内蒙古交通职业技术学院、赤峰应用技术职业学院、赤峰信息职业技术学校共建实践育人基地。"京蒙创新汇"作为创新品牌活动，旨在让企业与企业之间在轻松愉悦的氛围中实现对接和充分交流，让项目与项目在交流中发现合作契机，形成独有的资源共享、互利互助、共同发展的生态圈，在高校与企业之间形成产、学、研、用深化对接，对帮助企业实现高质量发展具有重要意义。

（滕琦诺）

徐州·中关村信息谷创新示范基地

【概况】徐州·中关村信息谷创新示范基地成立于2021年5月，位于江苏省徐州市沛县，由徐州中关村信息谷科技服务有限责任公司（简称徐州中关村信息谷）负责运营管理。基地运营面积约4.4万平方米，以高端纺织、新型铝材、新能源三大产业为支撑，聚焦新型铝材、高端装备制造、新材料、光伏光电、新一代信息技术、科技服务六大领域。2022年，徐州·中关村信息谷创新示范基地新增入驻企业67家。截至2022年底，基地累计入驻企业120家。

（滕琦诺）

【科技服务专题讲座暨法律服务平台揭牌仪式举行】1月19日，徐州中关村信息谷路演吧第十八期"科技服务专题讲座暨法律服务平台揭牌仪式"在徐州中关村信息谷举行。沛县政府、沛县经济开发区经发局、江苏忠清律师事务所、远东宏信华东区域、徐州中关村信息谷等领导、专家出席，50余家科技企业的代表参加活动。徐州·中关村信息谷创新示范基地"会员法律服务中心"正式成立。江苏忠清律师事务所专家就"《民法典》合同""科技金融融资租赁服务""企业商业秘密保护"等专题进行分享。通过培训助力科技企业提升对商业秘密的保护意识，帮助科技企业对接科技金融服务。

（滕琦诺）

【入驻科技企业座谈会举办】1月20日，徐州中关村信息谷举行年终运营总结暨入驻科技企业座谈会，沛县县委、沛县两新工委领导及部分基地入驻科技企业负责人参加。徐州中关村信息谷做2021年整体工作汇报，包括基地在科技企业集聚、人才引智平台建设、创新活动开展等方面所取得的成果及下一步工作计划。杭州悦天云数据科技有限公司、大唐安途信息技术有限公司、北京中科锐星科技发展有限公司、江苏铸德智能科技有限公司、山东星之诚生物科技有限公司、江苏政校企企业管理有限公司、江苏云闪通数字科技有限公司、江苏奇颂电子商务有限公司等科技企业负责人汇报各自企业发展现状。沛县县委领导详细了解基地产业发展布局、入驻科技企业主营产品及核心技术等情况，并与基地新一代信息技术、数字经济、新材料、集成电路、科技服务等产业领域部分入驻科技企业负责人开展座谈，倾听企业在沛县经营过程中遇到的困难和诉求，结合现行政策及企业实际，现场对企业提出的诉求进行解答，并在企业运营过程中给予支持和帮助。

(滕琦诺)

【沛县高层次人才创新创业大赛项目评审会举办】5月11日，由沛县县委组织部、沛县人才工作领导小组办公室、沛县科技镇长团主办，徐州中关村信息谷协办的沛县高层次人才创新创业大赛项目评审会在徐州·中关村信息谷创新示范基地举行。沛县人才工作、两新工委、经开区发展有限公司、经开区招商局、行政审批局、徐州中关村信息谷等单位负责人参加活动。共有20个国内知名院校团体、科研专家、双创人才自主研发的人才项目参加评审，涵盖高端装备制造、生物医药、新能源、新材料等领域。

(滕琦诺)

【科普进企业活动举办】5月26日，由沛县科协、沛县公安局、沛县科技局、徐州中关村信息谷主办的"走进科技，你我同行——科普进企业"主题活动在徐州·中关村信息谷创新示范基地举行。沛县科协、沛县公安局、沛县科技局等单位的相关领导、活动志愿者及30余位徐州中关村信息谷入驻企业的代表参加活动。在徐州中关村信息谷展厅，参会人员详细了解徐州中关村信息谷项目载体情况、运营思路、功能定位、资源优势、发展路径、人才引进、产业发展规划及现阶段工作成果。活动现场，通过悬挂标语横幅、摆放展板、志愿者宣讲、无人机等设备展出、发放科普宣传资料等系列活动，向参会人员展现沛县科技创新成果；同时，组织参会人员观看反诈宣传视频及政务服务中心宣传片，并由反诈中心民警讲解县局反诈成果，宣传反诈知识。

(滕琦诺)

【沛县高层次人才创新创业大赛项目线上对接会举办】6月9日，由沛县县委组织部（人才办）主办、徐州中关村信息谷协办的"智汇沛县创业龙城——沛县高层次人才创新创业大赛"项目线上对接会在徐州·中关村信息谷创新示范基地举行。沛县县委、人才办，县招商服务中心，县两新工委，经开区招商局，经开区发展有限公司，徐州中关村信息谷及沛县各镇（街）、开发区人才工作分管负责人等参加活动。此次活动共20个高层次人才创新创业项目参赛，涵盖高端装备制造、生物医药、新能源、新材料等领域。

(滕琦诺)

【沛县首届氢能产业高峰论坛举行】11月13日，由沛县县委、县政府主办，沛县县委组织部（县委人才办）、沛县科技镇长团、徐州中关村信息谷承办的"'彭'聚英才'城'就未来"首届淮海人才峰会分会场——沛县首届氢能产业高峰论坛在徐州·中关村信息谷创新示范基地举行。沛县组织部、县委人才工作领导小组成员单位主要负责人，各镇（街）、开发区分管负责人50人参加活动。来自上海交通大学、电子科技大学、同济大学、中国航天科技集团、青岛海卓动力等高校和企业的17位专家学者、企业负责人参加论坛。论坛围绕沛县氢产业链发展，探讨氢能项目落地转化、人才、政策、金融支持有效对接机制，吸引氢能产业高端人才团队到沛县创新创业，打造沛县氢能产业发展示范标杆。5位专家学者和企业负责人围绕新能源技术研究、氢能产业化方向、市场未来规划布局等方面展开论述与分析。沛县新能源企业就氢能产业发展定位和趋势、氢能发展潜力与前景、各环节

产业化及市场化应用痛点、未来规划布局等方面展开互动交流，并围绕氢能产业人才团队与政企合作，为氢能发展储备技术优势、提前布局研发与生产提出建议与可行性方案。

（滕琦诺）

【徐州（沛县）战略性新兴产业协同发展高峰论坛举行】 12 月 29 日，由徐州市科协、沛县县委、沛县县政府主办，沛县科协、沛县科技镇长团、徐州中关村信息谷承办，沛县县委人才办、沛县经济发展局、沛县科技局、沛县经开区管委会协办的 2022 徐州（沛县）战略性新兴产业协同发展高峰论坛在徐州·中关村信息谷创新示范基地举行。本次活动围绕县"2+3"产业体系建设，结合中关村信息谷创新资源集聚和高端人才对接交流平台优势，聚焦沛县战略性新兴产业发展赛道、关键领域和重点企业，不断聚合产业发展新动能。两位专家分别以"沛县氢能产业的未来""功率半导体产业发展及前景"为题，聚焦沛县氢能和半导体产业发展做学术报告。会上，氢璞创能科技有限公司、航天锂电科技储能公司、海熠氢能科技有限公司、谐振机电精密技术（苏州）有限公司、江苏乐筑网络科技有限公司进行项目路演。现场参会企业针对项目落地政策、人才政策向沛县相关部门负责人提问，沛县人才办等相关部门做详细解答。落地沛县企业分别与相关领域专家进行现场包挂签约。徐州中关村信息谷、首善控股与上海产业技术研究院签订战略合作协议，为沛县战略性新兴产业发展引智聚力，共同探索沛县战略性新兴产业发展的新模式，提升沛县高质量发展的产业动能。

（滕琦诺）

【举办 11 期"周二路演吧"活动】 2022 年，徐州中关村信息谷共举办 11 期"周二路演吧"活动，主要内容包括"智改数转"——沛县制造企业数字化转型线上研讨会、新媒体直播电商培训、"跨境新机遇·创业新发展"跨境电商专场等。活动以聚集产业链资源、搭建创新生态圈为目标，以双创导师宣讲、企业家交流、项目路演融资等形式，通过服务国内创新项目，了解企业诉求，搭建创新创业交流合作平台，助力企业成长，汇聚

各界高端人才、优质资源，构建集"科技＋企业＋平台＋资金＋人才＋政策"于一体的区域创新创业生态体系，为科技创新、产业创新拓展新空间，以创新驱动助力沛县产业转型升级、经济结构调整和城市建设发展。

（滕琦诺）

【举办 16 期"e 课堂"直播课活动】 2022 年，徐州中关村信息谷共举办 16 期"e 课堂"直播课活动，活动内容主要包括企业股权融资路上的雷区排查、"专精特新"中小企业转型升级之路——绿色制造探索实践、高新技术产品（服务）界定及佐证材料的准备要点、各级专精特新"小巨人"企业政策解读、企业知识产权规范化管理、"五维力招聘"系列课程——策划组织力之精心策划识人岗匹配概貌等。

（滕琦诺）

中关村信息谷·温州创新中心

【概况】 中关村信息谷·温州创新中心成立于 2021 年 5 月，项目共有 3 处载体，分别位于浙江省温州市鹿城区南郊街道意迈达园区、南汇街道汇富大厦、藤桥镇轻工产业园一期科技创新大厦，由温州中关村信息谷科技服务有限责任公司（简称温州中关村信息谷）负责运营管理。中心运营面积 4.7 万平方米，产业定位为数字经济、智能制造、科技服务。2022 年，中关村信息谷·温州创新中心新增入驻企业 30 家，创新中心载体入驻率 70%。截至 2022 年底，创新中心累计入驻 48 家。其中，500 强全资子公司 1 家（云瓯数智科技有限公司——浪潮全资），院士产业化项目 1 个（十沣科技——陈十一院士项目），技术转化中心 2 家（新华网生物感知智能技术温州转化中心、中创先进通信与智能计算研究院），省级企业研发中心 1 家（汇智智慧城市和物联网省级高新技术企业研发中心），省高成长科技型中小企业 1 家（宏盛科技），国家高新技术企业 3 家（汇智智能、华盟科技、助成科技），新四板企业 1 家（良品视觉），市区两级大赛双料

一等奖 1 家（拓扑智能）。

（中关村信息谷·温州创新中心外景）

（滕琦诺）

【获批"温州市数字经济产业园区"和"温州市科技企业孵化器"】 10 月 31 日，温州市经济和信息化局、温州市科技局分别发文公布《2022 年度温州市数字经济产业园区名单通知》《温州市科技企业孵化器（众创空间）备案的公示名单》，中关村信息谷·温州创新中心均名列其中，获批 2022 年度温州市数字经济产业园区及 2022 年度温州市科技企业孵化器。年内，温州市仅认定 2 家数字经济产业园区，其中中关村信息谷·温州创新中心是唯——家软件和信息服务业园区。

（滕琦诺）

【承办中国·鹿城数字经济全球创新创业大赛总决赛】 11 月 10 日，由鹿城区委、区政府主办，鹿城区委人才办、鹿城区经济和信息化局、鹿城区科技局、鹿城区人力资源和社会保障局、鹿城区投资促进服务中心、鹿城区科协、浙江鹿城经济开发区（筹）承办的中国·鹿城数字经济全球创新创业大赛总决赛在中关村信息谷·温州创新中心举办。大赛系"来温州创未来"2022 全球精英创新创业大赛鹿城区分站赛，聚集数字经济产业关键技术和创新项目。大赛自 6 月 20 日启动，征集参赛项目总数 172 个，辐射海内外 12 个国家和地区。项目覆盖人工智能、智慧医疗、智能制造、工业互联网、元宇宙等新兴领域并具有前瞻性、创新性和良好的发展潜力以及市场前景。经过初赛、复赛、行业专家集中评审，最终 30 个优秀项目晋级总决赛。

（滕琦诺）

【举办产业活动 83 场】 2022 年，温州中关村信息谷共举办各类产业活动 83 场。内容主要包括开门红产业对接会、中国·温州产业发展交流会、温州数字科技创新发展论坛暨鹿城区大孵化器建设推进会、2022 温州市产业数字化转型能力提升学习会、鹿城产业提升交流座谈会、温州中关村信息谷赋能中心揭牌仪式、入驻企业交流会、"创新中国行"、肯恩大学考察交流活动和企业校招、走进上海鹿城产业对接会等。

（滕琦诺）

重庆·中关村信息谷协同创新中心

【概况】 重庆·中关村信息谷协同创新中心成立于 2021 年 6 月，位于重庆市渝北区。中心运营面积约 5000 平方米，聚焦数字经济、科技金融和科技服务业等领域，打造数字经济协同创新交流平台与展示窗口，建设软件产业示范项目集群，成为重庆新兴产业聚集样板和西部创新发展示范区。2021 年 12 月，中关村信息谷与渝北区签订《投资协议》和《入驻企业房屋租赁服务合同》，双方按照立足区域优势、着眼国际视野、强化资源对接、形成示范引领的思路，共建重庆·中关村信息谷创新中心，营造创新创业生态体系。2022 年 6 月，重庆项目由筹备组正式转为重庆公司，完成项目公司工商注册、组织架构设置等工作。年内，重庆·中关村信息谷协同创新中心新增入驻企业 7 家。完成京渝协同中关村云上直播间智能网联汽车和元宇宙产业专场对接会 5 场，产学研主题交流会 2 场，参与重庆市汽车行业协会会议、论坛 7 场，参与重庆大学创新创业相关活动 5 场，线上和线下产业项目对接会 41 场。被重庆市渝北区授予"渝北区 2022 重点软件产业楼宇"称号。

（重庆·中关村信息谷协同创新中心外景）

（滕琦诺）

【"重庆中关村路演·云上直播间"第一期会议举办】3 月 31 日，由重庆仙桃数据谷投资管理有限公司主办，重庆临空招商集团有限公司、重庆中关村信息谷承办的"重庆中关村路演·云上直播间"第一期会议举办，旨在通过便捷化、即时化、远程不见面的方式进行线上对接交流，为政府、企业与投资机构提供对接平台，完善重庆渝北区电子信息技术、新能源汽车等产业布局。渝北区经济和信息化委员会、重庆临空招商集团有限公司、重庆仙桃数据谷投资管理有限公司、北京中关村信息谷等优质路演项目、特邀投资机构相关负责人参加。本次路演针对重庆渝北区产业布局，甄选汽车智能紧急制动系统（AEBS）、智能汽车全栈智能系统、智能交通共享智能平台、智能汽车操作系统、交通安全大数据等 5 家智能汽车网联和智慧交通领域的优质项目。项目代表分别就自身项目的核心技术、发展前景、商业模式、研发团队和融资计划进行介绍，与会投资机构代表与路演项目负责人就技术领域、企业发展、市场对接、融资需求等问题进行交流讨论，结合项目的机遇和挑战，作出专业点评，提出可行性建议。

（滕琦诺）

【"开放共存"主题沙龙活动举办】4 月 21 日，重庆·中关村信息谷创新中心与创业黑马科技集团股份有限公司、中瑞（重庆两江）产业园、腾讯众创空间、北京第一创客企业管理有限公司、易智网等 10 余家孵化器联盟成员单位联合举办 2022 年首场线下"开放共存"主题沙龙活动，旨在加深企业之间的沟通和了解，建立有效联动，打破行业壁垒，促进各方资源融合。本次沙龙围绕"疫情之下，孵化机构之间如何同舟共济""孵化器与企业之间如何砥砺前行"两个主题展开讨论。各孵化器联盟企业的代表分别介绍各自平台的基本情况和产业方向，聚焦共性问题进行发言和讨论，并结合自身的优势和亮点，探寻各孵化平台之间的合作点。重庆·中关村信息谷介绍自身产业方向及与渝北区产业协同的定位、中关村信息谷的情况及京渝协作的意义，希望联盟成员单位建立深度绑定、共赢互利的机制，摆脱孵化器营收困境。

（滕琦诺）

【OTA 平台项目线上对接洽谈会举办】4 月 26 日，重庆中关村信息谷、OTA（整车空中下载技术）平台项目、重庆科兴科创股权投资基金管理公司联合举办线上对接洽谈会，旨在通过优质项目的分享探讨，打通需求通道，搭建合作桥梁，引进优质项目。会议围绕 OTA 平台项目在重庆的实际落地应用展开交流探讨，寻求合作契机。OTA 平台项目负责人从项目概况、业务核心板块、投融资相关 3 个方面进行全面阐述，重点讲述 OTA 平台在汽车板块的应用及发展。重庆中关村信息谷从企业资源背景、产业方向、技术应用 3 个维度介绍自身的基本情况，从产业基础、区位优势、产业布局、产业基金等方面介绍重庆市渝北区及重庆仙桃数据谷的基本情况，着重阐述智能网联汽车产业的营商环境。与会人员均认可合作基础，并就智能网联汽车和元宇宙板块进行探讨和交流。

（滕琦诺）

【重庆项目专题汇报会召开】7 月 11 日，中关村信息谷重庆项目专题汇报会召开，重庆市渝北区政府、重庆仙桃数据谷、北京中关村信息谷、重庆中关村信息谷相关负责人参加会议。重庆中关村信息谷就创新中心项目整体情况、中关村信息谷总部的支持情况及重要成果进行介绍，围绕项目团队搭建、产业规划、资源聚集、项目储备、载体装修进度等方面汇报工作进展；从项目基本信息、项目特色、投资计划及存在问题等方面探讨落地可能性；介绍北京中关村科幻产业中心整体情况，探讨重庆元宇宙产业的布局及路径，表示将充分发挥中关村信息谷创新平台的资源优势，并与仙桃数据谷紧密合作，继续围绕智能网联汽车、元宇宙等产业方向深挖优质项目进行精准招商，引领带动渝北区科技创新产业生态体系建设发展。重庆市渝北区负责人针对重点项目的投资落地问题进行指导，表示将结合仙桃数据谷、临空办等各方面资源为企业创造落地条件，并设立中关村项目专班，有效推进优质项目落地，同时，对重庆·中关村信息谷创新中心硬件载体施工进度提出要求。

（滕琦诺）

【首次项目推介会举办】 7 月 20 日，重庆中关村信息谷举办首次项目推介会，重庆中关村信息谷、重庆区域多家资源合作方相关负责人参加。重庆中关村信息谷从中关村发展集团总体目标、信息谷多年运营成果、核心优势及合作展望等方面介绍中关村，围绕中关村信息谷产业发展布局，重点从项目地理位置、背景资源、产业方向上介绍重庆中关村信息谷的基本情况。参会企业结合重庆中关村信息谷的产业定位、硬件条件、空间布局及所在区位的未来发展和自身情况展开探讨。本次推介会加强了重庆中关村信息谷与企业间的联动合作，建立了行业间的有效沟通桥梁。

（滕琦诺）

【元宇宙专题产学研交流会举办】 9 月 9 日，重庆中关村信息谷与重庆大学联合举办以元宇宙为专题的线上产学研交流会，旨在打开校企合作窗口，搭建合作桥梁。重庆中关村信息谷、重庆魔导力科技有限公司相关负责人，重庆大学计算机学院廖隆权博士、校研究生院及其他院系博士生代表参加会议。重庆中关村信息谷介绍中关村信息谷体系概况，重点介绍重庆中关村信息谷及仙桃数据谷的战略背景和产业布局，并围绕元宇宙的发展现状、发展缘由、发展要素、生态体系等方面做专题详解，明确就招才引智、人才招聘、企业孵化、产业投资等方

面与重庆大学开展深度合作的意向，以及此次线上研讨交流会的目标愿景。廖隆权博士对中关村信息谷以及双方的合作表示认可和支持，建议先从计算机学院开始推动，再扩大到学校，其他博士生代表也表达了各自的想法和建议。

（滕琦诺）

【元宇宙产业对接会举办】 9 月 28 日，由重庆仙桃数据谷投资管理有限公司、重庆中关村信息谷主办的元宇宙产业对接会在重庆·中关村信息谷协同创新中心举办，旨在构建重庆市渝北区政府、国内外元宇宙产业企业、重庆头部企业及重庆高校协同创新平台，共同探讨元宇宙产业发展路径。来自重庆市渝北区政府、市科技局、北京中关村信息谷、仙桃数据谷、重庆大学、重庆邮电大学、重庆电子工程职业学院、行业协会、产业基金、重庆本土知名企业等机构的近百位嘉宾以线上或线下的方式参会。仙桃数据谷就重庆市渝北区区情、元宇宙产业相关政策、仙桃国际大数据谷发展现状及与中关村信息谷的合作模式做介绍。重庆中关村信息谷就中关村发展集团、中关村信息谷的发展情况做介绍，重点分享重庆中关村信息谷聚力打造"汽车＋元宇宙"特色产业集群的发展目标。国内外 4 家元宇宙产业企业分别介绍企业基本情况、元宇宙应用场景以及落地项目。美国洛杉矶 mAIrobotics 线上分享元宇宙关键技术与概念，解读"数字人"智能级别变迁发展历程，以及"数智人"在多领域的应用模式；深圳广播电影电视集团分享天擎数字基于虚拟现实所创新的线上和线下数字产品，并展示成果案例；西安飞蝶虚拟现实科技有限公司分享其在元宇宙教育方面持续深耕、广泛应用的相关经验，总结出元宇宙时代数字化人才需求画像，并搭建了元宇宙人才培养的产品矩阵；丹麦哥本哈根元宇宙空间服务商 xSpaces 线上分享其结合教培、展示行业需求所打造的行业应用场景和功能的实际案例，以及所运用、突破的技术功能，展示了实时一键穿越、无障碍交流、虚拟空间全维度的体验方式。与会嘉宾就元宇宙产业相关话题进行对话交流。通过此次会议，重庆长安汽车股份有限公司、昭信教育科技集团等重庆知名企业分别与元宇宙产业企业建立联

系，达成深度沟通合作的意向。

（滕琦诺）

【智能网联汽车产业专题对接会举办】 10 月 20 日，由重庆仙桃数据谷投资管理有限公司、重庆中关村信息谷联合主办的智能网联汽车产业专题对接会在重庆中关村信息谷举办。重庆仙桃数据谷投资管理有限公司、重庆科兴科创股权投资基金管理公司等的相关负责人以及智能网联汽车赛道多领域企业嘉宾以线上和线下相结合的方式参与活动。重庆中关村信息谷对仙桃数据谷智能网联汽车产业生态做介绍，相关项目负责人分享各自企业情况，参会嘉宾针对落地项目、落地计划、项目合作模式、市场定位、市场规模、市场增量、专利布局等方面进行交流，探讨不同维度的具体合作思路。

（滕琦诺）

【三维交通仿真项目线下交流会举办】 10 月 26 日，由重庆仙桃国际大数据谷、重庆中关村信息谷联合主办的三维交通仿真项目线下交流会在重庆仙桃数据谷投资管理有限公司举办。重庆仙桃数据谷投资管理有限公司、重庆科兴科创股权投资基金管理公司、重庆科技风险投资公司、三维交通仿真项目团队、重庆中关村信息谷等相关负责人参加。三维交通仿真项目负责人详细阐述了项目"2 个核心工具 +3 个核心软件平台 +N 个核心解决方案"的运作模式，并分享项目落地案例及合作客户。参会人员就项目技术创新点以及交通数字孪生可视化、实时交通仿真、道路巡检与养护、施工与交通保畅可视化、道路资产信息管理、车路协同数字孪生系统等应用方向进行探讨，重点分析了三维交通仿真项目的服务模式和市场前景。

（滕琦诺）

【第二期"元宇宙产业对接会"云上直播路演活动举办】 11 月 28 日，由重庆中关村信息谷、重庆科技金融服务中心、重庆市青年创新创业服务中心、重庆市科技创业投资协会共同主办，重庆市青年创新创业基金会、重庆市科技金融服务联盟承办的第二期"元宇宙产业对接会"云上直播路演活动举办。路演活动采取"线上路演 + 直播"的方式，重庆中关村信息谷、洪泰嘉创（重庆）股权投资基金

管理中心、领航新界（重庆）私募股权投资基金管理有限公司、重庆贝信投资有限公司、重庆分享道桐企业管理有限公司、重庆魔导力科技有限公司、本无网络科技有限公司、成都爱思数联科技有限公司、重庆映泉美拍秀团队、北京容积视觉科技有限公司以及行业协会、产业基金等机构的相关负责人参加活动。魔导力科技、本无网络、爱思数联、映泉美拍秀、容积视觉等 5 家企业的项目参加路演，相关负责人分别就企业概况、项目可行性、项目前景、发展规划以及融资需求进行介绍，参会嘉宾就元宇宙相关技术研究运用、项目落地以及各自关注的问题进行交流，以高效、透明的方式促进投融资信息对接。260 余人次观看直播讨论。

（滕琦诺）

大连·中关村信息谷创新中心

【概况】 大连·中关村信息谷创新中心成立于 2021 年 10 月，位于辽宁省大连市金普新区，由大连中关村信息谷科技服务有限责任公司（简称大连中关村信息谷）负责运营管理。中心运营面积 3.39 万平方米，定位于数字经济、生命健康、智能制造、科技服务等领域，将建设创新展示中心、雨林空间国际孵化器、科技办公区等创新交流示范窗口。2022 年，大连·中关村信息谷创新中心新增入驻企业 40 家。截至 2022 年底，累计入驻企业 72 家。

（大连·中关村信息谷创新中心外景）

（滕琦诺）

【氢能产业创新合作交流会举办】 4 月 28 日，金普新区召开"聚力金普·绿色发展"氢能产业创新合作线上交流会，与中关村信息谷以及多家氢能企业围绕相关产业展开研讨洽谈，并达成合作共识。大连自贸片区相关负责人做金普新区氢能产业发展情况介绍。中国石化新星石油有限公司等 6 家企业做了企业介绍和项目说明。新区领导围绕氢能货车场景利用、绿氢产业发展、金融机构作用发挥等方面，与各企业展开交流、洽谈。中关村信息谷就进一步发挥招商平台作用做了发言。

（滕琦诺）

【北京证券交易所宏观政策业务研讨会举办】 8 月 9 日，由金普新区管委会、北京中关村信息谷主办，新区发展和改革局、新区科技局、新区商务局、大连中关村信息谷承办的"金普创新汇"（第 16 期）大连"专精特新"企业的资本之路——北京证券交易所宏观政策业务研讨会在大连·中关村信息谷创新中心举办。来自新区的 80 余位"专精特新"企业、科技型中小企业、科技金融服务机构的代表参加活动。来自全国股转公司、北京证券交易所北方基地、北京道口投商学教育集团、北京大成律师事务所等机构的领导或讲师，依次就多层次资本市场助力企业融资发展、股权激励和股权设计、北京证券交易所上市法律实务要点等做专题分享，中银证券、中国银行分别做证券股权业务介绍和普惠金融及供应链金融产品介绍。本次活动旨在协助金普新区企业和创新中心入驻企业打通北京证券交易所上市路径，解读新区企业上市最新政策，建立"专精特新"企业和科技型中小企业上市全流程培育体系。

（滕琦诺）

【中关村管家式科技服务体系专题研讨会举办】 11 月 24 日，由大连市科技局主办，大连金普新区科技和工业信息化局、大连中关村信息谷承办的"金普创新汇"（第 20 期）中关村管家式科技服务体系专题研讨会通过线上和线下相结合的方式举办。大连市科技局、金普新区科技和工业信息化局、北京中关村信息谷、大连中关村信息谷、大连市和金普新区的科技企业孵化器、众创空间、科技产业园区的 40 余位领导和企业负责人参加活动。北京中关村产业发展研究院负责人围绕中关村产业发展历程、产业创新生态系统建设、"政产学研用金介媒"服务体系搭建等内容做分享，着重就中关村产业体系、组织体系、服务体系构建的探索和实践，中关村管家式服务体系的内容和标准，区域人才引进和招商引资进行深入介绍，对金普新区和大连中关村信息谷联合建立的"中关村管家式科技服务（大连）中心"工作开展提供指导建议。北航天汇孵化器负责人围绕孵化器服务体系建设、高校科技孵化载体建设、孵化服务的需求趋势等内容做介绍，着重就公共技术孵化服务平台、科技资源集成与开放共享、产学研供需资源平台搭建、全链条资本服务等做详细讲解，结合自身多年的孵化器管理从业经验，对孵化器创新发展、数字发展、改革升级提供宝贵意见。

（滕琦诺）

【2022 大连（金普）数字经济高峰论坛暨首届大连中关村生态大会举办】 11 月 24 日，由大连金普新区管委会、北京中关村信息谷主办，大连金普新区发展和改革局、大连金普新区科技和工业信息化局、大连金普新区商务局、大连德泰控股有限公司、大连数谷投资发展有限公司、大连中关村信息谷承办的 2022 大连（金普）数字经济高峰论坛暨首届大连中关村生态大会在大连·中关村信息谷创新中心举办。活动以"培育科技创新生态，激发金普数智活力"为主题，以大连中关村信息谷创新中心成立一周年为契机，通过多种形式，回顾大连中关村信息谷一年来的创新发展成果。活动以线上和线下相结合的方式举办，线上观看人数近 5 万人次。活动现场举行大连中关村信息谷重点项目签约仪式，同方人工环境、迪创氢能、波塞冬汽车、北京奇虎科技等 10 家企业签约。活动中还举行"中关村管家式科技服务（大连）中心"和"人工智能产业科创服务平台"签约揭牌仪式，2022 年度"大连中关村成长之星"颁奖仪式，以及"抢占元宇宙新高地，助推金普数字经济高质量发展"主题圆桌对话、"金普创新汇"（第 20 期）中关村管家式科技服务体系专题研讨会等。

（滕琦诺）

271

【举办"金普创新汇"等品牌活动】2022年，大连中关村信息谷共举办11期"金普创新汇"品牌活动、15场"双创"活动，累计参加人数1600人次。活动内容和形式不断完善，活动品牌影响力、创新专业度不断扩大，已成为金普新区乃至大连市面向企业创新创业发展的重要合作交流平台。

（滕琦诺）

安溪·中关村领创中心

【概况】安溪·中关村领创中心成立于2021年12月，位于福建省泉州市安溪县数字福建（安溪）产业园，由安溪中关村领创空间科技服务有限责任公司负责运营管理。中心运营面积9782.04平方米，人才公寓配套设施1.15万平方米，产业定位为新一代信息技术、人工智能、新材料。截至2022年底，安溪·中关村领创中心累计签约入驻企业14家。

（安溪·中关村领创中心外景）

（滕琦诺）

【1家企业入库科技型中小企业名单】6月17日，福建省科技厅公布福建省2022年第四批入库科技型中小企业名单。安溪·中关村领创中心在孵企业泉州市山水智乐环保有限公司获科技型中小企业认定。山水智乐为安溪·中关村领创中心引进的大学生创业孵化项目，专注水生态治理技术研究，通过建立平衡的水生态系统净化水质、恢复水域自然生态。

（滕琦诺）

【大学生创业合作交流沙龙举办】7月4日，安溪·中关村领创中心举办大学生创业合作交流活动。安溪·中关村领创中心负责人介绍中关村信息谷安溪项目和政策扶持内容，就大学生创新创业福利政策主题与参会大学生进行分享，介绍大学生创新创业的相关资金扶持规划和政策支持。与会嘉宾分别就中科星桥的商业卫星遥感项目数字乡村智慧云服务平台、异象（深圳）科技的致力于脑控识别与存储互动的智能终端、北京广天科技的解决用电危害的集成电力安全装置、微分科技的工业级无人机的应用推广等进行介绍。

（滕琦诺）

【"智造安溪、智汇未来"科创项目对接交流会举办】7月21日，安溪·中关村领创中心举办"智造安溪、智汇未来"科创项目对接交流会活动。安溪县招商办、安溪县农业农村局、台湾人工智能发展协会等10余家科创企业参加活动。会上，安溪县招商办就安溪产业环境、招商举措等做介绍，台湾人工智能发展协会基于安溪县产业环境介绍环保洁净元素项目及其赋能茶产业的实施路径。与会企业的代表介绍各自项目概况及优势以及与安溪相关产业结合之处。

（滕琦诺）

【安溪中关村领创空间与2家企业签署战略合作协议】7月29日，安溪中关村领创空间科技服务有限责任公司、华航环境发展有限公司、福建中科三净环保股份有限公司三方战略合作签约仪式在中科三净举行。三方结合各自业务领域、技术优势，将在污水处理、废气处理、固废处理、运维管理、土壤处理、环境影响评价、智能系统等环保项目及招商、产业服务、项目拓展等方面开展合作。

(滕琦诺)

【山水智乐获"安溪青年五四奖章集体"称号】8月16日，共青团安溪县委举行第一届"安溪青年五四奖章"颁发仪式，安溪·中关村领创中心入驻企业泉州市山水智乐环保有限公司获第一届"安溪青年五四奖章集体"称号。

(滕琦诺)

【安溪县"青商筑梦、科技研学"暨大学生双创交流会举办】8月17日，安溪·中关村领创中心联合安溪县委人才工作领导小组办公室、共青团安溪县委、安溪县教育局、安溪县慈善总会、安溪县青年商会等部门举行2022年安溪县"青商筑梦、科技研学"暨大学生双创交流会，20余名安溪籍青年大学生参加活动。交流会之前，安溪·中关村领创中心负责人带领参会大学生到福建八马茶业有限公司、福建省海佳集团股份有限公司、中国电影资料馆安溪数字资源中心等企业参观，了解安溪产业行业代表企业。交流会上，安溪·中关村领创中心负责人就大学生创业场地支持、扶持政策、双创导师、创业服务等方面进行说明。与会人员就大学生创新创业过程中遇到的问题、难题和解决办法进行讨论，并从学校、学生、企业、创业、安溪产业等维度讨论"双创"工作。

(滕琦诺)

【应用三康种植技术赋能茶产业示范项目落地】8月，基于安溪·中关村领创中心与清华海峡研究院达成的一项重要共识——以科技赋能安溪铁观音茶产业为契机全面开展合作交流，应用三康种植技术赋能安溪铁观音的科技成果产业化示范项目落地实施。安溪·中关村领创中心与清华海峡研究院将整合相关核心产品，科技赋能茶产业，以"公司+合作社"的经营模式带动广大茶农共建共享，通过各方科技、人才与资源的协同，打造一家具备核心技术壁垒、富有经济效益、坚守绿色生态发展理念的领军企业，同时助力加快茶产业转型升级。

(滕琦诺)

【欣惠农生物科技项目落地安溪并启动高等级标准生产线建设】9月，安溪·中关村领创中心引进福建欣惠农生物科技有限公司的"欣惠农生物科技项目"落户安溪。该项目启动高等级标准生产线建设，一期建设投资约2000万元，年产值约3500万元，于10月完成设备安装，11月进入调试生产，从研发到终端消费全流程体系建成完善后，适时启动二期建设布局扩大产能。该项目通过整合多学科领域科研技术力量，跨界融合制定行业首创的工艺标准，采用自主知识产权的低温无菌灌装工艺技术生产各种植物类、干果类、药食同源类功能性健康饮品。该工艺技术可生产茶鲜叶（茶青）、绿茶、白茶、乌龙茶、红茶、普洱茶等原汁原味纯茶饮品。

(滕琦诺)

【5G技术应用战略合作协议签约】12月15日，安溪中关村领创空间科技服务有限责任公司与中国电信股份有限公司安溪分公司"5G技术应用战略合作协议"签约仪式举行。安溪·中关村领创中心有中关村全球创新网络和高端产业资源优势，中国电信安溪分公司有通信信息规划建设领域的资源优势，双方将共同制定信息化规划和顶层设计方案，立足各自优势，加强合作，加快推进以5G技术为核心的数字经济产业布局，招引及打造一批具有安溪本地特色的数字化服务品牌，丰富数字化创新场景应用；进一步探索商务合作模式，打造5G标杆项目，形成解决方案，实现双方共同发展、互补共赢。此次战略合作协议的签约，将推动双方在5G业务、云业务、物联网、大数据等信息化建设方面的深度合作。

(滕琦诺)

南通 · 中关村信息谷创新园

【概况】2022 年 5 月，南通·中关村信息谷创新园成立。园区位于江苏省南通市崇川区，由南通中关村信息谷科技服务有限责任公司（简称南通中关村信息谷）负责运营管理，运营面积 26 万平方米，产业定位于新一代信息技术、智能制造、新能源、新材料等。8 月 18 日，实现首期载体交接，开启园区招商运营工作。年内签约企业 19 家，其中包括入孵企业 6 家、重点签约企业 2 家，意向企业 32 家。

（南通·中关村信息谷创新园外景）

（滕琦诺）

【南通·中关村信息谷创新园云签约仪式举行】5 月 8 日，南通·中关村信息谷创新园云签约仪式举办，南通·中关村信息谷创新园项目正式落地。签约仪式在南通和北京 2 个会场、采用视频连线方式举办，中关村信息谷与崇川携手共建科技创新园区，按照"一年打基础、三年见成效、五年大发展"的规划路径，围绕"一园区，一基金，一平台"的发展路径，建成服务优质高效、业态高端创新、载体智慧运营的协同创新交流平台与展示窗口，持续推进中关村元素进一步融入南通，共同推动南通的创新发展。南通市崇川区委、区政府，崇川经济开发区，北京中关村信息谷，北京市政协人口资源环境和建设委员会、北京市建筑设计研究院等单位的相关负责人参加活动。南通·中关

村信息谷创新园项目以原南通信创园为合作载体，以大信息产业为核心，以信创和数字经济为特色，以车联网、医药健康、新材料、智能制造、科技服务业为支撑，通过导入来自中关村的高端创新资源，与崇川区资源禀赋进行有效结合，实现以点带面、区域联动，加速形成"北京—南通—上海"创新廊道。

（滕琦诺）

【赴张謇企业家学院参观交流】6 月 24 日，南通中关村信息谷参观张謇企业家学院，南通市委党校、张謇企业家学院、南通中关村信息谷创新园等的相关负责人参加交流会。双方就张謇企业家学院的办学理念和中关村信息谷在服务科创行业的优势等方面展开交流，达成中关村信息谷能够为企业腾飞提供科技创新支撑、张謇企业家学院能够为企业发展提供精神文化支持等共识。

（滕琦诺）

【3 个项目获"紫琅杯"创新创业大赛奖】11 月 9 日，在南通市崇川区第二届"紫琅杯"创新创业大赛决赛上，南通·中关村信息谷推选 3 个项目参赛。其中，"高生物活性材料尖端深冷冻干技术的研发与产业化"项目获决赛二等奖，"基于集成光学和微机电系统的智能光传感器芯片研发和产业化"项目、"类脑结构 AI 视觉芯片的研发及产业化"项目获优秀奖。本届赛事于 8 月启动，面向全国累计征集优秀项目 120 余个，经 3 场分赛，共有 12 个项目入围总决赛，涉及汽车电子、智能装备、集成电路、生命健康等高新领域。

（滕琦诺）

【参观考察深圳智航无人机】11 月 15 日，南通中关

村信息谷、南通人才发展集团有限公司、南通崇川经济开发区投资促进局相关负责人到深圳智航无人机有限公司进行参观考察。考察团听取深圳智航无人机建设运营情况，着重了解产业互联、生态体系、产业资源、产业投资、科技金融、资本服务等方面的发展情况。南通中关村信息谷负责人就公司的发展历程、产业布局、"一谷、两院、两基地、五中心、多基金、全配套"发展规划、"类中关村"创新生态体系、区域协同发展、国际创新网络等业务开展情况进行介绍。

（滕琦诺）

【北京中关村—粤港澳大湾区协同创新交流会举办】11 月 15 日，由北京中关村信息谷主办、南通崇川经济开发区管委会等信息谷合作城市协办，以"数智赋能，协同发展"为主题的 2022 高交会推介发布会暨北京中关村—粤港澳大湾区协同创新交流会在深圳市南山区科兴科学园举办。合作城市领导以及粤港澳大湾区重点企业（项目）的代表 100 余人参会。南通市人才集团、崇川经济开发区管委会领导及企业的代表多方举行会谈交流，实地参观深圳智航无人机有限公司、南宁市—中关村深圳协同创新中心等，就南通·中关村信息谷继续发挥其在产业投资、科技金融、园区运营和科技服务方面的优势，助力南通的开放创新、协同发展达成多项共识。

（滕琦诺）

【参展 2022 中国（南京）软博会】11 月 23—25 日，第十八届中国（南京）国际软件产品和信息服务交易博览会（简称软博会）在南京国际博览中心举行。本届软博会以"软件赋能数智转型"为主题，聚焦信息技术应用创新、信息安全等关键领域，全方位展示国家、省、市软件产业发展最新成果，以及数字经济与实体经济融合发展的优秀案例。南通·中关村信息谷创新园作为南通市重要软件信息产业园区受邀参展，接待咨询企业 20 余家。

（滕琦诺）

【崇川区现代服务业暨楼宇经济投资环境推介会举办】12 月 20 日，由南通市崇川区委、区政府主办，崇川区发展改革委、崇川经济开发区管委会、南

通中关村信息谷承办的 2022 年崇川区现代服务业暨楼宇经济投资环境推介会（杭州站）举办。南通中关村信息谷负责人做主题推介，介绍北京中关村发展历程、南通项目载体概况以及项目功能定位、运营思路、活动组织情况、重点企业主营业务和开园计划等。杭州国筠生物科技有限公司、杭州乐科锐网络科技有限公司等 30 个项目与崇川区政府签约。其中，杭州国筠生物科技有限公司、杭州新七天网络科技有限公司、杭州卧兔网络科技有限公司、浙江钱畅科技有限公司、杭州垂云翼文化传播有限公司等 5 家企业意向落户南通·中关村信息谷创新园。

（滕琦诺）

【举办 4 期体系化产业组织优质项目线上系列推介会】2022 年，北京中关村信息谷在南通·中关村信息谷创新园共主办 4 期体系化产业组织优质项目线上系列推介会。推介会分别介绍华宇泰富投资（北京）有限公司"不夜城"建设与运营项目、中广核辐照技术有限公司辐照加工服务项目、山东大道聚能网络科技有限公司能源数字贸易产业平台项目、深圳市刚竹医疗科技有限公司动物基因检测实验中心项目、国合洲际能源咨询院碳中和研究院合作项目、深圳标普云科技有限公司标普云总部经济项目、中石化新星（北京）新能源开发有限公司"油气氢电服"综合加能站项目、安阳弘安航空科技有限公司智能电池研发生产项目等的项目特色、产业优势、核心团队等基本情况及落地需求。活动对接细分行业优质项目，有助于推动项目供需信息集中高效精准对接，建立新型政企合作模式，为科创企业提供专业综合服务，构建特殊时期的创新型线上生态系统，持续导入优质资源，实现产业组织体系化。

（滕琦诺）

威海·中关村信息谷创新中心

【概况】2022 年 9 月，威海·中关村信息谷创新中心成立。中心位于山东省威海市环翠区，运营面积

10 万平方米，定位于海洋电子信息、海洋智能装备等产业，打造海洋产业创新高地。年内，威海·中关村信息谷创新中心对接项目 146 个，其中中国 500 强企业 6 家、行业头部企业 12 家、重点跟踪企业 42 家、意向企业 22 家、已注册企业 10 家、已完成签约企业 5 家、已入驻企业 4 家、重点在谈企业 8 家，楼宇去化面积达 39%。

（滕琦诺）

【与威海市环翠区政府签订运营协议】 9 月 20 日，中关村信息谷与威海市环翠区政府签订运营协议。委托运营管理期限 10 年，委托运营面积 10 万平方米。项目将立足本地产业优化升级，聚焦海洋电子信息技术和海洋智能装备制造两大方向，通过导入中关村、全国乃至全球的高端创新资源，充分与威海资源禀赋有机结合，实现以点带面、区域联动，打造协同创新、智慧海洋的威海样板。

（滕琦诺）

【举办 8 期创新汇·威海中关村"海创未来路演吧"活动】 2022 年，北京中关村信息谷组织举办 8 期创新汇·威海中关村"海创未来路演吧"活动，汇集重点项目 28 项、国内投融资机构 18 家。

（滕琦诺）

武汉·中关村信息谷科创中心

【概况】 2022 年 10 月，武汉·中关村信息谷科创中心成立。中心位于武汉市江夏区，由武汉中关村信息谷科技产业服务有限责任公司负责运营管理，运营面积 6104 平方米，聚焦数字经济、先进制造、生命健康三大主导产业。年内，武汉·中关村信息谷科创中心入驻企业 11 家。

（滕琦诺）

【武汉·中关村信息谷科创中心签订委托运营协议】 9 月，北京中关村信息谷和武汉市江夏区人民政府签署武汉·中关村信息谷科创中心委托运营协议。10 月，科创中心运营公司武汉中关村信息谷科技产业服务有限责任公司（简称武汉中关村信息谷）注

册成立，项目进入正式运营阶段。

（滕琦诺）

海口·中关村信息谷创新中心

【概况】 2022 年 12 月，海口·中关村信息谷创新中心成立。中心位于海南省海口市龙华区核心地段，由海南中关村信息谷科技服务有限责任公司负责运营管理（简称海南中关村信息谷），面积约 3.8 万平方米，着力打造"中关村—海口"创新示范交流窗口，以"一心两翼"为主导产业定位，聚焦发展高新技术、科技金融服务、"互联网+"产业。

（滕琦诺）

【海口·中关村信息谷创新中心项目合作协议签署】 5 月 31 日，海口市龙华区政府与中关村信息谷北京总部共同签署《海口·中关村信息谷创新中心项目合作协议》，开启海口—北京两地产业协同和创新协同。6 月 17 日，成立海南中关村信息谷；9 月 21 日，海南中关村信息谷与海口市龙华区政府签订《海口·中关村信息谷创新中心项目合作补充协议》。

（滕琦诺）

【海口·中关村信息谷创新中心揭牌】 12 月 20 日，由海口市龙华区委、区政府，北京中关村信息谷联合主办，海南中关村信息谷承办的"创新引领协同发展"海口·中关村信息谷创新中心揭牌仪式暨线上招商推介会在海口·中关村信息谷创新中心举办。活动现场举办离岸飞地平台战略合作签约仪式、创新服务平台签约仪式、重点产业项目签约仪式。在离岸飞地平台战略合作签约环节，北京中关村信息谷与海口市龙华区政府签订离岸飞地平台战略合作协议。离岸飞地平台将打破地理空间的局限，形成多地联动格局，促使多个发达城市与海口间人才、资本、技术、市场、供应链等资源的双向流通和资源共享，推动创新创业科技项目落地，以全球视野谋划和推动海口市、龙华区科技创新产业发展。在创新服务平台签约环节，通过采取线上和线下相结合的签约方式，北京中关村

信息谷与中国合众投资发展集团有限公司、硅谷惠银（厦门）资产管理有限公司、中专隆天知识产权运营（深圳）股份有限公司、深圳市和隽科创有限公司、海南汇知知识产权服务有限公司、国机会展（海南）有限公司、北京昆仑创新规划设计研究院企业的代表签订创新服务平台合作协议。在重点产业项目签约环节，采取线上和线下相结合的方式，北京中关村信息谷与360数字安全科技集团有限公司、广州脉塔数字科技有限公司、北京致远行城市发展咨询有限公司、绿展投资有限公司、厦门中塔日升信息科技有限公司、海南荣晨投资有限公司、融悟投资集团（海南）有限公司、上海澄美信息服务有限公司企业的代表签订意向入园企业协议书。海口市政府、龙华区委、区人大常委会、区政协、区政府领导及各区委办局负责人，中关村发展集团领导及中关村企业的代表共120人参加。

（滕琦诺）

衡水·中关村信息谷创新中心（筹备）

【概况】2022年，中关村信息谷筹备设立衡水·中关村信息谷创新中心。中心位于衡水市高新区，启动区面积5万平方米，包括写字楼面积1.6万平方米、研发厂房面积3.4万平方米，载体已建设完成；远期拓展合作载体面积16.5万平方米。项目产业定位为新材料、智能制造、医药健康等产业与科技服务业。

（滕琦诺）

【共建衡水·中关村信息谷创新中心】8月16日，北京中关村信息谷与衡水市高新区签署《衡水·中关村信息谷创新中心战略合作协议》《衡水·中关村信息谷创新中心产业服务协议》，共建衡水·中关村信息谷创新中心，打造具有衡水特色的标杆示范项目。衡水·中关村信息谷创新中心项目将依托衡水科技谷28万平方米载体整体打造衡水·中关村信息谷创新中心，聚焦衡水"3+2"产业体系，重点引入新材料、智能制造、医药健康等产业与科技服务业创新资源，承载北京和雄安两地科技成果转化落地，融入京南国家科技成果转移转化示范区，打造"北京研发、衡水转化、服务雄安"的创新协同发展示范标杆。

（滕琦诺）

协同创新基金

【概况】自 2015 年起，集团与区域地方政府协同合作，开展股权投资、资产管理、投资顾问等业务，通过母基金管理、子基金管理、项目投资、产业组织等工作，完善和优化合作区域科技金融环境和产业结构。2022 年，北京中关村协同创新投资基金管理有限公司募集资金 10 亿元，新增浙江长创股权投资有限公司 1 支基金。截至 2022 年底，北京中关村协同创新基金管理有限公司在管基金 14 支，基金规模约 60 亿元，其中母基金 4 支、直投基金 10 支。中关村协同创新母基金累计下设子基金 14 支（区域子基金覆盖北京、保定、南宁、衢州、乌兰察布、新泰、南阳、宝坻、徐州、静海、金坛、德州、秦皇岛、溧阳），总计投资项目 192 个；廊坊蓝天基金完成投资，完成讯云数据的项目退出和同华科技退出决策；浙江长创股权投资有限公司探索"母基金＋直投基金"模式，完成子基金投资决策。

（叶梅、韩娜）

表 23　2022 年协同创新母基金一览表

序号	母基金名称	基金管理公司	基金设立时间
1	北京中关村协同创新投资基金（有限合伙）	北京中关村协同创新投资基金管理有限公司	2016.03.09
2	廊坊市蓝天事业发展股权投资基金合伙企业（有限合伙）	北京中关村协同创新投资基金管理有限公司	2020.04.27
3	北京深赛知识产权投资基金（有限合伙）	北京中关村协同创新投资基金管理有限公司	2020.12.02
4	浙江长创股权投资有限公司	北京中关村协同创新投资基金管理有限公司	2022.06.09

表 24　2022 年协同创新母基金投资子基金一览表

序号	子基金名称	基金管理公司	基金设立时间
	北京中关村协同创新投资基金（有限合伙）		
1	衢州中关村复朴协同创业投资基金（有限合伙）	广州复朴道和投资管理有限公司	2017.06.21
2	泰安市茂榕清泽股权投资基金合伙企业（有限合伙）	珠海茂榕清和投资基金管理有限公司	2017.11.23
3	保定基石连盈创业投资基金中心（有限合伙）	北京基石创业投资管理中心（有限合伙）	2017.11.27
4	北京协同科创创业投资管理中心（有限合伙）	北京中关村协同创新投资基金管理有限公司	2018.02.24
5	南宁水木愿景创业投资中心（有限合伙）	北京水木国鼎投资管理有限公司	2018.03.16
6	南阳中关村协同创新创业资产管理中心（有限合伙）	南阳中关村协同创业投资基金管理有限公司	2018.05.03
7	乌兰察布市高榕三期投资合伙企业（有限合伙）	西藏高榕资本管理有限公司	2018.07.06
8	天津中关村磐谷图灵股权投资基金合伙企业（有限合伙）	北京磐谷创业投资有限责任公司	2019.02.28
9	天津合勤科技智能制造产业创新投资合伙企业（有限合伙）	北京合勤资本管理有限公司	2019.03.07
10	徐州云荷投资合伙企业（有限合伙）	北京云和方圆投资管理有限公司	2019.03.13
11	江苏中关村中诺协同投资基金合伙企业（有限合伙）	北京中诺同创投资基金管理有限公司	2019.11.11
12	德州两仪幂方康健创业投资合伙企业（有限合伙）	幂方资本管理（北京）有限公司	2019.12.27
13	北京中关村生命科学园产业发展基金（有限合伙）	北京中关村协同创新投资基金管理有限公司	2020.12.22

（续表）

序号	子基金名称	基金管理公司	基金设立时间
14	常州中关村协同创业投资中心（有限合伙）	北京中关村协同创新投资基金管理有限公司	2021.06.28
	廊坊市蓝天事业发展股权投资基金合伙企业（有限合伙）		
1	廊坊安鹏股权投资基金合伙企业（有限合伙）	深圳市安鹏股权投资基金管理有限公司	2020.08.11
2	廊坊市岩睿翔股权投资基金合伙企业（有限合伙）	北京黑岩资本管理有限公司	2020.09.18
3	廊坊市复朴奥飞协同股权投资基金合伙企业（有限合伙）	北京复朴道和投资管理有限公司	2020.12.02
4	廊坊市同清延发股权投资基金合伙企业（有限合伙）	延安振兴发展产业投资基金管理有限公司	2020.12.18
5	廊坊市中宏蓝图股权投资基金合伙企业（有限合伙）	北京中关村协同创新投资基金管理有限公司	2020.12.28
6	廊坊市邦新信股权投资基金合伙企业（有限合伙）	中成国邦投资基金管理（北京）有限公司	2020.12.28
7	廊坊市予牧股权投资基金合伙企业（有限合伙）	中成国邦投资基金管理（北京）有限公司	2021.06.28

（叶梅、韩娜）

【移芯通信完成10亿元C轮融资】 1月12日，中关村协同创新基金衢州复朴子基金投资企业上海移芯通信科技有限公司宣布完成10亿元C轮融资。本轮融资由软银愿景基金二期领投，凯辉基金、基石资本、广发乾和和乔贝资本跟投，老股东启明创投、烽火资本、复朴投资、兴旺投资和汇添富资本持续跟投。融资用于移芯通信未来全球5G通信芯片的研发。移芯通信是蜂窝移动通信芯片设计公司，致力于设计性能最好和性价比最高的蜂窝物联网芯片。

（叶梅、韩娜）

【品驰医疗"植入式脊髓神经刺激器"（SCS）获批上市】 1月13日，国家药监局官网公开信息显示，中关村协同创新基金南宁水木子基金投资企业北京品驰医疗设备有限公司生产的植入式脊髓神经刺激器创新产品（包括植入式可充电脊髓神经刺激器、植入式脊髓神经刺激器、2个植入式脊髓神经刺激电极、植入式脊髓神经刺激延伸导线）的注册申请获批上市。该系列产品是清华大学联合品驰医疗在"十三五"国家重点研发计划项目、北京市科技计划项目等支持下研发，并由品驰医疗进行技术成果转化生产的中国首个拥有自主知识产权的脊髓神经刺激产品系列，代表中国在该领域打破国外垄断，填补了技术空白。

（叶梅、韩娜）

【必示科技入选高科技高成长企业系列榜单】 1月17日，由第一新声联合天眼查评选的"数字中国——2021年度高科技高成长企业系列榜单"正式发布。中关村协同创新基金乌兰察布高榕子基金投资企业北京必示科技有限公司获"高科技高成长瞪羚企业TOP 50""金融科技高成长企业TOP 30""2021年IT运维领域高成长企业"3项荣誉。该榜单基于天眼查大数据优势，在通过调研问卷等方式整理近千家候选企业数据信息的基础上，邀请各领域甲方高管、产业专家和投资大咖，以及一线投资机构投资人与数据库平台专家担任评委，综合评选出各个奖项。

（叶梅、韩娜）

【本源量子金融应用正式上线新华财经App】 1月26日，中关村协同创新基金天津磐谷子基金投资企业本源量子联合新华社旗下中国经济信息社新华财经共同发布的"量子金融应用"正式在新华财经App上线。这是中国量子金融应用首次接入传统手机端并与主流金融信息平台合作，也是国内量子金融应用与真实量子计算机结合后首次面向大众提供应用服务，是量子计算应用落地民用化的重要一步。该"量子金融"应用合辑通过"本源司南"量子计算机操作系统，实现经典计算机与量子计算机的有机结合，主要涵盖量子计算在投资组合优化、衍生品定价以及风险分析等方面的应用。

（叶梅、韩娜）

【材华科技完成数千万元Pre-A轮融资】 1月，北京材华科技有限公司完成数千万元Pre-A轮融资。本轮融资由架桥资本领投，中关村协同创新直投基金和中国科学院资本共同投资。融资完成后，材华科技将加大核心技术模块研究、现有工艺平台衍生应用的开发及已落地产品的量产与市场推广。（材华科技成立于 2019 年 12 月，是一家从事共聚功能高分子材料应用研发的创新型科技公司，致力于通过对不同功能分子基团的改性、合成，研发出功能更加优异、特性更加突出的高性能材料，以满足消费、工业领域对于单一复合材料多元化、功能化、安全绿色化的使用要求。）

(叶梅、韩娜)

【君赛生物完成近 1.5 亿元 A+ 轮、A++ 轮融资】
1 月，中关村协同创新基金德州幂方子基金投资企业上海君赛生物科技有限公司完成近 1.5 亿元 A+ 轮、A++ 轮融资。本轮融资由怀格资本、朗姿韩亚、黄埔医药基金、元生创投、华医资本共同投资，老股东凯泰资本、元禾原点继续加码支持。融资用于 TIL 细胞领域，加速推进不同 TIL 管线和 TIL 细胞新药的临床开发。

(叶梅、韩娜)

【华海清科 12 英寸再生晶圆出货量突破 10 万片】
2 月 11 日，中关村协同创新基金南宁水木子基金投资企业华海清科 12 英寸再生晶圆产品累计出货量突破 10 万片，意味着在国内集成电路产能不断增长的背景下，晶圆再生的国产替代已正式启航。

(叶梅、韩娜)

【长扬科技推出国产化安全产品】2 月 15 日，基于国产 CPU 硬件平台和国产操作系统，中关村协同创新基金保定基石子基金投资企业长扬科技（北京）股份有限公司推出工业防火墙、第二代防火墙、入侵检测系统和入侵防御系统等国产化安全产品，可针对军工、电力、能源、交通、市政等行业提供国产化安全解决方案，助力关键基础设施行业的信息安全体系建设。

(叶梅、韩娜)

【华控清交入选 2021"科创中国"榜单】2 月 21 日，中国科协 2021"科创中国"系列榜单发布，中关村协同创新基金乌兰察布高榕子基金投资企业华控清交信息科技（北京）有限公司入选"科创中国"2021 新锐企业榜。"科创中国"榜单由中国科

协设立，通过优选一批引领人物、一批新锐企业、一批产学融通组织、一批先导技术，引导探索技术服务与交易新业态、新组织、新模式，激活创新引领的合作动能。

(叶梅、韩娜)

【华海清科获批国家企业技术中心】2 月 23 日，国家发展改革委等部门发布《2021 年（第 28 批）新认定及全部国家企业技术中心名单》，中关村协同创新基金南宁水木子基金投资企业华海清科股份有限公司技术中心被认定为国家企业技术中心。

(叶梅、韩娜)

【天仪研究院实现国产商业 SAR 卫星批产组网】2 月 27 日，中关村协同创新基金天津合勤子基金投资企业长沙天仪空间科技研究院有限公司研制的"巢湖一号"卫星和"创星雷神号"卫星搭载"长征八号"运载火箭在中国文昌航天发射场发射升空。两颗卫星正常入轨，遥测参数正常，太阳翼、天线均展开正常，发射任务获得成功。"巢湖一号"卫星的成功发射将推动"天仙星座"建设以及 SAR 数据行业应用，助力安徽省合肥市打造空天信息产业的新高地。

(叶梅、韩娜)

【"巢湖一号"获取首批图像】2 月 27 日至 3 月 5 日，中关村协同创新基金天津合勤子基金投资企业长沙天仪空间科技研究院有限公司研制的"巢湖一号"卫星运维团队先后完成卫星能源及热控状态确认、姿控敏感部件在轨标校、各姿控模式及精度确认、数传链路状态确认及 SAR 载荷的成像测试，在轨测试表明卫星性能状态优良，并在卫星发射入轨后的时间内获得多幅 SAR 图像，图像信息丰富，涵盖山脉、田地、河流、湖泊、城市等典型地貌，达到了国际轻小型 C 波段商业 SAR 卫星的最高分辨率。

(叶梅、韩娜)

【中科空天飞行科技产业化基地全面封顶】3 月 23 日，中关村协同创新基金天津合勤子基金投资企业中科宇航（广州）装备工业有限公司在广州南沙建设的中科空天飞行科技产业化基地一期钢结构厂房屋面板铺设完成，各车间主体结构封顶。2019 年，广州

市政府与中国科学院签署协议，在南沙规划建设面积 99 平方千米的南沙科学城，引入中国科学院力学研究所及下设空天飞行科技中心等中国科学院研究单位。2020 年，北京中科宇航技术有限公司作为重大科研项目的成果转化平台和产业化平台落户南沙，同时成立中科宇航（广州）装备工业有限公司，主要负责中科空天飞行产业化基地的具体运作。中科空天飞行科技产业化基地总规划占地面积约 40 公顷，其中一期占地面积 6.67 公顷，主要用于开展系列化固体、液体运载火箭的生产、试验、总装及测试，并以此基础牵引上下游相关的宇航企业落地，力争将广州打造为中国航天的第三极。

（叶梅、韩娜）

【奥昇医疗完成数千万元 A 轮融资】 4 月 7 日，中关村协同创新基金德州幂方子基金投资企业深圳市奥昇医疗科技有限责任公司完成数千万元 A 轮融资。本轮融资由旸昀资本、涌铧投资联合领投，沂景资本、万沣资本跟投，Pre-A 轮领投方幂方资本追加投资。融资主要用于推进公司前列腺增生无创消融的临床研究及空化超声在其他适应证的拓展探索。

（叶梅、韩娜）

【柯渡医疗与海口国家高新区签约】 4 月 11 日，海南自由贸易港 2022 年（第一批）重点项目集中签约活动——海口市生物医药产业集群重点项目签约专场活动在海口举行。中关村协同创新基金泰安茂榕子基金投资企业上海柯渡医学科技股份有限公司通过线上形式与海口国家高新区进行签约。项目计划总投资 3 亿元，占地面积 1.34 公顷，达产总产值 2 亿元，税收 2000 万元，建设智能化医疗设备研发及生产基地，为后续落地海南生产的高端医疗装备首台（套）项目进行配套。

（叶梅、韩娜）

【首个国家级口腔工程研究中心成立】 4 月 15 日，"创新驱动健康口腔转化引领高质量发展"学术研讨会暨国家工程研究中心揭牌仪式·创新联合体成立大会在北京大学口腔医院举行。中关村协同创新基金系投资企业北京朗视仪器股份有限公司成为"口腔生物材料和数字诊疗装备国家工程研究中心"4 家共建单位之一。口腔生物材料和数字诊疗装备国家工程研究中心是由国家发展改革委批准建设的中国口腔医学领域首个国家级工程实验室，依托单位为北京大学，建设单位为北京大学口腔医院。

（叶梅、韩娜）

【广州微岩医学检验实验室启动】 4 月 18 日，中关村协同创新基金德州幂方子基金投资企业广州微岩医学检验实验室正式启动。实验室位于广州市城区，已完成基础建设和相关验证，可以开展 DNA、"D+R"和超敏外周血等全部检测项目。实验室的成立是中国"病原微生物天网实验室"建设中具有战略意义的区域性中心节点。中国"病原微生物天网实验室"项目以微岩医学在北京、杭州、广州和重庆的自建交付中心为节点，建立辐射至大批三甲医院的基于宏基因组高通量测序（mNGS）技术的复杂感染快速检测网络，完成中国人群病原微生物宏基因组学数据、临床数据、耐药基因数据等的智能化分析平台的构建，助力各级政府加强感染/传染性疾病的精准诊疗和防控。

（叶梅、韩娜）

【搭载福瑞电气 DC-DC 的中国首款量产氢电轿车发布】 4 月 21 日，长安汽车发布长安深蓝 C385 车型，共分纯电、增程与氢电 3 个版本，其中氢电版本为中国首款量产氢电轿车，由长安新能源中国团队联合英国团队一同打造。这款车型搭载中关村协同创新基金系投资企业深圳市福瑞电气有限公司开发的大功率 DC-DC。该氢燃料电池系统发电效率可达到发电 20.5 瓦/1 千克氢气，百公里氢耗小于 0.65 千克，整车续航里程达到 700 千米以上。

（叶梅、韩娜）

【国产首个量子芯片设计工业软件上线】 4 月 30 日，中关村协同创新基金天津磐谷子基金投资企业合肥本源量子计算科技有限责任公司发布首个国产量子芯片设计工业软件——本源坤元（OriginUnit）。全球用户可通过本源量子云平台直接在线访问和使用。该软件同时支持超导和半导体量子芯片版图自动化设计，是实现量子芯片自主研发及产业化生产的重要条件，填补了中国量子芯片设计工业软件领域的空白。

（叶梅、韩娜）

【捷通数智平台助力 12345 政务热线升级】 4 月，中关村协同创新基金南宁水木子基金投资企业北京捷通华声科技股份有限公司结合政务热线实际运营场景，依托以现代信息网络为主要载体推动政务服务整体联动、全流程在线，以信息通信技术融合应用为重要推动力实现应急管理快速响应，以数据资源为关键要素增强基于数据分析的决策支撑建设思路，为 12345 政务服务便民热线提出构建数智平台，以 AI 能力中台、知识中台、数据中台为基础，打造地方专属对话机器人、智能知识库、智能座席助手、智能派单辅助的行业专家方案。

（叶梅、韩娜）

【"玄鸢一号" 20 吨级液氧煤油火箭发动机长程试车考核成功】 5 月 12—15 日，中关村协同创新基金系投资企业北京中科宇航技术有限公司自主研发的 "玄鸢一号" 20 吨级液氧煤油火箭发动机通过长程试车考核成功。本台发动机在试验台上先后经历了 3 次整机点火试车。整机点火试车考核了发动机整机及各组件对长程工作的适应性，获得了发动机在不同工况下的工作特性，助力系统的起动、点火等工作时序得到进一步优化并逐渐固化程序。

（叶梅、韩娜）

【朗视仪器发布 Fusion Analyser】 5 月 21 日，中关村协同创新基金南宁水木子基金投资企业北京朗视仪器股份有限公司线上发布软件 Fusion Analyser。该软件是由朗视仪器和首都医科大学附属北京口腔医院正畸科联合研发，是一款专业、轻便、免费的国产数字化模型分析软件。软件拥有严格遵循教科书定义的测量项目、步骤引导式的操作流程、数据接口、人机界面、定点测量及分析报告。

（叶梅、韩娜）

【清影华康获数千万元 A 轮融资】 5 月，中关村协同创新基金南宁水木子基金投资企业北京清影华康科技有限公司完成数千万元 A 轮融资。本轮融资由纵横资本领投。融资主要用于加大对于人工智能等创新技术的应用，推动产品升级迭代；启动三类证注

册流程，打通临床诊疗路径。

（叶梅、韩娜）

【华海清科登陆上海证券交易所科创板】 6 月 8 日，中关村协同创新基金南宁水木子基金投资企业华海清科股份有限公司登陆上海证券交易所科创板挂牌上市，股票名称华海清科，股票代码 688120。此次募集资金用于高端半导体装备（化学机械抛光机）产业化、高端半导体装备研发、晶圆再生等项目，以及补充流动资金。中关村协同创新母基金的区域合作子基金南宁水木愿景创业投资中心（有限合伙）于 2020 年 3 月投资华海清科。

（叶梅、韩娜）

【天仪某星完成离轨试验】 6 月 14 日，中关村协同创新基金天津合勤子基金投资企业长沙天仪空间科技研究院有限公司研发的天仪某星再入大气层，离轨试验取得成功。该星初始轨道高度为 525 千米，轨道高度变化从 400 千米降至 200 千米以下，完全离轨耗时仅 33 天。此次试验结果表明，使用天仪自研离轨技术，能有效缩短离轨时间，实际离轨效果显著，可在后续卫星设计中推广使用。

（叶梅、韩娜）

【科露宝获数千万元 A+ 轮融资】 6 月，中关村协同创新基金德州幂方子基金投资企业浙江科露宝食品有限公司完成数千万元 A+ 轮融资。本轮融资由深圳分享独家投资。融资用于后续产品研发、生产基地布局建设及现有特医产品商业化运营。（科露宝成立于 2017 年 7 月，专注于特殊医学用途配方食品的研发、生产和销售，重点布局婴幼儿特医食品。）

（叶梅、韩娜）

【长扬科技完成 E+ 轮战略融资】 6 月，中关村协同创新基金保定基石子基金投资企业长扬科技（北京）股份有限公司完成近 1 亿元 E+ 轮战略融资。本轮融资由鸿鹄致远投资领投，老股东上海鼎璋跟投。融资主要用于核心技术自主创新、专业人才梯队建设和业务版图扩大等。鸿鹄致远投资的主发起方是在 A 股主板上市的产业互联网代表企业国联股份，本轮融资后，长扬科技将与 A 股主板产业互联网企业形成产业协同，共同构建安全新生态。

（叶梅、韩娜）

【本源量子发布量子金融衍生品定价库】 7 月 18 日，中关村协同创新基金天津磐谷子基金投资企业合肥本源量子计算科技有限责任公司推出量子金融工程化阶段性成果——量子金融衍生品定价库。量子金融衍生品定价库是本源量子团队研发的国内首个面向程序开发者和金融专业人士的专业量子金融算法库，其是专门适用于分析期权等金融衍生品定价的开发者工具，包含复杂的奇异期权（亚式期权、一篮子期权以及障碍期权），是基于量子计算技术进行金融衍生品分析的一个行业利器。

（叶梅、韩娜）

【朗视仪器 CBCT−Ultra3D 获批上市】 7 月 19 日，经国家药监局审查，中关村协同创新基金南宁水木子基金投资企业北京朗视仪器股份有限公司自主研发并生产的创新产品——Ultra3D 耳鼻喉双源锥形束计算机体层摄影设备通过创新医疗器械特别审查程序，获得医疗器械注册证（三类）。该产品由大视野成像系统、小视野成像系统、控制装置、扫描床、头托、机架、激光定位灯、工作站组成，用于耳部、鼻部、咽喉部气道、口腔颌面部的 X 射线锥形束体层摄影检查。

（叶梅、韩娜）

【搭载神力科技电堆的长安深蓝 SL03 上市】 7 月 25 日，长安深蓝 SL03 正式上市，推出了纯电版、增程版、氢燃料电池版 3 种不同动力版本车型。长安深蓝 SL03 氢燃料电池版本搭载中关村协同创新基金南宁水木子基金投资企业上海神力科技有限公司的燃料电池产品。

（叶梅、韩娜）

【"力箭一号"首飞成功】 7 月 27 日，由中国科学院力学研究所抓总研制的"力箭一号"（ZK−1A）运载火箭在酒泉卫星发射中心成功发射，采用"一箭六星"的方式，将 6 颗卫星送入预定轨道，首次飞行任务取得成功。"力箭一号"运载火箭是由中国科学院力学所抓总、中关村协同创新基金天津合勤子基金投资企业北京中科宇航技术有限公司参与研制的首型固体运载火箭，是中国最大的固体运载火箭。该款火箭是四级固体运载火箭，起飞重量 135 吨，起飞推力 200 吨，总长 30 米，芯级直径 2.65 米，首飞状态整流罩直径 2.65 米，500 千米太阳同步轨道运载能力 1500 千克。

（叶梅、韩娜）

【江苏赛诺膜分离项目开工建设】 8 月 31 日，中关村协同创新基金徐州云荷子基金投资企业江苏赛诺膜分离科技有限公司膜水处理设备制造项目开工奠基仪式在江苏省扬州市高新区举行。江苏赛诺膜分离项目以赛诺掌握的全球领先的专利膜制备技术为核心，采用全球先进的膜制备生产线，生产过程低碳、绿色、无污染，将配置世界一流的检测设备，并按照高标准质量体系进行全过程质量管理，产品将广泛应用于市政、工业、海水淡化等领域，销售覆盖国内及国际市场。

（叶梅、韩娜）

【寄云科技获 C+ 轮融资】 8 月，中关村协同创新基金保定基石子基金投资企业北京寄云科技有限公司获 C+ 轮融资。本轮融资由北京集成电路装备产业投资并购基金领投，多家知名产业机构跟投。融资用于加大企业在半导体行业的投入和拓展，向半导体材料、零部件、装备和芯片制造领域的客户提供以数据智能为核心的产品和服务。

(叶梅、韩娜)

【志道生物抗肿瘤新药 LTC004 注射液临床试验申请获批】 9 月 5 日，中关村协同创新基金德州幂方子基金投资企业北京志道生物科技有限公司自主开发的 I 类抗肿瘤创新药 LTC004 注射液临床试验申请，获国家药监局药品审评中心（CDE）的批准。LTC004 具备更低毒性和更大的给药窗口，解决了细胞因子类药物因毒性较大造成临床给药窗口狭窄的问题。

(叶梅、韩娜)

【青禾晶元完成近 2 亿元 A++ 轮融资】 9 月 7 日，中关村协同创新基金天津合勤子基金投资企业北京青禾晶元半导体科技有限责任公司宣布完成近 2 亿元 A++ 轮融资。本轮融资由产业资本及知名财务投资人北京集成电路尖端芯片基金、阳光电源、智科产投、建信信托、沃赋资本等联合投资，是一年内青禾晶元完成的第四轮融资。融资主要用于新建产线扩大生产。（青禾晶元创立于 2020 年 7 月，是一家先进半导体集成技术及产品提供商，拥有国内首创高—低质量 SiC 复合衬底技术，核心团队是国内唯一掌握室温键合技术的团队。）

(叶梅、韩娜)

【寄云科技发布新一代工业互联网平台产品】 9 月 8 日，中关村协同创新基金保定基石子基金投资企业北京寄云科技有限公司在北京召开"数聚力量智见未来"寄云 NeuSeer 全新工业互联网产品发布会，发布新一代工业互联网平台产品——NeuSeer 工业互联网平台 3.0。该平台融合了物联网、大数据、人工智能以及实时控制等新一代信息和自动化技术，迭代优化工业物联网、工业数据管理平台和工业数据分析建模平台，以更完整的工业物联网应用开发能力、更全面的数据治理能力及更强大的数据分析建模能力，无缝对接边缘计算和智能控制，以更出色的平台能力支撑寄云打造包括半导体制造、石油化工、能源电力、轨道交通等行业智能应用，助力工业企业快速实现智能化分析、决策和控制。

(叶梅、韩娜)

【宏业基深市主板首发过会】 9 月 22 日，中关村协同创新基金保定基石子基金投资企业深圳宏业基岩土科技股份有限公司在深市主板首发获通过。宏业基作为国家高新技术企业，主要从事地基与基础工程及市政与环保工程施工，新技术、新工艺与新材料的研发应用等多元业务，致力于打造以自主知识产权为内涵的核心竞争力，获专利授权百余件、软件著作权 10 余件，并参与编写多项行业规范。

(叶梅、韩娜)

【林立新能源完成数亿元新一轮融资】 9 月 28 日，中关村协同创新基金徐州云荷子基金投资企业黄冈林立新能源科技有限公司完成数亿元新一轮融资，国家制造业转型升级基金、星河资本、深创投、蜂巢资本等投资机构和产业资本参与投资。融资用于进一步扩大产能规模，加码磷酸盐系前驱体行业布局。（林立新能源成立于 2017 年 7 月，是高性能锂电正极材料的高校科技成果产业化示范项目，专注于磷酸盐系前驱体的研发、生产和销售。）

(叶梅、韩娜)

【第三代"本源天机"量子测控系统发布】 9 月，中关村协同创新基金天津磐谷子基金投资企业合肥本源量子计算科技有限责任公司推出第三代"本源天机"量子测控系统。"本源天机 3.0"作为专用于超导量子芯片的量子计算控制系统，支持 100+ 超导量子比特，主要包含射频模块、数字模块、直流电压源模块、同步控制模块以及专业的测控软件，可同时控制、读取百位超导量子比特，独立完成超导量子计算的测控操作。

（叶梅、韩娜）

【领创医谷完成超亿元 A 轮融资】9 月，中关村协同创新基金德州幂方子基金投资企业北京领创医谷科技发展有限责任公司宣布完成超亿元 A 轮融资。本轮融资由比邻星创投、老股东幂方健康基金领投，泰煜投资、美鸿投资跟投，老股东同创伟业继续追加投资。融资主要用于脊髓神经电刺激（SCS）、周围神经刺激（PNS）产品的研发及生产，研发团队扩充及公司运营。（领创医谷成立于 2016 年 6 月，是以创新的无线植入式神经电刺激技术平台为切入点的神经调控医疗器械研发商，专注于疼痛管理和神经调控领域创新技术研发和推广。领创医谷由中国神经调控领域奠基人韩济生院士及中国疼痛科学术带头人樊碧发教授担任首席科学家。）

（叶梅、韩娜）

【云知声全场景智能语音客服中心上线】10 月 1 日，无锡地铁三阳广场站正式上线"全场景智能语音客服中心"服务功能，为乘客提供集语音咨询、语音购票、自助票务处理、自助退单程票、远程音视频在线求助等"一条龙"自助服务。该全场景智能语音客服中心由中国电子旗下熊猫信息携手中关村协同创新基金天津磐谷子基金投资企业云知声智能科技股份有限公司共同研发，融合人工智能、语音识别等技术，基于 AI 知识图谱打造智能交互系统和自助服务系统，打造智能便捷的智慧综合服务平台。

（叶梅、韩娜）

【全国首例可充电植入式骶神经刺激器植入手术完成】10 月 12 日，清华大学附属北京清华长庚医院完成可充电植入式骶神经刺激器（型号：G134R）上市后的全国首例植入手术。该产品由中关村协同创新基金南宁水木子基金投资企业品驰医疗依托清华大学神经调控国家工程研究中心自主研制生产，已在近 100 家临床中心成功应用。

（叶梅、韩娜）

【清影华康获战略投资】10 月 17 日，中关村协同创

新基金南宁水木子基金投资企业北京清影华康科技有限公司与江西一脉阳光集团股份有限公司签署战略投资协议。本轮投资主要用于打造更接近 C 端的产品模式和形态，探索 C 端的高级医学影像解决方案的落地。清影华康由清华大学生物医学影像研究中心孵化，专注于创新型医学影像解决方案研发，是中关村和国家高新技术企业，已完成千万元级的 A 轮融资。一脉阳光由多名中国医学影像行业精英创建，是一家专业从事医学影像中心投资运营、医学影像云平台技术开发、医学影像人才培养、医学影像产业链服务的影像医院集团。

（叶梅、韩娜）

【华丰燃料电池及联合燃料电池研发生产项目奠基仪式举行】10 月 24 日，丰田燃料电池研发与生产项目（一期）奠基仪式在北京经济技术开发区举行。此项目主体由华丰燃料电池有限公司（简称FCTS）及联合燃料电池系统研发（北京）有限公司（简称 FCRD）构成。FCTS 由丰田与中关村协同创新基金南宁水木子基金投资企业亿华通合资成立，FCRD 由丰田、亿华通、一汽、东风、广汽、北汽6 家公司联合成立。该项目总投资额约 80 亿日元，位于北京经济技术开发区，占地面积约 11 万平方米，将建设燃料电池生产线、检测线和研发中心，生产燃料电池系统产品，并进行燃料电池系统相关研发工作。

（叶梅、韩娜）

【必示科技完成近 2 亿元 C 轮融资】10 月 26 日，中关村协同创新基金乌兰察布高榕子基金投资企业北京必示科技有限公司宣布完成近 2 亿元 C 轮融资。本轮融资由晨壹投资领投，国泰财富基金、三奕资本、红杉中国、顺为资本等跟投。融资用于加速新产品研发和市场推广。

（叶梅、韩娜）

【柯林布瑞完成近 2 亿元 C 轮融资】10 月，中关村协同创新基金德州幂方子基金投资企业上海柯林布瑞信息技术有限公司完成近 2 亿元 C 轮融资。本轮融资由君联资本领投，国和投资跟投。本轮融资后，柯林布瑞继续在医疗大数据领域深耕厚植，探索大数据与 AI 在医疗行业的深度融合，推进底层

技术研发和场景化应用，加速推进产业数智化升级。（柯林布瑞成立于 2013 年 8 月，是一家专注于医疗大数据中台、数据化及智能化应用服务的高新技术企业和国内领先的医疗大数据服务商，2022 年入围工业和信息化部专精特新"小巨人"企业。）

（叶梅、韩娜）

【本源量子在量子计算领域取得两项全国第一】 10 月，知识产权产业媒体 IPRdaily 中文网与 incoPat 创新指数研究中心联合发布截至 2022 年 10 月 18 日全球量子计算技术发明专利排行榜（TOP 100），中关村协同创新基金天津磐谷子基金投资企业本源量子以 234 件量子计算发明专利数和 133 件发明专利被引证数，在专利数量和被引证数量上均居全国第一，且进入全球前十。

（叶梅、韩娜）

【寄云科技入选边缘计算百强榜 TOP 100】 10 月，由中国科学院主管刊物《互联网周刊》、eNet 研究院、德本咨询共同发起的"2022 边缘计算 TOP 100"榜单发布。中关村协同创新基金保定基石子基金投资企业北京寄云科技有限公司凭借在边缘计算领域卓越的技术研发力、产品创新力入选榜单，名列第 18 名。

（叶梅、韩娜）

【桑顿新能源签署储能电站五方框架协议】 11 月 11 日，中关村协同创新基金徐州云荷子基金投资企业桑顿新能源科技有限公司与北京鑫泰能源股份有限公司、湖南赢科储能科技有限公司、安徽优旦科技有限公司、北京慧碳众和资源科技有限公司联合签署储能电站五方框架协议。根据协议，5 家公司将充分发挥各自优势，互助协作，在电池储能项目、虚拟电厂、绿色低碳集团化建设、智慧能源运营、产业资源整合、投融资等领域达成全面战略合作伙伴关系。

（叶梅、韩娜）

【国家对地观测科学数据中心商业（天仪卫星）数据资源分中心成立】 11 月 18 日，国家对地观测科学数据中心商业（天仪卫星）数据资源分中心成立，依托中关村协同创新基金天津合勤子基金投资企业长沙天仪空间科技研究院有限公司在轨 SAR 卫星"海丝一号"、"巢湖一号"和未来即将发射并组网运行的商业 SAR 卫星，开展 SAR 遥感影像数据获取、处理、存储和分发工作，并在国土、交通、农林、水利及应急等领域发挥 SAR 遥感卫星实时性高、主动成像的特点，为各行业提供支撑。（国家对地观测科学数据中心是科技部和财政部 2019 年 6 月首批认定的国家科学数据中心之一，2020 年进入业务化运行。基于国家综合地球观测数据共享平台，依托中国科学院空天信息创新研究院，联合国家陆地、气象和海洋卫星中心，以及 10 多家各部委卫星中心、国内著名高校和知名企业共同建设，代表国家对相关科学数据资源进行管理和协调。）

（叶梅、韩娜）

【华控清交入选 36 氪"WISE2022 新经济之王年度企业"榜单】 11 月 29—30 日，在 36 氪 WISE2022 新经济之王大会上，36 氪"WISE2022 新经济之王年度企业"系列榜单发布。中关村协同创新基金乌兰察布高榕子基金投资企业华控清交信息科技（北京）有限公司凭借其在数据流通领域中强大的科技创新实力，入选"WISE2022 新经济之王前沿科技领域年度企业"榜单。

（叶梅、韩娜）

【中关村协同创新基金参投福贝生物】 12 月 12 日，福贝生物科技（苏州）有限公司宣布完成超亿元 Pre-B 轮融资。本轮融资由达晨资本领投，中关村协同创新基金、华熙朗亚、芳晟资本和道远资本跟投，老股东高榕资本和清源资本继续加持。融资用于临床项目的推进和临床前研发管线的拓展。（福贝生物成立于 2017 年 9 月，是一家专注于中枢神经系统疾病原创新药开发的科技生物技术公司。）

（叶梅、韩娜）

【亿华通港交所开始招股】 12 月 29 日，中关村协同创新基金南宁水木子基金投资企业北京亿华通科技股份有限公司宣布港交所主板上市计划，招股期为 2022 年 12 月 29 日至 2023 年 1 月 5 日。此次全球发售 17628000 股 H 股，另有 15% 超额配股权，发售价 60—76 港元，含超额配股权集资额最高 15.4 亿港元。国泰君安融资有限公司及智富融资有限公司为联席保荐人。（亿华通于 2020 年 8 月 10 日登陆上海证券交易所科创板。）

（叶梅、韩娜）

【超目科技完成近亿元 A+ 轮融资】 12月，中关村协同创新基金南宁水木子基金投资企业超目科技（北京）有限公司完成近亿元 A+ 轮融资。本轮融资由复健资本星未来创投基金领投，明恒产投与中智众合参投。融资用于全球首创眼球震颤电调控产品的临床与新一代植入式医用芯片的研发，同时将加速推进用于近视矫正的新产品研发。（超目科技成立于 2018 年 6 月，是一家面向眼部疑难疾病治疗的高科技医疗器械及治疗解决方案提供商。超目科技开发了丰富的在研与预研产品管线——植入式眼部肌肉神经刺激器、近视治疗设备、植入式青光眼微引流装置、植入式可调焦距人工晶体，以及斜视诊断和诊疗一体机。其中，植入式眼部肌肉神经刺激器是全球首创且唯一能治愈先天性眼球震颤的产品。）

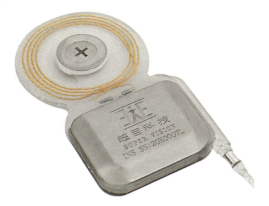

（叶梅、韩娜）

【桑顿新能源推出家用储能 5.12kWh 电池模组】 12月，中关村协同创新基金徐州云荷子基金投资企业桑顿新能源科技有限公司推出家用储能 5.12kWh 电池模组。该模组采用 50Ah 磷酸铁锂电芯，循环寿命超过 6000 次，电芯可根据用户需求进行尺寸调整并通过合理串并联方式连接封装成组，模组能

量密度达到 176Wh/kg，成组效率为 93%。

（叶梅、韩娜）

【华卫恒源完成数千万元 Pre-A+ 轮融资】 12月，中关村协同创新基金南宁水木子基金投资企业华卫恒源（北京）生物医药科技有限公司宣布完成数千万元 Pre-A+ 轮融资。本轮融资由丹麓资本领投，瑞昇投资、元和资本等新股东跟投。融资主要用于华卫恒源核心管线的安全性验证、工艺开发以及临床申报，后续生产基地的扩充以及人才的招募。

（叶梅、韩娜）

【举办 4 期"协同创新·汇"活动】 2022 年，协同创新基金通过线上会议、电话沟通等方式，举办 4 期面向协同创新母基金合作区域的"协同创新·汇"活动，推荐项目 24 个，成为服务合作区域 LP 项目需求、产业升级服务的平台，为合作区域提供产业基金方案咨询、项目推介等服务。根据南宁 LP 需求，为南宁拟设立的城市升级基金提供专业的一级整改、地产基金建议方案。

（叶梅、韩娜）

【多家投资企业服务冬（残）奥会】 2022 年，北京冬（残）奥会期间，中关村协同创新基金多家投资企业服务冬（残）奥会。南宁水木子基金投资企业北京亿华通科技股份有限公司的大批量氢燃料电池汽车被首次采用作为接驳工具，其中延庆、崇礼两地 700 台氢能车辆搭载了亿华通氢燃料电池系统，占比 64%；运营里程 260 余万千米，占比 81%；减碳 2200 余吨，占比 85%。基于衢州复朴子基金投资企业芯百特微电子（无锡）有限公司 CBG9326 推出的 UWB-AOA 定位产品，通过在国家速滑馆内部署特定数量的定位基站，实现对馆内运动员的厘米级高精度定位，实时监测、记录运动员的滑行轨迹，并支持两年以上的历史数据查询。

（叶梅、韩娜）

国际创新网络

中关村发展集团年鉴

YEARBOOK OF ZHONGGUANCUN DEVELOPMENT GROUP

2023

综　述

2022 年，集团聚焦国际化、市场化、专业化能力建设，汇聚全球创新资源，强化海外平台投融资功能，不断加强海外业务合规管理、理顺机制体制防范系统性风险，优化全球网络节点布局，优化海外创新中心、海外基金系建设水平，参与组织筹备重要国际交流与科技创新活动，提升跨境科技、金融服务能力。

全力筹办 2022 中关村论坛。做好服务中关村论坛系列活动筹办工作，举办新产业 50 人论坛等 15 场线上、线下活动。

优化海外业务模式。加快北美等海外创新中心业务转型和风险处置；推进波士顿创新中心退租工作；硅谷创新中心自持空间内共有实体及虚拟入驻租户 75 家，入住率约 87.3%；继续做好伦敦创新中心可转债过渡期工作。吸引国际创新要素落地北京。海外资源项目库新增初创项目 200 个，为 15 位海外人才和 37 个海外项目在京落地提供政策咨询和资源对接，全年引入海外创新人才和跨境孵化项目 171 个。

发挥跨境服务网络优势。深度参与中日创新合作示范区、中德科技园、农业中关村等建设；打造"中关村国际创新社区"并复制拓展落地房山区；加快转型改革步伐，推出"展会+"业务，推动中关村新技术、新产品跨境交易；持续承担科技部"中意创新周"活动和北京市海外学人中心"中外工程技术交流会"工作。

推进构建可持续发展的海外投资体系。推进美元母基金设立，认缴投资盛景美元母基金Ⅳ期 2300 万美元，推进白石桥美元基金筹设工作。做好已投基金的持续跟踪管理，中关村盛景母基金年内完成出资 100 万美元；丹华Ⅱ期基金全部出资完毕；完成之路基金协议签署，基金目标规模 1 亿美元；龙磐美元基金完成第二次关闭，基金总规模 2.6 亿美元，进入投资期，完成对 10 家生物医药企业的投资。创新直投商业模式，做好达闼科技项目等直投项目投后管理，投资支持多想云等企业中国香港上市，决策投资汇勤中国私募股权公司（WCPE.LN）300 万美元，推进参与亿华通（688339.SH）港股上市投资。

拓展跨境创新服务，丰富国际创新网络生态。推进与 Holoride 在国内项目落地服务、建设济南市海外孵化器等跨境服务协议的签署；推动与凯利尔、超目科技、加拿大 Nouveaute、武汉光谷等项目的合作关系；在美国、加拿大、以色列及中国香港等地多所高校开展 2022 "北京之夜"留学生交流公益活动品牌，先后储备硕博类人才近百人；推动认股权服务，与 SelfTable（智慧配餐）等多个项目签署股权认购协议。完成全球创新网络布局初步方案，加快储备海外节点创新生态，包括加拿大顽石会、8hours、中国诚通、中比科技园、英中贸易协会、瑞典孵化器与科技园区协会、中国中小企业中心等潜在合作触点。

（朱焱、王奕欣）

海外创新平台

【概况】2022 年，集团推动海外创新中心业务转型与优化布局并行推进，推动中关村硅谷、德国海德堡等海外创新网络节点建设。截至 2022 年底，共设立中关村硅谷创新中心、中关村德国创新中心等 4 个海外创新中心，以及美国硅谷联络处、日本东京联络处等 7 个海外联络处。

（胡晗、刘伟）

表 25　2022 年中关村发展集团海外创新中心一览表

序号	名称	运营时间	地址	运营面积（平方米）
1	中关村硅谷创新中心	2016.05	美国硅谷核心区圣克拉拉市	7000
2	中关村德国创新中心	2018.05	德国海德堡市	0
3	中关村波士顿创新中心	2018.09	美国波士顿地区剑桥市	0
4	中关村以色列创新中心暨 Innonation Powerhouse	2019.07	以色列特拉维夫市	1450

表 26　2022 年中关村发展集团运营管理海外联络处一览表

序号	联络处名称	运营主体
1	美国硅谷联络处	中关村（北美）控股公司
2	日本东京联络处	北京中关村国际孵化器有限公司日本分公司
3	加拿大多伦多联络处	北京中关村国际孵化器有限公司海外子公司（Zhongguancun Science Centre Inc.）
4	澳大利亚悉尼联络处	Beijing Zhongguancun overseas science park (Australia) Pty Ltd.
5	芬兰赫尔辛基联络处	Beijing Zhongguancun Software Park Development Ltd. sivuliike Suomessa
6	德国海德堡联络处	Beijing Zhongguancun Science Park International (Germany) GmbH
7	韩国联络处	Zhongguancun Overseas Science Park Korea Co., Ltd.

（刘伟）

【推进中关村波士顿创新中心退租工作】2022 年，推进中关村波士顿创新中心退租工作，完成原中心所在物业空间退租、团队迁址，安全收回美元信用证。

（刘俊）

【中关村硅谷创新中心建设】2022 年，中关村北美加强对中关村硅谷创新中心自持空间的安全管理，逐步恢复中关村硅谷创新中心的线下办公、活动等功能。年内，自持空间内共有实体及虚拟入住租户 75 家，入住率约 87.3%。中关村北美年内正式启动硅谷创新中心轻资产转型工作，与美方合资伙伴就转让自身持有的物业运营公司合资股权以及自持空间退租开始谈判并拟订初步处置方案。

（尹向）

【中关村德国创新中心建设】2022 年，中关村德国创新中心终止与原房东中德科教园的空间租赁关系，相关房租费用结算完毕，中关村德国创新中心停止空间运营业务。团队免费使用原办公场地约 50 平方米，重点执行中关村驻德国海德堡联络处项目，自主推进或配合中关村国际开展中德跨境业务。年内，对接潜在客户、策划服务项目 30 余个。

（苟菲）

【中关村以色列创新中心建设】2022 年，中关村以色列创新中心开展股权退出的相关工作，启动以色列会计师事务所对中关村以色列创新中心开展 2021—2022 年度的财务审计工作。依据《北京市属企业境外国有产权管理暂行办法》和《中关村发展集团资产评估管理办法》，同步启动国内会计师事务所、评估机构的遴选工作，开展国内的专项审计和评估工作。

（曹雪玲）

【储备和引进海外创新项目资源】2022 年，海外资源项目库新增初创项目 200 个，为赖建诚、任碧杰等 15 位海外人才和途见科技、慧焦科技等 37 个海外项目在京落地（含意向）提供政策咨询和资源对接；与集团区域等业务板块就资源对接进行推荐，年内完成至少 50 个项目协同，包括向中关村前沿技术研究院推荐落地项目 4 个，向北京 IP、中关村科服等单位推荐合作项目 21 个。

（刘伟）

【中日创新合作示范区建设】2022 年，中关村发展集团作为中日创新合作示范区的参与方，指派中关村海外科技园出资 5000 万元（占股 25%），与北京大兴经济开发区开发经营有限公司（10000 万元，占股 50%）、北京亦庄科技有限公司（5000 万元，占股 25%）共同组建中日创新合作示范区平台公司，支持示范区建设。中关村海外园公司利用集团海外板块在全球创新网络的节点布局，配合完成中日创新合作示范区建设三年行动计划编制，密切关注示范区内未来空间机会，探讨设立园中园的具体规划和实施方案。结合自身业务特点，从中日产业发展国际化政策体系研究、中日创新资源聚集、展示宣传中心的建设与运营、跨境服务能力集成、配套生活与文化社区规划等方面，深入参与中日创新合作示范区项目。

（徐李林）

海外基金

【概况】2022 年，集团海外基金体系各基金平稳运行，投资收益良好。新设盛景母基金Ⅳ期。截至 2022 年底，集团共参设丹华基金Ⅰ期、丹华基金Ⅱ期、中关村盛景美元母基金、盛景母基金Ⅳ期、龙磐美元一期基金、KiloAngel 基金、Fuel Ventures 3 基金、Fuel Ventures 4 基金、之路基金等 9 支基金。

（胡晗、贾丹妮）

【中关村盛景母基金表现优异】2018 年以来，中关村盛景母基金与北美一线基金管理人合作，投资优质科创基金。截至 2022 年底，该基金总收益倍数（TVPI）2.25X，且已有数笔分配，投入资本分红率（DPI）超 80%，基金投资成果表现优异。

（胡晗、贾丹妮）

【推进美元母基金设立】2022 年，根据集团战略部署推进盛景四期、白石桥等美元母基金设立工作，继续参与投资盛景美元母基金Ⅳ期，保持与北美一线基金管理人的紧密合作关系。

（胡晗、贾丹妮）

【丹华Ⅱ期基金全部出资完毕】2022 年，丹华Ⅱ期基金继续投资海外优质科技创新企业。截至 2022 年底，基金总收益倍数（TVPI）2.26X，投入资本分红率（DPI）50%，投资组合中包括 2 家上市企业、9 家估值超过 10 亿美元的独角兽企业，以及 4 家估值在 5 亿美元至 10 亿美元的"准独角兽"企业。

（胡晗、贾丹妮）

【Fuel Ventures 3 基金完成全部投资】2022 年，Fuel Ventures 3 继续投资泛欧洲优秀的互联网平台、电子商务、金融科技、在线教育等企业。基金表现良好，完成全部投资配置，基金总收益倍数（TVPI）5.7X，投入资本分红率（DPI）超 72%，已投资 14 家科技创新企业。

（胡晗、贾丹妮）

【Fuel Ventures 4 基金投资效果初显】2022 年，Fuel Ventures 4 继续投资于泛欧洲优秀的互联网平台、电子商务、金融科技、网络安全等企业，已布局 13 家科技创新企业，基金总收益倍数（TVPI）2.62X。

（胡晗、贾丹妮）

【之路基金进入投资期】2022 年，之路基金专注于投资硬科技领域，主要投资方向包括新能源汽车、光电芯片、新材料、智能制造等产业，为全球科创企业联结全球与中国本土市场，为企业创造深度价值。基金的投资阶段以成长期（B 轮、C 轮及以后）为主。基金处于投资期，已完成对 6 家科技创新企业的投资。

（胡晗、贾丹妮）

【龙磐美元一期基金进入投资期】2022 年，龙磐美元基金专注于对生物医药领域的投资。基金尚处于投资期，已完成对 10 家优质生物医药企业的投资。

（胡晗、贾丹妮）

【KiloAngel 基金进入退出期】2022 年，KiloAngel 基金承接上年，仍处于退出期。KiloAngel 基金自 2016 年开始投资，2019 年底正式完成投资。其间，该基金共对 149 家企业进行投资，并完成 23 项后续投资和 12 支基金投资。

（刘俊）

【丹华Ⅰ期基金进入退出期】截至 2022 年底，丹华Ⅰ期基金累计投资 71 家公司，现有投资组合包括 3 家上市公司以及 3 家估值超过 10 亿美元的独角兽企业，基金 IRR 约为 10%。2022 年，基金分配总认缴金额的 15%，DPI 达 56%，未来将继续优化对投资组合的投后管理，寻求退出机会。

（冯诚智）

创新资源链接服务

【概况】2022 年，集团发挥跨境服务网络优势，深度参与中日创新合作示范区、中德科技园、农业中关村等建设；打造"中关村国际创新社区"并复制拓展落地房山区；加快转型改革步伐，推出"展会＋"业务，推动中关村新技术、新产品跨境交易；持续承担科技部"中意创新周"活动和北京市海外学人中心"中外工程技术交流会"工作。

（胡晗、刘伟）

【英国驻华大使馆公使衔参赞到访集团】3 月 3 日，英国驻华大使馆公使衔参赞路睿（Rahul Ahluwalia）携英国驻华大使馆、英国国际贸易部团队到访集团并进行工作交流。路睿一行参观了集团展厅，详细了解集团的发展历程、主要业务板块，集团及所服务的中关村企业的国际化发展情况。双方召开工作交流会，集团领导向英方介绍集团基本情况，中关村国际负责人及论坛公司负责人分别介绍对英合作情况及中关村论坛有关情况。路睿表示，英国驻华大使馆、英国国际贸易部将一如既往地支持中关村发展集团与英方合作伙伴开展务实合作，期待未来双方继续加强合作，共同促进中英两国创新企业发展。双方团队就推进中英创新合作的具体项目进行交流，并就下一步重点合作方向进行讨论。

（胡晗、刘伟）

【中关村国际前沿创新社区揭牌】3 月 28 日，"中关村国际前沿创新社区"在中关村国际孵化器揭牌

运行。中关村国际创新社区由中关村发展集团海外业务板块牵头，与中关村海外科技园、中关村科服、中关村国际孵化器、北京中发前沿投资管理有限公司及易创新科共同打造。项目打破传统孵化模式，强化全球资源联动、国内外服务力量整合、国际化社群营造，通过精准的项目挖掘、有效的创新创业资源导入、数字化的社区管理、针对性的投资服务体系，实现全球科技创新资源聚集化发展效应，建设区域国际创新创业高地，形成类海外环境的社区理念，建成兼具办公服务、会议会客、活动路演、数据共享支持、产业拓展链接等功能的精品化国际科技创业聚集区。中关村国际创新社区将充分发挥海外创新网络优势，服务创新资源导入，推动各类跨境服务向数据化、精准化、效益化发展。年内，完成运营团队的组建工作并制定《中关村国际前沿创新社区招商管理办法》《认股权业务管理办法》等相关制度及圈层式创新服务体系；引入创意龙腾等国际化项目在社区落地；举办韩国创新企业 K–Demo Day、意大利前沿技术项目等路演活动，与中国美国商会、柏林驻华商务代表处、美国哥伦比亚大学全球中心等国际机构建立合作关系。加强与在京高校的合作，为在京外籍留学生创新创业提供相关支持与服务。

（韩文龙）

【第二届 BEYOND 国际科技创新博览会举办】9 月 21—27 日，由澳门科技总会牵头主办，国务院国资委规划发展局、商务部外贸发展事务局、工业和信息化部国际经济技术合作中心、中国国际科技交流中心以及中华医学会共同承办，中关村发展集团提供重要支持的第二届 BEYOND 国际科技创新博览会在 BEYOND 元宇宙举办。来自 120 余个国家和地区的科技创新领军人物、知名专家、企业家以及国际组织机构代表等 300 余人和 150 余家投资机构相关人员等累计超 3.5 万人次参与。举办开幕式、主题峰会、创新路演、颁奖典礼等，累计举办 150 余场对接活动，元宇宙参展企业近 500 家，线上会议观看量达 600 万，来自全球 300 家媒体参与报道，全网浏览量突破 1 亿次。本届博览会围绕投融资、消费科学、可持续发展、生命科学、Web3 设立五大行业峰会，吸引全球 2 万余名科技创新追求者及 500 余家海内外科技企业参展，海外企业比例达到 40%。DJI、NBA、OPPO、Pico、阿里巴巴集团、华为、西门子、腾讯、中国电信、蚂蚁银行、集度、极米科技、商汤科技、小鹏汽车、正念资本、MEMOlabs 等企业展示前沿科技创新产品，参与观众进行线上体验。中国科协主席万钢发表开幕致辞。围绕开幕式主题——"What's Next?"，组委会邀请 2006 年诺贝尔奖得主、世界顶尖科学家协会主席、中以海德创始人 Dr. Roger Kornberg，中国建筑集团有限公司董事长、党组书记郑学选，西湖大学校长、中国科学院院士施一公，宁德时代创始人、董事长及 CEO 曾毓群，高瓴创始人张磊，默克中国总裁、默克电子科技执行副总裁安高博，滴灌通集团创始人、主席李小加就行业最新趋势、最前沿科技创新理念及科技在未来生活中的影响等热点话题分享真知灼见，共同展望全球的科技创新未来。

（岳文亮、徐丹妮）

【参加"科创共赢"首届中韩民间科技创新合作论坛】9 月 26 日，由中国科学技术交流中心、中韩科学技术合作中心主办，中韩产业技术创新研究院协办的"科创共赢"首届中韩民间科技创新合作论坛暨中韩建交 30 周年科技创新系列活动启动仪式在北京、首尔两地以线上和线下相结合的方式举行。本次论坛设置主旨演讲、主旨报告、交流讨论等环节。与会嘉宾围绕"中韩民间科技合作现状介绍与未来展望""中韩未来产业科技领域现状与发展"进行探讨。

（胡晗、刘伟）

【中日韩元宇宙合作论坛召开】11 月 11 日，由中关村国际控股、韩国人工智能区块链融合院主办，中关村海外科技园、中关村驻韩国联络处、中关村驻日本联络处、南中轴国际文化科技园、中国广告协会数字元宇宙工作委员会共同承办的 2022 年中日韩元宇宙合作论坛以线上方式在北京、首尔和东京三地同时举办。论坛包括开幕致辞、合作签约、主题演讲和创新对话等环节。韩国人工智能区块链融合院与南中轴公司、中关村海外科技园代表进行签约；韩国 ESG 元宇宙产业协会与中关村海外科技园代表进行签约；韩国 XIILAB 公司与中关村海外科技园代表进行签约。通过此次签约，促进中韩双方围绕元宇宙产业在创新平台、高端人才、产业服务和项目合作等方面合作，增强南中轴国际文化科技园国际化创新发展氛围。韩国人工智能区块链融合院、平行云科技（北京）有限公司、北京为快科技有限公司、韩国 ESG 元宇宙产业协会相关负责人分别就"韩国元宇宙产业现状""开启通往元宇宙的通道""人工智能和元宇宙的融合""VeeR 元宇宙沉浸娱乐平台""元宇宙与金融""ARK 元宇宙办公未来 10 年全球效率最高的组织协作方式""南中轴国际文化科技园区项目推介"等主题进行分享。论坛开通线上直播，通过搭建跨境交流的线上通道，促进中日韩在元宇宙产业领域新的合作方向。

（徐李林）

【2022 中意科技创新对接峰会召开】12 月 15 日，由中关村海外科技园、意大利科学城主办，中关村国际控股、中关村前沿技术、意大利坎帕尼亚大区联合主办的首都海智创新链接系列活动——2022 中意科技创新对接峰会以线上形式召开。峰会围绕智能制造领域，涵盖智能网联汽车、机器人、人工智能、高性能计算和云计算、智能传感和物联网、商业模式等科技创新内容，通过中英文云平台直播系统，高效链接中意两国科技创新主体在云世界沟通交流、共话合作。中国科技自动化联盟、北京史河科技有限公司、北京佳讯飞鸿电气股份有限公司、北京亮道智能汽车技术有限公司、深圳艾灵网络有限公司，以及来自意大利的 Tecno In S.P.A、K-city S.r.l、Smart Sensing、ENISMARO 等公司负责人出席峰会，并就工业 4.0 技术的区域研究和创新体系展开学术交流和项目展示。此次峰会所展示的项目纳入意大利坎帕尼亚大区政府资助的 Manifattur@4.0 区域战略项目中。与会专家分别以"构建中意先进制造创新生态""促进意大利坎帕尼

亚大区先进制造业区域战略项目的国际交流"等进行主题演讲，对 Manifattur@4.0 项目进行介绍。来自中意两国的 8 个优质项目在峰会中进行展示。

（岳文亮、徐丹妮）

【"中欧互联互通机制下伦敦资本市场新机遇"推介会举办】12 月 16 日，由英国驻华大使馆、伦敦证券交易所主办，中关村国际、北京企业上市综合服务平台（启元资本）、中国建设银行、中金公司、高伟绅律师事务所提供支持的"中欧互联互通机制下伦敦资本市场新机遇"推介会以线上和线下相结合的方式举办。与会人员探讨在中欧互联互通机制持续演进下，中国 A 股上市公司赴伦敦资本市场发行 GDR 的优势与机遇，并从交易所、投行、托管行、律所、投资人及发行人等角度交流发行 GDR 的政策基础与实操经验，对市场参与主体开展相关业务具有实践指导意义。

（胡晗、刘伟）

【中小企业人工智能产业论坛举办】12 月 20 日，由工业和信息化部中小企业发展促进中心、中国中小企业国际合作协会主办，中关村国际协办的东盟与中日韩中小企业人工智能产业论坛暨 2022 年国际中小企业创新创业大赛东盟及日韩分站赛举办。东盟国家及中日韩的中小企业政府主管部门、企业、商协会、服务机构等的代表，以及专家、学者和联盟成员机构的代表参会。相关人员分别就其所在国家的中小企业发展现状和趋势进行介绍；东盟国家、日本、韩国的科技类中小企业代表展示各自企业的创新项目和最佳实践，介绍各国如何通过结合人工智能技术，助力企业转型升级。中关村国际携手中关村协同发展、中关村金服、融信数科等单位及其他产业合作方共同参与东盟及日韩 60 余家项目对接，为国际项目在京聚集及中国企业"走出去"提供机遇。同时，逐步扩大集团作为创新生态集成服务商在东盟及日韩区域的影响，加强与东盟及日韩相关机构、企业的交流，促进互联互通、产业创新合作，打造新的合作增长点。

（胡晗、刘伟）

中关村论坛

【概况】 2022年，集团全力高标准保障中关村论坛系列活动筹办工作。全年共服务保障中关村论坛系列活动18场。

（王奕欣）

【第九届中关村金融科技论坛年会举办】 3月23—24日，由中关村金融科技产业发展联盟、中关村互联网金融研究院和中国互联网金融三十人论坛（CIF30）联合主办，中关村国际会展支持的2022中关村论坛系列活动——第九届中关村金融科技论坛年会举办。年会聚焦"顺应数字经济·助力高质量发展"，国内外金融机构、金融科技领域近50位专家、产业领袖，围绕"金融科技发展现状与未来机遇""数字经济塑造金融未来""构筑健康发展新生态""提升高质量发展新动能"等主题进行演讲。在2021"光大杯"第五届中关村"番钛客"金融科技国际创新大赛颁奖环节，发布本次大赛获得一、二、三等奖的名单。会议现场还发布《中国金融科技与数字普惠金融发展报告（2022）》，就中国金融科技和数字普惠金融的发展提出十大发展趋势。

（王奕欣）

【新技术新产品首发专场（航空航天领域）活动举办】 4月22日，由中关村科学城管委会主办，中关村意谷（北京）科技服务有限公司、北京实创亿达科技服务有限公司承办，市经济和信息化局、北京航空航天学会、中关村国际会展支持的2022中关村论坛系列技术交易活动——新技术新产品首发专场（航空航天领域）活动举办。活动聚焦航空航天卫星产业领域，发布展示一批新技术新产品新成果。该领域科学家、企业家、投资人等参加。活动发挥中关村领军企业资源优势及引领带动作用，以大企业生态伙伴需求为牵引，搭建航空航天领域创新企业、应用需求单位、行业专家之间的交流合作、供需对接平台。活动期间还举行航空航天领域技术交易合作项目和产业园区入驻签约仪式，8家企业单位完成签约。中国长城工业集团有限公司、中国科学院力学研究所、遨天科技（北京）有限公司、西班牙Orbital公司等10家企业或创业团队发布新技术新产品。

（王奕欣）

【创业中华·中关村侨海创新发展高峰论坛举办】 6月29日，由北京市侨联、海淀区政府主办，中关村国际会展等单位支持，以"'侨海'联世界、一起向未来"为主题的2022中关村论坛系列活动——创业中华·中关村侨海创新发展高峰论坛举办。活动通过中关村论坛官方账号、中国国际教育电视台、新浪微博、爱奇艺等平台进行全球直播，当日观看量达50万人次、全网点击量1000万人次。论坛旨在充分发挥侨联组织融通中外、联系广泛的优势，有效融合海内外侨海资源，进一步促进国际交流与合作，激发侨海人才创新发展动力，服务北京国际科技创新中心建设。此次论坛聚焦能源安全和绿色发展，邀请全球科技前沿科学家、学者展开分享与探讨，发表 3 个主旨演讲、举办 2 场圆桌论坛、集中发布 100 个侨海创新项目，其中 10 个项目进行路演并对接。

（王奕欣）

【新技术新产品首发与供需对接专场（智慧城市应用场景领域）举办】 7 月 22 日，由中关村政府采购促进中心、通州区科委、通州区经济和信息化局、中关村通州园管委会主办，机械工业仪器仪表综合技术经济研究所、北京仪综测业科技发展有限公司、中国电子商会数字城市专委会、中关村宽带无线专网应用产业协会联合承办，中关村国际会展等单位支持的 2022 中关村论坛系列技术交易活动——新技术新产品首发与供需对接专场（智慧城市应用场景领域）在张家湾设计小镇北京未来设计园区举办。活动采用线上和线下同步举办的形式，市科委、中关村管委会，通州区政府等单位有关负责人参会。通过中关村论坛官网、北京通州发布视频号等网络平台同步线上直播，线上观看人数超 3.5 万人次。本次活动聚焦副中心智慧城市应用场景建设，以需求牵引、技术赋能为重点，通过需求发布、技术解决方案集中推介、重大合作项目签约，

推动城市副中心应用场景建设，服务副中心高质量发展。活动现场，北京城市副中心智慧城市产业生态共建战略合作、通发展集团与利亚德光电股份有限公司战略合作、北京城市副中心应用场景展示与对接平台入驻共建等多个重大项目签约。

（王奕欣）

【首届科学智能峰会举办】 8 月 8—11 日，由北京科学智能研究院（AISI）主办、北京深势科技有限公司承办、中关村国际会展支持的 2022 中关村论坛系列活动——首届科学智能峰会线上召开。市科委、中关村管委会，海淀区政府等单位领导及行业专家、学者等参会。峰会主题为"AI for Science：共创新未来"，分为主论坛和 6 场主题分论坛。在主论坛上，与会院士分享国际生命科学以及新能源、新材料等领域的最新进展。北京科学智能研究院、深势科技、高瓴创投共同发布《2022 AI4S 全球发展观察与展望》，选取全球科学智能领域的先进实践，展现近年 AI for Science 在各个领域的重要应用，成为首份聚焦 AI for Science 领域发展的完整报告。峰会还举办 AI for Science 科学创新前沿、AI for Science 与生物计算、AI for Science 与工业仿真、AI for Science 主题下的基础设施建设、AI for Science 与材料计算、AI for Science 产业化落地的机遇与挑战六大主题分论坛。海内外数万名嘉宾及观众关注峰会。

（王奕欣）

【"新产业 50 人论坛"举办】 8 月 13 日，由中关村发展集团主办，中关村产业研究院、中关村平谷园管委会主承办，中关村科服、中关村国际、中关村国际会展、天津中关村医疗器械园联合承办的 2022 中关村论坛系列活动——"2022 新产业 50 人论坛

暨生命健康投融资峰会"在北京召开。国家发展改革委、北京市政府、平谷区委、中关村发展集团、首农食品集团等机构的领导出席论坛。国家、北京市、平谷区相关政府部门、科研院所、企业及组织机构等 200 余位产、学、研、用、政各界代表出席活动，线上超过 12 万人观看直播。"2022 新产业 50 人论坛"延续"未来即来：数智时代的新产业"的时代主题，聚焦"数智""健康"核心议题，演讲嘉宾围绕新技术、新产业、新经济进行交流。论坛上，平谷区政府与中关村发展集团发布构建"新型政企关系"全面战略合作，双方将通力合作，促进中关村生态雨林签约落地，并联手链主企业共同推进农业中关村·创新企业孵化器落地，进一步助力平谷农业"高"科技、物流"大"流量、休闲新时"尚"，共同建设"农业中关村"。论坛还设置"2022 新产业 50 人论坛主题展"，汇聚众多抢滩未来食品、数字农业、生物医药、科技服务等垂直领域的参展商。

（王奕欣）

【北京脑科学国际学术大会举办】 8 月 13—15 日，由北京脑科学与类脑研究中心联合市科协、北京中关村生命科学园管委会共同主办，中关村国际会展等单位协办的 2022 中关村论坛系列活动——北京脑科学国际学术大会举办。杜克大学、斯坦福大学、粤港澳大湾区脑科学与类脑研究中心、牛津大学、哥伦比亚大学等来自美国、欧洲知名高校和研究所的 43 位外籍嘉宾及国内外顶尖专家及优秀的青年科学家共计 150 余人做线上报告。大会在中关村论坛官方网站、心仪脑平台、bilibili、科协频道、北京电视台北京时间新知栏目等平台同步直播，累计约 30 万人次线上参与。大会包括 1 个主论坛、24

场专题论坛。秉承"好奇心推动的科学家认真从事的研究就是好的科学研究"，各分论坛分享来自基础认知、脑科学前沿技术、脑重大疾病研究、类脑智能与脑机接口、儿童青少年脑智发育等方向最新的研究进展。

（王奕欣）

【京港联合打造全球数字体育产业论坛】 9 月 23 日，中关村发展集团与亚洲电子体育联合会就全球数字体育产业战略合作进行签约。双方将在数字体育产业领域开展科技金融、股权投资、科技专业服务和国际科技产业园区的合作，共同推动北京数字体育产业发展交流。双方决定将全球数字体育产业论坛（World Digital Sports Industry Summit）打造成中关村论坛的常态化亮点活动。全球数字体育产业论坛是亚洲电子体育联合会中国地区唯一授权的数字体育国际交流平台。双方将以此次签约为契机，发挥各自优势，带动京港两地交流合作不断深入，共同助力中关村建设世界领先的科技园区、北京建设国际科技创新中心。签约仪式后，全国青联副主席、亚洲电子体育联合会主席霍启刚一行前往中关村软件园参观。

（王奕欣）

【中德智能网联汽车国际创新论坛举办】 12 月 28 日，由市科委、中关村管委会、中关村科学城管委会、慕尼黑市政府劳动经济局、欧洲专利局主办，中关村科技园德国创新联盟、北京实创科技园开发建设股份有限公司、北京翠湖智能网联科技发展有限公司、中关村社会组织联合会承办，中关村国际会展协办的 2022 中关村论坛系列活动——中德智能网联汽车国际创新论坛举办。论坛采用线上直播方式，邀请中外专家分享该领域的最新研究成果和产业发展情况，共同探讨智能汽车的发展与未来。中关村科学城智能网联汽车协同创新平台正式启动。成果发布环节，协同创新平台发布一径科技、北科天绘、中科慧眼、中科创达、小马智行、禾多科技、赛目科技、星云互联、五一视界等 15 家企业的 15 项最新创新成果。

（王奕欣）

【美丽经济与可持续发展国际论坛举办】12 月 29 日，由中国保健协会、国家市场监管总局发展研究中心、国家药监局信息中心、北京市药监局、昌平区政府等单位主办，中关村国际会展协办的美丽经济与可持续发展国际论坛线上举办。来自国内外政府部门、国际组织、行业协会、龙头企业、科研机构等的多名专业代表，围绕"创新·绿色·发展"主题，通过领导致辞、嘉宾演讲、成果发布、平台成立、绿色宣言、圆桌会议等环节，共同探讨发展新路径、开拓合作新方向。线上直播超 30 万人次观看。圆桌对话环节，市药监局、北京日化协会、雅诗兰黛（上海）商贸有限公司、北京蔻赛健康科技有限公司的 4 位嘉宾围绕"科研创新和个性化服务"主题展开交流。论坛还发布《国内高品质胶原蛋白行业发展白皮书》《2022 年中国化妆品产业园区发展报告及园区创新指数》两项重要成果。由中国保健协会牵头，与众多美丽经济领域同人共同发起《中国美丽经济绿色发展宣言》，并成立中欧美丽经济绿色发展协同创新平台、中国美丽经济科技创新联盟、研究智库、数字生态平台、产业创投会等 5 个协同平台，首批成员单位由 20 余家产学研代表企业组成。

（王奕欣）

企业管理

中关村发展集团年鉴

YEARBOOK OF ZHONGGUANCUN DEVELOPMENT GROUP

2023

综 述

2022年，集团扎实推进改革任务落地和"十四五"规划实施，推动企业高质量发展取得新突破。一体推进综合改革及国企改革三年行动，通过市委"深改办"中期评估，取得一批突破性、标志性的改革成果。

综合改革取得重大成果。全面解决历史遗留问题，"一区一企一策"完成剩余5家区企共管企业改革重组，轻资产改革取得标志性突破。完成投资中心改制及集团股权划转工作。集团正式纳入全市国有资产集中监管体系，由市国资委履行出资人职责，实现国资国企改革里程碑节点。主动对接经营性国有资产集中统一监管要求，实现国资监管主体变更相关工作的平稳衔接。有序推进8家子公司股权重组，优化各业务股权管理关系，为打造专业化子集团奠定基础。加强对重难点改革问题的研究推动，编制《守正创新 改革奋进 中关村发展集团综合改革案例集》，推广经验做法，持续完善高质量发展评价体系。

现代企业治理能力进一步增强。完善董事会治理制度，明确董事会授权管理事项，持续优化"三会一层"权责清单，充分发挥专门委员会对重大事项的辅助决策作用；加强与投资者沟通协调，修订信息披露工作流程，确保信息公开的及时性。优化子公司"三会"管理流程与权限，制定加强子公司董事会建设的指导意见，完善业务部门管理职责，建立相关工作协调机制。实施集团质量管理和标准化建设三年行动计划。第一批9家试点子公司全部完成ISO 9001质量体系认证，在科技金融、科技服务、空间运营等领域形成一批标准化服务产品和成果，集成服务产品由188项拓展至203项。持续深化市场化用人体制和激励机制改革，分类推动子公司职业经理人、合伙人等改革试点，符合条件的二、三级公司实现全覆盖；完成任期制和契约化改革任务，建立"考核层层落实、责任层层传递、激励层层衔接"的工作机制；优化集团考核与薪酬管理办法，完善符合集团特点、更为灵活的工资总额决定机制，强化"保基本、强激励、强考核"的薪酬绩效导向。

持续强化风险管理。全面推进法治国企建设，出台集团加强法治建设的实施意见，落实法治建设四年行动计划，推动合规体系建设全面覆盖，深化内控体系建设与监督工作，加强风险管控，不断提升审计监督质效，全过程、全链条、多维度完善风险防控机制。

（孙致远）

表 27　2022 年中关村发展集团第三届董事会一览表

序号	姓名	就职单位	职务	代表股东
1	宣 鸿	中关村发展集团股份有限公司	党委副书记、总经理	北京国有资本运营管理有限公司
2	周武光	中关村发展集团股份有限公司	党委副书记	北京国有资本运营管理有限公司
3	郭毅可	香港科技大学	首席副校长	独立董事
4	张 然（女）	中国人民大学	商学院教授	独立董事
5	刘卫亚 （2020.12—2022.04） 王圣朋 （2022.04—2022.12） 邬斌锋 （2022.12—　）	北京市海淀区国有资本运营有限公司	党委书记、董事长	北京市海淀区国有资本运营有限公司
6	吕 慧（女）	北京丰台科技园孵化器有限公司	财务部经理	北京丰科创园国际企业孵化器有限公司
7	宋 杰	北京亦庄投资有限公司	党支部书记、董事长、总经理	北京亦庄投资控股有限公司
8	赵志雄 （2020.12—2022.04） 梁 煜 （2022.04—　）	北京科技园建设（集团）股份有限公司	党委副书记、总经理	北京科技园建设（集团）股份有限公司

（芦婧）

表 28　2022 年中关村发展集团董事会秘书一览表

职务	姓名	民族	政治面貌	任职年限
董事会秘书	杨彦文	汉	中共党员	2018.07—

（芦婧）

表 29　2022 年中关村发展集团第三届监事会一览表

序号	姓名	就职单位	职务	代表股东
1	郑 宏（女）	中关村发展集团股份有限公司	党委委员、监事会主席、战略管理部部长	北京国有资本运营管理有限公司
2	王 颖（女）	北京昌平科技园发展有限公司	党委副书记、总经理	北京昌平科技园发展有限公司
3	李学江	京泰实业（集团）有限公司	副总经理	北京北控置业集团有限公司
4	王东坡 （2020.12—2022.09） 罗小兵 （2022.09—　）	北京首钢股权投资管理有限公司	专职董事	北京首钢股权投资管理有限公司
5	季 亮（女）	北京望京新兴产业区综合开发有限公司	党委副书记、工会主席	北京望京新兴产业区综合开发有限公司
6	魏金朝	北京工业发展投资管理有限公司	高级投资经理	北京工业发展投资管理有限公司
7	张 健	中关村发展集团股份有限公司	党委办公室/集团办公室主任	职工监事
8	黄 洁（女）	中关村发展集团股份有限公司	党委组织部副部长	职工监事
9	汤 滢（女）	中关村发展集团股份有限公司	资金财务部副部长	职工监事

（芦婧）

表30　2022年中关村发展集团经营班子一览表

职务	姓名	民族	政治面貌	任职年限
总经理	宣鸿	汉	中共党员	2017.05—
总会计师	孙辉东	汉	中共党员	2020.04—
副总经理	姚胜利	汉	中共党员	2013.05—2022.11
	曾林峰	汉	中共党员	2019.06—
	贾一伟	汉	中共党员	2021.02—
	伍发平	汉	中共党员	2022.01—
	苗军	汉	中共党员	2022.03—
	杨楠	汉	中共党员	2022.03—

注：按任职起始时间排序。

（吴峰）

表31　2022年中关村发展集团内设机构一览表

内设机构	职能
党委办公室／集团办公室	集团党委和经营层综合管理的职能机构。承担集团党委重要方针政策及文件精神的传达和学习；负责集团党委工作会议、文件管理、重大活动及党委日常工作的组织协调等；承担集团总部办公体系运行、会议管理、重大活动组织协调、综合文秘、重大事项督办、外事管理、行政后勤管理服务、维稳及公共安全、集团办公楼招商运营等职责
党委组织部	集团党委组织工作的职能机构，集团党的建设、工会、群团、统战的职能机构。承担集团党建工作统筹落实、党员教育培训、总部及基层党组织建设等职责；承担组织机构管理及编制管理职责；承担司管干部选拔任用、干部人事档案管理、干部个人事项申报、干部兼职管理等职责；承担集团工会、共青团、妇联、统战、企业文化建设、总部党建等职责
党委宣传部／企业品牌管理部	集团党委思想宣传工作的职能机构。承担意识形态管理、政治理论宣传、思想舆论引导、集团内外新闻宣传、媒体关系维护、品牌规划与运营管理等职责
党委巡察办公室	集团党委巡察工作的职能机构。承担统筹、协调、指导巡察组开展工作并提出巡察整改意见和督促整改的职责；承担对巡察工作人员进行培训、考核、监督和管理等职责
纪委、监察专员办公室	集团纪检、监察和纪委工作的职能机构。承担党风廉政建设和反腐败工作、监督检查、党风党纪党规教育培训、信访举报与案件查办、执纪问责等职责
董监事会办公室	集团董事会、监事会工作的职能机构。承担集团股东关系管理及治理架构研究、董事会和专门委员会建设、服务并协助董事监事履职、投资者关系维护等职责；承担集团"三会"事务管理、信息披露、国资监管事项归口管理及代管投资中心业务等职责
战略管理部	集团战略研究和战略管理的职能机构。承担集团改革综合协调、战略制定及监督实施、编制中长期规划、编制年度经营计划、编制投资计划、集团投前管理、综合统计、机构绩效管理、组织开展创新能力建设、新业务研究、产业协同推进、社会责任管理体系建设、质量管理体系建设、高质量发展和集团战略发展委员会办公室等职责
资本运营部	集团经营管理和资本管理的职能机构。作为集团投资项目的出资人代表承担履行管资本职责；承担集团投资管理制度制定、统筹协调子公司的并购、重组等职责；承担子公司股权管理、子公司"三会"事项管理、子公司董事监事培训与管理职责；承担子公司经营计划过程跟踪与监测、重大资产管理、安全生产；承担子公司之间、业务板块之间跨板块业务协调落实等职责
人力资源部	集团人力资源管理的职能机构。承担集团人力资源规划、人员招聘及员工关系管理、薪酬福利管理、市场化用人体制及激励机制、员工培训、员工职级管理及绩效管理、博士后工作站管理等职责
资金财务部	集团资金统筹和日常财务管理的职能机构。承担集团财务会计及分析、预算管理、资金管理、融资、税务筹划与管理、国资管理（资产评估、产权登记与备案）、资金结算中心管理等职责；承担代管党委、工会、投资中心及母基金财务管理工作，指导、监管子公司财务规范管理等职责

（续表）

内设机构	职能
风控法务部	集团风险管理体系搭建和日常风险管理的职能机构。承担集团风险管理（含经营风险）、内控、合规、法务、内审等职责；承担指导和监督子公司开展风险管理与内控体系建设等职责
雄安新区中关村科技园筹建工作办公室	集团对接和联络雄安新区中关村科技园建设发展工作领导小组及其办公室成员单位的职能机构，承担雄安新区中关村科技园筹建工作的沟通协调、体制机制研究与分析等职责

注：2022年6月，集团第17次党委会、第16次总办会研究审议优化调整集团组织架构事项，原则同意调整战略管理部、资本运营部相关部门的职能和编制，同意雄安新区中关村科技园筹建工作办公室与中关村协同发展公司形成统筹。

（张伟强）

（续表）

综合改革

【概况】2022 年是国企改革三年行动收官之年，也是集团综合改革落地阶段性重要节点和"高质量发展年"。集团持续加强综合改革落地、战略规划、经营计划、投资计划、高质量发展、机构绩效管理等管理职能，提高站位、担当作为，不断提高工作的专业性、系统性和前瞻性，一体推动集团综合改革方案和市国企改革三年行动方案落地。研究编制年度改革任务清单，提出两大类 40 项重点任务。推进新型政企合作机制落地工作。完善集团"十四五"规划体系，组织完成 15 项子规划成果汇编，科学编制集团年度重点服务与经营计划。强化年度经营指标任务分解，与绩效考核工作挂钩，做好集团所承担的北京国际科创中心建设重点任务的管理和跟进。推进集团质量管理和标准化建设，编制完成《中关村发展集团股份有限公司质量管理手册》，推动 9 家第一批试点子公司完成 ISO 9001 质量体系认证，组织完成 37 项标准化服务产品成果和 7 项企业标准、团体标准以及行业标准成果。加强投资计划和项目投前管理，持续优化绩效考核指标和考核结果应用。集团《2021—2022 企业社会责任报告》获金蜜蜂优秀企业社会责任报告奖。编制完成 2022 版《中关村发展集团服务产品手册》。

（宋柳位）

【《2021—2022 企业社会责任报告》发布】10 月，中关村发展集团发布《2021—2022 企业社会责任报告》，为中关村发展集团连续发布的第三份企业社会责任报告。报告共 3 万余字，分为服务战略科技力量、培育双创成长热土、发展高精尖产业集群、助力政府创新发展战略、共创和谐美好社区、党建领航谱新篇六大篇章，系统性展示集团在打造国际一流创新生态集成服务、服务双创主体和政府机构等各利益相关方面所取得的成绩，体现出集团致力于让科技创新和成果转化走得更远的责任

理念。《报告》还设置 3 个履责专题："打造面向全球科技创新交流合作的国家级平台""以公募 REITs 助力中关村建设世界领先科技园区""集成服务助力科创企业渡过疫情难关"，并选用 46 个案例、90 张图片、75 个大数据、16 张逻辑图，全方位展示集团近一年来在服务国家战略、推动北京建设国际科技创新中心、全链条服务"双创"主体等方面的工作成果，彰显集团主动担负国企社会责任、推动可持续和高质量发展的卓越绩效。

（宋柳位）

【企业社会责任报告获金蜜蜂奖】12 月 2 日，在第十五届中国企业社会责任报告国际研讨会上，集团《2021—2022 企业社会责任报告》获金蜜蜂优秀企业社会责任报告奖，这是集团第二次获金蜜蜂优秀企业社会责任报告奖。

（宋柳位）

【集团推动改革方案和行动方案落地】2022 年，依据《北京市国企改革三年行动实施方案（2020—2022 年）》，集团布置 2022 年度综合改革重点任务，共两大类 40 项，明确牵头领导、主责单位、协同单位，做到任务具体化、清单化、可量化。强化改革任务硬约束，将重点任务完成情况纳入相关单位绩效考核指标并赋予较高权重。发挥集团综合改革落地领导小组办公室协调联动作用，组织召开 3 次

改革领导小组会，审议《集团推行经理层成员任期制和契约化管理工作方案》《集团2022综合改革任务清单》《软件园综合改革实施方案》等文件方案。配合北京市委全面深化改革委员会办公室评估组开展改革评估工作，改革成效获得评估组认可。根据市委"深改办"督察意见，研究制定整改措施，按时完成整改成效反馈，实现整改"无挂账事项"。牵头编制《守正创新 改革奋进 中关村发展集团综合改革案例集》，总结提炼集团在打造国际一流创新生态集成服务商进程中所形成的创新举措和改革成果，挖掘展示基层单位的好经验、好做法，做好改革成效宣贯工作。复制推广"房山模式"，推动集团与门头沟区、延庆区、平谷区签订政企合作协议，并组织相关主责单位与海淀、朝阳、密云、顺义、昌平、大兴等区洽谈，推进新型政企合作机制落地。

（安然、龚洋冉）

【集团战略规划和年度经营计划落实】 2022年，集团完善"十四五"规划体系，组织完成产业子规划、业务子规划、重点功能子规划三大类15项子规划成果汇编，并推动规划在相关单位实施落地；开展"十四五"规划主要目标任务年度分解，与年度经营计划和考核指标紧密衔接，形成规划、计划、考核的管理闭环。编制《集团2022年度服务与经营计划》，优化重点经营指标体系，研究2023年度经营思路和重点工作。强化年度经营指标任务分解，与绩效考核工作挂钩，按季度跟踪重点指标和重点绩效任务，完成3次集团季度经营分析报告，科学研判异常指标，对重点工作和关键事项提出建设性意见。及时报送2022年度重点任务进展情况，组织完成2023年度国际科创中心建设项目和工作任务申报工作。

（宋柳位、金靖雨）

【集团夯实高质量发展的基础管理】 2022年，制定《中关村发展集团质量管理和标准化建设三年行动计划》，建立常态化工作机制，推动建立健全集团特色的质量管理模式和制度体系、全面开展ISO 9001等质量管理体系认证、强化集团服务产品标准化建设等6方面重点任务取得阶段性成效；编制

《中关村发展集团股份有限公司质量管理手册》，推动集团所属中关村金服、中关村科服等9家第一批试点子公司通过ISO 9001质量体系认证，完成集团科技园区"七位一体"规划指导服务、服务型租赁等37项标准化服务产品和中小企业数字化转型指南、轻资产运营项目选择标准等企业标准、团体标准、行业标准。制定《关于进一步完善集团高质量发展评价常态化工作机制的方案》，完善集团6个一级指标、34个二级指标、125个三级指标的评价指标体系；编制《2022年度集团高质量发展综合评价报告》，全方位、多层次展示集团高质量发展绩效成果。完善集团统计报表制度，丰富统计方式和统计资料，提升对集团重大报告及重大专项工作的支撑能力；优化统计信息系统，协助完成报告开发工具，大幅提高统计效率；持续做好统计分析工作，完成2021年报表数据收集分析，编写集团经营工作月报8篇、季报3篇、统计局月报11篇和年报套表。

（宋柳位、王亦彤）

【集团加强投资计划和项目投前管理】 2022年，集团完成《中关村发展集团投前管理体系研究报告》，制定投资管理制度，提升投前管理能力。编制《中关村发展集团2022年度投资计划》，并报市科委、中关村管委会备案，定期跟踪督促工业互联网产业园二期拿地建设、中关村京西发展人工智能科技园一期、中关村高精尖母基金出资、园区建设基金出资等38个集团年度投资计划项目执行情况。组织2023年度投资项目立项和投资计划编制工作，强化投资周期匹配，发挥投资带动集团转型发展的引领作用。按照集团投资项目评审管理办法，组织资金财务部、资本运营部、风控法务部、中关村建投等总部部门和子公司，遴选第三方机构和专家，按程序对石景山工业互联网产业园二期605地块、门头沟京西人工智能科技园一期、延庆园中关村·长城脚下的创新家园6028-2地块等5个重大投资项目进行评审，对中关村·长城脚下的创新家园6028-2地块、可转债等跨境金融投资等7个投资项目做集团内部专题研究论证。及时办理中关村建投、中关村资本等集团子公司提交的23项投资管

307

理类"三会"议案，为集团提升投资决策效果提供有力支撑。通过经营计划、考核等方式，引导集团子公司加强创新投入，组织完成 2022 年度创新能力建设专项申报评选工作。

（金靖雨）

【集团优化绩效考核指标和考核结果】 2022 年，集团对标国资委体系考核方式，根据子公司功能定位、行业特点和发展阶段，研究完善以高质量发展为导向、与专业科技服务规律匹配的考核指标体系，完成 2022 年度总部部门和子公司的年度业绩考核以及考核评价。配合子公司制定三年任期考核指标，进一步优化绩效考核指标体系。对接市科委、中关村管委会，建立定期沟通机制，完成 2021 年度集团企业负责人绩效考核指标评价，制定 2022 年度集团企业负责人绩效考核指标。与国资委考核处建立联系，了解国资体系考核方式和有关要求，提前谋划集团考核工作。梳理年度重大经营事项，部署 2022 年度总经理特别奖预期奖励事项，加强激励引导，确保经营目标实现。

（安然）

【集团撰写政策研究及重大报告】 2022 年，集团完成《关于集团综合改革进展情况的汇报》《关于中关村发展集团推进市国企改革三年行动实施方案任务完成情况的报告》《关于集团贯彻落实北京市第十三次党代会报告重点任务的工作方案》等 10 余份重要文件的撰写，集团《2021—2022 企业社会责任报告》获金蜜蜂优秀企业社会责任报告奖，类属"客户责任信息披露"。研究《关于对市科委、中关村管委会"1+5"资金管理办法征求意见》《北京市全民科学素质行动规划纲要（2021—2035 年)》《北京市城市更新专项规划（北京市"十四五"时期城市更新规划)》等政策文件，提出集团落地或政策反馈意见建议，为集团业务发展争取有利政策环境；编制《中关村发展集团服务产品手册》《中关村发展集团集成服务包》，协同市国资委开展《中关村发展集团与市属国企深化合作工作方案》研究。组织"用历史的眼光看未来：中关村发展集团打造创新生态集成服务商的底层逻辑研究"专项课题研究，并完成阶段性课题成果，为集团打造创新生态

集成服务商提供理论支撑。

（宋柳位）

【集团制定质量管理和标准化建设三年行动计划】 2022 年，集团制定《中关村发展集团质量管理和标准化建设三年行动计划》。三年行动计划阐述质量管理和标准化工作背景，明确总体目标和六大重点任务，建立工作推动和支撑保障机制。制定三年行动计划，有助于充分发挥质量管理和标准化科学方法在助力集团提升经营管理水平、提高集成服务能级、打造核心竞争力等方面的引领作用，不断带动提升集团高质量发展能力，为科技强国建设和首都高质量发展提供更强支撑。

（宋柳位）

【集团编制质量管理手册】 2022 年，根据《中关村发展集团质量管理和标准化建设三年行动计划》重点任务安排，集团本部编制完成《ISO 9001 质量管理体系质量手册（征求意见稿)》，为集团下一步完善质量管理制度体系、开展质量认证奠定基础。按照 ISO 9001 标准条款要求，作为集团建立质量管理体系的纲领性指导文件，手册内容涵盖质量方针和质量目标，质量管理范围及手册管理，质量管理体系策划、支持、运作、改进等核心模块。

（宋柳位）

【集团完善高质量发展评价常态化工作机制】 2022 年，集团研究制定《关于进一步完善集团高质量发展评价常态化工作机制的方案》，方案明确集团高质量发展评价工作总体目标，提出完善集团高质量发展评价指标体系、建立常态化数据统计和报送体系、定期开展监测分析和综合评价、强化高质量发展评价的管理闭环和成果应用等重点任务及分工，并建立相应工作保障措施。

（宋柳位）

【集团完成投前管理体系研究报告】 2022 年，为了促进综合改革和"十四五"规划落地，进一步完善集团投前管理机制，规范、高效地开展投资事项，集团启动投前管理体系研究课题，聘请北大纵横作为第三方咨询机构，从监管政策及国有企业投前管理对标研究、投前管理职责界定与具体投资事项细化、投前管理工作流程等方面对集团投前管理工作

进行系统化梳理，形成《中关村发展集团投前管理体系研究报告》。

（金靖雨）

【集团开展创新生态集成服务商的底层逻辑研究】
2022年，集团依托在站博士后开展"用历史的眼光看未来：中关村发展集团打造创新生态集成服务商的底层逻辑研究"课题。6月29日，集团组织召开课题研究会，听取该课题研究思路的汇报。会议要求，博士后要在集团领导、博士后合作导师的指导下深化研究思路，形成可行的研究方案，集团各相关部门要加大对博士后课题的支持力度，推动研究工作达到预期效果，会议还对研究工作的后续开展作出部署。7月15日，集团组织召开博士后开题评审会，听取关于课题研究方案的汇报。会议认为，该课题逻辑严密、创新性高、可行性强，具备较好的理论意义和实践意义，与会评委一致同意开题。根据评审会精神，集团战略管理部牵头组建课题工作团队，集团领导、博士后合作导师负责研究指导，由博士后负责落实具体研究工作，并聘请第三方研究机构做好资料和数据支撑。在此期间，课题组有力有序推进各项研究工作，按照研究进度向集团领导做多次书面、口头专题汇报，于年底形成阶段性研究成果，推动形成一套理论、实践、应用相结合的集团打造创新生态集成服务商底层逻辑。

（郑宏、龚洋冉）

股东大会及董（监）事会管理

【概况】2022 年，集团"三会"运行规范、高效，加强集团"三会"事务的统筹管理和跟踪督促，组织编制年度"三会"工作计划表。全年组织召开 13 次"三会"会议，其中股东大会 3 次、董事会会议 8 次、监事会会议 2 次，共计审议 60 余项议案，内容涵盖集团市管干部调整、区企共管公司重组、重要资本运作、大额对外投资、法人治理优化等。持续深化投资者关系管理，及时准确做好信息披露工作。完善公司治理规则，制定印发董事会授权管理办法和授权事项清单，保障董事会规范授权、经理层合规行权。

（芦婧）

【集团召开 3 次股东大会】2022 年，集团召开股东大会 3 次，审议议案 14 项。审议事项包括集团 2021 年度董事会工作报告、总经理工作报告、监事会工作报告、利润分配预案、财务决算报告，2022 年度财务预算报告、集团减资、修改章程等。各项议案均获通过。决议事项大部分通过经营班子得到有效落实，个别决策事项有序推进。

表 32　2022 年中关村发展集团股东大会一览表

序号	会议名称	时间	出席会议股东占比	会议内容
1	2021 年度股东大会	4 月 20 日	出席会议的股东所持表决权的股份数占集团股份总数的比例为 98.3878%	审议《2021 年度董事会工作报告》《2021 年度监事会工作报告》《2021 年度财务决算报告》《2021 年度利润分配预案》《2022 年度财务预算报告》《关于集团申报中期票据的议案》《关于集团申报公司债券的议案》《关于集团董事变更的议案》8 项议案
2	2022 年第一次股东大会	9 月 7 日	出席会议的股东所持表决权的股份数占集团股份总数的比例为 98.5360%	审议《关于集团 2022 年半年度财务报告的议案》《关于集团监事变更的议案》2 项议案
3	2022 年第二次股东大会	12 月 30 日	出席会议的股东所持表决权的股份数占集团股份总数的比例为 98.5360%	审议《关于豁免提前十五天通知召开股东大会临时会议的议案》《关于因重组金桥公司、丰科建公司集团减资的议案》《关于修改公司章程的议案》《关于集团董事变更的议案》4 项议案

（芦婧）

【集团召开 8 次董事会会议】2022 年，集团召开董事会会议 8 次，审议议案 41 项。审议事项包括集团申报发行债券，建设中关村（京西）人工智能科技园一期和石景山中关村工业互联网产业园二期，发起设立助力贰号基金，重组兴昌高科、光谷公司，制定董事会授权管理办法等。各项议案均获通过。决议事项大部分通过经营班子得到有效落实，个别决策事项有序推进。

（芦婧）

【集团召开 2 次监事会会议】2022 年，集团召开监事会会议 2 次，审议议案 8 项。审议事项包括集团 2021 年度监事会工作报告、利润分配预案、财务决算报告，2022 年度财务预算报告以及债券定期报告等。监事会依法列席董事会会议 8 次、股东大会 3 次，监督检查集团重要人事任免、重大投（融）资、资本运作等事项的议事决策过程。

（芦婧）

【集团持续深化投资者关系管理】2022 年，集团梳理各业务板块经营、财务状况以及"三会"决议事项阶段性落实情况，编写简报 4 期，按季度向股东、董事、监事、观察员报送。协助北京金桥伟业投资发展公司组织北京大数据协会财税大数据专委会与中关村科服开展大数据领域合作交流；协调中关村资本与京泰实业（集团）有限公司基金部对接REITs事宜；提供北京亦庄投资控股有限公司股权投资专项审计所需集团相关资料；配合中关村建投与北京北控置业集团有限公司开展园区建设业务对接；协调北京昌平科技园发展有限公司与中关村资本进行 REITs 扩募需求对接；配合中发助力基金穿透核查工作函商集团全体董事、监事提供董事、监事及配偶身份信息；配合中关村科技租赁发行资产证券化产品，提供集团董事、监事及高管相关资料。

（芦婧）

【集团信息披露工作】2022 年，集团按时合规披露集团公司债券 2021 年年度报告和 2022 年中期报告。披露公司债券还本付息类公告 9 项；向主承销商报送集团公司债券重大事项月度核查确认表 12 期；及时分析研判，披露集团减资、控股股东变更、变更会计师事务所等重大事项公告 4 项。根据信息披露相关法律法规、集团信息披露事务管理制度，修订完善集团信息披露流程指引，保障集团信息披露工作规范高效有序开展。

（芦婧）

【完善集团公司治理规则】2022 年，集团落实国企改革三年行动关于保障经理层依法行权履职的任务部署，深入理解相关法律制度，借鉴咨询机构观点，组织调研监管部门要求，学习兄弟国企的经验、做法，制定印发《集团董事会授权管理办法和授权事项清单》，保障董事会规范授权、经理层合规行权。遵照国资委、财政部印发的《国有企业公司章程制定管理办法》，结合北京中关村发展投资中心改革实际，开展《中关村发展集团股份有限公司章程》的修订工作，并根据国资监管调整的新要求开展沟通报审工作。

（芦婧）

【集团推进国资监管归口管理工作】2022 年，集团编写《中关村管委会派驻集团董事 2021 年度履职报告》；加大"三会"审议事项的沟通协调力度，协助监管部门完成内部呈报件代拟稿等工作，及时备案"三会"会议决议，提升中关村管委会派驻集团董事行使表决权报告制度的工作水准；推进伦敦创新中心设立、区企共管子公司划转、相关事业单位所属企业划转与托管等工作；落实国有经营资产集中统一监管和北京中关村发展投资中心改革部署，对接市国资委和北京国有资本运营管理有限公司，研究论证集团监管机制和改革措施，推动建立有利于发挥集团市级科创服务平台作用的治理规则。

（芦婧）

行政管理

【概况】2022 年，集团行政管理工作立足中心服务发展，助力集团综合改革方案落地，高质量完成各项服务保障。提高政治站位，夯实保密工作基础，制定形成《中关村发展集团 2022 年度保密工作要点》，落实年度自查自评保密工作检查；优化公文线上和线下处理流程，确保各类公文高效流转；完善文件档案借阅机制，做到文档安全和高效借阅兼顾；持续做好物业服务和公务用车服务工作。编制《中关村发展集团数字化规划报告》，完成区块链基础设施、数据智能中心、管理驾驶舱等建设，完成集团 OA 系统的重大结构性调整和系统功能的重新开发，上线集团新"三会议案"系统，持续开展中关村易创平台建设等信息化建设和服务工作。

（张澍宁、庚晨伟）

【集团 2022 年工作会召开】1 月 28 日，集团召开 2022 年工作会。会议回顾总结 2021 年工作，研究部署 2022 年工作。会议指出，2021 年，集团以"转型突破年""管理提升年"为主题，明确工作目标和重点任务，团结带领广大干部职工深化改革、开拓进取、真抓实干，推动全面从严治党向纵深发展，实现了"十四五"良好开局。会议提出，2022 年集团工作总的要求是以习近平新时代中国特色社会主义思想为指导，全面贯彻落实党的十九大和十九届历次全会及中央经济工作会议精神，深入贯彻习近平总书记对北京一系列重要讲话精神，深入贯彻北京市委十二届十八次全会精神和市两会精神，弘扬伟大建党精神，坚持稳中求进工作总基调，完整、准确、全面贯彻新发展理念，紧扣"五子"联动融入新发展格局重点任务，以中关村新一轮先行先试改革为契机，以推动集团高质量发展为主题，充分发挥新型举国体制优势，强化资本运作力度，着力优化资产结构，全面落实国企改革三年行动实施方案和集团综合改革方案重点任务，不断将全面从严治党引向深入，以优异成绩迎接党的二十大胜利召开。

（孙致远）

【集团信息化支撑业务保障综改落地沟通会召开】3 月 14 日，集团组织中关村建投、中关村科服、中关村金服、中关村资本和中关村国际等 5 家业务板块子公司办公室负责人召开沟通会，就加强信息化支撑服务、保障综合改革平稳落地的服务措施进行座谈沟通。会上，各业务板块子公司就总部各业务部门撤销后出现的流程断点问题、遗留问题进行交流，并提出 OA 系统的相关改进建议；集团办公室介绍优化 OA 系统中"发文"和"公司呈报"两个模块的工作进展情况，针对业务板块的流程断点问题创新优化流程模块，以"流程简、环节少、效率优"为原则，解决 5 个业务板块子公司的业务流转难题，为综合改革方案实施落地保驾护航，保障业务板块实现 2022 年经营任务的开门红。

（张澍宁、张学君）

【集团召开保密工作部署会】4 月 19 日，2022 年集团系统保密工作部署会召开，学习贯彻上级文件精神，传达集团相关文件精神，部署集团年度保密工作重点任务。集团保密办成员、集团二级党组织负责人参加会议。会上，通报 2021 年全国泄密案件情况，传达关于微信泄密行为处分建议标准文件精神，传达北京市委和集团 2022 年度保密工作要点及其他有关文件精神。会议强调，2022 年是党的二十大召开之年，集团各二级党组织要进一步提高政治站位、认清严峻形势，切实增强做好国有企业保密工作的责任感、使命感；持续推进保密"三大管理"，不断提高保密工作规范化管理水平；适应新时代保密管理工作新形势、新要求，不断健全完善保密工作责任体系；持续开展保密工作常态化自查自评，进一步加强保密干部队伍建设；坚持运用自媒体等多种方式加强宣传教育，提高广大干部职工的安全保密意识，筑牢保密工作思想防线，确保国家秘密和工作秘密安全。

（杨静）

【集团召开疫情防控与复工达产工作部署会】 6 月 28 日，集团召开疫情防控与复工达产工作部署会。集团相关领导、总部相关部室负责人现场参会，直属子公司负责人以视频形式参会。会议传达市国资委疫情防控工作会精神，部署集团疫情防控工作；传达 2022 年中关村示范区经济形势分析暨稳增长促发展工作会议精神；部署集团复工达产及安全生产等工作安排。会议提出 4 点要求：集团要彰显国企担当，带头落实疫情防控"四方责任"；要服务好示范区科技企业，做好纾困帮扶工作，用好集团 20 类 180 种服务手段，为"金种子"等企业提供更好的服务；落实好集团年初下达的指标任务，做好复工达产工作；要抓好安全生产和夏季防汛工作。会议强调，集团上下要坚定信心，迎难而上，统筹好疫情防控和经营发展，确保完成集团既定的经济目标，以实际行动迎接党的二十大胜利召开。

（刘国庆）

【《中关村发展集团信息公开实施办法》印发】 6 月 28 日，为更好地落实集团综合改革方案的总体部署，按照国务院国资委《关于推进中央企业信息公开的指导意见》和市国资委《关于推进市管企业信息公开的实施意见》的规定要求，以集团办公室名义印发《中关村发展集团信息公开实施办法》。该《办法》共 5 章 14 条，主要从总则、信息公开的范围、工作职责分工、公开的方式和保障以及附则 5 个方面进行规范，进一步指导集团信息公开工作。

（郑琨）

【集团保密工作】 2022 年，集团对保密委员会和保密委员会办公室及责任分工进行优化，以保密工作管理具体内容为导向，设置日常综合组、信息化组、定密管理组、涉密人员管理组等 8 个工作组，确保保密工作管理责任到人、落实到岗。制定《中关村发展集团 2022 年度保密工作要点》，涉及 7 个方面 18 项重点工作事项，并经集团 2022 年度第一次保密委员会会议审议通过。该《要点》明确集团保密委员会和集团保密委员会办公室成员、集团二级党组织负责人，组织召开 2022 年度集团系统保密工作部署会暨上级保密文件精神学习传达会，通报 2021 年全国泄密案件情况、微信泄密行为处分建议标准。启动年度自查自评工作，成立专项检查组，建立"有部署、有反馈、有整改"的闭环自查工作机制，实现集团总部 11 个部室、集团 16 家直属党组织自查自评工作全覆盖。制定《集团总部计算机自查自检安排计划》，全面自查集团总部涉密电脑、非涉密电脑，针对发现的问题进行监督管理。起草

《中关村发展集团 2022 年年度自查自评工作报告》，并报送市保密局。

（杨静）

【集团结合重点工作制定相关文件】2022 年，集团制定《中关村发展集团党委 2022 年工作要点》，明确"充分发挥集团党委把方向、管大局、保落实领导作用，统筹推动国企改革三年行动和综合改革任务落地落实""深化新型政企合作机制，加快对'三城一区'主平台、一区多园主阵地的布局""服务全球数字经济标杆城市建设，着力打造以长安链为底座的'数智园区'标杆，提供新技术新产品应用场景"等 24 项重点工作。编写《中关村发展集团党委工作报告》《中关村发展集团党委 2021 年度落实全面从严治党主体责任情况报告》《中关村发展集团 2021 年度全面从严治党检查考核报告》等文件，修订和完善《中共中关村发展集团股份有限公司委员会议事规则》，制定《中关村发展集团信息公开实施办法》，党委各项工作均有规可循。

（鲍若石）

【集团党委会履行党委前置研究议题 71 项】2022 年，集团按照"第一议题"学习制度，完善集团党委前置研究和"三重一大"决策事项，执行制度要求，规范集体决策程序。共组织召开党委会 32 次，审议议题 158 项，其中"审议设立中关村人工智能公司有关事项""审议集团 2022 年度经营计划""审议中关村 REIT 扩募相关事项"等党委前置研究议题 71 项。严格履行党委前置研究重大事项程序，将有关要求融入集团决策程序，使党委权责边界清晰明确，决策机制规范高效，推动重大事项决策科学、规范、民主，为党委发挥总揽全局、协调各方领导作用提供保障。

（鲍若石）

【集团落实重点督查督办 39 项】2022 年，集团贯彻落实《中关村发展集团党委关于加强督促检查工作的实施方案》，突出"准""快""责"，优化督办工作机制，以分类管理为抓手实现精准督办、以网络协同为抓手实现快速督办、以考核评价为抓手实现尽责督办，逐级压紧压实办理责任，推动督办工作系统化、高效化、精准化。年内共出版督办简报

4 期，发起重点督办 39 项（其中年度重点项目 18 项），同时部署重要会议、批示动态指示，切实发挥督办工作的助推促进作用。

（鲍若石）

【集团年度公文流转 1238 件】2022 年，集团共处理收文 1238 件，其中非密级文件 797 件、密级文件 441 件；对外发文 340 件，其中非密级文件 337 件、密级文件 3 件。规范专题会议统筹管理，完成集团专题会会议纪要 15 期，为专题会会议纪要内容的水平与质量提供保障。

（韩旸）

【集团年度档案归档 855 卷】2022 年，集团共完成档案归档 855 卷，其中文件 3596 份、数码照片 66 组、光盘 2 张、实物 7 件。日常查阅 67 人次，查阅 255 卷，在市国资委检查期间，对接文档查阅 95 人次，实现查阅 285 卷，各类文档均安全无遗失。

（李秋阳、李贺英）

【集团编制《中关村发展集团数字化规划报告》】2022 年，为高效完成集团信息化建设和数字化转型各项工作任务，准确把握集团高质量发展要求，围绕集团"十四五"发展规划的业务目标，对集团及子公司展开访谈调研 50 场，调研 96 人次，梳理调研问卷 108 份，召开集团领导汇报会 7 次、项目沟通会 15 次，编制完成《中关村发展集团数字化规划报告》，形成数字化转型顶层设计和实施方案，规划数字化建设方向、内容、模式，为集团数智化发展、标准化建设、服务能力提升提供指导。

（张澍宁、张学君）

【集团区块链基础设施建设完成】2022 年，集团完成区块链基础设施建设。集团区块链平台选用了长安链，为数据智能中心提供服务，将数据智能中心数据入库、流转、共享过程上链，保障数据归集和共享的安全性，已具备与北京大数据平台对接的区块链技术条件。

（张澍宁、张学君）

【集团数据智能中心建设完成】2022 年，集团完成数据智能中心建设。数据智能中心是集团数字化转型的核心基础设施，通过项目建设，完成数据资产归集、数据分析、数据处理、数据治理、数据共享

等系统功能，制定数据标准规范，建立人事管理、财务管理、科技金融、空间运营、专业科技服务、产业投资、公共主题共七大主题 1898 项数据标准，具备与子公司开展数据归集、数据清洗、数据治理、数据共享的能力。

（张澍宁、张学君）

【集团管理驾驶舱建设完成】 2022 年，集团完成管理驾驶舱建设。管理驾驶舱是集团统一的领导决策大数据应用服务平台，辅助提升集团决策效率和管理水平。对内"以用促建"，以决策管理需求为集团数智化建设提供方向指引；对外搭建与市级政府对话桥梁，明确集团对北京国际科技创新中心建设支撑和贡献的落实情况。通过项目建设，完成信息化家底盘点、数据评价榜单、集团运营动态、计划目标监督、科创领域分析 5 个专题应用；完成企业画像、报告生成系统、产业链图谱等基础专项开发；沉淀相关指标 230 余项、1.6 万余家企业基础数据。

（张澍宁、张学君）

【集团新"三会议案"系统上线】 2022 年，集团新"三会议案"系统上线。系统根据业务部门实际业务审批需求，新增资金付款、子公司呈报、信息化项目管理等功能，优化收文、发文、部门呈报，以及统计分析系统、国有资本运营监管系统等，提高了信息化办公效率。

（张澍宁、张学君）

【集团启动中关村易创平台三期技术开发】 2022 年，集团持续进行中关村易创平台建设，并按照 2020 年国家服务业发展中央预算内投资项目批复的相关要求，启动中关村易创平台三期技术开发项目。通过本期项目，将完成中关村易创平台的整体建设开发工作，提高中关村易创平台的服务能力，更好地服务"双创"企业。

（张澍宁、张学君）

【集团落实重大事项请示制度工作】 2022 年，集团坚决贯彻执行《中共中央政治局关于加强和维护党中央集中统一领导的若干规定》《中国共产党重大事项请示报告条例》《中共中央关于加强党的政治建设的意见》等文件精神，向市委、市国资委党委报送《中关村发展集团党委 2021 年度落实全面从严治党主体责任情况报告》《中关村发展集团党委关于党史学习教育工作情况的报告》等重大事项请示报告 21 件次，以集团党委名义印发《中共中关村发展集团股份有限公司委员会议事规则》党内规范性文件。落实《关于进一步加强和规范领导干部离京外出请假报备工作的通知》相关规定，统计集团中层离京报备 55 人次。

（杨静）

【集团信息化服务工作】 2022 年，集团推进多功能厅音视频系统和展厅大屏改造工程，提高多功能厅服务质量，提升展厅大屏展示效果。利用先进的技术手段和合理的管理方法，保障集团会议、语音电话、音视频多媒体、网络、协同办公门户等基础设施和应用系统正常运行，集团总部日常办公有序开展。运维期间，解决事件 907 次，保障与市委、市政府等部门的加密视频会议以及与各子公司的视频会议 227 次。根据信息化项目管理要求及创新能力项目建设要求，开展项目资料审查、系统验证、投资核验等事宜，提前审核，避免重复建设现象。

（张澍宁、张学君）

人力资源管理

【概况】2022年，集团人力资源管理工作紧紧抓住"活机制"这个"牛鼻子"，创新工作方法，主动靠前服务，集团市场化用人体制和激励机制改革试点工作实现全覆盖，全面推动子公司经理层成员任期制和契约化管理工作，优化集团市场化用人体制和激励机制，结合集团特点创新薪酬绩效管理工作。进一步抓实抓细人才引进培养使用工作，组织开展2022年校园招聘及博士后招聘培养工作，持续开展社会招聘及集团内部选聘工作，分层分类开展集团员工教育培训工作；组织实施各类人力资源日常业务协同工作。

（徐景泉）

【集团职业经理人制度和合伙人机制改革】2022年，集团指导中关村信息谷总结第一期综合改革方案经验，制定第二期（2022—2024年）用人体制和激励机制改革方案；指导北京中发展智源人工智能科技发展有限公司编制经营班子薪酬与考核方案，引入职业经理人制度；推动中关村软件园孵化器合伙人机制试点；指导北京首建项目管理有限公司员工持股方案编制。至年底，符合条件的集团二、三级公司基本实现职业经理人制度和合伙人机制改革试点全覆盖。

（龚健）

【集团子公司经理层成员任期制和契约化管理】2022年，集团按照市国资委要求，制定集团推行经理层成员任期制和契约化管理工作方案，确定工作任务，明确时间表；组织召开集团推行经理层成员任期制和契约化管理工作推进会，指导在符合条件的二级及以下子公司经理层成员中全面推行任期制和契约化管理，建立"考核层层落实、责任层层传递、激励层层衔接"的工作机制；提出集团二级公司2022—2024年任期考核指标，与集团二级公司签订年度考核责任书、任期考核责任书；指导子公司与经理层成员签订聘任协议、个人年度考核责任书、任期考核责任书；开展"回头看"，全面检查子公司任期制和契约化管理工作情况。

（龚健）

【集团制定市场化用人体制和激励机制改革制度】2022年，集团对接国家、北京市关于任期制和契约化管理、国有企业工资决定机制、收入分配改革等政策要求，对集团原有制度进行优化调整，形成《集团总部考核与薪酬管理办法》《集团子公司考核与薪酬管理办法》《集团推行职业经理人制度操作指引》等制度，指导开展薪酬管理、绩效管理、职业经理人改革试点等工作。

（龚健）

【集团优化完善工资总额决定机制】2022年，集团开展2021年度工资总额清算，对中关村软件园、中关村金服、中关村协同基金、中关村国际控股、中关村资本、中关村科服、中关村协同发展等7家子公司进行工资总额专项审计；完成2022年度工资总额预算并向国资监管单位市科委、中关村管委会备案。首次建立集团总部、不同业务类别子公司的工效联动机制，充分考虑集团各板块业务特点和商业模式，研究提出不同业务类别子公司的经济效益挂钩指标；进一步强化工资总额边界管理和负面清单管理。

（宋东梅、王永佩）

【集团构建子公司薪酬优化调整通用模式】2022年，集团严格按照《国企改革三年行动方案（2020—2022年）》关于"完善市场化薪酬分配机制"、集团综合改革方案关于"建立市场化用人体制和激励机制"的要求，以固定任期和契约关系为基础，依据业绩和薪酬双对标确定薪金水平，体现"保基本、强激励、强考核"的结构导向，年度与任期考核相结合，指标设计各有侧重，突出"摸高"机制，强化过程管理及退出机制。完成中关村金服、中关村科技担保的薪酬优化调整。

（龚健）

【集团完成总部员工和子公司负责人考核】2022年，集团完成总部员工2022年度个人绩效考核，指导中关村信息谷、中关村资本、中关村协同发展等公司完成2019—2021年经理层任期考核；完成中关村延庆园公司、中关村前沿技术等公司2019—2021年周期考核及薪酬兑现。加强规范性管理，根据市国资委要求，制定关于受党纪政务处分的集团相关负责人在绩效考核方面的处理办法。

（龚健、宋东梅）

【集团人才引进培养】2022年，集团开展2022年校园招聘及博士后招聘。收集并筛选简历6878份，组织初试、复试及终轮面试23场，共面试应届毕业生590人，录用11人；配合市委组织部开展2022年度"优培计划"，共招录3名优秀毕业生。持续开展社会招聘及集团内部选聘工作。与智联招聘及德瑞英才等7家猎头公司合作，发布总部及子公司岗位需求32个，收集简历1.2万余份，为总部招聘6人。分层分类组织集团员工教育培训。开展任期

制和契约化管理专题培训、企业培训体系建设及培训管理、劳动用工制度解析等专项培训。

（谢晓天）

【集团推进人力资源服务工作】2022年，集团有序开展总部和子公司人力资源服务工作。累计申报个税1324人次，完成个税汇算清缴；投保补充医疗保险，涉及总部员工及子女177人；做好总部员工"五险一金"转入转出、人事档案转递、医疗保险报销、婚育贺礼和奠仪金发放等工作；组织集团体系2022年度政工师申报工作，组织2人完成评审答辩；做好集团人力资源统计报送，组织集团2021年度薪酬调查、平均工资统计、工资内外收入监督检查、集团负责人薪酬信息公开工作，完成子公司2022年度薪酬发放情况统计、子公司主要负责人递延绩效发放情况统计、电子劳动合同使用情况统计、总部从业人员基本情况统计等工作。推进人力资源信息化建设，分析人力资源信息系统一期模块功能及待优化内容，与集团信息化小组及外部专业机构沟通对接，编制继续开发方案，完成技术需求书及相关招标文件。

（王永佩、谢晓天）

财务管理

【概况】2022年，集团财务管理围绕财务制度建设、资金管理、融资管理、国资管理、税收管理、人才队伍建设等方面开展工作。以纳入国资监管为契机，全面提升财务管理水平。不断扩大资金结算中心成员单位范围，新增北京沿海绿色家园世纪房地产开发有限公司、南中轴公司、人工智能公司等3家成员单位，结算中心成员单位达35家。拓展丰富融资产品，集团已取得100亿元公司债券、30亿元中期票据及30亿元超短期融资券的注册额度，重点针对美元公募债资金使用和还本付息事项开展专项研究。加强财务分析，为经营管理和重大决策提供支持。开展税务筹划，组织编写《中关村发展集团相关税收优惠政策报告》。加强国资管理，保证国有资产安全及合规运营。加强财务制度建设，优化内部流程。加强集团财务人才队伍建设，制定财会人员培训教育工作计划。完成集团国际和国内2022年的跟踪评级和主体评级工作，国内评级结果为AAA，评级展望为稳定；国际评级（惠誉）为A，展望稳定。

（刘京亚、陶蕊）

【集团获上海证券交易所2021年度3项荣誉】1月，上海证券交易所向集团颁发2021年度"公司债券优秀发行人""公司债券创新产品优秀发行人"两个奖项，对集团2021年度成功发行科技创新公司债等产品给予表彰。

（陶蕊）

【惠誉确认集团评级为"A"】11月15日，国际评级机构惠誉确认中关村发展集团的长期外币和本币发行人违约评级为"A"，展望稳定。

（陶蕊）

【集团全面提升财务核算水平】2022年，集团对接市国资委，以新监管要求调整财务预算、决算。按2023年国资委预算报送管理要求，完善集团现有预算报表系统，通过建立网络版国资委预算报表体系，实现内部预算数据和国资委预算数据的自动转换。基于浪潮系统搭建起基本账套、工会账套、党委账套管理平台，及时披露财务数据信息；完成集团2021年决算和2022年预算，启动2023年预算编制和年报预审，发现问题沟通解决。依照国资委相关规定和集团章程，完成年审机构更换工作，按业务板块选聘综合业务能力强的事务所，实现集团与子公司年审机构统筹管理。开展基金估值、"转租赁"会计估计等专项课题研究，提高集团体系会计核算规范化、标准化水平。

（罗桂林、张宁昕）

【集团强化融资与债务统筹管理】2022年，集团丰富融资产品，保障经营及投资需求，已取得100亿元公司债券、30亿元中期票据及30亿元超短期融资券的注册额度，可在两年内随时发行；集团董事会已授权流动资金贷款和并购贷款等银行贷款品种，授信额度充足，可视集团项目及资金实际随时提款；已批准申报保险债权投资计划，为集团各项业务发展做资金储备。动态监控重点子公司债务和融资状况，指导有大额到期债务的子公司制定具体处置方案和资金筹措计划；协助中关村科技租赁、中关村金服、工业院、中关村医疗器械园、工业互联网公司等5家企业提前偿还集团委托贷款。针对美元公募债资金使用和还本付息事项，指导中关村国际提前部署并筹备境外融资方式，多措并举确保到期美元债还本付息。

（陶蕊、刘京亚）

【集团加强财务分析与预算分析】2022年，集团构建月度简报、季度财务及预算执行分析、专项财务分析报告"三位一体"的分析体系，结合财务分析与预算分析，形成集团整体、集团总部、六大业务板块有层次的分析框架，对资产负债、经营成果、现金流量、主要财务指标、投融资等开展财务分析并提出针对性建议。完成2022年各季度财务及预算执行分析。完成《中关村发展集团投资基金分析报告》《中关村发展集团连续亏损企业财务分析报告》《中关村发展集团非控股投资财务分析报告》《中关村发展集团投资及筹资结构分析》《中关村发展集团投资计划执行及上市公司影响分析》等专项报告，为集团管理层决策提供依据。

（汤滢）

【集团推动各项税收优惠政策落地】2022年，集团编写完成《中关村发展集团相关税收优惠政策报告》，从各板块通用、科技园区、产业投资三部分指导集团子公司利用税收优惠政策。组织税务顾问编制《中关村发展集团研发费用操作手册》，规范集团子公司研发费用投入，提高企业所得税加计扣除的准确性。研究增值税进项税留抵税政策，编写会计核算手册，对可能适用该政策的子公司进行专项辅导，逐个排查风险，提示适用政策及税务风险防范；开展涉税问题研究，在合法合规纳税的前提下，充分享受税收优惠政策。

（骆娟）

【集团加强国有资产管理】2022年，集团结合综合改革方案的落地实施，加强内外部协调和信息交流，推进与集团重要资本运作、区企重组等重点任务相关的资产评估及核准备案工作，保证合规性和时效性。协调市科委、中关村管委会，推进与集团重要资本运作、重大投资事项相关的产权登记审核；与市国资委产权管理处沟通，落实产权登记管理系统数据迁移和工作对接方案。围绕集团及子公司改制、重组、引战等工作，加强同监管机构、各职能部门、各子公司的沟通协调，做好集团国有资产管理工作。

（汤滢）

【集团强化财务制度建设】2022年，集团按照分层原则和管理条线，对财务制度体系进行结构化设计，完善制度体系框架，确定制度层级，明确制度整合、补充、完善思路。逐项分析现有财务制度，结合外部政策法规、内部权限及管理优化情况，根据财务管理实际和制度要求，制定财务制度体系完善工作方案，构建"三层四类"财务制度体系框架，明确2022—2023年财务制度修编计划。依据"十四五"财务子规划中对集团财务管控体系建设的要求，启动原《中关村发展集团财务管理办法》修订工作，与国资委"建设世界一流财务管理体系的指导意见"对标对表，强化对集团财务管理体系建设的指导作用。优化子公司付款事项流程、资金计划审批流程、付款流程，并对应调整OA审批流程。

（汤滢）

【集团加强财务人才队伍建设】2022年，集团落实"十四五"财务子规划中财务人才队伍建设工程，对集团总部及181家子公司财务人员信息进行全面摸底和系统梳理，总结分析集团财务人员队伍建设存在的问题，形成《中关村发展集团财务人员队伍建设现状分析报告》和《中关村发展集团财务人员队伍建设优化建议书》。制定2022年度集团财务人员培训教育工作计划，与专业机构合作，采取"线上继续教育＋线下名师讲座"的形式，为集团财务人员提供定制化培训课程，提升专业能力。

（汤滢）

【集团完成上级交办的专项工作】2022年，集团参与市科委、中关村管委会企业清理专班和北京首科集团有限公司委托管理，支持两委直属事业单位所办企业清理、全民所有制企业改制以及首科托管等工作。配合外部审计，集团各部门、子公司按要求提供各项审计资料，与审计组、市科委、中关村管委会及相关单位沟通，累计提供12批次资料。根据市发展改革委、市证监局关于债券类风险排查相关工作要求，完成各项自查工作并提交报告。

（陶蕊）

【集团资金结算中心成员单位增至35家】2022年，北京沿海绿色家园世纪房地产开发有限公司、南中轴公司、人工智能公司等3家成员单位加入结算中心，集团资金结算中心成员单位范围进一步扩大。截至2022年底，资金结算中心成员单位35家，归集资金余额约83.35亿元；结算中心发放委贷余额62.24亿元，其中本年新增发放委贷39.67亿元。

（刘京亚）

风控法务管理

【概况】2022 年，为全面推进集团法治国企建设，集团聚焦综合改革重点任务，统筹推进法治框架下法务、合规、风险、内控和审计各项职能相互融合，同时同向综合发力，着力完善规章制度，夯实管理基础，系统构建风险防控体系，不断提升风险防控能力和依法治企水平。

（王玺）

【集团召开 2022 年风险管理与审计工作会】3 月 18 日，集团召开 2022 年风险管理与审计工作会，总结集团 2021 年风险管理与审计工作，部署 2022 年重点工作任务。会议要求，各单位要始终坚持和加强党对风险管理及审计工作的集中统一领导，旗帜鲜明讲政治；建立健全全面风险管理与内部控制体系，进一步增强抗风险能力；对标一流企业全面提升合规竞争力，强化集团法治建设；高质量推进审计全覆盖，强化审计整改，不断提升审计监督效能；统筹谋划、有序推进风控信息化工作，提升信息化支撑业务能力；健全完善管理保障机制，促进管控体系有效运行，服务创新发展。集团各部门、各子公司负责人，分管风险管理、内控、审计、合规和法务工作的领导及有关人员，以及集团及各子公司基层工会经审委员等分别在主会场、视频分会场参加会议。

（宋宇）

【集团推进法治国企建设】2022 年，为落实全面依法治国战略和法治国企建设要求，在国资监管政策分析、对标调研研究基础上，制定《中关村发展集团关于加强法治建设的实施意见》《中关村发展集团法治建设四年行动计划》（2022—2025），提出全面推进法治建设的指导思想、基本原则和工作目标，确定法治建设重点工作任务；强化法律审核工作，保障集团重大决策、规章制度及合同三项法审 100% 全覆盖，为集团投资、基金、金融以及重要资本运作项目提供法律支撑；加强集团法务人员统

筹管理；完善集团公司律师申报、考核、年检等日常工作，构建公司律师常态化管理机制；优化风控信息交流，及时收集与集团业务相关的法律法规，按月编辑《法治与审计》，搭建集团宣传阵地、文化载体和沟通平台，提升全员法治意识。

（武继权）

【集团持续深化合规管理体系】2022 年，集团推动各项合规制度逐步落地，以法治化、标准化、数智化为目标，研究制定《中关村发展集团合规管理体系实施规划》《中关村发展集团合规管理办法》《中关村发展集团子企业合规管理工作实施指导意见》等制度，突出上下联动、协调统一，推动合规体系建设同步展开，全面覆盖；组织合规管理体系建设培训，向集团各部（室）相关人员及各子公司风险、内控、审计、合规和法务相关人员宣贯集团合规管理相关制度、"三会一层"权责清单及制度管理办法；开展重点领域合规义务梳理，集团总部和相关子公司分工合作，组织开展公司治理、合同管理等 20 个通用领域和私募基金、融资租赁等 24 个重点业务领域法律法规库和合规义务清单梳理，推进合规管理与集团业务有机融合；指导子公司结合各自实际加快合规体系建设，突出板块特色，解决企业实际问题。

（赵桂平）

【集团加强风险管理与内控建设】2022 年，集团组织梳理年度重大风险，开展年度重大风险研究，总结梳理出安全稳定风险、政策环境风险等 9 项风险；组织子公司年度风险评估，完成重大风险分析及应对方案，形成年度风险报告；健全集团风险管理与内控制度。制定《中关村发展集团风险管理与内部控制管理办法》《中关村发展集团内部控制评价工作细则》《中关村发展集团境外投资内部控制管理办法》，固化风险管理与内部控制基本流程；指导

子公司开展内控建设和自评价工作，查找内控缺陷并制定整改措施，形成子公司内控自评价报告；梳理形成"三会一层"权责清单，涉及 20 类 55 个事项 215 个子项，明确各层级职责权限，实现"一表管全局"；制定《中关村发展集团制度管理办法》，形成常态化、规范化、动态化的管理闭环；完善认股权工作指引，优化《中关村发展集团认股权业务工作指引》，鼓励各单位获权、行权，做大认股权池，提高认股权转化率。

（王玺）

【集团提升审计监督效能】2022 年，集团加强审计统筹管理，召开年度风险管理与审计工作会、审计工作领导小组会，总结和部署重点工作，审议审计计划、报告、制度等；开展各类型审计项目，按审计计划推进经责、分级、内控、专项等审计，利用线上审计模块，对查出的问题，协同各职能部门监督确认，督促被审计单位规范经营管理；开展基金审计方案研究，加强研究型审计工作，研究集团基金审计模型，梳理形成基金审计方案，并自查集团系统内的基金业务，选择部分产品、管理人及普通合伙人进行试点审计；推进内部审计标准化，制定《中关村发展集团内审标准化工作指引》，形成内部审计发现问题提示提醒清单，建立内部审计程序性指标体系并优化完善审计文书模板，强化标准化工作成果的应用。

（于雪）

品牌宣传

【概况】2022 年，集团品牌宣传工作围绕迎接党的二十大胜利召开为主线，聚焦集团"十四五"规划承上启下和国企改革三年行动计划的收官，塑造集团服务创新发展旗手形象，统筹谋划对内对外宣传，讲好服务创新发展品牌故事。全年新闻媒体关于集团的报道 570 余篇，涉及空间运营、科技金融、科技投资、科技服务、助企纾困、防疫抗疫、政企合作等方面。扩大集团宣传矩阵，开通微信视频号，策划发布 21 条微视频，浏览量超过 4 万人次；集团微信公众号共推送 273 期，阅读量 19 万人次。编纂出版《中关村发展集团年鉴 2022》，及时记录集团服务创新发展历程。

(孙致远)

【集团开展"争当服务创新发展旗手"优秀故事创作活动】5—7 月，集团组织开展"争当服务创新发展旗手"优秀故事创作活动，通过大视角、小切口的故事形式讲述自己或他人服务创新发展的故事。各级单位青年员工围绕集团在服务高精尖重大项目成果转化产业化、推动高精尖产业做优做强等方面涌现出的生动故事，在服务中小微企业落地成长、攻坚克难、做大做强过程中作出的积极贡献和涌现出的动人事迹，发挥先锋模范作用、主动推动服务创新、提高服务能力和水平、积极干事创业、推动集团改革转型的优秀代表、青年员工的人物故事，共征集于晨、阚红磊等旗手故事 27 篇，通过微信公众号连载，并设计印刷成册。

(伍孟然、赵倩颖)

【集团开通微信视频号】7 月 22 日，集团开通微信视频号，扩大宣传矩阵，并于 8 月 12 日发布第一条微视频。全年共计策划发布包括"强国复兴有我"宣讲在内的 21 个微视频，浏览量超过 4 万人次。

(伍孟然、赵倩颖)

【集团召开 2022 年宣传暨保密工作部署会】8 月 24 日，集团召开 2022 年宣传暨保密工作部署会。会议传达集团关于迎接党的二十大胜利召开组织开展"强国复兴有我"群众性主题宣传教育活动计划安排、关于开展保密风险隐患大排查筑牢党的二十大保密安全防线工作方案、即时通软件保密风险隐患排查工作精神、市保密委加强手机使用管理的有关要求，结合《中关村发展集团 2022 年宣传总体方案》对年度重点宣传选题策划进行说明。

(梁晓雪)

【集团卡通形象著作权完成登记】10 月 31 日，由集团申请的中关村发展集团股份有限公司卡通形象，经中国版权保护中心审核后，成功登记，并获得作品登记证书，证书登记号为：国作登字 −2022−F−10219509。

(赵倩颖)

【《中关村发展集团年鉴2022》出版】 11月，由中关村发展集团主编的《中关村发展集团年鉴2022》由知识产权出版社出版。该卷年鉴为总第2卷，记述中关村发展集团2021年1月1日至12月31日助推北京建设国际科技创新中心、助力国家建设科技强国的工作成果。全书63万余字，设概览、特载、专文、大事记、科技股权投资、科技金融服务、科技专业服务、科技园区发展、区域协同创新、国际创新网络、企业管理、企业党建、统计资料、附录14个类目，56个分目，1095个条目；收录550余幅图片、38张表格。卷首专题图片设园区建设、年度要闻、服务科技企业成果板块，卷末附索引。

（伍孟然）

【集团获新闻媒体报道570余篇】 2022年，集团对外发布新闻报道570余篇，涉及空间运营、科技金融、科技投资、科技服务、助企纾困、防疫抗疫、政企合作等方面。新华社刊发《"直通"服务打通"堵点"助力产业园区创新发展》《知识产权运营与医疗感知成果转化论坛在京举办》《中关村的创新基因正在赤峰生根发芽》，《人民日报》刊发《护航集成电路企业IC PARK共性技术服务中心揭牌成立》《发力"东数西算"中关村软件园企业已在路上》《天津滨海—中关村科技园以奋斗者姿态推动高质量发展》，《北京日报》刊发《中关村发展集团着力打造国际一流创新生态集成服务商 扛起服务创新发展的大旗》《打造更具竞争力的高水平科创平台》《盘活知识产权赋能成果转化》等，引起广泛关注。

（张一夫）

【集团自有媒体稳步运营】 2022年，集团微信公众号推送273期965篇文章，阅读量共计19万人次；策划"'一纪复始、奋进不止'成立12周年""同心抗疫爱在行动"等专题报道15期，发布原创文章700余篇；官方微博发送信息500余条，粉丝数20万人，总阅读量超百万人次，单条阅读量最高达8.2万人次，其中120余条微博阅读量破万人次。

（伍孟然、赵倩颖）

资本运营与管理

【概况】2022 年，集团持续推动区企共管公司改革落地、国有资本改革、资本运作、资产重组、子公司经营管理、安全生产等重点工作。按照"一区一企一策"原则，全面推动 5 家区企共管公司改革重组工作落实落地。完成光谷科技园公司、兴昌高科改革重组任务，推动金桥科技、丰科建改革重组通过市政府会议研究，履行集团股东大会决策程序；有序把握实创高科改革重组节奏。建立专班工作机制，完成投资中心改制，推动北京中关村发展投资中心有限公司与北京国有资本运营管理有限公司（简称北京国管）关于所持集团股份无偿划转的协议签署及交易鉴证工作。按照"成熟一家、推进一家"的原则，有序推进产业投资、科技服务、空间运营、科技金融等业务板块股权重组工作，全年完成 7 家公司的内部重组、股权优化。推动投资并购工作，已纳入项目库的标的企业 50 余家。加强子公司"三会"制度建设，发布《中关村发展集团投资企业"三会"事项管理暂行办法》及事项清单。加强子公司的利润分配管理，对 28 家子公司 2021 年度应分配利润情况提出建议方案。

（董晓宇）

【集团获北京产权交易所"2021 年度最佳交易协同奖"】1 月，北京产权交易所向中关村发展集团颁发"2021 年度最佳交易协同奖"，对集团通过国有产权转让、增资扩股等方式在深化国企改革、服务创新发展战略中所做的突出工作给予表彰。2021 年初至 2022 年 1 月，集团在北京产权交易所共完成企业国有产权转让、国有企业增资、国有企业资产转让项目（含鉴证类项目）14 项，成交金额 103.71 亿元。其中，产权转让项目 8 项，成交金额 53.86 亿元；增资扩股项目 5 项，募集资金总额 30.15 亿元；资产转让项目 1 项，成交金额 19.7 亿元。

（王智）

【集团推动区企共管公司改革重组】2022 年，集团按照"一区一企一策"原则，推动 5 家区企共管公司改革重组。完成光谷科技园公司、兴昌高科以债权增资方式改革，重组方案通过市科委、中关村管委会审批，签署增资协议和交易鉴证，有效解决两家共管公司历史遗留问题，为集团与通州区、昌平区政府构建新型政企合作机制奠定基础。市政府批复金桥科技、丰科建改革重组事项，原则同意通过"资产股权还原剥离"方式实现两家公司改革重组，履行集团股东大会决策程序，与海淀区多次沟通商议实创高科改革重组方案，合力推进实创高科重组工作。

（党书杰、乔永璞）

【集团完成投资中心改制】2022 年，集团建立专班工作机制，盘点北京中关村发展投资中心股权资产，配合市国资委，市科委、中关村管委会编制投资中心改革方案，制定翔实的实施措施和进度安排表，推动集团内部决策程序。完成投资中心整体划转及公司制改革的工商变更登记，与北京国管签订委托管理协议，受托开展投资中心后续股权处置、清算注销等工作，完成投资中心改制。协调投资中心与北京国管签署关于所持集团股份无偿划转协议及交易鉴证，实现集团股权划转。在优化审批流程、精简审批事项等方面争取中关村先行先试支持，深化集团综合改革，发挥市政府整合创新资源的市场化平台作用。

（董晓宇、乔永璞）

【集团业务板块股权重组】 2022年，集团按照"成熟一家、推进一家"的原则，有序推进产业投资、科技服务、空间运营、科技金融等业务板块股权重组工作，理顺股权管理关系，共完成五大业务板块相关子公司的内部重组、股权优化。产业投资板块，完成中关村创投重组至中关村资本，完成启元资本协议签署；科技服务板块，完成北京中关村科技产业研究院有限公司、中关村水木医疗、北京石墨烯技术研究院有限公司重组至中关村科服；科技园区板块，完成延庆园公司、中关村京西发展、北京沿海绿色家园世纪房地产开发有限公司重组至中关村建投工作，推进设立北京中发展智源人工智能科技发展有限公司，实现中关村京西发展轻重资产分离；科技金融板块，推动中关村科技租赁划转进入中国证券登记结算有限责任公司股份过户阶段；区域合作板块，配合中关村协同发展增资、石家庄协同发展清算等相关工作。

（赵学卿）

【集团投资并购工作】 2022年，集团开展投资并购相关工作，形成总体思路和策略，推进并购项目实施。建立与市证监局、市金融局、北京证券交易所等交易机构，与券商、律所、会计师事务所等中介机构，与市政府相关部门、企业的"三条联络线"的并购标的选择渠道，扩大获取标的信息来源。已纳入项目库的标的企业50余家，深度接触与洽商的标的5个。在项目库标的企业中遴选优质企业深入对接，会同集团所属投资意向主体，完成"投资北京""索为系统公司"等标的初步尽调工作，根据洽谈进度，寻找合适时机，推进工作程序。落实市科委、中关村管委会事业单位事企分离改革向集团下达的任务，承接资产托管及无偿划转，完成北京科技协作中心所持北京首科集团有限公司股权托管，并推动市科委、中关村管委会下属事业单位所属9家企业股权划转接收工作。协助市市场监管局完成下属事业单位所持方圆标志认证集团有限公司

等3家公司股权划转至投资中心的决策。开展集团投资管理办法研究，形成《中关村发展集团投资管理办法（试行）》。

（赵学卿、王智）

【集团推动子公司"三会"管理优化】 2022年，集团优化子公司"三会"管理流程与权限，制定《中关村发展集团投资企业"三会"事项管理暂行办法》及事项清单，配合OA流程优化，为子公司"三会"管理提供支撑。统筹指导子公司"三会"流程经办，做好兜底，并督促子公司按时召开年度"三会"。印发《中关村发展集团加强子公司董事会建设的指导意见》，提出强化子公司董事会建设的指导原则，并对全资、控股子公司董事会席位设置提出指导。开展集团投资企业"三会"事项管理培训，要求集团派出董监事熟悉新的"三会"事项管理模式，发挥在子公司"三会"议案研究中的专业指导作用；督促派出董监事定期提交履职报告，提升履职专业知识；办理子公司"三会"事项594项。

（党书杰、王晓菲）

【集团加强资本运营管理】 2022年，集团加强子公司的利润分配管理，对中关村资本、中关村软件园等28家子公司2021年度应分配利润情况进行逐一分析，提出子公司年度利润分配建议方案，并推动子公司履行相关"三会"程序，督导按时分红。对集团相关部室、各板块平台公司及代表性园区公司开展调研访谈，摸清集团资产情况，结合对标外部大型企业，形成资产数字化运营管理方案；盘点梳理集团自持物业载体，编制集团房屋资产手册。

（李荣华、杨奕）

【集团安全生产检查工作】 2022年，集团印发《中关村发展集团安全生产管理办法》，编制《中关村发展集团安全生产手册》，修订安全制度，强化安全生产理念，督促各二级公司开展各类安全生产自查、检查。组织在建工地现场检查，排查各二级公司自建、违建和临建房，会同第三方机构提出整改意见并督促落实；编制下发危险源辨识与风险自评价参考表，分析各二级子公司自评价情况，督促

各单位整改落实。形成《关于中关村发展集团系统内自建临建和违建房排查情况的报告》《中关村发展集团自建房安全专项整治工作方案》，通过摸底排查和借助专业力量，编制办公楼、燃气、电器及危险源自查等专项检查表，为安全生产提供专业保障。

（王智、陈常雷）

【集团组织开展中小微企业帮扶工作】2022年，集团组织开展中小微企业帮扶工作，成立工作专班，提出覆盖"4+2"业务领域的减免房屋租金、减费让利等12条具体措施和加强组织领导等6项保障措施，帮助企业复工达产。

（李荣华、杨奕）

集团子公司简介

北京中关村软件园发展有限责任公司

北京中关村软件园发展有限责任公司成立于2000年8月7日，2010年加入中关村发展集团，位于北京市海淀区东北旺西路8号中关村软件园信息中心C座。公司注册资本5亿元。成立之初，股东为北京科技园建设（集团）股份有限公司（简称北科建，持股50%）、首钢总公司（持股46%）、北京海淀科技园建设股份有限公司（简称海科建，持股4%）；2010年6月，股东变更为中关村发展集团（持股97%）、海科建（持股3%）。2022年底，公司有员工336人。

董事长：杨楠

总经理：张金辉（2022年12月免）

（李军伟）

北京中关村生命科学园发展有限责任公司

北京中关村生命科学园发展有限责任公司成立于2000年8月18日，2010年加入中关村发展集团，位于北京市昌平区生命园路20号院6号楼。公司

注册资本4.5亿元。成立之初，股东为北科建（持股66%）、兴昌高科（持股30%）、海科建（持股4%）；2010年6月2日，股东变更为中关村发展集团（持股66%）、兴昌高科（持股30%）、海科建（持股4%）。

（谢泊晚）

北京中关村科技园区建设投资有限公司

北京中关村科技园区建设投资有限公司原名北京海开房地产集团有限责任公司、北京市海淀区城市建设开发公司、北京市海淀区房地产经营开发总公司、北京海开房地产集团公司，注册成立于1981年7月1日，2011年加入中关村发展集团，位于北京市海淀区海淀南路21号。公司注册资本59998.848513万元。1978年3月30日，成立海淀区统建办公室；1982年5月3日，北京市海淀区城市建设开发公司成立，该公司在原区统建办公室基础上组建，区统建办撤销；1984年11月28日，海淀区政府同意将原区城市建设开发公司改建为北京市海淀区房地产经营开发公司；1993年3月20日，公司更名为北京市海淀区房地产经营开发总公司；2000年6月28日，公司更名为北京海开房地产集

团公司；2011 年，公司更名为北京海开房地产集团有限责任公司，股东变更为中关村发展集团（持股100%）。2021 年 7 月 23 日，公司更名为北京中关村科技园区建设投资有限公司，股东为中关村发展集团（持股 100%）。2022 年底，公司有员工 44 人。

董事长：苗军

总经理：杨俊

（赵晓光）

北京实创高科技发展有限责任公司

北京实创高科技发展有限责任公司原名北京实创高科技发展总公司，成立于 1992 年 3 月 12 日，2011 年加入中关村发展集团，位于海淀区上地信息路 22 号。公司注册资本 7.12 亿元。2010 年 11 月 8 日，注册资本由 7 亿元增加至 7.12 亿元。2010 年 12 月 28 日，北京实创高科技发展总公司更名为北京实创高科技发展有限责任公司；2011 年 6 月 20 日，股东由北京市海淀区国有资产监督管理委员会变更为中关村发展集团（持股 100%）。2022 年底，公司有员工 1222 人。

董事长：陈晓智

总经理：孙腾

（韩颖）

北京中关村科技创业金融服务集团有限公司

北京中关村科技创业金融服务集团有限公司成立于 2009 年 2 月 24 日，2012 年加入中关村发展集团，位于北京市海淀区西三环北路甲 2 号院 7 号楼 9 层。公司注册资本 12.4 亿元，2022 年，注册资本变更为 13.5 亿元。成立之初，股东为中关村高科技产业促进中心（简称高促中心，持股 75.81%）、北京海淀国有资产投资经营公司（持股 24.19%）；2011 年 5 月，北京海淀国有资产投资经营公司将所持股份无偿划转至北京市海淀区国有资本经营管理中心（简称海淀国资中心，后更名为北京市海淀区国有资本运营有限公司）；同年 6 月、12 月，海淀国资中心和高促中心分别将所持股份转让给中关村发展集团，股东变更为中关村发展集团（持股 100%）。2022 年底，公司有员工 25 人。

执行董事：段宏伟（2022 年 9 月免）

曾林峰（2022 年 9 月任）

总经理：段宏伟（2022 年 3 月免）

张书清（2022 年 4 月任）

（唐娜）

中关村医疗器械园有限公司

中关村医疗器械园有限公司原名北京中科兴仪高端医疗器械产业投资有限公司，成立于 2012 年 10 月 30 日，位于北京市大兴区生物医药基地永旺西路 26 号院。公司注册资本 3.8 亿元。股东为中关村发展集团（持股 68.97%）、中国交通建设股份有限公司（持股 31.03%）。2014 年 4 月 4 日，经市工商局大兴分局批准，公司名称变更为中关村医疗器械园有限公司。2020 年 8 月，公司注册资本增至 3.8 亿元。股东变更为中关村发展集团（持股 52.6316%）、北京生物医药产业基地发展有限公司

（持股 23.6842%）、中国交通建设股份有限公司（持股 23.6842%）。2022 年底，公司有员工 33 人。

董事长：付端禄

总经理：王文礼（2022 年 1 月任）

（李婉竹）

中关村科技租赁股份有限公司

中关村科技租赁股份有限公司原名中关村科技租赁（北京）有限公司、中关村科技租赁有限公司，成立于 2012 年 11 月 27 日，注册于北京市朝阳区利泽中二路 2 号。公司注册资本 13.33334 亿元。公司成立之初，注册资本为 5 亿元，股东为中关村发展集团（持股 60%）、南山集团资本投资有限公司（持股 10%）、北京望京新兴产业区综合开发有限公司（简称望京综开，持股 10%）、北京朝阳国有资本运营管理有限公司（原北京市朝阳区国有资本经营管理中心，持股 10%）、北京碧水源科技股份有限公司（持股 6%）、北京中关村科技创业金融服务集团有限公司（简称中关村金服，持股 4%）。2017 年，南山集团资本投资有限公司将其所持 0.01% 的股权转让给北京碧水源科技股份有限公司。2017 年 9 月，各股东按照股权比例向中关村科技租赁增资 5 亿元，增资后注册资本达到 10 亿元。2019 年 8 月，中关村科技租赁进行股份制改革，名称变更为中关村科技租赁股份有限公司。2020 年 1 月 21 日，中关村科技租赁在香港联合交易所主板上市，公开发

行 3.33334 亿 H 股，注册资本增至 13.33334 亿元。上市时股东为中关村发展集团（持股 45%）、望京综开（持股 7.50%）、北京朝阳国有资本运营管理有限公司（持股 7.50%）、南山集团资本投资有限公司（持股 7.49%）、北京碧水源科技股份有限公司（持股 4.51%）、源晶有限公司（持股 3.82%）、中关村金服（持股 3%）、北京中关村科学城创新发展有限公司（持股 2.76%）、中国车联网有限公司（持股 2.47%）、北京宇信科技集团股份有限公司（持股 1.65%）。中关村科技租赁为中关村发展集团旗下首家上市企业，股份代号 1601.HK。2022 年底，公司有员工 132 人。

董事长：段宏伟（2022 年 11 月免）

张书清（2022 年 11 月任）

总经理：何融峰

（王鸣曦）

北京知识产权运营管理有限公司

北京知识产权运营管理有限公司成立于 2014 年 7 月 11 日，位于北京市海淀区海淀南路 21 号中关村知识产权大厦 7 层。公司注册资本 1.5067 亿元。成立之初，注册资本为 1 亿元，股东为中关村发展集团（持股 60%）、北京市海淀区国有资本经营管理中心（后更名为北京市海淀区国有资本运营有限公司，简称海国运营，持股 20%）、北京亦庄国际投资发展有限公司（简称亦庄国投，持股

10%)、中国技术交易所（持股 10%）。2019 年，北京 IP 获中央财政专项资金股权投资 7000 万元，注册资本增至 1.42 亿元，股东变更为中关村发展集团（持股 42.203%）、华智众创（北京）投资管理有限责任公司（持股 29.661%）、海国运营（持股 14.068%）、亦庄国投（持股 7.034%）、中国技术交易所（持股 7.034%）。2021 年，北京 IP 获集团创新能力建设支持 1450 万元，其中 850 万元进入注册资本，600 万元进入资本公积。增资后，注册资本金 1.5067 亿元，股东变更为中关村发展集团（持股 45.464%）、华智众创（北京）投资管理有限责任公司（持股 27.988%）、海国运营（持股 13.274%）、亦庄国际（持股 6.637%）、中国技术交易所（持股 6.637%）。2022 年底，公司有员工 29 人。

董事长：张建

总经理：郑衍松

（范芮芮）

北京集成电路产业发展股权投资基金有限公司

北京集成电路产业发展股权投资基金有限公司成立于 2014 年 7 月 29 日，位于北京市丰台区丽泽路 18 号院 1 号楼 801－32 室。公司注册资本 60.06 亿元。成立之初，注册资本为 90.09 亿元；2018 年，注册资本变更为 60.06 亿元。股东为中关村发展集团（持股 99.9%）、北京盛世宏明投资基金管理有限公司（持股 0.1%）。

董事长：贾一伟

总经理：贾一伟

（宋紫阳）

北京中关村微纳能源投资有限公司

北京中关村微纳能源投资有限公司成立于 2014 年 11 月 22 日，位于北京市怀柔区杨宋镇中影数字

影视基地 1 号楼 401 室。公司注册资本 8.24 亿元。成立之初，注册资本为 1 亿元，股东为中关村发展集团（持股 90%）、北京市怀柔区国有资本经营管理有限公司（简称怀柔国资公司，持股 10%）。2016 年，中关村发展集团增资 5.82 亿元，怀柔国资公司增资 1.42 亿元，注册资金增至 8.24 亿元。股东为中关村发展集团（持股 81.54%）、怀柔国资公司（持股 18.46%）。2022 年底，公司有员工 16 人。

董事长：佘京学（2022 年 12 月免）

伍发平（2023 年 2 月任）

总经理：佘京学（2022 年 12 月免）

苏文松（2022 年 12 月任）

（欧萍、张皓楠）

北京中关村信息谷资产管理有限责任公司

北京中关村信息谷资产管理有限责任公司成立于 2014 年 11 月 21 日，位于北京市海淀区西北旺镇邓庄南路万家盛景大厦。公司注册资本 2792.52 万元。成立之初，公司注册资本为 2000 万元，股东为中关村软件园（持股 100%）。2018 年 12 月 25 日，中关村信息谷完成混合所有制改革，完成与中关村领创空间科技服务有限责任公司的重组，股东变更为中关村发展集团（持股 93.02%）、软通动力信息技术（集团）有限公司（持股 4.66%）、旭天（北京）投资咨询有限公司（持股 2.32%）。2020 年底，公司完成第一批员工持股相关工作，注册资本增至 2792.52 万元，股东变更为中关村发展集团（持股 74.4132%）、北京力合同创技术服务中心（有限合伙）（持股 20.0000%）、软通动力信息技术（集团）股份有限公司（持股 3.7245%）、旭天（北京）投资咨询有限公司（持股 1.8623%）。2021 年，公司完成股权结构优化，股东变更为中关村发展集团（持股 77.48417%）、北京力合同创技术服务中心（有限合伙）（持股 22.51583%）。2022 年，公司注册资本增至 2480.5 万元，股东变更为中关村发展集团

（持股 77.48%）、北京力合同创技术服务中心（有限合伙）（持股 22.52%）。2022 年底，公司有员工 326 人。

董事长：王清山

总经理：扈德辉

（滕琦诺）

北京中关村集成电路设计园发展有限责任公司

北京中关村集成电路设计园发展有限责任公司成立于 2015 年 2 月 5 日，位于北京市海淀区丰豪东路 9 号院 2 号楼 D 座 6 层。公司注册资本 2.2 亿元。股东为中关村发展集团（持股 40%）、北京首置房地产企业管理有限公司（持股 50%）、中关村软件园（持股 10%）。2022 年底，公司有员工 31 人。

董事长：储鑫

（李松龄、曲显亮）

中关村协同发展投资有限公司

中关村协同发展投资有限公司成立于 2015 年 9 月 23 日，位于北京市东城区东直门外大街 39 号院航空服务楼 3 层。公司注册资本 5 亿元。股东为中关村发展集团（持股 40%）、招商局蛇口工业区控股股份有限公司（持股 30%）、中国交通建设股份有限公司（持股 30%）。2022 年底，公司有员工 200 人。

董事长：高中成

总经理：隋明军

（章睿）

北京中关村协同创新投资基金管理有限公司

北京中关村协同创新投资基金管理有限公司成立于 2015 年 12 月 25 日，位于北京市海淀区学院南路 62 号中关村资本大厦 A2 座 8F。公司注册资本 10000 万元。成立之初，公司注册资本 2000 万元，股东为中关村发展集团（持股 30%）、中关村科技担保（持股 25%）、中关村科技租赁（持股 15%）、中关村创投（持股 15%）、中关村协同发展（持股 15%）。2020 年，注册资本增至 3569.35 万元，股东为中关村发展集团（持股 60.78%）、中关村科技担保（持股 14.01%）、中关村科技租赁（持股 8.4%）、中关村创投（持股 8.4%）、中关村协同发展（持股 8.4%）。2022 年，注册资本增至 10000 万元，股东为中关村发展集团（持股 60.78%）、中关村科技担保（持股 14.01%）、中关村科技租赁（持股 8.4%）、中关村创投（持股 8.4%）、中关村协同发展（持股 8.4%）。2022 年底，公司有员工 33 人。

董事长：姚胜利

总经理：孙次锁

（叶梅、韩娜）

北京中关村前沿技术产业发展有限公司

北京中关村前沿技术产业发展有限公司成立于 2015 年 12 月 18 日，位于北京市房山区窦店镇弘安路 85 号。公司注册资本 4.5 亿元。股东为中关村发展集团（持股 30%）、北京房山国有资产经营有限责任公司（持股 30%）、中关村生命科学园（持股 30%）、中关村软件园（持股 10%）。2022 年底，公司有员工 15 人。

董事长：陈忠敏

（张翔）

北京中关村资本基金管理有限公司

北京中关村资本基金管理有限公司原名北京中关村发展创业投资基金管理有限公司，成立于 2016 年 10 月 17 日，位于北京市海淀区西三环北路甲 2 号院。公司注册资本 2 亿元，股东为中关村发展集团（持股 100%）。2020 年 3 月，公司更名为北京中关村资本基金管理有限公司。2022 年底，公司有员工 27 人。

执行董事：贾一伟

（章睿）

石家庄中关村协同发展有限公司

石家庄中关村协同发展有限公司成立于 2016 年 11 月 11 日，位于河北省石家庄正定新区商务中心 B 区 12 楼。公司注册资本 1 亿元。股东为中关村发展集团（持股 30%）、海开地产（后更名为中关村建投，持股 20%）、石家庄发展投资有限责任公司（持股 20%）、正定高新技术产业开发区建设投资有限公司（持股 20%）、中关村协同发展（持股 10%）。

董事长：赵乐之

总经理：王建华

（李婷）

中关村国际控股有限公司

中关村国际控股有限公司（ZGC International Holding Ltd.）成立于 2018 年 3 月 26 日，位于中国香港湾仔港湾道 26 号华润大厦 12 楼 1227 室。公司注册资本 1 亿美元。股东为中关村发展集团（持股 100%）。2022 年底，公司有员工 15 人。

董事长：赵小鹏

总经理：卢江

（李玺靓、朱焱）

北京中关村海外科技园有限责任公司

北京中关村海外科技园有限责任公司成立于 2003 年 1 月 15 日，2018 年加入中关村发展集团，位于北京市海淀区西三环北路甲 2 号院 5 号楼 14 层 10 室。公司注册资本 3802.78 万元。成立之初，股东为中关村高科技产业促进中心（简称高促中心，持股 40%）、科技部火炬中心（持股 40%）、济南高新控股集团有限公司（简称济南高新，持股 20%）；2014 年 10 月，高促中心将所持股份划转至北京中关村发展投资中心（简称投资中心）；2018 年 4 月，投资中心将所持股份划转至中关村发展集团。2019 年 10 月，中关村发展集团收购济南高新所持 20% 股份，股东变更为中关村发展集团（持股 60%）、科技部火炬中心（持股 40%）；2021 年 1 月，中关村发展集团对中关村海外科技园进行增资，增资后中关村发展集团持股 86.85%、科技部火炬中心持股 13.15%。2022 年底，公司有员工 19 人。

董事长：赵小鹏

总经理：赵小鹏

（孙兴）

北京市工业设计研究院有限公司

北京市工业设计研究院有限公司原名北京冶金设计公司、首钢设计院城区院、北京市工业设计院、北京市工业设计研究院，成立于 1961 年 11 月，2019 年加入中关村发展集团，位于北京市西城区广安门外大街甲 275 号。公司注册资本 3.72 亿元。1973 年 2 月，并入首都钢铁公司，更名为首钢设计院城区院；1983 年 10 月，更名为北京市工业设计院，隶属于市经委；1984 年 7 月，更名为北京市工业设计研究院，隶属于市经委；2013 年 12 月，划归市国资委管理；2015 年 12 月，由事业单位转为国有独资公司，更名为北京市工业设计研究院有限公司；2016 年 2 月，转企改制成为国有控股的多元有限公司，北京汽车集团有限公司（简称北汽集团）为控股股东。2019 年，股东变更为中关村发展集团（持股 38.75%）、北汽集团（持股 24.5%）、北京中关村发展投资中心（持股 12.25%）、北京同仁堂集团有限责任公司（持股 12.25%）、北京电子控股有限责任公司（持股 12.25%）。2022 年底，公司有员工 940 人。

董事长：付军

总经理：付军（2022 年 2 月免）

杨维志（2022 年 2 月任）

（唐旭磊）

中关村至臻环保股份有限公司

中关村至臻环保股份有限公司原名北京神州瑞霖环保科技有限公司、西藏神州瑞霖环保科技股份有限公司，成立于 2007 年 1 月 26 日，2019 年加入中关村发展集团，位于北京市丰台区南四环西路 186 号汉威国际广场 2 区 4 号楼 8、9 层。2020 年 10 月，公司更名为中关村至臻环保股份有限公司。2020 年 11 月，中关村发展集团认购中关村至臻环保定向增发股份 2088.74 万股；增资后注册资本为 8132.31 万元；2022 年 5 月 16 日完成权益分派，权益分派完成后，公司注册资本增至 16264 万元。股东为中关村发展集团（持股 35%）、田宁宁（持股 9.22%）、张春晖（持股 6.92%）、北京博瑞基业咨询管理中心（有限合伙）（持股 4.33%）、共青城中骏投资管理合伙企业（有限合伙）—珠海市中骏安鹏智造投资基金（有限合伙）（持股 1.23%），其余均为自然人股东（持股 43.3%）。2022 年底，公司有员工 183 人。

董事长：张健

（陈燕安）

北京中发助力壹号投资基金
（有限合伙）

北京中发助力壹号投资基金（有限合伙）于 2020 年 2 月 26 日注册成立；7 月 20 日，基金在中国证券投资基金业协会完成备案。基金由北京中发助力壹号企业管理有限公司担任普通合伙人，中关村发展集团担任有限合伙人，中关村资本负责管理。

（聂汝嫣）

北京中发展金种子创业投资中心
（有限合伙）

北京中发展金种子创业投资中心（有限合伙）于 2020 年 8 月 19 日注册成立，10 月 22 日在中国证券投资基金业协会完成备案，由中关村资本负责管理。

（聂汝嫣）

北京中关村科技服务有限公司

北京中关村科技服务有限公司成立于 2020 年 9 月 11 日，位于北京市海淀区西三环北路甲 2 号院 7 号楼。公司注册资本 5 亿元，股东为中关村发展集团（持股 100%）。2022 年底，公司有员工 31 人。

董事长：郑宏（2022 年 11 月免）

张金辉（2022 年 12 月任）

总经理：赵宏锦

（马利霞）

北京中关村中发投资建设基金
（有限合伙）

北京中关村中发投资建设基金（有限合伙）成立于 2020 年 12 月 7 日，2021 年 2 月 10 日在中国证券投资基金业协会完成备案。基金由中关村资本负责管理，中关村发展集团、北京建工集团有限责任公司及北京城建集团有限责任公司担任有限合伙人，中关村资本担任普通合伙人。

（陈轩）

北京中关村工业互联网产业发展有限公司

北京中关村工业互联网产业发展有限公司成立于 2021 年 1 月 26 日，位于北京市石景山区实兴大街 30 号院 17 号楼 6 层 601 室。公司注册资本 10 亿元。股东为中关村发展集团（持股 90%）、北京石景山产业发展有限公司（持股 10%）。2022 年底，公司有员工 22 人。

董事长：苗军（2022 年 5 月免）

杨俊（2022 年 5 月任）

总经理：贺永学

（张艳飞）

北京中关村高精尖创业投资基金（有限合伙）

北京中关村高精尖创业投资基金（有限合伙）成立于 2020 年 7 月 17 日，2021 年 3 月 25 日在中国证券投资基金业协会完成备案。基金由中关村资本负责管理，中关村发展集团、天津奇睿天成股权投资中心（有限合伙）担任有限合伙人，中关村资本担任普通合伙人。

（齐众）

北京中发展智源人工智能科技发展有限公司

北京中发展智源人工智能科技发展有限公司成立于 2022 年 5 月 20 日，位于北京市门头沟区莲石湖西路 98 号院 12 号楼。公司注册资本 3000 万元，股东为中关村发展集团（持股 65%）、中关村建投（持股 15%）、北京创新智源科技有限公司（持股 10%）、员工持股平台北京航琦智能科技中心（有限合伙）（持股比例 10%）。2022 年底，公司有员工 15 人。

董事长：周瑞

总经理：周瑞

（李南慧）

北京中发高精尖臻选创业投资基金（有限合伙）

北京中发高精尖臻选创业投资基金（有限合伙）成立于 2022 年 6 月 15 日，10 月 10 日在中国证券投资基金业协会完成备案。基金由中关村资本负责管理，中关村高精尖母基金担任有限合伙人，中关村资本担任普通合伙人。

（齐众）

企业党建

中关村发展集团年鉴

YEARBOOK OF ZHONGGUANCUN DEVELOPMENT GROUP

2023

综 述

2022年，集团党委切实担负起管党治党政治责任，充分发挥全面从严治党的引领和保障作用，健全集团全面从严治党体系，实现高质量党建引领高质量发展新作为。

始终把党的政治建设摆在首位。始终牢记"看北京首先要从政治上看"的要求，不断增强政治判断力、政治领悟力、政治执行力。修订完善集团党委议事规则，严格落实"第一议题"制度。制定实施集团党委班子加强自身建设的意见。制定实施集团贯彻落实市第十三次党代会报告重点任务工作方案。严格落实重大事项请示报告制度，向市委、市国资委党委报送重大事项请示报告事项累计21件次。强化政治监督，不折不扣贯彻市委市政府重大决策部署。严格落实保密工作责任。

持续强化思想理论武装。修订集团党委理论学习中心组学习制度。集团各直属党组织开展理论学习293次。开展二级企业党组织理论学习巡听旁听。召开党史学习教育总结会议，全面总结党史学习教育的成效和经验，巩固拓展党史学习教育成果。将党史纳入理论学习内容，推进党史学习教育常态化长效化。开展市第十三次党代会精神专题学习交流。落实市委巡视意识形态工作责任制专项检查整改落实情况"回头看"工作。修订贯彻落实意识形态工作责任制制度，开展意识形态工作监督检查，坚决筑牢意识形态领域安全防线。

持续加强领导班子和干部队伍建设。深入推进集团干部队伍建设三年行动计划，选拔任用司管干部22人次。制定加强"一把手"和领导班子监督若干措施任务清单。制定落实市国资委系统"十四五"人才规划重点任务实施方案。启动新一轮专业人才引进计划，加强领军型服务科技创新人才、技术经纪人、项目经理人等人才队伍建设。建立离退休干部管理工作机制。积极选树先进典型，集团系统1

人当选市人大代表，2人当选市政协委员；2人当选区人大代表，5人当选区政协委员，1人当选欧美同学会会员代表；多个团队和个人获"全国工人先锋号""北京市工人先锋号""北京榜样·国企楷模""首都最美巾帼奋斗者"等荣誉称号。

扎实推进基层党组织建设。理顺基层党组织管理层级，建立与业务部门下沉、子集团建立相适应的党组织关系。持续抓好基层党组织党建工作标准化规范化建设，深化集团所属国有控股、参股、混合所有制、京外、境外子公司党建工作的分类指导。建立完善集团领导班子成员党支部联系点机制。开展基层党组织书记述职考核评议和领导班子民主测评。注重强化工会组织建设，逐步完善司务公开、民主监督机制，提升帮扶工作质量，积极营造健康向上的文化氛围。

持之以恒正风肃纪反腐。锲而不舍落实中央"八项规定"精神及市委的贯彻落实办法，持续深化整治形式主义、官僚主义。组织召开集团党风廉政建设和反腐败工作会议，坚持一体推进"三不腐"。开展"四风"问题监督检查。严肃查处违反中央"八项规定"精神、靠企吃企、违规持有非上市公司股份、违规兼职取酬及醉酒驾车等问题，运用监督执纪四种形态教育帮助处理8人，追缴违规违纪违法所得37.74万元。持续深化"以案为鉴、以案促改、以案促治"，督促各级党组织开展自查自纠。组织召开集团全系统警示教育大会，强化震慑作用。

不断压实全面从严治党主体责任。制定《中关村发展集团全面从严治党（党建）工作考核年度实施方案》，全面从严治党考核与政治生态分析研判一体推进、一体落实。对标市委巡视巡察工作要求，建立健全巡察工作机制，对二级子公司党组织开展巡察，深化巡察结果运用。

（项鹏）

思想政治建设

【概况】2022年，集团党委始终把党的政治建设摆在首位，始终牢记"看北京首先要从政治上看"的要求，不断增强政治判断力、政治领悟力、政治执行力。修订完善集团党委议事规则，严格落实"第一议题"制度。制定实施集团党委班子加强自身建设的意见，坚决做到"两个维护"成为各级党组织的统一意志和自觉行动。全年开展党委理论学习中心组学习22次，集中研讨4次，集团各直属党组织开展理论学习293次。召开党史学习教育总结会议，全面总结党史学习教育的成效和经验，巩固拓展党史学习教育成果。开展市第十三次党代会精神专题学习交流。开展"强国复兴有我"群众性主题宣传教育活动，21名员工参加宣讲；开展"争当服务创新发展旗手"优秀故事创作展示活动，征集27篇旗手故事。集团各级党组织组织参观红色遗址遗迹、革命类纪念场馆35次，开展绘画、征文、摄影、知识竞赛等特色活动。落实市委巡视意识形态工作责任制专项检查整改落实情况"回头看"工作，修订贯彻落实意识形态工作责任制制度，定期分析研判意识形态工作，开展意识形态工作监督检查，坚决筑牢意识形态领域安全防线。

(梁晓雪)

【集团总部组织观看电影《跨过鸭绿江》】1月14日，为深入开展党史学习教育，集团总部组织党员群众观看电影《跨过鸭绿江》，回顾抗美援朝历史，引导党员群众赓续红色血脉，凝聚奋进力量。大家表示，要从党的百年奋斗历程中汲取智慧和力量，大力弘扬抗美援朝精神，继承好党的优良传统，将革命先烈不畏艰难、勇于奉献的精神落到实处，发扬斗争精神，在破解服务创新发展难题上持续用力，加快打造国际一流的创新生态集成服务商，为助力北京建设国际科技创新中心作出新的更大贡献。

(梁晓雪)

【集团党委召开党史学习教育专题民主生活会】1月26日，集团党委召开党史学习教育专题民主生活会。会议围绕"大力弘扬伟大建党精神，坚持和发展党的百年奋斗历史经验，坚定历史自信，践行时代使命，厚植为民情怀，勇于担当作为，团结带领人民群众走好新的赶考之路"主题，深入进行党性分析，按照"学史明理、学史增信、学史崇德、学史力行"和"学党史、悟思想、办实事、开新局"的目标要求，认真开展批评和自我批评，不断提高政治判断力、政治领悟力、政治执行力，以实际行动迎接党的二十大胜利召开。会议通报2020年度民主生活会、市委巡视整改落实情况和本次民主生活会征求意见情况。领导班子成员逐一作个人对照检查和自我批评，并开展相互批评。发言中，大家结合个人思想、学习和工作实际，坚持把自己摆进去，把职责摆进去，把工作摆进去，逐项对照、严格查摆、深入剖析、深挖根源，对查摆出来的问题，明确整改措施和努力方向，自我批评开门见山，相互批评坦诚相见，体现了对党忠诚、对同志和事业高度负责的态度，展示了党史学习教育取得的思想和实践成果。会议提出要深刻认识和把握党的百年奋斗重大成就和历史经验，以史为鉴、开创未来、埋头苦干、勇毅前行，进一步发扬"二次创业"的斗争精神，在助推北京国际科技创新中心建设中展现新作为，朝着国际一流创新生态集成服务商的目标坚定前行，以优异成绩迎接党的二十大胜利召开。

(梁晓雪)

【集团党委召开党史学习教育总结会议】2月15日，集团党委召开党史学习教育总结会议，全面总结集团党史学习教育的成效和经验，不断巩固拓展党史学习教育成果，扎实推动党史学习教育常态化、长效化。会议指出，党史学习教育开展以来，集团党委认真贯彻落实中央、市委和市国资委党委安排部署，在党史学习教育市国资委党委第五指导组指导下，紧紧围绕"学史明理、学史增信、学史崇德、学史力行"主题，贯彻"学党史、悟思想、办实事、开新局"总体要求，把开展党史学习教育作为一项重大政治任务，紧密结合集团使命定位和改革转型实际，狠抓责任落实，注重融入日常、抓在经常，高标准高质量完成了党史学习教育各项目标任务。会议强调，集团各级党组织要不断巩固拓展党史学习教育成果，以强烈的历史主动精神奋进新征程、建功新时代，加快打造国际一流的创新生态集成服务商，在服务创新驱动发展中当旗手、做标杆，以服务北京国际科技创新中心建设的实际行动迎接党的二十大胜利召开。

（梁晓雪）

【集团党委专题研究年度意识形态工作】 2 月 15 日，集团党委专题研究年度意识形态工作，系统总结2021 年意识形态工作情况，对 2022 年意识形态形势进行分析研判。会议强调，集团各级党组织要严格落实意识形态工作责任制，加强意识形态分析研判，重点关注党的二十大召开、中关村论坛筹办、改革发展稳定等重要工作和时间节点，压紧压实工作责任，防范意识形态风险。

（梁晓雪）

【集团落实落细意识形态工作责任】 3 月 24 日，修订印发集团党委贯彻落实意识形态工作责任制制度，对照市国资委系统党委意识形态工作责任制实施细则工作要求，从建立健全工作机制、完善考核监督、落实网络意识形态工作责任等方面对集团原有制度进行修订。年内，集团落实市委巡视意识形态工作责任制专项检查整改落实情况"回头看"工作，对照共性问题清单就整改落实情况自查，压紧压实意识形态工作责任，坚决筑牢意识形态领域安全防线。结合巡察对中关村医疗器械园党支部、海外板块联合党支部开展意识形态监督检查。每季度开展集团系统意识形态安全和舆情风险研判。开展集团 2022 年度自媒体平台备案工作，明确备案范围、内容、流程，落实自媒体运营负责人、分管领导责任，进一步加强自媒体平台建设管理。开展网络舆情监测，做好集团系统自媒体内容更新监测，对排查出的相关问题及时作出修改。完成集团官网网安备案，提高官网安全性能。

（梁晓雪）

【集团党委制定理论学习中心组学习计划】 4 月 15 日，《2022 年中关村发展集团党委理论学习中心组学习计划》印发，明确 2022 年党委理论学习中心组学习重点，其内容包括：深入学习领会"两个确立"的决定性意义；深入学习领会习近平新时代中国特色社会主义思想的基本精神、基本内容、基本要求；深入学习领会习近平总书记关于党的百年奋斗重大成就和历史经验的重要论述；深入学习领会习近平总书记关于推进马克思主义中国化时代化的重要论述；深入学习领会习近平总书记关于中国式现代化道路的重要论述；深入学习领会习近平总书记关于稳步促进全体人民共同富裕的重要论述；深入学习领会习近平总书记关于在社会主义市场经济条件下发挥资本积极作用的重要论述；深入学习领会习近平总书记关于全过程人民民主的重要论述；深入学习领会习近平总书记关于维护意识形态安全的重要论述；深入学习领会习近平总书记关于坚持自我革命、全面从严治党的重要论述；深入学习领会党的二十大精神；深入学习习近平总书记对北京一系列重要讲话精神；深入学习领会习近平总书记关于国有企业改革发展、科技创新的重要论述。

（梁晓雪）

【集团党委专题学习《习近平关于北京工作论述摘编》】 4 月 21 日，集团举行党委理论学习中心组学习，围绕学习《习近平关于北京工作论述摘编》（简称《摘编》）开展交流研讨。与会人员重点围绕学习《摘编》中《以疏解北京非首都功能为"牛鼻子"，推动京津冀协同发展》《加快向具有全球影响力的科技创新中心进军，为在全国实施创新驱动发展战略更好发挥示范引领作用》等篇章，紧密联系思想和工作实际，从科技园区建设和运营、科技服务、科技投资、办好中关村论坛、区域合作业务开展等方面深入交流学习体会。

（梁晓雪）

【集团组织"强国复兴有我"宣讲活动】 6—8 月，

集团组织开展"强国复兴有我"主题宣讲活动，引导集团广大职工干事创业，争当服务创新发展旗手，满怀信心迎接党的二十大胜利召开。集团系统21名青年员工参与宣讲，录制视频并通过微信视频号线上展播，讲述服务创新发展故事。

（梁晓雪）

【集团党委专题学习研讨市第十三次党代会精神】7月7日，集团党委理论学习中心组召开会议，专题学习研讨市第十三次党代会精神，就集团系统学习宣传贯彻市第十三次党代会精神提出要求。集团领导班子成员紧密联系思想和工作实际，深入交流学习体会。大家一致认为，市第十三次党代会全面回顾和深刻概括市第十二次党代会以来首都各项事业取得的辉煌成就和实践体会，科学分析新征程上首都工作面临的新形势，明确今后5年首都经济社会发展的指导思想、奋斗目标和重要举措，提出新征程上大力推动新时代首都发展的根本任务，从思想上、政治上、组织上为今后一个时期首都发展奠定了坚实基础，提供了坚强保证。

（梁晓雪）

【集团党委专题学习《习近平谈治国理政》第四卷】10月13日，集团党委召开理论学习中心组（扩大）会议，专题学习《习近平谈治国理政》第四卷，邀请北京市委讲师团成员、首都师范大学马克思主义学院副院长王洪波教授作辅导报告。会议强调，集团各级党组织要把学习《习近平谈治国理政》第四卷与学习宣传贯彻党的二十大精神结合起来，与学习习近平总书记重要讲话精神和视察北京重要讲话精神结合起来，把第四卷与前三卷作为一个整体贯通起来学习，充分发挥各级党组织理论学习中心组的示范带动作用，读原著学原文、悟原理知原义，

把学习成果转化为奋进新征程、建功新时代的工作举措和实际成效，扎实推动集团党的建设和改革转型迈上新台阶。

（梁晓雪）

【集团系统各单位收听收看党的二十大开幕盛况】10月16日，中国共产党第二十次全国代表大会开幕。集团党委组织党员干部职工通过电视、网络、广播等媒体收听收看现场直播，认真聆听学习党的二十大报告。

（梁晓雪）

【集团党委传达学习党的二十大精神和全市领导干部大会精神】10月27日，集团党委召开理论学习中心组（扩大）会议，传达学习党的二十大精神和全市领导干部大会精神。会议要求，集团全系统要迅速掀起学习宣传热潮，按照统一部署，研究制订工作方案，精心组织好党的二十大精神学习宣传贯彻工作；认真抓好层层传达环节，将党的二十大重要文件精神迅速传达到各级党组织、传达到每位党员和广大群众；精心组织学习培训，把学习党的二十大精神作为理论学习中心组学习重点内容，纳入干部教育培训必修课程，组织好各级党员领导干部参训、培训；广泛开展集中宣讲，紧密联系集团实际、联系干部群众的思想和工作实际，深入解读党的二十大提出的重大思想观点、重要论断、重大举措，切实把广大党员干部群众的思想和行动统一到党的二十大精神上来，把各方面力量凝聚到实现党的二十大提出的各项目标任务上来。

（梁晓雪）

【集团党委专题学习研讨党的二十大精神】12月29日，集团举行党委理论学习中心组学习会议，专题学习研讨党的二十大精神。会议传达学习中央经济工作会议精神、市委十三届二次全会精神。与会人员紧密联系思想和工作实际，深入交流学习党的二十大精神体会。会议强调，学习贯彻党的二十大精神，关键在于全面系统学、联系实际学，真正把学习贯彻成果转化为推动集团高质量发展的具体举措，要把学习宣传贯彻党的二十大精神作为当前和今后一个时期首要政治任务持续抓好，以学习宣传贯彻党的二十大精神为契机，

贯彻落实市委十三届二次全会精神。集团各单位按照"疫情要防住、经济要稳住、发展要安全"的要求，克服困难，高效统筹好疫情防控和经营发展，做好各项工作年底收官，及早谋划和安排下年工作，严格落实安全生产责任制，积极防范各类风险，切实做好助企惠企各项工作，以实际行动贯彻落实党的二十大精神。

（梁晓雪）

【集团领导围绕党的二十大精神讲党课】2022 年，集团主要领导班子成员围绕学习宣传贯彻党的二十大精神，结合集团改革转型，落实综合改革方案任务，分别以"在推进中国式现代化中谱写服务创新发展新篇章""以企业高质量发展为中国式现代化作出更大贡献""建设堪当民族复兴重任的高素质干部队伍""以高质量纪检监察工作保障集团高质量发展"为主题，在集团基层党组织书记培训班上讲党课，推进集团以新时代首都发展为统领、落实落地改革转型目标任务、以党建引领创新发展。集团领导班子其他成员在分管子公司或所在党支部讲授党课。年内，集团领导班子成员围绕党的二十大精神共讲授党课 14 次。

（张章）

组织建设

【概况】2022 年，集团党委认真贯彻新时代党的组织路线，推进标准化规范化建设，提升基层党建工作质量。学习宣传贯彻党的二十大精神，紧密围绕集团综合改革使命目标，健全完善集团全面从严治党体系，以标准化规范化建设为抓手，提升党建工作质量，统筹推动集团党建、干部队伍建设和工会群团等工作有序开展，着力提升部门服务保障能力。完善全面从严治党体系，服务主体责任落实，制定集团党委 32 项年度重点任务并统筹实施。落实集团全面从严治党（党建）工作考评办法，组织开展基层党组织书记述职考核评议和子公司领导班子及班子成员民主测评，形成党建工作责任制落实的闭环。统筹完成巡视整改，健全问题防范长效工作机制；落实重大事项请示报告制度，不断强化政治自觉。加强组织体系建设，召开集团党员代表大会，选举产生出席市第十三次党代会代表；指导新成立党支部 5 个，整建制转出党支部 3 个，接收支部 1 个，撤销党支部 1 个，2 个二级党支部调整为三级党支部，指导 6 家二级公司党组织开展换届工作，新接收预备党员 16 名。持续开展"一支部一品牌"创建活动，指导工业院实施 RONG 党建品牌创建工程，中关村前沿技术建立"红色护航员"服务品牌，中关村软件园探索"党员＋管家"协同机制，当好服务"双创"主体的先锋旗手。选派 12 名干部下沉参与社区（村）疫情防控工作部署，开展困难党员、老党员慰问工作，向 3 名老党员颁发"光荣在党 50 年"纪念章。持续加强干部人才队伍建设，落实集团"青苗计划"，全年选拔任用干部 17 人次，加强市场化专业人才培养使用，探索建立离退休干部工作机制。

（张章）

【中关村科服党员大会召开】2 月 10 日，中关村科服党员大会召开，选举产生第一届中关村科服党总支委员会。集团党委组织部相关人员，中关村科服及其控股公司中关村芯园、中关村硬创空间全体党员参加会议。同期，中关村科服党总支委员会召开第一次全体会议，选举产生党总支书记、副书记，并进行委员分工。

（李晓星）

【集团党建工作领导小组会召开】3 月 16 日，中关村发展集团党建工作领导小组会召开。集团领导班子成员、党建工作领导小组及办公室成员、直属子公司党组织书记等 58 人参会。会议传达市国资委党委系统 2022 年度全面从严治党（党建）工作会精神，对《集团党委 2022 年度落实全面从严治党任务安排（征求意见稿）》进行说明。会议指出，2021 年集团党委深入落实"五子"联动，着力发挥党建引领作用，持续推进全面从严治党向纵深发展，形成一批突破性、标志性改革成果。会议强调，集团党委将 2022 年定位为高质量发展年，各级党组织要找准党建与改革转型中心工作融合发展的路径，动员广大党员干部在构建"三城一区"主平台、中关村示范区主阵地的创新生态集成服务新格局中当先锋、做表率。会议要求，各级党组织要持续加强组织体系建设，探索党建与生产经营相融合的有效路径，提高"两个全覆盖"质量，强化分类指导，在持续推进基层党组织标准化建设的基础上，发挥党建品牌的引擎效应。要深化集团用人体制和激励机制改革试点三年行动计划的组织落实，要深入落实党建和党风廉政建设"两个责任"，推进全面从严治党向纵深发展。会议通报集团领导班子党史学习教育专题民主生活会召开情况、2021年基层党组织全面从严治党（党建）工作考评结果及等次、集团2021年度党费收缴使用和2022年度预算情况。

（张章）

【中关村延庆园公司党支部召开党员大会】4月20日，中关村延庆园公司党支部召开党员大会，选举新一届支部委员会。公司全体党员参加会议。大会采用无记名投票、差额选举的办法，选举产生公司党支部第三届委员会。会后，中关村延庆园公司党支部召开第三届支委会第一次会议，选举支部书记，并进行委员分工。

（夏芳）

【中关村硬创空间党支部成立】4月29日，中关村硬创空间党支部召开党员大会，按照规定的民主程序，采用等额选举办法，以无记名投票方式，选举中关村硬创空间党支部书记。

（杨娜）

【中关村科技租赁党总支成立】6月15日，中关村金服党委批复同意中关村科技租赁成立党总支。9月6日，中关村科技租赁党总支召开党员大会，按

照规定的民主程序，采取直接差额选举办法，以无记名投票方式，选举产生中关村科技租赁党总支第一届委员会。

（王鸣曦）

【集团党委组织司管干部培训班】6月15—17日，集团党委举办司管干部学习贯彻党的十九届六中全会精神线上专题培训班，86名司管干部全部完成线上6门课程的专题学习并通过在线考试。通过开展系统性的专题培训，引导集团党员干部自觉赓续红色血脉、弘扬伟大建党精神，从党的百年奋斗历程中汲取智慧和力量。

（张章）

【中关村建投党支部召开党员大会】6月17日，中关村建投党支部召开党员大会。大会以无记名投票的方式，差额选举产生第一届中关村建投党支部委员会。在随后召开的支部委员会第一次会议上选举产生党支部书记，并对支部委员进行分工。

（王泽）

【向3名"光荣在党50年"的老党员颁发纪念章】"七一"期间，集团慰问困难党员、老党员15人次，其中市级2人次、市国资委级1人次、集团级12人次。向申淑莲、王晓飞、张荣华3名符合条件的老党员颁发"光荣在党50年"纪念章。

（陈严）

【中关村产业研究院党支部成立】7月4日，中关村产业研究院党支部召开党员大会，按照规定的民主程序，采用直接差额选举办法，以无记名投票方式，选举中关村产业研究院党支部委员会。

（姚沛沛）

【组织入党积极分子培训班】7月20—22日，集团2022年度入党积极分子培训班在海淀区委党校

举办，落实"双培"工程，新接收预备党员 16 名。培训形式包括视频教学、专题报告、分组研讨，具体课程包括学习十九届六中全会精神、学习贯彻《中国共产党章程》、品伟人诗词、学百年党史等，集团共 28 名入党积极分子参加，均通过结业考试。

（陈严）

【集团组织党务工作者培训班】 7 月 27—29 日，集团联合中关村科技创新学院举办年度党务工作者培训班，集团 44 名党务工作者参加培训。活动旨在深入学习贯彻党的十九届六中全会和市第十三次党代会精神，落实市管企业党建工作标准化规范化建设要求，采取外部专家授课、视频教学、分组研讨等形式组织开展。培训班邀请市委党校、市委研究室专家讲授党的十九届六中全会精神和市第十三次党代会精神；邀请中央党校、市委组织部、市委党校专家围绕《中国共产党国有企业基层组织工作条例（试行）》和国有企业基层党组织标准化规范化建设要求，讲解国有企业党建工作实务等方面的相关课程，进一步提高集团党务工作者的业务能力和工作水平，切实服务集团创新发展。

（陈严）

【南中轴公司党支部成立】 9 月 1 日，经集团党委批复同意，南中轴公司党支部成立。2023 年 1 月 12 日，南中轴公司党支部召开党员大会，按照规定的民主程序，采用差额投票选举办法，以无记名投票方式，选举产生南中轴公司党支部委员会。

（李想）

【集团全面从严治党（党建）工作领导小组设立】 9 月 8 日，集团党委印发《关于成立全面从严治党（党建）工作领导小组及办公室的通知》，主动同市委管党治党新精神新要求和市国资委党委全面从严治党工作体系对标对表，成立集团党委全面从严治党（党建）工作领导小组，完善推进全面从严治党工作机制和职责。

（张章）

【中关村集成电路设计园党支部召开党员大会】 9 月 14 日，中关村集成电路设计园党支部召开党员大会开展换届选举工作。大会按照规定的民主程序，以无记名投票方式，差额选举产生新一届支部委

员会。

（李松龄）

【中关村协同发展党支部召开党员大会】 9 月 23 日，中关村协同发展党支部召开党员大会。大会按照规定的民主程序，以无记名投票方式，差额选举产生新一届本部党支部委员会。

（韩涛）

【集团总部党总支完成换届选举】 11 月 11 日，中共中关村发展集团总部党员大会召开。大会根据《中国共产党章程》和《中国共产党基层组织选举工作条例》规定的民主程序，采用直接差额选举办法，以无记名投票方式，选举产生新一届中共中关村发展集团总部总支部委员会，委员会共 7 人。11 月 14 日，中共中关村发展集团总部总支部委员会召开第一次全体会议，会议选举郑宏为书记、郭鹏程为副书记。

（张伟强）

【制定集团基层党组织分类建设工作实施方案】 11 月 25 日，集团全面从严治党领导小组办公室印发《中关村发展集团基层党组织分类建设工作实施方案》，对标市国资委党委对国有企业的分类标准，结合集团所属子公司股权比例、公司治理和利益主体多元的特征，按照子公司股权比例和实际控制情况进行分类，进一步加强对集团所属京外、境外子公司党建工作指导。

（张章）

【人工智能公司党支部成立】 12 月 16 日，人工智能公司党支部召开党员大会，按照规定的民主程序，采用直接差额选举办法，以无记名投票方式，选举产生人工智能公司党支部委员会。

（李南慧）

【集团党委健全问题防范长效工作机制】2022年，集团党委组织部落实市国资委党委《关于持续推动十二届市委巡视市国资委系统反馈问题整改落实工作方案》，发挥集团巡视整改领导小组办公室统筹职能，协调责任部门全面梳理筛查、综合研判分析尚未完成的整改任务，并向市纪委监委、市国资委党委报送已完成的评估调整报告。制定集团党委落实管党治党政治责任负面清单工作方案，抓好预防性措施，逐级建立和完善长效化的问题防范工作机制。针对市反腐倡廉办反馈的集团全面从严治党考核问题清单和市国资委党委反馈的抓基层党建综合评价意见，制定实施整改方案，组织立行立改，巩固整改成果。实施领导班子民主生活会整改方案，指导各级党组织召开民主生活会，开展党员民主评议，提升抓全面从严治党主体责任层层落实的能力。统筹全面从严治党领导小组办公室成员单位，聚焦"五个专项整治"开展自查自纠，构建境外腐败预防管理体制机制。

（张章）

【集团加强组织体系建设】2022年，集团召开党员代表大会，选举产生市第十三次党代会代表。指导集团实控的各层级企业党建工作，落实"双向进入、交叉任职"，推动党组织书记和董事长一肩挑。制定实施《中关村发展集团基层党组织分类建设工作实施方案》，通过"一企一策"清单化、动态化分类指导，构建适应集团混合所有制企业党建工作新机制。组织召开集团总部党员大会，选举产生新一届党总支班子。落实"两个全覆盖"和换届提醒机制，新成立党支部5个，整建制转出党支部3个，接收党支部1个，撤销党支部1个，2个二级党支部调整为三级党支部，指导6家二级公司党组织换届。组织入党积极分子培训班，落实"双培"工程，新接收预备党员16名。制定实施总部党总支2022年度工作要点，以联合党建活动为载体，组织5个党支部开展各具特色的主题党日活动。

（陈严）

【集团制定党建工作责任清单】2022年，集团按照市委、市国资委党委全面从严治党工作要求，对标市委印发的《关于深化落实全面从严治党主体责任

的意见》，集团党委2022年度落实"全面从严治党任务安排""集团党委2022年工作要点"，制定集团党委、书记和班子其他成员抓党建工作责任清单。通过制定"抓党建工作责任清单"，进一步加强基层党组织标准化、规范化建设，建立完善各层级抓党建责任落实体系，指导集团各级党组织和党员领导干部切实履行好抓党建工作责任。

（陈严）

【集团开展基层党建述职评议考核工作】2022年，按照市委组织部《关于做好2021年度全市党委（党组）书记抓基层党建述职评议考核工作的通知》（京组通〔2021〕40号）以及市国资委党委《关于做好2021年度市管企业基层党建述职评议考核的工作提示》精神，集团党委认真统筹谋划、精心动员部署，在集团系统全覆盖开展基层党建述职考核工作，集团所属59个党组织全部参与基层党建述职评议考核，5家区企共管党组织以书面形式述职，其中集团所属19家二级党组织书记现场述职，占比90%，其他2家以书面形式述职。

（陈严）

【中关村科技租赁"党员突击队"品牌建设】2022年，中关村科技租赁党支部印发《中关村科技租赁"党员突击队"党建品牌建设实施方案》，将"党员突击队"固化为公司党建品牌，并围绕公司"急难险重新"任务，建立了"评级模型优化及应用开发"突击队、"面向服务体系架构的数字化顶层设计与实践"突击队、"数字化营销建设"突击队、"区域扩张项目"突击队、"'评审人才知识体系'建设工作"突击队等5支党员突击队。

（王鸣曦）

【中关村集成电路设计园推动构建园区"大党建"工作格局】2022年，中关村集成电路设计园发挥园区联合党委作用，持续推动园区"两个覆盖"，指导和帮助普源精电科技股份有限公司、北京核芯达科技有限公司成立党组织，园区联合党委下属独立党支部10家。带领园区企业深入学习贯彻党的二十大精神，组织公司党支部和园区企业的党员干部联合拍摄"不忘初心"主题MV，荣获中关村科学城"迎接二十大奋进新征程"视频评比

优秀奖。

(曲显亮)

【中关村医疗器械园非公党建工作】2022年，中关村医疗器械园全面摸排园区非公企业党组织和党员情况，建立"园区非公有制企业及其党建工作情况汇总表""园区流入党员名册""园区流出党员名册"台账，在园区内与大兴生物医药产业基地共建党群服务工作站，推动园区非公党建全面提质增效。

(李婉竹)

【集团创建特色党建品牌】2022年，集团持续开展"一支部一品牌"创建活动，指导工业院实施RONG党建品牌创建工程，中关村前沿技术建立"红色护航员"党建服务品牌，中关村软件园探索"党员+管家"协同机制。

(张章)

【建立服务离退休干部工作机制】2022年，党委组织部制定集团离退休干部工作责任制实施办法，建立离退休干部工作领导小组和办公室，明确工作职责，推进统筹协调、增强工作合力。加强离退休干部思想政治工作，引导离退休干部认真学习贯彻党的二十大精神，积极为集团创新发展建言献策。做好离退休干部年度统计、报刊订阅、疫苗接种、特困离退休干部补助申报等服务工作，建立精准服务离退休干部工作机制。

(李东良)

【加强集团统战工作】2022年，党委组织部贯彻落实《中国共产党统一战线工作条例》《北京市国资委党委2022年统战工作要点》，服务集团党委组织专题研究，将统战工作纳入重要议事日程。组织党员干部深入学习《习近平关于统一战线工作论述摘编》《习近平总书记关于加强和改进统一战线工作的重要思想学习辅导读本》，配合市政协、民革北京市委等围绕集团服务北京国际科创中心建设开展交流和调研。根据市国资委统战工作要求，组织完成冬奥会观赛活动。发挥典型示范引领作用，在北京市两会换届中，1名服务"双创"专业人才当选市第十六届人大代表，1名干部当选欧美同学会会员代表。

(闫梦超)

【集团开展出席北京市第十三次党代会代表人选推选工作】2022年，为贯彻落实市委关于出席北京市第十三次党代会代表人选选举工作有关精神和市国资委党委部署要求，集团党委高质量开展代表推选工作。集团党委将推选北京市第十三次党代会代表作为重大政治任务和政治责任，认真研究制定工作方案，明确代表条件、强化组织领导、压实工作责任，严格按规范程序开展各环节工作，第一时间召开工作部署会，做好思想发动工作，严明组织纪律，确保推选工作高效有序进行。集团各基层党组织组织广大党员按照规定程序和要求做好推荐提名工作，保证每一个环节步骤不能少，每一个党员都不能落下。集团广大党员积极参与人选推荐提名，充分发挥党员民主权利，坚持好中选优，推荐过程充分发扬党内民主，提名结果充分体现党员意愿。推荐提名过程中集团基层党组织和党员参与面均达100%。集团党委严格按照市委及市国资委党委关于代表候选人初步人选考察工作要求，对照市第十三次党代会代表应具备的条件，通过组织考察、个别谈话、民主测评、查阅档案等方式，了解代表候选人初步人选在思想、政治、能力、作风、业绩和履职等方面的情况，综合分析评价，努力把人选考准核实。

(陈严)

【统筹谋划干部人才队伍建设】2022年，集团为中关村建投、中关村金服、中关村资本选配3名司管干部，为中关村科服、中关村国际选聘3名职业经理人，多方式、多渠道选优配强子公司领导班子。部署成立集团安全生产、法治建设、质量管理和标准化建设等议事机构，明确总部部门、子公司管理职责。调整战略管理部、资本运营部等职能编制，统筹雄安办工作，确保总部各部门有序衔接。分类明确科技园区轻重资产板块子公司组织架构和集团领导班子成员分工，建立组织落实工作机制，服务北京国际科技创新中心建设。专业化配备集团子公司财务负责人，会同财务部门提出配置建议。落实涉密人员管理规定，动态调整集团涉密人员库，履行岗位任前政审程序。

(李东良)

【加强集团干部选任工作】 2022 年，集团持续实施司管干部管理规定及选任流程，选拔任用干部21人次，其中提拔任职13人、进一步使用3人、交流任职5人，调整和免去干部9人，优化干部队伍结构。推进子公司任期制和契约化管理工作方案落地，明确岗位职责、任职条件，对纳入实施范围的19家二级子公司经理层成员加强任期考核和绩效管理，强调与业绩考核紧密挂钩。落实集团"青苗计划"，动态调整优秀年轻干部人才库，选聘35岁左右司管干部3人，指导子公司选聘30岁左右部门正职和所属公司班子成员4人。规范试用期满干部考核，按期转正12人。落实市委组织部工作要求，接收国家知识产权局挂职干部1人，选派赴市级机关挂职2人，做好1名在集团挂职干部考核。加强干部人事档案审核把关，严格规范管理，健全干部人事档案审核常态化机制。

（李东良）

【加强市场化专业人才培养使用】 2022 年，集团制定实施《集团党委深入落实市国资委系统"十四五"人才规划重点任务实施方案》，支持相关业务板块集聚科技创新领军人才和创新团队，全力服务国家战略科技力量等重大科技创新平台建设。改善司管干部和职业经理人结构，在专业科技、融投资、产业组织等服务领域，引入建设创新生态集成服务商所需的国际化、市场化、专业化人才5名，配合人力资源部完善激励约束机制。启动新一轮专业化人才引进计划，培养和引进领军型服务科技创新人才、专业科技服务技术经纪人和项目经理，争取市科委、中关村管委会政策支持。完成2家子公司职业经理人选聘，营造与"双创"主体共成长的干事氛围。制定印发集团重要三级子公司管理事项通知，明确认定标准，实行班子成员任前备案制度，加强重要三级子公司专业化干部人才储备。

（李东良）

【做实做细干部管理监督】 2022 年，集团根据市委组织部反馈领导班子民主测评结果，结合党委年度工作要点、年度经营计划和年度全面从严治党任务安排，配合汇总领导班子专项工作报告、年度工作目标及重点任务。针对市委组织部平时考核工作要求，形成政治素质评价建议材料、领导班子和市管干部重点任务自评报告。落实北京市加强对"一把手"和领导班子监督若干措施任务清单，提出压紧压实管党治党政治责任、加强对"一把手"的监督、加强同级领导班子监督、加强对下级领导班子监督和加强组织领导等5个方面49项工作。贯彻市国资委关于选人用人问题专项自查整改要求，制定集团专项自查整改工作方案，全覆盖自查，结合巡察工作开展2轮选人用人检查，规范和提升子公司选人用人水平。制定集团子公司外部董事选派工作管理办法，健全完善子公司治理结构，增强董事会决策效能。规范做好集团领导干部兼职管理、因私出国（境）证件管理、干部出入境备案等工作，力求实现"管理规范、更新及时、应备尽备"。

（李东良）

【集团党委完善全面从严治党体系】 2022 年，集团设立全面从严治党（党建）工作领导小组，召开党建会议，实施集团党委年度任务安排32项重点任务，推进全面从严治党机制和职责。制定集团党委、书记和班子其他成员三个层面党建工作责任清单并向市国资委党委备案，指导集团所属各级党组织逐级落实并向集团党委备案，建立抓党建责任落实体系。制定实施项目化对接清单，支撑市国资委党委首次对集团党建工作动态抽查，建立健全规范落实的工作机制。线上和线下相结合组织党组织书记、司管干部、党务工作者培训班，围绕贯彻党的二十大精神讲党课，提升抓党建责任落实、助推改革发展能力。召开中关村发展集团党建工作领导小组会，总结部署集团党委全面从严治党（党建）工作。落实集团全面从严治党（党建）工作考评办法，组织开展基层党组织书记述职考核评议和子公司领导班子及班子成员民主测评，形成党建工作责任制落实的闭环。

（张章）

纪律和作风建设

【概况】 2022 年，集团纪委聚焦集团党委重点任务，做实做细政治监督。明确三类四项具体监督内容、责任部门、完成时限和具体措施，落实市委巡视要求做好整改"再监督"。以有效监督助力集团统筹抓好疫情防控与复工复产。聚焦主责主业，精准执纪问责，充分发挥监督保障执行、促进完善发展作用。召开集团 2022 年党风廉政建设和反腐败工作会暨警示教育大会。集团各级纪检监察机构运用"四种形态"批评教育帮助和处理 8 人次。持续深化以案促改、以案促治，以发现问题推动查补漏洞。坚持纠树并举，持之以恒推动落实中央"八项规定"精神。持续深化整治形式主义、官僚主义。贯通融合各类监督，突出加强对"一把手"和领导班子的监督，不断提升综合治理效能。强化思想淬炼、政治历练、实践锻炼、专业训练，建设高素质专业化干部队伍，提高规范化、法治化、正规化水平。

（孙齐）

【集团召开 2022 年党风廉政建设和反腐败工作会议暨警示教育大会】 3 月 16 日，集团召开 2022 年党风廉政建设和反腐败工作会议暨警示教育大会，总结集团 2021 年党风廉政建设和反腐败工作情况，部署 2022 年工作任务。会议将警示教育内容作为重要议程，组织参会人员观看全面从严治党警示教育片，通报集团系统违纪违法问题典型案例。会议提出，要深入学习贯彻党的十九届六中全会精神，始终把讲政治摆在第一位，不断深化党的政治建设，不断提高政治判断力、政治领悟力、政治执行力；始终保持高压态势，紧盯投资密集、资源集中的重点领域、关键环节，大力推动法治化、标准化、数智化的大合规体系建设，严防京外、境外投资等重点领域风险；深入整治享乐主义、奢靡之风，聚焦重点节点、重点领域，盯住违规收送礼品礼金、违

规发放津贴补贴福利等问题，综合运用党纪政务处分、组织处理等方式，对不收手不收敛、屡教不改、情节恶劣的依规依纪依法从严从重处理；深入贯彻《北京市关于加强"一把手"和领导班子监督的若干措施》，加强对各级党组织领导干部特别是主要领导干部要落实全面从严治党主体责任，依规依法履职用权等情况的监督，让领导干部时刻感受监督，要不断开创党风廉政建设和反腐败斗争新局面，在服务创新驱动发展中当旗手做标杆，奋力谱写集团高质量发展新篇章，以优异成绩迎接党的二十大胜利召开。会上，集团纪委领导作题为"坚定不移推进全面从严治党 为集团服务创新发展提供有力保障 以优异成绩迎接党的二十大胜利召开"的工作报告，从 6 个方面对深入推进全面从严治党、做好纪检监察工作进行全面部署：一要聚焦"两个维护"，强化政治监督；二要深化标本兼治，构建"三不"一体推进体制机制；三要纠"四风"树新风，加固中央"八项规定"精神堤坝；四要完善监督体系，提升监督综合治理效能；五要突出制度建设主线，深化纪检监察体制改革；六要锤炼政治过硬、本领高强、忠诚干净担当的纪检监察队伍。大会还传达十九届中央纪委六次全会、十二届市纪委七次全会精神，市纪委市监委驻国资委纪检监察组副组长出席会议。会议通过现场会与视频会相结合的方式召开，集团领导班子成员、总部中层领导干部、各子公司领导班子成员和纪检工作者等近 200 人参加会议。

（孙齐）

【以政治监督保障集团重点任务落实落地】 2022 年，集团纪委制定《中关村发展集团落实 2022 年首都经济社会发展重点任务的监督事项清单》，明确监督内容、责任部门、完成时限和具体措施，确定项目联络人清单、动态调整监督内容、现场检查

调研，保障集团重点任务落实落地。通过听取汇报、召开会议、调研督导，紧盯市领导批示落实、集团转型发展成效等重点整改任务，精准监督，结合"当下改""长久立"，对已整改完成的任务"再监督"，持续巩固巡视成效。通过制发通知、工作提示、现场抽查等多种方式，深入调研疫情防控形势和各子公司防控特点，编制监督工作指引，紧盯园区工地、食堂餐饮、会议活动、服务外包等重要风险点位，开展常态化和专项监督100余次，未发生聚集性疫情。履行国有企业"减租降费"责任，将各单位落实《中关村发展集团关于继续加大中小微企业帮扶力度加快困难企业恢复发展的工作方案》纳入监督范围，作为年度检查考核重要内容。

(孙齐)

【不断提升监督执纪质效】2022年，纪委监察综合室及集团各级纪检监察机构精准运用监督执纪"四种形态"，教育帮助和处理8人次，涉及违规收受礼品礼金、违规持有非上市公司股份、违规报销代驾费用等问题。定期开展信访举报情况分析，起草信访工作分析报告，总结苗头性、规律性、趋势性问题，并向集团党委提出工作建议，反映社情民意，惩前毖后、治病救人，融合贯通纪法情理，及时了解政治生态，准确掌握党风廉政建设和反腐败工作中出现的新情况、新问题和新动向。

(孙齐)

【持续查办案件促进整改整治】2022年，集团纪委持续深化以案为鉴、以案促改、以案促治，以发现问题推动查补漏洞，以查办案件促进整改整治，以典型案例开展警示教育。在警示教育大会上，集团党委就2021年查处违反中央"八项规定"精神、持有非上市公司股份、酒驾醉驾等典型案例进行通报，深入剖析问题成因，并为集团下一阶段党风廉政建设和反腐败工作指明方向。结合典型案件开展违规兼职取酬问题专项整治，查处违规持有非上市公司股份问题并对责任人通报批评。查办子公司违规决策问题，制发监察建议，监督内控体系和议事规则，堵塞廉洁风险漏洞。完善"一案一通报、一案一剖析、一案一整改"机制，推动办案、整改、

治理贯通融合，惩治震慑、制度约束、提高觉悟一体发力。

(孙齐)

【纠治各种形式的"四风"问题】2022年，集团纪委深入纠治享乐主义、奢靡之风，盯紧盯牢违规吃喝、收送礼品礼金、发放津补贴或福利等易发高发问题，建立健全常态监督、节点发力、典型通报等工作机制。组织多部门开展联合监督检查，精准发现问题。高度警惕隐形变异，针对超标接待拆分报销、收送电子红包、私车公养等新问题、新动向，注重从信访举报、监督检查、审查调查、巡视巡察中深挖腐化蜕变苗头，开展违规使用代驾服务、酒驾醉驾背后"四风"等专项整治。针对集团党委重点任务实施中不担当、不作为、乱作为等问题，以及在疫情防控过程中出现的厌战情绪、侥幸心理、松劲心态，及时督促纠正。

(孙齐)

【加强对各级领导层的监督检查】2022年，集团纪委加强对"一把手"和领导班子的监督，协助制定《中关村发展集团落实北京市关于加强对"一把手"和领导班子监督的若干措施任务清单》，实现"一把手"监督清单化、规范化、制度化。严把党风廉洁建设回复意见关，出具党风廉政意见86人次。约谈下级党组织新任职的"一把手"、班子成员和重要岗位主管领导，营造有权必有责、用权受监督的良好氛围。完善纪检监察部门、巡察部门与审计法务部门贯通协同高效的实践操作，推动建立纪委监委专责监督、审计监督、财会监督、群众监督贯通协同体系。贯彻《关于开展市国资委系统巡察工作实施意见》，协助集团党委巡察办开展首轮巡察，向巡察组反映被巡察单位历年监督检查问题，完善与巡察办线索移交机制。加大对二级公司纪委、基层党组织处置问题线索的移送和督办力度，对办理结果审核把关、指导督促，促进集团系统条块结合、上下联动。

(孙齐)

【建设高素质专业化干部队伍】2022年，集团纪委严格落实请示报告制度，及时主动向市纪委请示报告工作，加强与市纪委市监委驻市国资委纪检监

察组的工作联络。完成"深化全面从严治党贯通融合各类监督"课题，获市纪委调研课题评选三等奖。贯彻执行《中国共产党纪律处分条例》《中华人民共和国监察法实施条例》等党纪条规，细化信访举报、线索处置、审查调查、案件审理等全工作流程。深化全员培训和实战锻炼，通过组织参加全业务链条培训和纪检监察干部大讲堂等方式，增强纪检监察业务核心能力。加强对审查全过程监督管理，紧盯措施使用、涉案财物管理、谈话纪律要求等重点事项，筑牢办案安全底线。严把案件质量关，切实保障纪检监察审查调查工作规范化、法治化、正规化。

（孙齐）

【完善巡察制度体系建设】2022 年，集团拟定《党委巡察工作领导小组工作规则》等 3 个组织领导制度，《被巡察党组织配合巡察组开展工作规程》等 3 个协调协作制度，《巡察组听取被巡察单位党组织汇报的意见》等 7 个实务操作制度，《关于推动巡察成果运用工作的意见》和《关于巡察期间党委巡察组组建临时党支部的办法》两个队伍及作风建设制度，共 16 项，初步搭建起集团巡察工作制度体系，并报备至市国资委党委巡察办，确保巡察工作依规依纪依法。

（李达亮）

【稳步推进集团巡察工作】2022 年，集团拟定 2022 年巡察工作计划，聚焦重点问题，有针对性地做到清单式管理，标准化履责。组建集团巡察组，搭建从集团领导到子公司业务骨干的专业化、高素质巡察队伍。党委巡察办与党委办公室、党委组织部、纪委监察专员办公室、风控法务部、资金财务部等相关部门协作，获取巡察对象基本信息，确保工作实效。组织巡察组组员运用有效方式方法，精准发现问题，撰写巡察报告，组织巡察业务技能培训，提升政治素养和业务能力。进驻被巡察单位，紧扣"三个聚焦"（聚焦贯彻落实党的路线方针政策和党中央决策部署以及市委、市国资委党委、集团党委有关工作要求情况，聚焦群众身边腐败问题和不正之风，聚焦基层党组织软弱涣散、组织力欠缺问题），采取听取汇报、现场检查、调阅资料、个别谈话、调研座谈、列席会议等方式，查找漏洞，做到依据准确、证据充分、有章可循、有据可依。第一轮巡察累计调阅材料 1600 余份，个人谈话 30 余人次，发现 3 个方面 47 个问题，移交问题线索 1 个。按照集团《关于巡察期间党委巡察组组建临时党支部的办法》，协助巡察组成立临时党支部，将党建工作与巡察工作同研究、同部署、同落实，并开展"共产党员献爱心"捐献党日活动，加强对组内党员干部的日常管理和监督。

（李达亮）

【开展全面从严治党（党建）工作考核和政治生态分析研判工作】2022 年，纪委监察综合室编制《2022 年中关村发展集团全面从严治党（党建）工作考核和政治生态分析研判工作方案》，组织开展对集团各直属党组织日常监督、动态抽查、现场督查，促进责任层层传导、落实到位。

（孙齐）

工会工作

【概况】 2022 年，集团工会充分发挥党联系职工群众桥梁纽带作用，不断增强企业凝聚力和战斗力，集团统战、工会、群团工作再上新台阶。贯彻落实《关于深化市管企业厂务公开民主监督工作的意见》，组织开展专项自查，指导 19 家二级工会完善司务公开、民主监督机制，指导中关村科服新建工会组织，指导中关村延庆园公司、北京 IP、中关村协同投资 3 家子公司开展工会换届及补选。加强工会经费审计监督，对 19 家二级工会开展全面财务检查。组织各级工会培训，205 人次参加，提升工会工作者专业化水平。南宁中关村信息谷团队获评全国"工人先锋号"荣誉称号，中关村前沿技术公司团队获"北京市工人先锋号"荣誉称号，1 名服务"双创"专业人才当选市第十六届人大代表，1 名干部当选欧美同学会会员代表。1 名女干部获 2022 年度"首都最美巾帼奋斗者"荣誉称号。举办三八妇女节、六一亲子活动、青年单身职工联谊等品牌文化活动。截至 2022 年底，集团工会下设二级工会组织 19 家，工会会员 1938 人。

（闫梦超）

【北京 IP 开展商务礼仪培训会】 3 月 8 日，为庆祝三八国际劳动妇女节，展现有文化、有活力、有魅力的新时代知识产权女职工风采，北京 IP 工会邀请北京广播电视台资深化妆师孙东燕进行商务礼仪培训指导。

（武晶）

【中关村前沿技术企业服务专员团队获评"北京市工人先锋号"】 4 月 26 日，在 2022 年市总工会、市人力社保局联合开展的"首都劳动奖状、奖章和北京市工人先锋号"评选中，中关村前沿技术企业服务专员团队被授予"北京市工人先锋号"荣誉称号。该团队创立于 2020 年初，采用"一对一"模式，通过为每家入园企业配备一名服务专员的方式，帮助和指导其开展疫情防控、解决其在复工复产过程中遇到的困难和问题，疏通与破解企业成长中的瓶颈和痛点。团队的创新举措，在确保园区疫情期间"零感染"的同时，也有效增强了专员团队与"双创"主体之间的黏性。

（张翔）

【南宁中关村信息谷团队获评全国"工人先锋号"】 4 月 28 日，在中华全国总工会举行的 2022 年庆祝"五一"国际劳动节暨全国五一劳动奖和全国工人先锋号表彰大会上，200 个集体荣获全国五一劳动奖状，966 人荣获全国五一劳动奖章，956 个集体被评为全国"工人先锋号"。其中，南宁中关村信息谷科技服务有限责任公司运营管理部被中华全国总工会授予全国"工人先锋号"称号。截至 4 月底，南宁·中关村信息谷引进及培育的创新主体达 518 家。其中，科技型中小企业 95 家、国家高新技术企业 60 家、广西瞪羚企业（含入库）16 家、规模以上企业 21 家、自治区"专精特新"企业（含入库）7 家和新三板企业 3 家，入驻企业取得 910 余件知识产权，120 余个 50 万元以上的研发项目，累计获各级政府部门支持金额超 9000 万元。

（滕琦诺）

【三明·中关村科技园妇女联合会成立大会举行】 4 月 28 日，三明·中关村科技园妇女联合会成立大会

及妇女联合会第一次代表大会授牌仪式在科技园举行，三明市妇联、海西三明生态工贸区党工委、管委会，三明·中关村科技园等单位领导，三明·中关村科技园入驻企业女性代表30余人参加大会。会上宣读《关于成立三明·中关村科技园妇女联合会的批复》；按章程选举产生三明·中关村科技园妇女联合会第一届执行委员会委员，选举产生执行委员会委员11名、副主席2名、主席1名。三明市妇联领导为三明·中关村科技园妇女联合会授牌。

（滕琦诺）

【共青团三明中关村科技园工作委员会成立】 6月15日，共青团三明中关村科技园工作委员会成立。共青团三明市委，生态工贸区党工委、管委会等领导及三明中关村30余名团员代表参加大会。会议宣读第一届共青团三明中关村科技园工作委员会委员名单，其中共青团三明中关村科技园工作委员会书记1名、副书记2名。

（滕琦诺）

【中关村科服工会第一次会员大会召开】 6月24日，中关村科服工会第一次会员大会召开。大会通过民主选举产生工会第一届委员会、第一届经费审查委员会。会后，组织召开工会第一届委员会第一次全体会议、工会第一届经费审查委员会第一次全体会议、工会女职工委员会第一次全体会议，选举产生工会第一届委员会主席、工会第一届经费审查委员会主任、工会女职工委员会主任。

（李晓星）

【麻占华获"国企楷模·北京榜样"服务楷模称号】 7月15日，市国资委系统2022年度"国企楷模·北京榜样"名单公布，包括领军楷模、创新楷模、服务楷模、敬业楷模、道德楷模5个类型，30人入选。其中，中关村科技担保麻占华获"国企楷模·北京榜样"服务楷模称号。

（夏晓川）

【"探寻北京中轴线"主题读书会活动】 9月3日，集团工会在北京郭守敬纪念馆组织以"探寻北京中轴线"为主题的读书会活动，共30余名职工及家属参加。主题读书会活动响应市总工会和市国资委关于职工书屋相关要求，进一步丰富广大职工的文化生活，提升集团职工的幸福感与归属感，搭建职工之间沟通交流的平台，旨在培养职工读书习惯，引导职工关注首都文化事业发展，打造具有中关村发展集团特色的职工读书活动，营造浓郁的职工阅读氛围。

（闫梦超）

【集团工会组织"叙利亚古代文明"主题讲座及参观导览活动】 9月16日，集团工会在总部职工书屋举办以"叙利亚古代文明"为主题的讲座，同时开放线上直播；9月17日，组织参观国家典籍博物馆"邂逅·美索不达米亚——叙利亚古代文物精品展"导览活动，共70余名职工参加活动。此次活动，先安排专家进行专题文化讲座，再邀请文化导师在展厅现场进行导览，旨在引导职工关注首都文化事业发展。此次活动丰富广大职工的文化生活，提升集团职工的幸福感与归属感，搭建职工之间沟通交流的平台。

（闫梦超）

【集团总部工会第三届会员大会召开】 11月11日，集团总部工会第三届会员大会召开，94名职工参加，全面总结总部工会过去5年的主要工作，谋划未来5年工会工作的目标任务。集团领导班子全体成员出席大会。大会以无记名投票方式，民主选举产生集团总部工会第三届委员会和第三届经费审查委员会。会后召开总部工会第三届工会委员会第一次全体会议、经费审查委员会第一次全体会议和女职工委员会第一次全体会议。

（闫梦超）

【中关村科技租赁工会获市级荣誉称号】 12月，中关村科技租赁工会获市级"示范职工之家"荣誉称号。

（王鸣曦）

【集团工会推进在职职工互助保险工作】 2022 年，集团工会推进在职职工互助保险工作，完成集团工会所属 25 家基层工会 1830 人次投保工作，实现基层工会投保率 100%。集团系统 1 名患重大疾病的职工获工会互助保险理赔 1 万元，11 名职工获在职职工住院医疗、津贴赔付金 1.6 万余元，270 人次职工领取 4.6 万元的工会互助金。

（闫梦超）

【中关村科技担保推出"暖心阳光计划"】 2022 年，为深入践行"我为群众办实事"活动精神，关心关爱员工心理健康，中关村科技担保结合国内外及业内知名企业实践，推出"暖心阳光计划"。该计划旨在通过引入专业心理手段，帮助员工拥有积极乐观、健康向上的工作态度，借助心理学正向引导，为员工营造温馨舒适的企业文化氛围。"暖心阳光计划"面向全体员工，依托外部心理咨询机构，分阶段、分步骤，为员工个体层面及团队层面提供长期稳定的心理健康关爱帮助。该计划采用线上和线下相结合的方式，为员工开通视频或现场心理咨询多种可选服务；同时，提供手机端程序 App，保证员工能够即时获得心理辅导与援助，最终达到提升个体心理健康水平、激发组织活力、提升公司凝聚力的目标。

（薛威）

【总部工会组织六一儿童节科学营职工亲子活动】
2022 年，集团总部工会分 6 组组织科学营亲子活动。

此次科学营活动充分考虑职工孩子年龄差异、时间统筹、防疫安全等相关需求，每组活动不超过 10 个家庭，分别在百望山森林公园、奥林匹克森林公园南园、西山森林公园 3 个场所分组进行活动，活动时间分为上午场、下午场、夜场 3 个时间段，活动内容为自然探索、趣味科普昆虫植物讲解、昆虫标本制作、手工植物拓等。共计 100 余名职工及家属参加活动。

（闫梦超）

【集团工会开展困难职工帮扶工作】 2022 年，集团工会走访慰问基层困难职工 23 名，慰问金额合计 15.5 万元。指导各基层工会确定因突发事件导致家庭临时困难、特殊困难的帮困慰问范围、标准。

（闫梦超）

【裴里晶获"首都最美巾帼奋斗者"荣誉称号】 2022 年，北京市妇联在全市开展的 2022 年度"首都最美巾帼奋斗者"选树活动榜单揭晓，97 名优秀女性入选。集团旗下中关村国际会展董事长兼总经理裴里晶获"首都最美巾帼奋斗者"称号。

（闫梦超）

【中关村微纳能源工会组织职工活动】 2022 年，中关村微纳能源工会组织开展多项职工活动。在北京冬奥会召开之际，为提高职工身体素质，弘扬冬奥精神，组织全体职工开展春季登山活动。在三八妇女节来临之际，组织全体女职工开展书法交流培训活动，由公司董事长、总经理授课，向女职工传授写好书法的经验、要领和技巧，并为女职工发放书法文具和鲜花。

（欧萍、张皓楠）

统计资料

中关村发展集团年鉴

YEARBOOK OF ZHONGGUANCUN DEVELOPMENT GROUP

2023

2022 年中关村发展集团主要经营指标

表 33　2022 年中关村发展集团主要经营指标统计表

指标分类	指标名称	单位	总计	2022 年
基本情况	集团员工总数	人	—	5521
经营成果	资产总额	亿元	—	1193.05
	净资产	亿元	—	406.87
	营业总收入	亿元	1074.7	91.12
	资产负债率	%	—	65.9
	净资产收益率	%	—	1.66
服务成效	服务收入（含投资收益）占比	%	—	51.4
	服务创新创业企业数量	家	—	14748
	落地北京高精尖产业和创新孵化项目	个	5313	535
	提供各类科创服务产品数	项	203	—
	提供投融资总额	亿元	6781.31	776.3
空间运营服务	创新社区运营面积	万平方米	—	480.05
	特色园区数量	个	—	16
	深度服务企业当年总收入占中关村比重	%	—	7.1
	深度服务企业当年实缴税费占中关村比重	%	—	7
产业投资业务	集团基金系总规模	亿元	2094.32	538.32
	基金支数	支	202	50
	股权与认股权池数量	个	2693	1323
孵化器情况	孵化器个数	个	36	2
	运营孵化器累计毕业企业数	家	2789	261
知识产权情况	可供交易专利	万项	3.25	0.02
专业机构数量	设立国内专业服务机构数量	个	66	26
	吸引国际领先专业服务机构数量	个	38	0
区域合作业务	区域协同创新服务落地项目数	个	4597	1038
	区域轻资产运营面积	万平方米	284.78	35.79
海外业务	国际化创新活动举办次数	次	304	10
	海外创新中心数量	个	4	—

（王亦彤）

附　录

中关村发展集团年鉴

YEARBOOK OF ZHONGGUANCUN DEVELOPMENT GROUP

2023

附表1　国家部分政府部门全称、简称一览表

序号	全称	简称
1	中华人民共和国国务院	国务院
2	中华人民共和国国务院办公厅	国务院办公厅
3	中华人民共和国外交部	外交部
4	中华人民共和国国家发展和改革委员会	国家发展改革委
5	中华人民共和国教育部	教育部
6	中华人民共和国科学技术部	科技部
7	中华人民共和国工业和信息化部	工业和信息化部
8	中华人民共和国人力资源和社会保障部	人力资源社会保障部
9	中华人民共和国自然资源部	自然资源部
10	中华人民共和国生态环境部	生态环境部
11	中华人民共和国住房和城乡建设部	住房城乡建设部
12	中华人民共和国交通运输部	交通运输部
13	中华人民共和国水利部	水利部
14	中华人民共和国农业农村部	农业农村部
15	中华人民共和国商务部	商务部
16	中华人民共和国文化和旅游部	文化和旅游部
17	中华人民共和国国家卫生健康委员会	国家卫生健康委
18	中华人民共和国应急管理部	应急管理部
19	中国人民银行	人民银行
20	国家航天局	国家航天局
21	国家外国专家局	国家外专局
22	国家海洋局	国家海洋局
23	中华人民共和国海关总署	海关总署
24	国家市场监督管理总局	国家市场监管总局
25	中国证券监督管理委员会	证监会
26	国家广播电视总局	国家广电总局
27	国家体育总局	国家体育总局
28	国家统计局	国家统计局
29	国家知识产权局	国家知识产权局
30	国家国际发展合作署	国家国际发展合作署
31	国家医疗保障局	国家医保局
32	国家认证认可监督管理委员会	国家认监委
33	国家标准化管理委员会	国家标准委
34	国务院港澳事务办公室	国务院港澳办
35	国家互联网信息办公室	国家网信办
36	新华通讯社	新华社

序号	全称	简称
37	中国科学院	中国科学院
38	中国社会科学院	中国社科院
39	中国工程院	中国工程院
40	中央广播电视总台	中央广电总台
41	中国气象局	中国气象局
42	国家能源局	国家能源局
43	国家移民管理局	国家移民局
44	国家林业和草原局	国家林草局
45	国家铁路局	国家铁路局
46	中国民用航空局	中国民航局
47	国家中医药管理局	国家中医药局
48	国家药品监督管理局	国家药监局

附表 2　北京市部分党政机关全称、简称一览表

序号	全称	简称
1	中共北京市委员会	市委
2	北京市人民代表大会常务委员会	市人大常委会
3	北京市人民政府	市政府
4	中国人民政治协商会议北京市委员会	市政协
5	中共北京市委组织部	市委组织部
6	中共北京市委宣传部	市委宣传部
7	北京市机构编制委员会办公室	市编办
8	北京市发展和改革委员会	市发展改革委
9	北京市教育委员会	市教委
10	北京市科学技术委员会、中关村科技园区管理委员会	市科委、中关村管委会
11	北京市经济和信息化局	市经济和信息化局
12	北京市民族宗教事务委员会	市民族宗教委
13	北京市公安局	市公安局
14	北京市民政局	市民政局
15	北京市司法局	市司法局
16	北京市财政局	市财政局
17	北京市人力资源和社会保障局	市人力社保局
18	北京市规划和自然资源委员会	市规划自然资源委

（续表）

序号	全称	简称
19	北京市生态环境局	市生态环境局
20	北京市住房和城乡建设委员会	市住房城乡建设委
21	北京市城市管理委员会	市城市管理委
22	北京市交通委员会	市交通委
23	北京市水务局	市水务局
24	北京市农业农村局	市农业农村局
25	北京市商务局	市商务局
26	北京市文化和旅游局	市文化和旅游局
27	北京市卫生健康委员会	市卫生健康委
28	北京市应急管理局	市应急局
29	北京市市场监督管理局	市市场监管局
30	北京市审计局	市审计局
31	北京市人民政府国有资产监督管理委员会	市国资委
32	北京市广播电视局	市广电局
33	北京市文物局	市文物局
34	北京市体育局	市体育局
35	北京市统计局	市统计局
36	北京市园林绿化局	市园林绿化局
37	北京市人民防空办公室	市人防办
38	北京市信访办公室	市信访办
39	北京市知识产权局	市知识产权局
40	北京市人民政府侨务办公室	市政府侨办
41	北京市人民政府天安门地区管理委员会	天安门地区管委会
42	北京西站地区管理委员会	西站地区管委会
43	北京经济技术开发区管理委员会	经济技术开发区管委会
44	北京市城市管理综合行政执法局	市城管执法局
45	北京市投资促进服务中心	市投资促进服务中心
46	北京市公园管理中心	市公园管理中心
47	北京市地震局	市地震局
48	北京市气象局	市气象局
49	北京市社会建设工作办公室	市社会办

（续表）

附表 3　中关村发展集团部分子公司、基金全称、简称一览表

序号	全称	简称
1	安徽中关村信息谷科技服务有限责任公司	安徽中关村信息谷
2	保定基石连盈创业投资基金中心（有限合伙）	保定基石子基金
3	保定中关村信息谷科技服务有限责任公司	保定中关村信息谷
4	北京北脑创业投资基金（有限合伙）	北脑基金
5	北京丰台科技园建设发展有限公司	丰科建
6	北京光谷科技园开发建设有限公司	光谷科技园
7	北京国际工程咨询有限公司	工业院咨询公司
8	北京海开房地产集团有限责任公司	海开地产
9	北京集成电路产业发展股权投资基金有限公司	北京集成电路基金
10	北京集成电路设计与封测股权投资中心（有限合伙）	设计子基金
11	北京集成电路先进制造和高端装备股权投资基金中心（有限合伙）	制造二期子基金
12	北京集成电路制造和装备股权投资中心（有限合伙）	制造一期子基金
13	北京金桥科技产业基地开发有限公司	金桥科技
14	北京京龙工程项目管理有限公司	工业院京龙公司
15	北京启航投资管理有限公司	启航投资
16	北京启元资本市场发展服务有限公司	启元资本
17	北京生命科学园生物科技研究院有限公司	生命科学园生物科技研究院
18	北京生态雨林创业投资中心（有限合伙）	雨林基金
19	北京实创高科技发展有限责任公司	实创高科
20	北京市工业设计研究院有限公司	工业院
21	北京协同科创创业投资管理中心（有限合伙）	协同科创基金
22	北京兴昌高科技发展有限公司	兴昌高科
23	北京易创新科信息技术有限公司	易创新科
24	北京硬创空间科技有限公司	硬创空间
25	北京远见接力创业投资基金（有限合伙）	中关村 S 基金
26	北京远见前沿创发创业投资中心（有限合伙）	前沿创发基金
27	北京知识产权运营管理有限公司	北京 IP
28	北京智源发展创业投资基金（有限合伙）	智源基金
29	北京中发创信投资中心（有限合伙）	中发创信基金
30	北京中发高精尖臻选创业投资基金（有限合伙）	高精尖臻选基金
31	北京中发展金种子创业投资中心（有限合伙）	金种子基金
32	北京中发展智源人工智能科技发展有限公司	人工智能公司
33	北京中发助力壹号投资基金（有限合伙）	中发助力基金
34	北京中关村创业投资发展有限公司	中关村创投
35	北京中关村发展前沿企业投资基金（有限合伙）	前沿基金
36	北京中关村高精尖创业投资基金（有限合伙）	中关村高精尖母基金

（续表）

序号	全称	简称
37	北京中关村工业互联网产业发展有限公司	中关村工业互联网公司
38	北京中关村轨道交通产业发展有限公司	中关村轨道交通
39	北京中关村国际环保产业促进中心有限公司	中关村环促中心
40	北京中关村国际会展运营管理有限公司	中关村国际会展
41	北京中关村海外科技园有限责任公司	中关村海外科技园
42	北京中关村集成电路设计园发展有限责任公司	中关村集成电路设计园
43	北京中关村京西建设发展有限公司	中关村京西发展
44	北京中关村科技创业金融服务集团有限公司	中关村金服
45	北京中关村科技服务有限公司	中关村科服
46	北京中关村科技融资担保有限公司	中关村科技担保
47	北京中关村科技园区建设投资有限公司	中关村建投
48	北京中关村领创金融信息服务有限公司	中关村领创金融
49	北京中关村前沿技术产业发展有限公司	中关村前沿技术
50	北京中关村融信数字科技有限公司	融信数科
51	北京中关村软件园发展有限责任公司	中关村软件园
52	北京中关村软件园孵化服务有限公司	中关村软件园孵化器
53	北京中关村生命科学园产业发展基金（有限合伙）	生命科学园产业发展基金
54	北京中关村生命科学园发展有限责任公司	中关村生命科学园
55	北京中关村生命科学园生物医药科技孵化有限公司	中关村生命科学园孵化器
56	北京中关村水木医疗科技有限公司	中关村水木医疗
57	北京中关村微纳能源投资有限公司	中关村微纳能源
58	北京中关村协同创新投资基金（有限合伙）/ 北京中关村协同创新投资基金管理有限公司	中关村协同创新基金
59	北京中关村信息谷资产管理有限责任公司	中关村信息谷
60	北京中关村延庆园建设发展有限公司	中关村延庆园公司
61	北京中关村远见认股权创业投资中心	认股权投资基金
62	北京中关村智酷双创人才服务股份有限公司	中关村智酷
63	北京中关村中发投资建设基金（有限合伙）	建设基金
64	北京中关村资本基金管理有限公司	中关村资本
65	北京中诺远见创新投资基金中心（有限合伙）	中诺基金
66	长春中关村信息谷科技服务有限责任公司	长春中关村信息谷
67	常州中关村协同创业投资中心（有限合伙）	常州基金
68	德州两仪幂方康健创业投资合伙企业（有限合伙）	德州幂方子基金
69	广州中关村信息谷科技服务有限责任公司	广州中关村信息谷
70	海南中关村信息谷科技服务有限责任公司	海南中关村信息谷
71	合肥中关村协同产业发展有限公司	合肥中关村协同发展
72	江苏中关村中诺协同投资基金合伙企业（有限合伙）	江苏中诺子基金
73	廊坊市蓝天事业发展股权投资基金合伙企业（有限合伙）	廊坊蓝天基金
74	南宁水木愿景创业投资中心（有限合伙）	南宁水木子基金
75	南宁中关村信息谷科技服务有限责任公司	南宁中关村信息谷
76	南通中关村信息谷科技服务有限责任公司	南通中关村信息谷

序号	全称	简称
77	南阳中关村协同创新创业资产管理中心（有限合伙）	南阳中关村子基金
78	南阳中关村信息谷科技服务有限责任公司	南阳中关村信息谷
79	南中轴（北京）国际文化科技发展有限公司	南中轴公司
80	青岛中关村信息谷科技服务有限责任公司	青岛中关村信息谷
81	衢州中关村复朴协同创业投资基金（有限合伙）	衢州复朴子基金
82	沈阳中关村信息谷科技服务有限责任公司	沈阳中关村信息谷
83	石家庄中关村协同发展有限公司	石家庄公司
84	泰安市茂榕清泽股权投资基金合伙企业（有限合伙）	泰安茂榕子基金
85	天津合勤科技智能制造产业创新投资合伙企业（有限合伙）	天津合勤子基金
86	天津京津中关村科技城发展有限公司	中关村科技城公司
87	天津中关村科技融资担保有限公司	天津中关村科技担保
88	天津中关村科技园运营服务有限公司	天津中关村科技园公司
89	天津中关村磐谷图灵股权投资基金合伙企业（有限合伙）	天津磐谷子基金
90	天津中关村信息谷科技服务有限公司	天津中关村信息谷
91	乌兰察布市高榕三期投资合伙企业（有限合伙）	乌兰察布高榕子基金
92	武汉中关村信息谷科技产业服务有限责任公司	武汉中关村信息谷
93	新泰中关村信息谷科技服务有限责任公司	新泰中关村信息谷
94	徐州信息谷资产管理有限责任公司	徐州信息谷
95	徐州云荷投资合伙企业（有限合伙）	徐州云荷子基金
96	银川中关村信息谷科技服务有限责任公司	银川中关村信息谷
97	中关村（北美）控股公司	中关村北美
98	中关村国际控股有限公司	中关村国际
99	中关村科技产业研究院有限公司	中关村产业研究院
100	中关村科技租赁股份有限公司	中关村科技租赁
101	中关村协同发展投资有限公司	中关村协同发展
102	中关村芯海择优科技有限公司	芯海择优
103	中关村芯园（北京）有限公司	中关村芯园
104	中关村兴业（北京）高科技孵化器股份有限公司	中关村兴业公司
105	中关村医疗器械园有限公司	中关村医疗器械园
106	中关村至臻环保股份有限公司	中关村至臻环保

索 引

中关村发展集团年鉴

YEARBOOK OF ZHONGGUANCUN DEVELOPMENT GROUP

2023

主题词索引

1. 本索引采取主题索引（也称内容分析索引法）编制。索引词以《中关村发展集团年鉴 2023》正文出现的专业名词、名词词组、机构名等为主。

2. 本索引按汉语拼音音序排列。汉字的标目（索引词）按首字的音序、音调依次排列，首字相同时，则以第二字排序，以此类推。以阿拉伯数字和字母打头的索引词，排在最前面。

3. 本索引的文字部分为标目（索引词），即所要查找的内容，标目之后的数字，表示该标目所在正文中的页码（地址页）。